大村はま 国語教室の実際

上

大村 はま

溪水社

まえがき

『大村はま国語教室の実際』この本を手にして一度にこみあげてきたなつかしさ、思い出と感謝、次々と開けてきたしあわせなつながり、ご縁、胸がいっぱいになりました。

すべてが野地潤家先生のおかげですが、その野地先生のまわりに巡り合わせていていただけた方々との、じつに不思議に次々と開けた幸運、ここに記して喜び、おどろき、感動をかみしめたいと思います。

戦後、新しい中学校が出来、そこを仕事場にすることになった方々が、あちらこちらから集いました。国語科の教師を目指された方々も多く、一つの研究会にまとまりました。わたしもその中の一人でした。その中に、広島から上京された戸高 素さんという方がありました。全く初めてお会いした方なのでしたが、これが縁というものでしょう。第一に友だちになりました。そしてたちまちに心を合わせて活動を始めました。ほかの人たちもどんどん寄って心を合わせ、グループになって話し合い、それを発表しあったり、研究の手はずを考えたり、授業の工夫をして研究授業をかわるがわるしたりして、研究を進めだしました。

そのようすを戸高さんは広島の野地先生に報告され、その中に、大村はまのことも自然に話にでたのでしょう。野地先生は、数人の方といっしょに私の勤務校、目黒八中に来てくださるという機会ができたのです。そのころ、私は毎日のようにいろいろの地方からの参観の方を迎えておりました。授業を見ていただき、あとでお話し合いをするという形でした。野地先生も何回か見えました。

そのうちに、東京都の、また、広く全国的な国語の会も催され、文部省の指導要領の委員としての仕事も多くなりました。とうとうこちらから地方へ出向いてお話をするというようなこともあるようになりました。

そうしたお話の一番はじめに、広島の大下学園にうかがう話が出てきたのでした。当時は、そのようなことはたいそう珍しいことでした。私は大下学園からのお話を承けて、もちろん野地先生のお計らいであることは気づいていましたが、当時としてはめったにないようなお話を、そのままお受けして、第一回の国語科教育研究会にお話に参りました。講演などということはもちろん経験もなく、じつに大胆な、今思いましてもひやりとするようなことですが、なにか、心をおどらせて楽しいような気持ちで出かけたのでした。

昭和三十一年十二月二日、これが第一回でした。講演がほとんど初めての私は、あとから、あとから、話したいことが胸をついてきて、時間のことなど忘れておりました。係のかたが近寄ってこられて、静かに「すみませんが、あかりの用意をしてまいりますから、しばらく……」というようなことをおっしゃったと思います。はっとして目を上げました。外は薄暮とでもいう色でした。静かな、半ば暮れた色でした。

録音などということも、今のように当たり前のことではなく、それを文字化して活字でまとめるなどということは、まだ開拓されたばかりのことでした。その珍しい、骨の折れることをして下さったのは、大下学園の英語科教諭　佐藤　博さんであったことを後にお聞きしました。感動をもってここに記します。

三十二回の講演を野地先生はいつも聞いてくださっていました。会の進行や、話の資料の作成、すべて会のことは野地先生のご配慮のもと、プリントのはしまで、静かにお見守りいただいたこと、それは校長　井上幹造先生、それに佐本房之さん、北岡清道さん、橋本暢夫さん、それにまだまだ、つまり全員でお心を尽くしてくださいました。

第一回のときのことを思い出しながら、このまえがきを終わりたいと思います。

日が暮れるまで話を聞いてくださった皆さま、この本は皆さまとの合作です。ありがとうございました。

平成十七年三月二日

大村はま

大村はま国語教室の実際　目次

まえがき……i

1　単元「赤い鳥　小鳥」の実際……1
講演資料　47

2　単元　ユーモア優等生――笑いのセンスを育てる――……95
講演資料　96
大槻和夫「大村先生のご提案をどう受けとめるか――ひとりの聞き手として考えたこと――」　124

3　単元　一基の顕彰碑……129
講演資料　161

4　「ことばの海で　ことばの森で」の学習……193
講演資料　227

5　単元　ことばの感覚をみがき合う……263
講演資料　297

6　単元　談話室……341
講演資料　373

7　国語教室の実際――学習のてびきについて――……399
講演資料　439

8　私の学習指導の歩み……509
講演資料　545

9　単元学習のためのわたしの勉強法と単元の実際……627
講演資料　661

あとがき……橋本暢夫……723

1　単元「赤い鳥　小鳥」の実際

八十三年半にもなってこんなに大勢の方にお話を聞いていただけるので、ほんとうにしあわせです。今、いちばん話を聞きたくない人は、女性の年寄りだそうです。その女性の年寄りなのに、お話を聞いていただけて、ほんとうにしあわせです。立っていてもお話はできるんですけれども、見ている人がはらはらするそうですから（笑い）、それもよくありませんので、ゆっくり座らせていただきたいと思います。

さて、「国語教室の実際」なんですが、今お配りしたように、きょうは一つの提案をしたくて、このあいだ、「大村はま国語教室の会」という会で発表したものですが、その資料を使ってお話ししたいと思います。

時間があちらではたいへん少なかったりして、省いてお話ししたものですから、今日は、この一つのささやかな主張と実例とを聞いていただこうと思っております。その中で、これを指導していきます上にいろいろな問題があるところを見ていきたいのです。

きょう、幸いに、午前中に話しことばの、話し合いの発表がございました。ですから、それの続きのようにお聞きくだされぱいいと思いますし、先生のご主張の中にもこういうことが出ていたと思います。

資料のはじめの方、四八ページから五〇ページに写真が貼れるようになっていまして、東京の会場のものはそれに全部写真が入っておりました。ですが、こちらのは写真が入れてありません。どんなのかなとお思いになると思いまして、入口のところに貼ってもらいましたから、お帰りにちょっとご覧くださいませ。

その、赤い木の実にかこまれてという、赤い鳥と、それから、オオマシコという、赤い鳥の代表的なのと、それから、コバノガマズミ、赤い実の代表でもありませんけれども、たまたま友人が写真を撮って送ってくれたものですから、それと、有名な表紙ですからご存じでしょうけれど、「赤い鳥」の初号でございます。

このごろ話しことばはたいへん大事にされてきたとお思いになりませんか。ひところは話しことばの発表などはありませんでしたし、先生方は入学試験には出ないからということもあったでしょうが、もう読むことが最大、そして、書くことは昔から熱心な方たちがありましたから、そっちの系統はあったのですが、話しことばはずいぶん冷遇されていたと思います。それが、このごろはずいぶん話しことばが認められるようになったでしょう。指導要領の文言も変わったからということもありますけれども、一般にそうです。

それはとてもうれしいことですけれども、よく見てみますと、それは、スピーチとか朗読とか、そういうことなのです。それはそれでいいのですけれども、そういうのは大正に育った私たちだってやってきました。まがりなりにもスピーチはありました。ずいぶん熱心にやっていました。まあ、旧式だというだけです。

それから、朗読はもう命のようにやっていまして、昭和初年、諏訪高等女学校に在職中など、ほんとうに勉強するってことは、本を開けてわんわんわんわんと読むことなんです。代表的勉強でしたから、朗読などがすたれていくなんて思えないくらいでした。教師の仕事としても、このスピーチとか、スピーチといってもお話ですけれども、昔話とかそういう話ですけれども、それをすることと、朗読を聞かせることはあたりまえのことで、特に国語の先生が一所懸命やるとかやらないとかということではなかったというくらいのことでした。ですから、特に新しいことっていうのではないと思うのです。

しかし、熱心さが違いますし、中身も違いますね。昔話をするだけのスピーチではありませんし、違うのですけれども。私は、そういうのはいいのですけれど、いちばん大事な話し合いということについては、やっぱり同じではないか。させる人はたくさんいて、教える人がいないということ。そういうことで、話し合いが十分でないことは、変わりがないように思うのです。ひところ、このごろの十何年間と同じくらいだと思っています。で、それをじっと考えてみますと、どうしてそうなるのかしらと思うのです。まさか、国語の先生方、まあ、いろんな方がありますけれども、私が敬愛する若い方もたくさんあります、そういう方たちが、どうして話し合いの指導を一所懸命なさらないのかしら。そういうことに理解がないとは思えないのですね。見識がないとも思えない。軽んじていいと思っているとも思えないのですが、あれだけの方がどうして話し合いをしっかり教えないのかしらと、私は不思議に思っていました。

つまり、うまくいかないからではないかと思うのです。戦後まもなくの私たちと同じだと思います。話し合いを習ったことがありませんでしたから、戦後に、話し合いということになったときに、ほんとうに困ったのです。自分のできないことを教えようという気持ちになる人は、あまりありませんね。できないこと、経験のないことを教えてほしいといわれても、扱えっていわれても元気がでません。たまにそうっとやってみると、たいへんな教室になってしまいます。こんなことしてたのでは授業にもなにもなるものではない、こう思いますから、やっぱり読解をしている方が安心じゃないかしら、学力低下になっちゃうなんて思って、また話し合いの指導をやめるというような。

そのとき、私たちの方に、話しことばの会ができたのです。つまり、これは自分たちができないからだ、自分たちが話し合いの値打ちを体験していれば、それこそが日本の歴史を改めていくものだということや、生活を楽しくするものだということや、いろんなことをです。それを自分たちがほんとうに考えていて、考えていてもそれができないものですから、それで話し合いをするのがいやになる、できないことを教えたくないのは人情ですもの。ですから私たちは、話し合いということを自分たちで勉強しよう、話し合える人、すぐれた話し手になろうといって、話しことばの会は出発いたしました。

しばらく続いたたいへん楽しいいい会でしたけれども、国語教育学会の方に合流したかたちになって、今は独立した話しことばの会はありません。文部省のお金をもらうためにそうしないと困ったのです。それでいっしょになって、いっしょにやるなら全部です。国語教育学会も全部、たくさんのお金がいただけるわけ。今年、五百万円もいただいているんです。それが、いっしょにやるのでなくてはだめ。そういうことで、みんながとってもなさけなくて、このすぐれた話しことばの会をもちつづけたいと思ったのもやめて、いっしょになったということになります。

それは余談ですけども、とにかく、それほど、自分たち自身が話し合うことをもっと勉強しないから、自分ができないから、だめだなと思いました。

私はそのことを思い出して、今もそうかもしれないと思いました。が、そうでもない方たちもおられますね、若い人たちの中に。で、考えたのですが、そこに少し書き始めましたように、子どもたちが話しているように見えるのではないでしょうか。読めない、書けないほどには目立ちませんし、苦にもなりません、先生が。結構、話しているような気がします。話してるように見えるというだけですが。話し合いのほんとうのものを知らないからということにもなりましょうし、それが一部の子だということなどであっても先生たちが苦にならない。苦にしなければいけないんだけど、苦にしてないというところがあるような気がします。

それから、話し合いのいい授業というのにまず出会うことがありません。ほんとうに話し合いの授業というのはないわけです。そして、それを見てますと、一部の子どもが必ず、先生のお世話などにならなくても、いくらでも話せる人がいるにきまっております、生徒の中に。その人たちは活躍していますし、いい意見も述べ、何かクラスを盛りたてているように見えるのです。けれども、本気になって、その、私が友人と思う方々が、教室の中を見ると、何もしてない人やら、考えていない人やら、いろいろありまして、こんなことをしてたら何も勉強していないことになる、話し合いの時間に話し合っていないのなら、つまり勉強をしていないんだ、そしたら何の学力もつくわけがない、そういうふうに考えます。その話し合いをさせ、やってごらんといってやらせてるのを見ると、いい先生であればあるほど、やりたくないと思うと思うのです。こんな授業をしててはいけないと思って、とりあえずやめなきゃならない、国語の学力のつかないことを国語の時間にやっていたのではどうしようもないですね。ですから、私は、いい先生であるほど、話し合いをさせたくなくなるのがほんとうだな、今の姿勢ではなと思いました。

どうしてそんなに話し合いがうまくいかなくなるのかということなんですが、たとえば「ごんぎつね」。「ごんぎつね」を読んでごんの気持ちだとか、「トロッコ」だと良平の気持ちだとか、今日発表があった「友情」だとかいうのは、おおよそ話し合いをさせるのには適さないと思うのです。

なぜかといいますと、良平の気持ちでもごんの気持ちでも痛いほどわかると思うんです、子どもは。ですから、友情なんてみんなの問題のいちばんの問題だから、こういうので話し合いをすれば話したいことがいっぱいあるにちがいないと先生はお思いになる。事実、あることはありますけれど、それを口にすることがひじょうにむずかしいのです。

ごんの気持ちがわからない子どもがあるとは思えません。みんなわかって胸がいっぱい。それでも、それをことばにするときになると、三つか四つしかことばが出てこない。それを言ってしまうと、もう、あと、言いきれたと思えなくても、それを言い表すことばをもちません。良平がどんどん走っていきます、ああいう気持ちもほんとうにわかると思うのです、中学生にも、小学生にも。しかし、その気持ちを言ってごらんなさいということになると、たちまちつっかえてしまうんです。そして、言っても言って、胸がすっとするような表現ができたという気持ちになれないのではないでしょうか。

考えがないなら言えないでしょうけど、あるなら言えるでしょう。わからないことは言えないかもしれないが、わかってるんなら言えるでしょうという人が、よくいるのです。そんなことはないと思うのですけれど。わかっていても言えないことと、感じていても言えないことというのはひじょうに多いのです、私たちでも。はがゆいほど自分の胸の中は言えません。なんとことばを知らないのかと思って、いやになるくらいことばがありません。感きわまってくるとなおさらそうです。じつに平凡な一つ二つのことばでそれを表現するほかないのです。

先生方は、いっぱい思うことがあるから、話すことがどの子だってないはずがない。だから話し合いの種にしようと思って、ごんの気持ちを話し合うということに、また、いい文章を読んだあとの感想を話すということになるのではないでしょうか。ところが、ことばがありませんので、話し合いになりません。

私は、ほんとうは、ごんの気持ちでも、「故郷」のあの気持ちでも、それこそほんとうに話し合える人に育てたいのです。「友情」についてもほんとうに話せる人になりたい、させたい。けれどもそこにいくまでの初歩的な話し合いの指導は、違った材料がいると思ったのです。つまり、胸にあったらことばにしやすいものでの練習がいる、話し合うということの礼儀から始まって、話の運び方から、発言のしかたから、いろんなことを勉強しなければ、そのような、ひとりでどのように言っていいかわからないことがいっぱいあるところで、どうして話し合いの練習ができるのだろうと思いました。

それはたぶんどなたにもわかっていただけると思うのですが、あまりつまらない材料では、これまた話す意欲もありませんし、話したいこともないのではないでしょうか。ですから、これも話し合いの種にはなりません。

今回持ってきたこの材料は、こんなのはいかがでしょうという見本でございます。話し合いの初歩に使って、ほんとうに話し合うことを覚え、話し合いに入っていくこつを覚え、それから、人をたてたり、人の話を誘ったりという話し合いの大事なこと、それから、聞きとるとか、いろんなことをです。話し合いを十分にしていく基礎力、基礎の基礎ですね、それを勉強したらいい。そして話し合うことの、楽しいとまではいきませんでも、それに近い気持ち、メリットというのでしょうか、話し合うことの生みだす良さ、人と人とが話し合うことから出てくる、ひとりで考えているのとは別のよさ、そういうことを体得するでしょう。そういうことを体得しない人は話し合いをしたいと思わないのは当然です。時間つぶしなどというのがあります。話しているだけで時間つぶしになる。先生のお話を聞いてしまえばいっぺんにわかったのに話し合いをしたものだから、二時間やっても何にもわからないと、そういうことになっているのです、現状は。話をさせているクラスでは。それでいやになって話し合いをさせなくなる。

ですから、私は思っていたら言える、わかっていたら言えるという範囲内で、話すに足りる材料がいいのだと思って、それを長年、長年って三、四年、心がけていました。ですけれど、なかなか話すに足りる、しかもことばにしやすいというのがありません。まず文学作品はあきらめです。これはこのことのある前から、中学では二年生ぐらいまでは、文学作品を話し合いにとりあげたことは、私はなかったのです。それは、それだけの話し合う力がつけられなかったからです。私は一所懸命やっていました、ずっと、話し合いの指導は。基礎の基礎からというふうにやっていました。けれども十分な力がつきませんで。それで、文学作品を話し合いで授業することができなかったのです。話し合いの力がないのに話し合わせることはできませんでした。で、三年生の秋に、文学作品を話し合いによって授業したいというのが私の念頭にあることでした。ただ、勤めのおしまいの方で、上級生をもちませんでしたために、文学作品の話し合いをすることができませんでした。そんなことでしたから、私は、話し合いの基礎の基礎をおくということについて、苦労は在職中からずいぶんあったと思っています。

そんなことを考えての材料と思ってください。その材料とその扱いですね。「赤い鳥、小鳥」というのは、若い方はあまりご存じないそうですね。少し年配の方は子ども時代に、「赤い鳥、小鳥」を知らない人はいなかったぐらいだと思うのですけれども。そこに楽譜もあります。そんな歌でした。

それで、どんなのがいいかということです。五二ページから五三ページのはじめにかけまして、今までどういうことをしていたかという話が資料として載せてあります。そういうことが基礎になってこの話が出てきたので、何にもしてないところから出発しようというものではありません。今までそういうふうに進めてきた中に、きょうのご発表にもたいへん通じるものがありまして、いきなり文学作品などにいかないっていいましたけども、そのいかないあいだ、どのように線の太いものをとか、文学作品でなくて、とにかく話しやすい材料、どういう話し合いをして基礎をおいていたかということです。で、こういう基礎、これももちろんいいんです、これ、とてもいい基礎で、今でもやりたく思います。この向きで基礎の基礎をおいてもいいのです。

けれども、これでもまだまにあわないくらいで、私はこういうやわらかな教材がいると思うのです。そして、ここにあるようなのといっしょに。で、こんな方法は一つということではありませんから、いくつでもやるわけです。そこでは、副題をつけたりなどします。これもたいへん話しことばの基礎をおくことになります。話し合いの基礎を育てる大事ないき方だと思っています。それをもとにおきます。それを否定した意味ではなくて、その上に加える材料と思ってください。五三ページに書きました、「今も変わりないが、今回もう一つの提案を」ということの意味です。

さて、よい話し合いが評価できないと、話し合いがいいかどうかわかりませんね。それに関して、みんなが発言しているとかいう話がありますけれども、私が考えるいい話し合いができたなという姿をもっています。話し合いがいい、これがいい話し合いになっている、こういう姿になってればいいんだというお話をちょっとここであいだに入れたいと思います。よい話し合いというのはどういうのかということです。つまり、評価の項目ですね、教師の。

まず、みんなが話題について考えているということです。それは、みんなが発言していることではありません。みんなが発言すると簡単にいっても、一時間でみんなが発言することは、もし一斉にやっているなら、あり得ないことです。時間的に。発言が活発であるかどうかということではなく、みんなが話題について考えている、また、「みんな」という意味は、ひとり残らずという意味ではありません。それは、ひとり残らずにしたことはないでしょうが、それはまず神技ってことですね。まず、そうですね、八十パーセントくらいがしっかりやっていたら、それは、桜の花が咲くとき八十パーセントで満開と言うそうですから、それにあやかりたいと思うのです。やっぱり満開なんじゃないでしょうか。私、どうしても、百パーセントの子どもが絶対考えているという、そういうことを言う元気はありません、とても。そんなことはできない、そこまではしょって立てません。けれども、八十パーセントは、私の言う「みんな」という意味で、以後、その「みんな」といっていることはそう思ってください。

それから、こういう姿でないとだめですね。考えているときに、あいだでちょっと沈黙だってあるでしょう。たて続けにしゃべるなんてことはないと思います。発言のあいだあいだのときに、顔を上げて考えてる人と、こうやって下を向いて考えている人がいるんです。その、顔を上げている率が多くないといい話し合いにならないのです、子どものばあい。下を向いていても考えています、もちろん。ですけれど、たちでしょうね、たちかもしれませんが、いい話し合いになるときは、話してないときにみんなが上を向いているのです。そういうふうに教室をご覧になるといいです。首を上げてなさいなどと言うんじゃないですよ。自然に表れてくる様子を見るのです。で、首を下げて考えている人が多い話し合いは、あとがうまく運びません。そこで立て直さないと大変なんです、先生は。このままいっちゃだめっていうときです。それはグループであっても何であっても。下を向いて考えている人がたくさんいるってことは、子どもの話し合いとしてはよくない状態なんです。ほんとうに頭が動いてないとか、話し合いとして成功してないときにそうなりやすいのです。経験上そうなのです。で、いい話し合いができたときに、こうなのです。みんながこう、わからないときだって頭を上げて、そして考えているんですよ。そんな気持ちで生徒をご覧になってみるとわかると思うのです。

それから、その顔が明るいことはもちろんです。けれども、内容がつまっているときのことです。話し合いがとまってしまうとか、本人がとまってしまうとか、そういうときに、内容でつまっていてもいいのですけども、ことばでつまっていないのです、話し合いがちゃんと進むときは。内容がわからなくなって、迷って考えているということはありましょう。それで口がとまってしまうんです。けれども、内容はいっぱいある、言うことがあるのに、口が動かなくなるというのは、やっぱり失敗をしてくることになる。話し合いが本物にならないときの、子どもの姿というものです。ですから、作文のときに、鉛筆がとまったとき、それがなにによってとまっているかを読みとって指導するでしょう、あれと同じです。ほんとうに内容を考えてとまっているのか、それとも、言いたいことでことばが見つからなくて黙っているのか、それは見きわめないと困ります。そういう気になって生徒の顔をご覧になるとわかると思います。内容でつまっているのと、それから、そのことばが出ないのと。よくいくときはその反対に、わかっていること、心の中からわかってることをことばにするのに苦労をしていないのです。内容ではちょっと苦労することがあっても、言い出したらことばが苦労しないでさっささっさと出ているのです。しかも、もっといいときには、同じ意味のことばが続いてどんどん出てくるのです。うれしい、喜ばしい、はなやかとかいうふうに出てくるのですね。それは自分の心の中をさぐりながら、ことばを見つけていくのですから、それで出てくるのだと思いますが、いい話し合いになるときは、ことばの方が内容を上まわって、いくつも出てくるんです、一つのことに対して、ことばが。本人が言い換え言い換えして、自分で盛り上げてくるのです。これは話し合いがよくなるときなんです。これをお友だちがするのがあります。それもいいことなのです。人が何か言ったら、同じことを同じに言うようなことはしませんが、あと、同じようなことを違ったことばでつないでくるようになっていますと、これはいい話し合いになる、実りの多い話し合いになるしるしなのです。

それから、友だちの言ってることが、一つ一つわかるといいますか、ことばがそのまますっと心に入って、とまらないで胸に入っていく様子というと変ですけれども、すーすーすーっと胸に落ちていく様子が、黙っている子どもの顔に出てきます。それはいいのです。苦労をしないで受け取っているんです。そういう状態でないと、苦労して受け取るようでは、あとの話し合いが続かなくなります。

そのとき話している人が言ってることを聞きながら、自分の考えと考え合わせて、いっしょにして考えている目つき、これを覚えないといけないのです。うけたまわりおくといったつめたい言い方があるでしょう。やってくれる気もないのに、あっ、そうですか、わかりましたなどと言って。やる気がないのに聞いている人の口調というのは、みなさん、おわかりになるでしょう。あれが子どもの顔に出てくるのです。なんとかさんのご意見、あっ、そうですかといったような、そういう顔じゃあだめですね。それが胸にこう入ってきて、共鳴して、受け取っているというときの目つき、これは、その気になってご覧になるとわかります。そんなことはむずかしいのではないかとお思いになるでしょうが、そんなことはないのですよ。私たちも、教職の専門家ですからね、それぐらいのことは大丈夫。その気にならないので知らないだけということなのです。そういうふうになるものですよ。だから、考え合わせて、本気になって自分の考えと考え合わせて、賛成、たいてい賛成してるのでしょうが、賛成するなり、そうかなあと考え合わせて自分を育てている様子というのは、うけたまわりおきますなどという態度とは違うのです。ですから、その、うけたまわりおくといった顔つきがあると、顔を上げていても安心はなりません。上げている顔をよく見た方がいいのです。そういうつめたい聞き方では、このあと話し合いはできませんので。

それから、発言力の弱い子どもと思われる生徒。本人もそう思っているでしょうし、私もそう思っている、人には長所も短所もありますから、そうですよね。クラスに何人かいくら書くことをしても文章のへたな子どもは最後までありますでしょう。それは、文章のじょうずな人なんてめったにいないものなのですから、しかたがないのではないでしょうか。話もひじょうによく発言できる人と、口べたな人っていうのはあると思うのです。その口べたな人は、中学生くらいになってくればわかってますし、高校生なんかもっとわかっているでしょう。そして、小さい子どもでもかなり前からわかるみたいです。ですが、教師のほうはひじょうによくわかるでしょう。だれが口べたで、口がおもいという子と、話すことが不得意だという子と。そういうことを、先ほどのお話のように、アンケートなどにとるものではないですよ。先生がつかまない以上はわかりませんから。その、話しことばがまずいなと思う子どもが、安心した顔をしていないと困るんです、話し合いのときに。あせって、何か言わなくちゃ、言わなくちゃという気持ちでドキドキしている。何か言わなくちゃ、言わなくちゃと思う気持ちなどというのは、全然話しことばを育てないのです。話し合いのできる子になんか全然なりません、そんなことを気にしていては。

心配しいしい、何か言わないといけないんだ、ぼくだけだ、発言しないのは、などと思っていたりすると、そんな余計なことを考えていますから、よけい発言できません。話している方の言うことをよく聞いているから発言が出てくるんでしょう。それが、そんなつまらないことを考えて悲観してますからだめです。顔でお読みになるといいです。ほんとうに発言はしない、やっぱりしませんね。へただからしないのですけれどもね。その子が、よく聞きほれて、安心して、あっそうかなあと思って安心して聞いている、そうすると、口があいてくるんです、安心しておれば。安心して、安らかに、話し合いの雰囲気に入っているのです。

そうしておれば、たとえ発言しなくても学力というものはそんなに落ちないものです。考える力とか、そういう心配な力は落ちない。ものが言えませんから、話し合いの力はそれほどついていないということは確かです。けれども、ほかの大切な、頭を使う力、話すことによって育てられる頭の力は、ちっとも落ちていきませんので、話のできない子どもには始終目をおくられて、その子が安心していなかったらなんとかしなければなりません。手を打たなければならないのです。安心してたら、何か言いなさいと言ってわざわざ当てたりしない方がその子はかえってしあわせ。自分は十分考えながら聞いている。発言しないなどと思っていませんから。発言ができそうならすぐします、そういう状態なら。ですから、この話し合いのときに、その、顔つきを読むことが大切です。話し合いに入ることがへたな子どもはずいぶん劣等感をもっているのですから、その子にはあたたかい目をおくることが大切。その時、目をおくるだけではだめですので、あいづちなどして、目配せなんかしても、多少喜ぶかもしれませんが、それでおしまいです。ですから、その子が安心しているということがたいへん大事なんです。それから、全体的に、三分の二ぐらい済んだときに、一時間中話し合いしてることはめずらしいでしょうけれども、予定の時間の三分の二ぐらいにきたときに、みんなの様子が、言いたかったこと、言おうと思っていたこと、用意していたことは言ったという顔と、まだ残ってるのにチャンスがない、いつ言おうかしらとあせっている、それもまた顔つきでわかります。発言した人はした人でそういうふうにあせっている。そして、ああ、話した、聞いてもらったという気がしないんです。そういう顔がありましたら、これはやっぱり手を打たなければならないのです。いい話し合いの結末にならないかもしれないからです。

ですから、全体がだいたい安心した顔を、話のできない方もできる方も安心した顔をといいますか、満足している顔、そして、できましたら、共感しているしあわせな思い、だれかのいい意見に、そうだ、ほんとうにそうだと共鳴している快感、そういうのあるでしょう、自分の思っているような話がされていて、共鳴の快感というのがあるのではないでしょうか、講演などを聞いていて。それがないと困るんですね。

で、今、申しあげたようなのが、話し合いがうまくいっているか、いっていないかということを見る観点です。まだあるのでしょうが、私などはこのぐらいで生徒の様子を見て、この話し合いを評価していくのです。話し合いをよくやるといっても、いい姿というのがどんなのか知らなければ、その先生はどこを向いて、何を目当てに指導しているのかわからないでしょう、させていても。また、方法だけを教えても、指導をしたことになりませんね。

ですから、そういう雰囲気を読みとって、自分の話し合いの教室を評価していくのです。これで大丈夫か、大丈夫でなかったら何の手を打つか、と。

だれかがあせっていたらどうしますか、それはまた別の話なんです。あせってるのはだれ、いいにつけ悪いにつけ、あせってる人はだれ、これを知らないと、雰囲気はどんどん暗くなります。暗くなると、口は黙っちゃうものですよ。おとなでも、子どもでも。気分が暗いと、沈黙です、そういうことです。沈黙はみんな暗いのではありませんが、自分の心が暗いと、どうしても口があきません。ですから、雰囲気はどうしても明るくしなければならないのです、話し合いのときは。

で、そうならなくて失敗したときは、途中でなんとかまとめてやめるとか、休憩をおくとか、私などは、あっと思うと休憩でした。ここらでちょっと休憩しようと言って、三分間ぐらいの時計を立てちゃって、砂時計を立てて、これが済むまでは一応休憩にしましょうと言って。ほんとうは、話し合いがだめになりそうで、心配で、打つ手が思いつかないので、私がちょっと暇が欲しいのです。少し考えるので、それで休憩なのです。と、みんなはほっとしておしゃべりしたりして気を抜いてます。私はそのあいだに大あわてで自分の案を練るわけです。あわてているようには子どもには見えないでしょうが、私のあわてぶりは大変なものです、そういうときは。やめるかもしれません。思いつかなかったら。きょうは、予定のように話を進めないということにするとか。そのくらいに話し合いというものは、失敗すると、禍根が長く残るのです。話し合いなんてつまらないとか、なにか重荷になるような気持ちが子どもに出てきて、話し合いしましょうと言ったときに、さあ、やりましょうといった気持ちにならないのです。それを保護しなくてはなりませんから、話し合いはいやだったなあ、ゆううつで、暗くなっちゃって、みんな黙っちゃって、いやだったなあなんて、そういうことがないように、絶対ないようにしなければならないんです。今みたいなことに気をつければと私は思っています。そういうことを目指してやることなのです。五三ページのところに、よい話し合いになったかを考えてみたということが書いてあります。よい話し合いというのはそういうことです。それから、そのあとのところは、今お話ししたことが書いてございます。で、五三ページの終わりから五四ページの初めのところにも、今のお話の続きと終わりが、その話の結びになっています。私の問題になっていたわけです。

さて、今年の二月なのです。雑誌「野鳥」の二月号、この雑誌「野鳥」の二月号というのがなんとうれしかったかしれません、その「赤い鳥」が特集だったのです。「特集　赤い鳥」、あらっと思いました。それまで私は、赤い鳥のことなどすっかり忘れていましたから、「赤い鳥　小鳥」の単元も考えていませんでした。が、赤い鳥が特集だと見たときに、何かピンとくるものがあったのです。そして、これを見ていきましたら、とてもおもしろいことがいっぱいあったのです。

赤い鳥といったときに、歌も思い出しますし、雑誌も思い出します。その両方を思い出しましたから、私は、これは科学的な理科的な読みものと、それから、文学的な読みものとにつながりがあるから教材になるな、とピンときたわけです。うれしいなという気持ちが。何かあるかもしれないって気持ちがしたのですが、読んでみたら、とてもおもしろくって、私は、この野鳥の会の会員なんですけども、野鳥の会の会員には、なかなかおもしろい、いい人がどっさりいるんです。つまり、あんまりいじわるな人は野鳥なんか気にとめないらしいのです。だから、私もいじわるでないんですよね（笑い）。

そこにいろんなこと、野鳥の会の編集部の人が、「赤い鳥、小鳥、なぜなぜ赤い。赤い実を食べた」、ほんとうに赤い鳥というのは、赤い実を食べると赤くなるんだろうかと思った、と。私もそう思いますから、これ、おもしろいと思いました。そうかもしれないなって。

それから、赤い鳥といってもそういう名前の鳥はいないんだから、何という鳥のことでしょう、赤い鳥って。一種類でしょうか、それともいろいろあるのでしょうかとか。赤い実といったってどんな実、いちごだって赤い実だし、いろんな実があるんだけど、どんな実を食べるのかしら。そういったことが書いてあるのです。そして、その鳥博士のところへ、編集部の人が、よくも聞きに行ったと思いますが、出かけて行って、先生に、赤い鳥というのはほんとうに赤い実を食べるのでしょうか、赤い実を食べると青い鳥でも赤くなるのでしょうか、そういうことを聞いたらしいのです。野鳥の会の編集部でないと、こんなばかばかしいことは聞かないでしょうけれども、行って聞いたのですって。そのうえ、いろんな話を聞いてくるのです。で、とどのつまり、やっぱり赤い実を食べるのです。赤い実を食べて赤くなる。だけど、青い鳥が赤い実を食べると、見ている間に赤くなるとか、そういうことじゃないんだけれども、とにかく赤い鳥が赤い実を食べるってことは事実。そして、その赤い実の成分がカロチンといって、そのカロチンの成分が入ってきて赤い色素を作るんですって。トキなどという鳥にはカロチンがあるんですって。そのカロチンの与え方が悪いと、トキの色がさめてくるんですって。他の、動物園にいる鳥も、きれいな鳥がたくさんいますね、カロチンをじょうずに与えているので、あの色彩がでてきて、与え方が悪いと色彩が悪くなる。なかなかむずかしく、たくさんやればいいというものでもありませんで、ちょうどいい具合にやるのがむずかしい。やっぱり野にある鳥の方がきれいで、動物園にいる鳥は多少その羽の色のつやが悪いんだそうです。そんなことも聞いてきたと書いてあって、私はおもしろくて、おもしろくて。私はそういうことがとてもおもしろいたちなんです。だいたい単元学習というのは何かにおもしろくならない人にはできないものなんですよ。おもしろいなあと思って、自分がおもしろくなるのでどんどんどんどん勉強するから、資料も見つかるというわけです。私、この鳥をたいへんにおもしろく思いました。

そこにそういうことが少し書いてありまして、そのとき、その歌のことからもう一冊思い出した本がありました。それは、『むすんでひらいて考』という、岩波から出た本で、ここに書きましたように、それは五五ページにあるのです。五五ページの五行めに思い出したと書いてあります。その『むすんでひらいて考』の本のことは、五六ページに書いてございます。

海老沢敏さん、音楽学校の学長さんですね。この方が『むすんでひらいて考』という本を出されたのは昭和六十年のことです。この本は赤い鳥には関係はありませんが、この本を、岩波の「図書」という、読書人の雑誌があります、たいていご覧になっているでしょう、あれに、岩波の出版物として広告されていたのを見たのです。

私はとてもおもしろいと思って、「むすんで　ひらいて」という歌がどんなふうに伝わってきたか、五六ページの六行めのところにありますように、「だれでも口ずさむことのできる『むすんで　ひらいて』は、どこで、いつ作られたのであろう」と。「この愛らしい旋律は」、愛らしいということば、ぴったりですよね、「この愛らしい旋律はルソーにその淵源を発し」、あら、ま、と思ってびっくりしました。それから、「英国でクラーマーに祖型を求められるが、本書は、以後二百年の伝播の驚くべき広がり、世界中にこの歌が広がっている、その多様さを追求し、音楽史はもちろん、教育史、宗教史」ということは、「むすんで　ひらいて」などという訳をつけたのは日本だけで、ほかはほとんどお祈りとかの歌ですね、これについている歌詞が。ですから、教会でうたわれました。宗教史、それから出版、そしてまたご自身が研究なさっている音楽の歴史ですね、科学、音楽の方の勉強、それを合わせてこの本が作られたということが書いてありました。

私、たいへん心をひかれて、おもしろくなって、何でもおもしろくなるたちなんです、これをさっそく買ったのです。それからまもなくなのです、足の手術をするので病院に入ったのです。私は病院に入るとき、この本を、まだ二ページぐらいしか読んでいなかったので、持って入院したのです。足だからきっと暇だろうと思って、足の手術をしたって本は読めるだろうと思って。『むすんでひらいて考』を、買ったばかりだから喜んで持って行きました。で、なかなか、それを読むなどという元気は容易にでませんで、それでも一月ぐらい経ったらば、本でも読む気になるくらい、足も痛くなくなったのです。

それで、最初に読んだのがこの本だったのです。病院にいますひま人ですので、ていねいに読んでいきました。ななめ読みどころじゃなくて、一行を二度読むぐらいの勢いです。ていねいに読んでいったのです。と、この本は、この歌がどういう人にどういうふうに作曲されたり、どういう中に入れられて、それがどっちに伝わっていって、それがまた何という歌曲のどこに入って、だれがこういう歌詞をつけて、どういう人がうたってというふうに、じつにていねいに書いてあるのです。

それをまた私がていねいに読んでいったんです。で、それを読みながら、そういう読み方をしたせいもあるかもしれませんが、なんといい説明文だろうと思ったのです。同じようなことを、だれが発見したとか、だれが作曲したとか、だれが伝えたとか、どこへ移したとか、どこの図書館に入れたとか入れないとか、そういった同じようなことが次々次々書いてあって、世界中をまわってくるのです。日本にもくるのです。その文章は、同じことをどうしてこう飽きないように書けるのかと思って感心しました。そして、どこがどういうふうに違って、これはこんなに退屈しないで、同じようなことがいちいち斬新に頭に入ってくるのだろうと思って、この文章の魅力にひかれたのです。そして、この文章をよく勉強して、説明文として勉強しよう、その文体を、文体論の分析で、文体の観察で勉強してみたいと思って、そのころ、この本にたいへんな執着をもったわけです。

で、このときそれが思い出されまして、今度、この赤い鳥のことをいろいろ調べて、カロチンがどうしたとか、そういうことも全部調べて、それから、文学の歴史の上に「赤い鳥」という雑誌の果たした役割とか、それから、白秋の歩みとか、白秋のたくさんある童謡の中でこの歌の位置、そんなことも調べたりすれば、たいへんにおもしろいと思ったのです。それを、『むすんでひらいて考』の海老沢さんみたいな文章で、縷々と書いていったら、おもしろいと思ったのです。そして、文体の観察というのは、文法のまとまりとしては、全貌を追うたいへんいい学習ではないかと思ったのです。

文法というのは、単元学習がみんなに学ばれてもなかなか入れにくいといいますか、つまり、簡単に言えば、単元学習などどこかへ片づけて、こちらを向いて教えないとまにあわないというところがあるでしょう、文法には。ここだけはつめこまなければばっていうところが、あるものなんです。で、助詞だとか、活用だとかいう、そういうはなやかな場所は。副詞だとか、副詞の位置だとか、そういうことも。単元学習の中でだれでもやれますし、楽しくやれますね。

ところが、文法の隅から隅まで全部を単元学習の中にというと、これはとても骨が折れることなのです。なかなかやれないものですよ。どこかが、単元学習とは違った向きでやらなくてはならなくなってしまうのです。そういうところがあるのではないですか。

ですから、国語教育には、単元学習だけではできないところがあるという話がでるのはもちろん。ですから私は、あなたのは単元学習ではないと言われたら、それでも結構です。私は初めから自分のを単元学習と言ったのではありませんと。ほんとうにそうですからね。人が言っただけですから。単元学習でなくてもいいですと言っているのです。いつも。そういうところがあるのです、この文法の隅の方に。しかし、この文体の観察というのをやりますと、ほんとうに文法の全貌がやれるのですよ。ですから、品詞の名前などは、もう覚えるとか、扱うとか扱わないとかいう問題ではないです。一つの単語ですもの、一つのことばですから。「このことばは」というときに「この動詞は」とかいうように始終先生が使っておれば、きょうは動詞をとりあげますなどという、そんなへんな日はないのです。

しかし、やっぱり、文体の観察ということになると、文法の全貌をかつぎ出してこないと、文体の観察というのはできないんです。文体の観察ということは、中学校などではあまりされないですね。ずいぶん前から市川孝さんとか永野賢さんとかがおっしゃってるのですけれども、本もたくさんあるのに、なかなか行われない。この資料のどこかに出しておきましたが、市川孝さんの『口語文法』というのは、ほんとうに、文体の観察が短くよく書いてある本なんです。残念なことに、今、絶版になっておりまして、ありません。筑摩書房なんですけれど、ないですね。教科書として出されたものです。西尾先生の教科書がなくなったころ、いっしょになくなってしまったのです。その後、教育出版から出ましたが、これはだれかの忠告を入れて作ったというのですが、その忠告がよくなかったとみえて、もとの方がずっといいです。中学生のもつものとしては。しかし、表現文法として、教科書のように出ております。それに文体の観察というところがありますが、もとの文体の観察ほどにはよく書けていませんので、文体の観察をなさろうと思っても、今出ている方は、これだけでいいというわけにはいかない。どうしてあんな名著がなくなってしまったのだろうと私は思っておりますが、その文体の観察の例がその中にあります。

私自身も、『みんなの国語研究会』というシリーズの本に、文体の観察を、生徒といっしょに、市川さんの本といっしょにやったことがありまして、小川未明と宮沢賢治を比べてみたり、魚の話の文章とみつばちの話の文章、文体を比べてみたりしたことをあげてありますが、そのころのものです、その文体の観察が出てたのは。このごろはほとんど文体の観察が、項目がないくらいになって、勉強の範囲から出ていってしまったような感じがします。あれがしっかり、こういう中、こういう単元に入っていれば、私は文法の全貌を単元の中に入れることができるなと思います。

それでうれしくなりまして、赤い鳥のことをいろいろ調べるでしょう。たくさん本がありますもの。それから、赤い実のことを調べるでしょう。それから、雑誌「赤い鳥」と児童文学の歴史の方を調べるでしょう。白秋を調べるでしょう。文体論でしょう。私はほんとうにいい単元になると思いました。そうして、この話題がつまらないことじゃないでしょう、考えるのに。私がそれくらいおもしろくなるくらいですから。そうして、いわく言いがたしというところは少ないです。割合簡単なことで、それこそわかっていたら言えることです。深刻で、胸いっぱいにわかったけれどもなんと言っていいかわかりませんというようなところがありません。ですから私、これは話しことばの基礎の基礎をおく、話し合いの基礎の基礎をおく教材として探し求めていた教材という気がしました。

そして、こんなモデルがありますと、あのようなのと思って考え、またいろんなのが思いつくのではないかと思いました。私のいう、基礎の基礎をおくような、話し合いの基礎の基礎をおくような、わかっていたら口にしやすい、心の中をことばにしやすい、しかもくだらなくない、そういう材料と思うのですが、いかがでしょうかということなのです、これは。

さて、授業を進めることにします、そんなことで。五七ページから始まっていますが、これは、発表の都合もありましたけれど、目標などうんと簡単に書きました。全ての能力をここに挙げたりすると、全部といいたいぐらいたくさんの能力が出てきます、扱えるのです。出てきて、経験させられますが、もう、たいていの方がわかると思いましたから省きました。

「わかりやすく書く」ということにしても、書く方の力や文法の力や、そこに細かく、いつも私が書くみたいに、能力をずっと書きあげますと、ほとんど国語の能力をみんな書かなくてはいけなくなります、文法の果てまで。それでやめました。

この話を聞いてくださる方はみんな勉強しておられる方だから、読むこと全部、書くこと全部、話し合うこと全部、文法全部といえばわかって下さるだろうという気がしたのです。で、ごく頭だけを書きますと、「のびのびと話し合う」、別にじょうずにというわけでもないのです、のびのびと話し合う。それから、「わかりやすく書く」、これを眼目にしまして、研究目標は、目標のための適切な教材、という意味なんです。

さて、学習を進めるときに、これは何年生でもできますが、三年生にこんな学習をするわけがないでしょうから、基礎の基礎などおかないでしょうから、まあ一年生とか二年生でしょう。けれども、小学校でも進めようと思うとできると思います。それから時間数もうんと短くもできますし、長くもできますし、どういうふうにもなると思います。今は、フルコースで書いてあります。略すこともできますし、その略したばあいにもちゃんとできると思います。

この一番の項目が「学習準備」、こういう時間がどうしても必要ですね。これがつまらなくならないように。こんなところをきょう話していると、そこで終わってしまうと大変です。おわかりになると思いますが、学習のあらましとか、カードとかそういうものを確かめたり、いろいろいたします。その下の方に、本がたくさんありますけれども、その本が、ここにこんなのがあるということを話したり、これが教師用だとか、そういうことを話したり、いろんな道具を紹介して、あと何にもきかずにスムーズに進むようにするのが学習準備です。グループなどの、グループ学習と個人学習、どこが個人学習で、どこがグループ学習なのか、そのグループはどうなのか、そのとき作るのか、それとももうできているのか、できていればあげますし、そういうことも準備します。そして、それぞれのグループの編成のこと、それはプリントにして渡しておいた方がいいですね、作っておいた方が。このようなのは、グループがあいだでいくつかに、何べんも取り替えていきますので、初めから終りまでということはありませんし、個人学習が多いですし、全体学習もありますから、明らかにしておかないと迷いますね。それから、話し合いの司会の予定、どの、どういう話し合いは先生が担うのであって、どういう話し合いはどんな役の人がするのであり、どういう話し合いはだれが進めるとか、そういうこともこのときにきちっと準備しておきます。

それから、座席もきちんと作っておきます。このときにはこういう座席になるとか、なんでもないときはこういうふうに座るとか、こういうのはいちいち言うことはなくて、できるだけプリントでいたします。私が口で言わなければだめなどということはひじょうに少ないですね。ですから、書いたものだけでします。書いた以上は説明はしないのです。二度はしませんので、時間はそんなにかからない、それでもいろんなことがあって一時間はかかります。

五八ページの下のところに、「どの本から読んでも、また、読み残しがかなりあっても、参加できる」と書いてありますが、これがこの単元のいいところです。一冊しか読まなくても参加できます。一冊の人は怠けたなどと決まってません。それをていねいにおもしろく読んだのかもしれません。たくさん読んでも、それは勉強したことにもならない、そういうつまらないことはないのです。勉強したとかしないとかというところが露骨に出てこない。で、その前にちょっと言い落としたかもしれませんが、この単元は、そういうどうでもいいようなこと、できるかできないかということが問題にされないということ、そして、私がおもしろいとさっき申しましたが、出てくる話題は、それを知っておればちょっとおもしろいですけど、知らなかったからといって何の困ることがあるでしょうか。赤い鳥の色はカロチンだと知っていたっていいですけれど、ちょっとおもしろいですけれど、知らなくって何が悪いでしょうか、恥ずかしくもなんともありません。以後、ずっとそうなんです、この中身が、話していくことが。

ですから、変な暗い気持ちになることがない。私は、お話ししたことがあると思いますが、「花火」という単元は、自分で好きでした。あれはそうだったのです。話し合いの中で、頭に浮かぶ姿が花火であって、きれいであることが一つ、そういうことがとても楽しい。友情とか、「トロッコ」の良平とか、ああいうことになりますと、子どもは子どもなりの生活がありましてね、だれとけんかをしたとか、だれにしかられたとか、何を読んだとかいうことがありまして、ひょっとしたことでふっと変なことを思い出すことがあるのです。友情なんて話してますと、だれかと友情がうまくいかなかったときの悲しみなどがさっと心をよぎります。そんなこと、話し合いを邪魔することなのです。だけど、花火はそういうことがない、しかられた話も思い出さないですみます。心を暗くする種がこっから出てこないという話題がいいのです、話し合いには。だから、あまり慚愧に堪えないようなことが次々頭に浮かんでくることを話し合うことは、ひじょうに高度だということ、また、話し合わなくてもいいかもしれないことなのです。それで、こういう題材がいいという理由になってくるのです。

おまけにこういうふうに、一冊しか読まなくても、ほんとうに怠けたとしても、暇がなかったとしても、怠けたというのは、暇がなくって読めなかったとか、読むのが遅かったとか、それで一冊読んだ。でも、これで、話し合いに参加できます、今のように見ていきますと。

それから、たくさんあれば、それももちろんおもしろいです。そういうふうなことが、たいへん融通自在にやっていけるもとになると思います。先生が融通自在な気持ちでのびのびしていないと、子どもはきゅっとつまってしまって、ますます口が重くなってしまいます。

さて、「資料一を読む」。簡単に書いてあるのですが、その資料一といっているおしまいに、資料がどっさりあります。一という資料は、鳥のことや、花、実のことを読む本です。それを読むのですが、どの本からでもできるだけ多く読むのです。一冊でもいいですができるだけ多く読む。こういうときは子どもはそういう気になります。たくさんそこに置いてあって、みんなきれいな本でしょう、そうすると、できるだけ多く読むなどと言えば、もう一所懸命読みますね。

そして、家で読んでももちろんかまいません。貸しますから読めますが、いろいろ差し支えが起こりますので、放課後に借りて始業前に返すのをきまりとして、こういう本は貸すのです、教材本というのは。授業中には全部勢ぞろいしていなければ困るでしょう。ですけれども、夜は図書室に置くとか教室に置く必要がありませんので、いくらでも貸しますけれども、必ず始業前に返すという約束をなさると、少ない本を家に持って帰らせて、ややすいです、単元学習が。

それから、およその計画は、おおまかな計画はもっているということ、自分なりに。このくらいをこう読もうという計画は当然もつでしょうけれども、それを調べて指導したりはしません。

それから、新しく知ったこと、気がついたことをメモしておく。そこに「私の発見」という題の話し合いがあとであるということを準備時間に言ってあります。計画のときに、これが大事なのです。私の発見、こういう題であとから話し合うんだって。それを言わず、何でもおもしろいと思ったこと、気がついたことをメモしておきなさい、これではだめです。これでは、あとで話し合いが散漫になったり、話し合いができません。どんなときでも話し合いをするときは、テーマをちゃんと出してしまう、こういうふうに資料を読み出すときに。そして、気がついたことをメモしておく、分類などがしやすいからカードにしておくのです。この学習をするときには、カードを生かすことなどは教えてあると思います。学習準備の時間という時間を、学年として四月の初めにもつでしょう、入ってきたときに。その中に入っています。ですから、一枚のカードに二つのことを書くなどということはばかばかしいことだ、じつにつまらないことだということはもうわかっていると思ってください、そういうことは。

その下のところに、「私の発見」。それを言ってから、ひょっとして年にもより、子どもにもよりますが、自分が知らなかったこと、わあっと思ったこと、そして、自分が知っておもしろかったこと、ちょっとことばを足すといいかもしれません、私の発見と言ったときに。

そういうことばはどうして思いつくかといいますと、私がその二月号を見て、まあ、そうなのかと、やっぱり赤い実を食べるのか、へえなんて思ったりするでしょう、そういう自分が初めてぶつかって読むときの心の中をとらえておくのです。それは、普通の人はしなくてもいいのですけれど、教師はやっておくのです。自分がその教材に当たったときに、自分の心が何を言っているかというのをとらえておかないと、あと、こういうてびきが出てこないのです。そういうものなしに、ただてびきを作りますと、何かいるのだろうと思って頭で作ります。すると、似たようなものができてしまい、また、子どもには役に立たないものになってしまって、てびきとはいうのですけれども、いわゆる学習の問題であって、作りものになってしまうのです。私自身がこういうふうに思ったのです。やっぱり赤い実を食べるんだということがわかったときとかまだあるのです、構造色というのがあって、羽一枚一枚は赤くないのだけれども、それが揺れるときに赤くなるなどというのがあるんだ、そういうのも鳥にはあってなどということがありました。このおもしろいことが、この「資料」という本の中に書いてあって、私はそれを読みながらほんとうにおもしろかったのです。そこで、そのようなことばをとらえるのです。今日もてびきのお話、たくさんありましたけれど、ほとんど作られている感じでした。先生の心ではないという感じなのです。てびきというのは、そういうふうに自分自身の受け取り方をとらえておいて、それを持ってくるというふうにした方がいいのではないでしょうか。論理的に作ってくるのではないですね。

それから、一年生がもしこれを学習することにしたらば、分量も少し違ってくるでしょう。一年生でしたら、五九ページにあるようなてびきをプリントして与えたらよかろうと思います。

二年生であったり、一年生でも二学期になっていたらこういうのはいりません。いりませんけど、もし危ないと思いましたら、ちょっと、おとなしすぎる頭の働きといったら、どのようにとられるでしょうか、とにかく機敏に頭がパッパッパッと働かない人がいるのです、そういう子どもがたくさんいましたら、こういうのが必要なのです。だけど、頭のはしっこい子どもがたくさんいたら、こういうのは笑い話ですからいらないんです。よく見て、余計なものを渡すと子どもはかえって時間つぶしになりますから、しない方がいいと思います。が、それは参考のために下へ書いておいてみました。それはみんな私の心がひろったものです。読んでいるときの心の中をひろってみたのです。

それから、五八ページから五九ページまでになりますが、「話し合いの準備」。これでみんな本を読んでしまったとします。カードをみんな書きました、その次です。今度は話し合いの準備、話し合いをする前の準備時間ですが、カードを整理します。そこに示しましたように。どういうことについて発見したかなど、分類をします。

そのとき、今度は一まとまりごとに自分が使いやすいようにしておくのです。この準備がないと困るのです。その下のところに、カードのところの下に、「カードは五色である」と書いてあります。使ってもいいのですけど、必要がなければいいし、かえって読みにくいカードになることがありますので、色カードも気をつけて使わないと。ブルーが少し読みにくいということがありますし。そんなに種類がなければ角を裁断機でパッパと落としてもいいのです。それでもちゃんと区別がつきますから。

下の段の、「これらの作業のあいだに」というところは、私は経験上これは大事なことという気がするのです。これらの作業をしてるあいだに、みんなカードを繰っていますね。繰って並べたり重ねたり、いろいろして自分の分類をしております。そのときに、内容をとらえておくのです。子どもがどんなことを書いているか、広がってますから、見せてくださいって一枚ずつとったり、そういうふうに、邪魔をしないで、歩きながらどんどん見るのです。どっちみち全てのカードを見ることはできません。集めても全部見ることができるかどうかわかりません。集めたりしません。そして、そういうばあい、とらえるのです。話し合いになってから実際に役立てるというのですが、指導の実際に役立てるためなのです、それは。

話し合いの始まったときに、ほんとうに教師らしく話し合いの教室の教師としての働きがあります。それをしていくのにこのカードが頭にないと困るのです。けれども、それを、私の経験ですが、メモなんかしないで頭に入れるのです。どういうのがあった、どういうのがあった、だれさんがどんなの、いいのがあったなどと書いてもよさそうに思うのです、書いたこともあります、さんざん書いたことがあり苦労して、このことを知ったのですけれども。書いてもいいのですけれども、どうもだめみたい。書くということはいくら早く書いてもある程度時間がかかるでしょ。第一、全部の子どもについてメモはとれません、これは。役に立つほどにはとれないですね。だから、少しも見ない人ができてしまうのです。どうしても。それが困ることの一つ。

それから、実際の話し合いの場にあたって、そのメモなどを見ながら指導はできないのです。メモ見ながら、あの人がこういう発見をしたから、あったはずだなんて、そんなことしていて話し合いの教室は動けません。先生は、できるだけ頭に入れますが全部入れることはできない、つまり覚えられないんです、どっちみち。だからかえって邪魔になって、カードなんかいじってるよりも、しっかり頭に入れるのです。その日に忘れてしまったものはしかたがないんです。覚えてる限りを使って指導にあたる。この方が成功することを私は知りました。カードを使った時代のあるときに、カードを繰りながら指導して、なさけなかったことがあるのです、うまくいかなくなっちゃって。教室が死んでしまうのです。先生がちょっとずつ間隔をおきながら指導するんですもの。ちょっとずつ間が抜けるのですね、ほんとうに。文字どおりの間が抜けるのです。それで、打てば響くようには動けなくなる。そこでこれ、頭にしっかり入れて、そうして、忘れたのはしかたがない、使わない、そういう覚悟を決めて、覚えた方がよくいくようですよ。話し合いがされている生きた場で指導するということは、ひじょうに大変なことですから、何か見ながらやっとすすめるなどというわけにはいかないということです。それは私の、学校にいたころの大事な発見でした。

その次、準備をして、話し合い「私の発見」、四番［59ページ］。話し合いの時間ですね。そこに、配られたてびきがございます。わかりにくいかもしれませんが、話し合い「私の発見」、その次に「話し合いのてびき」というのがあります。そこからてびきです。それが次のページの「自分の話をあっさり、まっすぐに持ち出す呼吸を覚えるように」という、そこ［60ページの終わり］までがてびきのプリントです。これは下に書きましたように、プリントにして渡してしまって、説明はしません。このようなのは今読んでみるとおわかりになると思います。話すとくどくて、聞いてるとつまらなくなる話です。

それから、中身をたくさんの人が承知していると思います。できないまでも承知してるのです。半分も承知してることをプリントに刷って、そうしてまたそれを説明するなどという先生は時間が足りないなどと言ってはいけないと思うんです。そんなことしてるので時間が足りなくなるのです。せっかく刷ったら説明をする必要はないのです。説明したかったら口だけでしたらよろしいのです。刷らなくても、てびきを口ですればよろしいので、口頭のてびきでいいわけです。口頭の指示でいいんです。今、これは、半分くらいの人、かなりの人が心得ているのですが念のために言いたいことなのです、私から言えば。ですから、半分くらいの人は、あっそうかと思ってたいへん役に立つでしょうが、半分くらいの人にはかなり余計なお世話になります。そういうのはプリントだけで配ってあれば、その人はどんどん省いて読みましてね、あ、そうか、そうかそうかとすすめていきますから、わかってる人は、そうそうそうわかりましたとなります。そうでない人は、ああ、そうですか、そうねって、ていねいに読むでしょうね。まだ質問にも来る人がいるでしょう。それくらい子どもの差があります。どの生徒がそうか、てびきをお作りになるときの、そうしたこつをお覚えになるといいと思うんです。いつも全部を頭において作られないと、どのくらいの人がいらないかということをまず考えるということなんです。そうして作らないと、いらない子どもはつまらないです。

それで、「たくさんのカード、活用できるように見直す」。それから、分類を見直して、そうか、そうかとうなずいてみんなわかっちゃうと思います。3番のように、特に大事なカードで、ぜひ話し合いの場に出したい、そこ出したいカードなのですが、出したいカードを確認しておきます。マークをつけておく、または角を切り落としておく、なんでもいい、自分の方法で。これは出さなくてはという大事なカードを区別しておきます。このようなのは自分でやるわけです。

それから、「自分と同じ内容が友だちから出たら」［59ページ］どうするか。たいへんたくさん出ると思いますから、「賛成、同感の発言をする」、もちろんですね、そんなこと。こんなのがありますから、いらない人がいるというのです。そうでしょう、たくさんの子どもが賛成、同感の発言をするぐらいのこと知っています。ですからいらないのですけど、そんなことを忘れている人がいるのです、クラスには。賛成のときには黙っているもんだと思っている人がいるのです。だから、賛成だったらそう言わないと話し合いが運びませんよと。

それから、ほかのことば、言い方で続いて発言するんだ、ほかの人が自分と同じこと言ったらば、続いて、こということです。その話を少し飾ることになりますね。強くするためにそういうふうにするんだということや、出ている話題についてまだ出ていないことをつけ加えることを忘れないように。それから、別の見方や調査などがあったら、それなりに出します。こういうことを口で言う必要はちっともないのです。書いておけば子どもはちゃあんとわかります。

さて、その「心がけて」。「注意して」でもいいのですけれども、注意よりも心がけての方が、そのつもりでいなさい、おもちなさいぐらいで軽いのではないかと思うのです。こういう中身こそ口で言わないものです。こういうのを口で言われるとしかられているような気がするんです。多少注意めいてて、多少小言めいてて、できないんじゃありませんかといったような注意めいてるでしょう。そういうことは、どんなやさしい声を出してもやっぱり気分は悪くなります。しかられてるってことは気分が悪くなるから、なるたけ書いてすました方がいい。おとなでもそうじゃないですか、言いにくいことは書いておいた方がまだましではないですか。面と向かってあなたは何とかですなどと言うのはとってもつらいことでしょう。ですからその要領です。

そこでいろんなことが書いてあります、「関連づけながら聞くこと」とか、「静かに、カードを繰る」、はでにカードを繰っちゃいけないということです。バサバサ並べてみたり、そういうことしないということ。こういうことを言うと生徒がなぜって言うのです。それは、おとなはそんなことしませんと言うのです。子どもだけです、そんなバラバラやる人は。中学校はおとなになる学校だから、おとなのしないことはしないようにするという建て前が最初からありますので。

それから、自分の持っている内容は、たくさん友だちと重複しているのだと思いますけれども、しかし、別のことばで言えないかしらと考えてほしいし、それから、ごく少ないけれども、その自分が拾い上げている、「自分だけが拾い上げているものがあるかもしれない。チャンスをはずさず、発言を」。そういうこと、あたりまえなのに、書いておけばなんでもないです。改めて時間をとりながら、自分で拾い上げているものがあるかもしれませんね。そうしたらチャンスをはずさないで発言するんですよ、そんなことを言うと、なんだかつまりませんね。人をばかにしてるようで、あたりまえのことで。しかし、発言しないかもしれませんの。ですから、これを言っておきたいのです。

その次は、話すといやな感じになるからですけれども、「こういう場合に、ひとを生かし、自分を生かす技術を身をもって知る、体得する。ひとが言ったことを、まるで聞いていなかったように、無視したように、もう一度言ったりしない」。しかし、「その上につけ加えたり、それと並べて加えるつもりで、そのもとを確かめておくというつもりで話すのが、そういう繰り返しになってしまう」。初めから今言ったことをそのまま、あなたの言い方足りなかったというように言おうと思ってはいませんが、少し違うことをつけ加えようと思ったりなんかして言ってますとね、そういうふうになっちゃうんです、知らないあいだに。ですから、気をつけなさいということです。こういうことはしみじみ読んでもらう方がためになるのです。ですから書いておきます。そこで、「自分の話をあっさり、まっすぐに持ち出す呼吸を覚えるように」。こんなことは、書いておく方が身にしみます。言われてもすぐ忘れてしまいますから。

このあいだ、会のときに、湊（吉正）先生が、このあっさり、まっすぐに持ち出すのが気に入った、気に入ったとおっしゃってくださいました。あっさりということは、ただ今お話に出たこととほとんど同じでございますけれども、私は同じことを考えましてとか、そういうことを言わないことです。そういうことをくどくどくどくど言って、そして自分のことを言わないで、さらっと出せばいいのに。よくそういうことを言う方があるでしょう。前置きが長い、かねて考えていたことだとか、何先生からもお話があったことですとか、それから、どの本を見て考えたのに似ていますとかがあって、それはよくない、つまらないと思っている。そんなこと聞いていても何にもならないからつまらないと思う、何にもならないからと思いまして、これを仕込んでいたのです。さっと、あっさりと、まっすぐに、枝葉をつけずに、自分の考えをさっと出していく呼吸のようなものですね。それを覚えなさいという、いいチャンス、この話し合いの中で覚えなさいということです。

そこで、「たぶん、次のようなことが出るであろう」という「予想」。これは予想ですから、このとおり出るわけもなく、そして、出なきゃいけないこともありませんが、これは私の下読みです。さっき大槻（和夫）先生もおっしゃったように、話し合いの下準備です。私がこの資料を読みながら自分でとったカード、これがたくさんないと、指導のときに、話し合いになったときにうまく動けません。子どもの話し合いに任せていて、先生は見物人みたいになったりする話し合いがあります。先生が見物人になっている話し合いなどというのはだめに決まってないでしょうか。授業をしてないのです、教えてないんですもの。教室にいて、先生は何も教えていない。いなくても同じ、そんな人間になりたくありません。先生がいなきゃ大変だという人になっていたいです。

この話し合いをほんとうに盛り上げていって、さっきのような姿にするには、生徒が話し合いをしだしたときに先生の活躍があります。その活躍は、口で言ってもなかなかわからない、それができるのはこれですね、これが私の持ち物です。それからずっとそうです。六一ページはもちろん、全部そうです。あとでちょっと五九ページの下へ戻りたいのですが、六二ページもそうです。六三ページも、六四ページもそう。どこまででしたっけね。ずうっとそうです。ずうっと。六九ページの終わりから今度は赤い実のことになっていますけれども、そこもみんなそうです。どこまででしょうか、七十何ページまでそうですね。五番が始まるのが七二ページです。そこまで全部。それは本を読んで、こういう話がでる、でるだろうと私が拾ったものです。それが拾ってないと、動けないし、拾ってありますと、それは、全部私のカードでしょう。それを拾ってますと、どういうふうにと言わなくとも、かなり自在に、話し合いをしてる子どものあいだをぬって先生が活躍できるのです。どんなふうにと言われても、これを持たない人には活躍はできないわけ。自分の持ち物がないのにどのように教えるつもりなのかと私は思うのです。教え方、教え方といっても自分が持ち物があってのこと、心の持ち物が。それをどう教えるかということはありますが、初めから本の読み方が足りなかったり、発見が足りなくて、十ぐらいしか持っていないとします、それではどう教えたってだめですね。どんな顔して教室にいてもだめ。それから、どのように助言をする、しようと思っても、自分の心に何もありませんからできない、だれに共鳴していいかもわからないでしょう。ですから、これはとっても大事なことなんです。さっき先生がおっしゃいましたけれど、考えておく方は多いと思いますが、考えておいたのではどうやら役に立たないみたいです。書いておかないと。書いてみてはじめて、この話しことばの教材研究ができるという気がします、自分で。ですから、七二ページのそこまで、四番は全部本を読みながらとっておいたことなんです。あとでご覧くださいませ、どんなふうにということを。

その下のところ、ちょっちょっと気をつけたいところがあるんです。五九ページのところに。ありました。五九ページのまん中へんに、「クラス全員で話してもよいが云々」とあります。これは司会は先生です。ですが、交互に話し合いをしてもいいというふうに、いろんなやり方がございます。一つのコースでなくて、ずうっと続けていくのです。これ、二つのコースにしないで、二組に分けても別の話をするのではなくて、次々と話を続けていくのですが、黙って聞いている時間が十分ごとにあるというふうになるのです。たがいちがいに話していくのもなかなかいいです。休憩です。この方が話し合いのチャンスや用意がしやすいかもしれません。

それから、六一ページからのとこにずうっと並んでますのは、いろんな考えがいろんな人から出てきますのが書いてあるのです。読むたびにこういうふうにとらえていけばいいという例。これを子どものことばとして話し合いの形にしたものをあとに出してございます。それは、そういうことができるばあい。さっきの発見などというのはそういうわけにはいかないのです。私がたくさん発見してあればいいのです。あとはお読みください。そうすると、赤い鳥についていろんなことが、どんなことが問題になるのかわかると思います。

それから、六三ページにある「メモ」というのは、話し合いのあいだに、それぞれ、担当したい（「担当した」と書いてありますけれど、正誤表に直しておきました、「担当したい」のです。）担当したい書き物のために、あとでまとめなんかよく分担して書くときに、私はこのこと書きたいんですと言いたいことがあったら、メモをしておくというのです。こういうことは、基礎的なことだから、学習準備の時間などに言っておいてもいいのですけれども。その上のところに、高田勝さんの、赤い鳥が全部出てますでしょう、この方はいちばんたくさんそのように思っている人なのです。

それから、六五ページの下に、朗読のところに、「内容をそのまま話すように伝える読み」というのがあります。つまり、このごろ朗読についてのいろんな話があります。気分を出したり、そんなことをする読みではないのです。こういうのは作品そのものを平らに読めれば、それがいちばんいいと思います。たとえば、はじめの方。こういうことです、その平らに読むということは。「ギンザンマシコだと直感した。生まれて初めて見た赤い鳥、ギンザンマシコだった」、こういう読みです。なにも高低をつけてこの文章を飾ることはないので、平らに読めばいいんです。内容そのままに話すように伝えるということは、「生まれて初めて見た赤い鳥」などと読むのではなくて、「生まれて初めて見た赤い鳥、ギンザンマシコだった」、こういうふうに読むことです。だから、朗読担当の人が、私も含めて一所懸命勉強している読みですね。

それから、六五ページのもうひとつと六六ページも読みはそういう読みで読みまして。そのあたりみんな、小鳥について私が発見したおもしろいことが書いてあります。

六八ページのなかほどに鳥の声があるでしょ、あの資料の中にカセットがあります。そのカセットできくと、そういうふうに、オオマシコはチィーとかツィーだとか、それからいちばんおしまいのベニマシコはフィーといってからチリチィチョ、チィチョっていうふうになるんです。うまく真似できません。きれいな声でそうなんです。これはテープに出ているのです。このテープで鳥の声を聞くなどというのはひじょうにおもしろかった気がします。

それから六九ページの下のところにある、「切らずに、ポーズを使う」というのは、やっぱり朗読の時の心がけですけれど、息を切らないで、ちょっとしたポーズをおいて読むのです、短歌だからといって、いわゆる短歌調に、百人一首なんか読むのは別ですけども、そうでない、歌だからといって特別な読み方をしないということです。ポーズをおくというのは、息をきらないで、ちょっと止めることです。息を切るとほんとうに意味が切れてしまいますから、息を続けながらポーズをおくという読みがあるのです。それで読むということです、ここは。

それから、朗読と書き忘れましたけど、七〇ページにも朗読がありますね。マユミやウメモドキのところ。これから、朗読も、作品の一つを作家みたいに読むことばかり考えないで、こういう中に入っているのをほんとうにいい朗読で読んでいくというふうになりたいですね、授業の中で。

それから七二ページのところ、やっと下調べが終わったところです、「五」になります。今度は、「私の発見」の話し合いのまとめに、たくさん話し合いをしたあと、そのまとめに、いろいろな形を考えて、そして話し合いで分担を決めて、どれかを書く。ですから、さっきのように、こういうことを書きたい、こういう分担を自分がしたいと思っていた人は、こういうときに、こういう題目はどうですかといって出さなきゃだめですね。そして、それがいいということになれば、その分担をする。カードをとっておいたので、自分は書けるわけでしょう。ですから、聞いているあいだにも、これはいいというのは人には譲らないといったような、自分が資料をたくさん持ってるものを書こうとすると思います。

その題も一応書いておきましたけれども、こんなのを考えておいていきなりこれを出すのではなくて、子どもたちが出します、そこへ加えたりヒントを出したりして、結局は自分の考えていたのを入れたいと思います。たぶん子どもから、出ると思いますが、出なかったら出します。もっともっとたくさん出てくると思います、この話し合いのあとで。

それが過ぎまして、七三ページのところで、「ヒント」とあり、あとがあいているから変ですけれど、それが、ヒントなのです。

それから、「参考」はその次のページになってます。参考にするといって辞書をひいてみました、ちょっと参考に。子どもには渡さないでしょうけれど、先生方の参考にと思いまして、『大辞林』とか『広辞苑』とか、おもな辞書が、これらの鳥をどういうふうにとりあげているかということを。そうすると、ここからまたいろいろなまとめの文章のいろんなことが書けるのです。

やっぱり、たくさん載せている、「いすか」とか「うそ」とかいうのは赤い鳥などと書いていない、赤なんかついてませんけれども、たくさんの辞書がみんな入れています。つまり、辞書に入れてあるのというのは、その鳥が鳥の名前だけではなくって、何かのことわざなり何かのことばがある、「いすかのはしのくいちがい」といったようにですね、何かあるのがとってあるのだなという気がいたします。そういうことを発見したり、それから、説明がおもしろいといいますか、どんなふうに書けているかということを比べたりする、文体論の始まりみたいなものですけれども、こんなことも入れてあって興味深いです。

これは余分なことですけど、私、これを見ておもしろかったことは、『大辞林』と『広辞苑』とは、「あ」とかあ行のあいだは、ページがほとんどそろってますね、そこでご覧のように、「あとり」っていうのは、『大辞林』で五六ページの二段めにありまして、『広辞苑』では五五ページの一段めにあるんです。まあ、と思ってびっくりしました。それから、「いすか」だってそうでしょ。一一五ページと一一三ページです。「うそ」はどっちも二〇九ページです。どうしてそろうのかと思って、私、不思議に思いました。下の方も、「べにひわ」も二一八三と二一六二でしょ、おしまいの方です、「べ」ですから。そして、いちばん下の「ましこ」、おもしろいですね。（機械をうつときに、「しこ」というのが「に」に見えたのではないですか、それで「ましこ」というの、「まに」というふうに書かれちゃって。みんな「まに」になっていますが、「ましこ」なのです。）ページが、『広辞苑』と『大辞林』がほとんど合ってるでしょう、不思議だと思いました。まだそれ以上比べてみませんけども、とりあげたことばと説明のしかたがかなり似てるのかなと、少し考えました。二〇〇〇ページの方は少し離れてますけど、七四と四八ですから。けれど、上の方はぴったりでしょう。こんなこともちょっとおもしろかったことです。こんなことおもしろがってないで、次へまいりましょう。

七五ページの8番など、「赤い鳥一覧　比較しやすい一覧表」を作ったりする、そういう項目で作ったりする、これもおもしろいのではないでしょうか。

そして、まとめが終わって、資料の六［75ページ］になります。これには、いろんな作品がありますけれど、ひとりでみんな書くのではないことはもちろんです。みんな書きたい書きたいっていろいろ手を出しますから、気をつけないと、いいものがなくなっちゃいます。おそまつにみんな書きたくなっちゃう、ということがあります。

その中に「資料二を読んで」とあります。やっと資料二になりました。これは文学の方です。調べたり考えたりする題目を考えます。同じように読んでまいります。研究するとよいと思うこと、とりあげて研究すべきだと思うことなどを今度は拾っていきまして、私の発見ではありません。今度はこういうテーマで探します。

そうして読んでいきます。今度は前とは違いますので、話し合いにしておいてみました。みんなが出したものを、こんなふうに話し合いが進むだろうという形で書いてみました。これもとってもいいんです。子どもを頭におきまして書いてみる。今、私はAやBと書いていますけれど、A、Bなどとしないでちゃんと個人名で書いていった方がいいんです。その方が書きやすいです。あの子がこういうことを言うだろうと先生方は思われるでしょう。Aさん、Bさんなんて人格がないのでわかりません。でも、私は、Aというのは男の子の西村という子とちゃんと考えて書きました。いろんな人が言うだろうというのが○になってます。こんな話し合いになるだろうと思うのです。

それがずっとありまして、今度は前ほどありませんが、この中で私自身もこれを読みながら発見してうれしかったことがあります。知らないのは私の、児童文学をよく読んでなかったということになるかもしれませんが、「赤い鳥、小鳥」の歌はひじょうに単純な歌ですね。あとで少し言い合いになるような、西条八十の作った童謡などは内容が小説みたいにあるでしょう。歌を忘れたカナリヤ的に。ところが、これはほんとうに単純でしょう。白秋はこの歌を、この童謡を自分でひじょうに気に入っていたんですって。そういうこともあまり知らなかったです。これはひじょうによくて、童謡はこんなのがいいんだって言ったのですって。

それから、白秋は野鳥の会ができるときにたいへん尽力したそうですから、あるいは理科的ないろんなことを知っていたのかもしれないという話があるのです。私もああ、そうだったかと思って、その野鳥の会に私も入ってうれしかったなんてばかなことを考えたんです（笑い）。

そうしたところが、これ、私はほんとうに創作だと思っていたのです、白秋の童心であると思っていたところが、そうじゃなくて、白秋の好きな北海道の、室蘭の方の子守歌があって、民謡のようなものですね、ひじょうに好きだった、その子守歌があんまり好きだったので、それを改作してこの「赤い鳥、小鳥」にしたのだそうです。

「ねんねのねたまにゃ何しよか」って、子どもがねたから何かするのですね、あずきもちゃとちもち、赤い山へ持っていけば赤い鳥がつつく、青い山へ持っていけば青い鳥がつつく、白い山へ持っていけば白い鳥がつつくという子守歌なんですって。それがたいへん好きで、極楽鳥のようなきれいな姿だといって好きだったのですって。それをもとにして、この「赤い鳥、小鳥」の歌を作ったというのです。私はそれはたいそう、まあ、そうでしたかって、それこそびっくりしました。

そして、それをめぐって白秋が童謡をどう考えていたか、それから考えると、今、子どもの歌といってうたわれたり、放送されたりしてる歌がやっぱりずいぶん違ってきた、いいとか悪いとかじゃなくて、子どもの歌ってものがひじょうに違ってきたんだな、おとなが作ってやる子どもの歌がひじょうに違ってきたんだなということがわかります。

そういったことや、「赤い鳥」という名前の雑誌ができるときのこと、どうして赤い鳥という名前になったのか、初め青い鳥とつけようと思ったのがどうして赤い鳥になったのか、メーテルリンクの作品があるからではないのですって。そんなこととは関係はなかったけれどもつけなかった、そんないきさつとか、そういうことが文学の方に「資料二」の方には出ているのです。そんなおもしろいことがあって、私はたいへんおもしろいと思いました。

しかし、これでも、白秋のそのことを知らなかったら恥になるというほどでもないと思うのです。申しわけないとかいうことではない、やっぱり苦しむほどのことではないと思います。さっきから、発見してきたこと、いろいろたくさん、みんな恥になることではないところが、私、ほんとうに好きなんです。

それから、八〇ページに、「てびき」があります。それはまとめのてびきです。これもわかると思います。で、九番、予定によって、研究を進めます。その予定は「必ず提出する」と書いてありますけれど、予定は見ないといけませんね。子どもってほんとうに予定をたてるのがへたですから。できもしないことをやって、そして大さわぎしますので、できるようにしないと、勉強が苦しすぎていやになるかもしれませんし、提出作品もよくなくなるからです。そして、大事なものが落ちても困ります。それで、予定表は見ることにしていました。

それから、「指導者の講話」というところ［81ページから］で、「文体観察のおもしろさ」という題で、文体論の概略を話すことにするといいと思うのです。

その中でもたくさんの観点がある、どんな観点で文体を観察するのかということを話し合って決めて、その中から選んで、全部の点について全部観察するとしたら、ひじょうに専門的にむずかしくなりますから。結局、市川孝さんがいわれるとおりに、文末表現とか、それから用語、つまり外来語が多いとか漢語が多いとかいった種類の、用語のこと、文の長さだとか、それから接続だとか、そのくらいが中学生のやれる文体観察じゃないかと思います。中でも、文末表現は大切にした方がいいということが書いてありますから、本を読んで勉強して、このぐらいの観点で文体を観察するものだということを勉強しますけれども、その中から選んでこのくらいのをするというようにした方がいいと思います。

そして、「単元の結び」がありましておしまいですが、これはお読みいただくことにしましょう。おしまいは、文体論まで全部の作品を綴じたのは、クラスで一冊作ることにします。

それから、発表会は二回で終わるようにいたします。ですから、書いても、載せないのはたくさんできるわけですし、発表したくてもできない人もたくさんできるわけで、こればかりにかかって全部発表したり、全部載せたり、そういうことは生活的にできないことです。また、偏りということになると思います。

編集委員会の方の人数が多い方がいいと思います。細かい用事が多いので、そちらをたくさんとって、三分の一を会の方にするというふうにして、最後をまとめることになります。

おしまいが少し粗末になりましたけれども、こんなふうに進めていけばできると思いますし、本を少なく読んだとします、そしたら、あそこにたくさん拾ってみせてありました、あれが少し減るでしょう。それから、先生の読んでおいたのと言って足すのが多くなるでしょう。そうして、まとめのときにまずしくならない程度に教師が足していくのです。

それから、初め一冊しか読まないということになれば、同じ本を同じ人が読まない、違った人で分けて読むというふうにすれば、ひとりが読んだ分量が少なくても、話題は割合豊かになっていきます。いろいろくふうして、四十時間もやってたりすることはないようにしなければなりませんし、そんなことにはならないと思うのです。

おもしろくても、あんまり長くやっているということは、学校生活の中で偏りになってしまい、結局はやはり飽きることになると思います。そんなに長くはできません。これをご覧になる方はおわかりと思いますが、途中でどこをどういうふうに省いてもすすめられるのです。そして、先生が補ったりなんかしながら、縮めたければ縮めるというふうに。これ以上長くはならないと思います。省くとこなく書いてありますから。これは省こうと思えばそれでいいし、それからおしまいにまとめなくたっていいんです。みんな書いて、そこでおしまいでもいいんです。発表会は一時間でもいいんです。そういうふうにしていけばいいのではないかと思います。

繰り返しませんが、話し合いはさまざまのところにさまざまのタイプで入っているでしょう。それがみんなひじょうにむずかしいことというのがないのじゃないでしょうか。それで私は、話し合うということのごく基礎的な、さっきの心がけみたいなことをやる余裕のある、基礎的な単元になるだろうと思いました。

少し早口になって申しわけありませんでした。どうぞ話し合いを大事に、話し合いの力がなくていいなんてことは、どんな理屈をつけてもないわけですから。それが国語科の先生の手にあるのに、仕上げができないということは、ほんとうになんとしても、責任をとらないことだという気がいたします。どのようにしても話し合いの指導がさかんになってほしいと思っている、そんな気持ちがきょうのお話になりました。

ありがとうございました。

講演資料（一九八九年十二月三日）

単元「赤い鳥 小鳥」

〔一九八九（平成元）年十一月二十三日（木）
第19回大村はま国語教室の会研究発表大会〕

ベニマシコ　赤い木の実にかこまれて

林　大作撮影（「野鳥」一九八九年二月号より）

赤い鳥、小鳥

赤い鳥、小鳥、
なぜなぜ赤い。
赤い実をたべた。

白い鳥、小鳥、
なぜなぜ白い。
白い実をたべた。

青い鳥、小鳥、
なぜなぜ青い。
青い実をたべた。

北原白秋

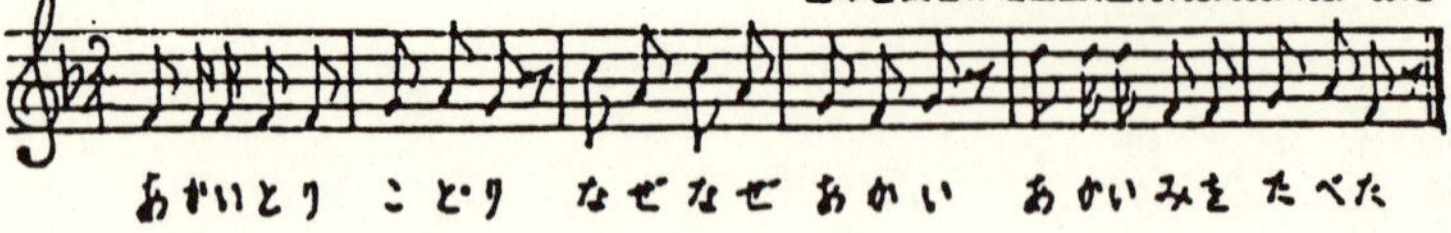
あかいとり ことり なぜなぜ あかい あかいみを たべた

成田為三、宮原禎次作曲

オオマシコ

高木清和撮影（高野伸二編『日本の野鳥』より）

コバノガマズミ

柳澤長男撮影（一九八九年十月）

「赤い鳥」創刊号表紙

「赤い鳥」昭和九年七月号（第八巻第一号）とびら

「赤い鳥」は、お子さまと先生とお母さま方に必読さるべき、ただ一つの、純芸術的、教育的な雑誌です。

「赤い鳥」は、十七年の久しき前から、下劣なる流俗に対抗し、児童の純性の護育と、芸術教育の進展とに不断の努力を捧げています。

今のあたらしい童話、童謡、童謡の作曲、自由詩、自由画の運動も、すべて「赤い鳥」が創始したものです。

「赤い鳥」は綴方を根本的に改革して、今日のすばらしい水準を作り上げました。

「赤い鳥」は多くの学校で、教材用に使われ、多大の賞賛を得ています。

この「赤い鳥」を、一人でも多くの方へおすすめ下さいますように。

はじめに　――一つの提案――

近年、話しことばの指導、音声言語の指導が以前より大切にされ、話題にされ、実践されてきている。しかし、それは、スピーチとか朗読とかいう面であって、話し合い・討議という方は、取り上げられていないようである。依然として、それをさせる人は多いが、指導する人は少ないという状態のようである。

それは、一つには、別に指導しなくても、結構、話し合っているように見えるので、読めない、書けないほどに苦にならないという場合もあろう。反対に、話し合いをさせても、一部の子どもの活躍はあっても、全体としては、いきいきとした教室にならず、話し合ったからこそ、というような成果も師弟ともに実感できなかったり、どうかすると、話がはずまず、重苦しい退屈な雰囲気になって、どんな学力も育っていると思えないような不安に襲われたりして、話し合いという学習活動をとりたくなくなる場合もあろう。実際、不用意な、特に言いたいこともない話し合いで、適当に何かことばのやりとりがあるというようなとき、まったくどんな力も養われるとは思えない、空しい時間である。それに気づかれた先生は、良心的な先生であればあるほど、とても話し合いの授業を繰り返す気にはなられないであろう。

しかし、どう考えても、どう理由をつけることができても、話し合う力が大切であること、何としても討議の力を育てなければならないことは、身辺を見、社会を見、世界の動きを見れば、もうきまったことである。どうしても工夫して話し合いの力を育てなければならない。

話し合う力を育てるために、今までどんなことをしてきたのであろうか。
○話し合いのできる雰囲気を作ること。だれかが、だれかを下に見ているということのない雰囲気を作ること。だれかに、下に見られている子どもが発言するわけがなく、下に見ている子どもの発言を本気で聞けるわけがなく、話し合いは成立しないので。
○一人一人が、話す内容を持っていること。話す内容を持っていなくては、元気や意欲や誠意では発言できない。その内容も一人一人自分のものを持たせなくては、自信をもって発言できず、同じです、同じです、では話し合いにならない。
○発言のチャンスをとらえること、入り方の呼吸をいろいろの方法で獲得させること。
○話し合いの練習の最初の話題は、太い線で、はっきりと進めていけるものにする。

例(1)　ある少年の物語を読み、副題をつける。
　みんなの副題を並べて、
　①　内容のとり誤りのものや意味不明のものを省き、意味のとり方に誤りはないというのを残す。
　②　誤りがないというだけでなく、的確に内容を表しているものを選ぶ。
　③　調子がよいとか、よいことばが使ってあるとか、表現の優れたものを選ぶ。（一つに決めるということではない。）

例(2)　伝記を読み、どういう人といえるか、その人を、どうどういう人と短く表すことばを書く。伝記は、一生でなくても、少年時代だけなどの方が適当である。あとの手順は前の例と同じ。

右のようなことを主にして話し合いということを学ばせるための学習にしていた。そして一般に、こうした、話し合いということを学習する段階なしに、文学作品の味わいや人の気持ち、心の動きなどについて話し合われることが多いようであると思い、こういう練習段階、学習段階をふまえていくことを提案してきた。

それは今も変わりないが、今回もう一つの提案を加えたいのである。

話し合いの力の基礎の基礎というような力を養うためには、どんなことを話し合わせるのがよいか、話題はどんなことがよいか、どんな場を設けるのがよいかということである。

私は今までのいろいろな話し合いの場合を考えてみた。どういう条件のとき、ことに、どんな話題のとき、よい話し合いになったかを考えてみた。そして、ひと口にいえば、わかっていてもことばにして言い表しにくいこと、微妙な感動、深い心の動き、などは、子どもが話し合うには、むずかしいのではないかと思った。

自分で自分の心のつかみきれないこと、文章のよくわからないこと、胸でわかっていても、ことばにならないで、もやもやとしていること、そういうことが、よく話し合わされているのではないか。

すぐれた文学作品などには、子どもたちは感動し、話したいことがいろいろあるであろう、ゴンの気持ち、良平の気持ちなど、どの子の胸にもひびくであろう、どの子も何か話せるであろう、好きなところを取り出したりして、さぞ、いろいろ話し合えるであろうと思われるが、子どもたちの受け取ったものの豊かなことは確かであるが、それを話し合うことはむずかしい。そういう心持ちこそ話し合わせたいがそれは目的で、今すぐ行けないところである。つけたい力にばかり目をつけていて、そこへいくステップを踏ませない。もとを育てる今を確かめていないのである。

基礎の基礎には、もっと、はっきりしたこと、単純なこと、といってもよいかもしれない、深刻でないこと、理解が十分なこと、子どもの今のことばの力でまにあうことがいいのではないか。

もちろん、話し合う気にもならないような、つまらない、中学生でいえば、子どもっぽいことではしかたがない。話し合う意欲をわかせてくれる、しかし、いわく言いがたしというようなことにはならないということである。

具体的に、どういう話題、どういう材料が適当であろうか。どんな単元を展開したらよいだろうか。しばらく、私の問題になっていた。

今年、一九八九年一月末、雑誌「野鳥」の二月号が出た。(私は野鳥の会の会員です。)見ると、「特集　赤い鳥」とある。それだけで、ぐっと引きつけられるのを感じた。

「赤い鳥」、そういう名前の鳥はいないので、実際には何という鳥のことなのか、一種類ではないと思われるが、どんな鳥たちが、赤い鳥といわれているのか。赤い鳥というと、〝赤い鳥、小鳥〟のうたが浮かんでくるが、ほんとうに、赤い鳥は、赤い実を食べて赤くなったのだろうか。そのほか、いろいろ、興味いっぱいの記事が特集されていた。日本野鳥学会会頭の黒田長久博士に野鳥の会の編集室の人たちがおききしたところ、赤い鳥は、やっぱり赤い実を食べたからではないだろうかということになった、そんな記事は、私をわくわくさせた。

そして、この赤い鳥が何という鳥たちか、それがどんな赤い実を食べるのか、赤い鳥は赤い実を食べて赤くなるのか、そういうことを調べる、その過程に、いろいろの読みものを、いろいろな読み方で読むこと、観察、尋ねる、調べる、話し合う、さまざまな記録、いろいろの目的の、いろいろのものを書く、というふうに、じつに豊かな言語学習の場が生活的に広がってくることを考えて、子どもたちといっしょの学習計画、指導計画が、あとからあとから心に描かれてきた。

さらに、赤い鳥といえば、多くの人は、小鳥より先に思い出されると思う児童文学誌「赤い鳥」、「赤い鳥、小鳥」の童謡も、その「赤い鳥」に載ったものであるし、「赤い鳥」の大正時代の児童文学の歴史のなかでの位置、北原白秋がこの童謡を作ったときのこと、白秋の童謡に対する考え、鈴木三重吉、大正という時代などと次々と思い浮かぶ興味深いテーマ。そのテーマを追求していくときに開けてくる言語活動の豊かさ。

そのとき、しばらく忘れていた『むすんでひらいて考』（海老沢敏著）が思い出された。子どもの歌を中心に、いろいろ追求しているところに通じるもの、結びつきが感じられた。そして、あの文章の書き方、材料の提出のしかた、事実の提出、事実を追求しながら発見したものを確かめ確かめ述べる、その文体、似た展開のさまを、ていねいに書いて、似ていても一つ一つ同じでないことを自然に表している文章、そういうあの本の書きぶり、文体を勉強して、それを生かして赤い鳥をめぐる、いろいろの発見を文章にしてみる学習が描かれてきた。

この課程の話し合いは、かねて考えていた、むずかしすぎない内容、ことばにしやすい内容になるのではないか。心情の深みに迫るというようなことに力を奪われずに、話し合うということを身につける学習に力を注ぐことができるのではないか。ことばにしやすいといっても、あまり単純な幼い内容では、話し合う意欲もなくなって、目的を達しない。話し合う意欲をかきたてるのでなければ学習は成り立たないが、この「赤い鳥　小鳥」をめぐる学習はちょうどよい程度と思われた。

なお、この単元の学習には、よいことのあるのに気がついた。

○知らなくても、まちがって考えていても、大して恥にならない話題である。

○大したことではないが、知ると、ちょっと、おもしろい。「へえ、そう」というような感じで、人の話を聞いていられる。

○心のなかに、赤い鳥、赤い実、子どものうた声、小鳥の声などが浮かんでいる。怒った声、荒い息、なやむ目、悲しい涙などが出て来ない。

○明るく、楽しく、焦らずに、人の話を聞いたり話に入ったりしていられる。

海老沢敏著『むすんでひらいて考―ルソーの夢―』の出たのは、一九八六年の十月のはじめであった。岩波の「図書」の広告でこの本を知った。

だれでも口ずさむことのできる「むすんで　ひらいて」はどこで、いつ、作られたのであろう。この愛らしい旋律はルソーにその淵源を発し、英国でクラーマーに祖型を求められるが、本書は、以後二百年の伝播の驚くべき広がり、多様さを追求し、音楽史、教育史、宗教史、出版、また自身のルソー研究等の成果を駆使して、その全容をあざやかに復元した画期的な労作である。

もうこの辺で、私はこの本を読みたくてわくわくしてきた。

さらに、

楽曲の変貌、音楽の消長、異質の文化における受容と享受の変転など具体的な論の至るところ、目を見張る地平が随所にひらく。

とあった。私は早速、近くの書店に注文の電話をした。本が来て、少し読みかけたところで、私は膝の手術のため入院することになった。私はこの本を持って入院した。そしてようやく本を読む元気がもどってきたとき、最初にこの本を開き、ゆっくりと少しずつ読んだのであった。

私は、この文章のおだやかな調子、端正ということばを思い出したような、静かな、明るい調子、ゆっくりと、落ちついて丹念に書かれている調子が好ましくなった。一章一章、納得しながら読んでいく気持ちが安らかであった。手術前後の不安におののいていた、心身ともに疲れて弱々しくなっていたところであったためかもしれない。なやみ、苦しみとか、争いとか、そういう素材でなかったからかもしれない。とにかく、楽しく読み進めた。

そして、こんな文章、こんな説明文が書けたらいいな、と思った。この文章の文体の観察をしてみたいと思った。そこに何か、説明の文章を書くことが見つかりそうな気がした。

ことに、歌詞や曲などが次々と変化していくことの記述、内容は違っても、変化していくようすを描き出していくということが繰り返されていくのであるが、それが少しも同じ調子でなく、繰り返しという感じがなく、次々と新鮮な感じで開けていること、この先は、この次は、と期待がもたれること、その秘密が、文体の観察の面から何か発見できるのではないかという気がした。

そうして、その文体の観察で発見したことを使ってくどくどしない、さっぱりした、わかりやすい説明の文章を書く勉強をしてみたい、子どもたちにも、そういう文章を勉強させてみたい、書かせてみたい、その方法を見つけたいと思った。

しかし、退院後、早速その勉強をすることをせず、そのままになっていた。

目標
1　のびのびと話し合う。
2　わかりやすく書く。
研究目標
目標のための適切な教材

学習を進める

一、学習準備

(1) 学習のあらまし、見直し、日程。
(2) 資料の確かめ。
(3) カードその他用具の確かめ、配布。
(4) グループ学習と個人学習。
(5) それぞれのグループの編成。
(6) 話し合いの司会の予定。
(7) 座席。

二、資料一を読む

○どの本からでも、できるだけ多く読む。
○どれから読んでもよいが、自分なりのおよその計画は立ててから読む。自分なりの筋を通して読む。
○新しく知ったこと、気がついたことをメモしておく。
「私の発見」「私の見つけたこと」というような題目の話し合いが予定されているので、それに役立つように、小カードにメモしておく。
○読んだ本は、読書生活の記録の「私の読んだ本」のところに記入しておく。

三、話し合い準備

カードの整理

話し合い「私の発見」には、どの本から読んでも、また、読み残しがかなりあっても、参加できる。話し合いに入れる、参加できるだけの、最少の時間は授業時間をとる。それ以上は、いくらでも読み、いくらでも、こんなことがあると話したいことが見つけられる。それがみんな言い表すことばに窮しないことである。

「私の発見」
自分が知らなかったこと。「まあ!」と驚いたこと。自分が知って興味をもったこと。

一年生の場合のてびき
思わずこんなことばが出るようなことを
○へえ、そうお。
○まあ、そうだったの。そうだったのか。
○そんなことがあるの!
○おもしろいね。
○まあ、愉快ね。
こういうところで、あまり骨を折らせないように、ヒントを与えたり、項目を一

(1) どういうことについての発見かを考えて、分類する。

(2) 話題の展開に沿って話が出しやすいように分類し、その一まとまりに、何についての一まとまりか、一ばん小さいカードを使ってわかるようにし、クリップしておく。

場合によって、色カード使用。

(3) クリップしたのが四つ以上あるようであったら、簡単な一覧表を作って、一目で自分の持っている発言の内容が見えるようにしておく。適当なときに、話し合いに入りやすいため。

四、話し合い「私の発見」　　司会　指導者

話し合いのてびき

一、たくさんのカード、活用できるように見直す。

1 分類を見直す。

2 自分はどんな話題に入れるか、どんな話題を持っているか、確かめる。自分なりのマークをつけておく。

3 特に大切なカード、ぜひ話し合いの場に出したいカードを確認しておく。マークをつけておく。または、かどを切り落としておく。

二、自分と同じ内容が友だちから出たら

1 賛成、同感の発言をする。

つ二つ立ててみせたりして指導する。

色カードは、白を含めて五色である。

これらの作業のあいだに、指導者は少しでも多く、内容をとらえておく。話し合いになってからの指導の実際に役立てるためであるが、こういうときは、メモなどせず、頭に入れる。こういう場合は、その方が指導しやすい。自由に助言が出てきやすい。それに、メモしていては、ある部分、一部分は正確になるが、その子のカードについて何もとらえてない人たちがどうしてもできてしまう。

クラス全員で話してもよいが、二つに分けて、10分程度で、交互に話し合いをしてもよい。二つのコースではなく、次々と話を続けていく。

また、グループで、何に関することはどのグループから、というようにしてもよい。ただし、これには前もって、小カードの内容を検討してグループを作っておかなければならない。

こういうてびきは、プリントにして渡すだけにする。こういう話は、重苦しい気

2　ほかのことば、言い方で続いて発言する。

三、出ている話題について、まだ、出ていないことをつけ加える。
　別の見方や調査などがあったら出す。

心がけて

○いずれにしても、よく聞くことが第一。
　それも、自分のもっているものと関連づけながら聞くこと。静かに、カードを繰る。

○とにかく、出ている話題をみのらせるように努力する。
　自分の持っている内容は、たくさん友だちと重複しているであろう。しかし、別のことばで言えないか。また、ごく少ないであろうが、自分だけが拾い上げているものがあるかもしれない。チャンスをはずさず、発言を。

　こういう場合に、ひとを生かし、自分を生かす技術を身をもって知る、体得すること。ひとが言ったことを、まるで聞いてなかったように、無視したように、もう一度言ったりしない。その上につけ加えたりそれと並べて加えるつもりで、そのもとを確かめておくというつもりで話すのが、そういう繰り返しになってしまう。自分の話をあっさり、まっすぐに持ち出す呼吸を覚えるように。


分にしてしまいやすい。言われなくても、心得ている人が半数は、いると思われるのでくどい感じになりやすい。それでは、プリントなしにすればよいが、やはり必要な子どもが半数は、いる。

どんなことばで。

どんなふうに。

たぶん、次のようなことが出るであろう。　―予想―

●図鑑で見ると、赤い鳥といわれる鳥は、スズメ目のアトリ類である。アトリという名の小鳥もいる。そのアトリ類はどれも赤い。

●野鳥の会の人たちは、アトリ類のところを「赤いページ」といっている。

●その赤いページの小鳥を何種類見たか、競争している。

●アトリ類のこの赤いページの鳥を赤い鳥というようになったのは、昭和三十五、六年ころ、冬の軽井沢採鳥会で、だれいうとなくオオマシコのことを赤い鳥というようになったようである。そのうちに、イスカやベニヒワのことも、赤い鳥という人があるようになった。そのうちに、冬にくる赤っぽい鳥なら何でも赤い鳥に入れる人も出てきて「赤い鳥」の中身は、ふえたり減ったりしている。

●「赤い鳥」というのは、学問的な、分類学的な厳密なものではない。

●「赤い鳥」とは気分的、感覚的、美的感覚的につけられているので、どれだけの鳥のことといえない。

●全体が赤くないにしても、ちょっと見たとき「赤い鳥！」という気がする。よく見れば、赤いところは部分であったり、赤が黄いろがかったりしていても、飛んでいる姿を見つけたりしても、枝などにとまっていたりしても、目に入ったとき、たいていの人が「あ、赤い鳥だな」ととらえる。そういう一群の鳥を「赤い鳥」というのだと思う。
●でも、それ、何の鳥と名前はあげられるのだろう。
●人によって、どれを赤い鳥と認める—認めるなどといういい方はおかしいけれど……
●人によって違うわけであろう。
●そんなにおおぜいの人が、リストにしているわけでもないと思う。
●野鳥の会の、北海道の根室支部長さんの高田さんは、九種類、また十一種類ともしている。
●その二種は、あまり赤くないのだろうか。あまり赤くないが、きっととてもかわいくて、全体として「赤い鳥」という仲間に入れておきたいのだろう。
●全身まっ赤な鳥ということではないので、どのくらいの部分が赤いのが赤い鳥といえるのか、厳密にはいえない。
●頭とか胸、おなかとか、羽、それも、もとの方とか、先の方とか、ぼかしとか、いろいろある。
●どの部分が赤かったら、赤い鳥なのか、それもいえない。
●赤という色も、ずいぶん黄がかったのもある。
●いろいろ目のつけどころがあって、きめられないが、一例を紹介すれば

高田　勝さん（根室支部）の赤い鳥は

ベニヒワ　コベニヒワ　アカマシコ　ギンザンマシコ
ナキイスカ　イスカ　オオマシコ　ベニマシコ
ウソ　付アトリ　ハギマシコ　計　11

●とにかくアトリ科の十種前後で、半分くらいマシコである。
●マシコは猿子。たいていの辞書で、猿の別称となっている。
●猿の顔が赤いので〝赤い鳥〟をマシコというようになったのであろうという。
●新潮国語辞典だけは、マシコはサルの子のことで、鳴き声が似ているからマシコ鳥というとある。夫木和歌抄という十四世紀初めの歌集によって教えられた説とのこと。
●それは、よく聞き比べないと。
●マシコが赤いという意味ならアカマシコ、ベニマシコは、ちょっとおかしい。赤赤、紅赤になる。
●英語の名前も、色からついていて、音ではない。
●学名に、赤という意味の形容のことばについているのは、ベニヒワ、アカマシコ、オオマシコ、ウソの四種だそう。
　そのウソは、日本名では、赤という意味は少しもないのに、学名では、人でいえば姓にあたる属名にも、名にあたる種小名のところにも、赤、それも「炎の色」ということばが使われている。
●名前に赤いということばのついていない方が多いようだ。

話し合いの間に、それぞれ、担当したい書き物のために、必要なことをメモしておく。

私の調査では

ハギマシコの種小名の意味は「北極の」

ベニマシコの種小名の意味は「シベリアの」で、

ベニヒワ、コペニヒワの種小名の意味は「アザミの実を食べる」

アカマシコ、オオマシコの属名の意味は「果実の実を食べる」

ギンザンマシコの種小名の意味は「種を取り出して食べる」

●名前をたどっていくと、赤い鳥たちが遠い北国からくる、高い山々からくる。そして冬枯れの梢や雪の森で、わずかな木の実や草の種を食べて生きていることがわかる。

●とてもきびしいなかを生きてきているので、数が少ない。

●めったに会えない、なかなか見られない、よけいに憧れが強まってくる。

●不思議な魅力がある。心がひかれる。

●札幌支部の林　大作さんは、何といっても第一等の赤い鳥は、ギンザンマシコといっている。この方は写真家だが、二十五歳のときから、ギンザンマシコの写真を撮りたくて何回も大雪山に出かけているという。

●大雪山って、一つの山かと思っていたら、そういう山はないそうだ。

山つづきのそのへん一帯を大雪山というのだそうだ。大雪の、雪の深い地域一帯を大雪山といっているという。

●林　大作さんは、最初にギンザンマシコに出会ったときのことを、思い出して、こんなふうに書いている。

一九八〇年一一月六日、野幌原生林を愛用の五〇〇㎜レンズをかついで歩いていたとき、手前の大木に三羽のシルエットを見た。そして「ポヒー、ポヒー」と鳴く声を聞き、ギンザンマシコだと直感した。生まれて初めて見た赤い鳥、ギンザンマシコだった。（「野鳥」一九八九年二月号）

●冬になると、札幌の街では、ギンザンマシコが見られるそうだ。道路の並木とか、公園や人家、ナナカマドのあるところへは来ているそうだ。

そのようすをこんなふうに書いている。

黙々とナナカマドの実の種子を食べている。腹がいっぱいになると、近くのオンコ（イチイ）の木に飛んで行き、枝に積もった雪を食べる。その後雪浴びする個体もいる。一時間ほどその木の暗い所で休み、またナナカマドの実を食べるということを、一日中繰り返す。（「野鳥」一九八九年二月号）

●私は夢中で写真を撮ったとあるが、ほんとうにその気持ちがわかる。雪、赤い実、赤い鳥、想像しただけでも、どきどきする。

●ほんとうに、目のさめるような、真紅なのは雄だけである。

●街でも見られるとはいっても、山の奥、深い森では、いっそう美しくて、全く森の女王様。

朗読　内容をそのまま話すように伝える読み。

朗読　内容をそのまま話すように伝える読み。

●ギンザンマシコには出会えなくても、ほかの赤い鳥、イスカ、ベニマシコは戸隠や軽井沢にいる。東京の野鳥の会の会員たちは毎年、赤い鳥を見るのを目あてに探鳥会を催している。

●野鳥の会の東京副支部長の井坂利夫さんの感激の思い出。

夜行列車で行って駅で夜明けを待って森に出かけたとき見たイスカの群れのすばらしかったこと。朝日に照らされ、新雪に映えて青空をバックにしたイスカの赤い色は、夜行の眠さもどこかへ飛んでしまい、本当に目のさめるような美しさだった。

（「野鳥」一九八九年二月号）

と書いている。

●赤い鳥というと、全身まっ赤という気がするけれど、そうでもないという話だったが。

●そう、全身まっ赤なんていうのは、図鑑を探してもない。

●それに時によって、季節によっても違うだろう。

●何かで、人に飼われたりすると、色がさめてくることもあるそうだ。

●高田　勝さんの本には、羽が生えかわって、半年近くなると、羽の先がすり切れて、そうすると、内側の鮮やかな色が表れてくるのがあるとあった。

●ベニマシコのこと、赤いといっても、だいだい色に近い色。バラ色ともいってあった。

朗読　内容をそのまま話すように伝える読み。

●赤い鳥といえば、だれも思い出す白秋のうた。
●赤い実を食べたから赤いというのは。
●芸術家の童心から生まれたものと思っていたが、そうではなくて、科学的根拠がある。
●赤い鳥は赤い実を食べたから赤くなったというのは、ある意味では正しい。（黒田長久博士）権威ある先生のお話。
●赤い実―赤い色素を含んだ食べ物―からを食べ―赤い色素を摂取し―それが羽毛に表れる。
●鳥の赤い色素はカロチン。そのカロチンを鳥は鳥のからだのなかでつくり出すことができない。
●動物園のフラミンゴ、ショウジョウトキなどは色があせてくるそうだ。
それでカロチンの含まれている食べ物を与えている。ニンジンとかオキアミなど。
●ギンザンマシコやベニマシコが、赤い実を食べているが、カロチンを赤い実からとっているかどうか、それはわからない。
●白秋は野鳥の会の創設に尽力した。もしかすると、赤い実―カロチン―小鳥といった仕組みを知っていたかもしれない。
●赤い実→カロチンのところは、疑問である。
赤い実を食べる鳥は、ほかにもいるのに赤くならない。ヒヨドリ、ツグミほか、『日本の野鳥』で見ても、食べる物と鳥の羽の色とを合わせてみると、赤い実と赤い羽の色との関係が疑問になってくる。
●鳥の羽の色は食べ物からだけでなく構造色である。見る角度や光の当たり方で色が変化する。マガモの頭の色は緑に見えたり紺色に見えたりする。
●色素の上に、たいへん薄い羽毛がおおっている。
●鳥の色覚はほとんど人と同じ。紫色寄りは人より感じる範囲が広い。
●色や模様、人と同じように感じているだろう。
●色も模様もわかるとして、その上、美しいと感じる感性といったようなものもあるのだろうか。
●赤い鳥の声、どんな声だろう。
自分の好きな鳥、知ってる声、まねしてみよう。

A　オオマシコは「チィー」とか「ツィー」

B　ギンザンマシコはとてもいい声　「ピィピィーピュルピュル」

C　イスカは「チュッチュッ、チュチュピー」

D　ベニマシコは「フィー、チリチィチョ、チィチョ」

●ここらで、カセット聞いてみないか、ちょっと休憩して。
鳥の声のかわいさは、もう、いうまでもないけれど、羽音がかわいいって、羽音をとりあげてあったのには、ちょっとおどろいた。これは、講談社の高野さんの本。
●そういえば、水浴びしたりしても、からだをふるわせて水を払

カセットがある。

う。その音がある。
高野さんの本にあるのはベニマシコ。
●赤い鳥は冬の鳥なのに、俳句の季題は秋だそうだ。
●色鳥となっている。
●色鳥は美しい鳥ということ。
こんな俳句が、一句みつかった。歳時記の秋のところに。
　色鳥の食こぼす物皆赤し　　白芝
●大悟法進というかたが、野鳥の会の会員であるが、たくさんの野鳥の歌を作っている歌集が二冊出ている。
こんな歌がある。
　　枯れ立ちし蓬の穂先撓めつつ
　ひそかにあさるベニマシコ見ゆ
　　　　　　　　　　　五十年一月　野坂峠
　ひそかなる林の中に気配して
　ベニマシコらし低き地鳴きは
　　　　　　　　　　　五十一年十二月　野坂峠
　枯藪にこもりひそかに鳴きつづく
　ベニマシコあり胸のくれなゐ
　　　　　　　　　　　五十二年十二月
赤い実について、たぶんこんな話し合いになるであろう。
●赤い実というと、まず、いちごを思い出してしまう。木いちご

調子に流されないで、内容をそのまま話すように伝える読み。俳句だから、短歌だからと、特別に構えない。息を切らずに、ポーズを使う。

とか。

●でも、いちごは季節的に、オオマシコやギンザンマシコは食べないことになる。

●春、花が咲いて、実のなるのが初夏だから。イチゴって、なんて種類が多いんだろうと感嘆しながら、この図鑑『日本の樹木』を見ていたら、フユイチゴっていうのがあった。これは九月から十月ごろ花が咲いて、十一月、十二月ころ実が赤くなっている。この写真も十二月八日撮影よ。

●だけど、木、そのものが、暖かい方に分布しているんでしょう。千葉県以西ですものそうすると、やっぱりオオマシコは食べないわけですね

●ほかのイチゴが赤くなっているのは、六月、七月、どうもイチゴは赤い鳥の食べ物ではないことにきまりでしょう。

●マユミやウメモドキ、どっちも種類が多いけれど、これは赤い鳥がちょうど食べそう。

マユミのところには、

「マユミの実はかなりおそくまで残り、初雪のころでも赤い実がよく目立つ」

と書いてあるし、ウメモドキのところには、

「晩秋から初冬にかけて葉が落ちたあとも枝に残るので、よく目立つ」

とあって、

[朗読]

「小鳥が好んでこの実を食べる」と、特に書いてある。

これも種類が多いけれど、ツルウメモドキは秋にまず黄色に熟して、よく熟すと、三つに裂ける。そして、なかから黄色かかった赤い種が見えてくる。とてもきれいで、いかにもギンザンマシコの気に入りそう。小鳥は色彩感覚があるそうだから。

●ギンザンマシコに気に入るといえば、わたしはフウリンウメモドキだと思う。だって赤い実が、一、二センチの柄の先に、一個垂れ下がる。もっとも、それが雌花で、雄花は何個か、下がるというけれど、とにかく長い柄が伸びていて、赤い実がゆらゆらと揺れるわけ。鳥でなくてもほしくなりそう。

●それはよく目立って、小鳥を呼びそう。

●一個で、ぶらりぶらりというのもいいけれど、たくさんかたまってふさになっているのも、これも目立って、オオマシコを呼びよせそう。コバノガマズミという、よく似たのもあるけれど、これは柄が短くて、一二ミリくらい。長くても四ミリくらい、ほんとに赤いふさに見える。

●まだナナカマドがあった。

●そう、北海道の大雪山あたりの赤い鳥たちは、まずナナカマドだろう。

オオマシコをはじめ、アトリの仲間つまり赤い鳥がよく見られるというので、野鳥の会の探鳥会の人たちがよく行く信州軽井沢近辺、野鳥の森一帯、さすがに赤い実のなる木が多くて、ナナカマドも街路樹にまでなっている。

●いったい鳥の食べる実は、赤いのが多いのではないか、青い実が赤くなってから食べる。赤くなったことは、実が熟しておいしくなったことを知らせているのだろう。赤い鳥たちが日本に渡ってくるころ、ナナカマド、ウメモドキそのほか、残っている木の実は、ちょうど赤くなっている。それをギンザンマシコもベニヒワもオオマシコも食べるというわけ。でも、もうそのとき、赤い鳥になっているのだから、それまでにたべた赤い実で、赤くなったということか。

五、「私の発見」の話し合いのまとめに、いろいろの形を考え、話し合いで分担を決め、どれかを書く。

例

1　話し合いの全体に出た話題と短い紹介。

数人で話題を整理し、分担してその話題について簡単な紹介を書く。

2　おもしろかった話題を選んで、もの語り風に書く。

○「赤い実を食べて赤くなるのはやっぱりほんとう！」

○「赤い鳥と赤い実とのおはなし」

○「今日も来るかなオオマシコさん、ナナカマドのひとりごと」

○「ぼくベニマシコ、わたしツルウメモドキ」（鉛筆対談の形で）

一編でもよい。何編でもよい。

同じ文体にならないように工夫する。ことに、書き出しに注意。書き出し、一つ考えついたとき、すぐそれにしないで、それは横に置き、もう一つ考えて、それを使うというようにするのも一つの工夫。

○フウリンウメモドキに捧げる歌

（フウリンウメモドキの姿の珍しさ、美しさ、ほめる歌。）

ギンザンマシコより

3　対話風に書いてみる。

赤い鳥として、たくさん挙げる人と、三つくらいしか挙げない人との意見交換という場を設けて。

4　赤い鳥の何種かを（一種でもよい）国語辞典で調べてみる。書き方を比べて、気づいたことを書く。自分でも、書いてみる。

ヒント

○どういう鳥が取り上げてあって、どういう鳥は載せていないか。

○記述のなかで、必ず書いてあることと、書かれたり書かれなかったりしていること。

○用語

参考

	大辞林	広辞苑	新明解国語辞典	岩波国語辞典	学研国語大辞典	国語大辞典（小学館）
あとり	56：2	55：1	×	23：2	42：1	60：4
あかましこ	×	×	×	×	×	×
いすか	125：4	123：4	54：1	50：1	90：3	131：4
うそ	209：3	209：1	93：2	85：3	154：1	230：1
おおましこ	212：4	×	×	×	×	×
ぎんざんましこ	666：2	×	×	×	×	×
こべにひわ	×	×	×	×	×	×
なきいすか	×	×	×	×	×	×
はざましこ	×	×	×	×	×	×
べにひわ	2183：2	2162：2	×	×	1768：1	2156：1
べにましこ	2183：2	×	×	×	×	2156：1
ましこ	2274：4	2248：3	×	×	×	2228：1

56：2（56ページ2段目の意）

5　全体を十分に書くとして、その目次を作成する。
一部分を文章にする。
6　冬の軽井沢探鳥会お誘いのちらし作成。
冬の軽井沢探鳥会案内パンフレット、「赤い鳥に会いに」作成
7　赤い鳥　一口メモ集
8　赤い鳥一覧　比較しやすい一覧表
学名　　通俗名
形態｛大きさ／色　　生態　　習性　　性質／特色
生息地
鳴き声
人間との関係
ことわざ　　慣用句など。

六、資料二を読んで、調べたり考えたりする題目を考える。
1　自分が興味を持ったこと、研究したいこと。
2　自分がする、しないということではなく、研究するとよいと思うこと。取り上げて研究すべきだと思うこと。
◇題目を考えるとともに、研究の実際の手順、結果をまとめる形を一応考える。また、個人の研究にするか、友だちと相談して、二人ないし数人の協同研究にするかも一応考える。

七、題目を出し合って、話し合う。
およそ、次のような話し合いになるであろう。
司　では、話し合い始めましょう。題、たくさん見つかった？
○　何か順序ありますか。どういうのから出すというような。
司　いいえ、何もなし、だれからでも、どんなのからでも、どうぞ。
A　まず、「赤い鳥　小鳥」の歌の研究。
B　こんなに、やさしくて。研究といっても困らない？　研究するところがないみたいで。やさしいものは研究できないというわけではないけれど、でも、何だか、あんまりはっきりしてて。
○　この歌は、たとえば、芭蕉なら「古池や　蛙とび込む　水の音」という句のようなものだと書いていた人があった。
○　なるほど。わかる気がする。どうと説明できないけれど。
○　ちょっと前のことだけど、先生のところへこっそり聞きに行った人がいたそうよ。
「『古池や　蛙とび込む　水の音』って、そんなにいい俳句ですか。ぼくは、ああそうかというような気持ちで、べつに感動するというぐあいにならないんですけど。」って言ってきたんですって。
○　それで、研究というと、たとえばどんなことを研究するの。
A　たとえば、「赤い鳥　小鳥、なぜ　なぜ　赤い」と赤い小鳥

○　に呼びかけたのだろうか、そして、「赤い実を　たべた」は、赤い鳥の答なんだろうか、それとも自問自答なのか、それとも、「赤い鳥　小鳥」は、なぜなぜ赤いかというと、赤い実を食べたからである、というのか。

○　ああそういうこと。研究するところがないどころではない。おもしろそう。

○　そういうことなら、やってみたい。

司　では、まず、このテーマを取り上げることにして、記録しますね。題をもう一度お願い。

A　題は、もう少し考えてみます。かりに「〝赤い鳥　小鳥〟の歌の研究」にしておいてください。

D　今のAさんのつづきのような感じですが、白秋のこの歌に似た、同類という気のする童謡を集めて、集めてどうするか、まだ固まってないのですけれど、とにかく集めてみれば、何か見つけられると思うのです。色に着目することは、一つ、もう決めてありますが、赤い、青い、白いのコンビもいく編かあります。色でなくて形や調子、リズムが、この「赤い鳥　小鳥」によく似たのがあるんです。「りす　りす　小りす」のように。

題は、かりにですが、

北原白秋の童謡「赤い、青い、白い」

「〝りす　りす　小りす〟と〝赤い鳥　小鳥〟」

E　私は「白秋の童謡の色」というのを考えていました。

○　童謡「に出てくる」……でしょう？

○　でないと、白秋の童謡全体の雰囲気のように聞こえます。

○　「りす　りす　小りす」と比べるのは、とてもおもしろそう。

○　ここで、Dさんの「赤い、青い、白い」といういい方のと「〝りす　りす　小りす〟と、〝赤い鳥　小鳥〟」それから少し広くなりますが、「童謡に出てくる色」と、三題入れておきましょう。この三題は少しずつ重なっているところがありますが、一人でこの三題を書きわけるわけではありませんから。同じものでも、見る角度によって別の発見があると思いますから、とにかく、いろいろ出すだけ出しましょうか。

F　〝赤い鳥　小鳥〟のできるまで、〝赤い鳥　小鳥〟の誕生の事情、〝赤い鳥　小鳥〟のもとになった歌、どうも題がうまくまとまりませんが。

○　どんなふうに思いついて、どんなきっかけで〝赤い鳥　小鳥〟が作られたかということでしょう。

○　どこどこの山で、赤い鳥に出会ってとか。

○　あの雑誌の「赤い鳥」に頼まれたとか。

F　私も、何となくそんなふうに思っていたんですが、今度いろいろ読んでいて意外な発見があったのです。

司　題は一応「〝赤い鳥　小鳥〟の誕生の事情」として取り上げておきますね。

G　「白秋の童謡というものの考え方」
「白秋は童謡をどう考えていたか」

「白秋の童謡観」
○　二番目のが、いいでしょうか。
○　そうね。これはぜひ考えなければいけないことだと思います。
○　白秋は〝赤い鳥　小鳥〟のことを、「こういうのが、童謡なんだ」と言ったということ、たしか読んだ。
司　では、この二番目のを取り上げておきましょう。
H　ちょっとむずかしそうで、―というよりも広くて、私たちにはむりと思いますが題を出すだけ出してみます。
日本の童謡の歴史上、白秋はどんな地位にあるか、ということ。

「日本童謡史のなかの北原白秋」

「日本童謡史上の北原白秋」

「日本童謡の歩みと北原白秋」
○　「日本」とつけなくてはいけないでしょうか。
○　外国のことかなとまちがわれることはなさそうですね。
司　歴史のことを「歩み」といっているのが、いいかなと思うんですが。
○　そうです。いかめしくなくて「歩み」がいいです。
こんな調子で、テーマを見つけておいただけ出していく。つづいて、雑誌「赤い鳥」をめぐる題目も出していく。話し合いのなかに出ている題目のほかに、次のようなのが、出るであろう。
○「赤い鳥」の誕生
○「赤い鳥」発刊の辞
○「赤い鳥」の時代・大正時代
○「赤い鳥」の作家たち
○「一房のぶどう」と「蜘蛛の糸」
○鈴木三重吉の願いと仕事
○鈴木三重吉と「赤い鳥」

八、いろいろ出た題目のなかから、それぞれ、自分の題目を選ぶ。

個人で、グループで選ぶ。グループでもやり、個人でもやるということもよいが、むりのないよう指導する。子どもたちは、あれもやりたい、これもやりたいと興奮気味になりやすい。十分指導して、同じ題目が重ならないよう、大切なテーマが残らないようにする。なお、希望を提出させて、仕上げの発表会やまとめの本が、豊かなものになるように調整する。

題目だけでなく仕上げの形を決める。発表会では、一人の話のほかに、対話の形、シンポジウムの形、またインタビューや劇の形も、もちろん取り入れる。

てびき—予定を立てるために

1　予定は、グループの予定と、個人の予定を立てる。

どうしていなさい、という向きではなく、よい案を用意して、自然に、よい方向に向くようにする。
子ども自身が選びとった感じになるように、よりよい案を出すようにする。

○プリントして与えるのみ。

2　予定ができたら、手順が適切か、時間の計算に誤りはないか、調べる。時間の計算に誤りはなくても、ゆとり、余分があるかどうか、病気をすることもある、意外に運ばなくて、一時間でやれると思ったことが三倍もかかってしまうというようなことは、珍しいことではない。必ず余分の時間、ゆとりの時間をとっておく。

3　予定を立てるために、時間をとりすぎない。あまり迷うことは、どっちをとっても同じである。表か裏か、どうしてもわからない紙は、どっちを表にしても、つまり同じである。

4　予定は個人のも、グループのも、必ず提出。指示があったら直して再提出。いずれもコピーを提出。

九、予定によって、研究を進める。

その間に一回、グループごとに、個人の場合は、二、三人いっしょに、指導者をまじえて話し合いをする。研究の進みぐあい、そこまで進めてくる間の、ちょっとした、いい話、おもしろかったこと、苦労したこと、自分のどんな力のないことに気がついたか案外らくにやれたこと、友だちの意外な一面、新しく覚えたことばなど、話の進行役はそれとなく指導者が務める。

（グループを編成する。混合グループ）

一〇、指導者の講話

自由でもよい。決してひとりぼっちになる子どもがないというクラスの状態ならば。

文体観察のおもしろさ

一一、グループで、『口語文法』（資料三の1）『国語教育のための文章論概説』（資料三の3）を読み、講話の内容を復習し、確かめ合う。

一二、グループで、文体を観察するための項目・観点を考える。

一三、代表討議、各グループから一名、それぞれのグループで選んだ項目を持ち寄ってまとめる。
（代表は、その日の当番生徒。当番は輪番、一校時交代。当番は机拭きをはじめ、その日の国語の時間の文房具を揃え、プリントを配るなどの雑用から、グループの話し合いの司会、そして、このような代表討議があれば、グループ代表も務める。）

一四、グループで文体の観察
『むすんでひらいて考』の、いろいろのところを担当し、一三の代表討議でまとまった項目によって、文体を観察する。（資料三の2、『みんなの国語研究会』を参考にする。）

一五、明かるい、わかりやすい説明文の文体について、学んだことをグループで話し合い、代表討議で話し合ってまとめる。
（グループ解散）

代表討議。司会指導者。
教室の中央に代表討議の席。
周囲に、各グループの席。

できたら次の本の一節を取り出して、文体の観察をしてみる。
○『日本の樹木』（写真・図鑑）ガマズミの解説。

一六、めいめいの文章を見直し、仕上げる。どこをどう直したか、適当なところを取り上げて、例として、単元の結びBの作品集に入れる。

一七、単元の結び

A　発表会　二回

B　作品集　クラスで一冊

(1) 発表会運営委員会、作品集編集委員会の二つに分かれて、それぞれの準備をする。

(2) どちらに属するかは、希望によるが、Aの発表会運営委員会に1/3、Bの作品集編集委員会に2/3の人数とする。このクラスでは、Aが12人前後、Bが25人前後になる。

(3) それぞれに、委員長その他、必要な役割を話し合いによって決めて仕事を進める。

(4) Aの発表会運営委員会の仕事

発表者の決定

発表者の資料準備の手伝い

プログラムの作成、印刷

会場（教室）の設定、あと片付け

当日の司会進行

録音・写真（ビデオ）音楽

開会のことば、閉会のことば

展示物管理

(5)

Bの作品集編集委員会

○作品を集める

○原稿整理

○作品集の名前

○編集会議

量の関係で何分冊かになるときは、編集委員会は二段階になる。どういう分冊にするかを決め、その後は、それぞれの分冊ごとに編集会議をもつ。

○内容の決定

○目次の決定

○必要な、紹介や解説をつける。

必要な資料を入れる。

装丁（表紙、とびら、口絵、目次）

ケースを使う場合はその用意。

前がき、あとがき

奥付

資料一（赤ラベル）

番号	書名	著者・編者	出版社	発行年月	備考（数字はページ）
1	最新俳句歳時記　秋	山本健吉編	新潮社	一九七一・九	赤い鳥とは出ていない。「色鳥」として出ている。50 小鳥は50、渡り鳥は48に出ている。 赤い鳥の個々の名前では、猿子鳥（マシコ）だけ出ているが、55、句はない。 赤い実は、うめもどき326、なかまど291
2	日本の野鳥[2]　そうげんのとり	藪内正幸	福音館書店	一九七四・一〇	絵本、ベニマシコが出ている。
3	日本の野鳥[3]　やまのとり（Ⅰ）	藪内正幸	福音館書店	一九七八・一	絵本。アカショウビンやアカゲラと、赤い鳥が出ている。これらが赤い鳥という中に入っていないわけを読みとったりするために。
4	日本の野鳥[4]　やまのとり（Ⅱ）	藪内正幸	福音館書店	一九七八・三	絵本。イスカとウソが出ている。
5	北海道のとり	竹田津実 小川巌	北海道大学図書刊行会	一九七六・四	各ページ2/3の写真、1/3の説明。いろいろのマークを使って、わかりやすい。索引も四種類、てびきも便利でわかりやすい。赤い鳥も、ハギマシコ、ベニマシコ、アトリが出ている。
6	小鳥との語らい	レン・ハワード 斎藤隆史・	思索社	一九八〇・七	第六章　第八章

7	樹梢	大悟法　進　安倍直哉訳	短歌新聞社	一九八一・一二	入手できず、著者に借り、すぐ返したため展示してありません。
8	続樹梢	大悟法　進	短歌新聞社	一九八三・一二	著者は、日本野鳥の会会員。
9	現代新書716　野鳥	髙田　勝　写真・叶内拓哉	講談社	一九八四・九	4　冬の鳥　とくに赤い鳥、小鳥165
10	山渓カラー名鑑　日本の野鳥	髙野伸二　編	山と渓谷社	一九八五・九	大部で、ゆきとどいている。写真も記事も付録や索引もよい。声を片仮名で書いている。声や形による見分け方もある。別売でカセット一セット（四巻）出ている。
11	山渓カラー名鑑　日本の樹木	林　弥栄　編	山と渓谷社	一九八五・九	大部で、ゆきとどいている。写真も記事も付録や索引すべてよい。
12	東京歳時記4　冬	宇野信夫　加藤楸邨　監修	小学館	一九八八・四	冬だより　花・樹・鳥123
13	森と鳥と	中村登流	信濃毎日新聞社	一九八八・六	Ⅲ　森の鳥類の全体像—鳥類群集
14	いろがみの詩（うた）	野呂　昶（詩）　戸田幸四郎（色彩）	戸田デザイン研究室	一九八八・一一	絵本。右ページ色、左ページ詩。あかの詩は　あさひのいろ／ゆうひのいろ／わたしのからだをながれる／いのちのいろ
15	野鳥　510号		日本野鳥の会	一九八九・二	月刊機関誌
16	子どもと楽しむ自然と本	京都科学読み物	連合出版	一九八九・五	まとめ方の参考のために。

番号	書名	著者・編者	出版社	発行年月	備考
		研究会編			
17	鳥と少年	アンリー・ペダーセン　山内清子訳	佑学社	一九八九・三	少年小説。鳥とかかわる少年小説として楽しみに。
18	カセット　野鳥の声　全四巻	蒲谷鶴彦　録音	山と渓谷社	一九八五・九	赤い鳥の声は、4のB面にあり。アトリ・ベニマシコ・ウソの声が入っている A面B面とも、始めと終わりに、どの鳥ということなく〝野鳥のコーラス〟がある。

資料二（緑ラベル）

番号	書名	著者・編者	出版社	発行年月	備考（数字はページ）
1	赤い鳥　2月号　表紙画　清水良雄　ストーブ		赤い鳥社	一九三三・二	白秋執筆の、「童謡と自由詩について」があり、白秋の童謡についての考えがよくわかる。裏表紙に「赤い鳥」についての宣言風の文章あり。
2	赤い鳥　7月号　表紙画　清水良雄　たんぽぽ		赤い鳥社	一九三四・七	とびらに「赤い鳥」についての宣言風の文章あり。2月号のものと、ほとんど同じ。
3	三年生の赤い鳥	鈴木珊吉編	小峰書店	一九五四・一〇	あとがきに「赤い鳥」の精神が述べられている。「父母・教師のために」とある。

4	日本童謡史　I	藤田圭雄	あかね書房	一九七一・一〇	「〝赤い鳥〟の童謡」の章、北原白秋39。「赤い鳥、小鳥」のうたについて、童謡についての白秋の考えについて、調べるために大切な本。
5	赤い鳥の時代 ―大正の児童文学―	桑原三郎	慶応通信	一九七五・一〇	〝赤い鳥　小鳥〟のうたについてくわしい272。本謡、北海道帯広付近の子守歌も出ている。
6	日本児童文学大系　7　北原白秋	藤田圭雄	ほるぷ出版	一九七七・一一	藤田圭雄の解説、少しむずかしい（もし中一で学習する場合）が、「童謡は子どもたちへのプレゼント」という白秋を考えるのに大切な本。「赤い、青い、白い」と並んだ白秋の童謡を考えるのにも大切な見やすい資料。
	○これは今、入手できず、ほるぷ出版から借用したので、ラベルが貼ってありません。				〝赤い鳥　小鳥〟の本謡も出ている。
7	児童文学の展望	二反長　半	大阪教育図書KK	一九八二・五	「赤い鳥」誌、誕生の事情について、特によく知ることができる93―120。命名については94。
8	鈴木三重吉への招待	鈴木三重吉 赤い鳥の会	教育出版 センター	一九八二・九	子どものための文芸雑誌「赤い鳥」についての中心的資料。
9	子どもとポエムの展開史	弥吉管一 ほか研究生	教育出版 センター	一九八六・六	第五章、童謡開花の時代―赤い鳥童謡を中心に― ○赤い鳥発刊の時代背景 ○赤い、青い、白いの並んで出ている

					うたが見やすい。 ○下欄を設けて、資料や参考が示してあって、勉強しやすい。
10	わらべ歌と民俗	藤井昭二	神戸新聞出版センター	一九八七・一	○学び方、まとめ方の参考のために。 ○「ホタルのうたを追う」という補遺のなかのレポートが、「赤い鳥　小鳥」のうたを追っている学習に通じるものがある。
11	ジュニアノンフィクション(29) 北原白秋ものがたり ―この世の虹に―	楠木しげる	教育出版センター	一九八九・一	伝記。活字が大きく、やさしい。小学生向けの感じの本。このような本が一冊、あってもよいということと、副題のつけ方への興味を誘う資料。
12	りんごの歌の昭和史	並木路子	主婦の友社	一九八九・三	一つの歌を中心にしているというだけの軽い意味の参考。
○	日本児童文学史研究　Ⅰ	鳥越信	風濤社		当然見るべきであるが、ついに入手できなかった。Ⅱに取り上げられている人々から見て、当然、Ⅰに白秋があるはずである。Ⅱの出版が一九七六・一であるから、七五年か七六年に出版されたであろう。

教師用（白ラベル）

番号	書名	著者・編者	出版社	発行年月	備考（数字はページ）
1	赤い鳥と鈴木三重吉	赤い鳥の会 編	小峰書店	一九八三・七	いろいろの人の執筆。
2	日本童謡史 Ⅱ	藤田圭雄	あかね書房	一九八四・七	
3	体験的児童文学史 前編 大正の果実	関英雄	理論社	一九八四・七	
4	言論・文学教育と人格形成 Ⅱ 子どもの世界物語の世界	髙橋さやか	新読書社	一九八七・一〇	第二章 児童文学の本質 (2) 童謡と詩115。
5	日本児童文学の軌跡	滑川道夫	理論社	一九八八・九	

資料三（黄色ラベル）

番号	書名	著者・編者	出版社	発行年月	備考（数字はページ）
1	口語文法―基礎と応用	市川孝	筑摩書房	一九六七・三	第六章 文体の観察 ○2とともに中心資料
2	みんなの国語研究会	大村はま	共文社	一九八一・九	生徒の研究 文体の観察 ○1とともに中心資料 ㈠友だち（中学二年）の作文を比べたもの。 ㈡「ミツバチの言葉」（『ミツバチの世界』桑原万寿夫・岩波書房刊）の一部と、『魚の生活』（末広恭雄・岩波書店刊）の一部を比べたもの。

番号	書名	著者・編者	出版社	発行年月	備考（数字はページ）
					ミツバチの言葉六五七字分、魚の言葉六八七字分を取り上げての比較
3	国語教育のための文章論概説	市川　孝	教育出版	一九七八・九	(三)「赤いろうそくと人魚」（小川未明）一、四七八字分と、「虔十林公園」（宮沢賢治）一、四八九字分、それぞれ冒頭からとって比較。
4	むすんでひらいて考 ―ルソーの夢―	海老沢　敏	岩波書店	一九八六・八	観察してみるところ。 ○158ページ12行め―159ページ15行め ○165ページ10行め―166ページ10行め ○171ページ5行め―174ページ3行め ○209ページはじめ―210ページ13行め ○281ページはじめ―284ページ3行め

教師用（白ラベル）

番号	書名	著者・編者	出版社	発行年月	備考（数字はページ）
1	文章心理学	波多野完治	大日本図書	一九六五・九	
2	文体論入門	日本文体論協会　編	三省堂	一九六六・一一	お借りした本なので、ラベルが貼ってありません。
3	小林英夫著作集第七巻　文体論の建設	小林英夫	みすず書房	一九七五・一〇	お借りした本なので、ラベルが貼ってありません。
4	授業に役立つ文章論と文体論	井上尚美 大熊徹	教育出版	一九八五・三	

5	文章論総説	永野　賢	朝倉書店	一九八六・三
6	文章論と国語教育	永野　賢編	朝倉書店	一九八六・三
7	国語教育新論	湊　吉正	明治書院	一九八七・四
8	文章心理学入門	波多野完治	小学館	一九八八・一二

余談

一九六八年、日本国語教育学会の計画で、ヨーロッパ旅行が催された。その団体の一人に加えていただいて、初めてヨーロッパに渡った。その旅の一日、ヴェネツィアに遊び、サン・マルコ広場の近くのスキヤヴォーニ埠頭から遊覧船で15分、ムラーノ島に上がった。ここは世界的に有名なヴェネツィア・ガラスの中心地でもある。ガラス工場の見学をし即売店に立ち寄った。実に美しい作品、しかし、非常に高価で、とうてい、私に買えるような物はない。溜息をつきながら、見とれながら、まわっているうちに、ふと、高さ三センチほどの赤い鳥を見つけた。文鎮のようである。羽の先の方へ黄色がぼかされていて、透き通った美しさ、それに、何とか買えそうな値段であった。しばらく迷ったが、国語教室のおみやげにしようと思いついて、とうとうその赤い鳥をわが物にした。

それを、ほんとうに国語教室のおみやげにして、私の机の上に置いた。そして、子どもからの連絡のメモをその下に置くことにした。「あしたの朝、7時15分に必ず持ってきますから、プリント2枚、印刷してください」とか「放課後に提出すると言いましたが、書ききれませんでしたから、持って帰ります。あしたの朝、出します」

とか、いろいろな連絡が、このガラスの赤い鳥の下に置かれた。私も廊下などで出会い、レポートなどを出そうとされて、あいにく会議室に行く途中であったり、持ち物が多かったりして受け取りにくいときなど、「ああ、それ、赤い鳥に預けておいて」などと言ったりした。帰る前には、必ず赤い鳥の下を見たが、「先生、ゴメンナサイ」などという紙片のまじっていることもあった。「先生、お大事に」という紙片を見つけたこともあって、「赤い鳥から聞いたお話」というお話でも書いてみたいような気がするほど、事務的な連絡とともに、さまざまな心の通じ合いの場であった。

2　単元　ユーモア優等生

――笑いのセンスを育てる――

講演資料（一九九二年十二月六日）

単元　ユーモア優等生

——笑いのセンスを育てる——

付　手軽な学習資料の紹介

〔一九九二（平成四）年十一月二十三日（月）
第22回大村はま国語教室の会研究発表大会〕

（原資料は一段組み）

Ⅰ　「単元　ユーモア優等生」の歩み

在職中、ことに昭和四十八年ころから、まんがとか、笑いとか、ユーモアとか、だじゃれとかいうことが、よく自由なおしゃべりのなかに出てきた。

その断片。たとえば、

㈠　（私は、この人たちの近くにいたが、話し合いに入ってはいなかった。）

——「笑う」っていうことは、人間にしかないって、何だかで読んだけど、そう言えば、そうね。

——笑うのは、人間のしるし。

——人間のしるしは、ことばでしょ。

——笑うのは、ことばでしょ？

——えっ？

——だって、たしか、感動詞の例になってたもん。

——感動詞に入ってれば、ことばなの？

——当たり前じゃない。

（離れた席から、いつのまに引いたのか）広辞苑に出てるぞう。

㈡

——とにかく、人は笑う、犬は笑わない。猿だって笑わない。雀だって笑わない。

——笑いカワセミに話すなよっていう歌があったね。

——あれは、さえずりが、笑い声みたいに聞こえるというだけで……。

——そうだよ、笑うに関係ない。

——そんなこと、知ってるよ。だけど、鳥だって笑うことがあるってことだよ。

——それは重大だよ。

——鳥はとにかく、鳥と笑いをくっつけて考える人がいるってことだよ。

——ただ聞いてたら、笑ってるみたいに思えただけだろう。

——でも、かなりおおぜいの人が笑い声っていう気がしたんだろう。でなければ、そんな、あだなみたいな名前がつくわけないよ。

——何とか何とか、「鳥笑い、花ほころびて」っていう歌なかった？

（大笑い）

——それは「花笑い」だろ。

㈢

校庭で、数人の一年生が、お互いに、体をぶつけ合ったり、人指し指で、鼻をつき合うような格好をしたりしながら、体育のK先生をとりまいて、楽しそう。ときどき、おおげさに、手を打ったり、ひっくり返りそうになったり、前へのめりそうになったりして、大笑いに笑っている。

私たちは三階の窓から見下しながら、こちらも話がはずんでいた。

——先生、K先生、一年生にすごい人気。何しろ、おもしろいですよ、K先生。

——一年生じゃなくたって人気ありますよ。とってもユーモアがあるんです。

——ユーモアってほどじゃないけど、おもしろいのよ。

——だじゃれがうまいのよ。

T　たとえば、どんなの。教えて。

——言えないの、恥ずかしくって。

——とにかくユーモアなんて言えないこと。ちょっと下品。

——下品ほどじゃないけど、上品じゃない。ほんとのふざけ、冗談。

——ふざけるっていうと、一ばん当たってる。

——そう、ふざけの程度。

——さっき話してたユーモアとは、だいぶ違うよ。

——でも、とにかくK先生はおもしろくて、みんなに好かれてる。一年生でなくたって、つまり一年生がまだ子どもっぽいからということでなくて、みんなに好かれてる。

——おもしろいことは、だれだって、好きだもん。だけど、こんなにだれでもおもしろいことが好きなのに、おもしろい人は、つまりいい人になっているのに、どうして日本人は笑いがないとか、ユーモアがないとか、言われるんだろう。

——あるけど、言えない、表わせないというだけのことかな。ぼく、それ、わかる。

——書いたものは、たくさんあるんだって。前に先生に聞いた。古事記の昔からあるんだって。万葉集にもあるんだって。

——何が?

——だから、お笑い、おもしろいこと、じょうだん。

——古今集なんかには、たくさんあるんだって。

——この間、聞いた狂歌は?

——川柳とか。

——川柳って、俳句でしょ。

——違うよ。

——川柳って、おもしろいわね。

――俳句のふざけたの？

――ふざけた？

――気楽なの。

――深刻でないの。

――川柳だって深刻なの、あるよ。

――それはつまり俳句じゃないの？

――深刻っていう意味が違うんじゃない？

――少し下品なの。

――俳句は上品なの？

――そりゃあそうよ。松尾芭蕉だもの。「月日は百代の過客にして、行きかふ年もまた旅人なり」

――俳句じゃないじゃない？

――こういう世界っていうこと。


このようなことをガヤガヤと言い合っていることがあった。そして、ある日、ユーモアの勉強をしよう、したいと言ってきた。この申し出は、一度ならず二度ならずあった。言われるまでもなく、私も何回も試みようとしたが、江戸時代の勉強がたいへん足りないこと、そして、それ以上に、自分が、親譲りの不器用で、（手も心も生き方も）ユーモアに程遠いと自覚していたので、それに、ユーモアというよきものは、芸術に近く、学習するとか、指導するとかということで、得させられない、天与のものの部分が大きい、という気持ちがあって、学習計画が持てなかった。

戦後すぐの指導要領の単元学習の項の最後の一行に、指導者自身の能力を考えるという意味の項があって、それが身にしみていて、子どもたちの熱心な声に対して「だめ、私に力がないから」を繰り返していた。

それでも、自分でもあきらめず、「単元ユーモア」に向けて資料を探したり、勉強したりしていた。でも、とうとう在職中には、一年生（中学）を連続担当していたこともあって、実践できなかった。

退職しても、あきらめられずに、「笑い」とか「ユーモア」とかいうことばに出会うと、どきどきとして、読んだり聞いたりしていた。昭和62・63年には、NHK「美しい日本語講座」を受講し、ことに、63年の第4コースのⅡで、「ことば遊びのなぞなぞ」「ことば遊びの流れ」「ことば遊びの種々相」そして「江戸の川柳のことば遊び」と、ほんとうに願っていた勉強ができた。更に昭和64年には、テレビのNHK市民大学で、求めていたテーマぴったりに、「日本人の笑い」（講師、織田正吉氏）が放送された。これはたいそう有益で、大筋をつかむことができた。

「ユーモアは感覚の一種」と聞いたとき、目が覚めた思いであった。「ユーモアがある」ということは、「ユーモア感覚がある」ということなのだ。うっかりしたことばづかいで「ユーモアを育てる」などと言っていたが、「ユーモア感覚を育てる」なのだ、と気がついた。そして、感覚ならば、それをねる、鋭くする、ことができるはずである。それを目ざしての学習とか、指導とか、教育があるはずである。また、感覚であるから、豊かな人と、そうでない人といるのは当然であると思った。また、ユーモアの表し手だけがユーモア感覚のある人なのではなく、ユーモアの表現のできない人もそれを感じとることができれば、ユーモア感覚のある人なのである。文学を創り出すことは、だれもだれもできるわけではない、しかし、文学を味わうこと、鑑賞は、みんなのものという西尾先生のおことばも思い出した。

私は、単元「ユーモア感覚を育てる」と仮題を決め、足を踏み出した。資料も本格的に探し始めた。

少し前のご著書を取り出して、失礼かもしれないが、昭和49年に書かれた外山滋比古氏のご著書の一節に、

「学校の国語の教科書には、ヒューマーとかウィットのある文章はまったく見当らない。いつもしかつめらしい顔をして読むのが国語だと思いこませるのが国語教育らしい。言葉のおもしろさ、笑いを味わわせて、喜劇の感覚を育てることを考えている教育はまずないと言ってよい。これでは言霊のさきわう国が泣く。」(『日本語の感覚』一二八ページ、外山滋比古著)

とある。その後昭和57年に「笑いの学びを忘れていた日本人」というエッセイを、ある広報誌に寄せられ、それを『人生の風景』(資料A—23)で見た。そして、天与のもの、などと言って、後込みしていたことがおかしくなり、教えていいんだ、それどころか、教えなければいけないのだと意欲がわいてきた。

『笑いに生きた達人たち』(資料A—24)これは91年、日本テレビの放送の記録であるが、その序文の結びに、

教育から笑いが忘れられている、笑いの教育が忘れられているといってもいい。

とあって、これも私を力づけてくれた。

こうして、いろいろの本を読みすすめていくうちに、ユーモア感覚を育てることは、ただ、日本人はユーモアがないと外国の人からも日本人からも言われているから、とか、これから国際人として、広くいろいろな

国の人と交わっていかなければならないから、とかいうこと以上に、もっともっと深い意義のあることに気づいた。とらわれないものの見方や価値観を持って、自由な発想のできる、そういうゆとりの人間に成長するために、ゆとりのある、豊かな人生のために、柔軟に、したたかに生きるために、ユーモア感覚を育てておくことが必要であると、教育の目標に対して、その位置を確かめえたのであった。

なお、いろいろ読みすすめていくうちに、笑いは権力に対する、みんなの持てる武器である、笑いとばして、傷つかずに乗り越えられる、まったく武器であるとわかった。さらに、笑いは、欠点多く失敗の多い、人間というものの弱さ・愚かさを見守る深さ、あたたかさであること、ユーモアは、深い、あたたかい心に宿る、ユーモア感覚を育てることは人間らしい、深い、あたたかさを育てること、ユーモア優等生は、人間らしい人間なのだと思い至ったとき、この単元の学習の意義の深さに感動をさえ覚えた。

「笑いは人間のしるし」宇井無愁（資料A—3）、「人間は笑うことを心得ている動物」ベルクソン（資料A—1）が新たに心にしみた。

単元「ユーモア優等生」の位置付け

昨年の「単元　日本と日本人を見直す」の学習のあと、その見直してとらえた日本と日本人の姿を取り上げて追究する学習を計画することは、当然のことである。

「日本と日本人を見直す」の学習のなかで、見直しをして得たことのなかで、「日本人にはユーモアがない」という声が多かった。「ユーモア優等生」は、それを取り上げているわけである。

なおこのような場合に、見直してわかってきたいろいろの点について考える単元として計画すると、二つの向きがあろう。

A　問題点をたくさん取り上げて分担して考える、報告し合う。

B　問題点を一つを選んで、それをみんなで考える。

今度の場合、Bをとったわけである。

Ⅱ　目　標

この単元の目標は、ユーモアの感覚、いい笑いのセンスを育てることである。

日本人にユーモアがないと言われていることについて考えたり、ユーモア、笑いについて話し合ったりするのも、それを論じ合ったり、「日本人と笑い」とは、「ユーモア」とは、「笑い」とは、という答えを出したりするのが目あてではない。そういうことは、実際に笑いのセンス、ユーモアの感覚を持った、ユーモア優等生を育てるための周辺である。

いろいろの読む力も話す力、話し合う力も、聞く力聞きわける力も、つくであろうし、語いもふえ、語感も鋭くなりことばの力がつくであろう。しかし、それが目あてではない。

読む物も多く、いろいろ考え、話し合い、実際に、ことばに支えられ、ことばによって開かれ、ことばがことばを育てて、ことばのいいセンス、ユーモアの感覚を磨くのである。ありったけのことばの力が目を覚ましたように活動し、それを目あてにしていなくても、いきいきと成長するに違いない。

Ⅲ　学習を進める

予定

一、第一時　学習諸準備
　学習の計画・日程　資料の確認

二、第二、三、四、五、六時　日数として十日前後になろう。
　資料Aの本を主として読む。
　指導者の講話　二回、一回15分
　指導者の話「私の拾ったユーモア」
　　講話のない日、その他おりを見て。

三、第七時　話をし合う　進行係　主として指導者、補助として国語委員
　二の間に、読んだり聞いたりしたことをもとにして、
　1　○○○（たとえばユーモア）について、この本はこういうことをいっている。（紹介）
　2　○○○について、こういうことを、やっぱりそうなんだなと思った。（確認・共鳴）
　3　○○○について、こういうことに気がついた。（発見）
　4　○○○について、こういうことがわからなくなった。（問題提起）
　5　その他
　参考

○指導者も、話を持って入る。（その間、進行は、国語委員）もし出るべき話が十分出ないようなことがあったら、何回も話し手になって、内容を豊かにする。みんなからの話が出尽くしてから、出すのでなく、みんなにまじって、次にきっかけを作りながら話す。最後に、つけ加えるという状態にならないように、気を使う。

○たくさんあって、発表しきれないときは、めいめいに書いて出してもらい、集めてコピーして配布する。もう一時間、とることはしない。

四、第八時　話し合い

ユーモアらしいことでも言えるような、ユーモアのいい感覚を持つために、どんな能力を育てたらよいだろうか。どんな勉強をしたらよいだろう。（次のような話が出るであろう）

◇

○人の声を何となく聞いていないで、心を動かして聞く。一つの「音」といったように、聞こえるままにしていないで、きちんと、はっきり「ことば」として聞く、そういう習慣をつけることが、まず大切だと思う。

○聞き流さないということ。いい加減に聞いていないということ。

○気をいれて、聞く気になって聞くということ。本気で聞くということ。

○耳に入るはじから、きちんと受け取るということ。

○そういうことが、くせになっている、自然にそういう風になれる、というところまでいくのが、大変だが、とにかくよく聞けないことには、だめだと思う。

◇

○頭の回転を早くしなくては。

○機敏ね。

○頭の働きが強い。いきいきしている。

○もっと具体的に考えると。

○何でも関連づけながら、広げながら聞く。すぐ自分の世界、生活の範囲――心も含めて――に引きつけて考えを広げる。

自分の頭を総動員して、自分の持っているものを全部呼びさまして聞く。

◇

○ことばのやりとり、ことばのとびかうのを聞きわけながら。場面、事情、雰囲気をさっととらえる。一人一人の心の中、人と人との関係、今までのいきさつ、とりまいているもの、全体といっしょに、さっととらえる。

◇

○違ったものを関連づけて、共通点をとらえる。
○今までやってきた「三つの話」、それから『しりとりえっせい』（資料B—11）のような試みは、この力をつけるのに役立ちそう。
○三段なぞなんかも役立ちそう。

◇

○とらわれない考え方、先入主にとらわれないというか。のびのびというか。
○意外なもの、今までの自分の世界になかったものに出あって、何？ 何の事？ というふうに、つい頭が動くようにすること。
頭をやわらかにすると言えよう。資料Bの本はそういうことに役立ちそう。

◇

○それに何といっても教養が必要。いいセンスの笑い、ユーモアを理解するには教養が要る。人間の豊かさが要る。よほど広い胸が要る。おおいに、読み、話を聞き、よいものを見聞きして、ユーモアのひびく広さ、深さ、豊かさをたたえているようでないと。
○このごろ会った、アメリカのペンシルバニアの大学生はいつも携えているノートに、おもしろいと思ったこと、自分の思いついたもの、人の話から得たもの、読んだもの、いろいろおもしろいと思った笑いのたねを書きつけていた。どんな場合に使えそうということで、分類して書いてあった。たいていの大学生が持っていると言っていた。そういう努力もいるのだ。
○感覚をどんどん使うことをまず心がけてはどうだろう。とにかく横になっている感覚を立たせる、回転しないまでも頭をあげて、目を開かせる。
○頭を遊ばせておかない。のんきにさせておかない。
○実際にはどうやって？
○何か、想像するのなどどうだろう。一つ音が聞こえたら何の音だろう、どうして出た音だろう。どんな形のものがどうなって音が出たのだろう。私のほかに、どんな人が聞いたろう。その人はどんな人、どんなところで何をしているところへ聞こえたろう。どこまで何人くらいに聞こえたろう。一人暮らしの老人の耳にも届いたろう、老人はテレビを見ていた、部屋のようす、老人の身なりなどなど、次へ次へと考え、想像に想像を広げていく。

○絵でも、音楽でもいいでしょう。

○もちろん、いいけれど、もっと日常生活の中から拾う。二、三人で、次々種を出し合ったりして。

○子どものやるしりとりのようにもできるかしら。

○しりとりも、単語をつづけていくのでなくて、そのことばの浮かぶ場面を描いていけば。

○『しりとりえっせい』（資料B―11）式

○何の関連もなく、意外、意外、と急な回転を誘ってくれるのは国語辞典を読むことよ。どこのページでもよい、パッとあけて、そこを使えば。一語一語、一瞬のうちに別の世界が開けてくる。

○資料のDだけど、『わが家の発見』（資料D―44・53）のような文集を読みながら、別の題を三つでも五つでもつけていくのも、おもしろいし、場面がいろいろなので、とても頭がのびのびと動くような気がする。

◇

○頭の回転をよくするというか、とらわれない、自由な柔軟な動きのくせをつけるのに、安野光雅さんとか、そのほか、資料Bの本はありがたい。知らず知らず、解放感がわいてくる。意外な飛躍をしたり。頭は揺られ直し。

◇

○時間が余った場合は、話し合いのなかに出ている「三つの話」でも「しりとりエッセイ」でも、試みる。

五、第九時　話し合い

ユーモア感覚を磨くには

次のような考えが出されるであろう。

○「ユーモア感覚は笑いを伴って表現されるから、笑いに接する機会が多いことは、ユーモア感覚を磨くのに適している」と織田正吉さんも言っている。そういう環境を作るというか、そういう環境に自分がいられるように、工夫が要ると思う。

○音楽のセンスを育てる最もよい方法は、よい音楽を聞くことだと、聞いている。ユーモアのセンス、笑いのいいセンスを育てるには、何よりそういうセンスに出合うこと、接すること、いい笑いのセンスに浸っていられることではないか。ユーモア優等生になる、最も本格的な方法ではないか。

学習の手びき

力を合わせてユーモア優等生となる
ユーモア感覚笑いのいいセンスを育て合う。

一、計画

1 資料Cの本から、ユーモア優等生作品を選ぶ。

2 資料Dのいろいろな作品に溢れている、漂っている、にじみ出ている、あるいは、こぼれているユーモアを拾う。ほかに、各自が探した本などは、もちろんDの一種にする。

3 学校生活、家庭生活、その他身辺の生活に、ふと生まれるユーモアを拾う。

4 ユーモア優等生をこころがけている自分のふと生み出せたユーモアを拾う。

二、発表計画

第一期　二時間、現在進めている学習の終わりの部分

第二期　二週間に一時間

第三期　ほかの単元の学習のなかに、都合を見て入れる。各自、発表の用意ができたら、申し込み書を係に提出しておく。係はそれぞれの発表の形、所要時間などを考えてプログラムを作り連絡する。だいたい、週二回程度。臨時に時間があいたら利用できるように、係が運営する。

申込書（プリント）

氏名	形	所要時間

三、発表の形式手びき（別）——省略

手びきによって工夫する。グループの場合はめいめい相談のこと。

六、第十時　ユーモア優等生勉強会準備

七、第十一時

第一回　ユーモア優等生勉強会

八、第十二時

第二回　ユーモア優等生勉強会

〔参考1〕

有志、自由研究発表テーマ（順不同）

原則として個人、二人でも可。資料と指導手順の都合による。個人であると、指導の機会、時間が得易い。テーマは、この単元の周辺、研究というにはふさわしくない、紹介的なものが多い。国語委員が提供してよい種類のものであるが、国語委員だけでは量的にむずかしい。みんなが国語委員になったつもりで担当する、クラスのみんなへのサービスである。

(1)「ジャパニーズ・スマイル」といって、日本人の笑いを海外に紹介した小泉八雲
(2)中国人の文学者林語堂による国民性を表す公式――世界の主要七か国を採り上げて――
(3)戦前の国語教科書には、「笑うこと」を奨励する文章が載っていた。
(4)戦前の国語教科書には、笑いの文学や笑い話が載っていた。
(5)絵巻物のなかの笑い
(6)武士と笑い
(7)日本人に好まれていた、ほめことば
「従容として」「泰然自若として」「事にあたって動ぜず」「色にあらわさず」「眉一つ動かさず」
(8)日本人の笑ってはならない場所と笑ってよい場所
(9)日本人のユーモア優等生、イギリスのユーモア優等生
(10)ユーモアとウィットとジョークと笑い
(11)ユーモアということばのルーツ
(12)「ユーモアがある」と「ユーモア感覚がある」
(13)古今集のことば遊びから　(一)
掛詞・縁語――「花の色は」（小野小町）によって
(14)古今集のことば遊びから　(二)
折句――「をぐら山」（紀貫之）によって
(15)和歌の形、歌体は和歌で、素材とことばは大違いは何？
(16)和歌に狂歌、俳句に何？　能には何？
(17)思わずほほえむ――「宇治拾遺物語」より
（二年のときの古典の学習から）
(18)眠気も醒める笑話の宝庫（醒睡笑）から

(19)新しく覚えたことば「をこ」
(20)江戸時代の庶民の夕べを想像すれば
(21)漫才や落語のルーツ見つけた
○発表は主として提示やプリントの配布
○資料提供と指導は十分にする
○残ったテーマがあれば指導者が担当する

〔参考2〕

話ことばの指導メモ　話し合いの部分から抜き書き

話し合いのしかた、そのものの学習の場合ではなく、学習方法として、話し合いを使う場合

1―1　PとP　○協同の学習について、内容や方法などの相談確認
○疑問を出し合う　答え合う
○意見交換

1―2　PとT　○相談
○質問をする　答える　解決の方向、方法を話す
○助言をこう　助言をする

2―1　グループ

種類　1、希望　自由
2、能力別　そのときの目標に対しての能力
話す力　その性質
読む力　とくに　読書量
読書環境　読みの速度
3、学習活動別
4、学習作業別
5、地域別
6、テーマ別
7、資料別
8、まとめ方別

司会　輪番
テーマ、作業などの都合のある場合は別

編成　一単元一編成
一単元二・三編成

編成者　指導者
指導者・国語委員
指導者・臨時委員

2―2　代表討議　グループから一人の代表者による話し合い。代表といっても固

定したものではない。話題などによって、また作業によって適当な人が、そのときどきの代表者になる。

3—1　クラス全員で
3—2　二分の一クラスで
3—3　グループの集まった一クラス

場合　1　学習の手順・日程など決めるとき
2　分担して進めたことを交換するとき
3　学習を豊かにしあい、深めあうとき

司会　1　T
2　P1人　P2人　P3人

時間　10分　20分　40分

形　3—1の場合　コの字形　向かい合い　長三角形
3—2の場合　真中に話し合いの席人数　あとは周囲に
3—3の場合　グループそのまま

会場作り　その日の学習当番

発表会・パネル・ディスカッション・シンポジウムは、一方にステージの場を設ける。ステージの椅子は余分に入れる。

〔参考3〕
話し合い遊び

準備

1　こんな話題はどうかと思いついた題、こんな話題で話してみたいと思いついた題を、自由に提出箱に入れる。指導者ももちろん子どもの数より多く入れる。

2　集まった話題を大きく書いて、めくりを作る。表紙をつけて、最初の題が、なんとなく目に入ってしまわないようにする。

3　進行係一人、きめておく。話題をめくるかかりである。

4　遊びの進め方、簡単なメモにして配布。

5　五、六人の席を作っておく。

実際

一、進行係
話し合い遊び、始めます。まず、この題ですが、どなたでもどうぞといって、表紙をめくる。

二、その題を見て、何か話せるとおもったら、出て、席に着く。

一席くらい、空いていても、かまわない。また、人が多過ぎたらあとの人は、棄権してもどる。

三、題をめぐって話し出す。だいたい、最初に出てきた人が、話し出す。

四の(1) なんとなく話すことがなくなったように思ったら、立って、自分の席にもどる。

四の(2) 聞いていて、ああいうことなら自分も話せる、話すことがあると思ったら出ていく。

四の(3) 指導者も適当に入ったり出たりする。

四の(4) 何回も話し合いに入ったり出たりしてよい。また、あいにく話すことがなければ、出なくてよい、焦らなくてよい。よい聞き手になっていればよい。

五、適当なところで、進行係はめくりをめくって、別の話題を出す。

話していた人は、急に、でなくてよいが、だんだん話題を移す。

あの話題ならということで、出てくる人あり、自然に退く人あり。

六、話し合いのあいだに、できたら笑いを、ユーモアをいれるよう心がける。

もしいいユーモアを感じたら拍手。

七、時間の都合で、適当に打ち切りにする。

Ⅳ 資料

四種類に分け、それぞれ出版年の順にナンバーをつけた。出版年の古いものでも、その後版を重ねているもの、現在入手できるものである。

A ラベル 白

ユーモア、笑いについて考えるための資料

B ラベル 緑

柔軟な頭の働きのために

C　ラベル　赤

ユーモア・笑い・ジョーク・なぞなぞ・ウィットなどを集めたもの

D　ラベル　黄

いろいろの作品、本物のなかにユーモアを探す活動のために

A　ユーモア・笑いについて考えるために（白ラベル）

番号	書名	著者・編者	出版社・文庫名など	発行年
1	笑い	ベルクソン	岩波文庫ワイド版13	一九三八
2	ユーモア	エスカルピ	白水社文庫クセジュ29	一九六一
3	日本人の笑い	宇井無愁	角川選書11	一九六九
4	日本語の感覚	外山滋比古	中央公論社中公叢書	一九七五
5	武器としての笑い	飯沢　匡	岩波新書E82	一九七七
6	日本人の笑い	深作光貞	玉川大学出版部選書50	一九七七
7	月刊・絵本特集・ユーモア・笑い・ナンセンス		すばる書房	一九七八
8	笑いとユーモア	織田正吉	ちくま文庫お4・1	一九七九
9	笑いとユーモア	織田正吉	ちくまぶっくす13	一九七九
10	まんじゅうこわい	戸井田道三	ちくま少年図書館76	一九八三
11	日本人の遊びごころ	守屋　毅	PHP研究書	一九八四
12	しゃれ・ことば言語遊戯クロニクル	斎藤良輔	未来社	一九八五
13	笑いと異装	飯島吉晴	海鳴社	一九八五
14	日本語のおもしろさ	劉　徳有	サイマル出版	一九八六
15	日本人の笑いNHK市民大学テキスト	織田正吉	日本放送出版協会	一九八九
16	ユーモアと笑いの至福	松枝　到	平凡社	一九八九
17	ことば読本シリーズ・ことば遊び	谷川俊太郎ほか	河出書房新社	一九九〇

18	心の処方箋	河合隼雄	新潮社	一九九二
19	ヨーロッパ文化と日本文化	L・フロイス	岩波文庫 青459・1	一九九一
20	キリスト教と笑い	宮田光雄	岩波新書219	一九九二
21	世界のなかの日本	司馬遼太郎 ドナルド・キーン	中央公論社	一九九二
22	いきな言葉やぼな言葉	中村喜春	草思社	一九九二
23	人生の風景	遠藤周作 ほか	河出書房新社	一九九二
24	笑いに生きた達人たち	日本テレビ 編	日本テレビ	一九九二
25	人生の習慣	大江健三郎	岩波書店	一九九二
26	三省堂ブックレット100号記念増刊号		三省堂	一九九二

B　柔軟な頭の働きのために（緑ラベル）

番号	書名	著者・編者	出版社・文庫名など	発行年
1	空想工房	安野光雅	平凡社	一九七九
2	ほらふき男爵の冒険	ピュルガー編	岩波文庫 赤442・1	一九八三
3	算私語録	安野光雅	朝日新聞社 あ5・1	一九八五
4	童話ごっこ	なだいなだ	筑摩書房	一九八五
5	算私語録Ⅱ	安野光雅	朝日新聞社 あ5・2	一九八六
6	憤飯　悪魔の辞典	安野光雅 ほか	平凡社	一九八六
7	空想茶房	安野光雅	筑摩書房	一九八六
8	わが友石頭計算機	安野光雅	文春文庫 あ9・3	一九八七

9	起笑転結	安野光雅	文春文庫 あ9・4	一九八八
10	ユートピア探し物語探し	井上ひさし ほか	岩波書店	一九八八
11	しりとりえっせい	中島らも	講談社	一九九〇
12	大事なことはみーんな猫に教わった	H・ベッカー	飛鳥新社	一九九一
13	キツネがひろった グリム童話 あっぱれ四人兄弟	安野光雅	岩波書店	一九九一
14	キツネがひろった グリム童話 漁師とおかみさん	安野光雅	岩波書店	一九九一
15	空想書房	安野光雅	平凡社	一九九一
16	ジョークとトリック	織田正吉	講談社現代新書706	一九九二
17	見習い物語	ガーフィールド	福武書店	一九九二
18	I SPY ミッケ!	W・ウィック	小学館	一九九二

C ユーモア、笑い、ジョーク、なぞなぞ、ウィットなどを集めたもの（赤ラベル）

番号	書名	著者・編者	出版社・文庫名など	発行年
1	中国笑話選	松枝、武藤 編訳	平凡社 東洋文庫24	一九六四
2	醒睡笑	安楽庵策伝	平凡社 東洋文庫31	一九六四
3	昨日は今日の物語	武藤禎夫訳	平凡社 東洋文庫102	一九六七
4	ユーモア小説集	遠藤周作	講談社文庫 え1	一九七三
5	韓国笑話集	李　周洪	六興出版	一九八〇
6	笑いのタネ本	宇野伸夫	平凡社	一九八二

7	世界なぞなぞ大辞典		大修館書店	一九八四
8	ユーモアの発見	長　新太	岩波ジュニア新書81	一九八四
9	ドイツ炉辺ばなし集	ヘーベル	岩波文庫赤445・1	一九八六
10	日本のなぞなぞ　万葉から江戸時代まで	鈴木棠三	岩波ジュニア新書117	一九八六
11	元禄期軽口本集　近世笑話集（上）		岩波文庫黄251・1	一九八七
12	日本のわらい話	西本鶏介	小学館	一九八七
13	安永期小咄本集　近世笑話集（中）		岩波文庫黄251・2	一九八七
14	ジョークのたのしみ	松田弘道	ちくま文庫ま2・4	一九八八
15	なぞなぞ下町少年記	このみひかる	ちくまプリマーブックス	一九八九
16	笑いの遊歩道　イギリスユーモア文学傑作選			
17	ことば遊びの民族誌	江口一久編	大修館書店	一九九〇
18	わらってる	日本児童出版美術家連盟編	金の星社	一九九二
19	笑話三昧中国のジョーク集	丁秀山	東方書店	一九九二
20	朝鮮ユーモア文学傑作選笑いの三千里		白水社白水ブックス	一九九二
21	にっぽん小咄大全	浜田義一郎編	ちくま文庫は12・1	一九九二

D　いろいろの作品・本のなかに、ユーモアを探す活動のために（黄ラベル）

番号	書名	著者・編者	出版社・文庫名など	発行年
1	王様の背中	内田百閒	六興出版	一九三四

2	高慢と偏見　上	J・オースチン	岩波文庫 赤222・1	一九五〇
3	娘たちの「はい」	モラティン	岩波文庫 赤732・1	一九五三
4	新訂福翁自伝	福沢諭吉	岩波文庫 青102・2	一九五四
5	あしながおじさん	ウェブスター	新潮文庫 ウ4・2	一九五四
6	忘れ得ぬ人忘れ得ぬこと	川口松太郎	講談社	一九五八
7	ナスレッディン・ホジャ物語 トルコの知恵ばなし	護雅夫訳	平凡社 東洋文庫38	一九六五
8	チャップリン	G・サドゥール	岩波書店	一九六六
9	もりのへなそうる	わたなべ しげお	福音館書店	一九七二
10	マーク・トウェイン自伝	M・トウェイン	研究社	一九七五

11	園芸家12カ月	C・チャペック	中央文庫 チ1・1	一九七五
12	幼年	大岡昇平	文春文庫 158・1	一九七五
13	のそのそむんと	こんどう ゆみこ	至光社	一九七七
14	ふしぎな目をした男の子	佐藤さとる	講談社	一九八〇
15	新ちょっといい話	戸坂康二	文藝春秋	一九八〇
16	ぬくもりのある旅	澤地久枝	文藝春秋	一九八〇
17	思い出トランプ	向田邦子	新潮文庫 む3・2	一九八〇
18	父の詫び状	向田邦子	新潮文庫 む1・1	一九八一
19	男どき女どき	向田邦子	新潮文庫 む3・4	一九八二

20	こねずみとえんぴつ	ステーエフ	福音館書店	一九八二
21	日本の昔話	柳田国男	新潮文庫 や15・3	一九八三
22	笑わずに生きるなんて	赤塚不二夫	中央文庫 あ12・1	一九八四
23	人の世は情の貸し借り	水上勉・藤山寛美	小学館	一九八四
24	天使たちが街をゆく	辻　邦夫	中央公論社	一九八五
25	幸福の黄色いハンカチ	山田洋次	立風書房	一九八五
26	ジョン・ギルヒンのゆかいなお話	W・クーパー	ほるぷ出版	一九八五
27	手紙の中の人間模様	北嶋広敏	グラフ社	一九八五
28	ナンセンスの絵本	E・リア	ほるぷ出版	一九八五

29	子どもの景色	A・フランス	ほるぷ出版	一九八六
30	いたずら子犬ポシャンとポトム	W・ブッシュ	岩波書店	一九八六
31	ちゅうちゅう大こうしん	M・ワデル	佑学社	一九八七
32	食卓歓談集	プルタルコス	岩波文庫 青664・3	一九八七
33	エンデのいたずらっこの本	M・エンデ	岩波書店	一九八七
34	ユーモアの鎖国	石垣りん	ちくま文庫 い7・1	一九八七
35	人間ころがし ⑵困った人々	山藤章二	講談社	一九八九
36	きいろとピンク	W・スタイグ	セーラー出版	一九八九
37	人間ころがし ⑶不思議な人々	山藤章二	講談社	一九八九

38	食卓の微笑	戸坂康二	日本経済新聞社	一九八九
39	たんとタヌキ	ひろかわさえこ	あかね書房	一九八九
40	「笑い」の混沌	山藤章二	講談社	一九九〇
41	よろこびの日	I・シンガー	岩波少年文庫 二一〇〇	一九九〇
42	あんときこんとき警察人生30年	永井靖定	熊本新聞社	一九九〇
43	同窓会の名簿	外山滋比古	PHP研究所	一九九一
44	わが家の発見		朝日新聞社	一九九一
45	陽気なウズ先生	ジョン・パウル	岩波文庫 赤458・1	一九九一
46	フランス学校日記	八代尚光	NTT出版	一九九一
47	くまのアーネストおじさん アントワーヌからのてがみ	G・バンサン	ブックローン出版	一九九一
48	目玉の散歩	村田喜代子	文藝春秋	一九九一
49	テイル・オイレンシュピーゲルのゆかいないたずら	ツヴェルガー	太平社	一九九一
50	風塵抄	司馬遼太郎	中央公論社	一九九一
51	あべこべ世界の住人たち	佐々木マキ編	筑摩書房	一九九一
52	朝日せんりゅう一二五〇選	神田忙人編	朝日新聞社	一九九二
53	わが家の発見		朝日新聞社	一九九二
54	数学セミナー創刊30周年記念号（4月）		日本評論社	一九九二
55	幼年記かがやく大気のなかで	笹山久三	農山漁村文化協会	一九九二

56	おいしい人間	高峰秀子	潮出版社	一九九二
57	たらちね	井伏鱒二	筑摩書房	一九九二
58	夢の景色	早坂　暁	文化出版局	一九九二
59	性悪猫鈍たちとやま猫	やまだ　紫	筑摩書房	一九九二
60	数学セミナー創刊30周年記念号（6月）		日本評論社	一九九二
61	考える遊び	串田孫一	筑摩書房	一九九二
62	説教の歴史仏教と話芸	関山和夫	白水社 白水ブックス	一九九二
63	さるのこしかけ	さくら　ももこ	集英社	一九九二
64	笑う哲学	南　伸坊	ちくま文庫 み5・4	一九九二
65	りんごの涙	俵　万智	文春文庫 た31・1	一九九二
66	Winnie-The-Pooh	A. A. Milne	Dell Publishing	一九二六
67	84 Charing Cross Road	Helene Hanff	AVON Books	一九七〇
68	How To Est Like A Child	D. Ephron	The Viking Press	一九七七
69	Momilies	M. Slung	Ballantine Books	一九八五
70	The Far Side Observer	Gary Larson	Andrew & McMeel	一九八七
71	Carl Goes Shopping	Alexandra Day	Farrar Straus Giroux	一九八九
72	Carl's Christmas	Alexandra Day	Farrar Straus Giroux	一九九〇

資料の準備（三年C組37名）

一、資料Aの内、次の本は二〇冊ずつ

　笑いとユーモア　資料A—9
　しゃれ・ことば　資料A—12
　日本人の笑い　資料A—3

　資料Aのその他の本は、四冊ずつ

二、資料B、Cは二冊ずつ

三、資料Dは一冊ずつ

国語係作成資料

「ユーモアのかかえていることば」

作成のしかた

資料　広辞苑（大辞林　実例略）

手順

1、「ユーモア」を引く

2、「ユーモア」の解説のなかのことばを引く

3、2の解説のなかのことばを引く

　このようにして、次々解説の中のことばを引いていく。

　この一覧表のなかのことば、全体から浮かび上がってくるものは。明快にどうということはできないが、ユーモアをとらえさせてくれるのではないか。

広辞苑　ユーモア

　上品
　しゃれ
　諧謔

　　気品
　　いき　粋
　　ふざけ
　　たわむれ
　　冗談
　　おもしろみ
　　おどけ
　　滑稽

　　　あかぬけ
　　　色気
　　　巧み
　　　道化

　　　　洗練
　　　　風情
　　　　愛敬

　　　　　にこやか

かわいらしい
ほほえましい情趣
　優雅
高尚
情趣
　にこやか
しみじみ
　情致
　優美

付　記

これを国語のサービスにせず、全クラスで進める場合。

資料の辞書
　広辞苑　大辞林
岩波国語辞典　新明解国語辞典
学研国語大辞典　現代国語辞典
小学館国語辞典　角川国語辞典
　クラスの人数によって、後半の四種は適当に省く。

一グループ四、五名のグループで一種担当
　A　進行係
　B　記録係
　C・D・（E）　辞書を引く係

付　資料紹介

(1)読書指導資料
「読書のすすめ」岩波文庫編集部編

目次

文章の力　安野光雅
古典の習慣　大江健三郎
読書家・読書人になれない者の読書論　大岡信
研究と読書　大野晋
翻訳古典文学始末　加藤周一
読書と友だち　坂本義和
読書のたのしみ　田辺聖子
古典の読み方二つ――私の経験と反省　遠山茂樹
ぼくの読書遍歴　なだ・いなだ
本の読み方　養老孟司
あとがき

「読書のすすめ」を利用して
一、掲示
図書委員　国語委員の仕事にする。
1　岩波書店の新聞広告の一部、「読書のすすめ」に関する部分の切り抜きをする。
申し込みの方法や宛先のところにしるしをつける。
2　電話申し込みの方へ
○電話番号（内線まで）
○ことば　掲示は全校が対象なので、一年生の場合を考えて、ことばの例を書いておく。
（注意）部数を入れる
3　はがき申し込みの方へ
○はがきの文の形で見本
○表と裏
（注意）部数を入れる
4　おすすめとして
なるべく近所の書店に。ただし、入手までの日数はややかかることを付記する。
二、国語の授業として
全員一冊ずつ持つ。（指導者から書面で、人数分の寄贈を依頼する。）
1　あとがきを読み、このエッセイ集を編まれたねらいを確認する。
2　あとがきにより、読む自分の心をとらえる。
ポイントを箇条書きにする。
○共鳴、確認したこと
○新しく気づいたこと、私の発見
○多くの人の指している方向、言っていること
○共通点のない一編
○この人とこの人と話し合ったらおもしろいと思う一組み
○私の本の読み方を省みる
○私を目覚めさせた一編
○私の得た思いがけないヒント
○このエッセイ集から学んだ読書の技術
○読書の目的をとらえ直す
3　どの一編からでも読む、あとがきも、改めて読む。
4　教室での読む時間は一時間程度。一、二週間後、都合のよいとき、発表したり、掲示したりする。
5　もし、小さな発表会の形がとれるなら、図書委

員・国語委員を世話係として催す。

プログラム例

二時間つづきの時間を用意する。（80分、授業時間は、45分であるが、前後、何かと時間を失うことがあるので、80分休憩なしで、計90分。時間厳守で、割当て、10分は9分、15分は14分ということにする。）

開会のことば		
スピーチ	P・1人	10分
対談	P・2人	15分
スピーチ	P・1人	10分
朗読	P・1人	10分
対談	P・T2人	15分
シンポジウム	P・5人	30分
閉会のことば	T・1人	

(2)地域単元

地方新聞社出版目録

着眼点の発見のために。

大村先生のご提案をどう受けとめるか
——ひとりの聞き手として考えたこと——

広島大学　大　槻　和　夫

私どもひとしく待ち望んでいた大村はま先生のお話を直接この場で拝聴することができなくなったことは誠に残念でありますが、大村先生のご健康がなにより大切でございますので、いまはひたすら先生のご健勝をお祈り申し上げたいと存じます。

先ほど、過日東京で行われた「大村はま国語教室の会」の実践研究発表会における大村はま先生のご発表の録音を、橋本暢夫先生の編集・解説によってお聞きいただきましたので、私は、このお話を一人の聞き手としてどう受けとめたかということをお話しいたしまして、ご参考に供したいと存じます。

これから私の申し上げますことは、もちろん私の主観的な（あるいは独断的な）受けとめでありまして、大村先生のおっしゃりたいこととはずれているかと思います。しかし、それは避け得ないことであると私は思いますので、皆様は皆様なりにお受けとめいただければよろしいのではないかと思います。その場合、私の申し上げることが何かのお役に立ちましたら幸いでございます。

実は私も、ユーモアからは遠い人間だということを、若いころから苦にしておりました。それだけに、笑いとかユーモアには関心を寄せてまいりました。学生のころ、野地先生の『教育話法の研究』を読みまして、「ユーモア話法」ということばに出会いました。私にはこれが一番欠けていると思いまして、なんとか「ユーモア話法」を身に付けたいと思い、世界の笑話集のいくつかを読んだり、落語を聞いたり、ユーモアについて書かれた本をいくらか読んだりいたしましたが、いまだにユーモア話法は身に付いておりません。その間に、日本の古典文学における「笑い」にも関心が向くようになりましたが、それを研究のテーマにするといったこともできませんでしたので、幾人かの学生にすすめて、卒業論文のテーマに取り上げてもらったことがあります。大村先生もおっしゃいましたが、日本の古典文学には、古事記や万葉集をはじめ、多くの作品の中に「笑い」が出てまいります。その「笑い」もさまざまでして、人を攻撃する武器としての笑いもあれば、満足感を表す微笑みもあります。昔の読者は笑ったかもしれないが今の読者にはおかしくもなんともないものもあります。そういうわけで、古典文学における「笑い」は研究テーマになるのではないかと思ったのであります。私も、「笑い」に関する本、例えばベルグソンの笑いの哲学であるとか、パニョルの本であるとか、柳田國男氏の『笑の本願』とかを読んで、「笑い」の本質や機能、「笑い」の種類と構造といったことをふまえて、日本の古典文学における「笑い」を考察してみたいと考えてきました。また、できれば高校あたりで、「笑いの古典文学」といった単元学習をしてみたいとも考えておりました。そういう私にとって、今回の大村先生のご提案「ユーモア優等生」は興味深いものであると同時に、衝撃的でありました。なぜ衝撃的であったのか、いくつかの理由があるのですが、それを含めて、「単元学習の生成」という観点から、私の受けとめたことを申し上げます。

第一は、単元設定の理由が徹底的に考え抜かれていることです。ユーモアが人間にとってどういう意義をもつのか、ユーモア感覚を育てることが人間教育としてどういう意義をもつのか、ユーモア感覚を育てるということがいかにして可能なのかなどが徹底的に考え抜かれ、見極められたうえで、この単元は設定されています。「これをやれば学習者もおもしろがるだろう」とか、「こういうことに自分が興味をもっているから」などという軽い思いつきで単元を構想するのとは根本的に違います。当然といえば当然のことかもしれませんが、単元を構想する際の警告として私は受けとめました。

第二は、単元生成の過程についてです。何かをふっと思いついたとき、それを心のなかで暖め続けているうちに、それが熟成され、やがて単元という形をとって現れてくるのではないか。その中には比較的早く具体化されるものもあろうし、なかなか見極めがつかず、長い時間をかけて生まれ出るものもありましょう。ついにモノにならないものもたくさんあろうと思います。大村先生の場合も、おそらくそうなのではないでしょうか。単元が生み出されるまでの過程は、苦しいものだとは思いますが、実に楽しいものだろうとも想像いたします。私は、「楽しみながらじっくり暖めて生み出す単元」といったことを考えていかないと、単元学習など広まらないだろうという気がするのです。

第三は、「感覚を育てる」国語科教育ということであります。先ほど申しましたように、私の考えていたのは「笑い」やユーモアを対象化して、それを分析するものでありました。これは、大学生の研究としては当然であろうと思います。これに対して、大村先生の「ユーモア優等生」は「ユーモア感覚を育てる」ことに主眼がおかれています。両者の間には、決定的な差異があります。「感覚を育てる」ということは、知識を教えることでも、技能を身に付けさせることとも違います。教えて理解させ、覚えさせるとか、知的に認識させるとか、繰り返し練習させて身に付けさせるとかといった方法では、「感覚を育てる」ということはできないでしょう。では、「感覚を育てる」ということはどのようにして可能になるのか、この問いに対する一つの解答を大村先生はここにお示しくださっていると思うのです。国語科教育にとって、実に重要なご提案だと思います。

第四は、単元学習の展開に必要な資料が実に豊富に用意され、単元学習展開の可能性が見極められていることです。先生にお示しいただいた資料リストを拝見していくと、私の知らないものも多く、その博捜ぶりにはいつもながら驚嘆させられます。あるテーマのもとに必要な資料を検索し、収集・整理し、それを活用することは、国語の学力の一部として重要なものであろうと思いますが、私たちはその力を十分に備えているとはいえません。したがって、学習者にそういう力を育てることもほとんどできていないのが現状です。そのことをいくら嘆いてみてもしかたがありませんので、私どもは私どもなりに努力してみたいと思います。

第五は、単元学習を可能にする諸条件についてです。その一つは、それを単元学習として組織し展開することの教育的、国語科教育的意義が見極められていることです。このことは先ほども申しました。二つ目は、目標が焦点化してはっきりと見定められていることです。大村先生は、目標が一つか二つに、できれば一つにしぼられているほうがいいとおっしゃいました。しかし、単元学習では、一つの目標が達成されるだけではなく、学習活動のなかで多くのことが学習されます。したがって、多くのことを目標にかかげることも可能であります。ですが、そうすると目標が分散的になって、あれもこれも追い掛けることになり、結局指導が散漫になってしまうわけです。ですから、付随的に達成されることがらがあっても、それは目標としないということであります。ただし、それらを目標にはしなくても、その学習活動でどのような国語学力が育つのかということを多面的に考慮しておくことは重要だと私は考えております。三番目は、その学習活動によってめざす学力が育つのだ、いやそれどころかその学力が最もよく育つのだという見通しをはっきりつけておくということであります。大村先生の場合、これでユーモア感覚を育てることができるのだということが見極められてはじめて、単元学習へと踏み切っていらっしゃると思います。四番目は、単元学習を展開するに必要な資料が十分整っていること、あるいは学習活動と資料との関係がきちんと見定められていることであります。このことは先ほども申し上げました。五番目は、学習活動の展開が具象的にイメージ化できていることであります。大村先生の場合、教室の中の生徒たちの顔を思い浮かべながら、だれがどうするかまで予想できるようでありまして、それができるからこそ単元学習の展開も確かに見通せるのだろうと思います。私どもはなかなかそこまでいけませんけれども、それがまったくできないようでは、ごくありふれた授業であっても、授業案一つ立たないわけですから、あまり特別のことと考えないほうがよいのかもしれません。そのほかにも多くのことがありましょうが、ここでは以上のことだけにとどめておきます。

このように述べてまいりますと、大村先生の実践は確かにすばらしいが自分たちには到底できないことだと受けとめられるおそれもあるわけです。実際、そういう反応をしている方もあるわけです。しかし、私は必ずしもそうは思いません。大村先生の真意とは離れるかもしれませんが、自分に合った受けとめ方、生かし方というものがあるし、私どもはそうするほかないのだと思っています。例えば大村先生のお話をうかがって、ユーモア感覚を育てることが重要だと思ったならば、大村先生とは異なる方法でそのことを実践することもできるわけです。小学生たちの詩や作文を読んでおりますと、実にユーモア感覚のあふれた作品がたくさんありまして、こういう作品を紹介してもらったり、あるいは読み合ったりしている教室ではユーモア感覚も育っているのだろうと想像いたします。ユーモアのあるお話や言葉かけをなさる先生もいらっしゃいます。ユーモア感覚を育てることの重要性に気づけば、大村先生と同じでなくても実践は可能だと思います。また、大村国語教室の成立を可能にしているものは何だろうかと考えながら、その中から本質的なものを学んでいくことも可能なのではないかと思います。これまで申し上げてきたことも、私なりの学び方であります。私などは大村先生に遠く及びませんけれども、だからといってそこで居直ってしまっては私の進歩はないわけですから、大村先生を模倣するのではない形で、学び続けたいと考えております。

はじめにもお断り申しましたように、私の話は私の独断的な受けとめ方でありまして、大村先生がお聞きになりましたら、曲解もはなはだしいとお嘆きになるかもしれません。しかし、私に与えられました役割は、大村先生の真意を解説することではありませんでしたので、お許しをいただくほかはありません。大村先生にお詫びを申し上げますとともに、皆様にもご了解をお願い申し上げたいと存じます。

3　単元　一基の顕彰碑

発声練習に朗読をさせていただきましてありがとうございます。

（この講演の前に行われたシンポジウムでのご指導の中で、「草枕」「かくれんぼ」の朗読がありました。）

お配りしてある資料は、この間［94年11月20日］別の会でお話をした資料でございます。それを今日は見直しながら、この単元の組み方とか進め方とか、そういうことではなくて、この単元をもとにして、私の訴えたかったこと、皆さんにお話したいこと、それをお話しようと思っております。

まず一つの単元に入ってくるきっかけですけれども、「はじめに」［164ページ］というところにちょっとした場面があります。これは、今私はもちろん学校におりませんので、教え子の天野という子どもを借りまして、その子はこういうことを言ったり、こうするだろうと思います。それでこのような場面に書いてみました。どんな単元を設けるかというときに、その選び方と言いますか、どこにその単元が生まれてくるもとがあるでしょうか、普通、子どもの興味関心、そう言われていますね。並びに教師の興味関心。それが揃わないと学習はできません。そうなんですけれども、そのことがわりあい安易に考えられていると思います。

そして、その証拠には、どんなことがやりたいかとか、またせいぜいどんなことに興味があるかとアンケートみたいに聞く方もあります。そんなことは先生が聞くことではないのです。子どもには何がおもしろくて何に興味をもっているか、聞かれても答えられないものなのです。それをとらえるのが担任の命ではないでしょうか。そんなことを子どもに聞くという態度をとりたくありません。

そういうことが言いたくてここのところが書いてあるのです。それはこういうきっかけです。私はよく子どもと一緒にいるときに、みんなの話すこと、そういうことを一所懸命に聞いてました。そして言葉の問題やいろんな題材を得たりしていたのですが、こんな場面はよくありました。この天野という子どもは非常に頭のきく都会らしい潑剌たる子どもでして、普通の子どもが何にも言わないようなことでもすぐ聞くとか、何か話しかけるとか、そういう明るい乗りがいい、そういう子どもです。

桜井というのもこれは架空のお話ではありませんで、これは私が紅葉川中学校、昭和二十六、七、八年、あの頃におりましたときのそこの卒業生でして、ここに書いてあるのはそのとおりなんです。今もまだ朝日新聞におりますが、そして一つのこんな場面がきっとあるだろう。というのは、その桜井という人が、その話をしてくれたからです、わりあい近い頃。それでそこを創作したのです。このように、子どもとのちょっとした場面、そこから今何がいい単元の種になるかといったことを拾っているのであって、子どもの興味によってということは、聞いたり、調べてなどということではありません。絶対聞かないようになさったほうがいいです。子どもは、ほんとうの意味で自分が今ほんとうにおもしろいのは何なのか。そういうことはあまりわからないのです。自分がほんとうに興味をもっていること、一所懸命やれること、それが何であるかは、子ども自身にはわからないものなのです。

指導者がいまして、そこを見抜いてくれるのです。この人のほんとうにやりたいこととやれることは何だということは、私がつかまえることであって、そんなことを私が指導する生徒の方へ「あなたは何がしたいでしょうか」などと聞くのは、私にはほんとうに屈辱だという気がします。

そしてアンケートでよくあるのですが、ついこの間、聞いた発表の中にも、どんな番組が好きかと聞いたり、それにまたいろいろ調査をしたのがあったのです。ですけれども、どんな番組が好きかとか、それをもとにしていろいろ発展させていられるのですけれども、先生も生徒も、全部の番組を見ているわけでも聞いているわけでもないのですから、そのようなのはあまり根拠にならないですね。どの番組がおもしろいと言っても、ちょうど聞いたのかもわかりませんし、授業中にあれば見ないでしょうし。ですからいくら何でも先生が一週間中、二十四時間中見ているわけにはいかないですからね。ですから好きと言ってもおもしろいと言っても、位置づけというのがあまり根拠がありません。ことにどんな番組がおもしろかったなどと聞けば、偶然見たものや人から聞いたものや、そのようなものが多くなります。

それから先生に何か聞かれると、返事をしないのは悪いことだという習慣があるのです、子どもには。ですからあまりわからなくても、それほどおもしろくなくても、黙っているよりは何か言ったほうがよかろうという神経が子どもにはあるのです。ご存じでしょうか。それは怖いことですので変なことを聞くものではありません。聞いた答えをまたあまり本気になさるというのはどうかと、私は思います。そういうことを単元に取りかかる、単元には何がいいかなと考えるときに、単元のきっかけを得るときに、この頃とても気になっている大事なことなのでした。安易に興味関心にとらわれていく気がするからです。

この「一基の顕彰碑」というのは、北海道の旭川のもう少し北の方に和寒という所があるのです。ワカンと読むのではなくてワッサムというんです。子どものとき私たちは「わっ寒い」という所だと思って、おじさんは「わっ寒い」という所にいるんだなと思っていました。その和寒に町の神社がありまして、そしてこの碑が建っているのです。このことを私はずっと聞いてはいましたが、見たことがありませんでした。先年札幌へ行きましたときに、その話をしましたら、車で連れて行ってもらうことができました。そのときは真冬、十二月の寒いときでした。雪がひどくてあまり碑のそばまで行かれなくて、そばまで雪が深かったのです。そこで気候のいいときにまた来ましょうと言ったのです。私はこの叔父に対して、ただ自分の叔父さんだという以上にたいへん親しみをもっていたのです。それは自分にも少し似ているのかどうか、とにかく潑剌とした叔父だったのですね。何でもやってみよう。切り拓いていこうという精神、北海道大学出身でありました。祖父の念願もあって男の子を三人北大を出して、北海道開拓の先兵にと言って、松江から一家を上げて移住してきた人たちなのです。ですからそういう開拓者精神がありました。それで北海道に移住してきたのでしたけれども、それがアメリカにも行って、アメリカの大学でも勉強して帰り一所懸命に北海道の農業の開拓にあたっていました。今ある和寒の町全体がそうなのですけれども、松岡農場という農場がありました。そこのオーナーの方は神戸の方でした。何でも船舶の会社だったそうです。お金持ちですね。それでその人に雇われて支配人になったのです。ところがたいへん不器用な人というか、支配人と小作人との間にたって、よろしくやるというようなことがたいへんへたな人だったのです。

それから叔母さんの方はまた叔母さんの方で、アメリカに行って来たくらいですから、農家の人をつかまえてパンの焼き方を教えようとしたり、いいと思うことをどんどんした人で、ピアノの先生で英語の先生でミッションスクールに勤めたりしておりました。

そういうふうでして、生き方が開拓精神に富んだ北海道ですけれども、それでもまだスムーズにいかなかったらしいですね。そこへ戦後の農地改革という大騒動がありましたが、その数年前に松岡農場は解散してしまいまして、今度行ったときに調べたり聞いたりしますと、もう一文の退職金もなしに松岡農場を追われるように伊豆の方へ来て、叔父はそこを最期とするわけです。戦後のことで私もやっと切符を手に入れて行ってみたら、貧困も貧困も一日泊まっているのも悪くていられないくらい食べる物もなかったりしてかわいそうでした。

結局のところ、バス停の荷物を預かったりするところ、そこでうすべりの上で布団もなくて、そんなとこで亡くなってしまったのです。

私は、その叔父がたいへん好きだったのです。その純粋さと何とも言えぬ魅力のある溌剌たる精神の持ち主でした。それで私はたいへん叔父を慕っていましたし、その一生が悲しくて、あれだけのいい人が、力もあったのに、それがこういう最期をしなければならないということについて、戦争だけとは思えない悲しみがありまして、ぜひ叔父のことを調べたり、そして叔父の一生というものを書き残したいと思ったのです。そんなことでこの小川義雄に近づいていきました。その一つの産物なんです。

それを調べに行ったのですが、まず三月の休みの頃に行きまして、そのときに一緒に調べたのが昨年発表『日本の教師に伝えたいこと』（95・3・20、筑摩書房刊）の第四章〈目標をさだめて〉を参照〕の「アイヌ―その意味は人間―」というのでした。この叔父のことを調べると同時に、去年はアイヌのことを調べる年でした。国際先住民族年でしたから。そして去年の発表になったのです。ですから何年がかりかで叔父のことを考えていたのでして、そうした背景が私にはあります。けれどもそういうことを単元にしようと思ったのではないのです。

その話にありますように調べるということ、もとかたの素材にあたっていろんなことを調べていくことの楽しみ、それが在職中に何度かありまして、その天野が言っている「動物のことば」などというのもたいへん楽しかったのです。何しろそのときは時間を切っていたものですから、ベルを押すときまで足を半分机の外に出して、そして自分の目当ての本を取りに行こうとする。つまり自分の勉強の材料に向かって駆け出していったものです。

中学生というのは、勉強の素材に向って駆け出させるというのは容易なことであると思っていました。それがやはり印象に残っていました。私は、よくできましたという結果をねらわないで、調べる、発見していく過程、そこに中心をおきたいと思います。これは今急に言われ出したことではなくて、ずいぶん前から、かれこれ十年ぐらいになります、その過程を大事にする、結果にとらわれないという姿勢です。でも実際には過程などが捨てられて、結果が悪ければ点が悪くなってだめになってしまっていますね。

でも私は過程を大事にすることとか新しい学力、今流行の新学力はどれだけのことができたかということではないでしょう。学習する能力ということでしょう。そこのところを考えていくと、このみんなを素材に向かって駆け出させたあの学習、ああいったすすめ方の学習をしたいと思ってきたのですね。それで資料の「小川義雄の顕彰碑を対象に選ぶまで」というところは、ご覧くださればそういう考えで、書いてあります。子どもたちに聞けば、それこそアンケートで聞けば、恐竜がいいなどといろんなことを言うと思います。もっともっと言うと思うのです。生命の起源などというのは、『ニュートン』に二カ月ほど前に出てから、子どもにたいそう興味のあることではないでしょうか。それからミジンコにまで個性があるなどというのも子どもをびっくりさせている話でしょう。人間が感じる力がありませんから、個性があってもわからない。ミジンコって動物とも思えない動物でしょう。あれでも個性があるのですって。ですけれども個性を感じとるものがこっちにありませんから、ないことになっているのですね。まして鰯に至っては、鰯なんかみんな同じだろうと思っても違うんですって。ちゃんと調べていくと最後には違うのですって。だけどそれを調べきれないし数えきれないし、そして感じきれないのだそうです。そんなことが出ているのです。出ていたり放送になったりしたのです。

そうすれば、そういうことはおもしろいと思う人はずいぶんといるでしょう。しかしそこにありますように子どもがおもしろいと言っても、私もおもしろいと思いますけれども、力がありません。何も知りませんからそのことを専門的に深く知らなければ扱えません。ですから、子どもがいかにも「好き」と言って飛びつきそうな、中学生の飛びついてきそうなテーマは、わからなかったわけではありませんが、聞いてもこういうのが出るでしょう。私は聞かないと思いますけれど、わかると思います。けれども自分に指導ができるかどうか、やれるかということを考えます。私はこれを忘れて単元に飛びつくことがあっては失敗すると思います。力がなければ仕方がないのです。私に習っているのが運のつき。他の方に習っていれば、それを扱えたかもしれない。だけれども私自身が今から勉強しても間に合わない。絶対間に合わないほど何にも知らないわけです。ここに掲げてある子どもの好きそうなテーマ。そういうふうなばあいにはどんなにいいと思っても、子どもがいいということになっても、とりあげてはだめです。これは残念な思いをすると思いますけれども、いくら残念でも怒るべきは自分についてであり、読書の範囲が狭くてはどうにもなりません。勉強して間に合うのなら、二、三年で間に合うくらいなら計画してもいいのですけれども、こんなのは二、三年では間に合いません。ですからだめ。

それで人にしようと思い構想します。やっぱり人とか言葉とか、その辺へもってきた方が私としては無難ですね。なんとかなりそうなのです。ですけれどもあまり有名な人、たとえば野口英世だとかキュリー夫人だとかベートーベンだとか、そういうことになりますとたくさん研究物がありますので勉強にならない。調べることにならない。いろんな人の研究をまとめてみることになって、たいへん狭い読む世界だけになるのではないでしょうか。何冊読んだにしても学力の幅というのでしょうか、学習活動の幅が狭くて私の願っているところへはとても行かれません。

あまり無名では今度は資料が何にもなくて、調べることができません。ですからこの叔父が格好の人として浮かんできたのです。日もあたり、いろいろしていて、全く無名ではありません。ですけれどもそれほど有名ではありませんし、研究した人などありません。ちょうどこの間隔で単元を選ぶとうまくいくのです。

単元を選ぶときはそういうこと、豊かな学習活動や豊かな言語生活の下地があるものでないと、そういうのは他の材料にはなるのですが、国語の教材にはならないということです。ですからそのような観点で、教材がたくさんあればいいというものではない。単元学習は教材がたくさんあればいいと思っている方があって、それは残念なことです。いいものがたくさんあるのはいいけれど、数だけが多いのはいいわけではないのです。キュリー夫人などをとりあげるとどっさりありますね。そういうものはあるのですけれども、そういうことではだめ。

そしてそういう方にはある程度の評価があります。ちょうど今地域のゴミ問題とかそういうのを扱おうとすると、新聞にラジオにテレビにしょっちゅう出ていますために、それがまた分かりやすいことであるために、自分が考えたのか、自分が発見したのか、誰かに聞いたのか、そこが全然わからない。ですからほんとうに自分で発見したり調べたりするという学習にはならないのです。地域単元の中には、そういう時の話題で、ちょっと良さそうなものですけれど、みんなも意見をたくさん言うんだけれども、それがその子の考えなのか、人から聞いたのか、そこが曖昧なんです。そういうことを曖昧にしていくとしっかりした言葉が使えなくなると思います。自分の考えなのか聞いたことなのか区別がつかないなどと言ったら、もしそれが品物だったら大変です。これが精神であっても、自分の考えなのか人に聞いたのか区別がつかなくなる、そしてそれがどちらもいい考えというのでしたらやられちゃいますね。ゴミの始末とか環境問題についての考えというのはたくさんあって、それがみんな良くて、どれも誰かが考えそうで、自分も考えている。こういうのは、単元にはならないのです。他の教科の単元にはなるでしょう。ですけれど国語の単元にはならない。そういうことで単元の出発点は大事です。

とにかくこの叔父を単元に選んだのは、豊かな言語生活とか豊かな言語活動が約束されると思ったからで、そう思わなければちょっと良さそうでも扱えないということです。

それから子どもが活動する場がいっぱいあっても、言語活動が入ってなければ国語の単元にはならないんです。社会科か何かの単元にはなると思います。きっと価値ある単元に。ですから勉強としてつまらないとは思いません。けれども言語活動が豊かでない、言語生活が単純、そういうのは豊かな語彙を育てませんし、国語の単元としてはうまくいかないと思います。

これは中学生の場合ですけれど、小学生を担当したことがありませんので分かりませんが、上級の方になれば中学生にたいていい似ているのではないかという気がします。それから高校と言われる学校には前にいましたけれども、時代が違いますから違うでしょうね。しかし、一年くらいまでは、卒業生が来たところを見てみますと大して違っていないように思います。在学している中学三年生と二年生なんかと、それから高校に入って喜んで勉強している子どもが一緒に遊んでいるのを見てみるとあまり違わないような気がします。ですから、つまり少年という、子どもではなくて青年ではない、その中間の少年という時代なんですね。そこだと思うのです。単元でも本人の力よりちょっと上、ちょっと無理、かなり無理をしなければやれない人がたくさんいる。そういうのが成功するのです。やさしすぎるのはだめ。それがあの少年期の子どもの心情なんです。生意気だけで、いろんなことができないものですから、中学生にはこんなのは難しいとか、そんなのはどうだとかという意見がよく出ます。けれども私はそうではないと思います。あの頃の子どもは、子どもの子どもたるところなのかもしれませんけれども、難しさとか困難ということにとても憧れているのです。つまり大人になったような気がするのです。大人扱いにされること、卒業生に会うと、嬉しかったことの中に数えるのは先生が大人として扱ってくれた、私はどういうふうに扱ったか知れませんけれども、忘れましたけれども、それがいちばん嬉しかったと言うのです。子どもにしなかった。少年期というのは、そういう時代なんです。

ですから、本などでもみんなに一つ一つ渡すときに、厚い大きな本がありまして、使うところは少しなのですけれども、それをわりあい上の方でない子どもなどに、みんなの前で「あなたにこれと思うんだけれど、どう」とわざわざ言って、そして「手伝ってあげるから何とかこれでやってみて。全部でなくてもいいけれど、でも一〇〇ページくらいはあるかな」「手伝うから何とかこれを担当して」という言い方で渡しています。それは難しいんです。けれどもそのときに何とも言えない少年特有の快感を感じるのではないでしょうか。信頼されたような、大人にされたような、偉くなったような思いをもつ、不思議ですね。難しさや困難から、中学生がいかにも逃げていきそうです。それがそうではなくて子どもは、やり方とか関係で、案外憧れるものなんですよ、難しいことに。それを知らない大人の人が教育ママの中にたくさんいるような気がします。難しいことや困難なことや大人っぽいことに、「だめ、そんなこと、あなたにできるものですか」と言ったりします。それに飛びつくことをもって誇りとする、変な憧れのようなものが少年にはあるんです。そして、それが潰されたときに非常な屈辱を感じるのです。赤ん坊にされたような気がして。たいへん難しいこと困難は当たり前ですけれども、そこを工夫して工夫して子どもの世界に持って来ますと、子どもが異常な憧れの精神で、憧れをもって喜々としてやってのける。そして成長していくところがあると思います。

西尾実先生の教科書のお手伝いをしていますときに、先生がこれがいいだろうとお出しになるものはたいてい少し難しかったのです。金田一さんのものにしても、「心の小道」ではなくてもっと難しいのが出てくるのです。すると編集部の人も私たちも、「先生、これは高校生ならいいけれど中学生には」と言うのです。そのとき私は子どもの憧れというものに気がついていなかったのです。そうすると先生が「そうじゃない。子どもは自分の持っている読む力に相当なものじゃなくて、そこから高いものがいいんだ」とおっしゃる。精神の考える力はそっちだ。その高い方だ、幼稚ではないといわれるのです。

そして、読めないからと言って、精神の高さのものをなぜ与えることができないんだ、中学生に。この高さでは中学生のものではないことはない。子どもたちはここまで頭が進んできているんだ。ただ日本語が難しいから、「この文章を読んでご覧」と言っても読めなかったり、「何が書いてありますか」などと変なことを聞けば「わからない」と言ったりする。そこを現場の皆さんが工夫して、そこを乗り越えさせてちょうどいい精神世界へ歩かせていかなければならないんだ。日本語の難しさを助けなければだめなんだ。そうしてやっていくんだと。

そして私たちが昔々、今は違うでしょうけれど、英語などを習うときに It is a pen. とかなんとかやってきたわけです。それでなくて Fifty famous. とか、何か読みたいですね。それを It is a pen. などとやっていても精神は満足しません。でも英語ができないんだから、いろはのいの字からやるのですからしょうがない。いちばん最初が It is a pen. じゃありません。a pen. でした、私の頃。a pen があって a pencil があって、それからやっとこさ It is a pen. が出てくるんです。そういうことをほんとうにつらいと言うのです。精神はずっと高くなって女学生なのに、やるものはそう。語学ができないから It is a pen. だと言うのです。

それと同じで、子どもたちを精神世界の高さに歩かせていかなければだめなんだ。そしてその日本語の難しさを工夫して助けるのが教師の仕事なのだ。この教材でいいんだと頑張られたことがありました。でも後で検定の時に文句が出てだめになっちゃいました。そんなことがありました。でもそのときの先生のことが、pen の話と一緒に忘れられません。そして、今度これを扱うときに強く思い出しました。今度の教材はみんな難しくて、「こんなの中学生に見せるの」と言いたいようなものがあると思います。私は、そのことを学校嫌いの子どもや、いろいろな問題を起こしている子どもたちの周囲の方に、少年のこの不思議な憧れをもっと知って欲しいと思います。難しいことが好きと言ってしまうとまたちょっと違うのです。憧れているのです、そういうことに。大人というものに憧れているのじゃないでしょうか。ですから、精神世界がちょうどいいところを助けて歩かせて相手しませんと、そこに欲求不満が出てきたり、どうしてそんなばかなことを考えるのだろうと思うような情けないことを考えたりしますね。学校なんか行きたくなくなるとか、いろんな問題があります。それだけでないことはもちろんですけれども。記事などを読んでいますと、案外子どもの不思議な憧れに気付いていない人が多いなという気がするのです。何にもできないのに非常に高いものに憧れて、何とかそこへ指を染めたいのではないでしょうか。それで助けを待っているのではないでしょうか。だのに助ける先生は、「何が書いてありますか。どこにています。

書いてありますか」などと、そんなことばかり聞くから嫌になっちゃったということになるのではないかなと思っ

ですから単元というのはそういう考えで、ちょっと程度を上げているのがちょうどいい。どうぞ皆さま、周囲におります中学生並びにその近辺の少年ですね、少年という人たちの中にあるこの不思議な憧れを大事にしてかわいがって欲しい。そうすればもう少しおとなしくなるのではないかという気がいたします。そのことは「資料について」〔183ページ〕の方に書いてございます。

それから「目標」ですが、子どもを知るということは教育のいちばんのもとであって、子どもを知らないで何ものもできないと思います。ですけれども知ることが大変なんです。今お話しをした憧れということも知らないことの一つかもしれませんけれども。こういうのを読んだのです。学会誌にありましたからお読みになった方もあったかもしれません。その場面にいませんでしたから、どこかが違っているといけないなと思いますが、もう何十年も前に倉澤栄吉先生が「はいはい病」ということをおっしゃって「はいはいはいはい」と手を挙げると先生はにこにこするし、元気のいいクラスだなんて褒められたりする。それをたいへん戒められて「はいはいが邪魔にこそなれ良くはない」とおっしゃった。そういうときに考えている子どもが想を破られてしまうし良くないとおっしゃっていたのです。私は「はいはい」を言わせていなかったし、直接関係がなかったのでそういうものかなという気がしていまして、テレビとか映画とかで見る教室というと、立って本を読んでいるか、または「はいはい」って手を挙げているか、そういう場面がぱっぱっと出てくるのです。ですからこういう世界の方は教育のことを知らないから「はいはい病」がはやっているんだなと思ったりしていたのです。

ところがこの間、講演の中でその方の授業を映したのですって、ビデオでね。そしたら子どもたちが「はいはいはいはい」と言っていました。それで、その「はいはい病」という話は倉澤先生からお話を聞いている学会の人た

ちは、みんなよく知っていることです。「はいはい病」排斥というのは。学問から逃避してよくない。みんな知っていたものですからビデオの後で、質問が出たのですって。「はいはい」と言っていたけれども、どうしてあれを容認するのでしょうかと。そうしたらその方が、先生が何か言うと子どもが「はいはい」と手を挙げて、先生が自分の方を見る。その子どもの顔を見るととっても嬉しい。だから「はいはい」と言うのを禁じていない。こういうふうにその先生はおっしゃった。とてもいい雰囲気の教室だったらしいのですけれども。これは一つ問題だと思います。「はいはい」といって自分の方を見てくれた。嬉しかった。それは一人でしょう。「はいはい」と言ったけれど見てもらえなかった子どもは他にもいるでしょうね。だってみんなをぱっぱっぱと見るわけにはいかないでしょう。ですから少しおかしいと思いました。

それからこんなことがあります。「はいはい」と手を挙げながら一所懸命これから何か言うのを考えている子どもがいます。先生の顔なんか見ないで、答えは「うんうんうんうん」と自分が当たったら言わなければいけないことを一所懸命考えている。これは当たり前じゃありません。それに別に先生がこっちを向いても向かなくても平気で、自分もきょときょとしながら手を挙げている子どももたくさんいます。そういういろんな子どもがいるのです。一人の子どもが先生がこっちを向いたときに自分が嬉しいから、子どもが嬉しいと言ってくれたから、というような考え、そういう見方は比較的多くて、そのとき見てもらわなかった子どもが先生の目にはないでしょう。そういうことが子どもを放してしまうと思います。

それからその「はいはい」と言って先生がこちらを向いて嬉しかったという子どももそのときのことでしょう。しょっちゅうではないのではありませんか。いつでも「はいはい」と言うと先生がその子の顔を見るなどということはないと思いますから。たまたまそういうことがあっただけ。子どもというのはほんとうによく変わるもので、今日は「はいはい」と言って先生がこっちを向いてくれて嬉しかったとしても、明日も嬉しいかどうか、そんな感動をもって嬉しがるかどうか、それはわかりません。それから、それが昨日今日ではなくて同じ日でもね、同じ時間でも、子どもというのは今嬉しかったことがすぐ嬉しくなくなるんです、すぐそばで。簡単に違った人になるものなんです。一人ひとりということは、その変化する子どもに対応することなのです。

よく座席表にどんな子どもということを書いて、座席表なんとかということがありますね。あれは子どもをとらえておく自分の勉強として、復習としては価値あることだと思いますが、誰もあれを持ってあれを見て授業をするわけではないでしょう。「あの子は積極性があるのか。はい誰さん」などと、そんなことをする先生はありませんから、やろうと思っていないと思います。ですけれどもあれを信頼しすぎます。それに積極性があると言っても、いつでも積極性があるのではないのです。よく見ていると日によりまして積極性も何もない日もあります。反対の日もありますね。

ですから積極性があるとか、発言活発とかいう程度のばーっとした粗っぽいとらえ方は子どもにとって危険でこそあれ利益にはならないと思います。子どもを見るというときに、そういう見方で見ていません。ですけれどこの子は積極性がある、この子は黙りである、この子はおとなしいなどというところまでが書いてあるものが非常に賞賛され、子ども一人ひとりがよく見てあるということになって発表されることがあります。そんなことはないのではないかと思います。同じ人でも先生も違いますから受ける感じも違います。それで、生きた人間と生きた人間と、生きた先生と生きた子どもとが向き合って、命のぶつけ合いをしているでしょう。そういう教室というものの教育の場の意味とがあると思うのです。積極性ありということでかたが済んでいくのでしたら、それは心理学の資料か何かにはなるでしょうけれど、教育はそういうことではありません。

今はいろんなものが発達していますから、昔の先生と今の先生とのあり方も価値も違います。昔は先生こそ全ての知識の宝庫でした。何でも先生に聞いたり、先生にいいかどうかを聞く。そういう関係がありました。そんな時代は遠くに過ぎてしまって、今片々たることでしたら先生よりもよく分かる本も放送も何でもあります。ですから先生を見る価値は違っているのです。先生の価値はどこにあるかと言ったら、そういう生きた人と生きた人がぶつかり合いながら、刻々と育ったりつまずいたりしている、その心をみんなと一緒に受け取りしながら、そういうことができるので初めて教室というものに命があるのでしょう。ですから、固定した考えですすめていくこと、座席表へ書きこんだようなことを考えておくことはいいのですけれども、積極性ありぐらいのとらえ方で子どもを知っているなどと考えたら大変だと思います。

単元の目標を考えるときに、読解力をつけるとか、読解力を養うとかいった種類の段階の目標をずっと並べてあることがあるのです。それは研究授業か何かで大筋をわかってもらうとか、研究物として筋を通したりするときはそれでいいのです。今私が話しているのは現場の先生のことです。命をぶつけ合うというような見方で個人をとらえることはどうか。目標はこんなふうにとらえる。「目標」とありますでしょう。［167ページ］こういうとらえ方。今度は、これも現場をもたずに書いておりますけれども。私は最後に持っていたクラスを頭に置いて計画しているのですが、たとえば読解力などというのではなくて、「調べたこと、わかったことを分かち合い、みんなのものにするため（協同の仕事をする資格を得るため）の技術を身につけること。よくわかる話し方、わかりやすい文章、役に立つ記録、資料の扱いなど」、ということです。よくわかる話とかそういうのは話し方の力でもありますけれども、ここにこういうふうに位置づいているのでして、こういうことができないと協同の勉強はできないのです。わからない話をする人だとか、資料の扱いが不十分だとか、わからない文章を書く、あの人の記録じゃ間に合わない。それでは協同の勉強をすることはできません。ですから、勉強に熱心だとか努力家であるというとらえ方は、現場の教師のとらえ方としては話にならないと思うのです。どのように手びきすればいいのかわからなくなるでしょう。せいぜい一所懸命おやりとか、そういう言葉にもならないようなことを言うことになります。

その次ですけれどこの単元の場合、「調べていくと、その先、調べるべきことが、見えてくるものであることを体得すること」。調べることは、どうしようかななどと言ってないで調べていくと、調べたことで拓けてきて見えてくるものであることを体得して欲しい。こういうふうに目標を見るのです。意欲的に学ぶ。そのようなのでは困ります。意欲的に学ぶというのは、はやっているように思いますけれども、意欲的にということは、この単元で言えばどういうことでしょう。皆さん意欲的にやりましょうというのでは、ほんとうに雑とか粗っぽいです。悪くはないし違ってはいないけれど、粗っぽいと思います。ですから個人個人に接するときに、ただみんな意欲的になどと、そういう言い方は現場教師は言わないものなのです。研究者の方がそういうふうに分類することはあります。ですけれど、私たちは子どもに向かってもっと意欲的になどということを言っては困るのです。具体的にはこの目標の(2)のようなことが体得できるようにと思ってすすめていくと、ちゃんと意欲的になるのです。

それから(3)の「発見しながら読んでいく読書の世界を経験すること」。読書の世界というのはいろいろあります。今自分のためになるという言葉ははやらないし、またためになるということだけで本を読む人なんてちょっとありませんね。いろんな読み方をすると思いますけれども。しかし発見しながら読んでいく読書の世界、他のでもいいんですよ、読書を熱心にというだけでよく読むというだけでなく、こういうふうに発見しながら読んでいく読書の経験をする単元なのです。ですから、単元の展開の中でそういう経験をしないと、一所懸命読んでも単元の目的にはかないません。

それから目標の(4)の「おもしろいということを見つめ直すこと。おもしろそうでなくても、必要なものは読む」。そうでないと大人になれません。そして、「そこで、おもしろさに出会う読書の世界を経験すること」。このようなのがこの単元の大事な出会い。それで素朴な初めのものに当たらせたいと思っているのです。すでに書かれている伝記を読んで、まとめるなどというのでは、こんなことにはならないのです。ですけれどもいい資料、いろんな資料に出会って、それにぶつかってみますと、ちょっと見たときおもしろそうだと思わない本がいっぱいあるのです、ですけれどまあ仕方がないような気持ちで見ているとわかってくるし、必要なものだったらおもしろくなくてもやる。そしておもしろさがその中に見つかったら幸せです。

そして先生が指導している単元ですからおもしろそうでないけれども、読んでいけばおもしろさに出会うということがあるような資料を選んでいるのです。しかし大人の世界にはついにつまらないということで終わってしまうことだってあるでしょう。ですけれども、つまらなそうなものの中におもしろさを発見する、貴重なおもしろさを発見する。そういうことがしたければ、つまらなそうであっても読んでくれるものでないとだめでしょう。読んでいたからそういう経験ができたのですけれども、つまらなそうだとそこでやめたとしたら、そこで切れてしまいます。ですから、目標の(4)のようなのは資料をじょうずに選んであって、つまらなそうだけれど、読んでいけば確かにおもしろさに出会うのです。ちょっと出会うという感じなのです。発見などというものではないのです。「あれ！」ふっと、「そうだ！」というようなことが一つある。そういう喜びを知りたいと思うということです。ですからおもしろさということを見直さないと。

次の目標の(5)の「いろいろの読み方を駆使する」。これはこの単元の大きなねらいです。読解力があるとかいうのは雑です。いろいろな読み方を駆使する。これは三年生をめあてにしますから、そのいろいろな読み方は知っているわけです。三年生でなくてもできるのですけれども、それはまた後で。「読みながら読み方を選び、変えていくこと」。あっこれはこういうふうに読んだ方がいい。これは違った。やり直しということになって、読みながらたくさん自分の知っている読み方を駆使する。じゅうぶん使いこなす。そしてどんどん変えていく。惜しみなく変えていく。おしまいまで読む必要がなかったら途中でやめるのも一つの読み方ではないでしょうか。そういうことなのです。

それから(6)の「情報処理のいろいろな方法、その重なったり並んだり関連し合っていることを実感し対応すること」。情報処理は流行の言葉ですけれども、是非つけたい力ですね。読んでいきますと重なっていたり関連し合ったり、いろんなことがあって、それで実感してそれに対応しなければ困ります。こういうことをするのにこの単元がちょうど合うということです。

その後の目標として、(7)の「初めての人、親しくない人、年齢の違う人などと、学習や研究調査の話ができること」[168ページ]。この単元ではこういう機会が得られるのでいいのです。こんにちは、さようならとかおはようとか、そんなのは言えなくても言えなくても小学生のやることでしょう。ですから、そういう人に会ったときに、そつなく、あいさつはもちろん学習や研究調査の話ができないと話ができたことにはなりません、一人前として。世間話ができないなどということは人間としてはないから、研究やなにかの話がそういう人とできること。

たとえば、このときに次のようなことを体得するのです。「ちょっと聞きとれなくても、すぐ問い返さないこと」。友だちなんかですと構いませんが、初めての人、親しくない人、年齢が違う人、気のおける人ですね。そういう人にはちょっと聞きとれなくてもすぐ聞き返さないほうがよろしい。こういうことを覚えないと困るのです、こういうときに。こういう単元でないと覚えられませんから。

「その人の得意な範囲をとらえて、それをめぐって話を聞き出すようにすること」。これはかなり常識的で知っていると思います。ですが、この経験を是非もつことです。

それから「よくわからなかったところについて尋ねる機会を感じとること」。さっき聞いてわからなかった、今聞けばいいな、ということを感じとる神経がないと困りますね。お友だちなんかですとすぐわかりますけれど。

それから間違えたって平気ですけれど、少し気のおける人に対しましては、今聞けばというそれを感じとらないと困ります。その次はご賛同が得られますか。「とらえられないときは、今回はあきらめること」、だと私は思っています。こういうこつを少し気のおける人と話していくときのこつだと思うのです。今回はあきらめて聞くのをやめるのです。また他の日に聞くことにしまして、お手紙とかなんかすることにしましてあきらめる。こういう方と研究の話をしていくでしょう、こういう単元をするのに。そのなかでこんなことを体得させたいのです。

それから「話が飛躍しても、ついていくこと」。なんだか話が飛んだなと思っても話についていくのです。そして「元に戻そうとしないこと」。これもこういう方と話すときのこつだと思います。ついていきます。どんどんどん。そして飛躍しているなと思ったってついていくのです。そして戻そうとしない。先ほどの話などと、変なときに元へ戻そうとすると成功しません。こういった種類のことをこの単元で、大人びたことですけれど覚えさせたい。

目標をこんなふうに見ていくのです。この人と会って話がどうとか、おおまかな意欲を持たせる式の漠然としたおおまかな目標というのは、実際子どもの前に立ったときどうしようもないですよ。一人ひとりの子どもがいますね。その一人ひとりの子どもを指導しようというのでしょう。おおぜい一緒じゃなくて。そのときに、読解力だとか意欲を持たせるだとか、そういう感覚で一人ひとりの子どもに接してもどうしようもないと思うのです。こういう細かい目標を持っていますから一人ひとりの子どもにほどよく先生の手がのべられるということ。これは実践家の目標です。実践なさるときに目標をお立てになるでしょう。もう一つ踏み込んで、もう二段ぐらい踏み込んで、こういうふうな目標にしておかないと、単元は展開してもあまりうまくいかないのです。一人ひとりを指導するなどというのは空念仏になってしまって、とどのつまりできません。一人ひとりを見ているだけでどの子にも同じようなことを言ってたりすることになるでしょう。ですからとにかくこれは実践教師用の教室目標なんです。これ式にすすめていく。その後にもう一々挙げませんけれども、実に多種多様と言っていいような目標がたくさん達せられるのです。

それからもう一つそこに例がございます。［目標⑺の後半］たとえば「書くこと」の中、「手紙を書く」、その手紙もインタビューをめぐってどんな場合に手紙があるだろうか。こういうふうに目標をずっと立ててありますね。どんな手紙の種類があって、それはみんな書き方が少しずつ違っているのですから、書きにくいって言いますか、子どもにはたいへんつらいことなんです。それをさっさと、早いことがいいことですからさっさと書かせる。このくらいに分析しておかないと指導できないということです。

一人ひとりを指導するという大事な目標でもって教室に立っても、教室に行ってから同じことを同じような言い方で指導している、一人ひとりに向かっていろんな目標を持ってきてないのですもの。子どもを一人ひとり見ていれば、一人ひとり教えなきゃいけないことは違っているはずです。一人も違ってないはずはない。一人ひとりを育てるということは一人ひとりに指導することでしょう。けれども、子どもを十束ひとからげにとらえて、そして教室へ行って一人ひとりを大事にするといっても実際にどういうふうに大事にするのかなという気がするのです。おはようなんて言った後、どうするのでしょうかと思いました。それが個人を大事にするってことを言わない方はないと思うのです、ことに近頃。ですけれども実際には読解力・意欲を育てる程度のあらい、ということは乱暴ということではありません、木目が粗いんですね。そういうのではできません。

単元学習が失敗するというのは、そういう細やかな目標がないからです。つまり、前の教科書中心で読解中心で何が書いてありますか式の、それのやり方からあまり進歩していない、実際に。ですから指導案はよくできていて、いい案だなと思います。けれどその方の教室に行ってみると、指導の実際がその読解力・意欲をつくる、そういった段階なんです。単元学習の現場の指導案というのはこういうものなのです。そして、このようなのはいちいち全部人に見せるわけではありません、誰でも。しかし、こういうふうに考えていかないと、せっかくの皆さんのいかにもいい単元の案ですね。それも単元学習の指導法を知らないから、単元学習の目標も立てられないから、結局は昔からやっている従来の方法などの問答中心にやってきます。教科書のうしろの手引きでね。ですから私は単元学習がうまくいかなかったり、非難されることが起こってくるのではないかと思って残念です。ですから、大変でも何でもないんです。慣れてくるとこのような教師であれば思いつくようなものでおすすめ下さい。あまり細かく考えていらっしゃらない方は、そんなこと考えられないとお思いになるかもしれませんが、そんなことはないんです。考えられなくても一つぐらいは考えるでしょう。そして考えて考えているうちにだんだんだん考える能力がついてくるのです。これは国語力の、言葉の力のありがたさです。やっていると速くなるのです。単元学習をなさるには単元学習用のとらえ方があった。従来の方法になると前のとおり。これで単元学習の悪口を言われてはこまるという気がするんです。単元学習にもまずいところはいくらでもあるでしょう。案を立てるときに憧れなんて知らなかったり、個人をとらえても目標は粗々しかったりね。そんなことでうまくいかないんだと非難される点はあるでしょう。非難されても仕方がないなと思うようなことが始終あって、無念に思います。ですけれど個人を育てるには単元学習でなくてはやれないです。全体ではね。しかしこんなところに目を置いてその指導をしてください。

その後、少し細かい例が上げてありますから。それから「碑文・略伝を読む」［173ページ］というのがあります。さっき古典の話が出ていましたけれども、一七四ページのところに私が古典のところでいつも使っている書き方で碑文が書いてあります。こういうふうにしています、古典のような文章は。そしてことに古典の中の一七五ページの二行めのところに「由来」というのがありますね。こういうのはほんとうに気をつけないといけない言葉ですね。つまり子どもがわからない言葉と思わないからです。由来というのを知っていますから。この碑の由来はよく知っています。だけどこれは由来（ユにアクセント）と言うのでしょう。わりあい使われる言葉ですから、こういうのが大事な国語の先生らしいポイントですね。こういった種類の言葉に不注意ですと、かなり勉強ができていてもいい読み手が育たないという気がします。やさしそうに見えて、ちょっとしたことで意味が違うという、そういうのはね、先輩たる我々が気をつけて指導しないと子どもだけではできないのです。

一七三ページの㈡というのがありますでしょう。学習を進め始めて㈠は「学習諸準備」です。㈡はその「碑文・略伝を読む」のですね。さっきのような要旨で読むのです。できるだけ語釈をせずに、これでわかればこれでいいですね。こういうふうに作ったほうがいいです、難しいものは。でないとわかっている人に失礼ですから。これで読めるようにします。

「例」の次に「生い立ち」というのがあります。そこからずっと調べたいこと調べなければならないと思うことのメモを取りながら読んでいくのです。碑文を読むのです。この碑文を読みながら、注釈するのではなくて、この小川義雄のどういうことを調べなきゃいけないということを今メモしながら読んでいくのです。そのとき、ずっと○がついて一七四ページまであります。それは、子どもが思いつくだろうと思うことです。これはいつか話したことがあるかも知れませんけれど、もう一回調べなくてはいけないと思うことをメモしなさいと言って、その注釈のついた碑文を読む。そうすると子どもは考えるでしょうけれど、それで先生があまり指導しないというのがあるのです。それはまずいことです。そんなこと一人でもってこの碑文を読みながら、調べなきゃいけないことを十も二十も考えられるなんていったら大変なことです。子どもは一つか二つでわからなくなってしまうのです。それで今ここにそれを予想して書いていますが、こういう予想、つまり私のそのクラスが三十七人でした。だけど三十七なくてもいいです。二人や三人でやるのもありますからね。三十七も四十もあればもっといいですよ。こういう「例」を考えるのです。そして教えはしません。これを印刷して渡したり、そういうことはするとお思いにならないでしょう。しません。ですけれど、みんなが一所懸命読んで考えてるときに、これを見ながらヒントを出していくのです、子どもに。何か思いつくようなたねをちょっとずつ出していくのです。何にも思いつかないであーあと思ってがっかりしている子どもがいたら、ちょっとヒントを出すのです。そのヒントを出す手控えです、ここに書いてあるのは。そして、このたくさん思いつくこつ、これは、自分の覚えていることを大村さんが言った、野村さんだったらこういうのを考えるだろうと思って、何々さん、あの人はこのようと、クラスの子ども一人ずつ頭に思い浮かべながら、その人の個性で見つけていくのです。考えていくのです。

ただ素手で碑文を読んでメモをしなさいと言われると大人だって困るでしょう。子ども一人ひとりに個性があって、自分が教えて自分が骨を折ってとらえている子どもでしょう。ですから誰さんだったらこんなのを思いつくかな。誰さんだったらこんなのを思いつくかなと考えていくとこんなのがつっつっと出てくるのです。ただ考えるのではありません。子どもを使って子どもになり代わって考えるのです、これは。

三十七人でやるとしたら、このくらいは考えてなければ。このメモを取りながら碑文を読む、そんな時間の指導者として何にも考えていないのはまずいのではないですか。三つか四つかというのでは、子どもと一緒でしょう。それでいて一所懸命考えてごらんなさい、いろいろあるでしょうなどといくら優しい声を出してもだめですね、ヒントをじょうずに出すのです。これは見ていて子どもがいれば誰だってじょうずに出せます。それは先生ですもの。そこに子どもがいて、その子どもになり代わっていっぱい考えていて。その子がちょっと考えるきっかけを作るということ。それもしなかったらその時間に何にも授業をしないことになります。先生は全く暇になってしまうでしょう。ですから、そのこつは、一人ひとりの子どもになってということにあります。

それから、今度は「終わりの時間」［181ページ］を見てください。終末がまとめたもの、こういうのを調べてまとめたものを書き上げるというレポートがあると思いますけれども、これはそうなっていません。これは目標が調べることにありましたから、そうなっていないのです。

その前に一七九ページのところから一八〇ページにかけてずらっと並んでいますね、教室の様子。これは、考えると言えば考えるのですけれども、先生が考えてみるわけです。誰さんがこんなテーマでこうやるだろう。こうするだろうと考える。考えておくことは大事ですね。教室の中が同じことをしていない。どういうことをしているかなと考えておくのは大事なことです。このときにもあの子はこの子はと自分の思っている子ども一人ずつを考えていれば、何の骨も折れずに何をしているかわかります。子どもを忘れて自分だけ考えようとするところに、何にも思いつかないという悲しいことが起こってくるのです。子どもはそこにいて毎日一緒に勉強しているのでしょう。その子がその時間に何をしているかわからないなんて、そんなことがあろうはずがない、教師として。だからやさしいことなんです。そこに書いてあるとそんなに思いつかないなどと思われるかもしれませんが、そんなことはありません。さっきの例もあんなにたくさん頭に置かれれば、自分の子どもは結びつきでいろんなことをやりまして、教室の中でめいめいがいろんなことを一所懸命やっているという、そういう姿になるでしょう。

それから㈤〔181ページ〕というところがありますね。この単元は時間がどこまでということがないから、どこまで調べないといけないということはないのです。みんなができるだけやってみますので、めいめいができるだけ努めるので十時間前後、何時間でもできるのです。先生が時間がないから八時間とおっしゃれば八時間でできますし、もっとかけると言えばもっとかけられますし、伸縮自在ですね。どこまでというのがないところが、この単元のおもしろいいいところなのです。過程を大事にして、そこで養われる力を大事にする。学習する能力を育てていて、その結果にとらわれない。それなんです。ですから時間は十時間前後、何時間でもできる。十時間前後がいいと思いますけれど。あまりこういうことをやっていても困りますから。

仮に今十二時間で終了の予定だとします。そうしますとこの㈤という時間が十一時間めです。十一時間めには何をするかということがそこに書いてあるのです。時間数が十五時間の方は十四時間めがこれになりますね。そしてあくる日が最後の時間になりますので、その最後の時間の準備をする時間です。やっぱり十二時間でやるのでしたら十一時間めが準備時間、十二時間めが発表となりますでしょう。そしてその準備した「終わりの時間」というのが㈥ですね。そこは発表会です。どんなことをと言いますと、まだ調べたい調べなければならないと思うこと、まだあれもやってない、これもやってない。まだ調べなきゃいけないと思うことと言うのですから、書けない人はないわけです。全部できましたということはありえません。十何時間でありえません。ですからどうしてもそういうことになります。まだ調べなければならないなというのが必ず残っていますから、発表のたねはあります。

それから「できたら、こんな形にまとめてみたい」［181ページ］。その次の「たとえば、こんな話が出るであろう」。これも想像です。時間がなくてこれだけにしましたけれども、みんながこれを調べて、できたらこんなことをまとめたらおもしろいだろうな、やりたいなと思う。やらないけれども、誰かがやったらほんとうに幸せです。けれども、たぶんやらないでしょうね、時間もありませんから。だけどやりたいなと思って、大人だったらこんな本を作りたいなとか、こんな発表をしたいなとか思って考えるでしょう。それがなかなかその半分もやれませんけれども、しかしいろいろ調べたときに、これをこんなふうにまとめたらおもしろいな、まとめたいなと思いますね。それも素晴らしいことでしょう。それを思いついた人が発表するのです。

この中にAさん、Bさんといろんな人がいますが、Cさん、子どもの言葉にしてありますがCさんは、「私は、とてもだめそうで、恥ずかしいんですけれど、うめさんと荒木さんと藤田さんとのてい談という形で、調べたことをまとめたいと思っています」。うめさんというのは、小川義雄の家のお手伝いさんです。今私とほとんど同年でまだ和寒におります。それから荒木さんというのは、当時若い衆として働いていた人です。もう立派になりましてその当時の農機具とかを集めた所の館長になっております。それから藤田さんというのはやや若くて、和寒やこの辺りの歴史を調べていて、資料の中に『松岡農場顚末記』というまとまった作品があります。この方が高等学校の先生をしていまして、今は定年退職をしました。けれどもそのことを調べ続けていらっしゃるのです。古いものですけれども、この方の文章など見たとき、たいへん紙などが痛んでおりますから読みにくそうな古めかしいものに思えますが、なかなか文章が上手で分かりやすい文章です。この難しそうな資料でもよく見るとなかなかいい文章があって、古いからだめということはないなと思います。この三人でてい談という形でまとめてみたら、この調べてみたことがおもしろいなと思っている。そういうことを発表するのが最後の時間です。

ですから、どんな作品ができたということではありません。ちょうどそこのテーマになっていることを調べるのが普通の単元の展開ではないでしょうか。このうめさんのような形にまとめるとか、それから北大出身の人たちの姿をまとめるとか、いろんなことがあります。ありますけれども、それは普通の単元でそういうふうになると思います。しかし今回はそうしない。

こうした終わり方もあるということを皆さんに知っていただいて、どんなものでも発表会をしたり、これは最後ちょっとした発表会ですけれども、発表会をしたりレポートをまとめたりしなければ単元はだめだと思っている方があるので、わざとこういうふうな形で初期の目的だけに邁進したわけです。いろんなものを調べてたくさんの見慣れない人にも会ったし、初めての方にインタビューしたり大変ですね。そういうことをしながら実に豊かな言語活動とか言語生活の場面に出会ったと思います。そうしていろんな言葉を使いこなしていく力をつけようとした目的を達する。

必ずしも大部なまとめ方をしたりする必要がないということを訴え、目標をきちっともって、その目標をもって邁進すればいいわけでして、単元と言えばどんなものでもおしまいに大発表会をしたり、それからそれにたいへん時間がかかって困ったとか、まとめるのが大変だったりしますけれども、まとめないというこういう一つのスタイル、こういうこともいい。伸縮自在でここでまとめてもいい。子どもはこういうのが案外好きで、今在職だったら大喜びでやったと思います。

この資料の中には叔父の直々の手紙などがあるのですが、それが私にとりましてはちょうど古文書の感がします。子どもにとって古文書の勉強、古文書の勉強は江戸時代のものでしているのですけれども、なかなかおもしろいものなのです。古文書というものは、全体の意味がよくわからないと読めないのです。てんでわからない字が出てきたときにも、全体はこういうことを言っているのだから、だいたいこのような言葉が入ってくるのではないだろうかということを考える。そしてその言葉をたくさん考えてみる。そうするとこれはごんべんなのか何へんなのか、と言ってそのごんべんのそれに似た言葉を全部考えてみていくと古文書が読めてくるのです。ですからこの叔父の手紙にある変体がななどというのも、子どもにはまた一種違った憧れからくるおもしろさがあるのではないかと思います。

資料の最後のところにいろんなものがありますけれども、37番に『凍裂のひびき』というのがありますでしょう。これは野地先生や橋本先生はお手に入れられたそうですけれども、私がちょうど行ったときにこれが発行になったのです。何かとても暖かな感じのする、愛読書にしたいような本でした。それで嬉しかったのですが、そうですね、北海道開拓の時代、私ぐらいの年になっている老人の思い出を書いた文章。それから九十いくつにもなられた方のお話を聞いてテープに取って作ったものもあるのです。ほんとうに教育も少なかったでしょうし、そういう人たちなのです。けれども心を込めて、懐かしんで暖かな心で書いています。そしてこの本を作る人も暖かな気持ちで、この老人を見守っている気持ちもよくわかります。とびらの所にも残しておかなければ雪と一緒に消えてしまうものだからと書いてありました。この凍裂というのが、この頃『広辞苑』にも何にもなくなってしまった言葉です。寒い国でも使っていないのですけれども、冬の寒い晩に信州で、昭和一桁時代から昭和十三年までそこにいましたが、雪が降らずに地下一メートルぐらいまで凍ってしまうという寒さなんです。そんな晩に炬燵にあたっていますと、炬燵の中は暖かいけれども部屋の中は氷のようです。そんなときにすぐ横の柱とか後ろの柱とかがぴーんと割れるのです。それが凍裂なんですね。今は暖房があって部屋が暖かくなっていますから、信州がいくら寒くても凍裂ということはないのです。ですから凍裂という言葉がわかるし、開拓時代はほんとうに寒くて寒くて凍裂の響きを聞きながら奮闘した人たちの歩いた足跡という意味なのでしょう、そんな本を教育委員会で作っています。かなりの厚さがありましてね、懐かしい本です。

単元学習がどうしてどこでだめになるのか。いろんな方がうんと勉強して、心打たれるような素晴らしい案ができていて素晴らしいなと思うのですけれど、大事なことが忘れられ、教室へ行って実践するときになると結構古くて昔のまんま。そういうことがあるような気がします。せっかくの新しい考えで子どもをとらえて、ほんとうの言葉の力をと願って勉強してらっしゃる方々、指導案はできたんだけれども。それは勉強すればできますね。皆さんもおできになって見せていただくと安心します。ですけれど教室へ行くと急に古くなってしまうのです。もとのまんま。それを何とか克服して単元学習が持っているよいところと、ほんとうの言葉の使い手を育てることができるようになればと思い、そんなお話をしたくてとりあげました。ちょっと古ぶるしい題でです。「一基の顕彰碑」などと聞くと「あらまあ大正時代かな」と思う感じでしょう。ですけれども私にとっては叔父も懐かしいし、単元学習を守りたく思うのです。ほんとうにだめなところは直さなきゃだめなんですけれども、そんなことでは残念と思いました。みんな難しいことではなくて、できそうなことばかりなのです。どうぞ教室で案は新しいけれどやり方は古いというのではなくて、やり方を新鮮にしていただきたいと思います。おしまいのところに書きましたけれども、学力というと読解力と思う国語の先生がいらっしゃる。もっとひどいときは受験力と思う人もいるのです、学力ということを。そんなことがありますけれども、どうぞ子どもの心情を考えて、単元学習でなくても教師がほんとうに教師としてそこにいる価値がある、いないとだめといった位置に自分を持つということは、そういうことをすることなんだと、考えていただけたらと思います。

ありがとうございました。

講演資料（一九九四年十二月四日）

単元　一基の顕彰碑

〔一九九四（平成六）年十一月二十日（日）
第24回大村はま国語教室の会研究発表大会〕

（碑文）

水稲冷床育苗法創案普及功労者
農学士　小川義雄翁顕彰碑

小川義雄翁は大正十三年以来和寒町松岡農場支配人として多年農業各般の指導研究に当り特に本道稲作に対し冷床苗利用栽培法を創案普及し以て本道農業に一新機軸を与えたる功績や実に偉大なりと謂ふべし。由来、本道稲作は主として直播法に依りしが為、昭和六、七年の如きは冷害を被むり全く稔実を見ず、農民の窮乏その極に達せり。翁は夙に寒地稲作法の確立に志し、偶々、佐藤徳治其他篤農家諸氏の温床苗試作に示唆を得て冷床育苗法を案出し、これが実験に心魂を傾注し遂に昭和九年の凶作に当り平年作に近き収穫をあげて強き自信を得たり。爾来、毀誉褒貶を顧みず寝食を忘れて各地に遊説しこれが普及奨励に邁進せり。かくて翁の献身的努力は遂に報いられ今日の安定稲作に強固なる基礎を確立せしめ得たり。茲に全道水稲栽培者相諮り翁の輝かしき功績を永遠に讃仰せんが為にこの碑を建立す

昭和三十年十月十日
後学　北海道大学名誉教授日本学士院会員
農学博士　伊藤　誠哉　題字並撰文

小　川　義　雄

単元　一基の顕彰碑

はじめに

たとえば、こんな風にして、この単元の学習は始まるであろう。

天野　昨日、来てた人、もうおじさんみたいな人、卒業生ですか。

大村　そうよ、前の前の学校の。紅葉川中学校時代の。中央区よ、もうその学校、ないけれど。

天野　先生、ばかに感心していたようだったけど、何の話だったの？

大村　あの人、桜井さん、ていうんだけど、朝日新聞の技術の方に勤めているの。朝日新聞が、築地の方に移って、活字を拾っていた時代が終った。あのとき、その技術の最先端で仕事をした人よ。

天野　あの人が？

大村　来れば、いつでも案内してあげると言ってくれた。

天野　それで、あんなに感心してたわけ？

大村　それもそうだけれど、あの人がね、中学生のころ、いっしょに勉強したことで、一ばん楽しかったことや、一ばん役に立ったこと、というのを話してくれたの、国語の時間の。

それが、桜井さんだけのことでなくて、この間、紅葉川のクラス会をして、十何人か集まったそうで、そのとき、この話題が出たそうなの。

天野　発表会？

大村　それも出たけれど、第一は、テーマが出て、みんな自分のテーマで、本や何か探した。あなたたちでいうと、「文献探索」、一年のときの「動物のことば」をテーマにした時の。

天野　ああ、あれはおもしろかった。探すの楽しかった。なかなか、なくて、あると、うれしくて。

　こんな話をしているところへ、だんだん集まってきて、天野を中心にしばらく話が盛り上がる。

　私は話から少し離れて仕事をしながら聞いている。聞きながら「文献探索」がどんなにおもしろく楽しかったか、なぜかということなどを考える。そしてあの延長線上に、資料も方法も工夫して単元を考えることになる。

小川義雄の顕彰碑を対象に選ぶまで

　興味のある調べたいことと、もし子どもたちに尋ねれば、宇宙の問題、恐竜、生命の起源、人類の始まり、日本語の起源など、たくさん出てくると思われる。しかし私は興味は持っているが、指導者としての力が不足である。

　また、時の話題であって、同じような種類と程度の書き方の本がありすぎる。探すまでもないほど溢れている。探すというより、比べて選ぶということになりそうである。それはそれで別の学習になるが、今回のねらいには添わない。それに、いつも一つの単元の学習を決めるとき、確かめる項目の一つ、豊かな語彙に出会えるかという点でためらわれた。

やはり人や人の仕事にしようと思った。

さて、人と決めてみると、次に、あまり有名な人物は、すでにたくさんの人に、細かくくわしく調べられていて、文献といっても、なまの素朴なものでなく、すでに調べられているものによって調べることになる。野口英世とか、キュリー夫人とか、有名で、調べるといっても、だれかの意見をまとめることになる。それはそれで意味もあり、ある力のつく学習であるが、今回の単元の計画の立場で見ると、ごくせまい範囲の力を使うだけになると思う。

書物になる、その前のなまの資料に、じかに接することになると、じつにさまざまな現実的、生活的な言語活動が自然に導かれ、現われてくる。

といって、ほんとうに、全く無名な人であると、調べる資料がなく、豊かな学力を養うことにつながらない。

また、外国の人であると、環境その他、中学生には調べきれない。

小川義雄は、それほど有名でなく、顕彰碑が建っているので、全く無名でもなく、特に研究されてもいず、しかしいろいろなところに、その足跡が、なまで残されている。したがってさまざまな言語活動が開かれてくる。直接、生活を共にした人もまだ何人かいるので、インタビューも計画しやすい。

それから、これは身近に過ぎて、よいと言ってよいか、マイナスのことなのか考えさせられることであるが、私の叔父であること、私自身の目的で小川義雄周辺の資料をゆっくりであるが集めていたこと、これらのことが、文献探索の、この単元の対象に取り上げることになる道筋を作ったと思う。

目標

この単元の学習で、ぜひ気づいてほしい、身につけたいこと。

(1)調べたこと、わかったことを分かち合い、みんなのものにするため（協同の仕事をする資格を得るため）の技術を身につけること。よくわかる話し方、わかりやすい文章、役に立つ記録、資料の扱いなど。
(2)調べていくと、その先、調べるべきことが、見えてくるものであることを体得すること。
(3)発見しながら読んでいく読書の世界を経験すること。
(4)おもしろいということを見つめ直すこと。おもしろそうでなくても、必要なものは読む。そこで、おもしろさに出会う読書の世界を経験すること。
(5)いろいろの読み方を駆使する、読みながら読み方を選び、変えていくこと。
(6)情報処理のいろいろな方法、その重なったり並んだり関連し合っていることを実感し対応すること。用具を使いこなすこと。

用具とは、いわゆる文房具のほかに、コピーやワープロ、カメラなど。

(7)初めての人、親しくない人、年齢の違う人などと、学習や研究調査の話ができること。

たとえば、次のようなことを体得すること。

○ちょっと聞きとれなくても、すぐ問い返さないこと。

○その人の得意な範囲をとらえて、それをめぐって話を聞き出すようにすること。

○よくわからなかったところについて尋ねる機会を感じとること。とらえられないときは、今回はあきらめること。

○話が飛躍しても、ついていくこと。元に戻そうとしないこと。

なお、一々、目標とは掲げないけれども、この学習の展開のなかで、じつに多種多様といってよい、さまざまな言語生活を高める学習、さまざまな学力を養える活動の場面、機会がある。たとえば「書くこと」の中の一部、「手紙を書く」それもインタビューをめぐっての場合を取りあげて考えてみても、

○先生に紹介された、全く知らない、おとなの人に、電話を利用してのインタビューを願う手紙。

○返事が来て、礼状。

○くわしい打ち合わせ(日時、場所、こちらの出席者きき手など)、日程の都合をきく手紙。

○返事がきて、お礼と決定の日時等を確認する手紙。

○インタビューの内容のあらまし、資料があれば資料を添えて、前もってお届けする手紙。

以下の目標に準ずる○印の項目の中からめいめい、いくつかを選び、自分の目あてにする。指導者も、一人ひとりに、それも何をしているかによって、重点を選んで指導する。

紹介の手紙は別に先生から出ている場合、紹介状が同封される場合もあり、書き方は部分的に違ってくる。

返事はどれも電話で受けることが多くなるであろう。こちらからはなるべく書面にする。

持参することもあり、当日お返しすることもあろう。

○先方でお持ちの資料があればお借りして、コピーなどして、準備する。そのような準備の仕事について問い合わせる。
○返事があって、お礼とその仕事を確かにしておくという返事。
○お借りした資料、お返しに添える手紙。コピーしていただいた場合はそのお礼を一言。
○インタビューの日の前日などに確認かたがた、あいさつの手紙。
○インタビューのあと、お礼の手紙。
こうして、説明的な文章、通知・報告の文章、感想文等いろいろの文章を書く機会が続く。

右に準ずるような項目を拾ってみると、

書くことでは

○調べたことを使いやすい形にまとめる。
ナンバーをつけ、見出しをつけ、段落の切りどころ、わくや符号の利用。
○資料ノート、ことに紹介のところ、ほかの人が、その人として読まなくても役に立つ、ほんとうに役に立つ文章にする。
○質問の手紙、そして一回ではっきりせず重ねての質問とか、資料Aの内容が、資料Bの内容と矛盾している場合など、内容を正確に、そして煩わしい感じ、くどい感じにならないように書くこと。
○内容は簡単なことであるが、ちょっと面倒な感じにさせないような依頼の文章。短く、端的に返事しやすいように整えて書くこと。たとえば、写真の、どれが、どこの風景かということなど。
○それぞれの礼状もある。

読むことでは

○ほとんど知らない、不案内の内容のものを読む。
○読み比べる。
このことは、この本には出ているか、どのように出ているか、この本だけに出ていることは、何か。表現のしかたの違い。
○このことは、どの資料の、どこに出ているかを探す。
○一つの記録（資料ノート）を読んで、その資料で得られるものと得られないもの、足りないものをさっと判断する。
○その記録の信頼度を鋭く感じとる。
○いく種もの読みとったものの位置づけをする。

話すことでは

○調べたことを、ほかの人が調べ直さずにわかるように、はっきりと話す。
組立て、順序がすぐ相手の頭に描けるように工夫する、一つの話が、前のどの話を受けるのか、または新しく立てるのか、を伝えられるよ

こういう礼状は、電話などより手紙がよい。

場合によっては、項目等のメモ、配布。

うに工夫する。

○数人で、調べたこと、その時の様子などを報告する。相手は、自分たちの先生。調べたことを思い出しながら、友だちとのバランスに心を配りながら、そして話の進行にしたがって、考えていた順序を、何回も機敏に変えながら、落ちのないように話す、心配りの大切な合同の話。

○適当な敬語の使い分け。相手が親しくない、おとな、初対面のこともあり、話の中に出てくる人との関係が多様なので、ちょうどよい程度の敬語を使いこなすさまざまの機会がある。

聞くことでは

○調べたことの報告で役立てられる内容を、正確に位置づけながら聞くこと。活用できるように聞きとること。自分の求めているものを主に据えて聞く。

○親しくない人、それもおとな、聞きなれない話し方に接しながらその真意を聞きとる。

インタビューについて

(1)聞き手として。

○話題をつづけるか、転換するか、次の質問や話題を選びながら聞

板書を利用しても、組立てを相手の心に移す助けになる。
　言い落としたことを途中で挿入しないなどの知恵。

わからない所があっても、こだわらず次を聞きつづける。
　これは書くことの分野であるが、メモは、同じ範囲のことが、同じ範囲とわかるように書く。事実・例・所見などと欄を区別せず。番号符号、大きさ、高さなど使いこなす。

く。

○案、予定にとらわれず、話の流れを大切にする。

(2)録音係。録音しながら雰囲気、表情、動作、ことばの調子などをメモする。

(3)文字化するとき、よくわからないことばは、音の通りカタカナで書いて先へ進む。あとにまた、そのことばが出たりして、わかることが多い。

○文字化のコツ。短く聞いて書く。長いことばを覚えて書くことは、むり。その人らしい語調が出ないことになりやすい。

学習を進める

㈠学習諸準備

学習を進める予定

資料紹介

カード・年表　報告

調べる題目を貼る場所の確認

スリーエムの用紙やペンなども確認

係の確認

国語係　二名

各教科とも二名ずつ学習の係を置くことになっている。

特別国語係

特に係の仕事が多いとき、ある仕事を担当する。
この単元では、年表に特別係を置く。
わくのコピーは国語係がするが、あと、次々記入されていく世話は特別係。

㈡碑文・略伝を読む。
調べること、調べたいこと、調べなければならないと思うこと、メモ。
例
○生い立ち
○一族の人々から得たもの
　特に、義雄の兄小川二郎
○小川義雄をめぐる人々
　彼らから得たもの
　特に佐藤昇介
○北大に学んだ日々
　その日々に育くまれたもの
○何が顕彰されたのか
○冷床育苗法の着眼点、長所、特色
○北海道の生活の実状
　移住当時
　冷床育苗法実施のころ

年表（178ページ）の下の二つの欄、日本と外国の主要な出来事は、指導者が担当。

碑文には、古典の場合に準じて手びきをつける。174―175ページ

おおまかなとらえ方で、一応考えてみる。
資料を使って調べていくうちに、次々、気づいて取り上げられてくる形。
思いついたことは、指定のところに掲示する。
○用紙スリー・エムＫＫ
　ポスト・イット　№６５５　12.6cm×7.6cm
○パイロット水性サインペン　プチ中細

○大正十三年、そのころの和寒の農業は、どんな状態であったのか。どんな状態の中へ赴任したのか。
○「農業各般」とあるが、何々か。
○北海道の稲作の歩み。
（大正十三年以前の歩み）
○アメリカ留学と労働から何を得たか。
当時のキャンサス農科大学
ブルックヘルの農園
○「きらら」までの道。
○松岡農場での仕事。
○毀誉褒貶の実態、どういうことがあったのか。
○松岡農場を去る事情。

碑文

水稲、冷床育苗法、創案普及功労者

農学士　小川義雄翁　顕彰碑

小川義雄翁は、大正十三年　以来、和寒町（ワッサムマチ）、松岡農場　支配人として、多年、農業◁（の）各般（いろいろの面）の指導　研究に当たり、

特に、本道（北海道のこと）◁（の）稲作（イナサク）に対し、冷床苗（レイショウビョウ）◁（を）利用◁（した）栽培法を、創案　普及（フキユウ）し、以て（それによって）、本道◁（の）農業に、一（イチ）新機軸（一つの今までとは違った新しい工夫）を

与えたる功績や、実に、偉大なりと、謂ふべし。

由来、本道稲作は、主として、直播法に 依りしが 為、昭和六、七年の如きは、冷害を被り、全く、稔実を見ず、農民の窮乏その極に達せり。

翁は、夙に、寒地稲作法の 確立に 志し、偶、 佐藤徳治 その他、篤農家 諸氏の 温床苗 試作に、示唆を 得て、冷床育苗法を 案出し、これが 実験に、心魂を 傾注し、遂に、昭和九年の 凶作に当り、平年作に近き 収穫をあげて、強き自信を 得たり。爾来、毀誉褒貶を顧みず、寝食を 忘れて、各地に遊説し、これが 普及奨励に 邁進せり。

かくて、翁の 献身的努力は、遂に、報いられ、今日の 安定稲作に、強固な 基礎を 確立せしめ得たり。

茲に、全道水稲栽培者、相諮り、翁の 輝かしき 功績を、永遠に 賛仰せんが為に、この碑を 建立す。

昭和三十年十月十日

後学　北海道大学名誉教授　日本学士院会員
農学博士　伊藤誠哉　題字　並　撰文

(三)自分の調べたいことをいくつか持ちながら、どの資料からでも読み始める。読み進めている間に、掲示も増してくる。自分の思いつきも出てくる。その中からいくつか選んで、自分のテーマにして、本格的に調べる。決まったら提出、一覧表を作成配布。

　重複していても差し支えないが、指導を十分にして、適当なテーマがそれぞれ選べるようにする。

　グループは必要に応じて作り、その活動が終ったら解散する。何かの作業のとき、たとえばインタビューをするときなど、グループが適当であろう。

(四)資料を読む

読みを進めながらすること。

(1)調べたいこと、調べなければならないことを思いついたら、所定の方法で掲示する。

(2)読んだ本について資料ノートを書く。次に読む人のため。二回め、三回めに、それを手にする場合、その記録を読んで、読み方を考えたり読まなかったりする。読んで、つけ加えたいことがあったら書き加える。もし疑問に思うところがあったら、そのところに？（氏名）としておく。

　資料ノート

　一資料ごとに、クリアケースに入れてある。資料のナンバーと、資料名がラベルで貼ってある。

何から読むかは自由。ただし指導はする。

　このような場合のグループの編成は、気楽に学べるように、「鍛え合う」よりも持っている力を出し合って「補い合う」というような考え方をとりたい。

すべて署名。

用紙はコピーで作る。係

資料ノートの項目
①ナンバー
②書名
③著者名
④内容紹介
（ここはややていねいに書く）
⑤この学習との関係、どういうことを調べるのに、どのように役立つか。
⑥文章の特色、文体、難易。
⑦写真、イラスト、図表等について。
(3)読んだものから何か年表に書くことが見つかった場合、記入する。
(4)新しく覚えたことば・こぼればなし
掲示板に用意されているところにスリーエム№６５５を使って。

教室の実際

皆が同時に同じ活動をしていない。「何ページを開けて」と始める世界ではないことはもちろん、「今日は〇〇を読んで、感じたこと、考えたことを話し合ってみよう」という世界でもない。
めいめい、「あれを読まなければ」「あれを調べなければ」ということがある。話し合わなければならない人があり、書かなければならない手紙がある。みんな、それぞれに、「ねばならぬこと」でいっぱいである。

何々を調べるのには、役に立たない、というようなことは書く必要なし。

↓次ページの用紙（表）に。

教師は非常に忙しい。
個人やグループは話し合いテーブルで。
全体には板書で。

年表

1年1枚　大判ルーズリーフ　ノート

（項目はコピー）

1	年
2	小川義雄年齢
3	小川義雄とその一族 身辺の記録
4	北海道の米作
5	北海道の農業
6	日本の出来事
7	世界の出来事
8	その他

○　1、2は係が記入

○　6、7は指導者記入

○　ルーズリーフノートを使う場合で、横書き。項目をコピーするから、用紙をコピーで作った方がよいかもしれない。

おもしろいか、つまらないか、考えるひまがない。

皆、それぞれ、次のようなことをしていることになろう。

○思いがけない事実に出合う喜び、驚きを求めて読んでいる。
○調べなければならない、調べたいことを求めて読んでいる。
○これは何のこと？　疑問を追いながら読んでいる。
○求めているものは、この本の中にあると、ページを繰っている。
○目次や索引で、求めていることがあるかどうか、探している。
○資料カードの項目によって、それぞれの欄に書くことを求めて読んでいる。
○今まで読んだものを思い出しながらそれと関連づけながら読んでいる。
○むずかしいと思いながら我慢して少しずつ読んでいる。
○くずし字の楷書の形を求めて文字を探している。
○読みなれない文体に苦労して読んでいる。
○予備知識の少ない内容で、意味がとらえにくく、繰り返し読んでいる。
○文語文、手びきで読んでいる。
○変体がなに出合い、前後の文から考えて読んでいる。
○辞書を選んで引いている。
○どうしても、はっきりしないところ、あとで先生にきくところ、友だちと話し合うところを、マークして整理している。

○一隅の話し合いテーブルで、わからないところを読み合っている。
○友だちの紹介を読んで、書き加えている。
○友だちの紹介を読んで、疑問をまとめている。
○読んで、紹介を書いている。
○朗読の練習をしている。
○生かせる、その上読みものとして読みやすい表現などについて話し合っている。
○よく聞こえないところを聞き直したりして処置を相談している。
○インタビューの準備をしている。
　話題を選んでいる。
　話題の提出のしかた、順序を考えている。
　あいさつのことばを考えている。
　なごやかな雰囲気にするには、と話し合っている。
　進行役、録音係、メモ係など相談している。
　日時など確認しあっている。
○録音を文字化する形や見出しのつけ方などについて話し合っている。
○録音も文字化している。
○録音を文字化したものを読み合わせて、省き方、見出しのつけ方、文字づかい、話しことばらしい雰囲気の出し方を工夫している。

㈤この単元は㈣がどこまで、ということがなく、めいめい、できるだけを努めるので十時間前後何時間でもできる。かりにいま、十二時間で終了の予定であったら、この㈤は十一時間目、つまり終わりの前の時間の学習活動である。

　終わりの時間には、めいめい、自分のできたところを確認して、まだ調べなければならないこと、調べたいことは、どういうことか、それを発表し合う会になるので、十一時間目は、その準備をする。

　できたらそのし残したことを続けて進めて、こんな形にまとめたいということも披露し合いたいので、その準備をする。

㈥終わりの時間

　発表会

　内容

　　まだ調べたい、調べなければと思うこと。

　　できたら、こんな形にまとめてみたい。

　例　たとえば、こんな話が出るであろう。

　　A　私は、とてもだめだとは思いますが、

　　「北大と北海道」

　　大き過ぎますが、北大出身の有名な人たちのことを調べてみたい。「札幌の碑」という本に、札幌の三十の碑のことが出ているので、今度のこの和寒の顕彰碑の学習を生かすということにもしたいのです。

B　小川義雄の、アメリカキャンサスの農科大学での大学生活や十三年の労働生活を調べて、青年期をどのように過ごしたのか、時代の背景のなかで、描いてみたいと思います。

C　私は、とてもだめそうで、恥ずかしいんですけれど、うめさんと荒木さんと藤田さんとのてい談という形で、調べたことをまとめたいと思っています。

D　私は、ギッシングの「ヘンリー・ライクロフトの手紙」のような形で、作品にしたいと思っています。

E　きららの話をもとにした、小学校五年生向きの小さな本がありましたね。とてもいろいろの面からおもしろくお米の話が書いてありました。開拓の苦心、寒さに負けないおいしいお米ができるまでをイラスト入りで、そして、あの五年生向きの本のように、復習的なクイズを入れて、作ってみたいと思っています。

F　晩年の小川義雄をもっと調べて、その一生をたどってみたい。NHKの放送で、木下順二氏が、知盛のことを、運命と時代の波を浴びて一生懸命生きる姿というように言っておられたけれど、時代は大違いだけれど、一人の人の生きた姿を考えてみたい。むりだけど考えてみるだけです。

なお、掲示板を利用して、次のようなことを自由に発表し、自由に読む。

①新しく覚えたことば

そのことばの前後、なるべくそのセンテンス全部を書く。解説不要。
○掲示板には、スリーエム№655でわくがとってある。№655を使って貼る。長い場合は文字を小さくしないで、スリーエムを二枚にする。
②学習こぼればなし、エピソード。

評価について一言

文字どおり絶えず評価である。この学習では、誰が何を調べているか、どのように調べているかと、人中心でなく、どの資料を誰が使っているか、どのように使われているかと、資料中心に人をとらえている方が、指導しやすいと思う。

資料について

㈠単元「文献探索」で、本に向かって駆け出させたのは、テーマが「動物のことば」だからではなかった。探索そのものがおもしろかったのである。探して、発見するのがおもしろかったのである。求め求めて、発見できた時の快感が、子どもたちを喜ばせたのであると思う。

今度の単元では資料が本だけでなく、手書きのもの（子どもにとっては、古文書のようなものである）もあり、録音テープもあり、生きた人そのひとも調べる対象である。したがって方法もさまざまである。場所もいろいろ、人も、家族や先生以外のおとなに出合う。

資料がむずかしいのではないか、つまり不適切ではないかと思われるかもしれない。また、中学生の好まない文体ではないか、もし、これを教科書や試験問題を読むような読み方で、読解教材として扱うのであったら、もちろん全く不適切である。

しかし、この資料への接し方は、全く違うのである。読み方も違うのである。読む観点が違うのである。

いわゆる読解ではなく、別の態度で求めて、このような資料に接するとき、中学生は――たぶん、そういうところが、まだまだ子どもである証拠であろうが――一種の誇らしさや満足を感じるものである。おとなになったような感じ、子どもらしいことばを使えば、何かえらくなったような気持ちになるものである。

力がないのだから、やさしいものを、ということも真理であるが、中学生の心理には合わないのである。読めるかな、わかるかな、と心配になるような材料を、目的と方法を新鮮にして与えると、喜んで乗り切るものである。

(二) 1から13までは本以外のもので、コピーまたは実物でクリアブックに入れてある。

14から42までは本で、初版発行の順になっている。

教師用(白ラベル)は三冊。子どもが使ってはならないということではなく、書架に並べてあり、閲覧は自由である。

1.

徐[illegible]氏
御手紙ありがとう。そちらはもう寒いでしょうね。十月廿日に雪が降って居るとのこと、こちらは
まだ紅葉の頃です。白シャツ一枚で畑仕事をして居りました。今度は[illegible]川先の[illegible]の様な
[illegible]とる[illegible]でありますぞその工事を書いてあるそうですが[illegible]の知る年代をかいて
何卒まず子供さんでも届けさせて下さいませ。六線の[illegible]雄さんってどんな青年ですか、真
面目の人かね。今後力を入れて通信しますが、どんな人ですか、そちらで知らせて下さい。
エライ凶作だってね。大正二年以来の凶作だよ。大正二年と云へば私共が結婚して
アメリカへ旅立ちた年です。八月の末北海道は大雨荒れでその当時私の実家は
室蘭線の由仁村でしたが室蘭線がブチコワレで鉄道のレールが線路から
五、六町川下の河原までとばされて途中徒歩連絡でやっと札幌へ帰りましたがそれから
上京するのも東北本線が不通で秋田方面を迂回し徒歩を伴ったりしてやっと上京した年です
北見方面は[illegible]のひどい凶作続きですね。どうしますか。気の毒のこと。然し決して気を落さず
ことがありますよ。石の上にも三年と云いますがあんまり張りきりすぎないように。そんな事で[illegible]
張る事は梅さん一家の人は大丈夫でしょうね。そんな事でちょっとやそっとでビクともしない
体験をもってなさるから。勿論おかあさんは出来ないかもしれませんでしょう。然し来年また
作って見て下さい。来春[illegible]はもっとよく[illegible]にも[illegible]ますり種も何とかして
少しばかりは[illegible]するのでしょうね。「おせっかいなことですが」六線川工事のこととも言って
[illegible]説明するのかもしれませんね。私は[illegible]居る時の[illegible]人と[illegible]
一人でスキーをはいて六線川と[illegible]川合流点辺から上流を歩いて見て

2

どうか此の堤で川を切り換えて良い耕地にしたいものと一人で色々歩き廻られたのです
が其れが十数年後の今日実現されたのですね　あの頃の元気な事を考へて歩き
まわられた御苦労は私一人でしたが……今はあの剣関辺まで全部りっぱな田
畑となれたでしょうね　どうぞおとう様に宜しく、那須七年の出作の時は大変
宅の御とう様は石割の大将でしたが……　梅子さんもよくおぼえてますか！
お国も今度その内にはお孫さんが家一パイの立派な様になりますよ、なかなか辛ぼう
強い一生だったが今はらくなりますか。私共はサビシく、六人切ども減って静かな
生活です。但し中々忙しく働いてます。私共天気さへよければ畑の仕事が出来ます
どうぞ暇がありましたら浜口でも。隆子さんも此の頃は村の中学で英語を教えて行き
婦人会が花咲かし来て仲はバツバツして居る様子です。清保等は
孫二人で東京で忙しく稼ぎ。何年か後には此の四人もぜひ郷里へ行って其の記念
碑を見るでしょう。其時はキット梅子さん処にも寄ります。大きい碑が出来
初めて一年坊さんがおもしろ十六七年後でしょう。私共ももう一度郷里へ行きたいと
度々話し合って居ります
どうぞ寒さに向って皆様御元気で

佐々木梅子様　　　　中川義雄

梅子さん、ささげ小豆と澱粉等大好物です。特に今年は送れるの出来ないでしょう。
送って頂く私共ほんの少しでよいのです。

資料

番号	資料名	発行年	備考
1	北海道の小作事情 北海道庁産業部編	一九三〇・一二	
2	北部北海道の米作と其の改良法の効果 著者：小川義雄	一九三五・二	
3	松岡農場と其事業　付、小川義雄氏（略伝） 著者：小川義雄		
4	松岡農場の栞 泥炭地の改良 除虫菊新品種「早生松岡一號」を紹介す 著者：小川義雄	一九三五・六	
5	小川義雄氏手紙		
6	松岡農場顛末記(1)(2)　付、松岡農場略年表 著者：藤田明郎	一九九三	
7	本道稲作のあゆみ 日本育種学会賞受賞講演要旨 水稲良食味品種「きらら397」「ゆきひかり」「彩」の育成	一九九三・四	

番号	書名	著者・編者	出版社	発行年	備考
8	きららの北海道見学会 きらら397誕生秘話 あの北海道のおいしいの ホクレン北海道米販売拡大委員会　編 ようこそ和寒町 和寒広告企画　編			一九九四	
9	「和寒町史」より　(1)(2) 和寒町年表(1)(2)				
10	お米のはなし　他 ホクレン北海道米販売拡大委員会　編			一九九四	ファイル
11	録音テープ　藤田明郎氏　インタビュー			一九九三・九	
12	録音テープ　荒木正一氏　インタビュー			一九九三・九	
13	録音テープ　佐々木うめさん　インタビュー			一九九三・九	
14	明治・大正・昭和	小野賢一郎	万里閣書房	一九二九・四	
15	北海道農業技術研究50年 ——農業試験場の成績を中心としての展望——	北海道農業試験場		一九五二・六	

16	開拓につくした人びと　4　ひらけゆく大地　下(1)(2)	北海道総務部文書課　編		一九六六・三	コピー
17	くずし字解読辞典　付、かなもじの解読	児玉幸多　編	近藤出版社	一九七〇・一	
18	札幌農学校　覆刻		北海道大学図書刊行会	一九七五・一二	
19	先駆者と北海道	黒田孝郎　遠藤一夫	北海道新聞社	一九七八・一〇	
20	クラークの一年	太田雄三	昭和堂	一九七九・八	
21	新聞に見る北海道の明治大正		北海道新聞社出版局	一九八〇	
22	北海道の歴史	榎本守恵	北海道新聞社	一九八一・六	
23	ジュニア版　北海道の歴史	〃	〃	一九八一・九	
24	屯田兵村に生きる	玉井健吉	旭川富貴堂	一九八四・六	
25	さっぽろ文庫30　旧制中学物語	札幌市教育委員会　編	北海道新聞社	一九八四・九	
26	さっぽろ文庫43　大正の話	〃	〃	一九八七・一二	

27	さっぽろ文庫45 札幌の碑	札幌市教育委員会　編	北海道新聞社	一九八八・六	
28	北海道 地図を紀行する　道南・道央編	堀　淳一	〃	一九八八・一〇	
29	さっぽろ文庫50 開拓使時代	札幌市教育委員会　編	〃	一九九〇・九	
30	新渡戸稲造	杉森久英	読売新聞社	一九九一・一二	
31	新渡戸稲造	神渡良平	ぱるす出版	一九九二・六	
32	北海道　雲と天候	北の雲研究会	北海道新聞社	一九九二・六	
33	さっぽろ文庫61 農学校物語	札幌市教育委員会　編	〃	一九九二・六	
34	明治大正期の北海道 写真編・目録編	北海道大学附属図書館編	北海道大学図書刊行会	一九九二・七	
35	北海道の稲作 ニュー・カントリー選書1	水野直治	北海道協同組合通信社	一九九二・七	
36	新版　北方のパイオニア	蝦名賢造	西田書房	一九九三・二	
37	凍裂のひびき 和寒町民逸話集	和寒教育委員会　編	和寒教育委員会	一九九三・三	

番号	書名	著者・編者	出版社	発行年	備考
38	北海道を開拓したアメリカ人	藤田文子	新潮社新潮選書	一九九三・七	
39	浦河百話 ——愛しきこの大地よ！——	小野寺信子 高田則雄 ほか	共同文化社	一九九三・一二	
40	開墾の記	坂本直行	北海道新聞社	一九九二・四	
41	続・開墾の記	坂本直行	〃	一九九四・二	
42	北海道　自然のなりたち	石城謙吉 福田正巳	北海道大学図書刊行会	一九九四・一一	

教師用

番号	書名	著者・編者	出版社	発行年	備考
1	北海道の歴史と文書 北海道立文書館開館記念誌	北海道立文書館　編	北海道出版企画センター	一九八七・一〇	
2	侍たちの北海道開拓	榎本守恵	北海道新聞社	一九九三・一	
3	北海道文献目録　一九九四年版		サッポロ堂書店	一九九四・七	

4　「ことばの海で　ことばの森で」の学習

私の本題に入ります前に、先程単元の話が出ましたので、初めてお聞きになった方のために触れておきます。新一年生に、自分の学校を紹介する単元があったのです。これは三月です。そういうことなら、三年生などが適当ではないか。卒業前に書き残しておくというようなことがいいのではないかと、ちょっと考えられるでしょうけれども、そうではないのです。三年生は今度入ってくる一年生に学校をどう知らせようなどということは興味がありません。ありそうでないのです。もうみんな高等学校のことや、いろんなことでいっぱいでして、そういう神経は持っていないのです。今一年生を終わったという人が、次の一年生に一番しゃべりたいのです。つまり自分は上級生です。中学校を一年経験しました。その話を一番したい人は、一年生なんです。今三月で、今度二年生になる人たちなのです。

単元学習は子どもから子どもからと言われながら、そういった種類の子どもの心理が、知られていないと言いますか、子どもはわかってもらっていないのです。大人はちょっと考えると当然こうだと思うことが、そうではない。一つは時代の変化ということもありますでしょうけれども。

例えば本の統計です。読んだ本がどれくらいあるかという統計ですが、一年中一冊も読まなかった人がいたとかいないとか、新聞などに載っております。ああいうものを本気になって「そうなのかな」と思う方も随分あるのではないかと思います。ですけれど子どもから言いますと「本を読んだか、いろいろ。どんな本を読んだか」などと聞かれて、「はい、読みました。五冊読みました」などと言うのは格好悪いんです。みっともないと思っている。そういう神経です。そういえば大人でも、何かの試験の前に「勉強は進んでいる」などと言うと「ちっともやってない、全然だめ」などと、皆さんもおっしゃったことはありませんか？　本当はやっていても「ええ、やっています。一所懸命やっております」などと、なかなか言わないです。何か恥ずかしい、照れてしまうんでしょうね。今の子どもにはその神経が、非常に発達しているので「本を読んでいるか」「はい、読んでいます」なんて、そんなみっともないことはできるものかという気持ちがあります。

まずそういうふうに違うのです。それを書かせてみて、統計上、一冊も読んでいない人がいたとかいないとか、それから何という本がどうだったか。みんな適当な本は決めてあるものなのです。そういうふうに聞かれたら、これを言えば大体いいというのがあるのです。それを言うとか、それから感想は大体こういうふうに言うとか、そういうことがみんなの、私たちでいえば茶飲み話みたいにあって、ああいうものはほんとうに、何も役に立たないことはありませんでしょうけれども、先生たちがむきになって信ずるようなものではないと思います。そんなことを言うと新聞社の人は怒られるかもしれませんけれども、それはほんとうのことなのです。私みたいに子どもの中に入っていますものは、裏の裏がそのようにわかっています。そういう神経の動きというものは、ある時期あるのではないでしょうか。

そういうわけで、三年生がよかろうと考えても、一年生に学校を紹介するなどというのは向かないというのも、それに似たようなことなのです。そういうふうに、まずその頭の中の神経をよくとらえることです。今学年を終わるにあたって、一年間を一番しゃべりたい人は誰かということです。

それを三月にしたということは、三月の終わりころには、もう、私は大体復習的な考えになっています。それでグループなどが、そのときだけは、一緒にやりたい人同士で自由なんです。もちろんその前に、一人ぼっちになる人がいないということだけはつかんでいなければならないと思いますが、あまりそうはならないものです。

それでみんな仲良し同士、好きな同士です。不断グループはいろんなことで編成しておりますから。そんなグループはなさらないでしょうけれども、でも、一遍くらいはいいのではないか。大人でも、気の合う同士でグループをつくって、勉強会をするではありませんか。だからそれは排他的とか何とか、そういうことではなくて、そういうこともあっていいと思います。いろんな先生の研究により、編成されているグループも、もちろん大事なことです。目的に応じて活動するのでなければグループは編成した意味がありません。けれども、たまにはそういうふうに仲良しの誰さんと一緒にというふうになってもいいと考えます。ただ数だけは、あとで次の一年生の授業に使おうとしておりますから、五十冊つくらなければまずいわけですから、一つクラスが十グループぐらいになってほしいということは話しておきます。そして三月というときは、学校の中が、送別会をするんだとか、何とか言って、ややがたがたしているのです。四月や五月や九月とは違うのです。ですからちょうどいいんです。そういう自由なグループができても。

その内容は、先生方のこととか、石川台中学校のおばけの出る場所とか、いろんなのが紹介してあるのです。そういうふうなのを話してみたいのではないか。そしてそれを、次の一年生がほんとうに入ってきましたときのオリエンテーションの最初のときに使うのです。そして「ああ、誰先生はこうなのか」と思ったりする。それから私などは、国語の勉強の仕方というのを載せてもらっていました。「国語教室通信」は一枚でもなくすと大変なんだとか、それから学習記録をしっかり書かないとだめなんだとか、そんなことを、子どもなりに脅かしたり、紹介したり、自慢したりして、教えておりました。そういうふうに作っていく。それは時期が合ったということです。

そしてそういうときには最後の、優劣ということがあまり問題にならないのです。誰がよくできる人で、誰がどうだといったことが問題にならない。今いろいろな問題が起こっていますが、スポーツがさかんなことはいいのですけれども、勝ち負け、勝った負けた、誰が上、誰が下、そういうことで、もうむきになっているでしょう。そんなことに一番むきになっている人たちが、平和に向かって、穏やかな勉強生活に入りそうもないと思います。できるとかできないとか、そういうことではなくて、というその世界、優劣の向こうの世界。そういうものに浸らせなければなりません。それで一年生のはじめのときに、そういう単元はとてもあうのです。

五クラスありますと十冊ずつで五十冊、それで次の一年生が入ってきましたら、一クラス分あります。そうすると生徒は五十人は入ってこないんですから、同じ厚さでなくても、三十七人か四十人ぐらいの子どもたちが見られるわけです。そういう事情がありました。単元を決めるときには、よくその時期とか、それからその中に生活しております子どもの心理状態を察するようにしなければという気がいたします。

この頃困ったことなどがたくさんあります。びっくりするほど子どもを知らないと私は思います。大げさなことばがあったとか、何とかとあります。作文を教えていらしたら、気がつかれるのではないでしょうか。あの時期には、しゃれたことばが大好きなんです。よくわからないけれども、何かきりっとしたようなしゃれたことばで、得体が知れないけれども、きついことば、そういうのが好きなのです。それをどこかで聞き覚えると使ってみるのですが、使ってみると、誰かが拍手するのです。そうするとますますうれしくなる。それは担任の先生をひっくり返すほどひどいことばであったとか、そういうことがあります。いろんな問題、今日もそんな話になるのですけれど、子どもを知るということが、意外なほど周囲にできていないこと。知っているようで知ることができていないところが問題です。

「聞く」というのが一番まずいでしょう。「どんな」とか「いくつ」とか、そういう5W1Hみたいなことで、何か聞く。こちらから問いを出す。その問いに答えさせるのが一番まずいのではないでしょうか。適当に言うことになっていて、私は全部セリフを知っていますけれど、先生がこういうふうに言ったらこういうふうに、お父さんがこうこうと言ったらこういうふうにと、決まっているのです。そして早く帰るためには、早く返事をしなさい。ちょっと黙っていると深刻だと思われて、根掘り葉掘り聞かれる。だから、先生が何か聞いたらパッパッと答える。ほんとうであってもなくても、大体気がつかない。そんなことを言っています。先生が気がつかないから、大抵そういうふうに言ってしまう。読んだ本の数や、それから著者だったら夏目漱石とか、言っておけば大丈夫なんだとか。そのようにしてしまった教育もまた考えなければならないと思います。

ですから、今のような単元は、すっとはいりやすそうであっても、よく見極めておかないと、できないと思います。「私たちの生まれた一年間」というのも、大変成功した単元でした。ですが、それも生活の中にしっかり事情があってうまれてきておりました。

子どもから出発するということは、子どもに「何がやりたい」と聞くことではないのです。「何がやりたい」と聞いても、子どもは、あまりわかっていないのです。自分が何がやりたいとパッと言えたり、しっかりわかっている人というのは偉い人でして、ほんとうは自分が何がしたいのか、自分の長所は何であるか、そんなことを聞かれても、子どもにはわからないものです。けれどそんなことを知らないと格好悪いですから、それで適当に言うのです。適当に言うということに、子どもたちはあまり罪の意識はありません。適当にものを言えばいいというわけではない。だけれども、今何か適当に言うというのが、風俗みたいになっているようです。ですからその言っているのをそのように受け取らないとうまくいかないと思います。

さて私の題は、二つ「ことばの海で　ことばの森で」と並んでいまして、かわいらしく並んでいますが、これは似ても似つかぬほど違った仕事なのです。並んでいるのは題がそう並んでいるだけで、わざと単元としませんので、学習活動として、今度は発表してみました。私は自分ではこういったようなのを単元と認めませんので、それで学習活動にする。一般には、これを単元と言っていると思いますが、それは練習単元であって、そういうふうに考えてもいいのです。それこそ文部省で認めている単元の第三種ですから、それはかまわないと思いますが、私自身はそういうのを単元という気がしないのです。学習活動だなと思っております。

子どもたちが本を読まないとか、活字離れとかは、時の話題の一つですが、さっきのような統計がもとでありますから、あまり信用ができません。そういうことは今やかましいのですけれども、もう少し前から言われていたでしょう。今始まった話ではありません。昭和四十年頃ですが、『近代読者論』(外山滋比古著)という本が出まして、あの頃から、私たちは読書指導をしなければと考え、読書指導をしっかりするというのが、国語の世界を風靡していたのです。夏休みなど、たくさんある研究会が、みんな読書指導だったという夏もあったのです。それくらい読書指導に熱心だったことがあります。それはどういうことだったかと言えば、それまでも読書指導をやっていました。読書指導は国語の先生の仕事に入っているわけではない、国語の先生だけの仕事ではない。みんながやることでしょう。けれども今の日本では、学科の性質やいろんなこともありまして、読書指導ということは、国語の先生の仕事の中に大きく入っているのです。そしてそういう制度になっていませんから、ほかの先生はみんな、読書指導をしなければならないなどとの考え方もあまりなくて、読書指導は国語の先生ということになっています。ですから研究会でもそういうふうになるのではないでしょうか。

ではその頃、どんな読書指導が敬遠されて、どんな読書指導になろうとしたかということです。どんな仕事になろうとしたかということはあまりはっきりしていないんですけれども、それまでみんなのやっていたことは、皆さんもよくご存じのように、読書指導と言えば、よい本を紹介する。「これを読んでみないか」と言って、多少読み聞かせなどもしたりして、紹介する。そして、子どもたちに読ませます。そして自由読書というのもあります。そして感想文を書かせる。それをもとにして、文章の指導をしたり、それからみんなとの話し合いをしたり、発表会をしたり、文集、読書感想文集をつくったりといったことを、先生たちは、していたと思います。そういうのを読書指導と言っていたと思います。私もその中の一人です。一所懸命に読書指導を、時の話題でもあったし、好きだったし、やっていたわけです。

それがそうでなくて、読書生活の指導というふうに考え、そしてただいい本を紹介して感想文を云々といったようなのではいけないのだという考えが、しばらく盛んでした。けれど、その方策があまり見つからなかったものですから、そのうちまただんだん消えて、その後も、今に至るまで、紹介して感想をもとにして指導するというのが、行われているのです。

私がお話ししたい、訴えたいと思うのは、活字離れと言われて久しい。そして子どもたちが本を読まないと嘆く人は国語の先生をはじめ、たくさんおられる。だからと言って、そのやり方はちっとも変えていないのです。いい本を紹介して読書云々というそのコースは変えない。そこが、教師の評判が悪くなっているもとだという気がします。この長い間、読書指導が盛んに言われた年の前も、そのあとも、こんなに違ってきているのに、やっていることと言えば、そこから出ていないでしょう。

この状況、例えば読書指導が本当に大事だ、本を読ませたいと言われることについて、子どもはほんとうに嫌いかと言うと、さっきの統計でもわかりますとおり、そんなに嫌いだと思いません。読書生活の記録を見ていたせいもありますけれども、そんなに本嫌いとは思えません。本屋さんへ行ってよく観察すればいいのです。それから図書館に行って観察すればいい。そんなに人の言うように、悪評高き中学生にはなっていないと思うのです。ですけれどそういうふうになるというのは、やっぱり、いろんな意見があって、結構な発表があっても、とどのつまりいい本を紹介して読書指導というあのコースから出ないからなのです。

もしそうでしたら、そのいい本を紹介して感想というのも別に悪いことではないと思います。それにも長い歴史のある、いい仕事もあると思うのです。悪いとは思いません。けれども、活字から子どもが離れて、そしてもう少し本に親しむ人に、読書人になってほしいと願っているのでしたら、どのような自信のある方法であっても、一回捨てないといけないと思うのです。これは自分としていいし、みんなもいいと思うし、歴史ある方法であっても、その結果として、直したいことが少しも直らないということであれば、変えなければいけないのではないかと私は考えるのです。

そして、うんと違った方法がいいと思ったのです。今までやった中では、例えば、「読書生活通信」などというのは、大変いいことだと思っています。大人の読書新聞がありますが、これは子どもの読書新聞です。大変に愛読されたからです。これが出たときは「国語教室通信」に並んで、一週間おきに出していました。一週間おきのもう一つはことばの勉強の新聞を出していましたから、それで読書は一週おきでした。その「読書生活通信」は「国語教室通信」よりも愛読されたと言ってもいいかもしれません。それくらいでありました。いい本を紹介するのでもそこですればいいことだし、「感想を書きなさい」なんて言わなくても、先生が感想を載せればいいし、それを長くやらないうちに私は、退職したことになりますけれども、これは国語の先生がいくらでもやれる「本を読みません」などという子どもをなくす、すばらしい方法だったと思います。感想文とは、うんと違う方法です。

それから読書ノートというのがありました。それが型にはまったのを見かけます。私はいろんな工夫を加えて読書ノートをつくっておりました。それの与え方と、それの活用によりまして、本が大変活力を持ってくるのです。つまりいつまでもいつまでも読書といったら感想文と思っていないで、普通の読書人の生活には、どういうこととどういうことがあると思うことを、大胆にやってみようと思って、在職中にその二つを実践したのです。

それからあと考えていてできなかったことは、一緒に本屋さんへ行くということです。図書館も行かれますが、図書館は、いろいろ難しいといいますか、一緒に行ってもしゃべれなかったり何かしてなかなか大変です。それで私は一緒に本屋さんへ行って、同じ床で、あちこち本を見て探すという、私たちが心躍らせる仕事ですが、それをやったらいいのではないかと思ったのは、戦後まもなくです。あの頃、子どもたちを連れて本屋へ行くというのはできたのです。五月の子どもの読書週間がありますね。あのときに、必ずお店が迎えにきてくれまして、みんな一緒に、図書委員をマイクロバスで連れていきました。そして本の問屋さん、そこへ行って、図書館に買う本を探したのです。そのときどれぐらいみんなが喜んだか、楽しんだか、そしていい本を探したか。私も楽しかった。ああいう経験があったら、本屋さんに親しんで、そして結局読書生活の一端を受け入れてくるのではないかと思いました。それで読書指導、読書生活指導になっていると考えてみると、そういう生活は誰にもあることだと思いました。

それをしたかったんですけれども、ご想像なさるとおり、そんなことは学校で許されません。殊に東京では交通事故が心配ですから、私も出ません。でもやってみたかったのです。それで、本屋さんに行くことを実現すればいい。学校の図書館ではない、本屋さんへ行って探すという経験を一緒にして、そこで生々しく、本の生活をしている私のような人がどんなふうに本を探したり、どのように行動するのかを体験したら、本への親しみというものが持てるのではないかと思いました。

読むか読まないかはまた別個の問題です。大人だって積ん読という読み方もあるくらいですから、子どもでもいろんな読み方はあるのです。それを「これはいい本だからお読みなさい」と言ったりする。それが気に入らないのだなということが強くわかりました。親と先生の推薦する本は要注意という、ことわざみたいなものが学校にありました。推薦図書というのはどこかお説教くさいという話があるのです。そうでもないと思うのですけれども。

そうしたことをしたかったのですが、本屋を実現するなどということはできません。大変仲良しの本屋にちょっと交渉しようかと思ったのですが、その大変仲良しの本屋さんに、本の数が少ない。雑誌が多い本屋さんなのでだめだったのです。それで、今度のこの計画を考えたのは、三年ぐらいになります。言語だったらいいのではないか。言語でなかった場合、私はそういうことをする楽しい学習に、自分が子どもと一緒に入る元気がありません。それほど、読んでいないからです。家庭の本とか理科の本とか、いろいろおもしろそうとは思いますけれども、読んでいない。言語の本でしたら、大体はわかると思いました。それで、少し大きい本屋さんに行きました。そうしますと、風俗とか歴史とか、何とかというふうに上に札を出して、その棚一つ全部、その本が出ているのではないでしょうか。言語というところには、言語に関する本がずっと並んでいて、棚が八段も九段もあって、そして大きな全集みたいなものは、一番上の方にあります。ですからその棚だけでしたら、私でも実現できると思ったのです。そして本を、そのつもりで読んだり、集めたりして、この目録のところができているのです。

つまり、読書生活の指導ということは、いわゆる授業っぽい、学校らしいことと違った世界がありますので、それを駆使して、読書の生活を指導したら、もっと読み手が出てくるのではないかと計画しました。この「ことばの海で」という、「海で」はあとでつけたのですけれども、そういう考えでこれができております。

そこまで長いあいだが経っておりますけれども、私は教材を、教科書を使わないという悪評があるのですが、使わないことはありません。皆さんと違った、大変違った使い方をするから、使わないように見えてしまったということなのでありまして、大抵一年間に全巻を三回ぐらいは扱っています。そういう中で教科書でないものをたくさん使っているというのは、これは周知のことで、そのとおりです。単元にあわせて教材を選んでおりました。その教材を、自分が選ぶのみならず、子どもと一緒に選んで、そして学習材にするところが、私の一つの特色だったかもしれません。その資料を集めるところから、子どもと一緒に進めていること。そのあいだに、その読み方とか、字も教えますし、いろんなことを教えていますので、いよいよ単元が始まったときには、たくさんの子どもがその資料に親しんでいるのです。何でもないものがパッと出てくるわけではなくて、個々別々にいろんなところで、これはこういう方の本だとか、ここのところはこうだとか言って、親しみながら、次の単元の資料を、移動の書棚にだんだんに足して、集めていったのです。

そういうふうにしていましたけれども、しかし結局は連れて出るわけではありませんので、私が教材をいつも選んでいました。つまりこの単元にはこれだけの資料というのは、私が選んでいたので、その中で、子どもたちが選んでくるのでして、荒選りしてあるので、生の資料ではありません。そうとなると、その仕事は多少精彩を失うと思いました。教科書と似たことではないか。私が選んで、これがこれでと進めることは、規模が少し違うだけで、選んで用意してあるという意味で教科書と同じではないか。生徒が本当に自分で捜したものは、新聞などはありましたが、学習材はなかったわけです。

それで、この本屋さんを実現して、その書棚の前で、生々しく子どもたちを本に引きつけようという計画。それまで、そういうことはなかったわけです。そういう指導をしたいと思ったのです。教師が選んだとしても、その下地として、別に選ぶということ、仕事ができないことはありません。

四十七年の秋の私の会、第一回の国語科実践研究発表会が昭和四十七年でしたが、そのとき「学級の本を買い足す」という単元があったのです。学級図書がいくらかありました。そこへ今度みんなでお金を出して、金五千円也で本を買い足すことになった。ほんとうになったのです。それでみんなが、二十円とか三十円とか出したのでしょう。あとは先生が寄付してくれるだろうという話だったのです。子どもはそのような「これはみんなでいくら」とかいう話が出てくるのが、非常に好きなものなのです。奇妙に、金銭に関係した話に興味があるのです。ただ「いい本を選びなさい」だったら、あんなに一所懸命にならないと思います。それが五千円だということになると、急に元気よくなるのは、おもしろいものです。

ただ買うわけにいきませんので、まず夏休みにみんな自由読書をしました。その自由読書のおもしろかった本を、みんな出しました。それからいろんなところで知った、広告で知ったとか、いろんな意味で知った本を、アンケートで調べて、どんな本がみんなに欲しいかということがわかりました。それから今ある本を十進分類法でわけて、どういう本が足りないのか。九が多いのはやむを得ないとしまして、ほかの本が、もっとどういう本があるべきなのかということになりまして、そこら辺が勉強でした。それから目録をたくさん集めました。その目録で解説を読みながら「こんなのがいいんじゃないか」というふうに選んで、とうとう、さんざん議論したあげく、五千円の本が決まったときのうれしさ。それを注文に行って、買いました。そういうことがありました。選ぶということに、お金が関わっていれば最も楽しいということになりました。

それからこれは私が創作したのですけれども、田舎の方にある、不便な土地の中学校。そこにも図書館があって、あるとき、一定の本を寄付したのです。その目録は、私たちのクラスにあるのです。そして今度第二回、また友だちに本を贈ろうということになりました。そして私の書いた手紙、向こうからきた手紙、それは私が書いた手紙ですが、今どんな単元をやっているとか、どんな興味があるとか、それから上級生がどういう本を読んでいて、それの関連で僕たち一年生でもこういうのが読みたいとか、いろんな条件をその手紙の中に、たくさん書きました。その条件の本を全部買うわけにはいかないんですが、また目録を探して、それにぴったりした本を、かなり探して相談して、みんなで楽しく、山の学校に贈る本を選んだのです。それはそういうふうに創作したものでしたから、実際には贈りませんでした。けれどもその返事がきたという手紙､それをまた私は書いたのです。「あなたの贈ってくださったこの本がもてた」とか「この本がこんなふうだ」ということを、向こうの二年生の図書委員が書き送ってきたと、そんな手紙をつくったのです。

そういうふうにして、それだけではないんですが、自分で場面を創作して、それにあわせて本を選ぶということをしようとしました。話も盛んになりますし、目録はたくさんいるし「こんなのを私たちもほしいわね」という話にもなったりして、とにかく図書の話をします。本の話が大変盛んな話題になっている時間をつくらないことには、本離れをどうすることもできないのではないでしょうか。どんな本があるのか無関心であったり、本の話なんてしたことがない、そういう仲間では、読書感想もでてくるわけがないと思いまして、そのようなのを計画し、場がないときは私がつくるというふうにしていたのです。

それから、これはまた一所懸命とりくんだ、私のかなり古い実践ですけれども、日本や日本人を、外国人はどう見ているかという単元です。例のベンダサンの日本を批判した有名な本が出る前のことです。あのあと連続してパッと、日本人はどう思われているかという本が出たのですが、あれをまねしてやったのではなくて、その前でした。私がそういう題目にたいそう興味を持っていたからです。

それでこれを三年間でと考えて、このテーマは三年生でなくてはとてもできません。ハリスの日記やベルツの日記、『大君の都』とかを読むのですから、読書力がかなりなければできないと思うのです。それで三年生にしようと思ったのです。それでこれをみんなで、一年の今から集め始める。そしてどんな本があるとか、どんな記事があるとか、どんな放送があったとか、そういうことを揃えていって、三年生になったら、その資料を揃えて、そして単元にしようと思ったのです。それでみんなにそう言ったら、楽しそうに見えたものですから、それほど楽しかったかどうか、そこら辺はわからないのですけれど、とにかくかなり一所懸命になりました。そして一学期に二回ぐらい、自分はどんなものが集まったという話、それから集まらないけれど、こんなのが新聞に出ていたよというような話とか、そういうのを集めて、各クラスの棚をつくって、そこへ収集したんです。それをだんだん集めて、ほんとうに三年生のときに、その単元を進めることができました。

ですからそのときも、資料をみんなと一緒に集めて、つまり読書資料ですね、放送もあるけれど読書資料としました。戦後に本は娯楽のためだけではないということは周知になったのですけれども、みんなが本に親しみを持ち、いつも「こういう本はないかな」と思っているといった、読書人の生活体験です。そういうふうにしようと思って、進めていたのです。

そんなことはありましたけれども、しかしそれでも、私が全部荒選りしたのであって、手紙は自分で書くし、向こうの手紙も書いてしまう。それから本も、全部私が収集してあって、今度の、遠い先の方でやる単元になっていたので、そこに集めてあったのです。それで私は「これはやっぱり本物ではないから」といつも思っていて、そして書棚に本を揃えよう、その言語の棚だけだったらと思って、つくりました。そこに目録にいっぱい出ていますのは、かなり、はっきり意識してからちょうど三年ですけれども、古い版の本も読みましたから、そのようにしたのです。

今度こういうふうにしてみたということは、そういう長い思いがありまして、読書指導の、ほんとうの読書人をつくるためには、今までの方法では効果がないのだから、ないとわかっていて、それを同じようにやるというのは、これは教師の良心が許さない。ですから思い切ったかたちで、本に親しんでいる自分の生活としてどういうことがあるかということを考えて、やってみようとしたのです。もうここにあるくらいの数、この本がありますけれども、東京の一番本のある八重洲のブックセンターというところに行きましたら、この半分もなかったので、ですからそんなになくてもいいかなと思って、このあいだ［95年11月26日］会場に持って行くということもなく、またご紹介もしなかったのです。

どうでしょうか、この「ことばの海で」というのは、ことばの海に泳いでいる本ですから、そんなふうにつけたのですけれども。用意すれば大変楽しくできるし、それからこれは自分で読んであることが条件です。自分の知らない本が並んでいるのでは、それでも子どもは探すでしょうけれども、指導力がありませんもの。授業というものにはならないと思います。私の知らない本がずっと、書名だけで並んでいる。これで「探してご覧」などと、そんなわけにはいかないと思いますから。ですけれど、国語の教師ですから、ことばの本を読むことは、そんなに大変なことではないと思います。これは読まずにやりますと、よさそうで騒がしいだけの授業になるということがあります。下読みしないでやるのと同じことになりますので。

それで実際の方法として、二二八ページに「『選ぶ』ということ」を書いていますけれども、選ぶということの意味です。ほんとうに、選ぶということがへただと、全部捨ててしまうようになります。つまらない本を読むだけではなくて、選ぶということがまずければ、その人の真心さえもなくなってしまうかもしれないと思います。いろんなことが、捨てられてしまうかもしれないと思います。私はこの選択ということは、その人の人間の全力を挙げてやることだと思っているのです。いろんなこと、それに関係しているからとっているのですけれども。それで実際の授業は、この「『選ぶ』ということ」はそこに書いてあるからよろしいと思いますけれども。「準備」［231ページ］まではお話ししたと思います。

まず、みんなが、ことばについての何かテーマ、調べたいこと、考えたいこと、わかりたいこと、そういうことを考えてみます。ことばの単元というのは、単元ではなくてこれは学習ですけれども、子どもは大変好きなものなんです。それこそ詩だとか文学よりもどれぐらい好きだかわからないと私は思っていました。ことばの単元を学習するということになると、みんな大変に喜ぶものだったのです。それは何か明解なせいでしょうか。でも、いろんなことばを並べて、ことばの違いなどを考えるとき、別にそう太い線とか、明解というわけにはいかないと思いますけれども、とにかくことばの学習は好きなのです。

それからまた嫌いとは言わせないように。国語ですから、このことばが嫌いなどとなったら、つぶれてしまうではありませんか。何もしていないことになります。ですからことばの話を始終して、そしてこれは導入などはいらないと思うのです。導入をしなければいけないようだったら、この単元はやれません。だって導入というのは、右を向いていたい人に「こっちですよ、左へきなさい」などと誘うことでしょう。ですから自然発生的に起こったことではない。私はこのことばの単元を進めるのに、導入しなければだめだなどということは、ほんとうにないと思います。国語科の本職ですもの。

それで二三二ページからことばのテーマを少し出しておいてみました。現在子どもはおりませんから、多分あの人たちだったらこういうのを持つだろうと思うものです。二三四ページまでに25くらい出しております。これは最少です。最低このくらいの数がなければ、始められないと思うのです。皆さんのお子さんはどうか知りませんけれど、このようなのが私のクラスではいつも問題になっていましたから、テーマにとってみました。

「ことばを大事にする」ということは、具体的に自分が実践するとしますと、どういうことなのだろうかということです。それから、若者の妙な助詞や助動詞の問題があります。「私はァ」といったようなものや、「それでェ」とか、そんなのがありまして、これは若い人たちのあいだにとてもはやっていますし、教育の中でも、先生方の中にもこれがもう入っているのではないでしょうか。変な「何々と言います」といったものや、「先生おはよう、ございます」とか、一種異様な節がありまして、そういうことは、どうなっていくのでしょう。もう防げないものだろうかということです。それから「見れる」「食べれる」これは有名です。これもどうなっていくのでしょう。それらをいろんな本から調べてみることができます。それから外来語や外国語の氾濫の問題。それから敬語の行方はどうなっていくだろうか。敬語がどんどん減っております。それでどんなふうになっていくのだろうかとか。それから日本語の将来、つまりひっくるめて日本語の将来とか、これからの日本語。そういう本もあります。

それからことわざの使われることが減ってきている。私は昭和三十年代の二年間の資料を持っているのですけれども、天声人語や、素粒子とか、社説にも、ああいうところに出てくることわざは非常に減ってきています。今この二年間、三年目に入っていますが、社説にことわざが出たことが一度ぐらいしかありません。それくらい使われなくなっているのです。素粒子などにはまだかなり使われていますが、天声人語にもどんどん減ってきています。そういうふうになってきていますけれども、それはどういうことだろうかということです。そんなことをよく話したことがありました。統計上そうで、ここ三年くらいのは集めてありますけれども、減っているのです。それはつまり、類型的だということがあるでしょうし、かなり手垢のついたことばだということがあるのでしょうね。とにかく減ってきている、そういうことを私の集めてある資料で調べてみたら、おもしろいのではないかとか。それから故事成句の運命。これもことわざと同じようです。

それから「くん」と「さん」の問題。在職中に私のクラスはこれは解決してありましたけれども、今でも問題になります。それから男女の言葉が近づいてきています、その問題。それからワープロのおかげで興味を持たれ始めた漢字の問題。一風違ったかたちで、漢字が人気を得てきたということがあります。殊に熟語などについて。そういうことはどうでしょうか。たくさんの本で見たいのです。

それから、女の子の名前が大変変わってきて、男だか女だかわからないような名前がはやっているということや、そういう凝った名前が大変増えてきていること。それが私の文海という中学校におりました昭和三十年代、あのときやはり名前のことを調べたことがありますが、あの頃に比べてたいへんな違いだと思うのです。その背景などを考えてみるとか。

それから先生が自分のことを「先生」と言うのは敬語であるから、おかしいのではないか。大抵の先生が「先生」と言う、言わないのは私ぐらいのもので「私」などと言うとみんなフフフと笑ったぐらいです。そういうことは、どういうことなのだろうか。これはもう小学校の方は、そうしないとどの人が先生だか、子どもはわからないからということはわかったのです。それはそうなのですが、そういう問題とか、それからお父さんが自分のことを「お父さん」というのも、同じようにおかしいのかどうか。

そういうこととか、それから「おられます」「申された」は、もうどんどん使われていて、敬語の上げたり下げたりの間違いだなんて言ってられないでしょう。もう放送であっても何であっても「おられます」「申されます」これはもういくらでも使われております。何でもあれには、根拠があるのだそうです。上げたり下げたりなんて意地悪を言ってはいけないのだそうです。あれでちゃんと通るのだそうです。それで本を調べるとか。大石（初太郎）先生の本にそれが載っております。

それから、文語が混じってくるようになった。さっき言ったような記事の中に、文語が入ってきて、それがまた「ああここはそうだ、文語の方がいいな」というようなところにパッと文語が入ってきているのです。その入り方が多いし、それからどういうところに文語が入ってきているのかということから、考えられることがあるでしょう。こういう言い方があるのですが、おもしろいと思います。文語は体温が高いと思ったらいいと言うのです。間違っているとかあっているとか、そういうことではなくて、文語が入ってくると、文章の体温が高くなると言うんです。私はおもしろいなと思って、そうかもしれない、そういう言い方でもいいかもしれないと思ったりしました。素粒子とか天声人語とか、ああいうところに入ってくるのです。

それから、授業始めの言葉遣い。起立とか礼とか着席とか、ああいうことはどうなんだろうか。殊に小学校で、さっきまねしたリズムのついた、普通の日本語ではない挨拶ことばが、はやっているということ。それを問題にしない。自然な話しことば、自然な挨拶、そういうことからいって問題にされていないということでしょう。

それから私たちは、本当に活字離れか。これはとりあげたかったのです。

それからことばの変化。どんなことばがどんなふうに変わったか。これは岩波の新しい二冊の辞書で調べるのですが、例えばサ行などがいいです。サ行カ行のところで、一〇ページぐらいを分担して、新版の方はどんなことばが入ってきて、どんなことばが抜けているかということをやって、その背景を考える。どんなことばを入れた入れないということは出版社では全部できていると思いますので、そんなことを調べる必要がないとも言えます。けれどもこのことを確めることがおもしろいですし、借りるわけにもいかず貰うわけにもいきませんから、そういうことばの背景、社会的な背景で、あることばがなくなって、あることばが入ってきたのかがわかるのではないでしょうか。それを全部調べるのではありませんけれど、こういうことは結果が大事なのではなくて、調べることが大事なんです。それをやっているあいだに、言語感覚が育ったり、社会での言語の役割がわかってきたりするので、何万語だかを全部、あたってみるなどということではありません。グループで一〇ページぐらいずつやってあわせてみたら、おもしろいと思います。これは、考えることに意味があると思うのです。

それから、近頃ことばについてどんな本が出ているだろうか、どんな記事があるだろうか。そういうことを、去年研究会がすんだ十二月から、集めてあります。それから新聞記事でなければ、三年間ぐらいそれがとってあります。本は長年集めてあります。ですからそれをまとめて、どんな話題がことばの世界では問題になり、どのような本が出ているのかが調べられます。こんなときもう本をいじりっぱなしですから、いくら本の嫌いな人でも、手に持つと思います。

好きにならなくても、とにかく本を手に持たなければだめです。持って開けたり、背中を見たり、そういうふうにして、子どもを見て、扱っていったら、こんな活字離れにならないと思います。私はそういうことを考えてすすめています。そうでないと「本なんか自分の生活の中のどこにもありません」というふうになってしまうことでしょう。しょっちゅう本を手にして、何か考えたり、何かする。自然にそういう生活をしたい。私たち本を読むものは、そういうふうにしていませんでしょうか。特別何かなくても、本があればそれを見たり、こんな本が出たのかと思ったり、そんなふうにするでしょう。そうして読書人になっていくのではないでしょうか。

大人の私たちは、頼まれでもしなかったら感想文などは書きません。岩波の子どものパンフレットにあるとおり「お父さんは感想文を書くの」と子どもがお父さんに言ってお父さんが目を丸くしています。書いたことがないのではないでしょうか。そうだと思います。感想文を書いたり、本について語り合っていないから、読書人ではない、読書家ではないと言われたら困るのです。そうではありません。子どもだけが本を初めから終わりまでちゃんと読んで、感想文を書いて何かすると、本を読んだことになる。大人の方はそうではない。気楽に本に親しんで「ああ、こんな本が出たのか。前にこの人のこんな本をあそこに置いたかもしれない」などと思ったりする。そういうふうにして、本というものに親しんでいき、本によって私たちの生活が豊かになっているのではないでしょうか。あまり勉強的に扱い過ぎているので、子どもがいやになったのだろうという気が私はするのです。それでこんなのは大変楽しくやれるのではないかと思います。もちろん、教師が入って手に渡すことは確かですけれども。それから新聞によく出てくることわざ調べなど、さっきの続きのような作業。それから岩波のパンフレットの例もあります。

こういうのをこういうふうに出したときに、これを出すわけではないのです。こういうことを全部考えていなければ、この仕事はできないのです。こういう仕事が成功しないで、ただの遊びみたいになってしまうのは、先生がこういうことをやっていないからです。自分がテーマをたくさん持っていて、いろんなときに話題にするとか、それからみんながテーマを考えているときに、わざとらしくなく、巧みに、あまりきつくでなく緩やかに、楽しそうに、私も調べてみたいことだといったふうに、温かに和やかに、このテーマを出していくのです。そして子どもたちは大抵話していることですから「ああそうだ、それがいい」と思ったりするのではないでしょうか。

この自分の持ったテーマで、私の仮設した、さっきの本屋の一部、そこで本を探すことになります。このテーマも何もないと、指導ができませんから。ただ「好きな本を探してきなさい」ではやはり授業にはならないという気がします。ただ楽しいだけというのでは、教室の仕事としてはまずいし、何の学力がつくのかしらと考えてしまいます。ですからこういうテーマをもっと持っていて、そして子どもにどんどん出しながら、本を探していくようにするのです。

それが二三四ページに三つないし五つとしてありますけれど、三から五とは変な、なぜと思われるかもしれませんが、一つにしますと、成功しないことがあります。途中でそのテーマの本があまりなかったりして、興味を失ってくるのです。ですから三つぐらいのテーマでやっていますと、そのうち気に入ったのがあったり、どれか捨てたりして、やっていけます。またその限度が多いと、おもしろいと言って十も持ったりしますと、これはまたやりすぎです。うまく探せませんし、指導も難しいし、できなくなってしまいます。こういうことをした場合は、大体三ないし五というふうにしておいて、そして一つでも成功できたらいいというぐらいのことにしておいた方がいいと思います。

この三ないし五という数はいい数なのです。三つぐらいはやりたいし、五つ以上はいらない。こういうふうにしないと、自由に選ぶとき、成功できません。子どもはできるのかもしれませんが、私自身が子どもをとらえられません。そして何も指導できないで、みんな勝手に選んでいる、勝手に考えているということになってしまうのです。これではもう教育にも授業にもならないのではないでしょうか。ですからこの数は、長年の経験により持っている数なのです。このくらいですと、頭へ入っていて、あの人がどのテーマを持っているというのが大体わかって、先生らしいことができるということです。こういうことをやるときには、自分の可能性と言うのでしょうか、指導の可能性、これをしっかりとらえていないと、単なる遊び事になっていって、楽しくても、何の力もつかないと言われるようなことになってしまいます。また言われなくても、どうしてもそうなります。

その二番［234ページ］というところは、「もっと、こういうことも考えてみたい」とか、「考えなければいけない」とか、そこになかったもの、テーマです。いろいろ出てくると思います。そういうのを調べたりしないで、今日は掲示板の話はあまり出しませんでしたけれども、掲示板というのはほんとうに役に立つところでして、こういうのをここへどんどん出していけばいいのです。そうしますと、コピーしたりあまり何かしなくても、終始できることなのですから。掲示板はいいのを備えて、そこを活用するのが、とてもいいと思います。

それから、あとの三番とか、四番とか、そこら辺はもう授業なさる方はおわかりだと思います。まとめのかたちを考えてみたりしてもいいと思います。それから五の「もっとこういう本があればいいのだが」［235ページ］というような本も、探しているうちに気がつくでしょう。そのあいだには出版ニュースも見るでしょうし、私も探すでしょう。だから、こういう本がまだあった、こんなのもあればいいと思って、先日、その候補の本を持って行こうと思ったのですけれども、あまり数が多くなってしまいましたから、研究会のときには持って行きませんでした。その五番とかそれから六番とか七番とかは、お読みになれば、大体授業のかたちがわかって、やさしくやれるなとお気づきになると思います。

気重にしないようにした方がいいのです。勿体ぶらないように、難しくしないように、面倒くさくしないように、気軽にする。大人でもあまり小さい字だとか、あまり厚い本だと、辟易するのではないでしょうか。ですからそういう気持ちも考えて、こういうところはそれぞれの工夫と経験でうまく流すようにするのですけれども、そういうところがまずいと、せっかくの工夫がだめになったり、とにかく何の力もつかなくなります。ただ本をいじっているだけで、あっちを見たりこっちを見たり、ということになります。そう固く考えなくてもいいかもしれませんが、学校というものの意味がちょっとなくなってくるし、そうなると、教師は何をしているのかわからなくなります。だからこういうところは大警戒です。軽く、しかし真剣に運ぶということ、うんと気をつけていましても、重苦しい気持ちを子どもに与えないということが、こういう紹介をするときは大事なのではないでしょうか。やさしそうな、おもしろそうな、気楽そうな、だけれどこっちは汗をかいていろんなことを心配しています。ですからその汗をかいて心配するところがないと、こういう作業的な、開放的な、こういった活動、つまり新しい授業といったようなかたち、そういうのが壊れてしまうと思うのです。

それから、七番はちょっと授業のかたちが書いてあります。そこに書いたようなことばがヒントになって、ちょっとした交換会、助言しあう会です。「そういうテーマならこういうのがありましたよ」とか「私はこの本をおもしろいと思うけれど、あなたのテーマにもあうんじゃないですか」とか、そういったような話をする。そのとき、私自身がしっかり活動しないとだめです。先生からお話がある、そうではなくて、いろんな人に「ちょっと、こんなのもあるのだけれどどうかな」といったようなかたちで持って出るのです。それを気をつけてしまわないと、実らないと思います。どうすれば気をつけて実らせることができるか。それは読んであれば絶対できます。読んであれば気がつかないはずがありません。だけれど読まないで、背中だけ見てやると、そういうことになるのです。ですからどうかこれをなさるときは、自分が読んであることが先決問題です、知っているということが。

授業はみんなそうではないでしょうか。何という作品を読むにしたって、下読みをして、自分が身につけるのではないか。そしてよく理解するのではないでしょうか。それで授業になるのであって、そんなことは当たり前です。なのにこういうふうな新しい授業になると、急に先生も白紙になってしまって、何もしないというふうになったりする。そしてそうなると、世話をする子どもと世話をしない子どもが自然にできてしまうのです。ですから本格的に読んであって指導していれば、手をひくのが誰かさんだけになるということはないのですけれども、そうでなくて思いつきでやっていると、目立つ子どもにかたよったということになりやすいと思います。ですから楽なようでいて、骨の折れることです。

先ほどの自分はどの本を使うというので、仕上げをしまして、そのあと、これで終了［236ページ］だと書いてありますでしょう。これでこの仕事は終わりです。これを何分でやろうと、何時間でやろうと、三時間やろうと、そのときの都合だと思います。それから何回も何回もとりあげてもよろしいわけです。それから、そういう時間などは自由にできる、あいた時間にもちょっとできるいい仕事だと思っております。

それで、グループでまとめたりして、これはちゃんとした単元に仕上げようと思えば、あのテーマをいろいろとったりして、グループで発表もできますし、いろんなことができますから、単元組織にできます。できますが、今回はそんなことをしようと思っていなかったのです。そして、気軽さを失わないようにしようと思っていました。

それから、話がすっかり変わりまして、その次の「ことばの森で」［236ページ］のところです。みんなのことばが悪いとよく人が言うでしょう。悪いというのは、そんなに心配しなくても、大人になって、赤恥かいて、たいてい直っていきます。ですからそんなに先生が、箸の上げ下ろしみたいにことばづかいを直したりする必要は、ないと思うのです。その証拠に、ここに若い男の先生がいて、私がいたとするでしょう。そうするとここへきた子どもは、絶対大丈夫。その若い先生と私とで、ことばづかいはきちっと違っています。そんなに利口だし、そんなに機敏なんですから、ことばづかいなどと心配しなくても、普通の人は大丈夫だと思っています。

そうではなくて、本当にいやだと思うのは、心配に思うのは、ことばの貧しさです。豊かなことばを持っていないということ。いいことはいいということばしか知らなかったり、言っていなかったり、何か感想を聞かれたら「おもしろかった」と、それっきり。そういうふうに「いくつしかことばがないの」と言いたいくらいに、表現することばが貧しいことです。これはもうほんとうに、人間の貧しさを表しているのではないでしょうか。考え方が浅くなったり、感じ方が鈍くなったり、荒くなったり、そういうことになっている印だと思うのです。

　私は、ことばを豊かに、大事な日本語を豊かに、正しくはいいとして、豊かにしたいと思って、それにはどういうふうにしたらいいか。ほんとうにことばができるということは、皆さんよくご承知のように「これはどういう意味ですか」と言えば「こういう意味です」と言えたという。そんなことは別にどうでもいいのです。そういうふうに言えなくてもいいのです。辞書を暗唱しているみたいなことを言えなくてもいい。私たちは仕事ですから、教師ですから、どんなことばだって「これはどういう意味」と言ったら、ちゃんと言い換えなくてはいけないでしょう。ですけれども、一般の人はそういうことは、子どもたちはそういう必要がないのです。そのことばがわかって、自分も使えるのでいい。それがどういう意味かということを解説できなければいけないということはないと思います。

　昔国語帳というのがあって、それに熟語を書いて、その次に読みを書いて、その次に訳を書くという、そういうノートがあったのです。私の子どもの頃、まだありました。それ式です。そういうふうにできなければだめだという、そういうことではありません。たくさんのことばを持っていて、使われていればちゃんとわかり、自分も使えます。こういうふうになっていればいいわけでしょう。

　そういう考えですが、その豊かなことばを持たせるのにはどうしたらいいかということ。自分がスピーチをするときに、豊かにことばを使うなどということ、そういうのは当たり前ですが、困難ですし、なかなかうまくいきません。ですが、私はここで二三七ページへ並べたものは、こういうふうにしたのです。本を使って、ある場面、その場面を見ますと、心情とか風景とか何とかといってそこにずっと並べて書いてあります。今これだけしか持っていないのですけれども、一つのまとまった風景が描かれております。それをこう頭に描きます。そうするとそれを、いろんなことばで言ってみると、ことばが沸き上がってくるような気がするのです。

皆さんは『旅の絵本』をご存じでしょうか、有名な安野光雅さんの。あれをちょっと、わかりやすいからそこ[238ページ]に出したのですけれども、ご存じの方は『旅の絵本』の二ページです。一ページは、男が船でもって漕いでくるんです。二ページのところに、広い原っぱで、そして草がずっとありまして、それが風になびいておりります。そして向こうの方に、男が、その三角帽子の『旅の絵本』の主人公、それが馬の持ち主に「馬を貸してくれ」といった話をしているところ。そういうのがありましたときに、例えばこの景色でしょう。そうしたら、風ですが、その風の吹き方をこう見ると、そよ風とか微風とか、音としたらサワサワとかソヨソヨとかそよ風とか、そういうふうにことばを考えてくるのです。そうすると、いろんなことばが浮かんできます。

それからその向こうで「馬を貸してくれ」と交渉している人なのですが、相談していると言っては、ちょっとあわないのではないか。借りようと思っているのでしょう。依頼しているとも言えるんだし、懇願というのもあるのですし、この頃はやらないけれども、談判というのもあります。そういうふうに、似たようなことばをたくさん思い出して、よく見て、ああこれは相談しているのではない。相談というのは依頼に近いでしょう。相談ではなくて「ぜひ貸してほしい」と、けんかごしではないけれど、談判しているほどではないけれど、そうするとやっぱり交渉というのがほんとうかなというふうにわかってきます。そういうふうに「交渉とは」などという、そんなことは言えなくてもいいのですけれども、この場所ではこれは交渉なんだというように、類語としていろんなことばを思い出してみて、懇願しているほどにはない。そっくり返って話していますから、懇願しているのではないんだ。ただ頼んでいるというだけではないので、やっぱり「貸してくれ、いつまでだ」とか、そういう用件があることを頼んでいるんだなというふうに、わかります。そこで、ことばがあの一枚の絵から、二十か三十のことばが浮き上がってくるでしょう。

そういう材料がたくさんあればいいと思います。二五二ページの「ことばの森で」に本が並んでおりますのは、その候補の本です。そういう場面がとりやすいという意味なんです。少し例を挙げてみますと、これは外国の絵本ですけれども、大変場面のとりやすい絵本です。9番、8番というのは。よく本屋さんにありますけれど。それから『イギリスの小さな町から』というのがありますね、10番目です。その『イギリスの小さな町から』には、イギリスの小さな町のいろんなところが、出ております。その一場面を見ておりますと、いろいろな情景を表す言葉が、思い出されてくるのです。こういうやり方で進めようと思って、そこに集めてあります。これに限ったわけではありませんが、とりやすいのがそこにあるのです。

11番目の『児童文学の中の子ども』こういうのはご想像がつきますように、児童文学の中の子ども、それがいろんな性格があったり、いろんな行動をしたり、いろんな事件をしたりしまして、読んでいると、何々さんという人を中心にこれもことばがたくさん思い出せます。そして児童文学の中の子どもですから、子どもが見ても、この子を表すことば、この子を表すことばというふうに、勉強しやすいのです。人をとらえた勉強がしやすいです。そういうのが教材として使えます。

それからその次の12番［253ページ］はいかがでしょう。『言の葉さやげ』は詩の鑑賞。ですから鑑賞のことば。その詩の意味や味わいを言うことば。そのことばを豊かに使って詩を鑑賞してありますから、これもそういうことばに出会わせるために大事ということです。そういうふうになっているのですが、『旅の絵本』はその15番に出ております。これは発行年順に本が出ております。それから『ことばの風俗誌』こんなのはほんとうに「ああ、そうだろう」と思われるんではないでしょうか。

それから『福翁自伝』、これは自伝ですけれども、あの特色ある偉人です。福翁が自伝を書くときに、自分をどんなふうなことばで書いているでしょうか。これは興味津々です。そういう目で『福翁自伝』を見ますと、人物を表す、活躍した人物のことば、そんなのが、時代は古くても、思い出せます。

それから『詩のこころを読む』、こんなのもさっきと同じように、詩のこころを読むそのことばを見せてもらいますと、ほんとうに、こんないいことばがあるのか、この詩のこんなことを、この詩のこんな味わいを、こんなことばで表現できるのかというように考えて、たちまち自分のことばの宝物が増えてきます。

それから野地潤家先生のをお借りしてそこにあげてあるのです。24番目に『わが心のうちなる歌碑』［254ページ］。これはこういう勉強をするには「先生はそのために書いてくださったのかな」と思いました。そう思うくらい、ことばがいろいろ探せます。

それからその次のあたりは、『花の文化史』とか、『天の都をさして』とか、『しゃれた言葉』という題の本です。このようなのははっきりとしたことばになっています。

それから、私が好きだった、向田邦子さんなどは、庶民の生活を巧みに書いておりますから、ことばを知ったり、生活の断片、家庭生活の断片など、いくらでも探せます。そして楽しく読みながら「ああ、こんな表現がある。こういうことばがあるのかな」と思ったりします。

それから35番目、『遠い日の風景から』というのは切り絵ですけれども、写実的でありませんので、そこからその生活を想像して、ことばを探すのです。それがとても楽しい気がします。地味な本ですけれども、もともと子どものためのものかもしれません。

それから、まだ生活の断片で好きだったのは『いのちと命のあいだに』、38番［255ページ］のようなもの。これはまた違ったことばの、写実的ではなく、心を描くと言いますか、心をとらえると言いますか、そういうことばに出会えるのです。「ああ、こういうことばがあるのかな」とわかります。

それから全然字のない、これは大変優秀な本として有名なのですが、42番の、『ある犬の物語』です。何というか、感情表現と言うのでしょうか。一つも字を使わないで、犬がただずっと出てくるのですけれども、その犬の表情を見ていると、思わず声をかけたくなって、どういうことばで声をかけようかと思うような、豊かなことばのあふれてくるような、絵だけの本です。『旅の絵本』の終わりの方に、安野さんが、ことばを書けばいくつかですんでしまうんだけれど、これはことばがなしだったから、――『旅の絵本』はことばが一つもありません――ないから、ことばがわきあがると書いてあるのです。そうだと思います。同じ作者ので、おしまいの方の、47番目、例のたくさん出ている、セレスティーヌというネズミとアーネストというクマとの物語です。十冊ぐらいあるのですが、それがまたほんとうによく感情を表現しているのです。ですから、感情表現のことばと言いますか、愛情の表現と言うのでしょうか、親しみというのか、そういうことばにたくさん出会えて、いい思いをします。49番も同じ人です。殊にこの『くまのアーネストおじさん　びょうきになったアーネスト』［256ページ］というのは、ネズミがいろいろ考える、心配する、そういうことばがよく浮かんでくる本です。

それから、55番みたいな、織物とか切り絵とか、製造する人たちの産業の中で、こういう芸術的なものをつくり出している方のこと、それを制作してくることばの中には、やっぱり含蓄の深いものがあるのです。これは北海道で求めた本ですけれど、いい本だと思います。見ていくと、しっとりした制作の過程、そういうものを正確にすっきりと書いてくるのです。そのことばに出会うと、ほんとうにことばの力を教えてもらうような気がいたします。

それから写真集もとりあげております。木村伊兵衛さんのなど、64番［257ページ］はそうです。それから昭和の生活をかいたものもありますが、写真はあまりはっきり見えないで、骨が折れて、何かことばを探す楽しみがなくなってしまう感じで、『昭和の女たち』というのだけにしてあるのです。

それから花は、お花ではない、フラワーではありません。そこの65番。『心より心に伝ふる花』というのは、お花ではなくて、世阿弥の『花伝書』の花という意味です。この中で含蓄の深い、端整ないいことばにたくさん出会います。

ここにある本はみんな楽しい本です。ですが、重厚な感じは、73番の『木』という幸田文さんのもの。お好きな方が多いと思いますけれど、じっくりした、重みのあることばにたくさん出会えます。

85番［259ページ］は画集。展覧会の目録ですが、近代的な絵がまだ生まれてこない、その直前のロシアの生活を写実的に描いた画集です。私みたいな古い人は、こういう画集が好きでよく見ます。これは展覧会の目録なんですけれども、そこにロシアといった時代の庶民の生活が、熱い感じで出ていまして、それをことばで言ってみようとして考えると、なかなかいいことばが浮かんできて楽しいです。

それから『音楽と人生』というのが89番にあります。これは世界が違いますから、さっきの織物なんかの世界の本と同じように、違った部位に出会う。普段あまり私たちが使っていない語彙に出会うことができたりします。芸術的なものを書いた本というのは、ことばがそれを表現する。ことばで、文学でないものを表現しようとする。ことばがとても身にしみるような気がするんです。

それから『サザエさん』［260ページ］はどれでもいいかもしれませんが、そこにあげてある9巻が、割合場面がとりやすいのがあります。どれでもとろうと思えばとれるかもしれません。日常生活の断片です。

それから木村伊兵衛さんの写真集、こちらにありました。小さい本です。104番です。この辺には（110番目）『文藝春秋』があったと思いますが。これはあまりよくないかもしれません。探すときにはこんな観点もあるからとってあるのです。おしまいから四つ目の本です。『文藝春秋』の一九九五年の八月号ですけれども、ここに「美しき日本と人間の創造」と、五十人の人間を描いています。それほどいい文章ではないのですけれども、とにかく人間、人物というものを書き表すことばです。そんなのがたくさん出ているのです。

それから有名な『子どもによる子どものための子どもの権利条約』というのは、子どもの書いた文章ですから、そのことばを見てみようと思ってとってあります。特にいいことばに会うというよりも、つまり憲法をやさしいことばで、自分たちがわかることばで書いたものです。そういう意味で、どんなことばがみんなにとってわかりやすいことばなのか、憲法と並べてみて、子どもたちはこういうことばでわかるのかということが、わかるような気がいたします。

それから、何か言いたくてもことばが浮かんでこないということがあるでしょう。わからないことばがあって、引くのは普通の辞書ですけれども、言いたいことがあって、表したいことがあって、ことばが出てこない。それで平凡なことばなら出てきた。例えばきれいとか、静かとか、うれしいとか、楽しいとか、そういうことは思っているんだけれども、それはもう新しく発見したことばではないでしょう。いいことばが欲しいと思うときに、少しおかしいけれども、辞書を活用するといいのです。岩波の新しい辞書でもいいし、広辞苑でもいいですけれども「うれしい」でも何でもいいから、知り切っていることばでも、辞書で引くといいのです。そうすると「うれしい」のところに何か書いてあります。その中に語彙が三つか四つ出てくるでしょう、「うれしい」以外のうれしいことを表すことば。それをみんな引くのです。そこへ出てきたことばを、またみんな引くのです。それで今まで出てきたことばと同じことばしか出てこなくなるまで引くのです。だんだんだんだん広がって広がって、解説のことばの中のことばをどんどん引くのです。そうしますと、何十かのことばの群れができてきて、それで一群のことばが出てくるのです。そうすると、ことばを何か思いつくのです。「うれしい」という気持ち、何と言っていいかわからないというときに、こんなことばがあるのかという、一群の群れが出てきて、いいですよ。これは子どもとともにやっても、やさしいことだから子どもは大変喜びます。次々次々辞書を引いていけばいいのです。出てきたことば出てきたことば、引いていくと、とうとうもとのことばしか出てこなくなるのです。そこまで引くのですが、そうするとグループで、ことばの固まりみたいな雰囲気ができてくるのです。その雰囲気をじっと味わっていると、ありったけのことばが活躍するのです。そんなことも一つの方法です。

いろいろな断片的なお話になりましたけれども、そのようにしてこれらのことばを使って、みんな一遍にやったり、あわせたり、一つの方法として楽しいと思います。そしてグループでやってもいいですし、一人でやってから掲示してもいいです。こんなのは掲示がとてもいいです。本を置いて、そこに自分の好きだったことばとか、発見したことばだとか、気がついたことばだとか、考えついたことばだとか、掲示すればいいでしょう。ですから時間をあまりとらない。それからちょっとした時間が残ったときでも、これは大丈夫で、この中にありますどれかの、百何十の本の中でこれでというので進めるのです。

もっとちゃんと授業のようにしたければ、その本の中の場面を選んでおくのです。「この場面でことばを探しましょう」と言って、やってみるのです。ただ、下準備が相当大変です。自分が持っていないと困るでしょう。先生が一つも探していなかったりしたら、指導にならないでしょう。ですから、まず持ち出す前には、自分はこの場所というページをいくつか決めなくては。決めて、そして自分なりの好きなところとか、見つかったところにしたらどうでしょうか。

読書生活の記録の中にも、新しく覚えたことばというページがあるのです。新しく覚えたのではなくても、使ってあるのを発見したとか、自分で思いついたとか、そういうのを記録していきます。それからこういうことを表すことばが欲しいというのを記録しておくとか、そのようにしますと、もう少しことばの豊かな人たちになっていくのではないかと私は思っているのです。ほんとうにことばの豊かな人たちが欲しい。その人たちが豊かな考えを持つようになるのです。その人にことばがあるということでしょう。そんなことを考えておりました。

今日はどうもありがとうございました。

講演資料（一九九五年十二月三日）

ことばの海で
ことばの森で

〔一九九五（平成七）年十一月二十六日（日）
第25回大村はま国語教室の会研究発表大会〕

一、「ことばの海で」
二、「ことばの森で」
一も二も、いろいろの単元の一部になったり、また、単元と単元の間など少しの時間を生かしたりする学習の一こまである。

一、「ことばの海で」

「選ぶ」ということ

単元の学習の資料を、本の場合を中心にして捜し選ぶ学習である。

今までも、単元として資料を選ぶという学習は、いろいろ試みたが、それは、そのために、すでに指導者が選んだものであった。少なくとも、あら選りしてあった。目録を使った学習などでは、かなりその人なりに選ぶ経験をしたが、その目録は指導者が選んで揃えていた。

学級文庫に、買い足す本を選び決める学習、地方の交通の不便な山村の中学校に、本を贈る二回めの場合、その本を選ぶ学習、これも目録の活用によった。「少年少女のための」と添え書きのある児童図書目録であった。

「動物のことば」について、調べた学習では、動物のことばについて、何かが出ている本を、指導者が集めてあって、その本のどこに出ているか、また、その本の特色、読み易くやさしいか、むずかしそうか、写真や図の量、写真は新しいか、鮮明か、とにかく調べていることについて、役立つかなど、いろいろの観点から適切なものを選ぶ学習であった。

昭和47年10月一年生に、その子たちが三年になった時の秋の予定している単元「外国人は日本（日本人）をどう見ているか」に向かって資料を集める学習をした。このとき、指導者が捜して揃え、与えるという点では、教科書と、そう違わないのではないかと考えていた。しかし、資料を子どもとともに捜すということに、本格的に取り組むようになった出発であった。たくさんの目録その他を用意したが、そして、子どもたちは、個々に書店に行っていたことは明らかであるが、書店で捜す場を指導したのではなかった。

こういう目録で選ぶことも、もちろん、ぜひさせたい学習であったが、それと並んで、書店で実際に、本に当たって選ぶことをさせたかった。書店という場で、教材化されていない場での経験をさせたかった。普通の読書人の、あたりまえの生活を体験させたかった。

しかし、子どもたちを校外に連れて出ることは簡単にできることではない。かりに、手順が調えられたとしても、交通事故が心配で、とても実現できることではなかった。

昭和30年代には、春の子どもの読書週間の催しのとき、図書委員一同と、展示即売の催し場に行ったが、そのときの委員たちのいきいきとしたようす、本の間、書架の間を目を輝かして、いそいそと歩きまわり、これと思った本を、「石川台中」と札のあるテーブルに積み上げる、あの時のはずんだ楽しさは、今も会えば話題になっている。それにつけても、全員に、実際に書店で選ぶ経験をさせたいと思っていた。

「選ぶ」ということは、じつにさまざまの、まったくその人の「持てる限りの」と言ってよいさまざまの力を、いっぱいに使う作業である。

そして、「選ぶ」ことの不手際、誤りは、誠意も努力も、空しくしてしまうと言えよう。「選ぶ」ということは、本に限らず、重大なこと、「選ぶ」知恵と能力は、どうしても養っておかなければならないと思う。

本を選ぶということに限って考えても、漠然と「読むこと」と考えていることではすまない。

どの書店に行くか、それから始まって、出版社、著者、発行年、それから書名は落とすこともないであろうが、その書名からまず自分の持った印象をはっきりとらえ、最初に浮かんだイメージ、想像を大事にすること、それを心に刻む知恵、帯や表紙うらなどの紹介を上手に読む、目次やあとがきもはっきり受け取りながら、どんな本かを心に形づくりながら読む、本により目的により、写真や付表、索引、解説、序文、はしがきなど、本の構成も受け取るように見る。速読み、拾い読みの力、装幀、定価も、何げなく受けとめる力、そして、それらすべてが速いこと。

何となく立ち寄っていることもあり、はっきりした目的のあることもあり、手にとることもあり、背表紙だけを読んでいることもあり、いずれにしても呼びかけられ、答えながら、本とつき会っていくには、めだたない気づかない、その人の積み上げられた力がいる。

とにかく選ぶということの力は、じつに細やかで、根強く、その人そのものである。選ぶということは、その人の総力を挙げてこそできることである。

とにかく本を選ぶということは、国語教室の目標の一つとして大切にしたい、書店で本を選ばせてみたい、そして、その実の場で、いっしょに選びながらなまなましい選ぶ力を育てたい。子どもは一ぺんに本好きになるに違いない。

準備

書店では、「日本文学」とか「民俗」とか「家庭」とかいうように、書架を分けて本を並べている。その「言語」の書架を実現する。書店全体を実現することは、もちろんできないが、今の場合、言語の書架ならば、書店に近い状態にできるからである。

書店を見ると、専門的な本は、普通、手の届かないところにあり、全集などは高い所、または別のいろいろな全集を集めた階に置かれているようである。今回、下選びしたというよりも、このような自然のしきたりというような形に従ったということである。

言語に関するものを集めたところまでは選んでいるわけであるが、書店の実際も、そこまでは選別されているので、下選り、あら選りをしない状態で、という今回の目的の形に合っているといえよう。また網羅に近づけようともしなかった。そのようなことは出来ないし、書店でも出来ない。ただ、相当数なければ成り立たないが、今日書架に並べてあるのは一三七で、八重洲のブックセンターの「言語」の書架より、ずっと多い。たいていのものは、長年の間に、持っていたもので、このごろもとめたのは少ない。また一クラス40人として約三倍なので、40人の子どもが捜すのに、思うように手にとれないということはないと思う。もう一〇〇余冊、加えようとしたが、ブックセンターの実際を見て、かえって不自然かと思われて加えなかった。特に選ばす、適当に省いた。

学習を進める

一、ことばについて、ことばをめぐって、考えてみたいこと、知りたいことをいくつでも考えてみる。

出て来そうなテーマの例（順不同）

1、「ことばを大事にする」とは、具体的にどういうことか。
2、若者の、妙に助詞や助動詞を高くしたり強めたりする調子は、どうなっていくだろうか。このごろは教師のなかにも、その調子がうつってきている。
3、「見れる」「食べれる」という使い方はどうなっていくだろうか。
4、外来語、外国語の氾濫をどう考え、どう処していったらよいか。
5、敬語のゆくえは、どうなっていくだろうか。
6、日本語の将来
　これからの日本語
7、ことわざの使われることが減ってきているようであるが、どうしてであろうか、また、これからどうなっていくだろうか。

8、故事成句の運命

9、「くん」と「さん」

10、男女のことばの差は、このまま少なくなっていくだろうか。

11、漢字がワープロのおかげで、力を得てきているということであるが、これから日本ではどうなっていくであろうか。

12、女の子の名前、男の子と思われるような、少なくとも、男子か、女子かすぐはわからないような名前がふえている、ということであるが、真実かどうか、その背景について。

13、先生が、自分のことを自分で「先生」というのは誤りか。なぜ、こうなったのだろうか。

14、わかれのあいさつの現状と問題点。

15、「おられます」「申された」は、敬語の混乱した言い方であると言えよう。しかし、よく使われているし、あまり不自然という気がしない。これは、許容されているのか、いないのか。許容されているなら、その理由。

16、ことばの移り変わり。

17、「文語」が口語にまじって使われているのに、たびたび気づくようになったが、その背景。

18、かなりの学校に残っている授業始めのことばづかいについて

起立

礼

着席
先生、おはよう、ございます（一種のフシがあることがある。）
19、わたしたちは、ほんとに活字離れか。
20、ことばの変化。どんなことばがどんなふうに変わったか。
21、近ごろ、マスコミでは、ことばについてどんなことが取り上げられているか。ことばについて、一般は、どんな点に関心を持っているか。
22、近ごろ、ことばについてどんな本が出ているか。どんなことを主題にしているか。
23、ことばについて私の発見、私の疑問
24、新聞によく出てくることわざ
どんなことわざが出ているか。どういう記事のところに多いか。
25、『岩波国語辞典』第四版と第五版を比べて。
どういうことばが消え、どういうことばが加えられたか。
その変化の背景。そこに見る社会。
二、もっと、こういうことも考えてみたい、考えなければいけない、こんなことを考えたらおもしろそうだ、というようなことを発見するために、そういう発見を求めて、自由にいろいろの本を見る。
三、一、二で考えた結果をまとめて三つないし五つくらいのテーマにしぼる。できたら順位をつける。
四、調べたり考えたりしたいテーマそれぞれについて資料にする本を選ぶ。

選んだ本の位置づけをする。どんなふうに読むかの計画。

主な資料にするもの。

全体を使うもの。部分を使うもの。

精読。拾い読み。

まとめの形。

を考える。
五、もっとこういう本があればいいのだが、と思う本があったら、何冊でも書く。書名でなく、どんな内容、どんな書き方などについて。
六、七の意見交換会の資料として、三、四、五のメモを作る。三ないし五題。
用紙は国語係が作成、配布。

めいめい、用紙に記入、コピーして配布。
七、意見交換会（助け合いの会）
質問し合い、助言し合う。

〈例〉このテーマなら、こんな本はどうか。

こういう本が見たいけれど、心当りの本があったら教えてください。

――という本、使おうと思っているんですが、まだ見ない。××さん、使うんでしょう。どんな本ですか。

××さん、いっしょにやりませんか。

などという相談も。
八、計画案仕上げ。

以上で終了。

このあと、一題選んで、計画どおり資料を使って、研究を仕上げ、レポートをまとめたり、それをグループでまとめたりして、発表会をしたり、いろいろの形の読みもの、作品にしたりして発展させれば、みのりの多い単元学習になるであろう。

二、「ことばの森で」

ことばを豊かに

これは、めいめいの持っていることばを、身につけていることばを、もっと豊かにしようとする学習で、資料は指導者の選択である。

資料を選ぶ観点

資料は二種類で、

(1) ああ、こんなことばがあったかと、いいことばに出会い、教わるような経験のできるもの。

(2) 自然なり、情景、生活などが、一コマ切りとってみることのできるもの。その一コマ一コマでいろいろなことばをたくさん見出せる、その一コマに浮かんでくることばの多い、ことばを拾ってみるのに合ったもの。（資料をこの二種類に分けて、表にしようとしたが、両方に入るものが多いので分けずに一覧表にした。）

今回は次のような観点を持っていた。この観点の選び方は、子どもたちが、どのような種類のことばが貧しいかによる。

(1) 風景

(2) 情景
生活の一コマ

(3) 心情　人情
心の風景

(4) 産業

(5) 職業
仕事
働く

(6) 思想
考える

(7) 鑑賞

(8) 新しいことば

(9) 人間

学習の実際

個人でも、グループでも、一時間二時間と、時間をとっても、一時間の一部分、残りの時間とか、待つ時間とかを利用しても、そして、もちろんめいめいの生活のゆとりの時間を生かして。

発表は、おもに掲示を利用する。単なる報告でなく、意見の交換を目的にした形を工夫する。加えたり疑問を出したりし合えるように工夫する。

必ず署名。指導者も随時、読む人にも書く人にもなる。

〈例〉安野光雅『旅の絵本』より

(1) 風　そよ風　微風
　　さわやか

(2) 音　そよそよ　音を立てる
　　さやさや
　　ざわざわ

(3) 吹く　そよぐ　ふれあう
　　なびく　すれあう
　　ゆれる
　　さやぐ　吹き渡る

(4) 話し合う　頼む　頼みこむ
　　依頼
　　懇願
　　相談する　もちかける
　　交渉　かけあう

こうして、しばらくことばを求め、ことばを捜していく。その結果、どれだけ多く捜せたかということが、価値なのではなく、それもそれなりの価値はあるが、それよりも大切にしていることは、「旅の人が馬を借りようとしている」と思っていただけよりも、ことばを追って、ずっと細やかに、頭を動かしている。それが目あてである。

とにかく、絵を見たり、文章を読んだりしている、その心の中をよく見ると、無数の、は、おおげさであるが、そう言いたいほど、ことばが浮かんでは消え、浮かんでは消えしている。浮かんだことばをとらえて、かみしめていると、なおなお、ことばが浮かんでくる。

おおまかなことば、平凡なことば、知り尽くしていると思うことばでも拾って辞書を引く。解説に出てきたことばを引く。次々と引きつづける。すると、新しいことばでも生まれてきそうな、一群のことばの作り出す雰囲気が漂ってくる。それをいうことばはないかと、その雰囲気を味わいながら追う。

もちろん、何という新しいことばも生まれて来はしないが、こういうとき、ことばを豊かに使いこなす、もとのもとになる力が育つように思う。

資料

一、「ことばの海で」の資料（ラベル白）

番号	書名	著者・編者	出版社	初版発行年月
1	現代語の助詞・助動詞—用例と実例—（国立国語研究報告3）		秀英出版	一九五一・三
2	言葉の使い方	田代亮二	創元社	一九五一・五
3	言葉の真理（河出新書21）	宮城音彌	河出書房	一九五三・一〇
4	ことばの研究室Ⅱ—日本人の言語生活	日本放送協会　編	講談社	一九五四・六
5	ことばの研究室Ⅳ—正しい表現—	日本放送協会　編	講談社	一九五四・一二
6	言語生活の指導	全国大学国語教育学会編	法政大学出版局	一九五五・三
7	現代社会とことば（ことばの講座第五巻）	石黒修　他　編	東京創元社	一九五六・三
8	中学生のためのことばの教室	永野　賢	宝文館	一九五六・五
9	日本語をやさしくしよう	鬼頭礼蔵	くろしお出版	一九五八・六
10	日本語の年輪	大野　晋	有紀書房	一九六一・九

11	日本語の発想　語源・イディオム	白石大二	東京堂出版	一九六一・一一
12	外来語の履歴書（角川新書）	矢崎源九郎	角川書店	一九六一・一一
13	悪いことば・下品なことば	前田　勇	東京堂	一九六二・六
14	講座現代語4　表現の方法	時枝誠記　他	明治書院	一九六四・二
15	日本の外来語（岩波新書518）	矢崎源九郎	岩波書店	一九六四・三
16	ことばの歳時記（ポケット文春）	山本健吉	文藝春秋	一九六五・二
17	ことばの社会学（NHKブックス）	柴田　武	日本放送出版協会	一九六五・六
18	映像と言語（紀伊國屋新書）	近藤耕人	紀伊國屋書店	一九六五・九
19	新日本語論　私の現代語教室	金田一春彦	筑摩書房	一九六六・二
20	正しい敬語	大石初太郎	大泉書店	一九六六・六
21	ことばの生活のために―表現と理解への手引き―（講談社現代新書102）	藤原与一	講談社	一九六七・一
22	口語文法　基礎と応用	市川　孝	筑摩書房	一九六七・三

23	ことばの知恵　会話と文章を豊かにする名言事典	池田　諭	徳間書店	一九六七・六
24	現代の教養10　これからの日本語	臼井吉見　編	筑摩書房	一九六七・八
25	日本人の日本語	永野　賢	共文社	一九六八・二
26	国語と文学の教室　ことばのきまり	白石大二	福村出版	一九六八・六
27	ことば・文章　効果的なコミュニケイション	波多野完治　編	大日本図書	一九六八・七
28	ことばの豆辞典	三井銀行　編	ダイヤモンド社	一九六九・四
29	外国人のための基本語用例辞典　第二版	文化庁	大蔵省印刷局	一九七一・八
30	ことばの歳時記（新潮文庫48）	金田一春彦	新潮社	一九七三・八
31	国語の心	岩淵悦太郎	毎日新聞社	一九七三・一一
32	日本語と英語　その発想と表現	長谷川潔	サイマル出版会	一九七四
33	言語のおしゃれ　あなたの魅力を引きだすために	楠本憲吉	ＰＨＰ研究所	一九七四・六
34	日本語のために	丸谷才一	新潮社	一九七四・八

35	きくとよむ　ことばの勉強会2	山本安英の会　編	未来社	一九七四・一一
36	閉ざされた言語・日本語の世界（新潮選書）	鈴木孝夫	新潮社	一九七五・三
37	「ことば」シリーズ ・言葉に関する問答集1～20 ・言葉のしつけ ・日本語の特色 ・言葉遣い ・言葉と音声 ・漢字 ・あいさつと言葉 「言葉に関する問答集」問答編総索引　シリーズ37に。	文化庁　編	大蔵省印刷局	一九七五・五
38	日本語の感覚（中公叢書）	外山滋比古	中央公論社	一九七五・九
39	対談　日本語を考える	大野　晋　編	中央公論社	一九七五・一一
40	日本人とことば	石川弘義　編	ぎょうせい	一九七五・一二
41	言語と社会（岩波新書950）	P・トラッドギル	岩波書店	一九七五・一二
42	失語の時代　ことばの十字路	芳賀　綏	教育出版	一九七六・一
43	日本語と話しことば	内村直也	北洋社	一九七六・二

44	暮しの中の日本語	池田弥三郎	毎日新聞社	一九七六・三
45	日本語の個性（中公新書433）	外山滋比古	中央公論社	一九七六・五
46	日本語の周辺	臼井吉見	毎日新聞社	一九七六・六
47	日常の言葉（みずうみ文庫）	外山滋比古	みずうみ書房	一九七六・六
48	日本語はどういう言語か（講談社学術文庫）	三浦つとむ	講談社	一九七六・六
49	言葉の散歩道（語源叢談四）	新村　出	教育出版	一九七六・六
50	現代日本語（朝日小事典）	柴田　武	朝日新聞社	一九七六・一〇
51	ことばの海をゆく（朝日選書）	見坊豪紀	朝日新聞社	一九七六・一一
52	日本語講座第四巻　日本語の語彙と表現	鈴木孝夫　編	大修館書店	一九七六・一二
53	漢字の用法	武部良明	角川書店	一九七六・一二
54	日本語の現場　第四集	読売新聞社会部　編	読売新聞社	一九七七・六
55	日本語を考える（講談社学術文庫）	岩淵悦太郎	講談社	一九七七・六

56	ことばの研究室　日本人の言語生活	金田一春彦　編	講談社	一九七七・一一
57	ことばの色彩（岩波新書　黄46）	川本茂雄	岩波書店	一九七八・三
58	日本語の表情（講談社現代新書）	板坂　元	講談社	一九七八・四
59	日本語対談	岩淵悦太郎	筑摩書房	一九七八・五
60	日本人と日本語（言語生活叢書）	野元菊雄	筑摩書房	一九七八・五
61	一億人の国語国字問題（三省堂選書45）	大久保忠利	三省堂	一九七八・六
62	日本語と日本文化	多田道太郎　他	朝日新聞社	一九七八・八
63	敬語の誤典	奥秋義信	自由国民社	一九七八・八
64	ことばの人間学	鈴木孝夫	新潮社	一九七八・九
65	日本の言の葉（東書選書）	林　巨樹	東京書籍	一九七九・三
66	日本形容詞辞典	村石利夫	日本文芸社	一九七九・四
67	ことばの政治学	永川玲二	筑摩書房	一九七九・五

68	ことばの意味2　辞書に書いてないこと（平凡社選書）	柴田　武　他	平凡社	一九七九・六
69	日本のことばとこころ　言語表現にひそむ日本人の深層心理をさぐる	山下秀雄	講談社	一九七九・六
70	日本語の生態　内の文化を支える話しことば	水谷　修	創拓社	一九七九・七
71	ことばのくずかご（ちくまぶっくす15）	見坊豪紀	筑摩書房	一九七九・八
72	言葉の教養　躾の変遷と現代の問題点	宇野義方	同文書院	一九七九・一〇
73	日本語最前線　赤ペン記者ノート	松任谷彦四郎	毎日新聞社	一九八〇・三
74	現代にほんご草紙	外山滋比古	ＰＨＰ研究所	一九八〇・四
75	語源おもしろブック　ことばのルーツがわかる本	田崎正和	文潮出版	一九八〇・五
76	ことばの四季	外山滋比古	毎日新聞社	一九八〇・六
77	私家版　日本語文法	井上ひさし	新潮社	一九八一・三
78	文化と言語教育　初めに言葉ありき	外山滋比古	講談社	一九八一・五
79	私たちと日本語（岩波ジュニア新書30）	藤原与一	岩波書店	一九八一・六

80	変わる日本語（講談社ゼミナール選書）	金田一春彦 他	講談社	一九八一・一一
81	ことばの力 しゃべる・聞く・伝える（岩波ジュニア新書33）	川崎 洋	岩波書店	一九八一・七
82	日本語の素顔（中公新書631）	外山滋比古	中央公論社	一九八一・一〇
83	ことばを読む	井上ひさし	中央公論社	一九八二・三
84	日常語診断1・2（朝日ブックレット）	朝日新聞社用語幹事編	朝日新聞社	一九八三・五
85	やまとことばの人類学 日本語から日本人を考える（朝日選書293）	荒木博之	朝日新聞社	一九八三・一二
86	日本語の豊かな使い手になるために 読む・書く・話す・聞く	大岡 信	太郎次郎社	一九八四・七
87	叢書・ことばの世界 敬語をどのように考えるか	宇野義方	南雲堂	一九八五・二
88	これからの日本語	ＮＨＫ 編	日本放送出版協会	一九八五・一二
89	ことばとイメージ 記号学への旅立ち（岩波新書 黄331）	川本茂雄	岩波書店	一九八六・二
90	敬語（ちくま文庫）	大石初太郎	筑摩書房	一九八六・四
91	美しい日本語 ことば遊びⅡ	日本放送協会学園 編	日本放送協会学園	一九八六・四

92	日本語の面白さ　中国人が語る〈日語趣談〉	劉徳有	サイマル出版会	一九八六・七
93	ふしぎなことば　ことばのふしぎ	池上嘉彦	筑摩書房	一九八七・五
94	ことばの社会学	鈴木孝夫	新潮社	一九八七・七
95	言葉はひろがる	鶴見俊輔	福音館書店	一九八八・三
96	日本語相談Ⅰ	大野　晋　他	朝日新聞社	一九八九・三
97	西洋人の日本語発見　外国人の日本語研究史　一五四九－一八六八	杉本つとむ	創拓社	一九八九・三
98	ちんちん千鳥のなく声は　日本人が聴いた鳥の声	山口仲美	大修館書店	一九八九・四
99	言語生活の目　書きことばメモ帳　一九五一～一九八八	佐竹秀雄　編	筑摩書房	一九八九・七
100	日本語八ツ当り	江國　滋	新潮社	一九八九・八
101	語感問答	榊原昭二	ぎょうせい	一九八九・八
102	言語生活の耳　話しことばメモ帳	沢本幹栄　他	筑摩書房	一九八九・一〇
103	古語に聞く（ちくま文庫）	竹西寛子	筑摩書房	一九八九・一〇

104	日本語相談　二	大野　晋　他	朝日新聞社	一九九〇・一
105	NHKモーニングワイド　ニュースのことば(2)　'89年10月～'90年3月	NHK解説委員会　編	日本放送出版協会	一九九〇・五
106	言葉の影法師（ちくま文庫）	高田　宏	筑摩書房	一九九〇・五
107	増補新版　ことばの姿	外山滋比古	芸術新聞社	一九九〇・一〇
108	外国人を悩ませる　日本人の言語慣習に関する研究	彭飛（Peng Fei）	和泉書院	一九九〇・一二
109	いきな言葉・野暮な言葉	中村喜春	草思社	一九九二・五
110	ことばの野性をもとめて　こども　ことば　物語	河合雅雄　他	筑摩書房	一九九二・六
111	日本語相談　五	大野　晋　他	朝日新聞社	一九九二・一一
112	歴史から生まれた日本語語源詮索辞典	武光　誠	創拓社	一九九二・一一
113	ことばと人間関係　「ひとこと」の重さを知っておきたい	外山滋比古	チクマ秀版社	一九九三・五
114	日本人の知らない日本語	富田隆行	市井社	一九九三・八
115	ことばの引き出し	池内　紀	大修館書店	一九九三・一一

116	日本語大博物館　悪魔の文字と闘った人々	紀田順一郎	ジャスト・システム	一九九四・一
117	日本語研究所	城生佰太郎	日本実業出版社	一九九四・三
118	死語読本	塩田丸男	白水社	一九九四・七
119	国際共通語の夢	二本紘三	筑摩書房	一九九四・七
120	日本語の風	野村雅昭	大修館書店	一九九四・八
121	「ちょっと」はちょっと　ポン・フェイ博士の日本語の不思議	彭飛（ポンフェイ）	講談社	一九九四・九
122	日本語はどんな言語か（ちくま新書００９）	小池清治	筑摩書房	一九九四・一〇
123	日本語はおもしろい（岩波新書　赤３７３）	柴田　武	岩波書店	一九九五・一
124	日本語の視点　ことばを創る日本人の発想	森田良行	創拓社	一九九五・二
125	言葉の現在　ハイデガー言語論の視角	斧谷（よきたに）彌守一（やすいち）	筑摩書房	一九九五・三
126	月刊　言語　特集・海外言語学情報　一九九五・三 Vol. 24 No. 3		大修館書店	一九九五・三
127	「～は～」のはなし	堀口和吉	ひつじ書房	一九九五・三

128	発見の興奮―言語学との出会い―	中島平三	大修館書店	一九九五・三
129	ことばの波止場	和田　誠	白水社	一九九五・三
130	新「ことば」シリーズ2　言語に関する問答集―敬語編―	文化庁　編	大蔵省印刷局	一九九五・四
131	悪文―裏返し文章読本―（ちくま新書）	中村　明	筑摩書房	一九九五・五
132	ことばの森	かめいたかし	吉川弘文館	一九九五・七
133	シリーズ学びと文化②　言葉という絆	佐伯　胖　他編	東京大学出版会	一九九五・七
134	日本語を考える	柴田　武	博文館新社	一九九五・七
135	日本語は国際語になりうるか（講談社学術文庫１１８８）	鈴木孝夫	講談社	一九九五・七
136	月刊　言語　一九九五年一〇月号		大修館書店	一九九五・一〇
137	朝日新聞　朝夕刊　一九九四・一二・一〜一九九五・八・三一		朝日新聞社	

二、「ことばの森で」の資料（ラベル黄）

番号	書名	著者・編者	出版社	初版発行年月
1	銀の匙（岩波文庫　緑51—1）	中　勘助	岩波書店	一九三五・一一
2	せみと蓮の花	坪田譲治	筑摩書房	一九五七・五
3	大草原の小さな町（岩波少年文庫　3632）	ローラ・インガルス・ワイルダー	岩波書店	一九五七・一二
4	児童文学入門〈世界名作の子どもたち〉	鳥越　信	国土社	一九六二・一二
5	宇野重吉の語りきかせ　日本の民話	松谷みよ子	風涛社	一九六七・九
6	随筆　一隅の記	野上弥生子	新潮社	一九六八・八
7	雑文集　カレンダーの余白	永井龍男	講談社	一九七一・二
8	ウルリスのすず	ゼリーナ・ヘンツ	岩波書店	一九七三・一二
9	くんぺい　少年の四季	東　君平	ＰＨＰ研究所	一九七四・九
10	イギリスの小さな町から（朝日選書25）	加藤秀俊	朝日新聞社	一九七四・一二
11	児童文学の中の子ども（ＮＨＫブックス）	神宮輝夫	日本放送出版協会	一九七四・一二

12	言の葉さやげ	茨木のり子	花神社	一九七五・一一
13	地図はさそう　自然と人と詩と（そしえて文庫32）	堀　淳一	そしえて	一九七六・一
14	流れのほとり	神沢利子	福音館書店	一九七六・一一
15	旅の絵本	安野光雅	福音館書店	一九七七・四
16	ことばへの旅　第四集	森本哲郎	ダイヤモンド社	一九七七・五
17	ことばの風俗誌　女性と金に関する六十一章	永野　賢	教育出版	一九七八・三
18	言葉の海へ	高田　宏	新潮社	一九七八・七
19	子どもの季節	安野光雅　絵	岩崎書店	一九七八・八
20	新訂　福翁自伝（岩波文庫　青102・2）	福沢諭吉	岩波書店	一九七八・一〇
21	信濃風土記	NHK長野放送局　編	和広	一九七九・八
22	詩のこころを読む（岩波ジュニア新書）	茨木のり子	岩波書店	一九七九・一〇
23	単語集	金井美恵子	筑摩書房	一九七九・一一

24	わが心のうちなる歌碑	野地潤家	桜楓社	一九八〇・一
25	花の文化史	相馬　大	文一総合出版	一九八〇・二
26	天の都をさして	ジョン・パニヤノ	すぐ書房	一九八〇・三
27	しゃれた言葉	宇野信夫	講談社	一九八一・二
28	一流人　私の好きな言葉	佐藤秀郎　編	講談社	一九八一・四
29	ことばあそびうた・また	谷川俊太郎	福音館書店	一九八一・五
30	ことばのこばこ	和田　誠	すばる書房	一九八一・九
31	街頭の断想　アフォリズム＝80年代へ	中村雄二郎　他	共同通信社	一九八三・四
32	うつくしい言葉	宇野信夫	講談社	一九八三・四
33	思い出トランプ（新潮文庫）	向田邦子	新潮社	一九八三・五
34	ぬくもりのある旅（文春文庫）	澤地久枝	文藝春秋	一九八三・一一
35	遠い日の風景から	藤城清治	講談社	一九八四・二

36	新ちょっといい話	戸板康二	文藝春秋	一九八四・三
37	ことばの旅	斎藤たま	新宿書房	一九八四・四
38	いのちと命のあいだに	丸岡秀子	筑摩書房	一九八四・五
39	忠盛　絵巻平家物語㈠	木下順二	ほるぷ出版	一九八四・一一
40	算私語録（朝日文庫あ5・1）	安野光雅	朝日新聞社	一九八五・二
41	ことばを歌え！　こどもたち（ちくまぶっくす58）	榊原　陽	筑摩書房	一九八五・四
42	アンジュール　ある犬の物語	ガブリエル・バンサン	ブックローン出版	一九八六・五
43	BOOKS BEAUTIFUL　絵のある本の歴史	荒俣　宏	平凡社	一九八七・三
44	〈夏の思い出〉その想いのゆくえ	江間章子	宝文館出版	一九八七・六
45	兄のトランク	宮沢清六	筑摩書房	一九八七・九
46	自分のなかに歴史をよむ（ちくまプリマーブックス15）	阿部謹也	筑摩書房	一九八八・三
47	セレスティーヌ　アーネストとの出会い	ガブリエル・バンサン	ブックローン出版	一九八八・四

48	であいの旅	山根基世	毎日新聞社	一九八八・七
49	くまのアーネストおじさん　びょうきになったアーネスト	ガブリエル・バンサン	ブックローン出版	一九八八・九
50	ぼくらの地図旅行	那須正幹	福音館書店	一九八九・一
51	木下順二集8　『子午線の祀り』とその世界	木下順二	岩波書店	一九八九・三
52	木に会う	高田　宏	新潮社	一九八九・四
53	吉田松陰の唖弟	岡村壽正	「行末川」出版部	一九八九・四
54	日本の名随筆81　友	安岡章太郎　編	作品社	一九八九・七
55	染め織りの記	木内　綾	北海道新聞社	一九八九・九
56	日本語になったキリスト教のことば	千代崎秀雄	講談社	一九八九・一〇
57	イーハトーボゆき軽便鉄道	別役実	リブロポート	一九九〇・一
58	地方色	丸元淑生	文藝春秋	一九九〇・三
59	絵はがきの旅・歴史の旅	中川浩一	原書房	一九九〇・三

60	古典との対話	串田孫一	筑摩書房	一九九〇・一二
61	生きるかなしみ	山田太一　編	筑摩書房	一九九一・三
62	暮らしの中に美しい日本語を　今日から始めませんか楽しい朗読	花形恵子	末来社	一九九一・四
63	わが子に語る　動物のふしぎな話	杉浦　宏	フォー・ユー	一九九一・四
64	木村伊兵衛　昭和の女たち（ちくまライブラリー55）	木村伊兵衛	筑摩書房	一九九一・五
65	心より心に伝ふる花（白水ブックス）	観世寿夫	白水社	一九九一・七
66	私の随想選　第七巻　私の茶話	河盛好蔵	新潮社	一九九一・八
67	街で話した言葉（ちくま文庫）	山田太一	筑摩書房	一九九一・八
68	ごはんの風景	宮迫千鶴	筑摩書房	一九九一・一一
69	北風の匂い	朝倉　賢	北海タイムス社	一九九一・一二
70	こころの処方箋	河合隼雄	新潮社	一九九二・一
71	母の秘蔵の絵	吉屋　敬	末来社	一九九二・五

72	たらちね	井伏鱒二	筑摩書房	一九九二・五
73	木	幸田　文	新潮社	一九九二・六
74	草原の記	司馬遼太郎	新潮社	一九九二・六
75	伝承遠野のわらべ唄　（岩波カセット）	阿部ヤエ	岩波書店	一九九二・七
76	遠野のわらべ唄　聞き書き　菊池カメの伝えたこと	伊丹政太郎	岩波書店	一九九二・七
77	人生の風景	遠藤周作　他	河出書房新社	一九九二・七
78	遠い「山びこ」　無着成恭と教え子たちの四十年	佐野眞一	文藝春秋	一九九二・九
79	よみがえる旅心	岡田喜秋	日本文芸社	一九九二・一〇
80	それぞれの場所	秋元松代	早川書房	一九九二・一二
81	名作文学に見る「家」	文・小幡陽次郎 図・横島誠司	朝日新聞社	一九九二・一二
82	親子で見る絵　描かれたこどもたち	G・S・ブリザード	クレオ	一九九二・一二
83	ちいさな物みつけた	五木寛之	集英社	一九九三・二

84	『銀の匙』を読む（岩波セミナーブックス43）	十川信介	岩波書店	一九九三・二
85	ロシア近代絵画の至宝　トレチャコフ美術館展（図録）	NHK　編	NHKプロモーション	一九九三
86	NHK人間大学　少女へのまなざし	本田和子	日本放送出版協会	一九九三・七
87	対談　目から脳に抜ける話	養老孟司・吉田直哉	筑摩書房	一九九四・一
88	さくらんぼジャム	庄野潤三	文藝春秋	一九九四・二
89	音楽と人生	中田喜直	音楽之友社	一九九四・三
90	四季のことば100話（岩波ジュニア新書）	米川千寿子	岩波書店	一九九四・五
91	動物のぞき	幸田　文	新潮社	一九九四・六
92	すてきなあなたに　3	大橋鎮子　編	暮しの手帖社	一九九四・六
93	虫と花の裏話	串田孫一	東京新聞出版局	一九九四・六
94	日本の名随筆　別巻42　家族	久世光彦　編	作品社	一九九四・八
95	いのちの証人たち　芸術と信仰	宮田光雄	岩波書店	一九九四・九

96	小雀物語（小学館ライブラリー）	クレア・キップス	小学館	一九九四・一二
97	新・ちくま文学の森　こどもの風景	佐藤春夫　他	筑摩書房	一九九五・一
98	サザエさん　9	長谷川町子	朝日新聞社	一九九五・二
99	子どもたちの日々	飯沢耕太郎　編	福音館書店	一九九五・三
100	しゃべる詩　あそぶ詩　きこえる詩	はせみつこ　編	冨山房	一九九五・三
101	あの時、この歌	由紀さおり 安田祥子	東京書籍	一九九五・四
102	北欧の小さな旅　ラップランド幻想紀行	小谷　明	東京書籍	一九九五・五
103	台湾小景「街道をゆく」スケッチ集	安野光雅	朝日新聞社	一九九五・五
104	木村伊兵衛　昭和を写す　1戦前と戦後（ちくま文庫）	木村伊兵衛	筑摩書房	一九九五・五
105	幸田文の箪笥の引き出し	青木　玉	新潮社	一九九五・五
106	安野光雅・文集1　蟻と少年	安野光雅	筑摩書房	一九九五・六
107	秘すれば花	池坊由紀	薩摩産業調査会	一九九五・七

108	サザエさん　27	長谷川町子	朝日新聞社	一九九五・七
109	安野光雅・文集3　こころのふち	安野光雅	筑摩書房	一九九五・八
110	『文藝春秋』一九九五年八月号　美しき日本人50の肖像		文藝春秋	一九九五・八
111	『こどもの本』一九九五年八月号		日本児童図書出版協会	一九九五・八
112	子どもによる子どものための子どもの権利条約	小口尚子・福岡鮎美	小学館	一九九五・八
113	新・ちくま文学の森　世界は笑う	シェークスピア　他	筑摩書房	一九九五・九

5　単元　ことばの感覚をみがき合う

みなさん、こんにちは。

私の持って参りましたこの資料が、いつもとちょっと様子が違っています。いつもですと、いろいろな本の名前が書いてありました。複数教材などという意味ではなくて、さまざまな教材がありました。今度は、そうでないので、ちょっとみると、感じが違うと思います。

今のお話し合いに関係があるのですけれども、私は、「アイヌ、その意味は『人間』」〔93年〕の発表の頃から、中学校の三年間を通じた三年間の単元を欲しいと思っていました。読書人というのは、先ほどの話のような、時々、一単元を十時間ぐらい学習したということでできるものではないと思いまして、三年間と思っていたのです。その人の作品なり、文章なりを読むのに、大変分量があると思います。その方の文章全部を読むことができないようなものは、教材にはならないと思いました。そう考えていくと、テーマとして、文学作品かことばでないと、そういう三年間を通じたものを、私としては、今から、とても読むわけにはいかないと思いまして、それで、かなり読んであるもの、一応見当がつくもの、そういうふうに考えました。中でも、子どもたちが三年間通すのですから、今日のみなさんのように、文学作品でないと、今まで勉強してきた私たちの世界では、とても間に合わないと思います。

私たちのような時代に勉強したものは、どんなに読んでも、そんなにたくさんのテーマに対して、全部を読み、三年間通しただけの資料を持つということは、できないわけです。明治生まれの私には、とうてい駄目。そうしてその中でも、ことばか文学、そうでないと中々とりあげられないわけです。三年間のテーマは、文学なりことばなりがいいと、そういうことを考えたのではありませんが、たくさんのテーマに対して全部読むことは不可能でありました。それで、三年半くらい前には、小川未明をねらっていたのです。そして、あの作品ならば、童話と限った場合、子どもに読み易いお話になっていると思います。私も小川未明ならば、作品を全部生徒が読んで、それで初めて「この作者は」といったようなことを言ったりすることができそうに思えてかなり読んでいました。

小さい時から読んでいましたから、易しく読めたのは、よかったのですが、勉強し始めて考えますと、今の教室で、出てくることばが貧しいと思えるのです。単元について、最後にこれでやれるかと考える最後のものが、出てくることばだと思います。ことばでない国語の時間に勉強していることは、国語の先生の範囲に入っています。しかし、ことばを使って、みんな生きていましてことばを国語の先生の分量、中味だというようには、簡単に言えないと思います。社会科であろうと、何であろうと、たくさんのことばで、文章で学習しているのですから、その間にいろんな読解の力や何かついてくるわけです。

ですけれども、語彙となりますと、これは、国語の先生の大責任、ほかに誰が本気になってことばを磨いたり、ことばを増やしたり、そういうことができるでしょうか、やっているでしょうか。ですから、語彙の面が十分でないという単元は、私はとりあげないことにしていました。このテーマで勉強する、「アイヌ、その意味は『人間』」であろうと、「一基の顕彰碑」であろうと最後的には、これでどんなことばが、出てくるだろうかと。勉強している最中に、話し合いの中とか、読むものの中とかに、どういうことばが出没するだろうか。また、ことばとして、行き交うだろうか。これらを検討して、最後的にこの単元をするかしないかを決めています。ところが、小川未明ですと、ことばが易しいから易しいと、そういうことを言うのではありません。けれども、ことばの範囲がたいへん限られてきて、どういうふうに話をしても、どういうふうに勉強しても、とても、中学生の一、二、三年を通じる語彙の指導というわけにはいかないと思いまして、それでとりあげるのはやめました。

その次、今日お話の宮沢賢治、今年百年とか、そういうことを気がついていませんでした。それで、宮沢賢治ならば、いろんな世界があるから、多分語彙には合格するだろうと思いながらやっていました。それを、一、二、三年でやるのですが、私はその宮沢賢治をやめたのですけれども、前から宮沢賢治を教材にあまりしませんでした。西尾先生がお選びになった、「なめとこ山の熊」これだけは、先生のご本にあったから、とりあげましたけれども。

それから、「蜘蛛の糸」を読む時に、重ね読みに「貝の火」がいります。どうしてもああいう宗教の世界の慈悲、そういうものを読むことのできる心がいります。つまり、いつかお話ししましたように、「蜘蛛の糸」の犍陀多（かんだた）が上だけ向いていれば、あのような「下りろ、下りろ」ということを言わないで済んだし、また、二度も言わないで、一遍でよせば、切れなかったのではありませんか。悪い人間のままで、ひたすら上へ向かって邁進してきて、極楽の池のほとりに着くまで下を見なかったら、たぶん、池のほとりに立ったでしょうね。そういうところに、宗教の、仏様なり何なりの何とも言えない慈悲があると思います。人間に対する救いというものがあるのだと思います。そうでなかったら、二度くらいすぐ言ってしまいます。そんなことを考えた時、「貝の火」がやはり、たくさん悪いことを、何遍も何遍も重ねますね。お父さんがもう駄目だと言っても、帰ってきてみると、「貝の火」はきれいです。だから、うさぎの子は嬉しくなって、慢心して、そして、もっともっとやって、とうとう貝の火は、粉々に割れて、飛び散っていってしまうのでしょう。今のようなことは、ことばで言えませんので、それをしないと慈悲などということは、子どもにわかりませんし、ひたすらということもよくわからないでしょう。「下りろ」と一遍言っただけでは、許されていたということなども、説明でわかることではありません。それで、「貝の火」を重ね読みすると、通じるものがあってとてもわかるのです。それで、「貝の火」を扱ったことがあります。

そのほかには扱いません。「よだかの星」も何もとりあげたことはありません。そのわけは、橋本（暢夫）先生が話し合いのなかで少しお話しくださったように、賢治の世界の中には、広い深い宗教の世界があります。それなしに、賢治を語るということは、既にもう、たいへん違うことではないかと思います。「よだかの星」であろうと何であろうと、賢治がどんなふうに仏教の世界を考えていたのか、それ以上の世界を考えていたのか、そういうことがわかって初めて賢治の気持ちに入れるのだと思います。

とりあげなかった理由の一つは、今年が百年であったために、他の方からもたくさんの論文が出たり、今、雑誌が二つその特集で出ていると思います。それで、私は、その中にそれに乗ったように、百年だったのかというようなことで一緒になってとりあげることに、嫌だと思ったことと、それから、その方たちのをチラチラと見ていると、誰も宗教の世界には入っていない、触れていないということです。変な対抗意識を持ち出すようなことになってもいけないし、それから、宗教の世界というのは、非常に難しいため、神がかりみたいに思われても嫌なことだし、また、宗教の話は、学校でするわけにいかないし、やめまして、こちらの単元にしたのです。

今の発表のことで、もう少しお話してみたいと思います。どうして私が宗教の世界を背景にしてでも、三年間計画でとりあげようかと思ったのかといいますと、ずっと昔、西尾実先生が、「戦後、先生の一人のお話というのを、悪い事みたいに、大変嫌うようになった。独演といって、悪い事みたいに言う人がいるが、そんなことはない」とおっしゃいました。子どもが本当に分かるものに近づくのに、是非ここの所は、今の力ではできませんが、ちょっと足してもらって、その世界に入って、文章を読むというようにしたらいいので、そういうのは、実践家がやることだとおっしゃったことがあるのです。私が「外来語の氾濫」でもほかの単元でも、いろんな時に、みんなの中に入って、一人の発表者として、発表をしたり、発言することをたくさんしてきたこと、講話を混ぜてやって来たということは、西尾先生のその話を大事にしているということです。

これを大事にしようと思いまして、宗教の話と詩の話、これは宮沢賢治に触れさせるのに、どうしても触れなければならないことで、難しいから飛ばしておくということでしたら、宮沢賢治の童話だけを勉強しているということになるので、宮沢賢治の人に触れることができない筈です。それで詩の話を五つ、宗教の話を五つ、日蓮宗とか、ああいうのです。それをまずまず勉強して、駄目だと思いますけれども、こういう話を三年間に十回、その単元は、一年に一回実施するのではなくて、話すのは、三年間といっても、一年の二学期から、三年の二学期、丸二年です。その中へ、その十の話をちりばめてみようとしました。子どもたちがいくら勉強しても、詩の世界に入ってくることは無理なのです。皆、どんなふうに思われてもいいなどと思っていませんし、みんな、いい子になりたいし、よくできたいと思っています。ですから、雨にも負けずなどというのを、広告に使ったり、いろんな所にパッパッパッと使って、苦労なことがあっても、我慢してやるみたいな意味にとっていますけれども、どうしてどうして、そんなものではないですね。ですから、あの詩なども、一人で読んでいるのならいいですけれども、教材にして、みんなで考えることのできる作品ではありません。失礼、という気持ちがしますね。宮沢賢治がいたら、どんな思いがするだろうかと思います。

それは、長岡輝子さんが、小さな会で、宮沢賢治を読んだことがあるのです。その時に、あまりほかの人と違った読みだったので、弟さんが、「お姉さん、再びこれを読むのではない。つまらない先生たちにまねされるから、やめなさい」、そう言ったというのです。それくらい、本当に胸にささるような読みだったのです。そんなことがありました。そういうふうになってしまいます。

それでは詩を無視して、詩に全然触れないで、宮沢賢治は、なんと話していいものでしょうか。それから、宗教の話は、難しいし禁じられているからということでしないで、それで宮沢賢治の思想は、と言っても、ああいう世界を考えさせたりすることができるものなのかと考えました。

　それで、できるだけ分かるところまで、詩の話と、それから宗教の背景を少し気付かせるところまで、講話を十ばかり用意したのです。これを、一年の二学期のどこどこ、終わり頃にこれといったように、背景を作って話そうと考えたのです。ですけれども、今申したように、今年が百年であって、たくさんの方が、宮沢賢治を語っていますでしょう。ですからそのことを言い出せず、全部見ているのですけれども、宗教の世界は、無視されているのです。そういう中に、そんな話を持ち出すことは嫌でした。それで、やめることにして、ことばにしました。

　今日の発表のみなさんのお話も、童話の世界ですね。童話の世界だけを読んでいたら、いけないということはありません。別に、どなたのこともいけないと思っているのではありませんが、私は、そういう思いをしたものですから、やっぱり考えてしまうのです。宮沢賢治でしたら、その人が話を聞いたら、どういうふうに思うだろうかと思いました。どう思ったらいけないということはありません。その文学は、その人その人が読んでいくものですから、作者が気に入ろうと気に入るまいとそんなこと気にしなくていいと言えます。ほかの人がどう思ってもいいかもしれません。

　けれども、もう数年前にこういう事はありました。自分の作品を小・中学校の教科書に載せて、小・中学校の先生にいじって欲しくないと、出版社に申し入れてきた人がいるということです。それは、とても、心に染みることでした。たった一つや二つの作品を読んで、この作者は、どんな気持ちだろうとか、どんなふうに暮らした、一緒に暮らしたわけでもない、そんなに調べられるものでもないのに、どういう幼年時代を過ごし、どういう人に育てられ、それからどうしたこうしたというような足跡、そういうことを調べさせたり、だから、どんなふうな性格ができたのだとか、どういう作品になっていったその下地はここにあったのだろうとか、作者にとっては、大変大切な問題を、作品の一つや二つで、子どもが言ったりする。それは、本当に嫌だったろうと思います。私の深い反省といいますか、その頃、教科書のお手伝いをしていまして、その方の作品を載せませんでしたけれども、そう言われてたいそう考えさせられました。

ですから、そういうことがあって、考えてみると、宮沢賢治というのは、この人の深い広い、今ある宗教を超えた宗教と考えたらいいかなと思うような、宗教の世界があります。それを無視して、それに触れないで、宮沢賢治を学習するということは、かなり問題なことなのです。それでもいい、そういうことは、子どもにわからないのだから、子どものわかる範囲で宮沢賢治に親しんでいけば、読んでいけばいいのだという考え方は、もちろんありますから、それでいいかもしれませんが、私は、とにかく大変考えさせられたことなのです。

それから、私の本が関係しているのではないかと思って、心配なのですけれども、読書指導ということが見直されて、日本中の研究会が、読書指導を掲げたことがありました。三十年代の終わりから、四十年代ですね。私がそのテーマでやり始めたのも、昭和四十二年です。その頃、毎月毎月研究授業を見にいらしていた、内地留学の人たちを、倉澤先生がお連れになってきておられて、私もひところは、実践授業の勉強になっていたのです。それですから、テーマを持たなければと、私はその前の年、作文でやっていましたから、今度は話しことばと思っていたのです。そしたら、読書指導とおっしゃった。その頃、読書指導というのは、その前からずっと伝統的にされていて、今もされていないこともない、良い本を勧めて読ませて、感想を書かせたり、話し合ったりする、そして、だんだんとその世界を広げていくといったやり方で、みんな読書指導ということをやっていました。私は、『近代読者論』（外山滋比古著）は、まだ読んでいなかったものですから、そうだということがわかっていませんでしたから、何となく気が進みませんでした。あまり問題がなくて、自分でもある程度の型にはまっているし、それが拓けないのだし、何だか嫌だなと思いました。

私の生徒は、あまり読書の嫌いな子がいませんでしたし、そんなことでスタートしたのが、昭和四十二年です。

その夏の研修会ときたら、読書指導、読書指導で、夏の大会は本当にあちこちでありますが、みんな読書指導を取り上げたくらいでした。みんな読書指導だったのですが、共文社刊の私の書名は、大変後悔するものになっていました。私は、読書指導ではなくて、読書生活の指導なのだと、考えていました。一冊の本とか、何冊の本とかの読み方を、指導するとか、読ませるとかいうのではなくて、読書生活というものが大事なのだと、思っていました。話す言葉の生活、書く生活が、言語生活の中に位置を占めています。そのほかに、単なる読解の世界ではなくて、読解生活ではなくて、読んで分かればいいという本の読み方、本の活かし方の世界から出て、もっともっと広い世界に行こうと考えていました。

そう考えまして、読書生活というものを指導するので、読書を指導するのとは違うと考えて、そういうふうに授業を二年間進めました。これが、私の全集では、第七巻・第八巻でございます。本をまとめた時に、読書生活の「読書生活指導」というつもりだったのが、見た人は読書の生活指導、こういうふうにとってしまったのです。とんでもないことで、今でもそう思っていらっしゃるようなのですが、読書によって生活指導をする、そういうふうに思われているところがあります。今日の御発表の先生方は、そんなことはないと思いますが、いろんな方がそう思っているのです。ですから読書の、読書による生活指導と思われてしまったことが、大変拙いことだったと思います。

それから、国語の先生は、大体文学好きの人が多く、また戦前には、そういう教材が多かったと思います。国を富ませる話とか、それから伊勢神宮に参るとか、そういう文章もありましたけれども、何といっても、国語の先生は、大体、国文科や文学科の出身であって、文学が好きで、短歌をよくなさる方もあり、とにかく文学者が多かった。文学に親しむ方が多くて、そして、今でもまだ国語の先生というのは、文学の先生というように、残っているのではないでしょうか。読み物ということは、文学を読むことということになっていて、読書生活の中に文学は大事な位置を占めて、私たちを活かしてくれていると思いますが、それは、戦後すぐ発表された、四つの中の一つではないか、読むことの生活に四つある、その中に、楽しむという、項がありまして、それが文学指導なのです。

読書生活ということは、文学を読むことだけではなくて、それは四分の一、四分の一というのもおかしいですけれども、項目としては、四分の一なのです。他に読書によって、本というものが活きて、本というもののおかげによって、それを活かすことによって、できる生活がある。ですから、読むことは、イコール文学を読むということではないのです。そういう考えがなかなかできてきませんで、今もって、読書指導ということは、文学作品を味わうことのようになっていることがあります。

今日の発表が、そうなっていたという意味ではありませんけれども、なりがちな所がありました。文学、そのテーマが宮沢賢治を活かす読みなのですから、作品を宮沢賢治に限ってくるということは、当たり前ですけれども。しかし、本当に、読書指導、読書生活指導は、生活の一部にある、言語生活の一部にある、読むことの指導の中にある、何を読むか、読むことによってそれをしなければ、生きていかれない生活の場面があるという、そういうふうに位置づけられていたかどうかは、よくわからないと思います。それは、是非、そうしなければならないと思います。

昔だったら、文学指導だけやっていても、大丈夫かもしれませんが、今は、本が一日に百何冊も出ています。そうしますと、その本の中には、古典になるような本もあるでしょうが、読むだけでも損をするような、その時間だけ生きていなかったみたいになってしまう本もあるわけです。ですから、その本の選択、どういう観点で選択するかとか、また、どこの本屋さんが、どういう理念を持って本を出しているとか、出していないとか、そういうことも大事だし、これから、本の読み方も、さっきお話が出たように、実に様々な読みがあって、深く読めばいいのでもなければ、精読すればいいのでもない。しかし、ある物は、精読に限るのであって、深く考えて読まなければ駄目なのだというふうに、それを見分けて、その一つ一つが場にあっていて、ちゃんと使っていける、そういうのを、読書人というのです。

そういうふうに読書を捉えて、宮沢賢治にしても、そういう中のどこに位置を占めているかということを、考えながらすすめていかないと駄目だと考えます。私の本の書名が悪かったために、読書指導といったら、生活指導だと思われている向きが、今でもあって、私は、本当に悲しくて、共文社を恨んでいます（笑い）。書名を任せたものですから、任せた人の方が悪いのですけれども、今でも、残念なことだと思っています。

そのようなわけで、読書指導ということを、文学指導のようにしないという考えをもち、文学の位置を確かにしたいと思います。それから、文学の世界、文学だったら、まず西尾先生は、理解はなくても鑑賞はあるとおっしゃっていました。理解してから、初めて鑑賞するなどというものではないんだと。鑑賞は、わからなくたってあるのだ、例えば、音楽と同じだと。ベートーベンの何が、私に音楽として理解されているかどうか、そんなことはありませんが、音楽を聞いて楽しむ、それは、私の宝物です。そうしますと、そういうふうに文学というものも、こういう気持ちが表れていますとか、こういう人柄が見えますとか、こんな情景、こんな気持ちが胸を打ちますとか、そういうことが言えないと味わえていない、感想文がしっかり書けないと、味わい方が足りないというふうに学校の方でなってしまうことが多いのです。それは、表現力との混乱ではないでしょうか。表現できた方がいいに決まっています。何だってできた方がいいに決まっています。ですけれど、できないから、そのことが駄目なんだということではありません。

そうすると、そういう授業は、どういうふうになるのでしょうか。それで、私は、文学鑑賞、人の宝物である文学、それに触れる時間は、純粋に鑑賞に浸らせたい、自分ができない子だとか、作文が下手だとか、そういう悲しいこと、考えてもしょうがないこと、それを気にしたりしないで、みんなが文学この良き物に浸れて喜べたらいいのではないかと思って、いろいろやっていました。少しまわりくどいようなやり方をしている私の文学の指導は、みんなそのためです。できるできない、頭のいい悪い、そんなことに全然関係なく、文学に酔いしれることができるようにと思って文学鑑賞ということで進めてきたのです。みんなが自分の不始末とか不出来とか、そういうことを考えないで済むようにしたいと思っていたのです。それをしていって、成功したと思うのはありますけれども、たいそう手間がかかるので、文学を味わわせるのは、手間がかかるものだ。手間に脅えてしまって、全然認めてくださらない方もありました。面倒とお思いになったのでしょう。先生は、鑑賞の喜びに浸っている暇がなくなってしまいますから。子どもが、本当に学習できる時は、大体先生の方は、とっても大変になるのが普通です。文学鑑賞などは、そうでした。

割合、近い頃ですけれど、「ごんぎつね」という有名な、誰も知らない人のない小学校の作品があります。皆さんご存じだと思いますが、あのなかで、兵十は誤って打ってしまいますね。その後で、「ごん……」という所があるでしょう。ある千葉県の学校へ行ったら、そこのところ、兵十の気持ちはどんな気持ちだったでしょう、と聞かれたのです。勘定していたのですけれども、大抵そういう場合は、七つ以上は出て来ないものなのです。そうしたら、子どもは、びっくりしました・どきっとしました・とんでもないことをしました・かわいそうと思いました・悪かったと思いました、というように答えました。そのなかで、悪かった本当に心から自分の過ちを悲しく思いましたというような答えは、割合しんみり語られました。けれども、先生がお許しにならないで、「ほかに?」とおっしゃった。「ほかに?」と言われてももう知恵を絞ったあとですから、子どもの方からは出てきません。そんな時は、先生は他にどういうことを考えていらっしゃるのか、先生がお考えになっていることばを、どうして子どもに言ってくださらないのかなと思いました。ほかになどと言わないで、ぱっとご自分の考えてあることばを言ってくだされぱいいと思ったのですが、大抵そういう場合は、先生は思ってないものなのです（笑い）。それで、「ほかに、ほかに」とおっしゃる。去年、そんなことがありました。

そういう場合に、兵十はどんな気持ちでしたでしょう、などというのは、言ってはいけないことばだと、私は思っています。聞くものではないのです。だって、書くとすれば、それは作者が一番上手に書いてしまっているから、何とも言われません。何とも言えないというのは、私でなくても、みんな禁句にしていますから、「何とも言えない気持ちだったと思います」なんて言ったら、先生にしかられてしまうに決まっています。

ですから、今、私は教えていませんので、どういうふうになるかはわかりませんが、兵十の気持ちが胸が痛いほどわからせないと、味わわせなくてはいけないでしょう。その作品をとりあげていて、言いにくいことだからもういいとか、言わなくても何とも言えないとわかっているのだからいいとか、そういうことはありません。鑑賞だから自分で味わっておけばいいというわけにもいかないです。味わうということを本当にしてるかどうかだけは、その時間内にさせなければいけません。ですから鑑賞の時間に鑑賞の仕方を教えるのではなくて、鑑賞そのことをさせるのが教師ではないのか。鑑賞の仕方だったら、後でも前でも、いくらでも教えられます。しかし、その仕方を教えればいいのではない。ほかのことには、仕方を教えればいいということはいくらもあります。だけども鑑賞というのは、鑑賞の仕方というのを教えても、体得できないと思います。鑑賞の世界の醍醐味を知ってそして作品を味わう人になるとは、思えないではありませんか。

ですから、その場でその時間内に仕方を表したり、それから、生徒がこうして、つたないことばを並べて、まだ、足りないということになったり、そういうふうにするよりも、何もかも忘れて、兵十の気持ちに浸らせることだけはどうしてもしなくては、文学鑑賞の教室にはならないのではないですか。それで、いつか大分の後藤弘子さんと一緒に、「爪王」を読んだことがあります。今度は一人でやるのですが、その「ごん……」のところを、例えば、こういうふうにしたら、鑑賞になるのではないかと思うのです。「ごん……」と書いてありますが、一番先は、自分が三つか四つ言うのですけれども、めいめい、こんなふうに言ったかもしれない、兵十は、こんな気持ちだったかもしれない、こう心の中に思い出しながら、「ごん……」というのを言ったらいいと思うのです。例えば、こう思う子もいるでしょう。「ごん！　ごん！」と言うかもしれないじゃないですか。兵十がそれを言いながら、涙が出そうになりますね。しかし、ある子は、「ご～ん」と言ったかもしれないじゃないですか。こっちの子は「ごん……。ごんごん」と言ったかもわからないじゃないか、「ごーん。ごん！」と言ったかもしれないじゃないか、こういうふうに三つ、四つやりますと子供は、自分で言い出します。その時、その子供の心の中に、理屈でも何でもない、兵十の気持ちが痛いほどわかるのではないか。つまり、その作品の大切なところをめいめい力一杯で、人のことなんか忘れてしまって、先生なんか忘れてしまって、「ごん、ごん、せつないよ」と、こういうふうに言うかもな、こういうふうに言うかもなと、教室の中がごんごんごんに満ち溢れたとしたら、私が大分で、後藤さんと読んで、鮮血が雪をさっと桃色に染めという表現にどきどきしたように、兵十の気持ちを味わったことになるのではないかと思ったのです。文学の鑑賞は、そういうふうに全然違った形でですけれどもあるので、宮沢賢治なども、どんなふうに説明したり、言わせたり、書かせたりいろいろしても、ぴっと胸に響くものは、もう少し違ったものではないかと思います。そういう工夫をして、私は、文学の世界に持っていきたいと思います。私は、今、教えていて、その「ごん」をやってみたくてしょうがありません。

まだ、やってみてもいいのではないかと思うのは「モチモチの木」です。この間会った、信州の堤恵美子さんという先生が、三日に研究授業があるとおっしゃって、「何を？」と言ったら「モチモチの木」と。それで「どんな気持ちということだけは、聞かないようにしなさい」と言ったのです。そんなことは聞くものではない。私はそのごんの話をして「これを活かして、もちもちの木にきれいに明かりがつくでしょう。『あっ！　ついた』

と思ったでしょう。その『あっ！』ということばをね。あなたが、うんと読んで読んで読みぬいて、声にのせてやってみたら」と言ったのですが、やってみたいと言ってました。その時は、会を途中で帰ってしまったのです。勉強して、練習して、三日にそれをやりたいと言って、信州の上田の先生ですけれども、早く、家へ行って勉強したいといって。だから、あさって三日にするのかもしれません。

つまり、朗読が、下手だとか上手だとか言ったりするのは、つまらないことですけれども、もっと声にのせて活かすことは、活かすべきと思います。鑑賞の世界というのは、兵十の気持ちはこうこうですと言えるのは悪くはないし、そういう言いにくい話をことばにするということも、勉強には違いない。だけど、鑑賞というのは、非常に難しいことで、人間の生活、ことばの生活の中で、最も説明しがたく、また、やりにくいことでしょうから、あまりほかのことをついでにやろうなどと、思わない方がいいのではないでしょうか、書き表せる力は、また別の時に学習することにして、作品を味わって、兵十の気持ちに胸を打たれたり、涙を流したりする気持ちになるためには、その方がいいのではないかなと思ったりします。

そうすると、宮沢賢治の「虔十公園林」であっても、「よだかの星」であっても、何でも、そういうふうな観点を持ったりしますと、読書による生活指導などと取らないで、どこかに教訓めいたものとか、一所懸命に生きていた、精一杯生きた賢治の気持ちなどと言ってみても、精一杯生きるなどということは、どういうことなのか。今の兵十などを、声にのせようと思うのが、精一杯読んでいることではないでしょうか。あれこれ兵十の気持ちを思い起こして、自分の声にのせて、自分で聞いて味わっているわけでしょう。そういうふうにしたいと思います。ですから、今日の研究会のシンポジウムで宮沢賢治の教材を課す時に、優れた感想文とか、想像力の豊かさとか、そういうことはありますけれども、そういうことを説明できればいいというものでもないし、説明するのが難しいから、学校で勉強すると、好きだった作品がだんだんつまらなくなるという台詞があるでしょう。そうという情けないことにならないのではないでしょうか。とにかく「ごん、ごん」とやれば、できる子、できない子といったつまらないことを考える隙間というものがないのではないでしょうか。そういうことを考えて、できない方をいじめたり、できる子をうらやんだりするのは、一つの心の緩みではないか、ですから、みんなが、でき、ふできなどということを忘れて、だれが駄目な子なんだなどと考える余裕もなく、そういう心の隙間もない気持ちが教室にあったら、もっと、国語の好きな子供ができてくるのではないかと思いました。

今日うかがいながら、そんなことを考えたりしていました。だから、どうぞ、読書生活を読書による生活指導などと、題名を間違っている人があったら、そうでないと言ってください。

さて、今日のお話は、そういうわけで宮沢賢治を捨ててます。もしやっぱりやってみようと思うと、さきほどの十の話が気になるし、そしてやらない方がよかったと思います。発表したりしない方がよかったと思っています。私の手には合わない作者だなと思っています。全部読むと言っても、結局は、童話だけでしょう。詩を読むわけには、いかないと思いました。でも、今日の先生方は、本当によく勉強なさったですね。勉強して、勉強して、宮沢賢治の専門家みたいに勉強して、私が今年たくさん読んだいろんな方の宮沢賢治の研究と論文、そういう中には、今日のような迫力のあるのはなかったですよ。宮沢賢治のために悲しむような研究が多かったです。今日は、本当にあれだけ読んで頂ければ、宮沢賢治も喜ぶなと思うような、しっかりしたご発表でした。

そのいろんな本を読むことになるでしょう。どなたかがそうおっしゃいましたね。それは、いろんな本を読むからいいのではなくて、一人一人の子どもがちゃんと見えてくると、同じ本では、うまくいかないからです。同じ目標に対して、同じ材料でいいということはめったにないですから、結局は、数が増えてくるのです。数がたくさんあるのがいいなどということにはならないと思います。

それから、単元学習というのは、いろんな教材があるなとお思いになるでしょうけれども、目標に対して、それを達しようとすると、みんなの顔を見ながら、どうしてもいろんなものになってくるのだと思います。自主教材というのは教科書でない教材を探したり、作ったりして使うことを、一応、言っているのではないでしょうか。教科書以外のというのは、先生が探すことが随分多いと思いますが、私も自分でも探しましたが、子どもが探すのもたくさんあります。子どもの作ったものというのもたくさんあります。ただ、使う時に、さっき話しましたように語彙がうまく出ないことがありますから、気をつけないと、学力低下になるかもわかりません。

ですが、そればかりやっているわけではありません。自主教材というのは、単元学習の特色になっているかもしれません。それは、教科書というのは、自分の子どもにぴったり合うことがないからです。これでいいと思う教材があれば、もちろん使っていました。一冊の本として、教科書全部を一冊の本として、教材に取り上げていたことも何回もありますけれども、今度のこれは、自主教材も、全部自作でありまして、自分の書いたものばかり使っているのです。

それは私が、「アイヌ」の時と、「一基の顕彰碑」の時［94年］と、たびたび行ったことと、あの時、たくさん北海道の方にお世話になったりしましたので、北海道に大変縁が深くなりました。北海道新聞にも、もちろん行きましたし、資料を見せてもらったりしましたので、こういうことになったのですが、北海道新聞の金曜日の夕刊に文化欄というのがあるのです。そこに、「言の葉」というコラムがありまして、そこへ一回千字で書くわけです。それで、この四月から、それを頼まれて、そのように頼まれた時は、断ると大層面倒だといいますか、結局、断りおおせないで、書こうと思いました。ことばのことだから、書こうと思いました。

そして、書いたのですが、ここに書きましたように、よくことばの問題を捉えて、良くないことば、使いたくないことば、いけないことば、そういうのを捉えて勉強させる方があるのですけれども、私は、そういうことは嫌いです。そんなことをする必要がない。そんなに駄目なことばだとわかっているのだったら、どうして教室に持ってこなければならないのかなと考えます。それで、おもしろがって笑っていたりしても、何にもならない。そういう時の頭の中は、全然勉強していないと思います。何ものも発見していないし、何ものも植えつけられていないし、単なる遊びのような感じです。そして、意味がないのです。そんなに悪いと思っていることばを、集めてみたからといってどうにもならない評論か何かをする方なら、そういうことは、大事かもしれませんが、国語教室で話し合わなければならないということは、考えられもしません。そして、第一学力がつきません。おかしなことばだな、ひどいことばだな、あははなどといって、国語の学力として、どういういいことがあるのかなと、そういう時、子どもが笑っていることなどは、意味がありません。楽しそうに勉強していたって、意味がないのです。楽しいからいいというものではないのです。楽しくかつ学力が付いていくから、いいのであって、笑っていればいいというものではありません。子どもが笑っている時は、にこにこしている時はうれしいけれども、それは、教師の大変大切な場です。子どもはにこにこして、ああ、おもしろい、おもしろいと言っているかもしれないけれども、その頭の中をじっと見つめて、今、何を、どういうふうに頭が練られているかな、どういうことばの力がついているのかな、これは、教師だけがじーっと見ていなければいけないことです。そして、そのことをやめたりしたりするのだと思うのです。

これはそういうのではないのです。全くそうではなくて、一所懸命はじめの時に、二九八ページの「はじめに」という所へ書いたのです。これは、ちょっと考えて、そこを読んだために、千字の部分を読んだために、一人でもいいし、そばに誰かいたらその人と話してもいいし、ひととき、これはもう三十秒でもいいのですけれども、ことばのことをちょっと考える。「あらっ、どうなのかな」と思う。悪いと思う。悪いでもなければ、良いでもなければ、とにかくちょっと問題だなと思ったり、おかしいなと思っても、別に責めたり、学力がないなどと言おうと思わないけれども、「ふふふ」というような感じのすることがあります。そういうものによって、ひととき、ことばの感覚を練る時間がちょっとある。そういうふうになって欲しい。新聞ですから、子供が読むのではないですから、そうねと、そういう国民がたくさんいたら、良いことばが伸びていくのではないか。嫌なことばは自然に淘汰されていってしまう。国民のみんなが言語感覚が良ければ、日本語は良くなっていく、その一つの小さな一角にしたい、そういう気持ちで、これは拾って書いています。だから、悪いに決まっているものは出ていません。

しかし、良いばかりかというとそうもいかないのです。例えば保護者がきましてお父さん、お母さん、二人の兄弟だとすると、みんな生活から取っているのですけれども、「お兄ちゃんの方は、黙っていても一人で勉強して、本当に助かるのですけれども。この子はね、このツトムって子は、困るんですよ。何しろお父さんが甘いものですから。甘えさせたものですから、全然勉強しなくて」と、お母さんが言った。悪いとは申しませんけれども、責める事はない、悪いことばではないけれども、自分の長男のことを、「お兄ちゃん」と先生にいったのは、少しオホホという気がします。それから、ご主人のことを「主人が」とか、「大村が」とか、先生にだったらそういうふうに言えばいい時に、「お父さんが甘いものですから」などと、先生に言うなんて悪いとは言いませんけれども、家でそう言っているのですからいいですけれども、オホホという気がします。そういうのを、取ってあるのです。本当にそんなこともありましたしね。

それから、良いのもあるのです。お花見に行っていまして、真ん中にご馳走が並んでいて、二軒のお家が一緒にピクニックをしているのです。みんないろんなご馳走を真ん中に出しました。それをすすめあっているのですが、こちらの奥さんの横に、私の取り上げている奥さんの横に、まだ幼稚園の子供がそばにいます。そして、向こうの奥さんが、「たまご焼き、いかが?」と言ったのです。こちらのお母さんも、自分の焼いてきたたまご焼きを「たまご焼き、いかが？」と、こちらの人が先に言ったのです。そしたら、「たまご焼き、食べる？」と聞くのですね、この小さい子に。それで、「うん」というのです。ところが、向こうの方に座っている、隣の奥さんが、「あやこちゃん、おばちゃんのたまご焼き、食べる？」と聞いたとき、「いただく？」と小さい子に聞いたのです。食べるといったって、構わないけれども、そういうふうな所、ちょっとした何とも言えない日本語のきれいさを感じていいなと思いました。

それから、講演会が済んで、講師先生、野地先生のような偉い方が、先に立って歩いて行く、係の人もみんな来て、私たちもみんなロビーの方へ行きました。あたりはその時、結婚式がすんだばかりで、人が大勢いたのです。そういう真ん中で、その講師先生が、野地先生ではないけれども、野地先生にしましょう。野地先生のような、今、一所懸命話をしてくださっていた偉い先生が、歩いていかれたのです。そしたらその方が、どう思い違いをなさったのかしりません。そちらに喫茶店があるので左の方へ曲がってお茶を飲むのだと思われたのかもしれません。終わる時間が遅かったので、私たちは、正面のレストランへ向かっていたのでした。そのとき、奥様がご一緒だったものですから、その奥様が、左へ曲がっていかれた教授に「お父ちゃん、お父ちゃん」と言われたのです。悪くはありません。お父ちゃんには違いありません。が、私は壇上のその先生に、今、深いお話を聞いて感激したところでしょう。「お父ちゃん、お父ちゃん」というのが、本当におもしろくて、悪いとは絶対にいいません、だけど、ウフフというような気持ちがしました。それでは、なんと言えばいいのですか。またちょっと困るでしょう。何と言えばいいのでしょう。まさか、名字をいうわけには、……ご主人のことは、今、名字を言うのが、洒落ていますね。だから、私の主人がもしあれば「大村が……」と話す方が、いいのではないでしょうか。ですけれども、そんな時、「野地、野地、野地」などと言うわけには、いかないでしょう。野地先生でなくても言えないでしょう。それでは、なんと言えばいいのか、「もしもし」とは、思いますけれどもよしとは思いません。私そこに「ちょっと、ちょっと」というのが、無難かなという気がしましたが、しかし、これがいいというのがやっぱりないのです。

職場で、新聞を見たとしたならば、そういうふうに話が出ると思います。「もしもし」でいいんじゃないと言う人もいるし、「ちょっと、ちょっと」「どっちも駄目よ」「ではなんて言えばいいの」「うーん」などと話し合って、十秒や十五秒は、ことばのことを考えるのではないでしょうか。これはそういう材料なのです。ですから、何にも主張しておりませんし、人をけなしたり、こっちの方がいいのだと言ったりはしない。そういう材料を書いたのです。それが、いいあんばいに、この夏、宮沢賢治をあきらめて、さて、今頃あきらめたのでは、何がいいかなと思って、秋の大会に向かって、ちょっと心配しながら考えていた時に、これにしようと思って、材料にしました。その時もう、二十五あったのです。今は、三十二になって、持ってきましたけれども、全部で四十六まであるのです。書くのは、千字くらいすぐ書けるけれども、もうほとほと閉口してきて題材がピタッと見つからない。そのように集めたものを、材料にして、ではどんなふうに展開しようかということで、これを書いているのです。ですから、集めてもできるでしょうけれども、自分で書いておくと、下読みしなくてよくて助かります。自分が、一番よく下読みしていることになりますから。

はじめのところ、二九八ページのところにそのようなことが書いてあります。今までも、ことばの勉強をしましたが、ことばの教材は、自作のものがいいような気がします。今まで出したもので、『学習慣用語句辞典』だとかああいうのは、全部教室で拾ったものです。それから、「国語教室通信」のはじまりのところに書いてある小さな文章は、全部ことばのことです。それから、いろいろ今まで作った、今度ほどたくさんにしてありませんが、ことばの教材というのは、自分で拾うのが大変いいのではないかと思います。

これは、単元ですから目標があります。目標はぱっとしない方がいいのです。これは、単元名がそのまま目標になったものです。ことばを、言語の感覚をねらっているもの、つまり、知識だとかそういうことをねらっておりません。ことばを増やそうとか、そういうこともどこかにあったかもしれませんが、目当てにはしません。ことばの学習をする時には、どっちにでも広がりますから、決めておかないと、いつも同じような授業をしていることになります。これは、ことばの感覚をねらっておりますので、知識ではありません。ですから、それをまず確認して書くこと、そういうふうに確認しないと、ことばというのは、広がりすぎてしまいます。

それから、ことばの感覚をみがくというようにしてあります。みがくというのは、ないものを持ってくるという意味ではないのです。既に持っているものをみがこうという意味なのです。見ていきますと、新しいことばのように入ってきているなと思うところがあるかもしれません。入っていてもかまいませんが、目標にしないということです。気がついた時に、ひょっと入れてしまったりすると、単元がぼやーっとなってしまって、時間が少し伸びたりしてまずくなります。ことばの時は、私たちが、とにかく、ことばの教師でありまして、なによりそのことについて力があるわけでしょう。ですから、ちょっと油断していると、ぱーっと広がっていくのです。そして何にもなくなってしまいますから、みがくといったら、どういうことかという意味をきめておきます。子どもに言う必要はありませんが、自分ではしっかりそう思っていて、つまり、ちょっとした助言をする時にも、それにはずれていることは、気がついても、言わない方がいいです。ついでにちょっとなどというのが、ひろがっていく、そして何ものもなくなってしまう元になります。

みがき合う、合うということなんですが、みがくのは、自分で一人でみがくのは、もちろん大事ですけれども、この場合私は、話し合いを使って、みがき合うことにしたいと思っていたのです。つまり、書く時から初めから、ちょっとの時間でも、話し合ってもらいます。種という意味で書いているのですから、そういうふうに使ってもらわないとつまらない、自分だけで追求するだけではつまらない、広がらないという気がしました。それで、みがき合うにしてあります。

それから、学習計画などと、簡単に書いておきましたけれども、みなさんのことですからどういうふうにでも、できると思いますが、そこに書いてあるのは、種類でありまして、この順序にやっていくわけではありません。順序などは、もう教師を長くやっている方に、お話しするような内容ではありません。種類です、このような学習活動の種類がある［300ページ］ということです。それで、二つに分けてありまして、これについて、話し合いたいと書いてあるのですから、話し合うことが大事です。それを学習活動として、いろんな形でしたいと思いますし、それから、誰だって今の話、ちょっと聞いてくださっても、自分で集めてみようかなと、お思いになるのではないですか。そういう、オホホといったようなのを子どもたちも集めたらいいと思います。そこに、集める話、それが㈠と㈡ですが、㈠と㈡は平行してやっていくのであって、全部話し合ってしまってから、今度は集める。そういうのは、つまらないですね。もうこんな単元は、入ればすぐに、みんなまねして集めるでしょう。一所懸命。ですから、平行してやっていくものなのです。

そして、その集めたものをどんなふうに処理するかということが、集めたものの処理が、また面倒ですと、教材として生かすことが難しくなりますから、そこにちょっと、書いておきました。それから、てびきというのがよく問題になりますけど、三〇〇ページのところに、てびきというのがあります。それで、みなさんには失礼ぐらいかもしれませんが、てびきというのはてびきでありまして、問題集なんかではありません。ですから、必要な人に必要な時に与えればいいし、受け取った方も必要があったら使えばよいし、それを学習の手引き、教科書にある手引きということばに惑わされてしまって、何か、初めからみんなに与えて、みんながやることのように思われる方があるようですが、そんなふうに作られていて、くどいのがありますけれども、てびきはてびきなんです。必要な人が必要な時に使えばよし、ですから、そこにあるようなことをみんなに言うなどということはありません。だけど、あげるだけはあげておきます。てびきというのは、渡すだけは、みんなに渡した方がいいです。学習記録が厚くなって喜ぶからです。

あげることはあげるけれども、教科書の学習の手引きだってそうですよ。みんなにやらせるためにできてはいないのに、みんなに端からやらせますので、事が起こって来るのではないでしょうか。つまり、あきてしまう子どもができるとか、いらない子どもができてしまうとか、やさしすぎてつまらない人、難しくてわからない人、いろんな人がでてくるわけです。あれもてびきと書いておきながら、いかにも端からおやりなさいみたいにできているることがあります。順序が、筋をいってそれからというふうになってます。みなさん、惑わされないと思いますが、てびきということばを誤解しないようにしたいと思って、ちょっとそこに書いたのです。こんなことをてびきしなければいけないかなと、お思いになるかなと思いましたが、中学生には、こんなてびきでふっと思いつく人もいるのでして、手伝っておきました。手伝いです。てびきは手伝いですから、それをみんながやらなくてはならないということはない。しかし、誰かには大変必要なので、是非、生かしたいと思います。

それから、そこに集めるところに、いろんなインタビューがどうとかと書いてありますが、これはそのことが大事というよりも、こういうことをしているうちに、探す範囲が狭くならないようにして、豊かになりますようにというような意味で、いろんな人が出してありますけれども、そんなのは、誰に聞かないのはいけないとか、そういうことはありませんね。自由自在でいいと思います。後のところに注意があるかもしれませんが注意のところは、さっきお話したような悪いのを探すのではないということ、子どもは、悪いのはじき見つかってたやすいものですから、ふざけていろんなのを探すかもしれません。でも、そういうことをさせないようにしたいと思って、注意が書いてあります。そういう注意をお話したような形で、みんなに話すと、教室のレベルがさがってしまいます。程度の低い話、つまり、あまり一所懸命聞かなくていい話になってしまいますから、こういうのは話さない方が得です。書いて、この資料集の裏に私が作ると思いますが、何となく、知らない間に読んでみてくれるふうな表し方がいい。あまりつまらない、一部の人だけに言わなくてはならない注意、そういうものを授業中に使うと教室が暗くなって、そして、退屈になると思います。みんなに言わなければならない話は、非常に少ないと思うのです。そうでないものは、必要な人が、チクンチクンとさされておしまいといったようなふうに出していくのが、注意の仕方の、国語の注意の仕方の大事なところではないか、他の教科は中々そういうふうにできないと思いますけれども、国語はことばがありますから、必要な人だけに、チクンチクンとやるのは、割合楽なのではないかと思います。掲示ひとつしておいても大丈夫です。プリントもありますし、ですから、人に恥をかかせたり、そういうことをしないで、注意をできる場合が多いなあと思います。これなんかもそうです。

それから、話し合いの下準備というところに、三〇二ページですけれども、準備状況の一覧表があります。これは、意外なほどないことがあるのですが、是非、発表という時には、これがあったほうがいい。こういうふうな発表のときはね。一人で用意したものを一人で発表するというのではないわけで、たくさんいろいろあって、それについて、どれが話し合うことができるか、どれがすぐ考えが浮かんで、この話し合いをもし発表するのだったら、私はこれをしたいというのと、それから、あんまりアイディアが浮かばなくて、「そう？　おもしろいこれ？　別におもしろくないけど」というようなのもあるわけです。ですから、話すことがたくさんあるという人に、うまくあてていくようにしないと、発表者を選ぶようにしないと、子どもがせっかく話したいことがあるのに、当たらないと教室がつまらなくなる。そして、大した事ない、「そんなに、これおもしろいの」なんて冷たく考えているような人が、何々さんどうぞなんて言われたら、本当に嫌ですね。

そういう不注意が私たちの教室には、案外あるのです。子どもの一番話したいことをスパッと、チャンスを与えるという技術を持たない、用意をしないという、ことがあります。これは、本当に話しことばをやっていくには、大事なことでして、みなさんだって、読書指導についてでしたら意見があったのに、作文は何とかという時にあてられたもので、発言ができなかった、質問もできなかった。そういうことになって、嫌な思いをなさったことがあるでしょう。こっちの方を話させてくれればいいのにと。では、手をあげればよかったのに、あげなかったのでしょうけれども、それは、司会の人が気をつけて、顔を読んでくれればよかったのにと思うことがあるでしょう。

子どもは、本当にそうで、どれかについて大変話したいし、どれかについては、空っぽなんです。それをこういう一覧表にしておかないと困ります。この一覧表は、この場合は、壁に貼ってあるようになっております。これは、一人一人に刷って渡すようなことは、別にいらないですね。一番持ってないといけない人は、当てる人、先生です。これを持っていて、当てる順序とか計画とか、発表会の組み立てとか、そういうことを考えるのでして、なぜこんなことをれいれいと書いたかと言いますと、見せて頂いた授業の中に、まったく不注意なのがあったからです。それで、かわいそうだったから、いろんな子どもが満足しない、そして、つらい思いをする。そういうことになるのは、何が悪いのかなとよく見たらば、これがなくて、誰が用意ができていて、誰が空っぽかということを先生が知らないからです。知らないで、適当にできる子、できない子といったような意味で当てていらっしゃるから、子供は、話したいことは話せないし、恥はかくし、本当につまらなくなってしまうのです。こんなのも、本当にちょっとした技術ですけれども、工夫ですけれども、みなさんなさる時、どうぞこういったような子供が満足するような、発表したならば、発表したことがうれしくなるようにしたいなと思いまして、ちょっと書きました。

それから、教室の席の形ですけれども、途中でがたがたがたがたして、時間がつぶれるとか、授業がきれてしまうという方がありますが、これは、何でもないのです。こういう形をいくつか決めて、自分の机だけを自分で持っていくようにして、会場係などを作らないで、三角形だったら、自分はどこへ机を持って行けばいいかということ、自分のことだけ覚えていればいいのです。その辺へ行って、机をちゃんと自分の所へ据えます。そういうふうにするので、別に難しいことはしない。自分の机の位置を四角ならどこ、グループならどこ、こういう形だったらどこ、と持って行くようにして、机の形を様々変えて、気分を出すことなども教室を楽しくするといいますか、張り合い良くする、生きたものにする、小さな工夫だと思います。そんなつまらないことなのに、それをしていないために、教室が沈滞する。いつも同じ人が、黒板の傍にいたりということになるのです。そうではなくて、面倒ではない、ちょっとした練習時間をはじめ持ちます。四角だったら、誰さん作ってみて誰さんはどこ、自分のを一つ覚えればいいのですから、そんな難しいことではないと思います。

それから、もう一つ大事なことは、そこの場面の転換係というのがあるのです。ことばの話し合いをし、それは、三〇三ページくらいでしょうか、下の方にあります。場面転換係というのは、今日はこんな日ですねとか、それがどんな日だったらとか、そこに先生がいらしたらとか、そこに父兄がちょうど来合わせたらとか、そういうふうに場面を転換する係です。今、言っていた、「お兄ちゃん」というのだって、先生に言う、保護者の面会室で、「お兄ちゃん」の方はと言ったから、おかしいのですけれども、そうでない時ならば、「お兄ちゃん」と言ったって、何も悪いことはないでしょう。ですから、場面を転換する係で、ことばの練習をしますと、達者になってくると思います。「お父ちゃん、お父ちゃん」だって、そこに子どもがいたら、何でもないのではないですか。子ども連れでいらっしゃれば「お父ちゃん、お父ちゃん」と呼んだって何もおかしいことはない、当たり前ではないか。ですから、そういうふうに決まらないところが、この資料のおもしろいところなのです。それをしますのに、この場面転換係というのは、大事な役をします。こういう場合に必ず先生が入っていることです。その間、中に入っていて、先生も負けずに出すわけです。そういうふうにしないと、ことばの勉強というのは、うまく作用しないように思います。

それから、特に司会は、すべて生徒がするとか、これは、必ず教師がするとかがあります。それは、この学習で使いたいし、使うと大変いいという話し合いの形がそこにいろいろ書いてあるのです。その中でちょっと分かりにくいのは話し合いのリレーというのがあります。これは、先生が司会をしていなければ駄目ですけれども、話し合いをグループでまわしていくようになっていまして、その第一グループが話し合いをします。少し話が衰えて来た時もいいのですけれども、今、結論が出そうなクライマックスみたいな所で、その話し合いを、例えば第三グループへと、移してしまうのです。第三グループはその話をパッとつないで続けていかなければいけない。また、戻したり、第八グループといったりします。意地の悪い、よく聞いてないと困るといったことになるかもしれませんが、その日の司会者は大変です。そういうふうにして、話をよく聞いていて結論が出そうになった時とか、もっとほかの話も出したいという時に、リレーというのは中々いいのです。私は、接続詞などを鍛えたい時に、よくこのリレーを使ったことがあります。

それから、代表討議、これは、各グループから、誰かが一人ずつ出てきて討議をするのです。こういう時の順序とか、そういうことは、みなさんにお任せします。それで、真ん中に代表がいて、グループは周りにいます。そういう時に、思う存分話し合いの指導もできるし、話せますから、こういう討議もおもしろいです。その代表は、次々代わって出るし、先生も代表の一人として、その中に入っていて、盛り上げるようにいたします。

話し合いというのは、盛り上がらなかったら、まったくくだらないお遊びになってしまいますから、非常に苦心して、一所懸命に盛り上げるようにいたします。それは教師の力だと思いますので、話し合いがつまらなく、しんとなるようなことだったらできない。その先生がその話し合いの力をつけていなかったことになるから、まだ、もう少し鍛えてからということになるでしょう。

とにかく、代表討議というのは、例えば、目次を作ったり、何かをする時に、大変やりやすい、おもしろくなる授業です。その周りの人が、入ることができますが、周りの人がしゃべったりするなどということ、もしそういうことがあるのでしたら、もうそのクラスは、まだまだ元の元の元から勉強し直さないと、何にもできないクラスではないでしょうか。

代表者に出ている人がしっかりしない時などは、もう大変です、周りの人が助けるので。助けるには、違うよ、こうだよなんて、そういう言い方はできませんので、礼儀正しく助けるには、どうしたらいいのか大変いい勉強ができますし、それから、少しつまってしまった時などに、同じグループの人がうまく助けるのです。そういうことも大事なこと。話し合いというのは、そういう助ける人ということも大事ではないかと思います。

ただ、伺っておきますみたいな態度の子どもがいますと、話し合いが上手にもならないし、おもしろくもないし、力もつかないということになるのではないでしょうか。まだまだ、形はあるでしょうけれど。その中で私が大事にしていたのは、対談で、教師との対談、グループ相手でもいいのですけれども、これは、とても大事なことだと思います。書いた発表なら構いませんけれども、話しことばの発表は、絶対に成功させなければいけないので、成功しない話し合いというのは、授業としてもなんの力もつかない、無駄なことになってしまいます。話し合いというのは、成功させる必要が絶対あります。殊に一部の人が話し合いをしているのを、みんなが聞くなどという場合、これが下手だったりしますと、自分ができなくても、下手なのはわかりますから、屈辱になります。出ていた人が、話しことばで屈辱を浴びると、おおげさに言えば、生涯忘れないくらいつらいと思うでしょう。本当にそういうことがあります。

それから、いつかもお話したことがありましたけれども、話し合いのできるクラス、話し合いのやれる、可能なクラスは、誰もが誰もばかにしていないし、誰もが誰もみんな自分がばかにされていると思っていないことが必要です。そうしなければ、発言できません。ばかにしている人の話を、一所懸命聞く人もないでしょうし、ばかにされていると思っている人が、進んで発言するということもできません。ですから、そういうことがないようにしなければならない。そして、今、問題になるいじめの原因などというのも、そういうところから出てくるでしょうし。それでもたくさんの子どもが上手にできないならば、発表できないならば、その授業は打ち切って、発表でない形でまとめをしたらいいと思いますし、ほかの方法でやったらいいと思いますが、でも、この機会を使って、不断から、あまり映えない子どもを映えさせるといいますか、何さんなかなかやるなという気持ち、「よかったわね。あんなこと、あの人考えてるのかしら」と思ったり、思わず拍手を送ったり、そういうことをしなければ、その一人の駄目と思われている子供を活かすことはできないと思います。

ついこの間、みなさんご覧になっていたかどうかわかりませんけれども、オランダのことなんです。いじめの問題は、あちらにもあるそうですが、生活指導が大変うまくいって、それが、九割方なくなったということを視察して、帰ってきた方の報告があったのです。一所懸命聞いていました。見てました。そしたら、いろいろ細かく子どもたちの輪をつくってうまく活かしていて、ちょっとした芽が出た時に、すぐ先生の方にわかるようになっている、その仕組みには、私、大層感心しました。そうかなと思いました。先生と先生との間も、そのような調子で、非常にいいコミュニケーションができているのです。

ですけど、私、じーっと、おしまいまで聞いていましたけれども、しかしこれは、日本の文部省とそう違わないし、そして、駄目じゃないかと思いました。つまり、芽が出た時にすぐ潰すといったような方法で、いじめの問題を解決していく。しょっちゅう連絡があるので、すぐ止められるのだという。それもとってもすばらしいことだと思いますけれども、その駄目な、いじめられるのか、いじめるのかそういう人を、できない子だと思っても、できない人でも、下手な発表でも本当に一所懸命やっているのだから、みなさん心を込めて聞いてあげなさいなどというお説教は、全部無駄だったことを、誰もが知っていると思います。そういうことはなお、助長してしまうくらいです。そうではなくて、今、申したように、その子にみごとな発表をさせる、そして、あの人、ばかにできないという気持ちが、みんなにできるのでなかったら、私は、いじめをなくすことはできないと思います。できない人をばかにしてはいけないなんていうお説教はどんなに言っても、今までみんながしてきたのだから、言わない人なんていませんから、だから、それがだめだったのだから、その方法ではだめ。

私は、対談など、ほかの人と一緒に自分で出て、そして、上手に聞くのです。インタビューをみごとにやるわけです。そして、持っているものを飾ったり、持っているものを引き出したり、忘れていることを思い出させたり、まとまらないところは、まとめて見せたりしながら、対談の形で発表すると、発表そのものはおもしろくなる。おもしろくできなくては、それはもう先生の責任ではないでしょうか。それで、みごとな発表にできるわけです。できないというのは、先生の責任なのですから、職業をかけてやるわけです。そうしますと、みんなが誰かを侮っていても侮る気になれない発表なのですもの。侮ってはいけないから、侮らないのではなくて、立派だったからです。

そういうことをこういう発表の中でしなければなりませんので、発表の形の所に対談とか、そういうのがあります。みんな教師が、入ってやるわけです。駄目だったらば、また、一人の発表だった場合には、質問をして、言い落としがあったら助けるとか、そういうふうにします。このことばの単元というのは、ほかの発表よりも枝葉が分かれていますので、いろんな意見に、そして、殊に、これはいいか悪いかを決めるのではないので、こんな単元の発表の時に、私は、そういうトラブルの起こってくる元を断つような、国語の時間の話し合いの指導というのがあって、クラスみんなを活かす方法が楽だと思うのです。ほかの作品について話し合う時、そう簡単にそんなことはできませんが、こうしたことばでありますと、いくらでもそういう助けたり、何かすることができると思いまして、それで、そこに使いたい形の中の、一番はじめに対談というふうにしたのです。こうしたときには、そういうこともできると思います。

こういう資料は、どのようにして作るかという話、それは、まずことばの問題をどなたでも、そうなさっていると思いますけれど、何となくいつも気にしていることです。ことばのことを、いつも子どものことばのことは、忘れないでいる、これはまあ国語の先生だから当たり前ですね。そういうふうにしていますと、ちょっとしたことばが耳に入ってくるのです。「お父ちゃん、お父ちゃん」でも何でも、ふっと分かってくると思います。こういう資料は、この場面の中、場面を離れては、作っては駄目なんだと思います。

それから、いろんなものを読むのもいいけれども、これは、生活の中から拾うのが最もいい材料になりますし、生活から拾ったものは、いきいきとして、どういうふうにやるかということについての、意見も出てきます。私が最も参考にするのに、都合よかったのは、『日本語相談』という五冊の、小学館でしたかしら、元は週刊朝日だから朝日かもしれませんね。週刊朝日に長い間、「日本語相談」というのが載っていたのです。井上ひさしさんとか、大岡信さんとか、五人でした。学者では、大野晋さんがいました。まだ、ありましたが、とにかく五人でした。それは、みんな今のように、駄目と決まっているもの、定評ある悪いことばなどは出ていません。そんな疑問は出ていないのです。やっぱり、どうなのかなと思うような、そういうのが出ていて、ただ、何と何との使い分け的なものも出ています。例えば、女の人に氏とかつけるのはいいかとか、どうなんですかといったような、つける人もいるし、それは男の人につけるのだと言っている人がありまして、ちょっと考えるとわからないような気がしますね。そういったのも出ていまして、今、私が申したような問題の場面ばかりが出ているのではありませんが、その『日本語相談』というのは、ヒントを得るのに、何を取り上げようかなと思う時に、かなり助けて貰った、唯一の本だと思います。ほかに、外山（滋比古）さんなんかいろんなことを書いていらっしゃいますけれど、今の私のような目的には、あまり役に立たなかったのです。その『日本語相談』は五冊もありまして、中には、百以上の問題が出ていますから、それを頭に持って、自分の周囲をこう見ていきますと、拾えると思います。

教材を作るということは、大変楽しいことです。それは、どんどん小説を作って、教材を作るなんていうわけにはいきませんから。ことばならば、私たちも自分のものだから、拾えると思うのです。全部、そのまま教室にあったものと、教室だけではない、生活の中にあったものと、それから、生活にあったものを基にして、半分くらい創作したものとがあるのです。これは、拾うということが本体ですけれども、拾ったものをそのままではできませんので、『日本語相談』から頂いた問題を場面の中に探して文章にするということもあるわけです。中々、面白いことですから、みなさんもお子さん、自分の生徒のために、何かこんなものをお作りになったら、話し合いの指導のいい場面が得られます。それから、子どもとの話し合いの仕方のこつみたいなものが、自分自身に分かりやすいと思います。

それでは、いろんなお話をしてきましたけれども、今年は、こんなことで。まだ、あと三月の末まで、書いていなければいけないので、いい材料があったらください。

講演資料（一九九六年十二月一日）

単元　ことばの感覚をみがき合う

〔一九九六（平成八）年十一月二十三日（土）
第26回大村はま国語教室の会研究発表大会〕

はじめに

普通、自主教材といいますと、教科書ではなく、教師や子どもの集め、用意したもののことを指していると思います。

この教材は、そういう意味での自主教材でもありますが、「集める」のではなく、全くの教師自作の教材です。

ことばの学習の資料は、実際の生活から拾って組み立てたものが、よい学習の展開になることが多いと思います。今回は、その考え方から、特に自作したのではありません。私の視力が弱くなって、読むことが思うようにできなくなりましたので、自然にこういうことになったのです。

本が足りなくても、できる学習という意味で、これも一つの試みと自ら慰めながら計画しました。

また、この計画をしてから、資料を書いたのではなく、頼まれて『北海道新聞』の文化欄に、週一回金曜日に「言の葉」という一回千字のコラムを書いてきたもの、そのままです。

正答というか、こうでなければいけないということを主張しようとしていません。第一回のはじめに記しましたように、この小さな文章を前にして、ほんのしばらく、ことばのことを考えたり、居合わせたかたと話し合ったりしていただければという気持ちで、一人でも多くのかたに、ことばについて考える時間を作る材料提供というほどのものです。

もし、ときどきでも話のたねにしていただけたら、ことばへの関心を高めることになり、それはことばを守るささやかな力となると思います。

目標

目標は、単元名そのものです。
[1]ことばの感覚を[2]みがき[3]合う。

1　ことばの感覚

ことばの知識を増すのが目的ではなく、ことばの感覚を問題にします。こういうときは、どう言うのがよいか考え、理解して、そのように実際言えるようになる。そこまで目標にせず、そのように学習しているうちに、根本のことばの感覚がみがかれてくることが目標です。もちろん、知識も増し、ことばづかいも変ってくるでしょうが、それを目標にしていないということです。

2　みがき合う

持っていないものを発見したり獲得したりするのでなく、持っているものをみがくことを目標にします。

3　みがき合う

学習活動は今回この単元では、書くことよりも話すことを重くして活動します。中でも話し合いを主にします。発表も、いろいろの形の話し合いによります。

学習計画

中学一年から三年まで通した学習に適しています。正確には、一年二学期から三年二学期です。

もし、話し合いの力が、十分にねられていれば、一年の一学期から始められますが、話し合うことの学習が必要な場合が多いので、二学期、十一月ころが第一回ということになりそうです。

各学年とも、一年に一回でなく、一学期に二回くらい、短い構成で展開します。発表会も、クラスだけでなく、各学年の発表会、そして全校の発表会もできます。

学校放送や学校新聞、これは書くことの部ですが、種類も機会もたくさんの話し合いが必要になります。

なお、この学習は、資料と学習活動の選び方、組み合わせによって、小学校でもできましょう。

学習活動

㈠　資料を研究する。

⑴読んで話し合いの準備をする。

〔読むてびき　例〕

①こんな面から考えると

②こんな例があります

③こんなところを見ました

④これからどの方向に向くか

○学習活動を進める順序ではありません。

○㈠と㈡は同時に進行します。

○資料のはしがきによって、どういう資料かを理解する。

○読むてびき（必要な場合、必要な子どもに）

⑤望ましい方向へのくふう
(2)題をつけ直してみる。
(3)分類してみる。
問題によって
場面によって
(4)編集し直してみる。
(5)いろいろの人の意見を聞く。
インタビューの形で
・資料の内容を手短かに話して
・聞き方を工夫して
ただ、どう思いますとか、考えたことはとか、型にはまった聞き方でなく
・思い出す例、似たような例を聞く

(二)　資料を参考に、同じような例を拾う。
千字程度に書く。
放送や掲示板・コピーで、随時発表。番号をつける。

(三)　話し合い
(1)話し合いの下準備

○資料に現在ついている題は、新聞社でつけたもの。
○子どもたちの取材の参考。
○意見を聞こうと思うのをいく編か、コピーして相手に渡して意見を聞くことも。
○いろいろの人とは、友達、家族、他校の生徒、町の人、近所の人、下級生、上級生その他めいめいの周辺の人。
○学習の合間にする注意は、304～305ページにあります。
○放送部委員や掲示板係、国語学習係に渡す。学習係は、ナンバーをつけ、資料として使いやすい形に整理する。

準備状況の一覧表を作る。
だれが何番について特に十分な準備ができ、話したいことがたくさんあるか、だれが何番について、あまり豊かな用意ができていないか、一覧できる表。

氏名＼資料	1	2	3
大村はま	○	◎	△

○クラス掲示板にはる。
○記入は各自。

◎ 準備　十分。
○ 準備　あまり豊かでない。少しできている。
△ 準備　不十分　発言者になりたくない。

○一人一人の準備の実際の状態を細かく確実にとらえるために。
○準備のできた人に発言の機会があるように。ことに◎のところを見のがさないように。準備ができていない、不十分という材料について誤って指名したりしないよう。
みんなに、話したいこと話せることを話す機会のあるように。話すことがない人があたって困るということのないように。

教室の席の形
A　コの字型
B　□
C　中央にグループから、代表一人くらい、計十名ほどの席、それを囲んで全員の席、中央の机、いすは、随時入れる。
D　一つのコーナーに六人くらいの席。そこに向かって、全員の席。

(2)話し合いの内容
資料の中から選び、また、(二)で作られたものを取り上げて。いろいろの組み合わせを工夫して。

(3)この単元の学習に使いやすい、使いたい、話し合いの形のいろいろ。
1、対談
2、てい談
3、四、五人のグループ
4、グループとグループ
5、二人の対談を聞いていて、それについて、他の二人の対談
6、グループの話し合いを聞いていて、その話や話し方について、グループで話し合う。
7、グループの話し合いのリレー
（司会者とは別に、バトンを渡す係が必要であるが、これは教師がよい。）
8、代表討議
各グループから代表者が出て話し合う。（教室の形C）
中央の代表グループの話し合いの司会は互選であるが、クラス全体の進行は、教師がよい。
9、クラス全体が二つに分かれて、話し合う。司会、教師。
終わって後、相手方の発言のなかで感心した発言、何か学んだ発言を発表する。

話し合いによって、どの形かに決める。〝会場係の指図〞自分の机は、Aのときはどこに、Bのときはどこになるか、と見当をつけておく。

○場面転換の係
司会とは別の係、話し合いの途中、質問の形で、

「もし、それがむかしの先生であったら」

「もし……こういう人であったら」

「もし、急いでいたら」

「もし、電車の中だったら」

「もし、雨が降りだしたら」

とか、さまざまに場面を出して、それぞれの場面に応じてのことばづかいを考え実演させる係。

○話し合いの前に、あとの発表のしかたを示しておき、心用意をさせておく。メモなどとって。何の話題が出ている

10、この人と、このことを話し合いたいという希望（一人でも二人でも、また数人のグループでも）によって、プログラムを組んでの話し合い。

11、何について話し合うか、話題を出し、その話題を中心に、その話題について話し合いたい人が集まっての話し合い。

カードによる話し合いの記録のしかた

発言者をカードに書く。大村が何か言えば、カードに大村と書く。Aは全体の進行につれて、誰がものを言ったか、発言ごとに、一枚カードを書いている。一人の人が少し長く話しているときは、ひまなわけである。今、大村・中村・中山の三人が話しているとする。

大村係、中村係、中山係、それぞれナンバーのついたカードをたくさん持つ。

大村係は、大村の発言のみを一回ごとに別カードに書く。「はい」とか、「え？」というような短いことばも一枚とする。中村係も中山係も同様。終わったらAさんのカードによって、三人の発言を重ねていく。

それを貼って、コピーする。

Aも、大村・中村・中山の係も、二名ずつにしておくこともある。

学習の合間に折りを見て話す注意

1 ことばの感覚をみがき合うのが目あてなので、あら探しではないこ

とき、だれのことば。そのことば。

○司会者、教師としてではない場合は、すべて生徒。

○必ず記録報告係をおく。録音を含む。

○報告係の仕事

口頭発表、掲示、通信、校内放送、校内新聞

○テープレコーダーでなく、カードによる話し合いの記録（テープより簡単なこともある）

○ナンバーをつけた小カードをたくさん用意する。

とを忘れずに、取材でも話し合いでも進めるように。

2　ことばだけを取りあげず、必ず場面、どんなところ、どんな人がいる、その場や人と、自分との関係、全体の雰囲気、流れ、などを細かくはっきりとらえ、表すこと。

3　記録を大切に。何を話し合った、どんなことが話し合われた、というだけでは足りない。場面や雰囲気など実際がよくわかるような記録。

さらに、こういうことが話されたと、内容をかいつまんでの記録でなく、実際に話されたことばどおりをとどめること。そのことばの言い方、調子などを記録して、感覚をみがき合う資料として役立つようにということを忘れないようにする。

4　引用などある場合、話しことばのなかでは言われなくても、必ず明らかにしておくこと。

めいめいに、集めたもの、随時、話し合いの中に出されて、話し合いを豊かにしてきたわけですが、また話題をきめて、(たとえば、「敬語の重複」というようなテーマを設けて、) みんながその資料を出して話し合うこともおもしろいと思います。学校新聞一ページ全部を使って、特集するのも人の注意をひいて話題になるでしょう。

そのほか、学校放送に、いろいろの入れ方を工夫したり、学年会や、全校での催しなどを計画して、ことばの感覚をみがき合う場を豊かに用意したいものです。

言の葉

これは、『北海道新聞』の文化欄に「言の葉」というコラムを、四月から毎週金曜日一回千字で書いてきたものです。第一回のはじめに書きましたような趣旨ですが、特に計画して書いておりません。生活しながら身近で拾ったことを書いています。話題の幅がせまいと感じられると思いますが、九十歳になった私の、現在の生活の幅がせまいからです。それにこれだけで終わったわけではなく、四月から今までの生活で、たまたま拾ったということですから、生活の範囲については、やむをえないこととお考えください。

実際の授業でしたら、そんなことは言えませんし、学習活動、ことにいろいろの話し合いを進めていく資料としてこれだけではできないのでは、というところがあります。今それを問題にせず、取材のしかたや取り上げ方などの参考、一例というふうにお考えくださ い。

取材の態度ですが、あら探し、まちがい探しにしたくありません。よくない、とわかりきっているようなことは、取り上げない、どうかなというようなこと、問題として考えてみたい、話し合ってみたい、というようなことを取り上げるという心づもりです。

一、〝先生〟って……　自分に敬称はおかしい

ことばの乱れを嘆く声があります。ことばは生きものですから、乱れと思えるのも一つの変化でしょう。いいわるい、正しい正しくないと、どちらかに決めなくていいですが、どちらかと考えてはみたいと思います。それが言葉の変化を乱れにしない底力になると思います。このコラムのなかの小さな、すぐそこにあることばの呼びかけが届いて、ことばについて考える、ふとした機会、ささやかな時間が生まれますように、と思っています。

＊

四月の小学校の校庭、新しい一年生の何もかもうれしくて楽しくて、そして何か初々しい、緊張の覚めない、という、何かひと言指示があれば、はいっとばかり駆け出しそうな雰囲気。一生のうち、こんなに何か教わりたいと燃えている時はないかもしれません。こんなに勉強好きになっている時も。

見とれていますと、先生の声。

「さあ、みんな、こっちぃ。先生の顔見て」

つづいて、いろいろの指示。

「先生が名前を呼びますから、そしたら、大きな声でお返事。はいってお返事。できるね。まっすぐ先生の方、向いて」

○先生の名前は、中山。

○さっき渡した紙、黄色いの、先生のとこへ持ってきて。

○先生に見せて。

○先生のうち？

○先生が、さようならって言ったら、みんなも、さようならって、言う、先生のあと、ついて言う。

まだまだ、こういった先生のことばがあります。先生はいつも自分で自分のことを先生と言います。「私」と言うべきではないでしょうか。自分で自分に敬称をつけているわけですから。「私がおっしゃる」と同格のおかしさではないでしょうか。

でも、これは普通になっていて、とがめられることはまずありえません。たまに言い出してみても、共感を得ることはごくまれです。「先生」と言わないと、「私」では、子どもはどの人かわからないからだと教えられたこともあります。そういうこともあるかもしれません。しかし、それは入学当初だけのことではないでしょうか。この、先生が自分で自分を先生ということは、中学校の先生も同じなのです。

外国では――外国といってもいろいろですが、――これは長くアメリカで仕事をしていた友達の話ですが、アメリカでは、先生が、自分で自分のことを先生と言うことは全くないとか。「I」を使うそうです。

日本の使い方は幼児語なので、敬語の混乱ではないと言う人もあります。幼児へのいたわりであると言います。しかし、一年生はすでに卒園して少年です。さらに言えば、少年というものは、年齢より上に見られ、おとな寄りに扱われるほうが好きなものです。

敬語は日本語の特色のひとつ、外国人への日本語教育の重点になっていることも思い合わせて、〝先生〟が気になることです。

二、やる、あげる　別の表現を考えるべき

「犬にご飯をあげる」ということばづかいが話題になってもうかなりになります。このごろはもうこれで笑う人も少なくなってきたようです。「花に水をあげる」などは、アナウンサーの口からも聞くようになりました。使う人は、たぶん、ここはやるでしょうねと思いながら、何かやるということばが使いたくなくて、ためらいながらついあげると言ってしまうということがあるでしょう。

やると言うと、いかにも好意を押しつけるようで、何か施しでもするような感じがすると言われますと、そうだと思います。「いりません」とか、「結構です」とか、断りたい気持ちになりそう、また、させそうです。恩着せがましくもあり、えらそうな感じを与えそうです。横柄などということばを思い出したりします。

それに、何かやるという音のひびきが品がないようで、嫌いな人が多いのではないでしょうか。

女学校の生徒のころ、母に妹の勉強を見てやってと言われたとき、妹に「勉強みてやるからおいで」などとは決して言わなかったと思います。みてあげるとと言ったかどうか、それははっきりしませんが、たぶん、実際はどちらも言わなかったでしょう。「○ちゃん、おいで」だけで、そして、日記には「見てあげました」と書いたでしょう。

やるが嫌われて、あげるが使われることは、かなり前からのことのようです。

あげるという敬語がただのていねい語になってきたということで、目上にはあげる、目下にはやるという使いわけをあまり気にしなくなったということでしょう。ことに目下（身分だけでなく、習う人、弱い人など）を区別するというか、目上と並べて考えることが少なくなってきているからかもしれません。

それに、やるのひびきを好かない人は相当あるようなので、これからの向きの見当がつくような気がします。

「犬にご飯をあげる」はもちろんいやですが、「ご飯をやる」もいやだという人が多いのではないでしょうか。

どちらも使わないことです。別の言い方を考えることです。

たとえば

◎犬にご飯を持っていく。

◎犬のご飯を用意する。

◎出かける時、「犬にご飯をあげといてね」の代わりに

犬のご飯頼むよ。

犬のご飯、お願い。

◎水やりのこつ。すっかり乾いてから、たっぷり吸わせる。

（使い方にもよるようで、水あげとはだれも言いません）

三、お連れする　「お誘いしてまいりました」に

春は京都に、毎年のように、しだれ桜を訪ねます。そしてその帰り、花背町に、昼食を楽しむ老舗（しにせ）があり

ます。

今年は、奥様を亡くされた恩師を、お慰めしたいという気持ちからお誘いして出かけました。

「ようこそ」と馴染みの主人が出迎えてくれました。

「またまいりました。さくら前線ということばがニュースの中に聞こえてきますと、もうこちらへ心が向いてしまいます。今年は恩師をお連れしました」

すらすらとことばが出てしまいました。「ました」と言ったとたん、ちょっと何かおかしいことを言ってしまったような気がしたのですが、深く考えず、音を立てて流れている清流を見おろす清々しい部屋に落ちつきました。そのうちにお料理が出始めました。

この魚は、すぐ庭先を流れている清流に、さっきまで泳いでいた魚、このおひたしは、あそこの畑からつんできたばかり、など聞きながら、その新鮮さを味わっているうちに、突然、はっと目がさめたように気づきました。

そうだ、さっきのあいさつ、「お連れしました」はひどかったと気づきました。

どうして、「ご案内して」が出て来なかったのか、せめて「ごいっしょいたしました」でも。「お誘いしてまいりました」、いや、どうして「お供してまいりました」が出てこなかったのか。

ひとりでに、顔がほてってきました。思わず、「先生、先ほどは、お連れしました、なんて言ってしまって……」とおわびしましたが、「言ってしまって」もお粗末つづきでした。子どもの敬語の勉強の練習題になりそうな。

気づいておわびしているとき、頭の中を走っていた正答は、「お供してまいりました」でしたが、だんだん、「お誘いしてまいりました」が好ましいように思われてきました。

その後、話しことばの勉強会で、こういうことばの失敗を種に短いスピーチの練習というのがありました。私はこの話をしました。すると、お供うんぬんは、お誘いするときに使えたらよかったのではないかという意見が出てきました。

「しだれ桜を見にいらっしゃいませんか、お供いたします」

というぐあいに。

そうだなと思いました。私は確か、「ご案内いたします」と言ったと思います。

前のところは、「お出かけになりませんか」という言い方や簡単な、「しだれ桜見にいかがですか」という言い方も、よいかもしれないという話が出ました。

四、たまご焼き、いかが　みごとな使い分け感心

　そろそろ散り始めた桜の木の下、近所どうしの家族連れが広々とシートを延べて、今楽しいお昼、お弁当というところです。家族は二家族、仮に、鈴木さんと佐藤さんということにします。それぞれ、ご主人と奥様、子どもは高校生からいろいろ、幼い子どももいます。広くシートを敷いて、真ん中には両家から持ち寄りのごちそうがいっぱいです。

「さあ、いただきましょう」。鈴木さんの奥様の元気な声に乗って、みんな紙皿と箸（はし）をとりました。それからのしばらく、二人の奥様のそれぞれにもてなすことばに聞きほれました。

　みんなに、たくさん、どれも楽しく食べてもらおうと、ごちそうをすすめるのですが、佐藤さんは鈴木さんの、鈴木さんは佐藤さんの、皆さんにすすめることばと、自分の家族にすすめることばと、それに年齢もありますが、みごとに、自然に使いわけられていました。たとえば、

「たまご焼き食べる？」

　これは鈴木さんの奥様がすぐ横に座っている鈴木さんの幼いお嬢さんにささやいたことばですが、同じお嬢さんにでも、佐藤さんの奥様が手作りのたまご焼きをすすめてくださった時には、「たまご焼きいただく？」になっています。

「たまご焼き、いかが？」
「たまご焼き、いかがですか。いかがでしょうか」
「たまご焼き、召し上がってみて」
「たまご焼き、お味みてください」

それぞれに、ご主人がたにすすめます。

　真ん中にあるごちそうに少し遠い席もあります。

「お父さんに、おむすび、とって上げて」
「おじ様に、おむすび、お取りして」
「おじ様に、おむすび、とって差し上げて」
「お姉様に、お味みていただいて」

　子どもたちを手引きするいろいろのことば。

どれも敬語というほどでもなく、丁寧語というところで、ちょっとしたことばのおしゃれというところでしょう。

親しい間柄、そして、こんなくつろいだ場面のことです。そう、ことばづかいに気を使うことはないかもしれません。そんなにこだわったり、むずかしく考えたりすることはいらないのかもしれませんが、またこれで、全く、こうした心づかいを捨ててしまいますと、やっぱりちょっと、どう言ったらいいか、白けてしまうのではないでしょうか。

これはやはり、日本語、そして、日本人のかおりのようなものでしょう。

五、敬語の使い過ぎ　時と場所をよく考えて

父母会のあとで
A　子どもの母親
B　子どもの担任教師

A　本日はどうもご苦労様でございました。いつもお世話になっております。ありがとうございます。
うちの正君はいかがでしょうか。お父さんが甘いものですから、母親の私が何でも言うことになるのですが、何をしているのやら、聞くのもどうかと思いまして、見ているだけなのですが。
B　いや、なかなか、よくやってらっしゃいますよ。テストの成績なんかも、だいぶ、上がってきておいでですよ。
A　二人兄弟ですが、お兄ちゃんの方は、私が黙っていてもやっているんですが、正君の方はどうも世話がやけまして。勉強しなさいなんて申しても、やってるよと言うばかりで。
B　いや、数学のK先生なんかも、前より不注意な間違いが少なくなったって、喜んでおられました。
A　そうですか、ありがとうございます。まあ、正君には申さないでおきましょう。いい気になられては困りますのでね。
B　いや、話して上げた方がいいですよ。その方が

励まれると思いますよ。やっぱりやればやったかいがあると思われて、やる気を起こされるでしょう。

Ａ　少しでもできるようになりますと、お兄ちゃんの方が先に喜ぶんですよ。

家族の間で、いつのまにか、気楽に使いなれている愛称などが、外で、とんでもないところで、つい出てきてしまいますと、別に悪いということはありませんが、よく言えば、なごやかな、ほほえましい感じですが、その場によっては、くだけ過ぎた、ほほえましさを過ぎて、苦笑というところになってしまいそうです。

この場合の「お兄ちゃん」と「正君」はどうでしょうか。「お父さん」というところも、この場合は、「主人」とか「父親」とか、そういう言い方が普通の感じでしょう。「大村が甘いものですから」というように姓を使うのもすっきりしていませんか。

相手の子どものことを話すのには、どの程度のことばが合うものか、その相手と自分との関係に、ことばの感覚が揺られますので、とっさに、意外な失礼をしてしまったりします。あわてて、取りあえず、敬語を使ってしまいます。そんなとき、つい、使い過ぎになったりします。父母の会が終わって、Ｂ先生は、そんなことであったのでしょう。

六、こどもをとりに……　せめて、〝連れに寄る〟に

あわただしい足音と話し声が近づいてくると思っていますと、それは事務室に飛び込んで来ました。駆け寄る先は電話口でした。

「もしもし、あのね、今日、子ども、とりに行ってくれない？」

ほかの職場にいる夫に、保育園に預けている子どもを自分の代わりに迎えに行ってもらおうとしての連絡です。だいたいは、母親が迎えに寄ることになっているのでしょうが、何か差し支えのことができると、このようなことになるので、共働きの二人のこういう助け合いは、日常のことなのでしょう。新しい、若い人の生活の姿でしょう。

ほほえましいくらいで眺めながら、やはり不調和な音になって気にかかって困るのは、子どもを〝とりに行く〟です。

べつに、わるいというわけではありませんが、年寄りは〝子どもをとる?〟と、引っかかります。どうも〝迎えに行く〟が出てきてしまいます。せめて〝連れに寄る〟くらいにと思ってしまいます。〝とりに行く〟では、どうしても荷物か何かをとりに行くようで、とてもかわいい子どもと手をつなぐ感じ、そういうぬくもりは感じられないのです。〝とる〟といえば、もう一つ、なじめない〝とる〟があります。時代の隔たりをしみじみと感じさせられる〝とる〟があります。〝○○賞をとる〟〝金メダルをとる〟〝メダルは何個、とりたいですか〟というふうで、オリンピックが近づいているからでもありましょう。このごろは一段とメダルをとる話が出てきます。

テレビなどでもよく話題になっています。アナウンサーからも選手からもよく聞きます。べつに荒いことばというわけでもなく、〝獲得する〟わけですから、こだわることもないはずですが、ただ、年寄りの感覚では、ここはどうしても〝いただく〟なのです。〝賜る〟に近いのです。

○○勲章の場合でも、〝とる〟の人がかなりあります。もちろん、勲章を〝授けられる〟という感覚で、あまりおおげさに名誉をたたえ、ありがたさをうたうのも、いかにも古風で、一時代前の感覚で、うとんぜられるでしょうが、やはり、ことばづかいとして、すらっと出てくるのは、〝賞〟は、メダルは、勲章は、〝とる〟のではなく、〝いただく〟なのです。ということは、やはり心の底にじっと沈んでいる賞とか、メダルとか、勲章とかに対する感覚がずれているのでしょう。古風と思いつつ、どこか名誉に感じ大事にしているのでしょう。

年寄りと若い人と、互いにわかっていても、とけ合えきれないところがあるのは仕方のないこと。悔やむことも嘆くことも不要、ことばの実際を観察しては、そこに時代を読み、人間を読むことも趣味の一つです。

七、おばあちゃん、ご飯　〝響き〟聞く力を大切に

「おばあちゃん、ご飯」
「おばあちゃん、ご飯よ」
「おばあちゃん、ご飯だよ」
「おばあちゃん、ご飯ですよ」

食事に呼ぶことばに、どれがおばあちゃんに、小さな楽しみをおくれるでしょうか。

「ご飯ですよ」は「ご飯よ」よりていねいで、この方がいいでしょうか。そんなことはないでしょう。言い方、調子、響きによると思います。言い方によって、どれも、おばあちゃんの顔を明るくし、言い方によって、どれも、おばあちゃんの顔を曇らせると思います。

そばまで行って静かに、「おばあちゃん、ご飯」と言えば、「ご飯」と言い切ってもおだやかに耳に入りますし、離れた位置から大きな声で、早口に言ったのでは「よ」をつけても、「です」をつけても荒く聞こえるでしょう。

言い方、響き、調子に、ことばそのものより多く心が出てくるようです。ことばに表せないような、表れにくいような、深い、細かな、かすかな心は、ことばの意味よりも響きで伝わってきて、そのまま心にしみていくようです。ごく自然に、ひとりでに心を伝えていくようです。

何と言ったかを聞きとるだけではなく、そのことばの響きを聞きとる、そういう聞く力をつけませんと、人と深い、豊かな交わりが結びにくいことになりましょう。

近ごろでは学校でも、国語の力として、聞く力を、読む力、書く力、話す力と同じ重さで目標に考えるようになってきていますが、それは主に正しく聞くことのようです。正しさに加えて、深く聞けるようにと思います。

ことばの調子、響きの伝えているものを聞きとれる、そういう力を、誤りなく正しくの上に、あるいは、それと並べて、大切にしたいものです。

こういう聞く力は、話すことの力にもなって、よい話し手をふやすと思います。自分が話している時は、自分の話を自分で聞きながら話しますように。話しながら、自分の声が確かに聞こえていますように。

そうすれば、大き過ぎる声や強過ぎる語調などは減ってくるでしょう。あまり大きな声では、やさしいことや細かいことや本当の気持ちなどは話しにくいものですから、話の内容まで変えることになりましょう。

それにつけましても、おしつけがましく、耳障りなのは「何なにはァ」「何なにでェ」のように、助詞のところなどを、急に、どなるように、高くしたり強くしたりする、このごろ多くなった、主に若い人の話し方です。

八、がんばる　〝我を張る〟から良い意味に

「あの子は、弟や妹のめんどうはよく見るし、掃除でも何でも手伝いはするし、勉強もよくするし、ほんとうにいい子だね。あれで、がんばりさえしなければ申し分ないんだけど」

ここまで読まれた方は、たいてい、えっ？　と思われ、思わず読み返されたでしょう。そして、書き誤りか、ミス・プリントでは？　と思われたでしょう。

ひところ前までは、「がんばる」ということばがこんな風に、よくない意味に使われていました。「我を張る」からきたことばといわれていますが、もしそうでなくても使われている意味は、「我を張る」でした。

自分の考えを言い張る、人の言うことに耳をかさず、反対があっても、どこまでも自分の主張を押し通す、言い出したらだれが何と言っても聞かない、頑固、という意味でした。ですから、もちろん、よくない意味ですが、しかし、ずっと違った向きから考えますと、自分の考えをしっかり持っているのでもあり、強い、我慢強い、根気のあることでもあります。その言い張っていることの内容によっては、かえって、頼もしい、ありがたいことになることもありましょう。

この「がんばる」ことのよい面の意味が、だんだん大きくなって、前の意味の影がうすくなりました。昭和の激動のなかを、たいそう速いスピードで揺れながら通り抜けてきたと思います。そして、ほめことば、励ましのことば、そういう積極的な、よいことばになってしまいました。どんな困難、障害があってもくじけ

ず、力いっぱい、努力する、目的としたことをやり通す、という意味になったのです。辞書でも、二つの意味が出ていますが、このよい意味の方が重く扱われているようです。

この変化、速い変化に、高齢の人たちが、ついてくることは容易ではなかったと思います。意味は、すぐわかっても、感覚は急には変わりません。語感が気持ちにぴったり、すっと伝わらないで、ちょっと翻訳でもされながら入ってくる感じです。ことばにならないほどの小さなずれが、うすい雲のように、あると言われるとあるような感じで静まっています。

老人に、何が不幸せということがなくても、何か満たされない、次の世代の通じ合えないような思いがあるのは、こうした移り変わることばのずれにあるような気がします。

わかっていても、どうも人を励ますのに「がんばれ」ということばが出てきません。そして、今オリンピックも近いせいでしょう、テレビでも、毎日「がんばります」「がんばれ」、このことばを聞かない日はありません。ああ、違うんだなと思います。

九、そこの**や**・**つ**・取って　乱暴さは、薄れたけど……

別に、正しくないとか、乱れているとかいうことではありませんが、好ましくないというか、気になることばづかいがあるものです。

「ああ、あれです、あの二段目のはしにある奴（やつ）！」

若々しい高い声がしましたので、思わず振り返りました。

美しく装った、若い女の人、この人が「奴」と言ったのか。不似合いな感じで、ちょっと、とまどいました。

「もう少し、小さな奴がこの間あったでしょう、売り切れたん？」

また、奴と言っていました。奴ということばは、わるいことばではないにしても、荒い、乱暴なことばと思い込んでいました。そして、男の人のことば、女の、ことに、うら若い女の人には、ふさわしくない、似合わないことば、と、いつとなくひとりでに決めていました。

男女のことばの差が、どんどん少なくなっている近ごろですが、まだ、使い分けられていることばの一つと思い込んでいました。奴は、人を卑しめていうことばとか、人でなくても、何でも、とにかく乱暴なことば、という知識からの思い込みでしょう。

別に、卑しめる意味はなく、

「彼は、ほんとは、いい奴なんで、つい、めんどう見てやりたくなります」

と、気楽な、きどらない、人情に触れたときなどに、むしろ、親しみをこめて使われることもあります。しかし、これも女の人からは聞かれないようです。

一種の愛称のような感じで、

「この松は、体の弱い弟の奴が、もう十年も丹精したもので」

というふうに使われて、この奴には卑しめるどころか、いたわり、いつくしみのあたたかいまなざしさえ感じられます。でも、この弟の松の話をしているのは、この人のお兄さんと、自然に思ってしまいます。年配でも、お姉さんの姿は浮かんできません。

「あいつ、こいつ」は、「あの奴この奴」からできたことばと、すぐわかります。ふざけて、「あいつらの下手な歌にも励まされた」「弱虫のこいつらには往生したよ」などと、乱暴といえば乱暴な言い方をしたりしています。「こいつ！」などと、にらんだりするのは、いたずらや失敗を責めているようで責めてなどいない、かわいさの表現です。

こんなに、いろいろの使い方がされて、もとの卑しむという意味は遠くなり、乱暴な感じも薄くなっています。

けれども、どう使われても、やはり「奴」は若い、やさしい女の人には、ふさわしくないという気がします。美しく装っている場合は、一層です。

一〇、お父さん！　ほほえましいけれど……

研究会が終って、ホテルに帰って来ました。ホテルでは結婚式があって、それも今しがた終わったようで、ロビーはいろいろの人でにぎわっていました。

研究会の一同は、まっすぐ進んだ先のレストランで夕食をすることになりました。指導講師と、その日は、奥様も見えていました。みんなそろそろと、ロビーの人の中を通ってレストランの方向に動いていました。

先導の人に少し離れて、一番前を指導講師、それから少しおくれて、がやがやと歩いていました。途中、左側が、フロア続きで、ティールームになっていました。指導講師は、何となく、のように、その方に曲がっていかれました。そこでお茶でもいただいて、それから夕食の会場に行く都合と思っていらしたのかもしれません。

そのとき、はっと気づかれた奥様、とたんに、

「お父さん、お父さん！」

私たちは、急には、「お父さん」と、指導講師中山教授とが一致しませんでした。ちょっとまごついて、次の瞬間、「お父さん」とは、中山教授のこと、有名な中山教授のこと、今回も、今回に限らずいつもお教えをいただいている、みんなの尊敬を集めている、ちょっと近寄りがたい、その中山教授、中山先生のこと、と気づいて、思わず、にっこりしてしまいました。

お子さまがたと、にこにこ談笑されたり、ゲームなどを楽しまれたりなさっているお姿、お茶の間の雰囲気が伝わってきたような気がしました。教授、講師の顔が消えて、ひとりのお父さんの顔が浮かんできました。

奥様は、なおも左の方へ左の方へと行ってしまわれる先生を追って大急ぎ。

私は奥様の「お父さん、お父さん」を別に笑うつもりはありません。適切でないことばの使い方であるなどと言おうとは思いません。けれども、やっぱり少しにこっとしてしまいます。少しおかしくなってしまいます。

では何と言ったらいいでしょうか。自分であったら何と言うでしょうか。「もしもし」。これでは、先生が自分のことと気づかれないかもしれません。しかし、声で奥様と、おわかりになるでしょう。「ちょっと、ちょっと」とか、「こちらですよ」とか、は、どうでしょうか。でも、この場合の奥様のように、ことばをやめて、小走りに近寄っていくのがいちばんかもしれません。

なお、この場合、もしお子さまづれならば「お父さん、お父さん」は、そのまま、自然にひびいたことでしょう。

一一、おっしゃられた　敬語重なりどこか違和感

「〝おっしゃられた〟なんて、そんなのは、いわゆる老人語で、若者は、そういう言い方はしないと思っていたのにね」

「ぼくもそんな気持ちだったけれど、なんか、とにかく敬語を使わなければと緊張して、つい、使い過ぎたんだろう」

「ふだん、使いなれないからよ、きっと。それで、なんて言われたの？　生徒会長さんは」

「〝Aさんがおっしゃられたように〟べつに、間違いというわけではないけれど、でも、なんか、すっきりしない」

「違ってはいないよ、上等だよ。〝おっしゃる〟に、敬語の助動詞の〝れる〟がついているんだから」

「ていねいすぎるのね。二つも敬語をつづけて」

「ばかていねいなお辞儀のごとしか」

「〝おっしゃる〟か、〝れる〟か、どちらか一つにすれば、すっきりするかも。〝Aさんがおっしゃいましたように〟。〝Aさんがおっしゃったように〟」

「敬語が重ならないように、ていねい語を使うのね。〝ます〟を使った方がなめらかに聞こえる。〝おっしゃった〟は、つまる音が二つもあり、〝しゃ〟と拗音（ようおん）もあって、なんか、スムーズでない」

「このごろ、〝おっしゃる〟はあまり使われなくなったような気がする。〝いらっしゃる〟も。一語として、少し長いし」

「〝Aさんが言ったように〟は？」

「それはAさんが友だちかなんかならいいけど、敬語も何も使わないわけで、今問題にしている場合とは違うでしょ」

「言いまちがえた。今のはなしにして。〝Aさんの言われたように〟です。〝れる〟だけを使うということ」

「〝れる〟じゃなくて、〝られる〟じゃない？」

「いえ、〝おっしゃる〟の変化の形で、〝おっしゃら〟まで一語で、そこに〝れる〟がついたのでしょう」

「〝言われたように〟、あっさりしていていいと思うけど、何か少しもの足りないような気もする。でも、これからは、このくらいになっていくかもしれない」

若い人のいろいろの考え、たいへん頼もしく思います。

敬語は、とにかく、減らすというか、簡素になっていく方向と思います。

〝おっしゃられた〟は、もちろん、〝おっしゃった〟も不満とならば、全く別の形で、〝お話がありましたように〟などではどうかと思います。〝ます〟がていねい語なので、直接、敬語ではありませんが、敬意は十分表せると思います。

一二、……たいと思います　約束逃れ？　失望感じる

このごろ、総理大臣をはじめ、要職にある方々の、公的な場、たとえば記者会見の場などでのお話を聞いていて、気になるというか、もの足りない気持ちになることばづかいがあります。気になるようになったのが近ごろということで、前からそうであったのかもしれません。ことばづかい全体が、やさしくなってきたのにつれて変わってきたのかもしれません。

いろいろ、政策などお考えをお聞きして、うなずき、それが実際になることを願う、というよりも、ひたすら待つような気持ち、そうです、そうしてください、と期待がわいてくるのを感じておりますと、お話の結びに、たとえば、

「両国の友好関係の改善に努めたいと思います」

「……最善の努力をしたいと思います」

「……力を尽くしたいと思います」

「……連絡を密にしていきたいと思います」

「……考慮したいと思います」

などなど。別に違っているということではありませんが、「ああ、やっぱり努力したいと、力を尽くしたいと思っているだけか」と失望を感じてしまいます。期待で少しはずんでいた気持ちは、「努力します」とか、「力を尽くします」とか、「密にしていきます」とかいう決意、意気ごみの見えることばを知らず知らず待っているからでしょう。

もちろん、そういう気持ちで、しかし、そう気張って、言い切ったりしない方が、やわらかい感じがする

と思われてでしょう。人の心に入りやすく、親しみやすいと感じられてでしょう。

また、あまりはっきり言い切ったりしますと、約束、公約というような重さを持ってきて、いろいろの事情、情勢によって、実行、実現のできなくなった場合、こう言ったではないかと、責められるようなことになりかねないという政治家らしい心づかいもありましょう。

「たい」ということばは、希望を表すことばということにこだわり過ぎ、せまく考え過ぎるのも、実際の使われ方でないではないかと考えさせられます。「一層の努力を望みたい」のように、「たい」はなくても意味は同じで、「たい」は、ことばの調子をととのえる役をしているようです。

すると、先の「努力したい」も「努力する」と同じ、「たい」は調子を作っているので、先の「努力したいと思います」のもの足りなさは、「たい」だけでなく、「思います」の方にもあって、むしろ、その方が多いのかもしれません。「思っているだけか」と言われそうです。

いろいろわかっても、やはり当然言い切ってよいと思うところへ「……たいと思います」と来ますと、「えっ？　……たいと思っているだけですか」と言いたくなります。

一三、どちらにいたしますか　相手？　自分？　主語はどっち

「少し時間、ありますね、コーヒーでもいかがですか」

「そうですね。でも、乗ればサービスがありますから」

何気なく、こんなことを言いながら新幹線のグリーン車に乗りこみました。やがて検札、それからお手ふき。手をふいて、待つともなく待っていますと、サービスの車が、コーヒーのポット、紅茶のポット、それに、カップなどを乗せて近づいて来ました。

「コーヒー、紅茶、どちら……」

よく聞こえませんでしたが、わかりましたので、

「コーヒー、お願いします」

と言いました。このよく聞こえなくても用の足りる、そんなことばを気にして、あれこれ考えてしまったお

話です。

次の駅で、数人乗りましたので、また、サービスの車が来ました。

「サービスですが、コーヒー、紅茶、どちらにいたしますか」

今度は、ことばの全部がはっきり聞きとれました。そして「いたしますか」はどうかな？　と気になりはじめました。もちろん、「いたしますか」に関係なく、だれの耳にもとまらず（たぶん）その人は、「コーヒー」と言って、コーヒーのサービスを受け取りました。

その人は子どもづれでした。サービス係は、子どもに気づいて「ぼく、ぼくは、ジュース、お持ちしましょうか」と言いました。

「ああそうか」と気がつきました。「いたしますか」は「お客さまが」ではなく、「サービス係が」の意味であったのです。サービス係が、お客にサービスする飲み物をコーヒーにするか、紅茶にするか、どちらにするのがよいか、尋ねたのだと気づきました。私は、お客に「どちらになさいますか」と言うのを言い違えたのだとばかり決めて、ひとりでおかしく思っていたのでした。

実は、その前日、ある会社を訪ねて、しばらく応接室で待つことになったのですが、秘書の方が、待たせてすまないのでお茶でもと言われ、

「コーヒー、紅茶、どちらにいたしますか」

と尋ねられました。その時、こんな大会社の秘書でも、こういう間違いをするのかなどと、ひそかに苦笑したのでした。とんだ早とちりでした。しかし、私のような受け取り方もあるような気がしてなりません。

「コーヒーと紅茶、どちらにいたしましょうか」

こう言えば、決して、お客に「いたす」を使ったという、敬語の誤りには聞こえないでしょう。「差し上げる」を使えば安全ですが、それでも「差し上げますか」より「差し上げましょうか」の方が、おだやかで、敬意がこもっているような感じです。

一四、お召し上がりになって……　気楽な雰囲気台無しに

小さいお祝いごとがあって、親しい仲間が呼ばれました。

うかがいますと、もう三つものテーブルに、いろいろのごちそうが並べられていました。

みんなそろいましたところで、奥様（呼ばれてきた私たちの友だちですが）のごあいさつ。

この集いを開くようになったわけや、いきさつをお話しになりました。それから、よく来てくださったと私たちへの感謝の気持ちを述べられました。そして、

「まだ習いたての、教えていただいたばかりの手作りでございまして、お口に合いますかどうか心配いたしておりますが、どうぞごゆっくりとおくつろぎになって、お召し上がりになってくださいませ」

と、ていねいに、ゆっくり話されました。

失礼のないように、敬語を忘れないように、上品に、心をこめて、明るくあたたかな感じでと、いろいろのことが頭に浮かび、そのどれもを十分に満たしていこうと、もう精いっぱいに気を使って話されています。

それでかえって重苦しく、固く、くどい感じになってしまっているようです。せっかく、ごちそうを手作りにして、気楽さを演出しようとした心づかいが生きて来ないで残念です。

どうしても敬語の使い過ぎと言えるところは、「お召し上がりになってくださいませ」のところでしょう。「召し上がる」が、すでに、尊敬語で、「召し上がってください」で十分敬意を表し、親しみを表していますのに、「お……になる」という尊敬語が重ねられて、敬語が二重になってしまったわけです。この場合は、親しい友だちなので、敬語は一つにして、ていねい語の「ませ」もとって、「召し上がってください」がすっきりした感じがします。実際には、「ください」もなしで、「召し上がって」、子どもなどには「召し上がれ」などがよく使われているようです。

友人などでなく、目上の人やあまり親しくない人の場合などは「召し上がってください」は少し軽い感じがして、「お召し上がり下さい」と言うことになります。あいさつなどでなく、そばでちょっと「食べてください」ということを言いたいときは、「お箸（はし）をおつ

けください」とか、「お味みてください」とか、いろいろのちょっと味のあることばが使えましょう。

　前の方も「ございます」や「いたす」を使おうとしたり、「習う」とか「ゆっくり」とか、使いなれている、ふだんのことばでは、気持ちが表せないような気がして、別のことばで言い直したりせずに、あっさりと、たとえば、「習いたての手作りで」と始めて、すぐ「お口に合いますかどうか」とつづけ、「心配ですが」くらいに話した方がよさそうです。

一五、聞こえません　言い方次第で相手に傷

　子どもたちの夏休みの生活のこと、ラジオ体操のこと、花火を見る集いのこと、空きかん拾いなど地域の清掃活動のことなど、いろいろ、伝えたり話し合ったりしなければならないことがあって、マンションの人たちが屋上に集まっていました。百二十世帯の暮らしているマンションなので、かなりの人数です。

　当番の奥様が話し始めたのですが、内容をよくのみこんでいないらしく、話すというよりも、原稿をたどって読んでいるようで、それに声が低いので、どうもよくわかりません。屋上ですから声が散って、いっそう聞こえにくいという状態でした。

　と、その時、どなるような、荒々しい声が上がりました。「聞こえません！」と言い放った人がありました。話していた奥様は、びっくりしたような顔を上げました。夢中で読んでいて、何を言われたのか、急にはわからないようでした。そばのひとりが、

「あちらのほうが少し聞きとりにくいようですよ」

と、静かな声で教えてあげました。

「えっ？」自分では、一生懸命話していて、声が小さいとは、全く気づいていなかったようです。みんなに聞こえているかどうか、聞きやすいかどうか、気を配ることも忘れて、みんなのほうを見もせずに、ただ原稿を読むのに夢中だったのです。

「聞こえません！」という声も、あまり突然で大きかったので、ただ、何か、わあんというふうに耳に飛びこんできて、すぐには意味がとれなかったのでしょう。

そばの人の静かなことばで、やっとわけがわかり、サッと顔を赤くして、何か言おうとしたとたん、

「もっと、大きい声で、はっきりお願いします」

奥様は、今度はすぐ声に応じ、

「すみません」

と、あやまりながら、今度は何か異様な高い声で話し始めました。つらい気持ちをやっと抑えているような。

ぜひ、聞いておかなければ困る話が聞こえないのですから、聞こえないことを言い出すのは当然で、それが話し手につらくても仕方ありません。しかし、言い方やことばづかいによって、別に悪気も何もない、つたないだけの人に、こんなにつらい思いをさせなくてもすむのではないかと思いました。聞こえないと言うことだけを言って、「大きい声で」とか、「はっきり」とか、子どもをさとすようなことは言わないでもと思います。そこまでは、その人に任せるのが一人前のおとなへの礼儀と思います。

それにしても、そばにいた人のことばのきれいさには、こちらまでほっとしました。

一六、もう結構です　適切に使い上品な感じ

日本語のたいへん上手な外国人の友だち、Yさんといっしょに、デパートで買い物をしての帰りでした。数人の若い友だちと出会って、久しぶりということで、お茶をのむことになりました。今度はみんな日本人でした。

アイス・コーヒーをのみながら、私は、さっきまでいっしょだったYさんの話をしました。そして、日本語の達者なこと、あらためて顔を見直さなければ、日本人と思うほどであること、あまり勉強しない日本人だったら、とてもかなわない、あなたたちも顔負けというくらいですよ、とまで言ってしまいました。たとえば、と聞かれての話。

二人で、食後のお茶を楽しんでいました。ウエイトレスがお代わりをすすめに来ました。私はお代わりを頼みました。ウエイトレスは、次にYさんにも、「いかがですか」とすすめました。すると、Yさんは、軽

く会釈して、「もう結構です」と言いました。

こんな時、もういらないと断るとき、「結構です」ということばが出るということは、よほど日本語を勉強しているなと思いました。ふつうは「もういいです」「もうたくさんです」などでしょう。

「です」なしで、「もういい」「もうたくさん」などは、日本語の丁寧語、軽い敬語、親しみの表現などがのみこめていないことを思わせます。

「もう十分いただきました」などは、このような場合には、少し重過ぎそうです。

黙って、首を振ったり、手で、カップなどをふさいだりするのは、一種の身ぶり語なのでしょうが、ちょっと、子どもっぽい感じで、その場にもよりますが、首をかしげてしまいます。

このようななかに、軽い会釈と「結構です」を置いてみますと、ちょっと高級な言い方という気がします。上品な感じもしますし、おとなの感じがします。

別に、高級とか、上品ということにつながらないかもしれませんが、この「結構」ということばは、実にいろいろの意味に使われることばなのです。そのいろいろの一つ一つがどこでつながっているのかと思うような離れた感じのいろいろなのです。それなのに、それを使いわけて、適切なところに使っているのですから程度の高いことばの使い手という気がするのかもしれません。

そこにいた若い人たちのなかには、何か奥深い、古風なことばという気がするという人もいました。含蓄ということばを思い出したという人もいました。そして、Yさんの「結構です」は、やはりYさんの日本語の勉強の豊かさを思わせるということになりました。

一七、させていただきます　ていねい過ぎて違和感

久しぶりに、夜のテレビの終わりを見ました。たしか、前には「……放送を終わらせていただきます」が終わりのことばでした。そして、その「終わらせていただきます」ということばづかいが、見るたびに気にかかっていました。ていねい過ぎると思われ、「いただく」と言うことはないだろうと思ったり、まあ、そ

う問題にするほどのことでもないかと、自分のこだわりを笑ったりしていました。

それが、いつのまにか、変わっていました。「終わります」になっていました。何かほっとしました。気がすんだという感じでした。

この「させていただきます」が気にかかる場合が、ふだん、よくあって、テレビのときと同じように、そのたびに、ひっかかりながら、といって不満を表したりもせず過ぎてきていました。

それが、テレビの「終わります」に刺激されて、やっぱり、変わっていいことばづかいなのだと励まされるような気がします。

会にもよりましょうが、何かの会を始める、開会のことばに、「始めさせていただきます」は、きまり文句のようになっています。

この間も、ちょっと大きいある学会でしたが、「時間がまいりましたから(これも、別の意味で気になる言葉ですが)第何回……学会を始めさせていただきます」

どうして、「させていただくのかな」と思いました。「始めます」でよくないかと、ひとりで、心中、文句をつけていました。どうしても、も少していねいに、ということならば、「いたす」を使って、「開会いたします」がありますが、「開会」と少しかたくなります。「させていただく」の使い過ぎは、いろいろの場合があるようです。

何か執筆したときなどに、「書かせていただきました」「させていただく」がふさわしいときもありましょうが。本などを贈られたとき「読ませていただきます」は贈られたことへの感謝の気持ちをこめたあいさつのことばでしょう。

先ごろ友だちの女性校長が、宮様をお迎えしての会の進行係をつとめることになったとき、「させていただく」をはじめ、いろいろの、その場その場のことばづかい、適切な敬語の使い方で、会全体を明るい、敬意は十分に表しながら、固くない、そういう気分にしたい、くつろいだ気分にしたいと言って、ことばづかいの相談に見えました。二人で相談したことばづかいで軽快な進行ができ、新しい方向と、少し評判になったそうです。

一八、母から聞きました　敬意生かすなら大直しを

「K先生がご病気だったって、母から聞きましたが」

「まあ、そうですか。ちっとも知りませんでした。来週にでも、ごいっしょにお見舞いにまいりましょう」

「ええ、ぜひ。あさって、また、お会いしますね、そのとき、くわしくご相談して。では、わたしは、ここで」

「ああ、ここからお乗りになるんですね」

わたしは、少し先のバス停に向かいました。歩きながら、気楽に話し合っていたことばが気になってきました。

「母から聞きました」は何かそぐわない感じがしてきました。

話は、K先生のこと、先生のご様子を話しているのですから、先生のことは、そのことを話すことばづかいは、当然、先生への敬意と親しみのこめられたことばづかいになりましょう。すると、その敬意と親しみの表れるようなことば、つまり敬語が使われてきます。

先生に対して、謙譲のことば、静かな、ていねいな物言いとして、「お聞きしました」とか、「うかがいました」とか、そういうことばづかいになりましょう。

しかし、話した人は、自分の母なので、そこには敬語は控えるわけで、「母からお聞きしました」「母からうかがいました」は、しっくりつながりません。

つまり、ここは、このままの文脈では、ちぐはぐなのです。すっかり形を変えませんと、落ちついた表現にならないのです。たとえば、

「母の話では、K先生はご病気だったそうですが」

「K先生のご病気だったことは、母からの話で、もう、みんな知っておりますが」

など、いろいろの形、すじで表せましょう。こういう大直しでなくては、敬語をどう使うかということは、しっくりしたことばづかいにできないでしょう。

さて、「ちっとも知りませんでした」と受けましたが、(「ちっとも」も少し子どもっぽい感じで、「ちょっとも」「少しも」「全く」など、この二人の話し合いのことばづかいに合いましょうが、このごろ、よく使われているのは、〝全然〟のようです)、「少しも知りませんでした」は、この場の雰囲気に合わせて少し心づ

かいをすれば「少しも存じませんでした」が出てきますが、「存じ上げませんでした」となりますと、先生がご病気と聞き、知らなかったので、ややあわててのていねい過ぎでしょう。

とにかく、ことばは二人のやりとりでもむずかしいのに、その話し合いのなかに出てくる人のことを話すことばは、その人との関係によって微妙に種類も形も段階も変わるむずかしさがあります。

一九、いらっしゃいますか　なかなかの若者感覚

男女学生五人、電話ボックスのそばで、何か相談しています。夏休み中に、特別ゼミを開いて指導してくださったS教授のお宅に、これからお礼にうかがおうというところのようです。電話なんか、かけていくの、おおげさじゃないかという意見が出ました。でも、突然なんて、なお失礼だと反論が出ました。

――だって、あがったりしないで、すぐ帰るんでしょ。

――そうとも決まってない。「少し話していけ、せっかく来たんだから」とでも言われたら？

――そういうときは、どうする？

――そういうときは、そうだな？「じゃ、少し」とか言う。でも、だれが言う？

――そういうときは、A君が言うのよ、代表だもの。

A「ではちょっとだけ」か。

――「ちょっとだけ、失礼します」「します」がいるわよ。

――「失礼いたします」

――「失礼させていただきます」

――ああ、電話、電話をまずかけなくちゃ。

――よし、電話。先生は出ないよ。奥様だよ、きっと。

「〇大学の学生ですが、先生、いらっしゃいますか」

――「いらっしゃいますでしょうか」

――「ご在宅でしょうか」の方がいいよ。

――「夏のゼミで、特別教えていただいた……」

――「ご指導いただいた……」

――「お世話になった」が、いいんじゃないですか。

――「ちょっとお礼を言いたい」、いや、「申し上げたいと思いまして、これからまいりたいと思いますが、よろしいでしょうか」

――「申し上げたいと存じまして」、ていねい過ぎかな。

――「思いまして」でいいよ。

――「まいりたい」は？

――「うかがいたい」の方が何となく好き。

――「よろしいでしょうか」は子どもっぽいね。

――「いかがでしょうか」がいい。

――何も言わないで、「うかがいたいんですが」で、切った方がいいんじゃない？

――むずかしいな、女の人の方がうまいよ、きっと。

――だめ、代表者の仕事でしょ。

――それで、どうぞということになったら？

――「では、これからうかがいます」さ。

――「よろしくお願いいたします」

――「では、のちほど」とか、つけるといいんじゃないの。

このごろの若い人にしては、なかなかの感覚と知識、なかなか、やるじゃないかと、つい、微笑しました。

二〇、好きなのをとって　遠慮されない方が気楽

その場での言葉づかいは、と、改めて取り上げるほどのことではないような、ちょっとしたものの言い方ですが、生活の気分をほんの少し明るくするような気がするのですが。

子どもが数人、集まっています。

「さあ、ケーキ、どうぞ。好きなのをとって」

「A子ちゃん、A子ちゃんは、どれ？」

A子「どれでもいい」

A子ちゃんは、たぶん、遠慮したのでしょう。「わたしはこれ」と言うのが何か恥ずかしいような、ほかの友だちにわるいような、子どもらしい気づかいが、さっと心を走ったのでしょう。

もし、A子ちゃんがこの時、少し、にこにこしながらケーキを眺めて、

「じゃ、わたし、これ」
と言ったらどうでしょうか。ケーキを持ってきてくださったおばさんは、「はい、じゃ、これを」と、そのケーキをA子ちゃんのお皿に移す気持ちは軽いでしょう。どちらでもいいなら、さて、どれをあげようかなとちょっと考えながら、どれかをお皿に取って上げる気持ちより楽しいでしょう。「わたし、これ」と選ばれた方が、喜んで、おいしく食べてもらえるような実感があるでしょう。

もちろん、実感などというほど、大した気持ちではないと思いますが、場の気分などというものは、そんな小さな心の動きの生み出すもののようです。

おとなの場合でも、よく、コーヒーと紅茶、どちらがいいか、聞くことがあります。そして、「どちらでも」と言う人がかなりあります。ほんとにどちらでもいいのでしょうし、いちいち、聞かなくてもいいほどのことですから、気軽に、「どちらでも」でいいと思いますが、また、こうも思うのです。どちらでもいいなら、「コーヒー」とか、「紅茶」とか、すっと言えばいいのにと。

飲み物を用意する人からいえば、その方が気楽です。どちらにするか考える仕事が一つ減ります。喜んでもらえる安心があります。どちらでも、と言われた方が、こちらの考えでどのようにしてもいいのだから気楽だという考え方も、もちろんあると思いますが。

何かの会があって、お話に来るようにと言われることがあります。どんなお話がよいか聞きますと、こういうことをと、内容なり題目なりを示される時と、何でもいいですからご自由にと言われる時とがあります。私は、前の方が好きですが、これは、あとの方が好きという方も多いでしょう。

二一、うちのおばあちゃん　難しい「お」の使い分け

（電話の音）
「ちょっと、務（つとむ）、出てちょうだい」
「はい、山本です」
「ああ、務くんね、四階の田中ですけど、お母さま、

いらっしゃる?」
「はい、あのおかあ、あの、母ですね」
「お母さま、お忙しければ、お年寄りでもいいんですけど」
「じゃ、おばあちゃんでもいいって」
「おばあちゃん、おばあちゃんに出てもらって」
「おばあちゃん、電話、出て。四階の田中さん。お母さんの代わりだよ」

この夜、田中さんと務くんのお母さんとの立ち話。

——中学も、二年の二学期、この辺が大きな変わり目だそうですよ。

——そう言えば、何かぐっと大きくなりました。おとなっぽくっていうか。

——それで、かどうかわかりませんが、担任が国語の先生でしょ。今学期から、子どもことば、やめぇということになったんだそうです。

——こどもことば、ねぇ。

——まず手始めに、自分のお父さんやお母さんのことを話すとき、お父さん、お母さんて、言わない。

——父とか、母とか。それでわかりました。今日、先ほど、務が奥様の電話に出て、何だか、もごもごしてましたね、「母ですか」がすらっと出きませんでしたね。それででしたね。

——なんでも、クラスで、何か発表することがありますでしょう。そういう、みんなの前で、おおぜいに向かって話すときとか、あんまり親しくない人、身内でない人が相手とか言っていました。

——社会的地位がある人も出ていませんでした?

——そう、えらい人とか言ってました。とにかく、気楽に、お母さんがね、なんて言えるのは、どの範囲、どんな人か、どんな場面か、考えておくのが、今学期最初の宿題だそうですよ。

——務のクラスでは、おばあちゃんとお年寄りとで、どちらが気持ちがよいか、調べて報告する、というグループができるそうですよ。

——「おばあちゃん」と呼びかけようという時、「お年寄り」と呼びかけるわけにはいきませんね、そういう場面のことではないんでしょうね。

——話の中に出てくる、うちのおばあちゃんがね、というぐあいに、そういう時でしょう。

——自分のうちの場合でしたら「お」はとるんですね、と言い出した子があって、「うちのおばあちゃんは」だけど、「うちの年寄りは」と「お」はつけない、なるほどと感心して、むずかしいなとため息をつきましたが、「うちのお年寄り」と言っても、別にわるいことはないという声も出て、それはそうねという顔もたくさんあったそうです。

二二、ワンちゃん、何匹　正しく豊かに聞きたい

買い物帰りの奥様がたが別れ道で、さよならを言う前の数分、それまでのおしゃべりの続きを楽しんでいました。それぞれに子どもづれです。

「じゃ、これから人間さまとワンちゃんたちのご入浴、お食事ですわ。人間さまは一人ですけど、ワンちゃんたちがおおぜいなもんで」

「でも、お楽しみなんでしょ」

「あのね、結構、好き嫌いがあるもんよ。人間並みなのよ」

くるまの通るたびに、子どもに目をやりながら話しつづけています。

「お宅、ワンちゃん、何匹飼って（くるまが通って聞きづらい）いらっしゃるんですか」

「ええ、計六匹」

「へえ、それは、それは。あ、青になった。じゃ失礼します」

子どもたちは走って渡って体をよじって大笑いしています。

「ママ、ママ、犬がいらっしゃるだって。犬がいらっしゃるって言った！」

「え？　言いませんよ。そんなこと」

「言った、言った。犬何匹、いらっしゃるんですかって言ったよねぇ」

「言いませんよ。あんまりたくさん、飼ってらっしゃるみたいだったから、何匹飼ってるのかと思って聞いただけよ」

それ、その「飼って」が子どもの耳には届いていなかったのだと、私は思いました。「飼って」が抜けると、子どもの言うとおり、犬が何匹いらっしゃるんですかになる。なるほどと、まだ何か言い合いながら行く親子の姿を見て、何か頼もしい、親しい気持ちになりました。きっと、今までに、犬にご飯をあげるか、

やるか、など話題にしたことのある「言の葉」親子なのでしょう。

この場合、子どもであり、こんな話し合いのできる親子がふえるといいなとまで思いましたが、おとなでしたら、聞くということのむずかしさ、聞いてもらうことの苦労を通ってきた心づかいが生かされたらしい実際になるでしょうし、そうでありたいものです。

ちょっとした聞き落としはカバーでき、ちょっとした言いまちがいなどは直しながら、不足分は補いながら、正しく豊かに聞くようになりたいと思います。つまり一語一語以上の全体を通っている筋とか、全体の雰囲気とか、人であれば、その人の今だけでなく全体をとらえていて、その中で、今を聞くというようにできたらと思います。

昔、といっても大正ですが、そのころ、「言った、言わない」で、争いになりますと、「言いそこない、聞きそこない、なったなすびのなりそこない」と、はやし立てて、納めたものでした。

二三、れる、られる㊤ 発音、楽にした「ら」抜き

——これ、もう派手？ 今年はもう着られないかしらね。

——どれ？ これ？ 大丈夫よ、まだまだ着れるわ。お母さん、いつも少し地味過ぎるのよ。

——そうお。このへん、ちょっと赤くない？

——赤いといっても、れんが色ですもの、今年はもちろん、まだ二、三年は着れると思うわ。

——この帯がよく合うのでね、着られたら着たいと思ってね。

のどかな一情景、お母さんは、ちゃんと「着られない」「着られたら」と、「ら」を入れて言っていますのに、娘は「着れる」の連発、ふだん注意したり教えたりもせず、習ったり覚え直したりすることも、あまりないようです。

——どうだい？ 少しはいいか。おいしいぶどうを持って来たけど、食べられるかな？ いろんな物にアレルギーになってんだって？ 食べられる物がないん

だって？　ぶどうはどう？　食べれるかな？
——うん、米にまでアレルギーなんだ。特殊な米、食べさせられてるよ。あれもだめ、これもだめで、食べれる物がほんとに数えるくらいなんだ。でも、ぶどうは大丈夫、食べれるよ。

同じ人でも、「食べられる」と言ったり「食べれる」になったりしています。「ら」抜きことばなどと言われて、「ら」を使って言っている人たちに、ことばの乱れと言われていることなど、気にしていないようです。

乱れといえば乱れですが、ちょっと簡単に発音をらくにしたという感じです。らりるれろの発音は、少しむずかしく、子どもなども、らりるれろは、ほかの発音に比べて、なかなか、はっきり言えるようにならないようです。

「着られる」にしても、「食べられる」にしても、「ら」のところで、口を大きくあけるようになります。「ら」がなければ、「き」とか「べ」とか、口を少しあけたまま、すらりと「れ」に移っていけます。つまり言い易い、言うのが、らく、ということです。

一字でも略して簡単になり、そして、口の形を大きく変えずに、らくに言えるとなれば、ことばは、その方へ自然に移っていくでしょう。

一方、「略す」とか、「言い易さ」というのは、軽くなり、物足りなさがついてくるものです。「着れる」「食べれる」は、何か、品がないような、うわついた感じで、長く「着られる」「食べられる」と使ってきた人には感じがわるいのです。

二四、れる、られる㊦　〝生きもの〟の変化に不安

——そうか、朝、そんなに起きれないのは、低血圧だっていうね。
——測ってみると、そう低くもないんだけど。
——夜更かしじゃないか。
——いや、十時にはベッドということにしてるんだけど、ねつきがわるくてね、なかなか、ねれないんだ。

午後は相当元気になるんだよ。今日も三時からだったね、会議。出れると思うよ。

――そりゃあ、よかった。出れないんじゃないかと思って寄ってみたんだ。

ことばの乱れは若い人のことのように言われますが、どうして、りっぱなおとなの人も、こんな話をしていることがあります。「起きられない」「ねられない」「出られる」「出られない」と、言ってほしいですね。

これからどうなっていきますか、ことばは生きものですから、先々はわかりませんが、今のところは、「見れる・出れる」などという言い方は何か変だ、と思う人が多いようです。いつからこんな言い方になったのか、われわれは、そんな言い方はしてこなかった、と新聞への投書にも見られます。音がきたない。「みれる、でれる」など響きが重苦しいといって、嫌う人もあります。「らぬきことば」ということばまでできました。

ところで「られる」と同じ意味で、はじめから「ら」のない、「れる」ということばがあるのです。「れる」も「られる」も意味は同じです。同じで、四つの意味があります。その中で、今、らぬきことばと言われて問題になっているのは、「できる」という意味で使われる場合だけです。

「読む」ということばに、「できる」という意味をつけ加えますと、「読まれる」となります。最初から「らぬき」です。この「読まれる」は、ローマ字でYOM（AR）ERUと書いてみますと、変化がよく見えますように、「ま」と「れ」のところで、MA（ま）のAとRE（れ）のRとが落ちますと、MがEに続いて、ME（め）になってしまいます。それで、「読める」となって、これが今、普通に使われています。

この字、読むことができるかどうかきくのに、「この字、読めますか」と言って、「この字、読まれますか」とは言わなくなっています。そして「読める」は「可能動詞」という名前まで、もらってしまいました（私の勉強時代には、「読める」はたしかに×でしたが）。

こんな流れ、変化を見ていますと、「着られる・出られる、ですよ」と叫びながらも、何か不安な、寂しい思いがします。

二五、先生からのご紹介の本　ていねい過ぎは考えもの

（PTAの帰りに）

――子どもに教えようと思いましたら、自分がわからなくなってしまって。直接、先生にお会いしているところなんですけれど。これではていねい過ぎだと思うんですが。

「この間、先生のおっしゃられていた本、本屋さんに行ってみましたがありませんでした。取り寄せていただくように頼んでおきました」

――「おっしゃられた」というところがね。「おっしゃっていた」くらいでいいんじゃありません？

――もし、実物を見せてくださってのお話でしたら、「この間、見せていただいた本」で、「おっしゃる」なしの方がいいような。

――とにかく「おっしゃる」はやめるとして、「紹介」は？「この間、先生にご紹介いただいた本」

――「この間、先生からご紹介の本」、短過ぎますか。

――簡単でよくわかります。そんな言い方が、すっと口に出るようになれたらいいですね。

――「先生からお話のあった」。紹介が思いつかないとき、これでも、「おっしゃった」よりはずっといい。

――「お話しされた」、これは後もどりですね。ぎこちない感じで。

――「本屋さん」、子どもさんにお教えになるということですからいいですけれど、おとなが言うには、ちょっと、子どもっぽい？

――書店？

――「書店に行ってみましたが」、少し固い感じじゃありませんか、書きことばのような。

――〇〇堂って、その本屋の名前がいいような気がします。

――前に話し合った、主人とか、うちの人とか言う代わりに、姓を言った方がよいことが多い、あれに似ていますね。

――ついでに、「取り寄せていただく」も問題にしたくなりました。

――「いただく」は、どうでしょうか。これが、ど

なたかにお願いするのでしたら、取り寄せて「いただく」のですが、書店ですものね。それが商売というか、仕事ですからね。

——簡単に、「注文しておきました」でもよかったと思います。

——「ありませんでした」は、「ございませんでした」でなくてよいでしょうか。私は、このままでいいと思いますが。

——先生、じかにお話ししているのでしたら、女性の方は、半分くらい、「ございます」を使われるような感じです。


［右の資料の続きの全46話は、大村はま著『心のパン屋さん』（99・4・15、筑摩書房刊）に「心に届くことば」として採録されている。］

〈著者略歴〉

大村はま（おおむら・はま）

1906年、横浜に生まれる。1928年、東京女子大学卒業。長野県諏訪高等女学校教諭となる。1938年、府立第八高等女学校（のちの都立八潮高等学校）へ。1947年、新制中学校発足と同時に、中学校に転じ、深川第一中学校、目黒第八中学校、紅葉川中学校、文海中学校、石川台中学校に74歳まで勤務。1980年退職後も「大村はま国語教室の会」を中心に多くの講演活動、著述活動を続ける。1960年、東京都教育功労賞。1963年、ペスタロッチ賞受賞。

その独創的な教育実践を体系化したのが『大村はま国語教室』全15巻別巻１（筑摩書房）で心理学者波多野完治が「世界に類例のない国語教育の実践記録」と絶讃した。そのほか、著書に『中学作文』（筑摩書房）、『教えるということ』、『国語教室の実際』、『やさしい国語教室』、『続やさしい国語教室』、『やさしい文章教室』、『やさしい漢字教室』、『ことばの勉強会』、『みんなの国語研究会』、『国語教室おりおりの話』、『読書生活指導の実際』、『国語教室通信』（いずれも共文社）、『小学漢和辞典』共著、『学習慣用語句辞典』（ともに三省堂）、『大村はまの国語教室』３冊（小学館）、『教室をいきいきと』３冊（筑摩書房）、『教えながら教えられながら』（長野県国語教育学会、のち共文社）、『授業を創る』、『教室に魅力を』、『〈日本一先生〉は語る』（いずれも国土社）、『世界を結ぶ』（筑摩書房）、『大村はま・教室で学ぶ』（小学館）、『新編教えるということ』、『新編教室をいきいきと』２冊、『日本の教師に伝えたいこと』、『私の歩いた道』、『心のパン屋さん』（いずれも筑摩書房）、『大村はまの日本語教室』３冊、『大村はま講演集』２冊（いずれも風濤社）、『教えることの復権』共著（筑摩書房）、『教師大村はま96歳の仕事』、『灯し続けることば』、『22年目の返信』共著（いずれも小学館）がある。

大村はま国語教室の実際　上

2005年６月２日　発行

著　者　大　村　は　ま

発行所　株式会社 溪水社

広島市中区小町１－４（〒730－0041）

電 話（０８２）２４６－７９０９

FAX（０８２）２４６－７８７６

E-mail:info@keisui.co.jp

大村はま 国語教室の実際

下

大村 はま

溪水社

大村はま国語教室の実際　下

目　次

6　単元　談話室……341
講演資料　373

7　国語教室の実際――学習のてびきについて――……399
講演資料　439

8　私の学習指導の歩み……509
講演資料　545

9　単元学習のためのわたしの勉強法と単元の実際……627
講演資料　661

あとがき……橋本暢夫……723

6 単元 談話室

皆さんこんにちは。今日私のお話するのはたいへん疲れないお話なのです。私も疲れないでお話しできる話ですし、皆さんも気楽に聞いてくださっていいお話を用意していましたので良かったと思います。

単元「談話室」というのですけれども、お話の前にどうしてこのような話になったのかという、この単元の生まれてきた背景のようなものを、先にお話したいと思うのです。それが三八四ページからのところにあるのです。私の資料は粗っぽい資料ですから、そんなにどこを見ないとだめということはないのですけれども、この三八四ページのところ、つまり付録だったところなのです。付録からお話するというのも、いいかもしれないと思いました。少し前に審議会から発表になったことで、中学と高等学校とをつなげたほうがいい、そういうふうにしたいとありましたが、私立学校にはそういう学校があります。

審議会の発表が出た時に、また一つ元へ戻ってしまうのだなと思いました。そして中学校ができた理由、それが私たち戦後の教師をどんなに刺激したのか、奮起させたのか。中学校でない人は、そんなに感動しなかったかもしれませんが、私たちのようにその時中学に身を挺した者は、中学三年というのが義務教育になったのだ、それは新しい日本の建設のために六年では足りないものがあるからだ、こういうふうに思いました。その頃の先生は、今よりももう少し単純でした。戦争中に単純になりました。そしてそういうことを考えました。そしてその中心が、何が一番足りないかと言えば、それは話すことであったのだ、殊に話し合いだったのだ、話し合いということのきちんと出来ない国民が国民国家を築くはずはない、そういうふうに思って奮起いたしました。そんな感動があって、そんな気持ちを今も持っていなくてはなどと、そういうことを考えているわけではありませんが、それがいつの間にか五十年も経つうちには、いろいろ変わってくるのですから、とてもびっくりしました。あんなにも感動を持って中学三年を迎えたのに、それは儚く消えて、ただ入学試験の準備だったのか、高等学校へのつながりのようなものだったのか、そんな気持ちがしました。少なくとも中身を考えていた人はそうだったのか、あと三年間が義務教育として新しい日本の再生の基礎だなんて、そんなことを思ったのは戦後の私たちだけだったのだと、そういう気がいたしました。そのつながることについて受験をしなくていいからなどという、まるで教師の不始末を笑っているようなたわいもないことでつながってしまいました。それで学制制度は、六年・三年・三年というふうになっていきます。そして大学に行きます。

そういう制度というのは、変わらないものでもないと思います。別に変わらないことはないだろうと思っています。それから続いて私は教科というものも、絶対変わらないもの、憲法みたいなものではないのだと思います。いろんなことで時代により、国により違って、教科制度というのができているのだから、教科のしくみもそんなに動かないものでもないと思います。だからどこまでも今のような制度が続いて、六・三・三となっていって、受験をして、とそういうふうに決めこんでいる世の中、保護者やなんかは皆その頭でもって今の授業がいいとか悪いとかそんなことを言っているのではないかと思います。そういうことがガラッと変わることだってあるのにと思って、少し興奮して考えておりました。

それは去年それが出た頃のことですから、だんだんいろんなことを考えていました。私はこの頃、目が悪いものですから、普通だったらこの時間には絶対に本を読んでいたと思う時間に読んでいないことがあります。読んでいないと、読まずに考えます。いろんなことを考えたりすることが多くなりました。そしてラジオを頼り、ラジオの人間大学とか、ああいうのを頼ったり、それから学生の聞いているようなものでも、聞いていたりやめたり、いろいろしています。そんなことでいろいろ考えたからでしょう。そこにありますような、気楽な夢のお話です。どうぞ本気になさらないで下さい。市議会の委員でもなんでもありませんから。ですけれども考えてみたいなと思うことがあります。

この表は、今度の単元はだいたいが小学校五年、六年、中学一年、二年というつもりで考えておりました。どうしてそんな考えが出てくるのか、その単元「談話室」というのは、どの辺に置くつもりなのかということを、夢としてお話してみようと思うのです。これは五日制です。もちろん完全五日制です。それは四日制にはなかなかならないという気がするのです。今の世の中で、日本でこれを持ってこようなんて、そういうことを考えているのではないのです。もう大変違うと思ってください。文部省はもちろんないでしょうしそして広い土地が必要ですし、お金も必要だし、まず先生方が今の十倍くらい本を読んでいなければできないことだと思いますし、いろいろです。だから夢と思って聞いていてください。そう思えば楽しいからです。こういう学校なら勤めたいと言ってくれた友達があります。今私が四十歳くらいだったら、夢だなんて言わないで奮起するかと思いますけれども、今から奮起してどなたも、先生に迎えるなんてことはできないのです。全てが夢だと思ってください。

三八五ページの表の1時間目は〝A〟です。これは生徒が全部個室にいるのです。この学校は広い学校で生徒の数ほど個室があるのです。学校へ行くのにそこに個室がないというのはおかしいではないかと思うのです。勉強室、その人だけの勉強の部屋もないところが、どうして学びの場であるでしょうか。教室は教室であって個人のものではありませんから。

そういうことを考えるのは、私は東京女子大の出身なのですけれども、大正七年に新渡戸先生が創立された女子大です。今とは全然違って、当時大学という名の付く所は、男子の学校であって、女子は入れなかったのです。

仙台（東北大）だけが多少女子を迎えていたということで私の友人が行っていたのですけれども。もちろん、その下の女学校、中学校の頃から、男女の教科書は違っておりました。ですから同様に進学できないかもしれませんが、とにかく女子は、大学という所へは行かないのです。それでみんな東京女子大も日本女子大も専門学校だったのですが、それに大学という名前をつけたので、それが大変新鮮でみんなの憧れになったのです。名前だけ大学だったのです。そういう時代です。

そしてその時に新渡戸先生は東京女子大をお建てになりまして、「青年期には一人でいる時間を持つことが絶対に必要である」、そうおっしゃって、寮は全部個室だったのです。楽しい個室が一人ひとり全部に与えられておりました。そして畳で言えば四畳です。細長いです。一方の端が廊下で一方の端は外です。その外の方に畳一畳敷くらいの板の間がありました。そこに机と本立てとタンスと棚とが作り付けてあったのです。その下にヒーターがありました。その次二畳分は畳でした。今だったらベッドになるでしょうけれども、大正七年にできあがったのですから畳が二畳寝る所です。その次にもう一畳あります。その半分が押し入れで、布団を敷かなければなりませんから、布団だの着物だのを入れるところ、それから土間、それだけが一人分でした。そしてドアでした。ドアの所にみんなが札を出したりして、今は会社なんかで使っている円形で回す道具で今どこに行っているというのがありますが、ああいうのをみんな作っていて、面会謝絶だとか、散歩中だとか、入浴中だとか、勉強中、読書中、校舎なんていうのがあっていろいろでした。それをクルクル回しながら、面会謝絶して何日も出てこないで勉強するなどということもありました。そこが本当の個室でした。

新渡戸先生がおっしゃる通り、本当に一人で我を見つめるというのでしょうか、女子大の図書館には汝自身を知れとギリシア語で正面に書いてあるのですが、汝自身を見つめる時間でした。他に「談話室」、パーラーと言いました。そういうお部屋があったのです。そこに行っていくらでもしゃべりましたし、芝生もあったし、しゃべる場所はいっぱいありましたけれども、とにかく基本的には一人でした。私はその個室で三年間心ゆくまで本を読んで、もう本当に楽しいと思いました。何の邪魔もされずに勉強したいだけできました。そしてパーラーに行って、当時の女子大生というのは、今とはたいへん違った個性的な人の集まりで、ことに東京女子大はそうでした。将来を見る目が新しくて、遠く新しい時代の女性を見つめるような、そういう人たちでなければ、当時女子高等師範でもなく、何の資格も得られない東京女子大なんかに来る人はありません。みんな一癖ある人でした。大村はまさんもその一癖ある、特色ある人です。みんな個性的だったのです。個性的な人が集まって自分自分、しっかり将来を見つめていたのです。その時に未来を見つめたり、考えたり、そしてそこから出てきてパーラーでしゃべりまくっていたわけです。

そういう生活があって、私はその個室の生活が本当に楽しいもので、一生の間にあんな自分の自由にやりたいことをいくらでもやれて、本をいくらでも読んで、勉強をいくらでもして、そしていくらでもしゃべることができた、ああいう生活はなかったのです。青年期にそういう所で過ごしたことを、私はとても良かったと思っています。女子大を卒業します時に、再びこういう生活はないと思ったら、学校を出ることができないくらいでした。私は地方の方が帰ってしまっても、私一人で個室にずいぶん残っていたのですけれども、もうお食事も困るからとうとう家へ帰りました。昭和三年のことです。本当に名残り惜しくて、私はその個室の味というのをたいそう良く知っているわけです。それでこんな案が出てくるのではないかと思います。

それで三八五ページの〝A〟というのは、どの日にも1時間目は、個室に入る、子どもが学校へきたら、これは小学生の五年、六年、あとで申しますけれども、この案は全体の表から言って五年、六年のところなのです。五年、六年、中学一年、二年、その前と後とは別に考えていないのです。ただそのような生活、こういうふうに一人で勉強する生活が、これから申し上げるようなことを可能にする、準備する期間で、それが一、二、三、四年と考えているのです。そして、五、六、中一、中二、これはもう勉強のしどきです。成長期です。それから次の四年、今の中三と高校三年間で四年、これがまた社会人になっていく、一人前の人間の仕上げをする大事な時期。次の四年、これは研究時期。いろんなたくさんの機械があって、ボタンさえ押せばいろんなことができますが、その機械を作る人がいなくなってしまっては困ります。最後の四年というのは本当の研究者の時期、全部で十六年です。あとの所をあまり考えていないわけです。そのそういう所にこの話ははまっているのです。今の小学校五、六年と中学一、二年の年齢のところが、この今話していることにはまるので、小学校の小さい方にこんなことはできません。それから高校生にあたる所もしないし、大学のところもそんなことはしない、そこは考えていないのです。私はそこら辺が一番わかるからです。五年、六年、一年、二年というところが私にはいろんなことがわかるのです。ですから、そこだけで考えているので、その前後はその発展として生きるように、そこまで届くようにとやってもらおうと、案を立てればいいわけです。どっちみち実際するのではないから大丈夫ですね。

子どもが来て、朝自分のお部屋へ入ります。そうしたら不登校などしないと思います。行きたいですよ、自分の個室が学校にあるのですから。考えてみれば、学舎なのでしょう、その一人ひとりの勉強室がないというのは、始めからおかしいと、私は思っているのです。新渡戸先生の感化が大きいです。先生方に勉強室が、そのお部屋一間だけではなくて、お休みになる部屋と、本をお置きになる部屋と、お客様とか学生にお会いになる部屋と、それが快適に用意されているのは当たり前です。それが並んだようになっているのと、二～三人先生方がご一緒に一軒に住まわれて、間取りはそういうふうになっているとか、それからご家族がお住まいになりたければ、そういう棟もあるとか、そういったように私の夢はなかなか広がっております。教授の方は今考えませんが、これはうんと良くしなければ駄目だと思います。そしてみんながそこに行きやすいようにしておく。東京女子大には外人の先生の洋館がありました。それから新渡戸先生はお宅にお住まいでしたから二代目の学長になられます安井哲先生のお宅がありました。入って行きますと、まず楽しいお話し合いをする部屋があって、その奥が食堂になっていて、そのどっちかよくわかりませんが、先生の一人でお過ごしになる部屋があるとか、そういうふうにみんな住まいについて大変よくできていたのです。この個室というのは、そういうものです。

そういう具合ですから、一番始めの時間に遅れるとかは昔話です。遅れた子どもは閉まる校門に挟まれて死ななくてはならないような事件があったでしょう。あんな情けないことになってしまって。遅れてくる、そういうことは問題にならないのです。その時図書館に行ってしまう人もいるでしょうし、研究室へいった人もいるでしょうし、個室に時間にぴしっと一時間目と予定されたその部屋に、一応時間を決めておかなければいけないとして、一時間目のところに子どもがいるかどうか調べたり、そういうことはいらないのです。子どもを信じておけば、あまり変なことにはならないと私は思うのです。それでこの個室に来るのですから、一分遅れたら校門が閉まってしまったとか、そういうつまらないことはないと思いますから、朝早いということがそんなに問題にならないようにしたいのです。一番下も全部〝A〟になっています。これは個室の時間です。ですからそこで勉強して帰ったりいろいろです。そういうふうにして始まりと終わりとに個室ができているのです。

それからそのあとには、学級学習室というこの〝B〟という所が今の学校に一番似ているかもしれません。けれども今の教科をとろうと思っていないのです。国語・数学・英語・社会科というこの教科は、仮のものですから動かないものではないですから。そういう科目ではないのですけれども、今の学校に一番似たいわゆる教室での授業です。その授業も国語ならば、古典だとかと、そういう教科書をやるとかそういうのではないのです。単元学習のもっともっと上等なのをやるのです。

ＮＨＫの人間大学がテーマをうまくとってあって、そのテーマを掘り下げていきますと、それこそ社会科でも、理科でも、国語でも、何でもやらなければならなくなってしまうのです。今の教科の内容はそこに含まれてくるように、例えば「人間はなぜ服を着るか」などと、そういうテーマが出ているのです。そうすると本を読むとか、国語の力などというのは、これはいわゆる学力です。記憶力とかそういうものよりも、どんな教科も何をやるにも言語なしということはないのです。人間のやることはみんなことばに関係があるのですから、こだわらなくてもいいのです。国語の時間というのはこの中にもうけなくても、何々というテーマが一つあれば、「外来語の氾濫」とか何か、単元の名前にもなりそうなこと、とにかく人の一生のうちに問題にしなくてはいけない、このことは考えなくてはいけませんねといったテーマを掲げてもらって、単元のうんと上等なのを教師中心でやっていただきます。ここは教師が中心というとおかしいけれども、教師が指導する時間なのです。自習時間ではないのです。この〝B〟というところはそういう時間なのです。

それは学級学習室というところで進めます。今で言えば教室です。そこでやるわけです。単元学習の上等と言いましたけれども、単元学習をもっともっと進めていった場合に、そういうふうになるだろうという、テーマ別にいろんな人間の一生のうちには考えなければいけないことを勉強する、そういう時間です。それは一人ではとても間に合いませんから、ぜひ先生方はおうちを出てきてこの教室へきて欲しい、そして子どもとずっと一緒にいて欲しいのです。その先生のやり方で、個人の指導をしたり、グループもあるでしょうし、何やかやあるでしょうが、何しろ単元学習の上等のものですから、その先生にお任せをするわけです。

その次〝C〟というところがあります。お昼の前みたいな時間に見えますが、これは岩波新書に『知的生産の技術』という梅棹忠夫さんの一冊があります。これはずっと前に「図書」に出て、それから新書になってから随分経っているので、古いと思います。ついこの間、まだ二週間も経ちませんが、岩波新書の推薦が出ました。いろんな人が推薦するのがあったのです。私も授業のエピソードがありますから、この『知的生産の技術』を出しましたけれども、こんなのを出す人は一人ではないかと思って恥ずかしいなと思いながら出しましたら、いいあんばいに七人だか八人だか同感の人がありまして『知的生産の技術』を推薦した人が、私を含めて八人ありました。岩波新書の創刊六十年を記念した「図書」の記念号、それに出ています。

そんなことがありましたが、それがなくても私の知的生産の技術というのは、これがとてもわかりやすいことばですし、梅棹さんの書名を頂戴してしまったわけなのです。ここはその知的生産の技術、論文の書き方から、何から何から何から、とにかく知的生産をするためのいろんな技術があります。ですからそれを覚えなければ駄目です。論文ひとつちゃんと書けなかったりしても困ることだし、それからいろんなことが考えられるでしょう。自分が知的に発見したもの、得たもの、生み出してきたものを、それを人に伝えるわけです。その知的生産の技術の様々をここで学ぶ、読書の技術はもちろんのことです。今日もいろんな読書の話がありましたけれども、速く読むこととか、それから簡単にどこだけ読めばいいというわけにはいきません。本というものはどこかだけ読めばいいと決まっているものではない、終始読んでこそ初めて意味のあるものが多いですから、それは大変難しいことです。そういう知的生産の技術という時間ですから、いわゆる今の科目ではないです。国語でもなければ音楽もあるかもしれませんし、いろんなものがあって、そこはこれから大勉強しなければ決まらないことです。いつまでも決まらない、こんなものは実用化するわけではないけれども、とにかく知的生産の技術を専門にやって、自己表現と言いますか、自分のやってきたことを、生かし続けるもの、蓄積するその能力、そういうものを今の科目をすっかり忘れて、そしてここで鍛えようというわけです。国語はもちろんその中で大切な役目を果たすと思います。

今こういうことを考えてきて、知的生産の技術にはいろんな道具が必要だと思いますけれどもここの所であまりどういうものまでと考えていません。私が今これをお話ししている時に、使えるものはワープロまでです。何しろ私の学校の頃には、まだワープロどころかコピーがなかったのですから、やっとコピーが出て、どんなに良かったか。ガリガリガリと書いたり、ホワイトミリアになってかなり良かったのですが。それから電気の輪転機ができた時、本当に泣きたいほど嬉しく思いました。私の全集の十二巻に取りかかる時、コピーができて、いいあんばいにそれがちょっと自分たちが買えるような家庭的な、家庭で使えるようなコピーができました。今は大きくしなければ読めないくらいですから、必需品になりました。ですから私はコピーは使いこなしていると思います。それからテープレコーダーはもちろんなかったのを、テープレコーダーができてどんなに授業の上に助かったかわかりません。そこまでは在職中にもちろん使いこなしました。今はワープロで止まりです。

ワープロは十分使えると思いますけれども、何かの原稿を持っていった時に「大村さんの原稿は宝物だよ。毛筆でなくたってペンで書いたなんていう原稿はこれから貴重品だよ」と言われ、他の先生方も「貴重品ですね。あとで分けてくださいよ。その肉筆というのを」と笑われました。他の方は全部ワープロでぴしっと打ってきていたのです。私はその時悲しくて、それからひと月でもって一生懸命仕上げて、その次の月にはちゃんとワープロで持っていったのです。

それから練習しましてワープロまではできるけれども、パソコンになったら、ワープロはパソコンの一部だから易しいものだと言ってくださいましたが、私は岩波の『ゼロから学べるパソコン入門』という、五冊あるのを読んでみたのです。そしてあまり憧れませんでした。これをこなさないと拙いという気持ちにならなかったのです。それは読み方も足りないし、ちゃんと機械を買って実習したのではなくて、本で見ているのですから。ですからパソコンはできません。

しかしそれをそんなに見た時に、これはワープロの時ほどびっくりしなかったし、それからやろうという気にならなかったのです。そのあと手書き原稿をひやかした友人に会いました。その会で、ワープロをとうとうこなしたねと言ってまた笑われましたが、次にパソコンをやりなさいよと言われたのです。そうしたら他の人が、パソコンはどうですかね、要りますかねとおっしゃっていました。私は要らないと思っていましたから、こういう機械はよほど気をつけて一番後から使えばいい。本当に役に立つ機械はあまりないのだと、そう思っています。他の教科は別ですけれど、国語の場合はびっくりして、すぐ取っつくことはないという気持ちがとてもするのです。だからお話をしている時に、それはパソコンでやればどうだとお思いになるかもしれませんが、私のやれるのはワープロまでですから、そのつもりで聞いてください。このあと、もっとパソコンをやるようになりたいと思っていないということも、頭においていてください。そんなわけでして、この知的生産の技術というところはワープロが必要ならワープロもやるでしょうし、これからの人がパソコンが要るならばそれでやるでしょうし、とにかくそういう場所です。だから一つの科目というわけではありません。

それから〝D〟というところは、学級学習室するのですが外国語です。何語を学べばいいか、それから一つのをずっとやればいいか、そんなことは私は決めようと思っていなくて、とにかくここはどんな日でも学校へ来た以上はここは外国語です。その外国語をどんなふうに学ぶかとかそういうことはまた別の話で、こういうふうに外国語はずっと通していなければいけないと思うのです。それは学級学習室でやります。

それからその次の〝E〟というところは談話室、これがこの単元の出発しているところです。あとでお話をします。

それから〝F〟というのは学年の学習室です。ここで自由発表をしたり、さっきの〝B〟のところの先生のご指導のあるそれとは違って、みんなが調べたことを発表という形で、談話室ではなくて発表にしたい、自由発表です。申し込んでするわけです。それをやりたい場所です。

〝G〟というところは、そこを週間によって変えるのですが、いわゆるホームルームです。ホームルームというのは戦前にはなかったのを、戦後にできて、本当にルームであって、ホームルームがあって教室は別にある、食堂も別にある。これがアメリカから輸入されてきた時の姿なのです。ところが日本では、自分の教室でもって、勉強もするけれどもホームルームもするし、お弁当も食べるしなのです。だから問題がいろいろ起こってくるのではないでしょうか。

そこのホームルームの先生というのは、学級に一人いるのではなくて何人かいるのです。ぜひそうしたいと思います。そしてこの方に勉強のことで、できなければできないように、何していいかわからなければわからないように、体の調子が悪ければ悪いように、ホームルームティーチャーというのは専門に生活相談に当たっているわけで、教科の先生が兼ねて生活指導をするなどというのではないのです。ですからみんなここに三人か四人かいらっしゃるホームルームの先生にいろんなことを、親でない人としてこの方に相談して、学習も進めるし、体の健康も守るし、必要があったら病院へいくのだし、看護婦さんでよければそういうふうにするとかそういう部屋です。本当のホームルームにしなければ、そういうところがなければ、どうしてもいけないと思います。ですからこの教科の先生の方〝B〟のところなどで、兼ねてお行儀などを躾けてくださらなくていいということです。こっちを向いているようにとか、そんなつまらないことを言ったり、生徒をそういう意味で監視したりする必要はない、そのテーマに向かって邁進していただければいいというふうにしたいわけです。それで〝H〟というところもあって、そんなわけです。

いかにも実行しそうな勢いで話しましたけれども、そんなことはできるわけはありません。ありませんから夢なのですけれども、その談話室というのはそこにはまっているのです。ですから上の方に教科の部屋があります。談話室は談話室で、この特有のカリキュラムの中で動こうというのですから、それをそのままここへ、持ってきたのではなくて、これを基にして単元談話室というのができておりますので、それを簡単にしたものなのです。

しかし程度は一、二年までで、中学三年から上のことは考えていないというやり方です。

　では始めの方に戻って、本題に入りましょう。三七四ページの〝はじめに〟というところにさっきの個室のお話を書きました。ですからそれはそれでいいのですけれども、この談話室は、休憩室だとか、社交室だとか何かそういう単なる意見交換室、それから何か話し合うという、楽しくあればいいといったような所ではありません。大事な大事な勉強室です。これはやるのは一番難しいかもしれないです。

　この頃テレビなどを見ていても、子どもたちの話題の乏しさ、本当に一言でしかものが言えなくて、よかったと面白かったとしかことばがないみたいで、本当に悲しいほどです。そのよかったや面白かったの中身が、うんと違うことでも、よかったと面白かったしか言えないし、何かちょっと聞いても、話題のないことは、本当にびっくりするほどです。おしゃべりはしているのでしょうけれども。そういうのではない、これは勉強の部屋です。勉強のことでなくていいけれども、穏やかな平和な国を築くためには、とにかく豊かな話題のある人が大切なのです。話題が乏しいということは結局心が貧しいのです。とげとげしていて幸せを生み出すことができません。喧嘩もするでしょう。

　ですから、私は何かふっくらとした、豊かな、夢を持った、それはアンデルセンに口を開くとバラの花がこぼれた王女様がいますね。バラの花ほどでなくてもいいけれども、何か、こう、そばへ行くと話したくなるような、何か話しかけたいような、雰囲気を体に持たなければいけないと思うのです。今だってそういうことがあるでしょう。そばへ行くと何となく話したくなる人と、それから何となく、何でもないけれども、ちょっと晴れてきましたねくらい言ってみたくなる人と、それはあるのです。その雰囲気というのが大事なので、子どもを追い込んでいるのは、その雰囲気を持った人が少ないからだと思うのです。結構なことを教えてくれる人はたくさんいるでしょうし、結構なことを読んだりなんかするかもしれません。その口に言えないような、雰囲気のような、バラの香りみたいなものを持った人が少なくて、何が儲かっても何ができても、本当には心が暖かにならないという人がいるわけです。そして話すべきことも話さないというのか、一人で悩むとか、そういった人がいます。私が悲しいことというのは、ことばの貧しい人が貧しい雰囲気で暮らすからだという気がするのです。

それでもっと穏やかな豊かさを、正しさというのは、試験があるから追求しているのかもしれませんけれども、本当に豊かさということが足りない。従って豊かなことばがないのです。豊かなことばがないということは、豊かな心がないということでしょう。心があれば、それを表すことばが自然に出てくるのではないでしょうか。ことばがなくて、型にはまったことばしか言わない、面白いことは、面白かったとしか言わないといった、そういうことばの貧しさが、あまり嬉しくないとげとげしい気分を作ったりしている気がするのです。日本語はもっともっといろんなことばがあったのですから、もっと皆が、そのいろんなことば、滅びかけていることば、たくさん使われるようだったらいいのにと思います。

スポーツ全盛ですから、勝ち負けのことが多くて、どっちがいいどっちが悪い、どっちが上どっちが下、勝った負けた、そういうことばが勝ってばかりいて、何かそれ以外の豊かなことばというのは、本当に欠けてきている気がします。それで漫画が悪いとは言わないけれども、しかし気持ちを表すことばなどが、本当になくて、「ワア」とか「キャー」とか「ヤー」とか、そういったような嫌でないことばでもそうです。「オー」とか何かそうなのです。それで豊かなことばがない、少ないということは結局細やかな心情が育っていないということなので、表現すべき何ものかがないということなのだと思います。あれば人間の持ちもの、宝物のことばですから、苦労したって覚えたり出したりするでしょう。私などは、この頃学校へ行っていないからそんなにいろんな子どもを知っているわけではないのですが、いろんなところで見ると、そういう気がするのです。

この間私の教会の若い牧師さんが、牧師になる試験を受けに行ったのです。今回で四回目、四年も続けて神学生で牧師になりたいと受けているのです。そんな人は滅多にいないのだから、いい加減に合格させてあげたっていいじゃないかくらいに私は思っているのですけれども。それでとうとうお母さんは心配して、これはどうして落ちるのだろうと学校へ聞きに行ったのだそうです。本当に真面目な清らかな青年なのです。そして優しい人で、接しても、それこそそばへ行ったら、何か話したいような穏やかさを持っているのです。そしてもう三年間も受験準備していますから、その道のことは良くできます。

なぜ落ちたのか、そうしたら、口頭試問で落ちたのだそうです。それが、冗談みたいですけれども、牧師さんは明治のおしまいか大正の始めくらいの生まれの方だったそうです。そんなありふれた質問だったら用意しておけばいいのに、その牧師さんがどうして牧師を志願しましたかと聞いたのだそうです。私もそうですけれども、その正直者の清らかな、聖職を願っているような人が「面白そうだから」と言ったのだそうです。それはどっちもどっち、面白いということばは大変なものをもっているのです。ですからそれは実に曖昧なことばで、なにものも表現しない。黙っていたのと同じくらいではないかと、その青年の方には言ってみたくはなりますが、牧師さんも牧師さんではないかと思います。それを面白いといった途端に面白おかしいものではないと怒ってしまったのだそうです。牧師さんは面白おかしいことしか面白いということばの意味を知らないのではないですか。それで落ちてしまったわけです。

もう一つ必読書があったのだそうです。そしてその感想を聞いたと、「どうあの本を読んだか」と、「読みました」と。必読書だったからそれを種に何か聞くと決まっていたのだそうです。だから用意しておけばいいのに、用意する必要があるということも知らなかったのでしょうか。これで十分という気がしたのでしょう。それで「どうだったか」と言われて、「ピンときませんでした」と言ったのだそうです。だから怒ってしまったわけです。

ピンとこない、そんなことは言わないで、特に心に残ったことはありませんでしたとか何とか、もう少し言えば良かったし、そういう時は大体否定しないで、何かちょっとでも良かったところを、どんな嘘をついてもいいから感動した場所を、何々のところこうなったところが僕は心に残りましたとか、面白いと思いましたとか、嘘くらいついて言えばいいのに、でもその嘘をつくのを奨励してはいけないかもしれません。どっちもどっち、牧師さんだって「ピンときません」「どういうところが」とか何か聞いてあげればいいし、「面白いといったってどういうことが面白いと思ったか」とか、もう少し聞いてあげればいいのにと、教師とすればムズムズします。だけどそんなことで落ちてしまったのだそうです。

それでかわいそうだったから、私はそのことを教えて、面白いとか立派とか、きれいとか、好きとか、そういったような漠然たることばは、そんなのはことばの中に入らないから、もっと細かく言いなさいと教えました。だけどどうして面白かったと答えたのと聞いたら、牧師さんが誰かと面会されて話していたのだそうです。そうしたら半泣きで来ていたその人が見ているまに顔を輝かせて、しばらくしたらありがとうございましたと言って、牧師さんにお礼を言って出るのを指導室で見たのだそうです。それであんなに涙にくれて来ていた人があんな顔になって部屋を出るのかと、その後で面白いと思ったのだそうです。これは面白い仕事だと思ったというのです。だから牧師さんがもう一言聞いてくれれば良かったのです。

その青年はそういうふうに、面白かった、ピンときませんでした、それきりしか言わないわけです。もう大学生、大学を出たのですから、神学校を卒業したのですから、立派な大人でしょう。その人などは最近に自分のごく身近にあって、その人をどうしようかといって、お母さんに泣きつかれて対応した実例があるのです。本当に作り話みたいなひどい話だと思って、ああことばが貧しいことはと、思いました。ですから本当に考えさせられました。ことばができないということはどういうことだろうかと。即、人間の貧しさを表すことになる。気持ちなり、景色なり、何なりがその通りに口に言えること、上手下手ではない、言えたらどんなにいいでしょうか。自分の心が自分で納得いくように言えない、でまかせでもないでしょうけれども、思いついたことをパッと言って、それが自分を表しているかどうかさえ考えない。本当にことばを知らないのかもしれません。牧師さんに感動して涙をおさめて帰った人を見た時の感動などというのは、確かにそれは言いにくいです。だけど言いにくいからといって、そういう表現力を養えなかったのかなという気がいたしました。そんなことがありまして、貧しいことが、とりわけことばの貧しさが人間の貧しさと世の中の貧しさと、いろんな不幸の元になってくる感じがしてしかたがないのです。

この談話室というところはそういういろんな人たちと話すところですけれども、単なる知識交換みたいにはしたくないと思うのです。そしてここは言語生活の道場みたいなものですから、そこへ入ってきたら、授業がすぐできないかもしれない。というのは、そういう談話室で誰かとこうお話をしています。そこへ誰かが来たとする、そうしたらその方を知らなければ知らないように、知っていれば知っているように、すぐ応対ができる。その方のお調べになっていることや、興味を持っていらっしゃることを同級生だったら全部知っておかなければならない。一覧表にすると書いてありますけれども、誰が何に興味を持っているかというようなことにつきましては、調べてお友達のことだったら知っておくべきだと思います。人のことなどというのではなくて、その方のいつでもいい話し相手になれるような人になっていて、豊かな話題の持ち主にまずなることが大事です。

それから入ってきたらいろんなことがありますけれども、とにかく知らない人と知っている人ということがあるでしょう。いっぱい書いておいたのですけれども、例えば私が野地（潤家）先生とお話していますところへ、橋本（暢夫）先生が入っていらしたとします。そうして私は野地先生と一緒に、ことばの貧しい今の牧師さんの話を一生懸命していたとします。そして二人で本当にそうだと笑って、そしてそれは子どもの方も駄目かもしれないけれども、牧師さんの方がもっと駄目だって私は言いたくなって、そんな話でワーと笑ったところへ橋本先生がいらしたら、ワーと笑っていたのは、何だろうなと思われるのではないですか。そういう時に、上手に一緒に話に入れるようにするということは、とっても大事なことでしょう。それから、橋本先生も何を笑っていたのかななどということではなくて、だけど、今何を話していましたかなどと、そんなことをおっしゃる筈はないでしょう。興味を示してももう少しこちらの話を壊さないように上手に入って来られるでしょう。けれど、私はそういうことが子どもたちにはできないと思うのです。それから違った方が、ワーと笑った所へ入ってきたとします。私も親しくないし、野地先生も親しくないという方が入っていらした場合、自分の話を続けるなどという無礼なことは、野地先生と私はしません。ですけれども、今の話をみんな繰り返すというわけにもいかないでしょう。だから自分の話を続けるのではなくて、向こうの話を引き出しながら、その人の立場が生きるように、その人が話し合いに入って来られるようにするなどという技術はこれは敬語の使い方どころではないのです。とっても大変なことです。

そういうことをこの談話室では勉強したいので、三八三ページにお芝居ではないと書いておきましたけれども、お芝居で決めておいて、誰が来ることになっていてと、そういうのではないのです。誰が入ってくるかわかりません。よその方でも。ですから今ではできないけれども、ＰＴＡの方であろうと、町の方であろうと、そのどれでもなかったりといろんな人を想定します。本当の意味でその談話室へ入って来てしまうのです。ですから、そこで実習、その場での実習であって、どのように言うと決めておくのではないのです。そしてこのことを考えだした始めには、例えば相手の方に向かって敬語を間違うようなことは、まず普通の人はしません。子どもだってあんまりしません。したって、別に笑い話くらいのもので済む、いらっしゃるだの、おっしゃるだのそんなこと間違ったところでどうってことはないでしょう。けれども、そういう違った人が入ってきた、全然知らない方が和やかに人間と人間が話していますねといったように話せるということは、容易ならぬことでしょう。この談話室というのはそういうものなのです。ですから知っている方なら、その方の得意な話を必ず知っているということが大事です。そのくらいの研究はしなくては、困るのではないでしょうか。それから全然知らない方だと、本当に身分も何も知らないという方の時だってその人が何となく初めて来ましたといったような気持ちになって、ここはどこですかみたいになったりしないようにするのは、とっても大事だと私は思うのです。

それでそこに試しにといろんな場面が書いてあります。話題とか、学習を進めるというところがあります。学習を進めるその前のところに、進める半年くらい前にそういうことを始めるとあります。話題を何を話してもいいのですけれども、この期間、小学校五年、六年、中学一年、二年、ここでは話題は私は、「暮らし」というふうにしておきたいと思っていました。全体を覆う話題が「暮らし」です。さっきの〝B〟のところでも、この時期には何か人間の暮らしということに触れてくるようなテーマを選んでいただきたいのです。これより前はできないし、高等学校の年齢になってはちょっとどうかと思うのです。もっと話題が実社会へ密着していかないといけないと思うのです。「暮らし」というのは、五、六年、一、二年というところの格好の話題だと思うのです。この前の子どもではちょっとかわいそうでしょう。まだ四年生まででは危ない、それから中学三年にもなって敬語が使話題が拾いやすいし、日常的なことばがたくさん出てくるし、敬語を使いこなすのに格好の場なのです。この前の子どもではちょっとかわいそうでしょう。まだ四年生まででは危ない、それから中学三年にもなって敬語が使いこなせないなどというのはもう絶望的です。だめです。

ですからその敬語が教科書にあるようなものなら、間違う人はいないけれども、例えば話し合いしています方の話の中に出てくる、野地先生とお話している時に、野地先生の奥様のことをお話しようとした時、どの程度の敬語がどうなのでしょう。公衆電話のところに学生が並んでいたのです。何か特別ゼミをしていただいたので、先生のところへお礼にいくらしいのです。だけど前から電話をかけておかなかったと言うのです。電話をかけておかなくても、「先生ご在宅でしょうかと言えばいいよ」と話しているのです。そうしたら「だって先生がいきなり出てきちゃったらどうするんだい」と言ったのです。そういう時にそんな「先生がいきなり出てきちゃったら」と、これは失礼でしょう。出ていらしたらとか使いたいと思うのです。だけどもたいてい出てきちゃったらと言うでしょう。そういったように、私はそれを電話のところで聞いていたのですけれども、出てきちゃったらどうするんだい、出てきちゃったらその時のことさと話しているのです。

そういうふうに話の中に出てくる方のことを噂にするというのは大変です。本の中に誰かのご著書について、話したりするとき、これは世間話をする部屋ではありませんから、ご著書がどうとか、今度出た誰さんの本と言った時に、その誰さんと自分との関係がどうであるかということについて、そこへ使われることばと言い方とはたいへん違ってくるのではないかと思うのです。ことばづかいだけとっても、批評的なことを言うこともあるでしょうし、その方が前からその方をあまり尊敬していないという場合があるでしょう。その人の本が出たけれども、やっぱりあまり感心しないという話をしようなどと言うこともあるでしょう。そういう時に人間としてどのような敬語をどのように使ったらいいかということは難しいです。そういうふうに話の中に出てきている人のことを話す、また歴史上の人物などに、尊敬していてもわざわざ敬語を使ったりするのはまたおかしいわけです。ですから本当に大変だと思います。

三八一ページにいくつかの例が、いろいろな場面の例というのがありますけれどもこれはどちらかと言えば、小学校の方へ向けて書いています。大きくないほうを書いています。そこに来る人がいろいろ書いてあるのです。これは私のみんな近頃身辺のことで書いていて、○上級生でクラブで付き合っているそんな人がきたとか、入ってきたとか、○いわゆる帰国子女、○世界の子どもの休日の暮らしについて話し合った、世界の子どもと資料のところにありまして、あとでちょっと申し上げようと思っています。これは本当に写真を撮って、ただ記述をして書いているのではなくて、もっと実在の人を捉えて、その長い間を書いているものなのです。ですから話題にできるのです。それから○親類の大学生、これが一か月ほどパリにホームステイで行っていたのですが私の親戚の者です。それであちらの大学の先生のところへホームステイしていて帰ってきたのです。そしてパリだよりというアルバムを作って、自分でこれがパリを表すということがわかるようなアルバムを作って私にお土産にくれたのです。それが私はたいへんよくできていると思って面白かったのです。例えば公園には犬を入れないのだけれども、犬を入れない、入ってはいけないという印がかわいいのです。それでお店でも大抵そうなっているそうです。犬も覚えていて肉屋さんとかパン屋とかの前へくると、ちゃんと外へ座って待っているのだという話です。そういうこととか、とにかく犬を飼う人がたいへん多いし、そして入れないところがあって、とにかく大抵の公園は犬は入れないそうです。入れなくてどうするのかと思ってしまいますけれども、とにかく可愛らしい犬はバッテンで犬が書いてあるのがついて、そんなような特色のある、話題になるようなアルバムを作ってくれたからそれを書いたのです。○友達のお母さん、車できたのだけれども、この奥さんは車は免許とったばかりなのです。その人が車で来たと、今日は車できましたということは言うでしょう。それから○ピアノの先生とか、○障害のある高校生とか、いろんなふうに。○近くの中学の学校の先生とか、それから○韓国の大学の先生とか、これはちょうど来たのです。韓国の大学の日本に長く留学した方が久し振りに見えたのです。私はこんな方がひょっとこういう所にきたらどういうふうに言うかしらと思って、何の前触れもなくいらしたのです。女の先生で、今大学をおやめになったかもしれないのです。そういう留学生。こういうふうに雑多にこれがいいと言うのではなくこういうふうにいろいろな人が入ってくるようにする新しい時代が来て、あんな学校があるような時になれば、こんなことは平気なことで、誰が入ってきたとか、決めとかなければ心配になるとか、届けてくださいとか、そういう面倒くさいことにはならないという予想です。

ですからこの方たちに対して話題がすぐ出せるようにというと、難しいと思います。そういうことを実習する部屋なのです。この談話室というのは、言語生活の実習室です。それからまたそこにいろいろ書いてありますがそんなように練習するのです。そういう談話室なのですから、話題もさまざまです。先生はどうしているかというと、先生は大変です。あっちのグループへ行って誰か話しているところへ行って座ってみたり、必ず話を盛り上げなければなりませんし、それからどうでなければならないと、そこでどういうふうにしなければいけないとか、こういうことがいけませんねとか、何が違いましたねとか、そういうことは言わないこと。この教室はそういうことを言わないのです。しかし必ず実習すること、話が盛り上がっていなければ自分が例を示すこと、必ず盛り上げる、盛り上がってませんねなどといっては駄目です。もっと盛り上がらなくなります。自分が行っていい話し手になるということ、たくさんの話題を胸に持っていて、いつでも興味ある、単なる面白いと言わなくていいと思います。興味のあるというのでしょうか、関心があるというのでしょうか、面白いのというのはさっきのように、いろいろ誤解がありますから、ここは別に楽しく話さなければいけないということではないのです。ですけれども人間らしく無礼のないように、話しているのです。そしてそういうふうにする先生は大変ですから十倍くらい本を読んでいなければ駄目だというのはそうです。何でも、どの話題にでもさっと入れて、その人の話題をさっと拾って、会ったことのない人なら、会ったことのない人のようにちゃんと話題が提供できるとか、そういう大した先生でなければ駄目ですので、だから胸がいっぱい膨らんでいるような人でないと勤まらないから急にはできません。私たちがみんな勉強するまではできないわけです。だから教師も大変だと思います。

それからことばづかいです。ことばづかいが豊かで午後のことを昼下がりとくらいは言いたいでしょう。ですけれど午後は午後しか言えなかったとか、そういったことばの貧しさを、世の中の人のことばかり言っていられない、教師の世界でもずいぶん聞いていると、誉めるにしても決まったことばしか言わないです。よくできましたねとか、よく読めましたねとか、何かそういった誉めことばの大切なことばでも、あまり子どもがハッと目を覚ますようなことは言わないでしょう。たいてい当たり前のことばですから、大してありがたがらないのではないですか。誉めても簡単には感動しないでしょう。叱られたよりは嬉しいかもしれないけれども、感動するような誉め方をするのではなかったら、誉めても何もなりません。誉められさえしたら嬉しいとか、そういうつまらない人になったら困るのですから、それにはやっぱり豊かなことばで、誉めなければいけないし、叱るにしたって豊かなことばで叱らなければいけないし、とにかく大変です。だからこれはもう教師の実力です。談話室の成功するかしないかということは。

それから終わりになります。終わりに時々、単元が一応終わるとか、学期が終わるとか、計画がこれは単元としてやれば、終わりという時があります。その時には終わったらもうそれはしないというのではなくて、一応の切れ目をつける時がありますが、そういう時には三八四ページのように談話室であったことを報告しあうなどというのも、面白いかもしれません。その辺の始末は、教師であれば誰でもすっと思いつくようなことなのですが、しかしこの談話室の豊かさと、空気、上品な人間が話しているなというような気がするような部屋にしたいと思って、動物は話せないわけなのですから、これが人間らしい空気がないと、いろんな事件が起こるのではないかと、人間らしくないことをする子どもができてきたりするのではないかと思います。

さて、三八八ページの資料、この資料はちょっとわけが違うので、これを子どもに使わせるというのではなくて、使ってもいいですけれども、いくつか気をつけなければいけないのです。私はこれを自分がここまでしか用意できなかったのですけれども、例えばこの単元としたら、三九三ページの資料65から「ふるさとのくらし」シリーズがありますでしょう。『ふるさとのくらし』『日本のまちとむら』の全12巻というのがあります。これは本屋さんの性質からいって小学生に発行したと思います。こうした社会科の参考書のようなものはいろいろあるのですけれども、これは大変よくできているのです。それから76に一冊統計がありまして、その統計が新しくて、割合よく使えるのです。ですから話題を拾うのによろしいと思います。そういう観点で、こういう本は探せばいい、何とかの町の暮らしとか、都会の暮らしとか、漁村の暮らしとか、山の暮らしとかと十何冊もあります。その一群の暮らしの本、それを基にして、それを膨らますような材料を使っていけばいいということです。探すのに、です。ですからやはり何でも探せばいいのではなくて、基盤というのがあって、暮らしと決めたならば、その暮らしをどんなふうに捉えているか、それを中心にして膨らませる余裕があるのか。それから写真や統計などがあるのは大変都合がいいでしょう。ですからそこを中心にすればいいのです。

それから三九〇ページからに『世界の子どもたち』というのがあります。その国によって一冊ごとに組織が違うのです。発展途上国と先進国では子どもの組織が違っています。それは生活が違うからでしょう。こういう本はよく同じように、学校のこととか何かのこととかとなっていますけれども、みんながあまり知らない、日本の子どもがあまり知らない国のことは必ず上手に解説しているのです。そして大体その国の子どもがどんなふうな生活かということなのですが、どんなところに住んで、どんなものを着て、どんなものを食べてどんなことをして遊んで、学校へどんなふうに行ってといったようなこと、それが暮らしということでしょう。それが大変うまくかけているのです。それで一年に亘っていろんな時に写真を撮って、単なる書いたものではありませんから、こういう生活だろうと決めて、そしてそれを絵で描いたという、それだっていいのですけれども、これは本当に写真に撮ってありますから、生々しく話題が拾えるのです。本がよくないと話題が拾えませんので、これを読むとどうしても、ああそんなことがあるのかという気がしてくるのです。

それからイギリスの生活を書いたもの、家庭生活もあるのですけれども、まずなんと堅実に詳しく家庭の中の道具を書いてあることでしょう。それが日本のと比べるとうんと違うのです。細かい線で描いた絵でもって、イギリスの比較的地方の主婦が、徹底してどんなに買わないでいろいろなものを作っているのか、それにはこれだけの道具が要る、水をつぐのと牛乳をつぐのとは、つぐものが違うといったふうに本当に細かく道具を分けて使っているのです。そういうことが家庭生活の中で、とても細かい心づかいになって、お茶の茶碗でコーヒーを飲むといったようなことがないと言いますか、そういうことは日本だってないかもしれませんけれども、それ式な細かい心づかいで丁寧に作っているのです。その様子が道具を基にしてずっと書かれておりまして、日本もそういうのがありますが、あれとは大差があります。日本のもとてもよくできていて大変面白いです。日本の昔からの家庭生活の道具がよく書かれていて、全部これは何という名前だと仮名を振ってあります。線を引いては紹介してありますので、私はあれも好きです。四冊続きで、日本のは、すまうとか、あきなうとか、そういうテーマをつけて、そしてそのテーマをめぐって道具を書いているのです。ですからこれも好きではありますけれども、イギリスの丹念さには驚いて、あの国の何か重厚な感じがとても出ていたと思います。

それからそこに地図が、大変易しい初歩的な、小学校のはじめ、幼稚園でも使えるような地図もあって、そうでない地図もありますが、地図は話、話題を選ぶ宝庫。今日も地図のお話が出ていましたけれども、話題の宝庫です。そしてこんな子どもみたいなと言っても、子どもみたいなものと同じような地図を大人に近い方では、どんなふうに解説したり、どんなことを取り上げているのか、木を一本書いても違います。ですからそんなことを比べて、そこから話題が出て、自分で考えたりして話題も拾えると思います。地図は本当に話題の宝庫です。地図を見れば、行ったとか行かないとか、憧れているところ、話に読んだところ、人から聞いたところ、お友達が住まっているところなど、本当に地図というのは、話題がない時にはお話の宝庫になると思います。

それから福音館書店の「たくさんのふしぎ」というのを、たくさん、三九五ページと三九六ページに挙げてあります。暮らしということにいくらか役に立つと思うのを挙げてあるのです。これだけではなくて、全巻ありまして、もっともっとあるのです。それのどういうところが私の着眼点かというと資料として見ますと、とにかく話題の選び方のうまさ、「たくさんのふしぎ」そのたくさんのふしぎの一冊毎のテーマの取り方が人間生活から拾ってくるのです。それが本当に上手です。テーマの取り方を勉強するという意味でそれを見ましたし、それからその解説が本当に上手というのか、ことばの入れ方というのでしょうか、難しいことばでも、それを覚えて一生使っていかなければ困るということばとそうでないことばがあるのです。そうしたらこれということばは、易しく言ったら却ってわからなくなってしまうのです。学校というのは、もし学校と言わなければもっと難しくなるでしょう。それと同じでそのまま覚えた方がいい、言い換えがいいなどと思う、言い換えをことばの力などと思う考えは、このような世の中にはもうないということにしてください。そのことば、それが使ってわかって、わかるから使えるのだし、わかるから読めるのだし、そういうふうに言い換えなどする必要がないのです。

私たちは教師ですから、これはなんという意味と言われれば、それはこんな意味よと言わないわけにはいかないです。けれどもそれだって、そういうわからせかたは下手でしょう。やはり実例とか、お話とかして、これがそうだと、この気持ちがこうだと言わなければ教えたことにはなりません。けれども教師ですから、これなあにと言ったら、簡単なことばで、わかることばでいうというのが仕事の中の一つだと思っています。ですけれども、子どもたちや先生にならない人は、そういう必要はないのです。言い換えなくても良くて、そのものがわかっていたら、それで使っていけばいいので、これがそうだな、こういう気持ちがこうだなと、使っていけばいいので、別に易しいことばで言う必要はないのです。ですからそういうことばがどれかということです。つまりそのまま使って言ってしまいなさい、これがこれと覚えてしまうので、ほかのことばで言う必要なしというそういうことばで結構熟語的なものであるのです。それを上手に使っているのです。そういうふうに覚えてしまった方がいいというのは、難しくても使ってしまっているのです。

「たくさんのふしぎ」というのは幼稚園に配っているのです。ですけれども、どんどん難しいことばを平気で使ってしまうのです。そしてどうしてもという時は、黒いページを作って、その黒いページのところにそれを解説しているのです。そうするとそのことばを使わないでそのことを言うとなったら、つまり学校と言わないで学校のことを言うのだとしたら、これは二ページくらい必要でしょう。学校などは違うけれども、そういうふうなことばは黒い地のところがありまして、そこに説明しているのです。ですからそういうページを見ると、わかりたければわかりますが、そのまま使っていいことばの選び方と使い方、それを私は勉強するために面白いと思って「たくさんのふしぎ」というのを見ているのです。それに私の知らないことがいっぱいありますから、そういうことばを見つけるのには格好なのです。自分が知らないからたいそう見つかるのです。ああこんなことばを使ってしまうのかと思ったりするわけです。ですからそこにたくさん並んでいるのは、これは子どもたちに読ませる本、いつも資料というのはそうです。子どもに使わせるといったような意味で、教師だけなら教師用と書いて発表することが多かったのですけれども、これはみんな子どものためでなくて、私が談話室の先生をしますための資料の一つだと思ってください。

そういう意味で先生自身の本の読み方もたいへん違ってくるなと思っています。この間、聞かれたのですけれども、幸田文さんと青木玉さんの本が一緒にはいっていたのです。そうすると、ああいう本、三九四ページの『なんでもない話』には何でもない生活の中のことばが出てくるわけで、さっきちょっと言いました「午後」と「昼下がり」と言ったようなこととか、枝がたくさん重なっている時に「枝をかわしている」というような言い方はありますけれども、「差しかわす」とちょっと言うと、急に品がよくなるでしょう。程度の高いことばという、いい感じがします。それからその辺に藁がいっぱい敷いてあって、何とか何とかという時に「敷藁がいっぱいに広がっている」というふうに、「敷藁」なんてそういう動物が寝たりするところの藁は、ただ藁ではなくて「敷藁」というのです。そんなことばが出てきたりして、幸田さんの『台所のおと』はたいそう日常的ないいことば、滅びていってしまうような、滅びていきつつあるような、惜しいことばが出てくるのです。玉さんの方『なんでもない話』」にも。それでそれを見ていたのです。文さんよりも玉さんの方が使わないかどうか、時代の勢いでそういうことばが少なくなっているかどうか「午後」は午後、「昼下がり」なんて言わないかどうか、それともまだ言っているかどうか、それを見たいと思ってあの二冊があるとか。この資料は少し解説しなければいけない資料だったのですが、大抵はそういうことではいっているのです。

ただ子どもに読ませる、話題を広げるためというよりも、教師がこういう、子どもの読み物みたいなものの中で、自分が何を勉強するかということが大切で、本当に談話室の先生というのは、とても大変だと思うのです。だけど面白いと思うのです。そこにいて、いろんな人に豊かなことばで、豊かな話題をきれいに話すことができたら、そういうふうにしてぐんぐん、心も太っていったり、ことばも増えていったりします。そういうふうにするのが談話室、あの勉強の十六年の計画の午後にいれてあります。今、お話をした単元をもっともっと豊かにしたものだと思ってください。そしてそこでは本当に人が人と触れ合って、そして豊かな人に太っていく、そういうお部屋にしたいのです。何を覚えていたからえらいとか、何とか、そういうはらはらするような、子どもが勉強を嫌いになるようなそういうことではなくて、勉強するという意識もないほどにお互いが人と人が触れ合いながら、豊かな人間生活が送れるようにする、その基盤になっています言語を、それに注目している部屋だと思ったらいいのです。

ですからそこの豊かな言語生活の担い手として、そこに暮らすためには、たくさんの本を読まなければだめですし、読んだだけではなく、それをいつでも自分として蓄積していなければ困るでしょう。そういうふうな、とにかく精神生活の豊かさがなくて、私は今いろんな嫌なことが起こっているような気がするのです。大人のことはよくわかりませんが子どもの場合です。何という貧しさなのだろうと思います。ですからこうすればイジメはなくなるなんて、そんなこと誰だって簡単に言えるものではありませんけれども、私はやっぱり人間の貧弱さ、人間性の貧しさ、そういうことが一番元だという気がして、みんながこの談話室までできなくても単元だけでもいいですから、こんな向きですすめてください。この時期にそういうことが一番合っているなと思っているのです。だから「単元」と付けようか付けまいかと考えて、ああいう談話室のことですからどうなのかなと思いましたけれども、やっぱり何も付けないのもおかしいし、単元でないこともないと思ったりして、単元とはなんぞや、これは単元となるかなどと思わないで、もっと上等な単元だくらいに思っておいてください。そして何かもう少しことばが豊かな、話題の豊かなふっくらした空気を作るのに、ことばこそそれを担うことができると思うのです。どうしたらふっくらしますかなどと言っても、こうやればという方法はないのは当然です。その一つの方法がこうではないかというふうに考えてみたのです。

どうも長くお話を聞いていただいてありがとうございました。

講演資料（一九九七年十二月七日）

単元　談話室

（一九九七（平成九）年十一月二十三日（日）
第27回大村はま国語教室の会研究発表大会）

単元「談話室」

はじめに

この「談話室」の学習は、今の学校にそのまま持ちこめないようなものである。

社会もたいへん違い、カリキュラム、教科目、それより何より建物も違う、家庭・保護者も違い、教師も違う、成績・偏差値などより、ずっと広い雰囲気のなかでの言語生活の向上を目ざす学習である。

それで、書取りはどこでしますかとか、実力がつきますかとか、できない子の指導は?とか、教科書はこなせますかとか、成績表は、通信簿は、というような疑問は、しばらく離れて考えたいことである。

この談話室は、単なる息抜きの部屋、休憩室ではなく、社交室、娯楽室ではない。教養を増す、知識・意見交換室、学び合いの部屋ではあるが、そこまでに、とどまっていたくない。

話し合うことは、たしかに互いを育て合うことである。成長し合うことである。しかし、それだけではない。話している自分を自分で開発することである。相手の人のことばによってではなく(それももちろんあるが)、相手の話の内容に関係なく、ふと何かがわかったり、ふと思いついたりすることがある。人と人とが息を交わし合って、本気になっている、その営みの生み出すものなのであろうか。

文海中学校に勤めていたころ、昭和三十年代前半のことである。たいへん授業参観が多く、私と生徒たちだけで水入らずで授業をする時間の方が少ないという状態であった。授業は、参観者があってもなくても、時間的には同じことであるが、授業のあと、必ず参観者と話し合いの時間を持たなければならなくなる。当時、授業時間が多かったので、たまのあき時間は、私にとってたいへん貴重であった。プリントなど、資料の用意が間に合わず、何時間めのあき時間には、あのプリントを、などとあてにすることが多かった。その時間を、お客さまとの話し合いに使わなければならないのが辛かった。やや、しぶしぶという気持ちで話し合いを始めるのであるが、いろいろ話している間に、相手の話に関係のないことが、その人に啓発されてということでなく、話している自分の心の中に、閃いてくるもののあることがたびたびあった。話すということによって開かれてくるのか、話すといういきいきとした活動が、話す人の力を引き出すのか、話すことによって、頭がいきいきと動いて考えを開くのであろうか、その時間に、ひとりで机に向かって思案したとしたら、とても考えつかないであろうと思うような考えが得られたことが多かった。人と人とが、息を交わし合って話すということの、命の交わし合いのような雰囲気の中で、単なる考えの交換とか、伝達とかいうことではない、それ以上のものがあることに感動した。

話し合いということには、そういう不思議といいたいような働きがあると思う。そういう実感を子どもたちに持たせることが、本気で話し合える人に育てるために大切であると思う。

談話室の発想まで

「談話室」の発想には、私なりの歴史がある。

母校、東京女子大学を創立された新渡戸稲造先生は、「青年期には一人でいる時間のあることが大切である」と言われて、寮の部屋を個室にされた。そして、それとともに、その個室の生活を持ちながら、個室を出て話し合うことが大切であると言ってパーラーという、ひろびろとした部屋を造られた。私はこれらのおことばと、そしてその通りに用意された個室とパーラーで過ごした生活の実感が、今も心に残っている。

戦後、昭和二十年代の後半、中央区立の紅葉川中学校に勤めていた。まだ校舎がなく、二つの小学校に間借りの状態であった。

二年生と「読書」という単元の学習をしたときのこと。借りた小学校との境が「型になっている廊下のつきあたりであった。その廊下の左側にある教室を使っていた。

まずその教室は読書室。みな、好きな位置に机を持っていって、本を読んだ。窓ぎわに一人で机をおいている人、部屋のまん中に机を向かい合わせにおき、向き合って読んでいる人、いろいろであった。

ところで、その教室の横に並行してある廊下の一番奥の部分をついたてでしきって、読書新聞の部屋にした。数名ずつグループになって、順番に読書新聞を作って、配布するのが、この単元の学習の一部であったのである。手刷りする謄写版の道具もそこにおいた。

そのつづきの廊下をしきって、談話室にした。読書室は私語も許さない、読む部屋のルールを身につけさせようという目的であった。しかし、本など読むと、ちょっと話したいことが出てくるものである。それはそれでいいことである。それで、話したい人は、話したい相手の肩をたたいて、部屋を出、その談話室で話すことにしていた。読書室のしんとした空気、談話室のくつろいだ雰囲気、きわめて対照的であった。何か、おとなびた感じがあって、みなも楽しいと言っていた。

その後、大田区立石川台中学校に転じた。校舎の建て替えがあったので、司書室の隣りに、談話室を作ってもらった。石川台ではこのほかに、部屋の隅に、円テーブルを置いて、ちょっとしたことを話すための談話コーナーもあった。

談話室で、談話コーナーで、楽しく静かに話し合った。

どんな力を養うことができるか

談話室は、言語生活の実習場である。ことばの使い方の学習にとどまらない、言語生活の学習の場である。

そこでの学習で、身につけたい、身につけられる主な力として、次のようなものを考えている。

○人のことばのはしばしからその人をとらえ、その気持ちを受け取る力。
○それぞれの場を感じとる力。
○人の気持ち、考えを（型にはまった五W一H的な尋ね方などでなく）

引き出す力。
○豊かな話題と豊かなことば。その人・その場に応じて話題を選び、ことばの種類・程度を選び、言い方・調子・声など適切に使いわける力。具体的に、敬語を使いこなす力。その場にあったことばづかいができる力。ことにいろいろの人のいる場で、その一人ひとりの話の中に出てくる人について話すことばづかいが適切にできる力。
○その場にいない人について話すことばづかいが豊かで適切にできる力。
○人を話し合いに引き入れる力。ほかの人が十分に話せるような雰囲気を作る力。
○あまり話し合いに入れないでいる人を目立たないようにかばい、話し合いの雰囲気をこわさないようにする力。
○自分の話したいことを周囲の雰囲気のなかに置いて考える力。
○人を楽しませ、その場をいきいきとさせる力。(むりな冗談でなく)
○ひとりで話し過ぎる人のいるとき、話し合いをみんなのものにする知恵と力。
○目上の人、高齢の人への心づかいのできる力。(話題、声の大きさ、若者ことば、流行語など)
○広い、強い読書力。
○いろいろの角度でいきいきと呼び出せるように、読んだことを蓄積する力。

話　題

もちろん自由であるが、大きなわくとして、人の「暮らし」を考えている。毎年ユネスコで、「国際児童年」とか、「国際先住民族年」とか掲げられて、他の年よりは、その話題の出ることが多いという程度であるが、そのような程度で、「人の暮らし」をテーマに置く。おりおりの教師の話や掲示板などには、このテーマが見られるようにする。本も、あとの資料の部に挙げたような本を多く揃え、これを読んで話し合うということではないが、新購入図書としてこの種のものが多ければ、自然に読まれることが多くなる。そういう自然な誘い方にする。特に、何を読んで、何を話すということではない。

学習を進める

一、この学習が十一月とすれば、九月ごろから教師の談話を始める。週二回は、スピーチの形で話をするのが常であった。それは、スピーチや作文の材料の見つけ方、生活の目のつけ方を指導する意味であり、読書と並んで、子どもの心を豊かにする材料を与えるためであった。

この話の材料を、「談話室」の学習を、（教師が）意識して、話題の選択に心を配る。「話題を豊かに」という目あての話に加えて、いろいろな場面で、ふと、ことばづかいについて考えさせられたり、疑問を持ったり、感心したり、興味を持ったりしたその場面・経験を話す、いっしょに笑ったり考えたりする。ことに教師の「このときどう言えばよかったか」というような話は最適である。この話を続けながら、だんだん、失敗の話、見るに見かねた場面を多くする。子どもたちが身につまされる思いのするような材料にしていく。そしてわかっているようでも適切なことばづかいができないものであること、敬語でも一応、わかっているが、実際の場で適切に使いこなすことはむずかしいこと、そしてそれは理解していることを、いろいろの実際の場で経験して身につけることであることを実感させるようにする。

そして「談話室」の学習の計画を持ち出して賛成を得、学習の進め方をてびきで確かめる。

学習に入る前、二週間程度、準備期間を置く。本、必要によってインタビュー、何を使ってもよい、話題を豊かにするように、たくさんの話したいことが胸にある人になるように、そして、そのなかでもう一つのテーマくらいは、特にくわしいというようなものを持つようにする。そのテーマは、一覧表にしてクラスに配る。

談話室の実際

いろいろの場面例

二人か三人で話しているところへ、いろいろの人が入ってくる。話し合いの席に加わる。そのたびに適切に応対する。たとえば、次のような人が入ってくる。
○昨日まで欠席していた友だち。
○他クラスの友だち。（あまり親しくない）
○上級生（中三）のクラブでつきあっている友だち。
○いわゆる帰国子女。
「世界の子ども」で、世界の子どもの休日のくらしについて話し合っているところへ入ってくる。そこへもう一人、友だちの家にホームステイをしているインドネシアの少年が入ってくる。
○親類の大学生。一か月ほどパリにホームステイで行って帰ってきた。自分で撮った写真をアルバムにして持ってきた。
○友だちのお父さん。犬好き。
○友だちのお母さん。車の運転を習い始めたところ。
○本校の理科の先生。
○ピアノの先生。（課外に習っている）
○障害（足）のある高校生。（兄の友だち）
○幼稚園のときの先生。
○近くの中学の校長先生。
○韓国の大学の先生。（担任の先生の友人）

なお実際には、いろいろな場面を子どもたちから提供されるであろう。

次の例は、子供の代わりに、石川台中学校卒業生、苅谷夏子さん（現在主婦）に子どものつもりで、寄せていただいたものである。

○話の中で生じた疑問を解決してくれそうな人物をさがし、迎えに行き、事情を説明しながら談話室へお連れする。
○一座の会話に半ば遅れて加わった先生に、その場の流れをかいつまんで話す。今まで話し合っていた同席の友だちなどに、少しずつ話をゆずりながら。
○遅れて加わった先生。会話の流れを話したが、少しずれた発言で、雰囲気がこわれそうになった時。
○近ごろ、お母さんの具合がよくないA君に、お母さんの加減をたずねる。いくらかよいようだと答えるA君。
○相談があってたずねてきた、数年前の卒業生。その彼を一同に紹介し、せっかくだから仲間にはいって、と促す先生。
○後輩の中学生たちや面識のない先生に自己紹介をする大学生。
○興にのったおしゃべりが、ちょっと大げさになっていくのを、さりげなく、訂正したり、たしなめたりする人。
○無口な友人。その人にぴったりの話題になってきたので、うまく水をむける。
○せきをして、顔色も悪い生徒。今日はもう家へ帰って休んだ方がよい、とすすめる。
○自信たっぷりに持論をのべるAくん。それに対して、談話室らしい雰囲気をくずさぬよう注意しながら反論を試みるBさん。
○「腹の立った話」を、腹立ちまぎれではなく、ユーモアにくるんで話す。

○帰るべき時間を忘れて話しこんでいる友人に、時間を思い出させる。
○どうしても話したいことがある。でも話題は一向に関係のない方向に行くばかり。うまくタイミングをはかって話を切り出したい。
○学校の周辺に八十年前から住んでいる地元のおじいさんをまねく。談話室の紹介をし、話の糸口をさぐる。
　→よびかけのことばとして「おじいさん」、ではなく、例えば「木村さん」？　年配の方への親しみと敬意の両方を備えた話し方。
○校長先生がお客様をつれて談話室をたずねる。ざっくばらんに話すお客様。そのざっくばらんな話しぶりにつられ、ことばえらびがあやふやになりそうな生徒。一方で、あくまで固い敬語をくずさぬ生徒。

注意メモ

一人ずつとは限らない。二、三人でくる場合もある。

これはお芝居でなく、実際である。今の学校では、むりであろうが、それは最初に述べたとおりである。

担当教師は、あちこちの話し合いに、一人の来訪者として話し合いに参加する。指導より話し合いを盛り上げる態度。決して注意したりしない。

この学習の一応の終わりに

(1)「談話室より」のつどい

談話室よりの報告
談話室よりの質問
　こういう場合、どんなことを、どんなことばで言えたらよいか
談話室で得たもの
いろいろの疑問・問題点を出し合い、また希望・要望を出し、提案する。
　教師からの報告、研究、発表の資料を紹介したり、印刷物等にして交換したりする。
(2)「国語教室通信」特集
「豊かな話題としっくりはまったことばづかいこそ」
(3)掲示板に「談話室より」コーナーを設けて当分連続して掲示。

付

　なお、この単元「談話室」の学習は、次の夢のような構想の一部であった。お慰みにごらんに入れる。
　教育第一期　現在の小1から小4
○第二期　現在の小5から中2
　第三期　現在の中3から高3
　第四期　現在の大学
　一期ごとに、全然違った構想に、と考えているだけで、具体的な案はない。この単元「談話室」は、第二期の一部の案を簡単にしたものであ

る。

たとえばこんな計画である。

	月	火	水	木	金
1	A	A	A	A	A
2	B	B	B	B	B
3	B	B	B	B	F G
4	C	C	C	C	F G
5	D	D	D	D	D
6	E	E	E	E	H
7	E	E	E	E	H
8	A	A	A	A	A

現在の小学校5年、6年、中学1年、2年の四年間である。

A　個人学習室（個室）で
ひとりひとりで学習する。

B　学級学習室で

今の授業時間に当たる。数学・社会・理科というような、いわゆる教科の学習。

ただ、何教科というのでなく、テーマを掲げて、それをめぐって、それを追究して広く学習を展開する。ＮＨＫ人間大学のようなテーマのとらえ方。

C　学級学習室で

知的生産の技術

梅棹忠夫氏の著書名を拝借したが、論文の書き方、記録のしかた、資料の集め方、活用のしかた、シンポジウムの進め方など、いろいろさまざまな発表のしかた、工夫を学ぶ。

D　学級学習室で

外国語の学習

E　談話室で

F　学年学習室で

自由発表

G　学級学習室で

いわゆるホームルーム。学習について、勉強生活について、交際上の問題についてなど、いろいろ話し合ったり相談したりする。健康関係のこともこの時間を経て養護の係に向けられる。教科の教師の兼任でなく、ホームルームの教師が当たる。一学級に一人でなく、数名いる。

○FとGは、隔週。

H　学級学習室で、ときに、学年学習室で「談話室より」というような発表。

資料例

資料は限りなくあるわけで、ここに挙げることはできない。しかし、大わくを「人の暮らし」としたので、今回、私が話題を求めて見ることのできたものを例として取り上げてみた。本をさがす着眼点のようなもののご参考になれば、という軽い意味しかないリストである。

番号	書名	著者・編者	出版社	発行年月
1	小さな雪の町の物語	杉みき子	童心社	一九七二・二
2	NHKおはなしシリーズ1 空中ブランコのりのキキ	別役 実	日本放送出版協会	一九七四・一〇
3	いろいろへんないろのはじまり	アーノルド・ロベール	冨山房	一九七五・三
4	のばらの村のものがたり 全四巻 1 小川のほとりで	シル・バークレチ 岸田衿子 訳	講談社	一九八一・五
5	のばらの村のものがたり 全四巻 2 春のピクニック	シル・バークレチ 岸田衿子 訳	講談社	一九八一・五
6	のばらの村のものがたり 全四巻 3 木の実のなるころ	シル・バークレチ 岸田衿子 訳	講談社	一九八一・五
7	のばらの村のものがたり 全四巻 4 雪の日のパーティー	シル・バークレチ 岸田衿子 訳	講談社	一九八一・五
8	ロマンティック街道物語 遥かなるドナウの流れ	三輪晃久	グラフィック社	一九八五・六

9	童謡でてこい	阪田寛夫	河出書房新社	一九八六・二
10	ルドルフとイッパイアッテナ	斉藤　洋	講談社	一九八七・五
11	ジュニア地図帳（アトラス）全3冊　1　こども日本の旅	高木　実	平凡社	一九八七・六
12	ジュニア地図帳（アトラス）全3冊　2　こども世界の旅	高木　実	平凡社	一九八七・六
13	ジュニア地図帳（アトラス）全3冊　3　こども歴史の旅	高木　実	平凡社	一九八七・六
14	写真でみる　日本生活図引　1　たがやす	須藤　功　編	弘文堂	一九八八・一一
15	写真でみる　日本生活図引　2　とる・はこぶ	須藤　功　編	弘文堂	一九八八・一一
16	写真でみる　日本生活図引　3　あきなう	須藤　功　編	弘文堂	一九八八・一一
17	写真でみる　日本生活図引　4　すまう	須藤　功　編	弘文堂	一九八八・一一
18	写真でみる　日本生活図引　5　つどう	須藤　功　編	弘文堂	一九八八・一一
19	横浜絵地図	岩壁義光　編	有隣堂	一九八九・三
20	沖縄絵本	戸井昌造	晶文社	一九八九・七

21	フォト・ドキュメント　世界の子どもたち　全35巻　1　マレーシア	押原　譲	偕成社	一九八九・一〇
22	フォト・ドキュメント　世界の子どもたち　全35巻　2　ニュージーランド	柳木昭信	偕成社	一九八九・一〇
23	フォト・ドキュメント　世界の子どもたち　全35巻　3　パレスチナ	広河隆一	偕成社	一九八九・一〇
24	フォト・ドキュメント　世界の子どもたち　全35巻　4　韓国	窪田　誠 高田ゆみ子	偕成社	一九八九・一〇
25	フォト・ドキュメント　世界の子どもたち　全35巻　5　フィリピン	ビヤネール多美子	偕成社	一九八九・一〇
26	フォト・ドキュメント　世界の子どもたち　全35巻　6　スウェーデン	ビヤネール多美子	偕成社	一九八九・一〇
27	フォト・ドキュメント　世界の子どもたち　全35巻　7　ブータン	小松義夫	偕成社	一九八九・一〇
28	フォト・ドキュメント　世界の子どもたち　全35巻　8　インドネシア	戸塚貴子	偕成社	一九八九・一〇
29	フォト・ドキュメント　世界の子どもたち　全35巻　9　メキシコ	生原良幸	偕成社	一九八九・一〇
30	フォト・ドキュメント　世界の子どもたち　全35巻　10　ネパール	渡辺　眸	偕成社	一九八九・一〇
31	フォト・ドキュメント　世界の子どもたち　全35巻　11　スペイン	横山正美	偕成社	一九八九・一〇
32	フォト・ドキュメント　世界の子どもたち　全35巻　12　ミャンマー	森枝卓士	偕成社	一九八九・一〇

33	フォト・ドキュメント　世界の子どもたち　全35巻　13　フィンランド	ビヤネール多美子	偕成社	一九八九・一〇
34	フォト・ドキュメント　世界の子どもたち　全35巻　14　ギリシア	広河隆一	偕成社	一九八九・一〇
35	フォト・ドキュメント　世界の子どもたち　全35巻　15　ブラジル	生原良幸	偕成社	一九八九・一〇
36	フォト・ドキュメント　世界の子どもたち　全35巻　16　ヨルダン	広河隆一	偕成社	一九八九・一〇
37	フォト・ドキュメント　世界の子どもたち　全35巻　17　ボリビア	生原良幸	偕成社	一九八九・一〇
38	フォト・ドキュメント　世界の子どもたち　全35巻　18　オーストラリア	柳木昭信	偕成社	一九八九・一〇
39	フォト・ドキュメント　世界の子どもたち　全35巻　19　中国	宮嶋康彦	偕成社	一九八九・一〇
40	フォト・ドキュメント　世界の子どもたち　全35巻　20　チェコスロバキア	L・ネボル　V・チハーコーヴァー	偕成社	一九八九・一〇
41	フォト・ドキュメント　世界の子どもたち　全35巻　21　イタリア	R・ドリギ　山田まり子	偕成社	一九八九・一〇
42	フォト・ドキュメント　世界の子どもたち　全35巻　22　ユーゴスラビア	横谷孝子	偕成社	一九八九・一〇
43	フォト・ドキュメント　世界の子どもたち　全35巻　23　インド	内山澄夫	偕成社	一九八九・一〇
44	フォト・ドキュメント　世界の子どもたち　全35巻　24　タイ	折原　恵	偕成社	一九八九・一〇

45	フォト・ドキュメント　世界の子どもたち　全35巻 25 タンザニア	中村晴子	偕成社	一九八九・一〇
46	フォト・ドキュメント　世界の子どもたち　全35巻 26 トルコ	戸塚貴子	偕成社	一九八九・一〇
47	フォト・ドキュメント　世界の子どもたち　全35巻 27 西ドイツ	神保照史	偕成社	一九八九・一〇
48	フォト・ドキュメント　世界の子どもたち　全35巻 28 イギリス	加藤節雄	偕成社	一九八九・一〇
49	フォト・ドキュメント　世界の子どもたち　全35巻 29 フランス	P・ピエール M・マエノ	偕成社	一九八九・一〇
50	フォト・ドキュメント　世界の子どもたち　全35巻 30 アメリカ合衆国	S・オリスタグリオ	偕成社	一九八九・一〇
51	フォト・ドキュメント　世界の子どもたち　全35巻 31 ソビエト連邦	宮嶋康彦	偕成社	一九八九・一〇
52	フォト・ドキュメント　世界の子どもたち　全35巻 32 ブルキナファソ	M・マエノ	偕成社	一九八九・一〇
53	フォト・ドキュメント　世界の子どもたち　全35巻 33 エジプト	小松義夫	偕成社	一九八九・一〇
54	フォト・ドキュメント　世界の子どもたち　全35巻 34 ハンガリー	L・ネボル V・チハーコーヴァー	偕成社	一九八九・一〇
55	フォト・ドキュメント　世界の子どもたち　全35巻 35 日本	L・バーミンガム	偕成社	一九八九・一〇
56	イギリスの生活誌 道具と暮らし	ジョン・セイモア 生活史研究部　訳	原書房	一九八九・一二

57	はじめましてにほんちず	高木　実 高木幸子	平凡社	一九九一・一一
58	歴史のこわさと面白さ	中村政則	筑摩書房	一九九二・三
59	お父さんが話してくれた宇宙の歴史 1　ビッグバン	池内　了	岩波書店	一九九二・四
60	台所のおと	幸田　文	講談社	一九九二・九
61	ひまなし山暮らし	布施知子	筑摩書房	一九九六・一一
62	わが少年期	中野孝次	彌生書房	一九九六・一二
63	県史13　東京都の歴史		山川出版社	一九九七・一
64	県史20　長野県の歴史		山川出版社	一九九七・三
65	ふるさとのくらし　日本のまちとむら　全12巻 1　山のくらし		小峰書房	一九九七・四
66	ふるさとのくらし　日本のまちとむら　全12巻 2　海のくらし		小峰書房	一九九七・四
67	ふるさとのくらし　日本のまちとむら　全12巻 3　歴史のあるむら		小峰書房	一九九七・四
68	ふるさとのくらし　日本のまちとむら　全12巻 4　米づくりのむら		小峰書房	一九九七・四

69	ふるさとのくらし　日本のまちとむら　全12巻 5　都市近郊のむら		小峰書房	一九九七・四
70	ふるさとのくらし　日本のまちとむら　全12巻 6　開拓農村のくらし		小峰書房	一九九七・四
71	ふるさとのくらし　日本のまちとむら　全12巻 7　雪国のくらし		小峰書房	一九九七・四
72	ふるさとのくらし　日本のまちとむら　全12巻 8　南島のくらし		小峰書房	一九九七・四
73	ふるさとのくらし　日本のまちとむら　全12巻 9　大都会のくらし		小峰書房	一九九七・四
74	ふるさとのくらし　日本のまちとむら　全12巻 10　大工場のあるまち		小峰書房	一九九七・四
75	ふるさとのくらし　日本のまちとむら　全12巻 11　日本列島の人びとのくらし		小峰書房	一九九七・四
76	ふるさとのくらし　日本のまちとむら　全12巻 12　全国都道府県市町村データ集		小峰書房	一九九七・四
77	千曲川　そして、明日の海へ	小宮山量平	理論社	一九九七・六
78	ひみつの山の子どもたち ――自然と教育――	富山和子	童話屋	一九九七・九
79	なんでもない話	青木　玉	講談社	一九九七・一〇

月刊「たくさんのふしぎ」（「かがくのとも」小学生版）より　福音館書店

10号　ある都市のれきし──横浜・330年──
11号　夢ってなんだろう
18号　アメリカ・インディアンはうたう
20号　アラスカたんけん記
25号　2本足と4本足
34号　青函連絡船ものがたり
35号　ナイル川とエジプト
54号　きみの楽器はどんな音
56号　本のれきし5000年
60号　手紙で友だち北と南
64号　地下に作られた町・カッパドキア
66号　飛びたかった人たち
69号　シベリア鉄道ものがたり
70号　アマゾン・アマゾン
73号　10才のとき
75号　かぼちゃ人類学入門
82号　日本の自動車の歴史
84号　バルセロナ建築たんけん
88号　スイス鉄道ものがたり
89号　大きなヤシの木と小さなヤシ工場

92号　小麦・ふくらんでパン
96号　絵ときゾウの時間とネズミの時間
99号　イェータ運河を行く
104号　うたがいのつかいみち
105号　森へ
108号　つな引きのお祭り
109号　6つの国から「わたしの絵です」
110号　ムクドリの子育て日記
111号　キッピスの訪ねた地球
112号　太平洋横断ぼうけん飛行
113号　象使いの少年スッジャイとディオ
117号　パリ建築たんけん
120号　ひと・どうぶつ行動
122号　かんたんレストラン　世界のおやつ
136号　沙漠の虫の水さがし
137号　森をそだてる漁師の話
138号　ぼくの島
139号　マーシャルの子どもたち
143号　古くて新しい椅子

ほかに

○岩波ジュニア選書解説目録

○朝日中学生ウィークリー
○朝日小学生新聞
○毎日中学生新聞
○毎日小学生新聞
○パリ・アルバム（ホームステイ、学生手作り）中山えつこ

7

国語教室の実際
——学習のてびきについて——

みなさんこんにちは。

「学習のてびき」というのは、私は、初めの頃は使っていませんでしたし、誰も使ってなかったのではないかと思います。

ですから、戦後に新しい教育が歩みだす時にも、てびきを作ったのは文部省でありまして、教科書にてびきを付けなければいけないようになったのです。

それで、西尾実先生の一番初めの教科書のお手伝いをしていました時に、てびきを付けることになりました。編集の会社の人が、「てびきを付けなきゃ」と言ったのです。「てびきはいらないと思うな」と、西尾先生がおっしゃいました。しかし、なければ通りません。ご機嫌は悪かったけれども、その次の時に先生は、「こんなのでどうか?」と、お持ちになって、それを見て私たちは生意気にも、「先生、こんなのでてびきって言わないのではないですか?」と、みんなが言って大反対。そして先生は、「こんなのがいいんだ。今、教科書についているのは、あれは問題集である。あれを捨てなければ。てびきというんだから、教師のてびきの方へつけたらどうかね」とおっしゃった。「しかし、教科書に付けなければ、検定を通りませんよ」と、みんなが言ったものですから、先生は、ご自分がお持ちになったものを見せてくださいました。私達は本当にびっくりして、「先生、とてもこんなのでは、通らない」、どのようなのかと言いますと、先生はそれを、その時さっとご自分のもとにお返しになってしまいまして、私たちに再び見せてくださらなかったのです。ですから、よく分かりませんが、本当になんと言うのでしょうか、非常に単純な物だったのです。たとえば、もし、徒然草なら「木のぼり」の場合、これは私がしたのです。先生のと大変似ているのです。こういう調子です。「この作者の他に幾人の人が出ていますか」とか、それから、「どういう人と、どういう人ですか」、それから、「木にのぼっているのはどちらの人ですか」「『落ちないように』にあたることばはどれですか」、こういった具合です。でしたから、私はあまり単純な気がして、私ももちろん、「これでいい、賛成」とは言いませんでした。だけど、「不賛成」と言うのも恐いし、それで黙っていたのです。ですが、こういうふうなものを先生がお考えになっていました。

そして、その訳です。訳がいろいろあったのです。「問題集のようなものならば、つけない方がいい」、あるいは、「確かに問題集である。答え合わせなどをするし、それから、端からやっていくようなところもあるし」とおっしゃいました。とにかく全面的に不賛成でしたが、検定を通るためにはやむを得ない。私たちは、西尾先生の後へついて行けない、何でもついて歩けたのに、てびきはとにかく誰も賛成しないのだし、自分も賛成できません。その時私たちお手伝いしている仲間の中に、実にてびきを作るのがうまい人がいました。つまり、学習の進め方をああいうことばにして載せることが上手だったのです。ですから、そのうまい人が、文部省に気に入るように作ってくれればいい、ということになってしまいました。

そんなことでしたが、それから後、教科書のてびきは別に変わりません。けれども、こういうことだけはすぐ分かります。あれは使うにしても、みんなが使うものではない。誰かと誰か。誰かがその文章を読みにくくしている時に、誰かが、段落の連絡の仕方などを、気を付けて見たら良いだろうというようなことを、そういうことを考えたらいいだろう、というふうになるのではないでしょうか。ですから、誰かがあるときに、先生のご指導で、この子には今、このてびきをあげたら良かろうということにしたのでしょう、そういうふうになっていたと思います。

そういうことですから、てびきというのは、私としては、問題の多かったものだと思っています。しかし、私のてびきは、それとは違うのです。西尾先生がお書きになったのとは違うのです。

この時に、「木のぼり」を読むときに、こういうものは、もしかしたら、西尾先生のようなてびきの方がいいかもしれない。何となく読んでいれば、文章が分かってしまう。つまり、幾人の人が出ているかなと、こんなことは答えるというものではないけれども、読んでいる時にちょっと誰と誰とがいて、どんな人がいて、と思わない方がおかしいのではないでしょうか。それで、古典のような場合に、私は、さんざんあんな顔して反対したのに、先生のなさったてびきのことをこっそり頭に置いていることがありました。

さて、それとは違うのですが、この頃、いろいろな案といいますか、総合学習のために、いろいろな方の優れた指導案、案内が出ているような気がします。夏の会でもそれに気が付きましたし､その後､いろいろな会へ行ってみますと、たいそういろいろな、これは単元学習だと言いたいような、総合学習の案が出ています。なかなか面白いのがあります。けれども、それがみんな案であって、「こうしてみたらどうか」という、やりたいという案であって、読むとか、話し合うとか、書く、といろいろ書いてありますが、その書くことそのことを、どのように指導するかについては、出ていないのです。素晴らしい案だけれども、それが教室へ行きますと、読む時はやはり、「読んでごらん」となってしまうし、「書きなさい」となってしまうし、その案が、生きていくための特別なことばづかいというものはないように思います。

中学という所は問題の多い所で、できないということもたくさんありましたから、それもありますけれども、なぜ、こんなてびきができたかといいますと、困るからです。「～をしなさい」「話し合いなさい」と言っても、入って話し合いはできる、何かしゃべれるのですが、価値ある、国語の学習である話し合いを学んでいますという教室にはならない。ただ、皆が思い付いたことを言ったりして、それこそ、学力が低下するのではないか。つまらない、張り合いのない場合が多い。そうかと思うと大変よくしゃべる、たくさんしゃべって、自分は人に話しをしているのであって、自分だけがしゃべっているのではないということを忘れてしまうし、それから聞き手、「聞いている人がいるのですよ」ということを忘れてしまうような話し方をしたり、とにかく話し合いというものが、こんなに騒々しい、こんなに実りのないものかと思うようなことがありました。

それで、話し合いの仕方をちゃんと教えなければ困る、話し合いというのはこんなふうにするのだと教えなければならない。教えることが、教師中心の詰め込みだなどというのは詭弁であって、話し合いの仕方を教えなければ。それから、この文章を読むという時に、この文章の読み方を教えなければ。それを教えないで、読みます、書きます、話し合いますと、その学習活動だけが、ポイポイと出てきているというその様子を、私は大変物足りなく思って、自分では大変なことをし始めてないかと思いました。

この話し合いが、自分が、皆が一生懸命に力一杯話しをしているという状態でない、何となく緩んでいるときもあるし、又、非常にしゃべるときもある。そういうことになるのは教えないからなのだ。そう言えば私は、一回もちゃんと話し合いの仕方を教えていないではないか。「話し合ってごらん」は、人並に言ってましたけれども。そして話し合いを、本当に指導している人というのはあるのかしら?と思いました。しなければならない、私は、どうしても話し合いを本気で指導しようと思ったのです。ところが、司会者に、司会の心得を言っても、そんなことは知っています。けれどできないのです。「話し合いが堂々巡りしている、だから方向を転換しなさい」。そんなことを言っても、それは知っています。司会者が話を転換しなければいけない。こんな同じようなことばかり言ってたら駄目だと知ってはいます。だけども、言葉になって出ないのです。チャンスが捉えられない。

それで、私は「話し合いのてびき」四四〇ページの資料1というのを作りました。話すことばの通りずっと書いてあります。私はこういうのを作って、もちろんこの通りやらせる訳ではありません。だけど、話し合いというものを指導する時は、これをてびきとして使おうと使うまいと、まず、自分はこういうものを書いてみないと指導がうまくできません。みんなの中に入っても、どんなふうに話し合いが行くのかわからない、考えていない、どっちへ向けようとあまり思っていない、そういう人が話し合いの指導を始めたら、とても授業になる筈がないし、何も教えていないと同じことです。

ですから、私は話し合いをこういうふうに書いたのです。これを書くときにまず、ことばづかいは、私のクラスは公の場合、生徒にとって発表のときは公の場合です。そういう時は、この程度のことばづかい、東京の子どもなのだから、この程度にすること。「そうだよ」とか、「違うよ」とか、そういう言い方をしない。やさしい口語で話すこと、というのは約束でした。それで、グループ活動の時は、小人数ですから、そのグループとして「そうよ、そうよ」などと言っても構わなくて、皆気楽な話しことばをつかっておりました。が、公の場になったら、この程度の標準のことばを話すということになっていました。

それで、そこにあるのですけども、これは朗読の段を決める話をしているのですが、劇のようになっています。まず、これは話の一番初めではありませんが、「今日はどんな話をする。ですから、こんなふうに進めようと思います」というのを司会者が一番先に言うのです。それは別にそういうふうに型にはめて、暗唱したみたいに教えようというのではありません。が、「さ、会を始めなさい」と言っても、なかなか「早くやろうよ」などと言っていて、うまくいかないのです。そういう時にちゃんと、ことばづかいを、不断から言っていることばづかいで、標準的なことばづかいで特に言ってみる、これがその標本です。それで、これをこういうふうにずっと書いてありまして、この通りやっていくのです。「授業の時、どうするのかな?」とお思いになるでしょうが、「この通りやれ」とは言いませんけれども、まずこれは、読んでいくのです。そのグループで、ちゃんとことばとして、読んでいきます。そして、何回も読むのです。何回も。「こんなふうな言い方でいいかな？　こんなふうな言い方でいいかな?」というように、めいめい工夫をして。ばかに速いとか、誰が聞いているのか分からないような話し方、聞き辛い話し方は、まず、話をする人として礼儀に反する。ですから、丁寧に話していきます。「では、Bさんから」というように話す。静かに話していきます。「では、Bさんから！」などといったようにとは言わせません。そのようなのはことばの中に入らないし、失礼です。ですから、そういうふうに言いながら直すのです。

そして「僕は、『山頂から』」、「山頂から」という詩があったのです。「僕は『山頂から』ぜひ」とBさんが強く希望しますね。「私は、どれでもいいです」。こういう人がいます。「私もどれでもいいけど、『野のまつり』か『木琴』」、光村の本にこの詩があったのです。そして、うまく運べるようになったと思ったら、自分のグループのお話に入ります。まず三回位読んでいます。そして、こういうふうに話していきます。そして、一回終わりましたら、この詩が出ている訳でもありませんし、話すことはこの箇所ではないから、この通りの形で。今度は本番として話して本当にちゃんと決めていってしまいます。そういうふうにするのです。

ですから、初めのうち、「どんなふうに言ったらいいかな?」ということが分からないために、発言ができないということがありますので、こうやっている内に、「あぁ、そういうふうにするのか」、そして、僕は「山頂から」が決まっているのだったら、さっさと言うこと。いつまでも「どれでもいいわ」とか、そういうのは失礼。ですから言うこと。それと、どれでもいいけど、これがいいと言うのだったら、そういう言い方があります。我慢することはないのです。そういうふうに言います。そして、そうすると、すぐAさんが決めていきます。「山頂から」はBさん、決まりですね。他に希望者がありませんから。そして、「ぜひ」と言っているのですから、それにするのです。そういうふうに、そこのところで、妙に遠慮したり、「どれでもいいわ」とばかり、皆言ったりすることが、どんなにくだらないことか分かります。

そして、それが決まって今度は四四一ページの35番、これは、20番目から始まってますけれども、この前があるからです。通し番号を作っておかないと、話が大変ですから。「誰さんが今言ったことのところ」などと言っていると分からないですから、「27番のAさん」というふうに言って、そこから進めていきます。

そういうことが、型にはめていくというふうに思われる方もあって、言われたこともあります。それで私、型にはまるのだけど、こういう一つの形は、これ型なんだ。こういうふうに運ばなければ、この話はできないので、こうやって話の仕方を本当に覚えていって、こんな台本がなくても、こういう話が順序良く、気持ち良く進んでいくようになっていかなければならない。そういう話し合いの仕方を教えようと思って、こういうふうに作ったのです。皆さんは賛成なさるかどうか、それは別のことですけれども、私の学年は、このために話し合いが大変上手になったのです。他の話をいつでも作る訳ではありません。これはごく初めのことです。

一年生に入って間もなくの時に、これはいわゆる、光村の本の第一単元です。ですから、それを入門単元としていろいろなこと、これから勉強していくのに、話し合いの仕方も何もいろいろと勉強します。基本的な学習の仕方というのは、覚えさせないと勉強がうまくできないでしょう。ですから、こういうこと、いろいろ他のことも教えていました。

こういうふうにしていきますと、「こういうことを、話し合いで」ということになりますと、たいそうスムーズに、サッサッサッと進んでいくのです。そして、司会者がどういうことを言えば、ということが分かっていますけれども、それをこういうふうに、サラサラとうまく進めていったり、それから、自分は希望があったところで言わなければいけないのだというときに、サッサと言うようになったりして、話し合いが、もたもたしないで、明るくどんどん進んでいくようになりました。それはこれで覚えたのではないでしょうか。いつもこの順序のものという訳ではありませんけれども、大体の順序が分かったのでしょうね。

私はこれで、この学年を教えている間中、話し合いが上手で助かりました。「話し合ってごらん」と、よく他のところを見に行ったりしますと耳にします。本当に話し合いの下手な、時間のたくさん掛かるばかりで、何も決まらないといったような、つまり「話し合いなんか面倒くさい、したくないわ」と言いたくなるような、そういう教室になっていることがありましたけど、この私の学年は、大変上手になって良かったです。それで、いろいろなことを決めて60番まで行きます。

これは話し合いの手びきです。それでこの他にまだ、何かを決めるときとか、司会者を決めるときとか、いろいろ手びきがありました。それを使って、いつでも皆で最初には練習するのです。これを見ながらするのです。そういうふうにしました。

それから、発表会の手びきが四四三ページの資料2にありますけれども、そこもそれと同じ。もう少し簡単にして一番からずっと発表会の手びき、発表会を決める、誰がいつ何をするか。

そして、ちょっとした注意はこのてびきの方がうまくいくのです。たとえば、「開会のことば」のところに、まず、1いきいきと話すとあります。そういうことを口で注意したりするとあまり良くないものです。こんなことをいちいち先生がことばで「いきいきと話しなさい」とか、「これから発表しようとするグループの仲間の気持ちもいきいきさせますため」とか、だから「元気良く開会するようにしなければいけない」、そういう話というのは、あまり教師の話としては適さないのです。決まっていて大抵知ってます。だけどうまくいかないのです。そういうことを口で言うと、あまり良くないものです。経験ないでしょうか？　こんなことをここへ書いておく。「んんん」と分かってしまって心得たらよろしい、そういうことをこのてびきで私はやっていました。時間もかからないし、誰にも恥もかかせないし、何となくスラッと分かってしまいますから。

そして、もっと言いにくいこと、例えば二番の3のところに、開会のことばを言う人の「内容」です。初めは「けさは」とか、「きょうは」とか言って、そういうことで入っていきなさいということ。それから雰囲気を盛り上げるようにするのですと、そういうことは、口で言わない方がいいのです。それから内容のところの後にあげたこと、そういうことを皆に口で言わない方がいいですね。

「いよいよ朗読を始めますが、たいへん、くふうした……のところ、うまく読みあらわせるように、と思います」、それから、「言いにくくて、何度も練習したところ、きょうは、うまく言えればいいがと思っています」。そんなことは言うのではない。それから「ルナールのことば、ど忘れしないかと心配です」。こんなことを言って、ちっとしたおかしさを出すようにしたり。

それから、二番の4［445ページ］のような、こういうやめたいこと、これは口で言いますと角が立ちます。少し書いておけば、少し見て心得ますね。そういうのにこの手びきはたいそう役に立ちます。やめたいことば、「行います」というのです。自分たちの小さな小さなこうした発表会の折「行います」なんていうのは、卒業式か何かみたいで、良くないというふうに思っていました。

それから、「いっしょうけんめい、練習してきました」。そういうことは言うものではない。いっしょうけんめいやってきてうまくいかないときでも、「いっしょうけんめい」というのは、自分のことを言うのではない、と指導していたのです。「人さまのことは言うのだけれども、自分はいっしょうけんめいやってきた、いっしょうけんめい書いてきましたのでは、出すのではない」と言いました。お小言が言いにくいではないか。相手にお小言を、言いにくくするような人は成長できないから、相手が何の遠慮もなく、悪いところをサッサと気持ち良く言ってくれるようにしなければならない。だから、「自分のことは『いっしょうけんめいやった』と言わないように」とこれは、私のクラスの約束ごとだったのです。たまにちょっぴり言うようになった人があって、皆にしかられていました。

それから、閉会のことばになったとき、「だいたい、よくいったと思います」。そういうことを言うものではない。よくいったのがだいたいだったら言う必要がないと。よくいったってそんなこと言うことはないということか、「皆さんいかがでしたか」というと、「駄目でした」とは、言えないではないか。そういうことは言うものではない。そういうのが話し下手で、会場を何となくよくしない、爽やかな気持ちから遠くなるようなことばづかいだといいました。こういうのを折りに触れて教えておきました。でも子どもは、だって本当にいっしょうけんめいやってきたと言うのです。本当にいっしょうけんめいやってきたかもしれないけれども、そんなこと言うものではないと。小さなことばづかいをこの台本で教えることができました。

それから、資料3のようなまとめ。こういうまとめの文章というのは子供にとって割合難しいですね。それで、これがありましたから、皆は内容さえあれば、これを見ながら、かなりしっかりしたまとめの文章を書くことができたのです。それが度々ありますので、いくつもありますから、そのうちとうとう覚えたのです。それで手びきをあげなくとも、かなりしっかりしたのが書けるようになりました。学習記録に残っているまとめの文章など、皆かなり立派です。それはそういうのがあったのと、それから何回もあったから覚えたのとになっているのです。私は、こういうのを「教え込んだからいけない」などと言われないと思うのです。この子は、それを覚えて生涯幸福ではないでしょうか。何かしたときに、まとめるときに、だいたいこういうふうにと分かるでしょう。ですから、あまり苦労しないで、見応えのあるものができるようになったというのは、やはり、こうして教えたからではないでしょうか。

教えると「個性がなくなる」と言われるのですけれども、そのことで、私は西尾先生にも伺ったし、芦田恵之助先生にも伺いました。その個性がなくなるという話。そうしたら芦田先生は、「あなたは、子どもたちが個性がなくなってきたと思いますか？」とおっしゃったので、「いいえ、思いません。個性がなくなってきません」と言ったら、「それじゃ、いいじゃないか。あなたが一番子どもを見ているのだから、その子たちが個性を失ってくるようだったら、こりゃ大変。何が何でもやめなきゃいけないけれど、そういうものではない。個性というものはそんなものではない」、それから、「こんなところである個性を発揮してみても大したことはないんだよ。だから一つのこつね、一生涯安心して、こういうことのまとめをサッとやれるでしょう。そういうことを教えないで、まとめの文章を書けだとかいろいろ言うのはかわいそうではないか、教えてないのではないか」と。それで遠慮なく私は教えようと思っています。

現在は学習者から、学ぶ方から、と言われています。しかし好きなことを、と言われても、生徒は好きなことが分からないことが多いのです。自分が本当に好きなこと、本当にやりたいこと、できることを自分で選びなさいと言われても、自分で、自分の良さなどというのを発見できないのが子どもというものです。「どういうふうにこの気持ちを表したらいいかな」と思っているとき、やはり生徒は分からないのです。自分の長所も分からないのです。どういうところが長所かというと分からない。本当には摑んでいないのが真相ではないか。ですから、やはり生徒が本当に自分を摑むために、助けないと駄目なのではないでしょうか。ちょっとした手びきで、自分を発見する道程のようなものをつける。道をつければ自分のことが分かるでしょうけれども。考えてみれば、大人であっても自分の長所を本当にしっかり知って、これを生かしているな、という大人の人は偉い人です。普通の大人はやはり、自分の良さとかはそう簡単には分かりません。まして、人に話すとなったら分かりませんね。「まあ、体が丈夫なところがいいとこですね」などと言う人がありますけど、それは冗談でしょう。本当に自分は何が長所で、それを生かしているのかと、「この方に自分を宣伝しなさい」と言われても、ちょっとできないのではないでしょうか。

私は、生徒は手伝わないと生かすことができないと思うのです。自分の長所が自分では分からない。だのに、「それを生かしたものを」と求めることは無理ではないか。そういうところに指導者がいるので、先生があるのであって、それは、個性をなくすことでも何でもないのだ、と言うことをしっかり考えるまでにはかなりの日がかかりました。何だか押し付けのようになるのではないか、時勢に反対ではないかと思ったりもしましたけれども、私は、やはり助けなければ駄目だと考えています。

それから、資料の4番も説明は省きますけれど、そういうふうに、四四七ページから四四九ページの、こういう手びきをもらった子どもは、自分が調べたことや、分かっていることを嬉々として書いていきます､どんどん、どんどん。そして、そのときの作品もできますし、そしてまとめ方を身につけていくのではないか。調べたことを、まとめたものをどんなふうにするのかということが分かると思います。こういうのを教えることを「遠慮しない」という気持ちなんです。教えればいいのだ。そして、こうした「まとめのてびき」といった形の中で生かしていくことができたと思うのです。

それから、四四九ページの5番はさっきの話の「木のぼり」です。次の6番は「発言のいろいろ」というのがたくさんあるのです。発言しようと思って、分かっていることがあっても、どういうふうに言ったらいいか分からない人がいるのです。それで、この「発言のてびき」というのを見ていきますと、どんどん思い付くのです。「あ、こういうことを言えばいいかな」「これも言ってみよう」と発見していきます。発言ができるだけではなくて、新しい発言が浮かんでくるのです。初めの五行が、ひとつの鍵です。四行目から五行目に記した、「いろいろの発言がただ並べてあります」。これは、ひとつの話し合いの例ではありません。そういうものではないのです、バラバラです。今度の話し合いでどんなことを、どんなふうに言ったらよいか、分かっているのならどのように言ったらよいか、見当をつけるためのものです。何を言っていいか、皆目分からないような気がして、だけど何か言いたいようなときに、見当をつけるためのものです。題名通り「話し合いのための発言のてびき」です。話し合いにはなっていません。いろいろな発言が羅列してあります。ですからいろいろなこと、「私もそう思います」「そこのところは、ほんとうにだれでもそうだ、そうだと思うと思います」、このことをちょうど言うのは発言の手びきによるのです。「あ、こういうふうに言ってみよう」と考え、言ってみればどうか、そういうことがあったのならば。それから、「私たちの担当したところに、……というところがあるのですが、似ていると思います」と、続けていったらいい発言ができるのではないでしょうか。

それから、3でも、話が一人終わったら「すると、……などは、どう感じますか」。こういうふうに人が発言したとき、入ってきたらどうか。それから「私たちのところに……こういうところがあるのですが。今、話に出ていることと、対照的だと思います。どうでしょうか」。こういうふうに入って、話にちゃんと厚みをつけてきますね。そういう例がそこに15まであるのですが、この15を読んでみますと、どれかの形を借りて発言ができるのです。何も心になければ、もちろんできないでしょうが、これを見ていると、「あぁ、そういうふうなこと言える」と思って、何も言うことなしにならないで、9のように『ほんとうにそうだ』と思ったところとして私はまず……のところをあげます」と言うのです。

それから、10番「このことばが平安時代からあったのだ、つまり、そのもっと前からあったのだ。ずうっと使われてきたんだと思います」と、そこまで書いておけば、「どう思いましたか?」はそれこそ個性で、その人の考えを言えばいいのです。こういうのがないと、なかなか皆の発言を盛り上げて、そしてあちらこちらへと方向を変えながら、話を豊かに盛り上げるということは難しい。そして、そういうことができない人、どう言っていいか分からないで、ほとんど黙っている人ばかりがいたら、それがこの話し合いの一番の失敗ではないか。これがないと皆が次々と、「そういうふうに言えば、こういうふうに言えばいいのに」とか、「別にないけど」などという言い方をしたりする。この「発言のてびき」は、何か話し合いするときその度に作っていました。こういうふうに言って入っていったらいいのではないか。こういう発言、あなたの考えていることは、これに、はまらないか、というふうにしますと、皆がたくさんものが言えるのです。そして、別に個性を失ってしまってよくないなどと、そういうことにはならないです。これくらいになれば。

ですから、これもそうですし、資料の9のところもそうですね。9のところというのは四五四ページのことですが、「発言のてびき」がまたあるでしょう? それで、「○○が……のところで……と言ってます。私は○○の自叙伝を」とこういうふうに入ってくる、この自叙伝を読んだときですね。「わかりました」という人も、わかったら「わかった」とことばがでるようにすることが大事なので、「わかった、いいことだな」と思っても黙っている。そのため話し合いがしぼんでしまうのではないか。わかったらすぐ「あ、わかりました、そうね」と、こうすぐ口が出るようにしなければいけないという意味です。

それから、ちょっとおかしいようだと思ったら「もう少し説明します」と言って、言い足して補足する。そういうことばだとか、自分も同じものを読んでいるのだったら、「ぼくもその自伝を読んでいます」と言ったらいいのではないか。そしたら話が盛り上がって、実りが深いでしょう。こういう具合に、私は「発言のてびき」をその度にといっていいくらい、作っていました。

それをどういうふうに作ろうかな、とあまり考えないで、そうだ､話し合いが盛り上がらないといけないから、少し話し合いのヒントを出そう、と思って、これを書いて、そして生徒たちにちょっと配っておく。要するに一緒に読んだりなどはしません。こういうことをするのは話し合いのときだけです。皆もらって、使っても使わなくてもいいのです。こんなのはなくてもいくらでも話せる人はいるでしょうし、それから、別に気に入ったものはないかもしれません。ですから、無理に使わなくてもいいのです。この手びきというのは、とにかく無理に使うものではないのです。子供たちの勉強ぶりを見ていて、「あぁ、ちょっと何かてびきをしないと盛り上がらないな」とか、「書きにくそうだな」「のろいな」などと思ったときに、サラッと書いているのであって、あるとき、いらした先生に、「何種類持っているんですか?」と聞かれたことがあります。再び使うことはありません。一回使ったものを同じ機会がないのに作る訳がありません。これは全部、そのときに作っているのです。二度使ったというものはありません。話し合いでも二度使ったものはありません。同じ場面というのはある筈がないでしょう? ですから使う筈もないですね。そういうふうになっています。

子どもの側にいると、「あぁ、こういうことができないでいるな」ということに気付かれるでしょう? そのとき声を出したり、時間をかけたり、いろいろな事をしないで、ちょっと囁けるといいですね。囁きでやってもいいですけれど、やはり他の子どもの邪魔になります。ですから、私の場合は、今コピーがありますから、いろいろできますけれども、すぐにこうやって原紙に書いて、サラッと刷って、あれは一秒に一枚刷れるものですから、すぐに配ってやっていました。もらった人は、皆に配られてきたのを見て、「あぁ、いいものもらった。嬉しい。これで話をしよう」と思うかもしれませんし、何とも思わないかもしれません。学習記録に閉じておくだけかもしれません。でも、それでもいいのです、そのことは。そういうふうにしていました。

それから、こんなのもあります。四七四ページ。そこに一つあります。こういうふうに『――』は、どんな本ですか」。こんなことでも「発言のてびき」にしてあります。それを言い出さないと話が進まないから。そして自分たちのグループの様子を言ったりして、話を進めます。

四七八ページにも「発言のいろいろ」とあります。「発言のてびき」も「発言のいろいろ」も同じです。いろいろなものを考えて視点を書いたり、賛成だったらすぐに「賛成」。大人もそうだそうですけど、賛成のときは黙っている人がある。賛成なら、「賛成」と言ったらいいではないか。そうすれば話が盛り上がっていって、何かいいことが発展できるのでしょう？　ですから確かにそうですね。反対はする人はあっても、「賛成です」とすぐ言ってくれないから、発言した人は嬉しくなれないですね。弾みがつきません。資料24などはそれを出しているのです。2のところに「賛成です。○○さんほどではありませんが」と言って警戒しています。そんなに心から躍り上がって喜んでいるのではないけれども、でも「そうだ、賛成だ」。ずっと言って、必ずしも続いてないかもしれませんが、発言のいろいろ、こんな発言がいろいろできるのだ、それに頼って発言しますと、何も言えないということがなくなるのです。

このようにしたりして進めてきました。このいろいろがあるのをどうして思い付くかと言いますと、別に創作する訳でもありません。教室に子供がドッサリいるのですから、「あの人ならこう言うかもしれない、この人はこういうふうに言うかもしれない」と考えて、私はこのたくさん並ぶときに数を取っているのです。次々思いつくというのは、生徒を知っていますから。目の前にいつもいるでしょう？　あの人は黙っているけど、言うとすればこうではないかと思い、ある一列ズズーッと言ったとすれば、こういうふうに言うかもしれない、と思ってやっているのです。ですから、作り物だけれども、このように言える人は本当に言えるのです。言うといいと思っているのです。そういうふうにして、このいろいろなことばづかいを作っています。

ですが、この発言のてびきはなかなかいいと思うのです。いろいろなことを考えている人はあるけれども、黙っている子もあるのです。その人が発言してくれたらどんなにいいかと思います。他の人もそれに励まされたり、そのことばを受けて、そして発言していく訳ですから。これが皆に大変役にたち、クラスが明るくて発言が多かったというのも、この「発言のてびき」が、皆のところを歩いているからではないかと思います。皆に頼りにされていました。「先生、てびきないの？」などと聞かれることもありました。何か発言しようと思っても、できないからでしょう。

「私、こういうこと何か言いたい」と思っているのに言えないなんて、教室でそういうことがあったら、本当に悲しいことだと思います。ちょっとしたことばづかいで、「あぁ、そういう言い方で言えば言える」と思える。言えばいいのにそれができない、それを教えてもらえない、先生がいるのにその一言を教えてもらえないというのは、やはりいけないのではないか。そういうことがあまり行われないのは、教え込んではいけない、ということがあるのではないでしょうか。教え込むことは、いいことではないかもしれません。いいとは思わなくても、私は、悪くはないと思っているのです。それによって心が拓かれて、そして言えるようになっていくのですから。話に活発に参加できる、思っていることだけはきちんと言えるというふうにしなければ、話し合いを指導したということにはならないのではないか。何も教えていないということになるのではないかと考えます。

そして、「もっと元気を出して、自分の思ったことは発言しなさい」などというお話をよく聞きますけれども、そんなことを言われても、何と言ったらいいかちょっとことばが出てこないのです。それで私は、このように教えていたのです。それを大変簡単に作っております。だいたい、下書きなどはもちろんありませんし、そのとき見ていて、気が付いたことを書いて、すぐ印刷しているのですから、大変簡単に、時間をかけずに、特に勉強もせずに作っております。そして、その教室にいる指導者として今、こう言いたいと思うことを、いっぺんに皆に言うのは大変ですし、そして、言葉に出すと良くないです。ですから、役に立つかな、と思いました。少し見ていると、「こんなのは下手な発言だ。こういうときはこんなふうに、こんなことばがあるのでは?」というようになると、大変結構だと思っているのです。これは私にとって、別に何の苦労もないことでした。その教室にいますので。ことばででしたら言って教えるのでしょう?「こういうふうに言いなさい」と。ですから、特に勉強してくることもないし、苦労はなかったのです。下読みとか、下調べとか、研究とかそういうことはありません。私よく、質問をすることばの工夫を話し合う研究会があったと思いますけれども、あれとはまた違うのです。私は、どうしてああいうことがあるのかなと思いますけれども、「研究しなければならない、こういう質問が発展的だ」とかあるのですね。あるのでしょうが、そんなふうにして本当はやることはない。内々の勉強でしょう？そして、「こういうこと言って早く発言すればいいのにね」と思うとき、言わないのですから、「こんなのはどうか？」とこれを出すのが当たり前ではないかという、そういう気がしておりました。

わりあい明るかったというのは、発言が活発だと明るいし、言いたいことだけをちゃんと発言している方が、子供は元気ですね。それであの教室が明るくなったり、それから、いわゆるできない子供が暗い顔をして黙っている、といった種類のことが起こらないのです。そんなことになればすぐ、例えば「〇〇さんがこの間、そのことを何か言ってましたから、〇〇さんに尋ねたらどうですか？」と司会者に声をかける子供が出てきますから、こっちにそれを渡しますから、そういうふうにして、何か言いたいけど、恥ずかしいやら、何やらで黙っているというふうなことを防ぐような気がしたのです。

それから、四五一ページに、これはまた違っていて、「もう一つの歩き方をさぐる」という単元で伝記を読んでいくときに、「この人はどんな人で」とか、何とかといったようにまとめていく。それもかまいませんが、そうではなくて、劇とまではいかないでも、ちょっとした脚本にする。そのために、ちょっとした場面を表しているところをとりだすのです。その中で「〇〇という人がこういう人なのだから、こういう場面では多分、こういうふうに行動するだろう」と思うのを劇にしてみる。そういうふうにしていたのです。どんな人だとか、そういうことを口で言うのは難しいですから、そういうときに、そんなところで開き直って劇の作り方などをやり始めたら、話が変わってしまうでしょう？　ですから、ごく簡単に、ごく基本的なちょっとした劇が作れるように、とこういうプリントをつくりました。これ「てびき」なのです。劇の作り方という程ではありませんが、「脚本を書くために」を銘々読んで、これでわかる程度で、「もう一つの歩き方をさぐる」という、ある人の伝記を紹介する。その文章を書いているのです。ですから、このようなのは手びきでないと考える人もいるかもしれません。しかし、途中で改まって劇の作り方などをやり始めたら、大変になってしまうでしょう？　しかしこの場合、「この人はこんな人です」とその伝記のことを言うよりも、ある小さな場面、小劇ですね。それを作って、その人がこんなふうに行動して、こんなふうに言ったりする、という場面を一つ出して、その伝記を読んでいく。そして、発表にする、というのがいいことだと思っています。その人にだけに教える訳にもいかないし、そして、劇の作り方だって本格的にしようとしたら、そう簡単に言えません。だから、そういう発表の手段としての小劇ならば、これでちゃんと作れてしまうのです。

それから、四五三ページの資料8、「発表はこんな形で」。ちょっとした発表でも、まごまごして駄目なことがあるのです。まごまごして間が抜けるというのが、教室が緩んでしまう元ですね。緩んでしまうと嫌なことが次々起こってくるのです。上手にできないとか、喧嘩をするとか、そうなるのです。ですから張り詰めて、サッサと自分のしたいことができれば、そう簡単に変化するものでもないと思います。こんなのは、小さな小さな発表なのですけども、こんな形で、小さな発表ですからちょっと言って、「ああ、そう、こんなふうに、こんなふうに」と進めるといいのではないでしょうか。いちいち考えないでもこんなふうに。

それから四五五ページの資料10は、夏休みですね。夏休みの学習なのですけど、こんなのは「てびき」というのでしょうか。夏休みで学校へ来ていませんから、「てびき」ですね。そして、ちょっとしたことでも書いてあればいいけれど、間でどうするのか分からなくなるとか、いろいろなことがあります。そこをこのようなのを作ってみたりしました。

それから、有名な『旅の絵本』によって書く。四五八ページの「てびき」です。あの本一冊を持って、私はいい教材だと思って喜んで、渋谷で買って、本当に抱いて家へ帰って、すぐにこの案を立てたのです。その時にこの「てびき」を、本当に少しの間にもったのです。少し書いた後、これだけヒントが得られて、生徒はあの一冊の本を、小さな一冊の本を作ることができたわけです。こういうのもくどくど言うと、かえって面白くなくなるのです。そして、子どもが自分で考えたものではないような気がしてくるものです。ですから、話し方を「旅日記でもいい、旅の記録でもいい」といったふうに言ったりして。そして、『旅だよりその日その日』などと言うのはどう」というふうに言ってみたり、『日々の手紙』、これでもいい。馬に乗っていく旅人がね、出すの」。

そういうふうにして、これが一〇まで書いてあって、「もし加えるなら私はこの一ページを」と。『旅の絵本』を書いてしまってから、もし、これに加えるとしたら、安野光雅さんに、「加えるとしたら、私はこんな場面を出す」というふうにしたりしました。このようなのを書いておけば、「そうだ、そうだ、自分も考えて一ページ書こう」と思うかもしれません。書いたものがなくて、「何か気が付いたいい場面があったら書きなさい」、などと言ったのでは、書かないですね。ですから、こういうのも、その時のやり方です。

それから、資料の12、つまり四五九、四六〇ページ。これは意見文なのですけれども、こういうふうにヒントを出しました。意見文を書くときです。一緒に暮らしている私が考えるのだから、大体考えられると思います。ずっとたくさん56ありますね。こういうときは書くことがない人、これが絶望的ですね。書くことがない人は、どんなに書ける人でも書けない訳ですから、意見文などは取材と言いますか、題材ですね。そこでそれのヒントを出す。別に、「これを書きなさい」と言うのではありません。それから、まだまだいっぱいあるでしょう。だけど、何もないこともあります。それから考えるときに、これを見ているとヒントがあります。「あ、こんなのあった。そういえばあれもいいな」と思ったりしますが、ヒントも出さずに「自由な題で」などと言うのは、私は教師として、恥ずかしいと思います。書くときは、取材が一番難しいでしょう。取材が長ければ大抵は書けます。何でもとか、自分の拾っておいたこと、意見を持っていること、好きなこと、そういう言い方は、教師に大変楽だけれども恥ずかしい、いけない、と思っています。ヒントくらいは出さないと。自由題に自由題かもしれないけれども、何かヒントを出していかなければ駄目だ、という気がいつもしています。そして、こういうふうな自由なものを書くときには、必ず人数よりは余分に、これも一人以上多くなっていますね。それで、この題を暫くの間に持っておいたのですが、こういう自由題というときに、絶対に「てびき」というのかヒントというのか、出すべきだと思っています。でないと、文章なり、何なりが、貧しくなってしまうと思うのです。それから、何も取材の指導をしないことになって、先生として、さぼっている訳だからいけないと思っています。これがなかなか探せないと教師がこのくらい探せないのだから、生徒はもっともっと探せないだろうと思います。

そして、皆さんもそうお思いになるでしょうけれど、自由題の文章は、こういう作文というのは、こんな場面でなくても、意見文でなくても、本当に書くことさえあれば、書きたいし、書けるでしょう？　だけど、書くことがないというのでしたら、どういう方だって書けないのではないでしょうか。その苦しみは大変なものだと思うのです。ですから、「ああ、あれ書こう」と思ったときの嬉しい気持ちゃ、明るい気持ち、それを出せるのに、教師が手伝わないと駄目だと思うのです。西尾先生もそういうふうにおっしゃっていました。「日本の子供は難しいから、何か手伝ってやらないと駄目なんだ。それが『てびき』なんだ。『てびき』による手伝いなんだ」とおっしゃっていました。

それから後、読む人が出てくると思いますけれども、読むときなども先生はそうおっしゃっていまして、「日本の文章は難しいから、子どもたちの頭の程度の文章は、難しくて読めないんだ。だからといって、やさしい物ばかり読んでいては駄目だ。飽きてしまう。大村さんたちが女学生だったときに、もう女学生なのに『それは、ペンです』などというのをさせられて、もっといろいろなことが分かるのに、『それは、ペンです』とやらされていただろう。あれと同じなんだ。子どもたちはずっと進んできているから、できるように、大人になってきているのだから、どうしても手伝って、文章だけは読めるようにしないと。内容が難しいのだったら、その教材は駄目だ」。先生が少しお怒りになったのは、先生のお持ちになる教材は、大抵難しかったのです。だから私たちは、「先生、これは生徒には難しいです」と言うのです。そうすると、「難しくない。工夫して読ませろ」。とおっしゃった。それで、何回も叱られていました。だけど、本当だと思います。子ども達の発達の程度に丁度合った、例えば金田一さんの文章とか、ああいういい文章だと難しいのです。だけど、内容は本当に良く分かることなのです。だから、そういうとき、私には、「どうしてもそれを手伝いなさい、表現がわかるよう手伝いなさい」、そして、「その頭の程度に丁度いいものを読ませていかなければ、読書力も付かないし、勉強の喜びもない」と、よくおっしゃいました。この「てびき」の、あるときの動機の一つにはそれがあります。どのようにして学習者の程度に合う、優れたものを読ませるか。そして、「それを非常にうまくやれば朗読だ」とおっしゃいました。「朗読でもいいからそこまで勉強して、一回読んでもらったら『わかった』という、そして内容的には受け取ったという、そういうふうにしなければ、何のために教師をしているのかわからんだろう」と先生がおっしゃったこともありました。こんなのを見ると、それを思い出します。「手伝うのだから」と。

したがって、教科書でそうはしていないでしょうが、並んでいる「てびき」を端からやって答え合わせをするとか、いいものを選んで奨励するとか、そういったことは、私の言っていることとは違うのです。そんなことをしなくていい。教科書の「てびき」だって、本当は手伝いだったのです。現場でそういうふうに扱わないから、駄目になってしまったのです。いくつか並んでいるでしょう、「てびき」が。それは、「読みの上で問題があったりして困るときに、誰かさんにその『てびき』をさせる、そういうふうにして、あれは使うものなので、端からやって、答え合わせをするなどというのは、全くおかしいことだ」と、しょっちゅうおっしゃってました。

クラスの皆で段落の取り方をして、一時間も話し合っている人がありました。その文章で段落の指導が、読解のためにどうしても必要な生徒は、誰と誰なのでしょうか。その人がそれをすればよいのです。そして答え合わせでなくて、「ここで切れるんだよ」「ここはここへ繋がるの」と教えることができたら、「その子は文章がよく読めるからいいんだ」とおっしゃいました。そうでもないのに、「てびき」を一つも残さず端から端まで、五題あれば五題、全部答えを書いて、そして発表したり、意見を述べたりするようなのは、「てびき」ということが本当に分からないのだと言ったことがありますけれど、そうしたことはよくあるのではないですか、「てびき」が問題集になってしまっているというのは。「問題集なら問題集で、子供と一緒に作って、教師用に載せておけばいいだろう。現場で国語の嫌いな子供が多いのは、そういうことも一つだ」と、おっしゃった。その子にその「てびき」は必要がないのですけれど、させているのです。それには「答え合わせをしたりするから、嫌になるんだ」とおっしゃってました。大いに考えなければならないことだと思います。

四六一ページの資料の13、これはたった一つの、私の自慢話になります。資料の42にもう一つあります、同じようなのが。これ何枚もあるのです、その学年によって、また同じ学年でも何回も変えましたから。これは「私の作文『　　』に添えて」と、書いてありますけれども、「先生への手紙」となっているものもあります。再々作ったときは、作文に「教師への手紙」という題で、西尾先生にはお目にかけたのです。先生が、「中学の先生は駄目だ。作文を一学期に一つも書かせない人がいるんだそうだ」と、大変ご立腹でした。それもそうだな、と思う。確かに現場ではそんなに書かせていないな、と私は思いました。振り返って考えてみると、いくら先生に叱られても、私たちは、二百人くらい子供を持っていますから、ひと月に一つなどと書かせてもいいけど、それを始末することができないし、とても駄目だと思っています。そして早く見ることができないため。作文をたくさん書かせることがないのは、見ることができないから。そこで、早く見ることができて、そして、書かせられるようにしたいと思いまして、西尾先生にあまり叱られたものですから、駄目だと言われて、何とかしないと、平気な顔をして「そういうことを言われたことがある」と、すましていても大変失礼、申しわけないと思いまして、工夫をしたのです。

これよりおしまいの方にある方が、もっと分かるかもしれません。一番おしまいの方です。五〇六ページから五〇七ページの資料42にあります。これと同じ思想のものですけれど。ご覧くださると、全集にはまだまだ似たようなものがまた、どっさりあります。これはまず、この手紙を添えて、私に出すのです。この形をしておかないと、生徒が書けません。書けませんし、どのくらいの長さに書いたらいいか、ということも分からないでしょうね。ですから、これを付けて出すのです。

まず、題材についてですが、この題材は、これは、長く温めた題材なのか。本当に書きたいと思っているいい題材なのか。それとも、今回出さないといけませんから、「しょうがないからこれにしておきます」というふうなものなのか。ということを、ここに書くのです。そして、その後で言ったような、「書くことないです。『出さないといけないから、出しておこう』という題材です」と書いてあったら、私はその作品は見ないことにしたのです。そうすると、まず一つ早くなりますね。向こうが初めから駄目だと思って、一所懸命書いてないのに、私だけが一所懸命になってみても、何もならないでしょう？　だから、見なかったのです。

そして目当ては、この人にそうではなかったことにしますね。目当ては何の目的、目当てを決めて書く。「この作文で私が特に書きあらわしたかったのは？」と聞くと、書いておいてくれます。子供の作文はなかなか理解できません。小学生は違うでしょうけど、何回も読んで、何を書こうとしたか、中心は何かと分かるまでに、ある程度時間がかかりません？　大変ですよ。中学校の三年生くらいになりますと、「何を書こうとしたのかしら？」と思って、時間がかかって大変なんです。ですから、ここへ書いておいてもらうのです。特に書き表したかったのは何？「あ、そう。それではね」とこういうふうに早くできるから。そしてそのために工夫したこと、工夫とまではいきませんが、考えていたこと、気を付けたことは……です、と書いておいてくれるでしょう。いいではありませんか、批評したりするのに。

それからその次、「組み立ては次のようになっています。もう一つ、下のようにも考えていました」。二つ書かせるのです。構想を。そうすると、何か批評の種を書くのが速いです。二つあって、「こっちの方がこうだからいい」と書けば、すぐ書けるのです。

それから、書き出しは次のようにも考えてみました。書き出した文章を出したのだけれども、「もう一つ、こういうふうにも書き出したらどうかな?と思ってました」と、作者に書かせておくのです。これも又、批評の種にうまくやれるでしょう。

そして、「表現については、ご指示のとおり、次のように符号がつけてあります」。そこにずっと並んでいるでしょう。ここのところは、こうかと思いますが、と書き過ぎだろうか、書き足りないだろうかと相談していて、それで印が付いていますから、その印の所に○を付けたり、×を付けたりして、賛成の意を表したり、そんなことはない、と言ったりするのです。省エネでずるいですよ、少し。

そしてその「G」というのが問題だったのです。「このことば、この言い方は、たいへんものたりないのです。しかし、ほかのことばがどうしても思いつきませんので、とにかく書いてあります」。他のプリントでは、「先生教えてください」と書いてあるのです。必ず答えました。「ここはこういうことばでいい」というふうに。

それからその後、「そのほか、この作文について私の考えていること、また疑問に思われることは、……」あるならそこに書いておきます。これを付けて出させますと、まず、「くだらない文章なのです、これは」という人のは見ないでしょう。それが大いに助かります。それから、こう書いてありますと、どんどん批評ができるのです。読んで、何を書こうとしたかということが分かるだけでも、大安心ですね。そして、また大変いいことは、教材がいくらでも取れることです。これを元にしまして、構想も二つ書いてありますし、書き出しも二つ書いてありますし、それから、「ここはどうでしょうか？」というところ、資料42の⑨番のところ、それを皆うまく使うと、全部作文の指導教材になります。

それからGのところは、「大変いい、語彙指導の種になります」。この場面を書いて、どんなことばがここにはまるか、いいか、とか、そういうふうに、この中には、後の指導の種もたくさん捕まるのです。これを持って、西尾先生のところへ行って、「先生、何としたって無理ですので、こんなのを作りました」と見せたのです。そしたら先生が口を曲げて笑って、「うまいこと考えたね」とおっしゃったのです。先生にこんなことを言われたことはありませんのに。でも、このために、作文をたくさん書かせるようになりました。これも「てびき」と言えるものではないかと思います。それで、皆さんにお見せしようと思って、考え方は同じですけれど全集の中には、まだまだ幾通りもこれに似たのがございます。

その次、資料14は「話しだしのしおり」で、「しおり」などとしゃれてますけれど、「てびき」ということです。四六三ページから四六四ページのところは、本の紹介をしたときのプリントなのです。一番初めの四六三ページ［資料14］の人は、本を読んだ人、それから真ん中の資料15のは、読まないけれどこんな本があると知っていた人。それから後の［資料16］は、人の紹介を聞く「てびき」ですね。「読んだわ」とか、「読まないわ」とか、「面白いわね」とか、そういうことではなくて、そこにあるように、こういうふうな鍵を作っておきますと、この「てびき」によってよく捉えられます。「そうそう、そこのところ、そうだったと思う」とか、「～ということ、同感です」とか、というふうに自分の考えがとらえられるのです。そして、私は見るのに大変楽だったのです。ですから、自分の楽なことも考えないと、お互いに何もできなくなってしまいますからね。こういうものもあります、「てびき」の中には。

それから、四六八ページ［資料17］の読みのところ。これは、今までのとは違っているわけなのですけども、本を読んで、問題とか、考えたいことをとらえるということがあります。読むという世界で、問題をとらえるということは大事なことではないでしょうか。ところが、何も思っていないわけはありませんが、なかなか、ヒントがないと思い出せない。それで、『日本人のこころ』というのがありますね。あれを読んでそして「てびき」、こういうふうにその人の心の中の、その人のことばにして取るのです。これは、私は好きだったのです。読んで、何かとらえようと思っても、よくとらえられないというときに、「これは問題だ、考えてみなくてはならない、というとこはないかな」というふうに、そういうようにそれを見ながら思い出す。「あ、あそこ変だった」と思ったりする。

それから、「これはおもしろいことだ。もっと調べてみたい」。そういうとき、ありませんか。本当にそれは考えてみなくてはならない。こういうような、その人の心の中に浮かんできているのを、こちらから透視したみたいにとらえるのです。これは、その子どもになって、○○さんになったつもりでこれを読んでみますと、よくとらえられる。それで、文章を読み解く。理解、読解ですね。それに役立つことだったと思っています。

それから、その次の資料18、「本を知る窓」もそれ式ですね。心の中を、子供のことばでとらえるところがいいわけです。

時間がなくなりました。資料19です。「読む人を読む」の「てびき」ですね。読解は学校では大事件ですから、一所懸命でした。皆さんもそうだと思います。できないと非常に、困ることでしょう。ですから、読解の力は是非付けないと。国語の大切なことの一つではないでしょうか。全部くらいに思っている方だってあると思います。それで、そういう子供のことばになっていて、「ここのところ、面白いな」とか、「ここは、違うんじゃないか」とか、そういうふうな、自分のことばでとらえた「てびき」が他にもありますけど、これはなかなか、役に立つ、といいますか、あまり難しい気持ちにならないで、自分のとらえているものは自分にはわかる、というよいことがあると思います。

また、四七四ページの「発言のてびき」があります。

それから、読書会のてびきが四七五ページから四七七ページ［資料23］にあります。ことばでないこともとらえて、始まる前、これは、読書会というのは始まる前に、学校では授業ですから、遅刻してくる人はありません。普通には、全員がだんだん集まってくるわけです。それで、遅刻というのではなくてだんだんと。一度にパッと入ってくるということはないです。早く来る人、丁度時刻に来る人いろいろです。こういう時に、今度取り上げている本などの観点は何かないか、とか、今度取り上げる観点はないが、つまり普通の人で言えば読書会の世間話をします。

それから、面白いと思ったところが、別のカードにあったでしょう、私の中から何か話をするというのです。それが、「火曜会」という会にあったのです。その「火曜会」は火曜日に読書会をしていたのです。その時、だんだん集まってきますと、誰かが国語教育の世界か、または読書の世界とか、そういう話をし始めるのです。そうでもない、なんでもない話をただやっている、ということはなかったのです。私は大変その会が好きでした。本当にいい会だと思っていました。指導要領の中心になる人がほとんど来ていたのです。そして、そういうことも、こういうところに少し書いておきますと、「読書会のてびき」が生きてくるのではないでしょうか。

四七六ページの(3)のところに、お話し合いが書いてありますけど、尋ね合うとか、読んだことを出し合ったり、出させ合ったりするという、読書会のやり方を書いてあるのですけど、このことも少し「てびき」にしておきますと、気軽に取り上げることができるのではないかと考えました。おしまいに、読んだことを出し合ったり、出させ合ったりするというふうに。

「まとめのてびき」が四八一ページ［資料26］にありますけれど、こんなふうに書いていいわけです。岩波の少年少女の本の三十四冊目、『モモ』が出た頃、［『モモ』は「岩波少年少女の本」シリーズとは別］シリーズ三十三冊を対象に、この単元を進めていたのです。それらを読み上げて、勉強を仕上げてのまとめです。資料26と書いた下に巻七の290ページと書いてありますね。それは、全集のページのことです。ですから、そこをご覧くださると、この例、といいますか、「てびき」のプリントによって書いた文章そのものが載っております。［全集巻七の297～301ページ］ただ「まとめておきなさい」と言ったら、とてもあれだけには書けないと思いますが、この「まとめのてびき」のおかげで、深入りして書けています。ですから、それは深入りして書けただけで、文章がうまいわけではない。そういうことを言っているのではないのです。身体で覚えたのです。これからこういうものを書くとき、どんなふうに書いたらいいか、ということを覚えて、このときはこれにすがって書いたのだけれど、それからだんだん、その二つは、というところは詳しく書くのですけれど、少し書いてあります。これなど、割合いい文章が残っているのは、この文章の形のこの「てびき」のおかげですね。

次のは少し違っていて、四八二ページから四八四ページ［資料28］になっています。これは、はじめのところに説明を少し書いておきましたけれども、とにかく、あとがきを書こうと思ったのです。読書生活の記録という、国語の学習記録と並んで、読書生活の記録というのがありました。そのことについてあとがきを書くのです。ところが、その前の提出のとき、あとがきが振わなかったのです。「てびき」を渡さなかったせいかもしれません。平凡、というか、つまらなさそうに書いてあったのです。それで、この「あとがきに代えて」という「てびき」を作ったのです。そして、それはこんなふうにしておきました。どれを書いてもいいし、どれをも書かないで、自分でこれを見て、思いついて書いてよい。それはいつでもそうです。書いてあっても、それを使うかどうかは。ああ、こんなのがあって、ヒントを得たが、自分の方がいいと思って自分で書く。私よりも見方の優れたものを思いつくことがありますね。

これなんかそうなので、1、2、3は平凡ですけど、「本とわたし」、「本を読む私」、「読書の世界」、こういうふうにあとがきを前に書いてあって、頭に出したのはそれはそれでいいけれど、「本に語る」こうして書いて見たらいいのではないかとか、「本よ」と呼び掛けてみるとか、「本のない生活は」と考えてみるとか、「本よ、笑うか、きょうも一ページかと」、読書生活の記録に一ページでも読むようにできているものですから、そんな言葉が出ています。8の「ある日一冊の本が私を（　）てくれた」というふうに書き出すのはどうか。それから、「この一冊の本こそ」こうして書いてみたらどうか。こういうヒントです。それから、「そこに広い野原があった。夕日の光もあった」。これは例なのですけれど、そういうふうな叙景から、このあとがきの文章を書くとか、ずっとそういうふうになっています。こういうふうにヒントを出して、少し平凡に、ありきたりになってしまっているときに、こういうふうなものが出てくると、ちょっと見方を変えて、度々書くあとがきですが、ちょっと違った観点で、違った勢いで書けるのではないか。こういうあとがきとか、元気がなくなったときに、小言を言っても駄目ですけれども、こういう見方の違う、観点の違うものを「てびき」として出しますと、急にみんなの見る目が違ってきて、元気が出るものなのです。「てびき」の効果だなと思ったのです。

四八五ページ［資料29］は、これは、やはり自分のことばで受け取っているのです。「……のところ、同感だ」と思ったのでしょうね。さっきのあとがきだけを印刷して配ったのです。それを読みながらこれを書くのです。「……のところ、私もそう思ったことがあった」とか、「……のところ、私もそう思うし、そして……こういうことがあった」、こういうふうにしてみると、友達の書いたものを読みまして、そしてそこからまた、世界が広げられるのではないか。なにしろ、広げたくするのも大切なことだけれども、子供たちは狭くなってはいけない。広げていかないと、ことが起こってくるのだと思うのです。狭い思想の中、頭の中で、あまりいいことを考えなかったりして、いけないと思っています。

その次［資料30］の『日本人のこころ』という、やはり少年文庫ですね。こういうふうにしておきますと、この生徒がたくさんいろいろな事が書けるのです。1の「これは問題だ、考えてみなければならない」。どこのことか、お分かりにならないでしょうけれども、そう思った子。それから、2の「これはおもしろいことだ、もっと調べてみたい」、3の「ほんとうに？　それでは考えてみなければならない」。この本には日本人のいろいろな欠点が書いてあるのです。「そうだったのか。それではこれはどうなのだろう」（4）、こういうふうに。「これはおどろいた、どうしてだろう」（5）。こういうふうに、自分の言葉、その人の胸の中へ入って書いていくのです。これは、感想とかそういうものを束ねていくときいいのです。効果があります。皆喜んで書ける。「書くことないわ」などと言わないで書けるのです。こういうところは端から一つずつを全部書くわけではありませんし、順序もそうでもありません。そんなことは自由で、子供は心得ていますから、そういうつまらないことはしません。ですけど、7の「前から聞いていたことだけれど、やっぱりそうか。考えてみなければいけないことだ」。そこに、日本人の欠点が書いてあるのです。9の「これは、真剣に考えてみなければならない、重大なことだ」とか、ご覧ください。いろいろとそういうふうに書いていくのです。思いつくのは、半分くらいは自分だけでできますから、あと、「誰さんならどうかな？」と思いながら作っていくのです。

それと同じ種類で四八七ページ［資料31］の「てびき」、「自分に話しかけたいところは」とそういう言葉で考えてもいいのです。

それから、『父と母の歴史』という本がありましたね。『日本人のこころ』と同じシリーズです。それを読んで、自分の父と母の、たいてい戦争中の事を書くようになります。［資料32］そういうふうにこれは、自分のことばで受け取っているのです。この本は、「こういう本です」というふうにして、自分のことばで書くようにする。

好きだからと言って、「良く書けているね」とは言わないで、「ああ、面白いなあ、ここのところは」というように書いていくのです。こうするとやり易い。

その次の四八九ページもそうです。そういうふうにできています。「これはどうなのか、疑問だ」、こういうふうに、自分で受けとめるのです。この受け取り方は読解も大変よく働きます、大事です。読解が上手になりますので、本当にいろいろなところで受け取る。「何が書いてありますか」ではなくて、それを考えている自分の頭の中を書くわけです。

資料34は、中村光夫さんと浦松さんの読書論を、次の欄に書こうというのですから、ご覧くだされば分かると思います。上が上手なところが抜いてあれば、非常にいい読解の勉強になるのです。ただ「感想を書いてごらんなさい」と言ったり、「おもしろいと思うところ、感心したところを書いてごらんなさい」といったような発問では、なかなか書けないのです。それでここに、そういうところが抜いてあって、「どうだ」というふうにこう出てくるでしょう。そうすると書けるのです。文章を書かせているのですから、その人が喜んで、少し上手に書けるようにするということは、教師の仕事ではないかと思うのです。知らん顔して見ていないで、うまく書けないようだったら、ドキドキして書けるようにするのが大事ではないか、というのが「てびき」なのです。何もしないで書けないで困って、下手に書いてるのを見ているというのは、おかしいと思います。手をつけるように仕向けるのが当然ではないかと思います。

その次の一つ、資料35が、大変違っているのです。四九四ページが切れているのは、長いから、切ったのです。これは、国分一太郎さんの文章です。宮沢賢治の童話。長い文章なのです。こういうのを読みながら、読んでいる心のなかをとらえて書こう、というわけです。それで、その例を出したのと、うんと長い作品がたくさんありますと、国分さんは書いているのです。そこを見ながら、「そうですね、長いというとグスコーブドリの伝記なんか思い出します」というふうに、頭の中で考えるのです。それが「てびき」になっています。

それから、「さんざん工夫して書いたものではありません」と、国分さんが四九四ページの文章に書いているのです。それで、私がそれを自分で読んだときに、「そうですか、うんと工夫して書いたものだと思っていました」と思ったのです。そういうふうにとらえていくのです。

そして、「童話というものはどういうものか」などと言うこと、ただ、童話と書いてあるところと、メルヘンと書いてあるところと違うのですか。思ったものを見たら、あるところはメルヘンと書いてあって、あるところは童話と書いてある。国分さんに「どうしてかな？」と思ったのです。そうしたら、その思ったことを書いたのです。「読んでいる心の中をとらえる」と言ったらいいかもしれません。それが「読解」でしょう、つまり。読んでいて、読んであることがちゃんと自分にわかっていかないとだめです。

こういうふうにしますと、刷るときは、これを少し巾広く刷りまして、上の欄の右の方へ書くことができるようにしました。ちょうど芦田先生の童話のようになってきます。

そこまでで、長いからやめておきましたが、これは、国分さんの文章を全部刷って、全部渡して、国分さんのを読みながら、頭の中に浮かんでいることを、「この調子で書きなさい」と言って渡したのです。だから、この文章が「てびき」になっているので、こちらは別に何も書きぬくわけではない、読んでいながらその横のところに、「これは」と思うことを書き留めていったのです。それは、国分さんの文章がいいから書けるのですけれど。これは、いいものを見つけたときに、そういうふうにすれば両得ですね。

次の四九五ページ「本がよびかけてくる」。これは読解のてびきなのですか、どうでしょうか。こういうのは、読む力を付けるにはとてもよかったのです。この本を読んで、何か問題を発見したのではないか。「ああ、そうかな」と思って。それから「これが疑問だろう」。ある場所を指して、「不思議だと思わないか」。こういうふうに本が呼びかけてくるという、これは教科書の文章に対して、それを読んだのですけど、「たいへん知りたいことができたんじゃないか」と、本が言っているような気がする。どこでしょう。「この本を読んで、考えはじめたことは？」「どう発展すると思う？」こういうふうに、読みながら発展させてくれます。そして、読みを深めるのにたいそう役立ちました。

もうおしまいにしましょうね。「五行感想集」というのが四九九ページにありますが、これは、読書の感想文への関心ではないのです。本を読んだら感想を書かなければいけない、ということはないし、「大変いいことだ」と、わざわざ言うこともないと思うのです。そして私たちだって、本を読んで感想を書かないのだからだめだ、と、そういうことは言えないでしょう。ですから、感想文というのは、書いてもいいけど、書かなければどうしても価値が減る、などというものではないのです。そういうことはないと思います。私は、感想を育てるということをしないといけない。子どもは、小さな感想を持っているでしょう。感想文の奨励者でなくてもそれを育てるということが大事だと思うのです。それでそのときに、「もう少し書き足しなさい」とか、「もう少し考えたことが必要だ」とか、そういうことを言うと、子供たちはがっかりしてしまうのです。感想文は大体好きではないでしょう。感想文というのは難しいですものね。それで、そのときにこう言ったのです。「本を読むのですよ」。そして、そこまで読んできて、まず『世界のなぞ』を読んだとき、本は各自自由です。それで、いろいろなことが分かった。エジプトの……と書いてきて、おしまいのところに、「こういうことがわかりました」。私は五行出したときは、四行目の「この本を読んで分かりました」とここまでです。五行出てもいいのだけれども、一冊本を読んだのなら五行ぐらいならなんとか書けるのではないですか。だから、五行まであればいいということで、多くなったらいけない、という意味ではありません。この子にそこまで、「あることがこの本を読んでわかりました」、それを私に出すのです。そしたら、その感想を育てるために、「そういうことがわかってくるにつれて、ぼくの考えたことは」と、私が書いて返したのです。そうすると、「『ぼくの考えたことは』、そのセンテンスが終わるまでは、何か書きなさいよ」そういうふうに言って、やっていきます。

だから、その次の人のも、「三匹とは、犬二匹と……」、その人は、三行目のところに、「の食べ残しを食べるような生活だ」と、そこまで書いて出したのです。それで私もその後に、「それでもその生活にたえさせるものはなにか、なぜ、たえられるのかを思うと」、そこまで書いたのです。あと、「このセンテンスをぜひ終わらせなさい」、そう言って、後もそういうふうになっています。最後の半分を書いて与えた、その五行の感想が出たときに、その後のもう少しを私が書いたために、この文章の感想文が、その三行だか、四行だかのよりは、前よりは豊かになるのではありませんか、そこで切っているのに、「もうちょっとぐらい書きなさい」などと言っても書けないけど、そこまで少し書いて渡しますと、そのセンテンスが終わるまでは、何か書くのではないか、そして、もう少し感想が豊かになるのではないか。これは石川台にいた頃の、昭和三十五年頃のことですけど、たいへん良かったのです。だけど、自分がその本を読んでいる、ということが必要だということです。何も読んでいないと書けません。生徒が見るような本ですから、大抵は読んでいましたので、「この後の……」と書くことができます。それで半分になったでしょう。子供は喜んで書きました。少なくとも、「もう少し感想文を書きなさい」と言われたよりはましだったのではないでしょうか。そこまで書いたとして、そのセンテンスが成立するようにすればいいわけですもの。そんなことがありました。これも「てびき」のひとつです。

資料39にホモイというのがありました。宮沢賢治の『貝の火』。ホモイのような、つまり、考えさせられるところがたくさんあるのだけど、なかなかとらえにくいという、そういう文章です。

上の欄に「貝の火のここ」というところが書いてあります。大切なところを私自身が書いてもいいし、誰かのから取ってもいいのです。そして、それに対して、不断私たちでもわからないことでも、誰かが意見をひとつ言うと、それについて言うことは何とかできるのではありませんか。何も分からないな、と思っているときに誰かが発言する、それを聞いていて、賛成しても、しなくても、それについて自分の考えを述べるわけです。そういう感想の育て方があると思いました。それでホモイのような、はっきりした感想が持てるもので、是非考えたいのです。芥川の犍陀多と一緒に考えると、学習者に、それはいい作品でしょう。それで取り上げたかったのです。

そのときに上の欄に、私の感想が書いてあります。誰かが感想文を出した人があって、そのいいのがありましたら、それを上に書いて、それのどれかについて自分の感想を書く、そういうふうにしたら、すでに先生ならびに誰かが、しっかりした感想を書いてますので、それを見ると、「ホモイはいい作品だし、考えることがたくさんあるから、書きなさい、書いた方がいいのではないか」とか、「書くのに適当だ」などと言ったとします。そうしたら、とても書けないけれど、そこに誰かがしっかり書いていると、ついそれにつられて、自分の感想が湧いてくる、ということがあるでしょう。こういう「てびき」もあるわけです。

「てびき、てびき」と言ってきましたけれど、生徒を大事にして、子どもから発想するものです。そんなことを考えてない人はいないと思いますけれども、生徒から出ない興味、それに対してあまりにも不注意だと思うのです。子どもから出ないからと、それを捨ててしまうのではなくて、出るように仕向けなければならない、読解などで、少し難しい文章などではっきりわからないときに、何回も読んで、よく考えてみるというのは本当にかわいそうで、何回も読んで、よく考えたけれどわからないのではないですか。ですから、そういうときにやはり、どういう手びきをしたら間違えをしないか、と考える。西尾先生がよく「問題があって、それが皆にわからなかったり、間違ったりしたというときに、そういうときの始末というのが下手だ」とおっしゃって、それで、「ただ違っているようではもちろんだめだけれども、自分の力をそのとき、聞いてやるようにしなければだめなのだ」、それをしないで、ただ「違っているよ。読み方が浅いね」。それでは、何も教えないことだと思います。何も教えないで、ただ、評価している、そういうことでなく、もっともっと、教えることに熱心でありたいと思ったのです。そういうことができないのでしたら、どうしたらそれができるのか。それで西尾先生が、「答えばかり合わせていて、どうしたらこんないい答えが出るか、ということについて、何も教えない。つまり、教師の役目をしていない」とおっしゃった。「読めるようにするのは、問題をやることでなく、その文章が読めるようになるため、その力がつくためにやっているわけでしょう。ですからそれができなかったら、リードしなければならない。とにかく、どうしたらこの間違いをしないですむか、どうしたら、いいまとめの文章が書けるのか、どうしたら書けないのか、そういうようなことを研究して、その教師の意志を子どもに分ける、というようにするのが教えるということだ」。そんなふうにおっしゃったし、私もそうだと思っててびきに、かなりの力を注いでいました。素敵なてびきで、はっと分からせたり、素敵なてびきで、ちゃんとまとめることができたでしょう。そういうのを、教師がついている教室と言うのかなと思いました。それで、かなり熱心に、かなりどころでなく相当熱心で、子どもの自由に任せるということはそれはもちろん大事なことだけれども、それは、子どもの興味について いくということではない。ただ後からついていくのではない。子どもがこれをやりたい事項だと言うから、生徒がそれにのっているから、後からついていってしまう、それでは困るのではないか。興味そのものを、持つべきものに持ってくれないと、指導者がいたということが言えないからです。

それで、生徒に任せるということの勘違いというか、そのために自分が少しでも楽になるとすれば、それは間違っているな、と私は考えます。それは自分がそういうことしないから楽になったので、楽なはずはないと思っています。生徒に教え過ぎるとか、押しつけるとか、手をかけ過ぎるとかいうふうに、言わないまでも思う方がついありました、あったようです。だけれど生徒が一生懸命やって、少しつっかえているときに、「しっかりやって」「よく読んだ?」などと、そんなこと言って回っていることなど、とてもできない。ひとこと、五行感想を笑った人がいますけれど、そのことがおかしいと言った人がいるけれども、でもこのちょっとした、このくらいの文章があったために、ひとつの感想文が完成するわけでしょう。だから皆さんが、感想をどう考えられるかわかりませんけれども、とにかく、教えるということについて、戦後、たいそう遠慮していると思います。教え込んで言うなりにさせるのは、それは悪いことだ、先生の中にそんなこと考えない人はいないと思います。ですけれど行き過ぎています。あなたのいい、あなたの好きなように、というふうな態度は、あまり行き過ぎています。当然、面倒を見ないといけないことでも、それが行き過ぎになるのではないかと遠慮する、というのが風潮だと考えています。前でしたら当然、そこで手を出している。子どもの興味に任せなければいけない、子どもの方についていかなければいけない、そういうことらしいのですけども、そのために、勉強の嫌いな子供がずいぶんできたのだろうと思います。少しでもいいものが書けたり、できたりすれば、子どもはもっとうれしいでしょう。それを考えなくてはならない。型にはめたりしたらいけない、というのも誰だって知っていますね。だからそんなことになるはずはないと思っています。

全部とりあげることができませんでしたけれど、いろいろな種類があったと思いますので、どうぞご検討くださいませ。

講演資料（一九九九年十二月五日）

「国語教室の実際――学習のてびきについて――」

※各資料の下の括弧内は、『大村はま国語教室』（筑摩書房）の巻およびページを表しています。

資料1（巻二　111ぺ）

＊以下は「グループの話し合いはこんなふうに」の台本のつづきである。上の数字は、便宜上つけてある通し番号で、「では始めます。よろしくお願いします」が1、「では、あとにまわします」が19である。「中略」「あと略」は、実際にこう書いてあるので、ここに載せるために省いたのではない。

20　A　それでは、一人で読む詩をきめましょう。どんな方法できめますか。
21　D　めいめい、希望を出してみたら？

22　BC　賛成。
23　A　希望をまず出して、もしダブったら、そこで話し合うことにしますか。
24　BCD　はい。そうね。それでいい。
25　B　あの……すまないけれど、まだ、その詩を読んでないので、少し、時間、ください。
26　A　ああ、そうでした。どうぞ、読んで考えてください。

（……）

27　A　きまりましたか。
28　BCD　はい。
29　A　では、Bさんから。
30　B　ぼくは、「山頂から」。ぜひ。
31　C　わたしは、どれでもいいです。
32　D　わたしも、どれでもいいけれど、……「野のまつり」か、「木琴」。

33　A　そうすると、「山頂から」は、B——、きまりですね。C——は、ほんとにどれでもいいですか。D——は、「野のまつり」か「木琴」ですね。わたしは、できたら「木琴」が読みたかったので、……「野のまつり」がD——、いいですか。で、わたしが「木琴」で、「夜明け」は、C——ということになります。

34　BCD　いいです。それでいいです。これできまり。

35　A　では、今度は、プログラム。あんまり、いろんな種類はないように思いますが。案、出してください。

36　D　まず、A案は、みんなで、はじめに「この新鮮な気持ちを」を読んで、それから一人ずつ、担当した詩を読む。
　B案は、A案の反対。まず一人で読んで、それからみんなで読む。
　C案は、一人で読むのを二人ずつに分けて、まん中に、みんなで読むのを入れる。

37　C　そのくらいだと思います。あとは、その二人ずつに分けるのを、男子と女子に分けるとか、そうでなく……。

38　B　男子とか、女子とかより、どの詩とどの詩を前にするか、どれをあとにするか、ではないでしょうか。

39　C　それはそうですね。

40　B　それに、二編ずつときめなくても、前に一編、あとに三編とか、その反対でもいいんだと思います。

41　A　では、このABCの案、どれにしましょう。

42　C　ちょっと、思いついたことがありますが……。

43　A　何ですか、どうぞ。

44　C　このプログラムの中に、自分たちの書いたものの朗読も入れたら、と思うのですが。

45　D　自分で書いて？　ひとりひとり？

46　C　そう。

47　A　入れるとすると、どんなのを？　ですか。

48　C　ルナールのまねして、こういう、新鮮な目でとらえた短いもの。

49　B　それはいい、「この新鮮な気持ちを」のなかにも、
「なんでも新鮮に見える今のこの目を、大事にしていこう。そうして、何かを発見するような目を、育てていこう。」

とあるし。

50　D　「ルナールだって、目は二つ。
わたしたちと何も変わってはいないはずだ」

やってみよう。

51　C　おしまいのところにも、
「何か今までとは違ったものを発見していくように努めよう」

とあるでしょう。これは、こういうふうに書いてみよう、ということだと思います。

52　A　じゃ、ちょっと、先生に相談してきます。
（……）

53　A　それは、たいへんいいことを考えたって。グッド・アイデアですって。
で、これをプログラムに入れるとすると、どうなりますか。

（中略）プログラム決定。

54　A　では、このプログラムを書く人ですね。どうでしょうか。
これは、司会からの提案ですが、あと、
　プリントを書く人
　発表会の司会者
　開会のことば
　閉会のことば
この四つの仕事をいっしょに考えたらと思います。

55　BCD　賛成。
56　A　一人一役です。
57　B　プリントって、書くんですか。
58　A　はい、ホワイトミリアに。
59　B　印刷するのは？
60　A　先生が刷ってくださるんです。
では、どうぞ、希望を出してください。
（あと略）

資料2（巻二　114ペ）

（付）以下は、発表会のてびきである。台本ふうであるが、ヒントや注意も含んだものである。いくとおりかのことばの書かれているところは、選んで使う。

朗読発表会てびき

一、司　会

1　これから、第1グループの朗読発表会をいたします。
2　はじめに、開会のことば、――さんです。
3　まず、みんなで朗読します。
まず、「この新鮮な気持ちを」の朗読で、全員でいたします。

それでは、「この新鮮な気持ちを」の朗読から始めます。みんなで読みます。

4 次は

今度は

最後に

5 朗読は　これで終わります。閉会のことば、——さんです。

これで　朗読を終わります。——さんの閉会のことばがあります。

6 第1グループの発表を終わります。

二、開会のことば

1 いきいきと話す。これから発表しようとするグループの仲間の気持ちも、いきいきとしてくるように。聞き手も何か期待(きたい)をもって、さあ聞こう、どんなふうに読むだろうというような気持ちになるように。

雰囲気(ふんいき)を盛り上げるように。

2 必ず、話す。読まない。

3 内　容

①「けさは……」「きょうは……」天気、空のようす、日の光、風、目にはいったもの、など。

②気分、気持ち、感想。

③いよいよ、朗読を始めますが、

○たいへん、くふうした……のところ、うまく読みあわせるように、と思います。

○言いにくくて、何度も練習したところ、きょうは、うまく言えればいいがと思っています。

○ルナールのことば、ど忘れしないかと心配です。

④では、始めることにいたします。

では、始めます。

4　これはやめよう。

×　発表会を行います。

×　いっしょうけんめい、練習してきました。

三、閉会のことば

1　今、終わった朗読を、ひとりひとり、心に思い起こし、味わい返す、――そういう気分を作るように、しっとりと話す。

2　内　容

①「読み始めたら、あっというまに終わってしまいました」などと始めて、感想を述べる。具体的に、実際の例をあげて。

×　だいたい、よくいったと思います。

×　皆さん、いかがでしたか。

②次の機会には、こうしたいと思うところ。あまりたくさん言わない。せいぜい、三つまで。一つでもよい。

資料3（巻一　428ぺ）

「私たちの生まれた一年間」仕上げの形は――

一　まえがき

二　資料と研究の方法の説明。（何を使って、どのように研究したか。）

三　どういうことがあったか。

四　投書には、どういう問題が取り上げられ、どういう意見が述べられているか。

どういう傾向が考えられるか。

自分はどう考えるか。

五　「天声人語」には、どういうことが話題にされているか。

どういう考え方が述べられているか。

自分の感想。

六　（できたら）

四と五の比較。

七　何か、ことば、についての研究——国語学習の面からの題目で

○　見出しだけを使って、かたかながどのように使われているか。

外来語・外国語

文の形

○　投書を使って

文体

題のつけ方

文の長さ

○　見出し、投書、どれかの記事を使って

漢語・和語のわりあい

八　考えたこと、感じたこと。

資料４（巻二　299ぺ）

〈てびき　プリント〉

「日本・中国・朝鮮の民話」まとめのでびき

まえがき

民話は、それぞれの民族のあいだに、いつとなく生まれてきて、語り伝えられたお話です。作者も、だれと、ある人を指せない、その民族みんなです。

ですから、民話には、その人たちの生活――どんなものを使って、どのようなことをしていたか、ということや、また、感じかた、考えかた、――どんなことに対して、どう感じ、どう考えたかというようなことが、しぜんにあらわれてきているわけです。ある本に「民話は、遠い祖先たちの精神的遺産」とありました。

民話を読んで、その民族の生活やものの見かた、感じかたを考えることは、意味の深い、おもしろいことだと思います。日本に、地理的に近く、関係の深かった、そして、これからも切っても切れない関係をもっていくと思う中国や朝鮮の民話を、日本の民話と比べながら読んでみました。似たところ、違うところ、いろいろなことに気づきました。そして、いろいろの感想をもちました。

1　話の筋

○○に「　　」という話がありますが、これが○○の「　　」という話の筋とよく似ています。○○が……するところ、○○が……なるところなど、まったく同じで、ただ……がちがうだけです。

○○のような筋の運びかたは……

2　話し出しかた

○○の話は、……のように始まっているのが多く……

3　話し終わり方

4　話のなかに出てくるもの

植物・動物、それから道具類は、次の表のようですが、

[表　略]

共通に出るものは……、○○は……にしか出て来ません。

5　風俗・習慣

6　不思議な力

お話には、よく不思議な力をもつものが出てきます。そういう、人のもっていない、不思議な力を考えたことは同じようですが、……

7　よい人、好まれている人

中国では、……人、……ことが好まれ、よいとされているようです。たとえば、「……」のなかの「　　」は、

朝鮮では……

日本では……

このことを考えてみますと、……

8　……

以下、同じように。

むすび

以上、いろいろの点から、日本と中国と朝鮮の民話について考えてきましたが、私が全体として考えたことは、

①　……

(説明)

②　……

（説明）
感想（研究を終えての）

資料5（巻三　122ぺ）

〈問いのてびき〉

木のぼり

1　この作者のほかに、いく人の人が出ていますか。
2　どういう人と、どういう人とですか。
3　ふたりの関係は？
4　木にのぼっているのは、どちらの人ですか。
5　「落ちないように」に当たることば。
6　「気をつけなさい」に当たることば。
7　「落ちないように、気をつけなさい」というのは、当然だと思うのに、何をふしぎがっているのですか。
8　なぜ、あぶないときに、気をつけろといわなかったのでしたか。
9　この木のぼりのことばを聞いて、作者の思い出したことは何のことと何のことですか。

資料6（巻三　187ペ）

〈てびき　プリント〉

発言のいろいろ　話し合いのてびき

これは筋の通った一つの話し合いの例ではありません。今度の話し合いで、どんなことを、どんなふうに言ったらよいか、見当をつけるためのものです。題名どおり「話し合いのための発言のてびき」です。いろいろの発言がただ並べてあります。羅列してあります。

1　私もそう思います。そこのところは、ほんとに、だれでも、そうだ、そうだと思うと思います。

2　私たちの担当したところに、……というところがあるのですが、似ていると思います。……こういうところなんかとても通じていると思います。

3　……とすると、……などは、どう感じますか。

4　私たちのところに……こういうところがあるのですが、今、話に出ていることと、対照的だと思います。

5　ちょっと矛盾している気もしますが、両面、どっちもあるんじゃないでしょうか。どうでしょうか。

6　今出ている、……のこと、私はとても意外な気がしたのですが。こんな場合、私は笑わないと思います。

7　笑い方に、いろいろあるんじゃありませんか。

8　……のところは、どうもわかりません。いいえ、ことばの意味はわかって、筋もわかっているのですが、なんか、もやもやして、気持ちがはっきりつかめないのです。

9　「ほんとにそうだ」と思ったところとして、私はまず……のところをあげます。

10　このことばが平安時代からあったんだ、つまり、そのもっと前からあったのだ、ずうっと使われてきたんだと思いますと、……

11　私も、同じような感じをもちました。ところで、このことばはどうですか。

12　私は○○ということばがおもしろくてたまりません。どうしても……を思い出してしまいます。

13　……ということば、意味はよくわかっているのですけれど、感じがついてこないで、困ります。

14　この……ということばが好きです。

15　そのことばは、まだ古語になっていないように思いますが。今もある場面で使われているように思います。たとえば……

資料7（巻四　422ペ）

〈てびき　プリント4〉

もう一つの歩き方をさぐる
——脚本を書くために——

1　時　いつ
所　どこで
人　だれが

例
時○夏休みの一日
○一九八〇年一月
○数学の時間
○早春
所○一年C組教室
○職員室前
○橋のたもと

○多摩川の川原
人○中学生　男　小田
〃　〃　杉野
〃　女　高田
用務員
高田の母
小田の弟
性質などをちょっと書きそえてもよい。
例○明るい
○無口
○からだが弱い
○よくいじめられる
○せいが高い
○——と仲がよい

2　とがき

けん　そうかい？（と、ふしぎそうなようす）
サム　じゃあ、忘れずにたのむよ。
けん　はいよ、たのまれたよ。（と、ポケットに手紙をしまいこむ）

3　ま

道化　こやつ、いたずらなやつで、白い歯を見せると、すぐにつけこみます。
王様　……（無言）
道化　ひっきょう、御殿にばかり、おいでになるからでございましょう。

＊　＊　＊

資料8（巻四　434ぺ）

〈てびき　プリント7〉

発表はこんな形で

一　劇
二　Aグループ話し合い（主として質問）
三　質問に答える
四　Bグループ話し合い（同じ人の自伝の読んである人）
五　Cグループ話し合い（いろいろの人の自伝の読んである人）（一人一人、別の）
六　まとめ　グループの発表

○劇ごとに、A、B、Cグループ、まとめグループのメンバーは変わります。
○一グループは三人か四人ですから、そのとき、どのグループにも入っていない場合は、終始聞き手である。

Aグループ、Bグループ、Cグループは、前の報告によって選ぶ。
まとめグループは、そのときの劇については、とくに発言する予定のない人の中から三人程度、決める。名前のとおり、発表会の終わりのまとめ役、総括役である。

資料9（巻四　435ぺ）

〈てびき　プリント8〉

発言のてびき

一
――　○○が……のところで……と言っています。私は○○の自叙伝を読んでいないのですが、これは、どういうところから考えたのですか。

――　わかりました。

――　自伝に、そういうところがあるということで、……のところで……と言うと考えるのは、ちょっとおかしいと思いますが。

――　もう少し説明します。

二
――　ぼくも○○の自伝を読んでみます。

――　私も○○の自伝が読みたくなりました。

――　私も○○の自伝を読んだのですが、……というところは、……というところから考えたと思います。よく理解して、生かしていると思います。

――　私も○○の自伝を読んだのですが、……というところを、そんなふうには受け取りませんでした。……という気持ちのところではないでしょうか。

――　私も○○の自伝を読みました。……のことは、もっと強く、はっきりと出したいと思います。同じ考えですが、ものたりなく思いました。

三
――　私は△△の自伝を読みました。……こういう人なのですが、もしこの場に、少年の△△が（入って）いたら、……するだろうと思います。

……と言うだろうと思います。

……と思うだろうと思います。

四　――私は△△の自伝を読みました。もし、この作品にある場面に出会ったら、
……と思うだろうと思います。

……という感想をもつだろうと思います。

……こういう手紙を書き送ってくるのではないかと思います。

――△△の自伝に……こういうところがあります。こういう考えの人ですから。

――ぼくもその人の自伝を読みましたが、やっぱりそういう感想をもつだろうと思います。

――ぼくもその人の自伝を読みましたが、そういう感想はもたないように思えます。むしろ……と思うのではないでしょうか。

資料10（巻五　266ペ）

二　作文学習日記

夏休みの学習の一こまである。少なくとも五日、なるべく十日くらいの日記を期待して、特に希望がなければ、十枚ずつ配布した。どうしても、毎日書きつづけるということで、四十枚取った生徒もあった。

〈プリント〉

作文学習日記

No.

月　日　曜

きょうの天気

くわしく（注1）

きょうの生活記録　したこと　あったこと

「きょうは」と書きはじめないで

けさの「（注2）」新聞の地方版に、こういう記事がのっています。

人を紹介する　○○さんはこんな人

「○○さんはやさしい人です」こういう書き出し、やめ

テレビで「（注3）」を見ました。

（注1）「くわしく」といいながら字数が少ないが、それは、たとえば「晴」とか、「雨」とか書くだけにとどめないという意味である。
　その日の天気を三十六字に近い文章で書くということである。

（注2）かぎの中に自分の読んでいる新聞名を書く。

（注3）かぎの中に自分の見たテレビの番組名を書く。いろいろ見ているだろうが、積極的に感想をもったもの、それについて書く内容のあるものを選ぶ。

考えよう、意見をもとう

新聞の「声」のらんを読んで（注4）

できれば新聞を切りぬいてはる

投書の中の、この字が読めない。この語がわからない。（注5）

きょうのひとこま　ことばで写した写真

きょうの感想

新しく覚えたことば（注6）

（注4）「声」で代表させているが、それぞれの新聞の一般投書欄の意味である。

（注5）書き抜いておくだけである。語い指導の資料にしていた。

（注6）（注5）と似ているが、これは投書に限らず、また、書きことばに限らない。テレビ、ラジオはもちろん、その日の生活のいろいろな場面で、ふと見たり聞いたりして、ああ、そういうことばがあるのか、と気づいたことばを書きとめる。

資料11（巻六　114ぺ）

〈てびき　プリント〉

『旅の絵本』によって書く
——さあ　どんな形で　　ヒント

一、旅日記　旅の記録
二、旅だよりその日その日　日々の手紙
三、子ども（弟、妹、だれときめず、幼い子ども）に語ることば（見せながら）
四、人生断片　ここにある人生
　　訪問　労働　誕生　というふうにとらえて
五、ここにも人の生活が
　　働く　笑う　走る　うたう　逃げる　というように動詞でとらえて
六、心から心へ　ひびきあうことば
　　吹き出しをつける
七、「ここに人間がいる」と始まる詩　各ページごとに。
　「ここに人間が生きている」と始まる詩　〃
八、「ぼくは馬に乗って、人生をさがしに行った。（出た）」創作
九、絵のなかのどの人かになって書く。いろいろの人になる。
一〇、もし加えるなら　私はこの一ページを
　私の加えたい一ページ

資料12（巻六　148ぺ）

【2】〈プリント〉

こんなに　意見　を述べたいことがある　（順不同）

1　長所・短所（長所は短所、短所は長所）
2　好かれようとすること
3　学校生活に求めているもの
4　外国語のはんらん（氾濫）
5　一生けんめい　ということ（注1）
6　一生けんめいを口にする人
7　無口の功罪
8　ユーモアのむりじい
9　笑わせようとすること
10　正しいことばと親しみ（注2）
11　正しいことばと心の通いあい
12　ユーモアとだじゃれ
13　軽蔑（べつ）すべきもの
14　内容と外観
15　心さえあれば形は問わないか
16　人間の弱さ
17　真の親切
18　心をゆさぶるもの
19　感動のない生活
20　尊敬　とは
21　日本人が（　　）といわれること（注3）
22　ことばを正しく
23　先生と生徒
24　会場テスト（注4）の功罪
25　話すより書くより前に（注5）
26　民主主義のもとになるもの
27　パンとご飯
28　うたわない人　うたえない人
29　制服の意味
30　卒業式を考える（注6）
31　「断絶（注7）」をみつめる
32　「一房のぶどう」と「蝶（注8）」

33 そろばんとコンピューター
34 課題図書の功罪
35 コンクールというもの
36 おしゃべりの効用
37 時間を使うか　紙を使うか[注9]
38 同じことばでも
39 生徒研究発表会[注10]を考える
40 けさの講話[注11]から
41 「勉強」とは
42 気になること　気にすること
43 真に憂うべきこと
44 「まねする」ことの功罪
45 「てれる」
46 「性格だから……」ということを言う人
47 生意気とはどんな意気か

---

48 〜らしさ[注12]
49 健康な人間は健康であることを意識しない（5・6と[注13]）
50 生かせない自由[注14]
51 「すること」と「できること」
52 価値なき沈黙
53 読書の意味
54 スポーツについて
「このごろの中学のスポーツ活動が、試合のためにのみ練習されている面がたいへん強いと思う。こういうことはさっそく改めて、正しいスポーツ活動にもどすべきだ。」

　この意見に対して。
55 今の子どもと昔の子ども
56 これからの女らしさ

資料13（巻六　186ペ）

先生への手紙

これは、生徒が自分の作文を提出するときに添える、先生への手紙である。

また、これは、ひいてはもちろん生徒自身のためのものであるが、直接には、指導者の作文処理に役立てるものである。作文の処理を少し楽に、そして効果的にしたい、教えた、教えられたという互いの実感、確かな手ごたえがあるようにしたい、それを能率的にしたいと思った。

〈プリント〉

私の作文「　　　」に添えて

二年　組　(　)

まず、題材についてですが、この題材は、(注1)

……………………

めあては、

……………………

この作文で、私が、とくに書きあらわしたかったのは、

……………………

そのために、くふうしたこと、気をつけたことは、

……………………

構想は上のらんのようになっています。もう一つ、下のようにも考えていました。

……………………　　……………………

書き出しは、次のようにも考えてみました。

……………………………

表現については、次のように、符号[注2]がつけてあります。

A　ここはもっと簡単にあっさりと書くべきであったでしょうか。

B　ここは、もっとくわしく、こまかく書くべきであったでしょうか。

C　このへんは、すらすらと書けました。

D　このへんは、ちっとも進まず、つかえて書きました。

E　このへんは、よく書けたように思います。

F　このへんは、どうもよく書けていないと思います。

G　このことば、言い方は、たいへん、もの足りないです。しかし、ほかのことばが、どうも思いつきませんので、とにかく、このようなことばで書いてあります。

……………………………

このほか、この作文について、私の考えていること、また、疑問に思われることは、

……………………………

資料14（巻七　22ぺ）

○紹介するてびき

〈てびきプリント〉

●話しだしのしおり一

どんなふうに話しはじめようか　　「私の読んだ本」「紹介」

①私のご紹介する本は、――です。この本のなかに、私のたいへん好きな情景があるんですが、それは――です。
②この本のなかに、私のたいへん好きな人物が出ています。それは――です。
③この本を読んで、私は、ひとつの疑問をもちました。
④この本を読んで、前から疑問に思っていたことが、ひとつ、解決されたような気がしました。
⑤この本を読んでいると、ときどき、思わず笑いだしてしまいます。
⑥この本を読みながら、いくたびか、本から目をはなして考えさせられた。
⑦皆さん、――のことを知りたいと思いませんか。
⑧皆さん、――は、どうしたらいいと思いますか。
⑨――は、小さいとき、どんな子どもだったと思いますか。
⑩――は、どんなところだと思っていますか。
⑪――のようすを読んでみたいと思いませんか。
⑫この本を読みながら、私は、しばらく楽しい空想にひたりました。
⑬なんとなく読みはじめたこの本から、私は、じつに多くのものをえました。
⑭正直者が損をするといいますが、損するどころか、たいそうしあわせになったというお話です。
⑮この本のなかに、こういうところがあります。（一筋を朗読する）

資料15（巻七　23ぺ）

〈てびきプリント〉

●話しだしのしおり二

こんなふうに発言してみたら　「よい本」を読みながら

①　——に、——とありますが、そうだと思います。私も——ことがありました。

②　——に——ことが書いてありますが、これは、ほんとうだと思います。で、——がありますが、このほうは、どうでしょうか。

③　——とあります。そうすると、——は、どうなるでしょう。

④　——とあります。ぎゃく（逆）に考えますと、——

⑤　——、こういう経験があります。ここに、書かれていることと、くらべて考えてみますと、——

⑥　——とあるのが、どうもわからない気がしますが、○○さん、どう思いますか。

⑦　——とあるところ、ぼくたちは、こういうことはないと思いますが、みなさん、どうですか。

⑧　——というところの考えを、もっとおしすすめていくと、——ということになると思いますが、どうでしょうか。

⑨　——とあるのは、このあいだ考えた——ということ、○○さんの言いだした——ということと、考えかたは、同じであると思います。

⑩　——に——とあることと、——に——とあることとは、どういう関係でしょうか。

⑪　ひとつ、疑問を出します、——

⑫　——とある、この考えかたに、たいへん、教えられました。

資料16（巻七　24ぺ）

○紹介を聞くてびき

(A)　書名

一年　組　（　）

その本、読みました。

○　そうそう、――のところ、そうだったと思う。

○　――ということ、同感。

○　――のところ、そうかな？　もう一度読んで、考えてみるが。

○　まだ、こういうところも、あったと思う。

○　まだ、こんなことも考えた。

(B) 書名

一年　組（　）

その本、読みませんでした。でも、知っていました。
　図書室で見て
　先生から聞いて
　友だちに聞いて
　新聞で見て
　本屋で見て
なぜ、読まなかっただろう。
この本には、（こんなこと）が書いてあるかな、と想像した。
　この本は、たぶん、こんな本だろうと思った。
　あまり心を引かれなかった。
　いま、発表を聞いて――と思う。

(C)　書名

一年　組　(　)

その本、読みませんでした。
こういう本のあることも、いまはじめて知りました。

　いま、発表を聞いて、
○　——が、書かれていると思われますが、どうですか。
○　——についても、書かれていますか。
○　全体として——と思われますが、どうですか。
○　わたくしのめあては——なのですが、このめあてに、かなっていますか。

資料17（巻七　57ぺ）

1月

1　年

問題発見のために読む

本を読み、考えたいこと、問題をとらえる。

〈資料〉

日本人のこころ（岡田章雄）

てびき（右記の資料の場合で①～⑯のように思うこと、という意味、てびきは、きっかけを作るためのものでどれによってもよく、偏してもよい。取り上げないのがあってもよい。）

〈てびきプリント〉

① これは問題だ。考えてみなければならない。
② これはおもしろいことだ、もっと調べてみたい。
③ ほんとうに？　それでは考えてみなければならない。
④ そうだったのか、それでは、これはどうなのだろう。
⑤ これはおどろいた、どうしてだろう。
⑥ そうだとすると、こういうことを考えなければならない。
⑦ 前から聞いていたことだけれど、やっぱりそうか。考えてみなければいけないことだ。

（後略）

資料18（巻七　109ぺ）

〈てびきプリント〉

本を知る窓――出版案内を手にして――『てびき・ノート』

㈠
1　これは『子ども日本風土記』。「風土記」って？
2　子どものための本か。子どもって、小学生かな、いや、中学生もはいるんだった。
3　地方別か、ああ、県別だ。（　）県が見たいな。
4　「子どもの目でとらえた現代史」――ああそうか、『子ども日本風土記』って、「子どもが書いた」ということか。じゃ、やさしい本だな。
5　ずいぶんいろいろの会の名まえが出てる。
6　基本図書、基本になる本。
7　推薦図書でもある。児童福祉の会では、推薦の上に「特別」がついている。
8　子どもの本の研究会からは「選定」。
9　ああ、今度そろったのか、完結したのか。
10　一冊、一四〇〇円か、全部そろえると……。
11　地域別のカット、おもしろいくふうだな。中部のは、これ、なんだろう。
12　著者は？　ああそうか、書いたのは子ども。それを編集したのが、作文の会なんだ。

「風土記」

目でとらえる

基本
児童福祉
選定
◇漢語の魅力
推薦　完結

資料19（巻七　123ぺ）

〈てびきプリント〉

「読む人を読む」学習のてびき

一、「読む人を読む」[注1]――

○○さんは、どんな立場で考えているのかな。
○○さんがあのように言うのは、どういう面から見ているからかな。
○○さんは、どんなところに目をつけてあのように言っているのかな。
○○さんは、どんなアイデアを持って言っているのかな。
○○さんは、どういう計画をしているのかな。

二、「民話」を考える　民話と伝説

「昔の人たちの考え方や生活の姿をつたえてくれるたいせつな文化遺産」（藤沢衛彦）

この道は、古典文学に通じている。

三、資　料[注2]

四、学習を進める

1　『少年少女日本の民話・伝説』の次のところを読む。

はしがき。

この民話集を読む前に。

2　解説の1　日本の民話・伝説について。
民話を読む。『日本民話選』を読んだときのように。

3　解説の2を読む。読みながら、また、読んだあとで、次のようなところを書きとめる。

①　ほんとにそうです（こんな例もあります）。
②　そうですか。知りませんでした。知識が一つふえました。
③　そうでしょうか。ちょっと納得がいきません。
（こんな例もありましたので）、（そういう例が見つからないので）。

　　　　　　　　　　　　　　　　　　　　　　　　　　　　　　納得

④　そういうものですか。ちょっと意外な気がします。
⑤　これは調べてみないと……。
⑥　もっと、こういうことも考えられます。
⑦　もっと書いてほしかったと思うことがあります。

　　　　　　　　　　　　　　　　　　　　　　　　　　　　　　意外（以外）

4　いろいろの民話集の解説を見る。3の⑦の「もっと書いてほしかったと思うこと」を見直す。加える。

5　話し合い、聞き合い。
①　一グループが話し合い、ほかのグループは聞く。
話し合いの内容は3の⑦。
聞き手は「読む人を読む」。
一の内容のほか、全体の方向についても考える。
②　聞き手のグループの話し合い。
話し手であったグループの反省・感想。

資料20（巻七 181ぺ）

【2】「学習の進めかた てびき」によって資料や学習の運び方を確かめた。

〈てびきプリント〉

どの本を買おうか　　学習の進めかた　てびき

一　次のⒶのことを考えて、Ⓑを使って、学級文庫に買い入れる本を考える。（グループ）

Ⓐ(1)　現在、学級文庫にある本（書名別紙）

(2)　みんなでした研究「私たちの読書傾向」（九月の学習[注1]）

(3)　読書生活の記録のなかの「私の読みたい本」のページに書かれている本。まとめ、国語委員。

(4)　「読みたい本」の調査。調査のまとめ、図書委員。

(5)　総額五千円程度[注2]

Ⓑ　各出版社の図書目録

二　グループの案の発表とそれについての話し合い

三　グループの代表による話し合い。購入図書決定

（注1）　前述の、学級全員の夏休みに読んだ本を調べ、自分たちの読書の傾向を見、さらにいろいろの文献に照らして自分たちの傾向の位置を確かめた学習。

資料21（巻七　192ぺ）

1　私たち第（　）グループの選んだ本は……
2　このあいだ、した研究、「私たちの読書傾向」で…………ということがわかっていますから…………ということを考えて、(注1)
〔「……」を選んでありますす。
……のような本を探しましたが、見つけられませんでした。
3　「読書生活の記録」の「読みたい本」のページに書かれていた本、また、このあいだの「こういう本があれば読みたいの調べ」「読みたい本の調べ」の結果から考えて…………
4　滑川先生のお話にあった本は…………
5　今あるクラスの本のことは、もちろん考えました。そして…………
6　それから特に考えたことは、学校の図書室に現在ある本との関係です。
学習に役立つということです。
（とくに考えたこと、話し合いに出たことを話す(注2)）
7　私たちのグループ案で、いちばん苦心してあるところは…………
8　私たちのグループ案で、いちばんいいと思うところ、自負(じふ)(注3)しているところは…………
9　これで発表を終わりますが、ご質問やご意見、感想でもどうぞ。(注4)

資料22（巻七　195ぺ）

〈てびきプリント〉

発言のてびき

1　「――」は、どんな本ですか。
2　――の種類がたいへん多いようですが、どうしてですか。
3　――の種類のたいへん多いわけは、いまの発表でわかりましたが、それにしても……ということは考えなくてもいいでしょうか。
4　「――」は、私たちのグループでもえらびました。ぜひ、買う本のなかに入れたいものです。
5　「――」は、私たちのグループでもえらぼうとしました。けれども、……ということを考えてやめたのです。……のような意見は出ませんでしたか。
6　「――」を入れたことは、たいへんいいと思います。私たちも、そういうのを探していたのですが、見つけられませんでした。
7　いま、文学の本が多いから、ほかの本を、と考えたそうですが、私たちは、調査から見ても、圧倒的に、文学を望んでいるのですから、多いものを、もっと多くする、というように考えました。こういう考えかたをどう思いますか。
8　「――」という本は○○出版社のもありますが、どうして△△出版社のにしたのですか。
9　とてもよくえらべていると思います。まとめの委員会のとき、第一候補にいいと思うくらいです。

資料23（巻七　232ペ）

(3)　読書会てびき

〈てびきプリント〉

読書会てびき

始まる前

　学校では、授業ですから遅刻してくる人などはありませんが、ふつうには、会員がだんだん集まってくるわけで、遅刻というわけでなくても、一ぺんに、そろうというわけにいきません。早くくる人、ちょうど時刻にくる人、いろいろです。

　こういうときに、「今度採りあげている観点に関係はないが、おもしろいと思ったところ」が、別のカードにとってあったでしょう、あの中から何か話をするといいのです。

話し合うことばのヒントいろいろ(注1)

(1)司会　では、これから始めましょう。

○　この前から、「外国人は、日本——日本人をこのように見ている」という題で、本をよみ、お話しあいをしてきました。

注意メモ

◇ただだまって始まるのを待っていないで、といって、あまりかけ離れた話題でなく、読書会らしいおしゃべりを。

◇わかっていると思っても、テーマは、改めてはっきり言う。

○長いあいだ、「外国人は、日本人をどう見ているか」を探しながら、いろいろの本を読んできました。これから数回にわたって、みんなで、よんできた本を紹介しあって、このテーマについて考えたいと思います。
○「外国人は、日本人をこのように見ている」というテーマでの読書会も、三回めになりました。きょうは、この前の「風俗・習慣」につづいて「自然」についてです。日本の自然は、外国の人の目には、どのようにうつっているでしょう。
Aさんから、どうでしょうか。
(2)○これは「――」という本にあったのですが……
○「――」という本に……というのがあります。
(3)○そんなことを言っているのですか。
○それは、自然は……という意味をもっているということですか。
○……というのは、どういう意味でしょうか。
○それについては、……こういう考えも出てきそうな気がしますが、だれか、よんだ人、ありませんか。
○それは、たいへん、おもしろそうな本ですね。このほかにも、いろいろな点をとりあげていますが。
○私も、同じような意見をよんだことがあります。
○……という考えですね。
○まるで反対のことも言われています。この、私のよんだ本では……
○反対の見かたの出ているのもあります。「――」という本で。
○そのことを、たいへんくわしく書いている本があります。……

◇よんだことを出しあう、出させあう。
◇たずねあう。

○　ここでぜひご紹介したいのは、……
○　似たようなことが私のよんだ本のなかにありました。
(4)司会　○　そうすると「何々」については、おもに――ということを――ということが言われていることになるでしょうか。
○　ずいぶんいろいろの見かたがありました。今、ざっと分けてみますと、
○　だいたい――時代のが多く出てきていました。ほかには、どうでしょうか。
○　まとめてみますと「自然」については……と見られていたといえるでしょうから。
　一、なになに、二、なになに、――それからまだあるでしょうか。
(5)○　今、――と言われた、それは、どの本にあるのですか。
○　――について、○○さんの本にありそうな気がするのですが、どうでしょうか。
○　――さんの本の、その章をくわしく紹介してほしいと思います。
○　今、紹介された話は、たぶん……。だから……ということではないかと思います。
(6)司会　○　「自然」について、このように書かれていることをどう思いますか。考えたこと、感じたこと、感想、なんでもどうぞ。

◇まとめのほうへ。

◇さらに、よんだことを出しあう、出させあう。

◇考えを述べあう。感想でもよい。前の人とつながりがなくてもよい、どんどん出す。

資料24（巻七　274ぺ）

(2)　話し合いの準備の時間。てびき「発言のいろいろ」による学習。

「発言のいろいろ」を見たり、「だれに話そうか、だれに話してもらおうか」の表によって、ほかの人にたずねることを考えたり、二、三人で話してもらうとよいと思う人たちを考えたり、また、自分がどんなことをたずねられそうか考えて、内容の準備をしたりした。

〈てびきプリント〉

発言のいろいろ　　　学習のてびき

これは、筋の通った話し合いの例ではありません。今度の話し合いで使ってみられそうないろいろな発言の羅列（ただ並べてある）です。

1　私は、この○○という視点から現代の子どもたちの姿を見るには、なんといってもこの○○という作品（本といってもいいです）だと思うのですが。

○○というところがあります。また……というところもあります。それより何より全体として……です。

2　賛成です。○○さんほどではありませんが。○○さんほどに全面的に、これこそとは思いませんが、この視点ではやっぱりこの○○という作品を忘れてはいけないでしょう。

3　一部分のことといわれるかもしれませんが、……というところがあります。こういうところを、ぜひ取り上げて考えたいと思います。

4　一部分といっても、それは全体に関係したことではありませんか。
5　○○さんは、この本、読んだのでしょう。この視点のところに取り上げるのは不適当と思ったのですか。
6　そうです。なるほど、……のことは書いてありますが、それは軽く書かれていて、話のついでに書かれたという気がします。
7　○○さん、いま取り上げたいといったのは、どの部分ですか。
8　部分ではなくて、全体を流れているものです。たとえば……。
9　あれは、事がらは似てますけれど、ほんとうは違うと思います。
10　○○さんと○○さん、これを入れるといいと思うことについて、二人で話し合って聞かせてください。
11　○○という本、読んだ人がこんなに多いのに、この視点で取り上げたいという人は一人もありませんね。読んだ方のお話、聞きたいと思います。
12　私は、この本、読んでいないので残念ですが、……ということは、どんなふうに表されていますか。それなら、ここにはぴったりだと思います。三の話し合いまでに、ぜひ読んでみます。
13　○○さんは、この本、この視点のところに入れないで、どこに入れたのですか。
14　それがいいかもしれないと、私もそう思いはじめました。
15　次の三の話し合いまでに、ぜひ読みます。

資料25（巻七　289ぺ）

【8】終わりに、二種類の文章を書いた。Aは、【7】の話し合いのまとめであり、Bは、いわば学習を終わっての感想である。

○まとめのてびきA

〈てびきプリント〉

各国に生きる現代の子どもたちの姿　　まとめのてびき

一、まえがき

岩波少年少女の本33冊のうち、私は次の（　）冊を読むことができた。

…………（書名を書く）

…………

……（書名）……の○○（人名）○○、……（書名）……の○○（人名）○○、みな、それぞれに私の心に残ったが、特に、はっきり、そのすがた、心、生活をとらえているのは…………。

これから、いろいろな生活場面を取り上げ、○○○○が、そこで、どういうことを言うか、どういうことをするか、考えて書いてみる。

二、横線を入れて四段に書く。

書名・人名	場面	どうするか	そう思ったのは

三、なるべく、たくさんの場面を取り上げなさい。くわしく。

四、こい鉛筆で書く。

五、題

各国に生きる現代の子どもたち

資料26（巻七　290ぺ）

○まとめのてびきB

〈てびきプリント〉

岩波少年少女の本33冊のうち、私は次の（　）冊を読むことができた。

…………

これらの作品を読みながら、私のものの考え方や生活がある点変化してきたことに気づく。

その一つは

その二つは　　（くわしく）

…………

このようにして、私は、今まで味わったことのなかった…………という気持ちを知ったのである。

また、私は、夢をもった。…………という夢をもった。

それに、決意したことがある。…………。

この作品は、私のなかに、新しい…………を目ざめさせた。私という人間に…………を加えた。

この作品は、私の…………ところを、強くゆさぶったのである。

資料27（巻八　55ぺ）

〈てびきプリント〉

「私の読書遍歴」を読んで

次のようなことを発表しましょう。みんな、とりあげなくてもいいのです。いくつでも、ちょうど、こんなふうに言えそうなことだけでいいのです。

1　これは、おもしろいことですね。
2　そうですか、あなたもやっぱりそうだったのですか。
3　そんなこともあるものですかね。
4　やっぱりそうですか。そうしないとだめなんですか。
5　ほんとに……、わたしもそうなんです。

資料28（巻八　116ぺ）

【1】　三月末、自分が記した一年間の読書生活の記録をまとめる。当然あとがきを書くことになる。前回、このあとがきには、「もっとこうすればよかった」「努力が足りなかった」という反省ふうのものが多かった。そうした反省でなく、もっと読書と自分とのかかわり合い、読書についての考えなどを、いきいきとゆたかに書かせたい、反省にしても、読書生活にぴったりついて、現在の読書に対する考え、読書している自分をみつめ、読書ということについての

考えを精いっぱいに書かせたいと思った。今、「読書」ということをどう思っているのか、「読書」ということについてどこまで考えを進めているかを、この読書生活の記録の終わりのページに書かせたいと思った。それは、ここで改めて読書について考えることになり、第二学年の読書の学習を終わるのにふさわしいこととも思った。

しかし、これをそのまま子どもたちへの注文、ないし助言としたら、――たとえば、「もっといきいきとした今日の自分の読書の姿を」とか、「もっといろいろの面からゆたかに」とか、「もっと新鮮な今の考えを」とか言ったとしたら、子どもたちは何となく重荷を負ったような気持ちになるであろう。まして、「今、読書について考えていることを自由に書いて、あとがきにしなさい」というような指示は、書く意欲をそそりにくいと思う。

それで、次のような、題でもあり書き出しでもある「あとがきに代えて」というてびきを与えた。この中から一つ選んで書くのであるが、これがヒントになって自分の思いつきが浮かんできたら、もちろんそれで書く。また、このなかのいくつかを組み合わせて使っても書けるであろう。

ともかくこのてびきは、子どもたちそれぞれに、確かにある内容、それを「書こう」という気分にわきたたせようとしたものである。

〈てびきプリント〉

あとがきに代えて

1 本とわたし
2 本を読む私
3 読書の世界
4 本に語る
5 本よ
6 本、本のない生活は

7　本よ、笑うか、きょうも一ページかと
8　ある日一冊の本が私を（　　）てくれた
9　この一冊の本こそ
10　今　この一冊の本を閉じて
11　わたしは読み進める
12　そこに広い野原があった。夕日の光もあった。（例）
13　本は青空をわたる白雲だ
14　本は発射台だ
15　本はソファである
16　本の開いてくれた世界
17　この本を読まなかったら　この世界を知らなかったろう
18　この本によって私に開かれた世界
19　本によって私の知った世界
20　本は私の世界をひろげてくれた
21　読みながらえがいたもの
22　もっと遠くまで！と誘ってくれた本
23　この本で　この世界へ
24　本は跳躍台だ
25　本は泉かもしれない
26　ここまで来てみてわかる　あの本の世界
27　これがあの本で見た世界だな

資料29（巻八　124ぺ）

【4】「本を手に」を読む。

〈てびきプリント〉

「本を手に」を読んで

一、……のところ、同感だ。

……のところ、わたしもそう思ったことがあった。

二、……のところ、わたしもそう思うし、そして、……こういうことがあった。

……のところ、……こういうことがあったとき、わたしもそう思った。

……のところ、そうです。私にも……こういうことがありました。

三、……のところ、わたしの言いたかったことを、はっきり言ってくれたと思う。

四、……のところ、もちろんそうだし、まだこういうこともあると思う。

資料30（巻八　129ぺ）

〈てびきプリント〉

「日本人のこころ」を読む

1　これは問題だ、考えてみなければならない。
2　これはおもしろいことだ、もっと調べてみたい。
3　ほんとうに？　それでは考えてみなければならない。
4　そうだったのか、それでは、これはどうなのだろう。
5　これはおどろいた、どうしてだろう。
6　そうだとすると、……こういうことを考えなければならない。
7　前から聞いていたことだけれど、やっぱりそうか。考えてみなければいけないことだ。
8　ほんとに、このとおりだ。どう考えていったらいいか。
9　これは、真剣に考えてみなければならない、重大なことだ。
10　ほんとうに、これはおかしい、へんだ。考え直さないといけないことだ。
11　これは信じられないことだ、もっと調べてみたい。
12　そうだ、これはやめなければいけない。では、どうすればいいか。それが問題だ。
13　こんな一面があるのか、うれしいような気がするが、考えてみなければならない。
14　この点は、ひとつ、みんなで話し合いたい。
15　これは、自分への宿題です。これからおおいに調べたり、考えたりしてみます。
16　こういう本があったら読みたい。

資料31（巻八　154ぺ）

【1】　自伝を中心にして、物語として書かれている「ぼくはトロイァを掘り出すよ」と、紹介として書かれている「掘り出すなぞの都」とを読む。
てびきを参考にして読み、気づいたことをメモする。

〈てびきプリント〉

こんなふうに、自分で自分に話しかけたいところは――ヒント――

(A)「掘り出すなぞの都」を読みながら
1　紹介であっても、ここはもっとくわしく知りたい。
2　ここはちょっと不思議――どうしてかな、何かわけがあるのかな。
3　そうだろうか。
4　ここは、何々のように受け取れるけれど、自伝から考えると、そうではなかったのではないか。
5　簡単に書くということであったにしても、これはぜひ書くべきだったと思うこと。
6　このことは自伝にはないが。
7　このことは自伝とは違うが。

(B)「ぼくはトロイァを掘り出すよ」を読みながら
1　ここは、自伝のあのところを書いたのだな。
2　自伝のこのところを、どういうふうに書いただろう。

3　自伝のこのことを省いてある、なぜだろう。子どもへの読み物としての配慮であろうか。
4　ここはつけ加えられている。ほかの資料によったのだろうか、想像だろうか。

資料32（巻八　168ぺ）

〈てびきプリント〉

「私たちの父と母の歴史集」はしがき　てびき

私たちは（　　　）著「　　　　」（　　　発行）を読みました。

この本は、……こういう本です。（ていねいに、じゅうぶんに、書く。）

それで、私たちは、私たちの父と母の歴史を書いてみようと思い立ちました。

父や母に、その通ってきた道、過ぎてきた日々のことをきくことは、…………。

いま、ここに、こうしてまとめられたのをみますと、まとめ方にも内容にも、それぞれの人のくふうがあらわれています。

書き出しかたでも（　）さん、（　）さん、（　）さんのように、………のもあり、（　）さんのように、……のもあります。（　）さん、（　）さんのように、……のは、多かったようですし、（　）さんのような、……書き出しかたもあります。

内容は、さらに、さまざまです。

まず（　　　）については、（　　　）さんがこんなふうに書いています。（　　）さんも書いています。

私は、今度の勉強で、本の読みかたをひとつ発見しました。本というものは…………。

また、本を読むということの意義もひとつ発見しました。本を読むということは、…………。

資料33（巻八　160ぺ）

〈てびきプリント〉『父と母の歴史』を読む私　　一年　組（　）

1 これ＿＿＿はどうなのか、もっと、こういうこと＿＿＿を聞きたい。
2 これ＿＿＿はどうなのか、疑問だ。
3 こんなこと＿＿＿をするといいと思う。
4 こういうこと＿＿＿を考えなければいけないと思う。
5 こういうこと＿＿＿を調べたら、どうかな。
6 こういうこと＿＿＿をだれ・どういう人＿＿＿と話し合ってみたい。
7 わたしは希望する、願う、こういうこと＿＿＿を。
これは、わたしの空想かもしれないが。
8 こんな本＿＿＿が読みたくなった。
9 それで＿＿＿こういう本を書いたのだな。
10 それで＿＿＿こういう、材料を集めたのだな。
11 それで＿＿＿こういう書きかたをしたのだな。

資料34（巻八 241ぺ）

〈てびきプリント〉

徒然草　第十三段	①
中村光夫	書物が与えてくれる②　　がはっきりと語られている。
亀井勝一郎	読書の③　　が語られている。
	読書とは、この一言につきるといっていい。

1

中村	浦松	
読書とは、目に見えぬが、たしかに存在する、また、主として、死者から成り立っているが、おそらく、現実の人間の生きる社会より、ずっと人間的な精神の社会に、身をもって生きること（3—9）		

2　紙と印刷インクのかたまりに過ぎぬ死物の書籍の中に、生きた人間の声を聞くことこそ読書の第一歩。（4—6）

3　ぼくは、読書に単なる娯楽や、いわゆる生活のうるおいなどでなく、その本質において、人間が人間として生きる上で必須な、ある、まじめな仕事であることを強調しておきたかったのである。（5—2）

4　書物が安価な商品として、だれにも提供されるようになったということが、無意味な消閑の具に過ぎない書物の量を増大して、そのために、書籍全体が受くべき正当な尊敬を払われなくなった。（5—8）

5　ぼくらが書籍を手にする際にして、まず必要なのは、その中に生きる「見ぬ世の人」に対する正当な敬虔の情である。それなしに書物を開くことは、すでに冒瀆なのである。（6—9）

6　ぼくらが書物から得るほんとうの楽しみや利益は、読書のむずかしさをはっきり知って、これを越えなければつかめないということである。
　そして、もし、自分は、そういうめんど

うなことはきらいだ、自分はただ映画でも見るように、きらくに本が読みたいのだ、という人があれば、ぼくは、そういう人は、きのどくだが、読書の楽しみはわからないと答えるよりほかはない。（7―5）

7　書物を、単に書物としてでなく、生きた人間の思想の結晶と見ることを覚えて、本を読む楽しみが、だんだん、わかってきた。（9―10）

8　多読は、ただ精読の対象を見いだすまでの手段に過ぎないでしょう。（あれもこれも、たくさん読むのは、ただ、くわしく、こまかく、うちこんで読む本をさがすためというだけのことでしょう。）（10―6）

資料35（巻八　265ぺ）

〈てびきプリント〉

たとえば、こんなふうに

(1)
「だから[注1]、うんと長い作品がたくさんあります。」

そうですね、長いのというと、「……」など思い出します。

(2)
「さんざん、くふうして書いたものではありません。」

そうですか[注2]、うんとくふうしてかいたのだとおもっていました。

(3)
「〝童話（メルヘン）というものはどういうものか〟などということ。」

ただ[注3]、童話と書いてあるところと、メルヘンとかなをふってあるところとでは、ちがうのですか、使いわけてあるのですか。

(4)
「ちょうどそのころにあたるみなさんにも、よくわかるものとよくわからないものとがあるはずです。」

それで[注4]、少し安心しました。じつは、わたしは「……」という作品が、よくわからないのです。ようくわかるすきな作品は「……」です。

(5)
「もっと小さい子どもにだって、よくわかるものもすこしあります。」

そう思います。「……」や「……」や「……」などがそうだと思います。

(6)
「なんとなく大きなふしぎな世界をすきかってにかいていること。」

「……」という作品なんか、そうだと思います。それに、次のようなところは、特にそう思います。

「……[注5]

(7)
「たとえば、有名な『風の又三郎』があります。」

それから「……」もそうですね。

（注1）「　」のなかは、「宮沢賢治の童話」の本文である。
「だから、うんと長い作品がたくさんあります」というところを読んでいて、「そうだなあ、長いのというと」と作品をいくつか思い出したら、そのとおりに、このように書くのである。「……」のところには、その思い出した作品名を書く。この場合、直接には、「童話集　風の又三郎」が直接資料になっているが、ほかの機会に読んだ宮沢賢治の作品も取り上げる。

（注２）　思ったことを、自由な話しことばで書く。
（注３）　このような疑問、問いかけも、もちろん書く。
（注４）　こういう率直な感想をぜひ書きとめる。
（注５）　作品からの書き抜き。

宮沢賢治の童話

　第一に、賢治の童話は、しろうとの童話です。もちろん雑誌屋から、何年生むき、原稿紙に五枚だ十枚だ二十枚だなどと頼まれてかいたのでもありません。――だからうんと長い作品がたくさんあります――それで、子どもたちによくわかるように、おもしろくよめるようになどと、さんざん工夫してかいたものではありません。また西洋や日本のさまざまな童話作家から、「童話（メルヘン）というものはどんなものか」などということをよく学んでかいたものではありません。といって「少年少女小説だ」ともいえません。

　賢治じしんは、「少年少女期の末から青年期の中ごろまでの人」をめあてにしてかいたんだといっていますけれども、ちょうどそのころにあたるみなさんにも、よくわかるものとよくわからないものとがあるはずです。なかには、もっと小さい子どもにだって、よくわかるものが少しはあります。「これはおとなの読む童話（メルヘン）だ」という人もあります。

　しろうとの童話ですから、かえって文学としての高さや新しさ、めずらしさをもっている点もあります。なんとなく大きなふしぎな世界をすきかってにかいていること、科学の夢やりくつをいっぱいにちりばめていること、いままでの童話にない

グスコーブドリ

いや、ちょうどわたしたちです。

おとなでも読める、心を引かれて読めるのが、ほんとの童話だって聞いたことがあります。

新しい科学に合っているとこ

資料36（巻八　285ぺ）

〈てびきプリント〉
本がよびかけてくる

1 この本を読んで、何か、問題発見したんではないか。
2 これが疑問だろう。
3 不思議だと思わないか。
4 たいへん知りたいことができたんじゃないか。
5 この本を読んで、考えはじめたことは？
6 どう発展すると思う？
7 しぜんに空想に誘われたって、どんな空想に？
8 「そうそう、そういうことがあった」すっかり忘れていたことを思い出さなかったか。
9 この本を読んで、なにか、やってみたいこと、思いつかなかったか。
10 なんか、やる気が出てきたんじゃないか。
11 なんか、ひどく考えかたのちがってきたことは？
12 今まで思いもしなかった、ああ意外だって、なにに驚いているのか。
13 そんなに好きなのか、そこのところ！
14 ちょっとしたことが、ひどく心にしみることもあるものだ。小さいことでも、自分には大きなことなのだ。それは、どこ？　なに？
15 「うそだ、うそだ、そんなことない」って、なにが？
16 「こんな本があればね」そう思った本はないか。

17　書いた人に聞きたいこと？　それでもいい。
18　読んでたら、とんでもないことを思いついた——そうか、どんなことを？　本に関係ないこと？　自分に関係あるじゃないか。
19　もっと書いておいてほしかったことがある？　どんなこと？
20　次は、どんな本を読むか。

資料37（巻八　298ぺ）

プリントを三段に仕切り、一番上の段のことばからひき出された想像を、二段目に書く。全部書かなければならないのではない。

〈てびきプリント〉

少年チャールズ

こんなことをしただろう。こんなことを考えただろう。こんな少年だったかな？

(1)　全体としては、どんな子だったろう。おとなしかったろうか。いたずらっ子だったろうか。

こんなことがあっただろう。

こんなことをして、しかられたかもしれない。

にこにこ顔が浮かぶ、こんなことをして。

こういうことがあれば、しゃくにさわったろうな。

こんなあだながあったかな。

(2)　友だちは多いほうだったろうか、少ないほうだったろうか。

どんな友だちがいたろうか。

こういう友だちがいて、こんなことがあったろう。

友だちとこんなことをしたろう。

(3)　こんなことをするのが好きだったろう。

今の子どもが切手や何か集めたりするように、何か集めたりしたろうか。

そのころの少年は、少し大きくなると、狩り、猟なんか好きだったようだが、チャールズはどうだったろう。

(4)
勉強は好きだったろうか。
何が好きだったろう。
成績はどんなだったろう。
勉強ぶりは？　こんなようすだったかもしれない。

(5)
読書
本とチャールズ
チャールズと本

(6)
さあ、もっと、どんなことでも。

【2】　資料を読み、たとえば次のようなことをいちばん下の欄に書いた。

たとえばこんなことを――話しことばによるてびき――

①ほら、やっぱりそうだ。
②ああそうか、そうだったのか。
③ええっ。そうだったのか。
④まったく意外！

資料38（巻八　300ぺ）

読んだ本・読んでいる本五行感想集

（ゴシック体の部分が、てびきとして指導書の書き添えた部分である。）

＊四十一年六月——一年一学期

○『世界のなぞ』（五十畑）

まず、世界には、いろいろななぞのあることがわかった。エジプトの大ピラミッドを、どのようにして昔の人びとは作ったか。大ピラミッドは、十万人の力で三十年もの年月をかけて作ったこと。ピラミッドの王の伝説など、また、同じエジプトのスフィンクスのいわれなど、まだいろいろふしぎなことが世界には、ひめられていることが、この本を読んでわかりました。**そういうことがわかってくるにつれて、ぼくの考えたことは、**

○『三匹荒野(こうや)を行く』（大住）

三匹とは、犬二匹とねこ一匹のことである。まだ完全には読んでいないが、ラブラドル犬をリーダーとして、西へ西へと荒野を横ぎり、途中の苦しみを越えてやっと主人のもとへ帰っていく。しかし、ラブラドル犬の苦労はなみたいていではない。年老いたブルテリアをつれ、ねことブルテリアの食べ残しを食べるような生活だ。**それでも、其の生活にたえさせるものはなにか、なぜ、たえられるのかを思うと、**

○『しろばんば』（清水知和）

「しろばんば」は、いなかの楽しい遊びのようすや、その地方の特色も、ある程度わかるので、読んでいても楽しいし、上の家の人とおぬいばあさんとが対立し合っている中で、洪作(こうさく)だけが両方の人たちとつき合っているというところもおもしろい。**気持ちの細かく書かれているところなんか**

○『世界のこども』（伊藤）

私は、「世界の子ども」という本を読んで、こう思いました。ヨーロッパの子どもたちは、日本とちがって、よく家庭の仕事を手伝うなと感心しました。それも、北ヨーロッパですから牧場が多いので、ほとんど家畜の世話です。よく素直にやるなと感心しました。**それに、働きかたも**

読み与えるときのメモ

1　明るく読む。ことに「貝の火」の一節、好きなところとして抜き出している一節は、生き生きとさわやかな感じに読む。そこだけ、練習させておいた子どもに読ませてもよい。「いろんな、自分の好きなところを取り上げて書きなさい。もちろん、ここも入れていいし」というふうに、つけ加える。

2　静かに、ゆっくり、ひと言ひと言、確かめるように読む。点線のところは、十分、まをとる。

3　「……よかったんだ」「……なかったんじゃないか」「……聞かせたではないか」と迫る気持ち、やや激してくる気持ちである。「おかあさんが」から終わりまで、句点がない、早口で迫るところ、読点もあまり切らずに読む。「山ほどある石に打たれたり、まっかな熔岩に流されたりしても」は、ひと息で。

4　かみしめるように。

5　静かに、考え考えの感じで読む。

6　「なんてうまいんだろう」あとの、こわくなってしまうという気持ち、それに、ああいやだという気持ちを十分にこめて。うかうかと前半を読むと、「こわくなってしまう」が浮いてしまう。

7　静かに読む。「でも」の前で、ゆっくり切る。

8　「ふくろうは、」「なんて」というふうによく切って、ゆっくり読む。「冷たい……」のところもたびたび切って、かみしめるように読む。「冷たい」以下、繰り返す。

9　「とうとう玉がくもってしまった」を四回、読みかたをかえて繰り返す、「あわてて、ふきとろうとする」暗い感じで読む、「おろかさ」聞こえるか聞こえないかくらいに、つぶやくように読む。

資料39（巻八　401ぺ）

貝の火（宮沢賢治作）

（上段は指導者がプリントしたてびき、下段は生徒の書いたもの。）

1　書きはじめのところ、勇ましいホモイ、貝の火をもらうのにふさわしいホモイを登場させる情景が好きです。
「野原の草はきらきら光り、あちこちのかばの木は、白い花をつけました。実に野原はいいにおいでいっぱいです。子うさぎのホモイは、喜んで、ぴんぴん踊りながら申しました。

〝うん、いいにおいだなあ。うまいぞ、うまいぞ。すずらんなんか、まるでパリパリだ。〟

風がきたので、すずらんは、葉や花を互いにぶっつけて、しゃりんしゃりんと鳴りました。」

というところなど。

2　ホモイは、貝の火をもらわないほうがよかったかしら。ひばりの子を救うっていう、すばらしいことをしなかったほうが、ホモイはしあわせだったことになる……いいことをしないほうがしあわせになる……。私はそうは思わない。

3　どんなにおおかみがどなっても、早く「ホモイの顔を見ると、みんな急に

［下段　略］

安心したように静まりました」とあるようなときに、鳥のねがいを聞き入れて、ガラスの箱をあけておればよかったんだ。貝の火を持っているホモイだもの。そうしたからって、おおかみにくいつかれるということはなかったんじゃないか、ホモイが貝の火をもらったとき、おかあさんがなくなったわしの大臣が持っていたとき、大噴火があって、大臣が鳥の避難のために、あちこち指図をしている間に、この玉が、山ほどある石に打たれたり、まっかな熔岩に流されたりしても、いっこう、きずも曇りもつかないで、かえって前より美しくなったという話を聞かせたではないか。

4　いくら正しい心を持っていても、それだけではだめだ、勇気がなくては。

5　なぜ貝の火は、もっと早く消えなかったんだろう。おとうさんが、きょうこそは消えてしまったろうといっても、なんともない日がいく日もあった。一度や二度なら、ゆるすということだろうか。

6　きつねのさそいかた、なんて、うまいんだろう。こわくなってしまう。

7　いよいよ貝の火がこわれる前の夜、高い高い、山のてっぺんに、片足で立っているなどというへんなゆめを見た、と書いてある。きっと、よくないことをしているので、しらずしらず、良心が痛んで、知らせたのかもしれない。でも、いい気になっていて、気がつかない。

8　ふくろうは、なんて、ぶきみだろう。冷たい世間のきびしさを表わしているのではないだろうか。

9　とうとう玉がくもってしまったのを見て、あわてて、ふきとろうとする、おろかさ。

資料40（巻九　344ぺ）

〈てびきプリント〉
外来語の氾濫について考える　発言のてびき

A
1　──は、こういう場合、使うのが自然だと思います。
2　もうよく、なじんでいて、外来語という気がしません。
3　これは……という気分が出るので、使いすぎでない、適切な使い方だと思います。
4　……によると、これにはぴったり合う日本語がないということです。それなら当然、この外来語を使うことになると思います。
5　これに当たる日本語はあっても、意味がこの外来語とちがうのです。こういうのも、当然外来語を使うことになります。このようなことが……に出ていました。

B
1　──は、よくわからないし、なんかきざな感じがします。
2　なにも、外来語を使わなくても……といえばいいと思います。
3　この外来語を使えば……こういう意味（気分）が表せるということかもしれませんが、日本語でもじゅうぶんに表せると思います。……ということばで。
4　なぜ、ここにこの外来語を特に使ったのか、それを考えると、……
5　──というかたの……こういうご意見がありました。たいへん、よくわかり、そうだと思いました。

C
1　とても、迷（まよ）っています。よくわかりません。
2　……と思うと……と考えられますし、また……ということを考えると……という気がします。
3　○○さん、「──」という本に……ということがありましたが、あれはどう思いますか。
4　「──」という本に書かれているのは、そういう意味ではないと思いますが、あの本のどこのところですか。

5　資料1のなかの〇〇さんが、……ということをいっています。その考えと同じですか。
6　その投書の中心は、……のところにあると思います。いまのような意見ととることは、むりだと思います。
7　だいたい、この投書に出ているのと同じ考え方なのです。しかし、いま、このことばについて考えると、やっぱりいちがいに……とも言えなくなるのです。
8　こういうことについては、資料（　）と資料（　）とで、くいちがいがあると思います。

〈てびきプリント〉

B　「私の報告」資料作成のてびき

1ホワイトミリア原紙（5ミリ方眼）一枚にまとめる。

2原紙のまん中を見なさい。上に0と書いてあるのが、中央。

　その両側に三行ずつとって、太線があるでしょう。その六行には、書かないこと。折るためです。

3原紙は右、左、上、下、つまり、まわり一センチ（二行です。一ます5ミリ）あけておくこと。書かないこと。

4二段に書く。今、これを書いているように。左右の中央を見なさい。中央に0とあるでしょう。その太線が中央の線です。その上一こま、その下一こま、計二こま、一センチ、あけること。これがそのとおりに書いてあります。

5見本を見なさい。この見本のように、サインペンで、しるしをつけておいて書くこと。書かないところをまちがえないため。

6字は、一行おき、一こまに一字ずつ。題目などでも、大きく書いたり、ぬりつぶしをしたりしないこと。大きく見せるには、次のように。

　1こまいっぱいに、少し、はみ出るくらいに書く。

　私というように。

　2間隔（かんかく）をあける。

　　作　成　の　て　び　き
　こういうふうに。

7小さすぎるとよみにくい。次のようなのはだめ。わく、いっぱいに。

作成のて

8平均に力がはいるよう。毛筆習字のときのように強弱をつけてはだめ。

9「私の報告」ということは、表紙に書くので、一人一人は、報告の題だけ書くこと。3行めに。5行め下に氏名。次6行め、7行め、あけて、8行めから書きなさい。見本見なさい。

10見出しをつけたり、番号をつけたりしなさい。図表も使いなさい。

11修正液をなるべく使わないですむように。使うと、てまもかかり、どうしても少しきたなくなります。下書きをし、おちついて書く。

12誤字注意。どうかと思うときは、まめに、辞書を引くか、先生に聞くかする。

13下書きを見せること。

14提出日、厳守。

資料41（巻十　400ぺ）

〈てびきプリント〉

友だちはどんな分類をしたろう（着眼点。こんな目のつけかたで）

①これとこれと、こんな見方で、同じ種類にしたことはすばらしい。
②これとこれを、分けたのか。そういわれれば、やっぱり微妙（びみょう）な（かんたんに、口でいえないような）違いがある。すばらしい。
③わたしがさんざん迷（まよ）ったのを、こんなふうにまとめたのか。
④いいことばでまとめたものだ。わたしも、同じまとめかただが、その種類を表わすことばが思いつかなかった。

⑤ここ、自分とまったく同じ。
⑥これとこれを、くくったのは、どうしてですか。
ここに、これを入れたのは、どうしてですか。
⑦そのほか。

資料42

①私の作文「　　　　　」に添えて

一年　組（　）

②まず題材についてですが、この題材は、……………………………………
……………………………………………………………………………………
③目あては、…………………………………………………………………………
④この作文で私がとくに書き表わしたかったのは、…………………………………
……………………………………………………………………………………
……………………………………………………………………………………
⑤そのためにくふうしたこと、くふうとまではいきませんが、考えていたこと、気をつけていたことは、……
……………………………………………………………………………………
……………………………………………………………………………………

⑥組み立ては次のようになっています。もう一つ、下のようにも考えていました。上のほうが、⑦（　　　　）のでいいと思います。

――――――――

⑧書き出しは、次のようにも考えてみました。

……………………………………

⑨表現については、ご指示のとおり、次のように符号がつけてあります。

A　ここは、もっと簡単にあっさり書くべきだったでしょうか。

B　ここは、もっとくわしく細かく書くべきだったでしょうか。

C　このところは、すらすらと書きました。

D　このところは、なんか進まず、つかえつかえ書きました。

E　このところは、よく書けたと思います。

F　このところは、どうもよく書き表わせていないと思います。

G　このことば、この言い方は、たいへんものたりないのです。しかし、ほかのことばがどうしても思いつきませんので、とにかく書いてあります。

……………………………………

⑩そのほか、この作文について私の考えていること、また疑問に思われることは、……………

……………………………………

8 私の学習指導の歩み

皆さんこんにちは。私の歩いてきた道のような題になっていますけれども、その前に、中学校に転じる前に二十年があります。昔の女学校、最初に長野県諏訪高等女学校に参ります。それから東京へ出てきまして、東京の第八高女、今の八潮高校にまた十年おります。そこで戦争を経験するのです。ですから「歩み」ということは戦後の、ということです。戦前の女学校の先生時代というのがこの前にあるわけです。ですからそんなつもりでご覧ください。それから研究授業一覧ということは、お客様があったという意味にもなります。研究会のはもちろん研究授業だったのですけれども、そのほかに授業がないのではないんですね。研究はいつもしていたと思いますけれども。つまり参観があったときとか、研究会のときとかが主になっています。たくさんの数があってびっくりなさったかもしれませんが、それだけ長く先生をしていたということであって、たいしたことではないと思います。

それで説明しておかないと、いろんな方に通じないと思うようなことを先に少しお話しして、それからあと、時間のあるだけ、どれかの単元のお話をしたいと思っています。この本に載っているものは、私はどれも全部非常に愛着を持っておりまして、いつでもその場面も、それからその時に何があったかということや、どうしたかというようなことも、今も幸いにしてありありと思い出せるのです。ですからそんなお話をしようと思います。

さて、読書会ＡＢＣなどというのがあります。何がＡＢＣなのかというような、そういうことをちょっとお話しします。ＡＢＣというのは、あちらこちらに出てくるのです。資料52・53・54などに読書会Ｃとか、読書会Ａとかのよび方で出てくるのです。そういうことは、どなたも言われるのかどうかわかりませんが、私は三種類に読書会を考えていて、単元のおしまいに読書会になることがよくあったのです。または、発表会とか、それから何か書くとかがおしまいにありました。

読書会Aというのは、読書会をするのですけれども、本を持ってその人がくるだけ。何にも誰も調べてくるわけでもなければ、何でもないのです。その場で誰かが読んで、そしてそこについていろんな話をしておしまい。まとめて何をするということもない。そういうPTA向きの読書会なんです。だから楽ですね。しかし案外いいことがあるのです。

Bというのは、本を決めて、殊にどこを読むというようなことを決めまして、それをみんながちゃんと読んでくる、そしてそこで、その場では読まない。通読はしませんで話し合いをする。そういうことなのです。

それから読書会Cというのは、一番本格的かもしれません。テーマがありまして、それについてみんながいろんな本を読んでくるのです。同じ本を読んできたり、場所・読む箇所を決めてきたり、そういうことはないのです。誰が何の本を読むということは相談するかもしれませんが、とにかく一人一人が別々の本、みんな同じテーマに向かって、本を読んでくるのです。

例えばどんなのかと言いますと、私が後でお話しようと思っております外国の人が日本人や日本をどう思っているだろうかというテーマの単元がありまして、私の大切な単元の一つです。西尾実先生の全集の第七巻［解説］にその単元のことが書いてあります。西尾先生の第七巻の中に出ている先生のお教え、それを活かしてすすめた単元なのです。

初め解説をして欲しいと言われまして、びっくりしまして、西尾先生の解説をするなんてのは本当にびっくりしました。それで大分駄々をこねて遅くなっていたんですが、書くときにようやくそれを思い出しまして、この一巻の中だけで、西尾先生のおっしゃっているお教えを隅から隅まで活かすようにしよう。そういうふうにして解説しようと思って書いたものです。そこに出ている外国の人はというのは、今のCなのです。外国の人は日本人をどう見ているかというテーマで、クラスの中の人がみんな違った本を持っているのです。そしていろんな観点から話ができるようになっているというわけです。

Bというのは大体普通じゃないかと思いますけれども、読む場所を決めて集まる、この次の会ではなんという本のどことどこを読むことにしよう。それは誰さんが読んでくる。そういうことをして、非常に勉強的な読書会なんです。Aというのは先ほど申したような、大変楽な、行くのも楽だし、なんにしてもすべて楽で、本を持って行けばいいのです。私これは案外PTAの会などには使っておりました。誰が発表するなどというと、おかあさまがたが大変ですので、そんなことはなくて、来さえすればいい、本を抱えてくればそれでいい。それから卒業生のある時のクラスなどで、そういうことをしていましたが、これも気楽で、何も考えていったりしないということがあって、案外長続きがして、そして案外収穫もある気がしました。そういうことがあったのです。これなどは他の人がそういうふうに使っているわけではありませんから、皆さんに申し上げておかないと解っていただけないという気がしました。

それから『中学作文』という書名、書名なのか何なのかなというふうに資料の中に出ている、書き表し方も良くなかったのです。『中学作文』というのは、私が昭和三十三年、三十四年ころに文海というもう今はない中学校に勤務しておりました時、作文の研究校として、仕事をしていたときの書物なのです。中学生の作文を書く能力、どんな能力があったらいいかということを分析した表がついております。ただ詳しく書くとかそのようなのではなくて、もっともっとご覧になると、詳しく、こういう文章が書けるためには、何と何ができていればいいのかといったことなどです。［資料15・20・23・26・30など］［『大村はま国語教室　第五巻』に所収］

詳しく書くとは決まっていませんが、詳しく書くという能力もたまにいるでしょうし、なんでも忘れてしまわないような人でないと困ると思います。いろんなことがあっても忘れ易いということは書きにくいでしょうね。ですから、書く力と違うようであっても、いろんなことを詳しく要点を覚えている、言葉をそのままきちんと覚えているという、そういう能力がいるとか、それから字が早く書ける、あんまりのろいと結局失ってしまうからとかいう意味で、そんな捉え方で作文を、いいものを書くための、書けるための能力が分析して表になっております。それを元にしまして、その一つ一つ、その能力として挙げた一つ一つ、それを勉強する資料と勉強の仕方、『中学作文』というのはそれが書いてある本なのです。ですから忘れないということ、そういう力をつける、そうしたらそういう力をつけるためには、どんなことをすればいいか、そういうことを始終すればいいでしょう。見た物を覚えている、聞いたことを覚えている、そういうふうになっていかなければいけない。それを勉強する資料を二種類に入れているのです。一問ごとに二つの文体がありまして、ひとつは一・二年用、もう一つは二・三年用、こういうふうにして、作るのに一・二・三という区別はちょっとつけにくかったのです。それでしたから一・二年、二・三年というので資料を作って、それをどうすればいいか、この文章をどんなふうに勉強したらいいのか、それが書いてあるのです。それがずっとその表に出ている限り、一冊の本にまとめてあるのが、『中学作文』です。昭和三十四年の発表の時にこれを作りました。

そしてこれを学校で端からやったのです。二年間の研究学校でしたから、作る端からどんどん実践しました。ただ集めただけではなくて、それは全部教室を通っている資料なのです。自分で書いたり、いろいろしましたけれども、教室で実際の子どもたちにさせて、文海中学の子どもたちに練習をさせまして、それをまた資料にしたり、それから資料を直したりして、でき上がった本です。見たところちょっとした見ばえのしない本ですけれども、私は資料として、作り方といい、使い方といい、大変いいものだと自分では思っておりました。それを子どもたちに使っていたのです。でき上がってからまたその次の年に研究がありましたから、それを使ってたくさんの文章の練習をした子どもたちと一緒に、書き出し文の研究とか、ああいう作文の研究を発表したのです。これなどは、『中学作文』と聞いただけでは、なにも皆さんに通じないと思いますから、説明を加えておきたいと思います。

それから五年間連続の読書の単元があります。これは特にそうしようと思ったのではなかったのですが、そのころ、東京教育大学に内地留学をなさっている先生方が大勢ありまして、十四～五人あったのです。今八人会と称しているのは、その時の方たちだと思います。そしてその方たちが倉澤先生に引率されて、ほとんど月毎に学校に参観に見えていました。いらっしゃるのは、私がお願いしたいくらいでいいのですけれども、先生が突如として、あさっていくとか、三日後にいくとかおっしゃって、私は大混乱です。読書単元ばかりとりあげているわけではないですから、他の単元をやらないわけにはいかない。それを進めていますと、それが順調にすすんでいる真っ最中に三日後に例の連中を連れていくからと、こういうことになったのですね。私はとても困るので、いつでも小さな、割合小さい、二時間ないし三時間、多くても四時間を越さないという読書生活単元を用意していたのです。そしていらっしゃると聞きましたら、その日はちょっと休憩と、いつもの単元を休憩にして、そしてその二～三日読書単元をやる、そしてまた元の単元に戻るという、そういうことをしていたのです。

そうして短い単元がたくさんできたのです。そのころみんなに帯単元といわれたのですけれども、帯になった夕方の大衆向きのＮＨＫの番組があったのです。それが帯と言われたものですから、私のも誰言うことなく帯単元といわれるようになりました。いまでもその言葉が通用します。だけど私はそういう言い方を、帯になっているから、帯単元、短いからミニといったような、ああいう言葉が好きでないのです。帯単元なんて名前でそれを呼ばれたいとは思っていませんでした。けれども現実にそういうふうにずっと続いて、五年間ほどありました。

それはご覧になった時に、連続してもいないし、どういうものかとお思いになると思います。小さな短いものですからね、そういうふうに短い単元のいきさつはなっているのです。そんなふうにご覧になってください。殊に四十一年、四十二年、四十三年、四十四年、四十五年とそこのところは、一、二、三年は一年だったら一年生だったし、二年といったら二年というふうに、進め方がきちんとしておりますので、ご覧になるときそんな目でご覧くださいませ。［資料32・33・34など］

それからその読書単元が一応そこで終わりまして、倉澤先生がご転任になったため、そのことはなくなってしまいました。ですから、その帯単元というのは、そこで終わるのですけれども、私はあまり好きでないといいましたけれども、しかし実際には面白かった気もしているのです。小さな単元が毎月毎月というふうに、ならんで入ってきます。それで私は読書単元というよりも、読書生活単元というふうにしておりました。ですからいわゆるよい本を紹介する、生徒に読めと勧める、そして読ませる、そして感想文を書かせて、それによって書いたり、話し合ったりして指導するというのは、読書指導といわれるものの当時のスタイルでした。ですけど私はその世界から抜け出して、本当の読書人というのはどういう人のことなのか、ただたくさん読む人が読書人というわけでもないだろう、ですから読書人の生活を読書生活と捉えてみた時、読書指導といったのとは、また違うので、本好きというのとは違うと思っていました。そして何か知りたいこと、調べたいこと考えたいことがあった場合に、本を使って本をもとにして調べ、考えることをしようと思うような向きの人と考えていました。

けれどもとにかく読書生活というふうに言っていたのです。それで著書にも『読書生活指導の実際』という本があるのです。そうしたらそれを読書によって生活指導をする本だと思われてしまったことが、かなりありまして、私はとても残念でした。私は本によって、人を作るということはあるでしょうが、別に本だけが人を作るはずがないし、そういうことを言うのがいやだったので、そうじゃないといっても大抵、本による生活指導、どういう本が素直な子どもを作るかとか、そういうふうに捉えられてしまうことがありました。皆さんはそんなことはないと思いますけれども、そういうこともありました。共文社の本などがそういうふうにとられていまして、今でも良くない子どもたちを良くしようという時に、読書生活指導を使ったらどうかなどと言う人があって、私のはそういうためではなかったのにと思ったりしますが、しかし紛らわしい言い方をしたということは、確かだと思います。

そのように間違われることというのは、よくあるものですけれども、私は本を教養のため、お説教のためと捉えられているのが一番悲しくて、子どもたちが嫌いになるのも、一つはそのためではないか、先生の薦める本とか、新聞の読書の欄に出る本とかいうのは、大体そうで、推薦図書というのは、大体お説教じみているから、用心した方がいいなどと生意気な子どもたちに言われています。やはりそういうふうに間違ったのだと思いますね。本といったら、教養のためというふうになっていて、楽しむためとか、調べるためとかいうことが、まだなかったのです。今いったようなころがちょうど私に限らず日本中が、どうかしてよい本の紹介と感想文、その世界から脱却して本当の読書人を育てたいと思っている。それがよくできなくて、心配して、くふうを続け、その五年間も続いた単元があったくらいなのです。日本中が読書について熱心な時代でした。夏休みになるといったら、あっちの講習もこっちの講習も夏休みの教師の勉強会に読書と出てこないことはないのではないかと思ったくらいに花盛りでした。もちろん私もその中の一人ですけれども、その中で読書による生活指導といった言葉の間違いができたのでしょう。だから読書家というのと、読書人というのは、どう違うかなどというのが、話題になりました。そして読書家というのは、本をたくさん読んで、本好きといったような意味にとられていましたし、読書人というのは本当に読書人で書物によって何かを築いていこうとしている。修養のため、教養のためとはきまっていない人という意味ですね。「読書人を目指そう、読書家ではなく」こういう言葉がありました。私もその中にいたと思います。それで子どもたちをどうかして勝れた読書人にしようと思って、単なる読書家ではないというか、単なる教養のためでもないというふうに、たいへん揺れていた時代のことですけれども、小さな会も読書と出せば、テーマになったというぐらいの時です。昭和三十年代の後半ですね。まだ他に説明しておかなければならないことが出てきましたら、申し上げることとします。

そこでどんなことからお話したらいいかなと思うのですが、単元に「本で本を読む」［資料43など］というのがありました。それは元々は私の早く亡くなりました父が、聖書に詳しく、聖書の勉強家でありました。聖書には難しいところ、難解といえるようなところ、何がどうしたのかわからないところがあるのです。そういうところを、こういう意味だ、こういう意味だっていくら牧師さんが説明しても、私たちにはどういうことだかわからないのですね。それが、父の作った本『聖書にて聖書を』という本があったのです。その聖書で聖書のどこかを引いて、ここにこう書いてあるのがこの意味だというふうに解説してあったのです。私はそれを大変面白いと思っていました。小さな本であまり読まれもせず、知られもせずといった本なのですけれども。聖書をこんな意味です、あんな意味ですと説明しないで、聖書の言葉を引いて、ここにあるこの言葉がこれに近い、こういう言葉が何々に近いというように解説していたのです。聖書の言葉で解説していったのです。それを引照といって後で本になったりするのですが、引くという引という字に照らすと書いて、引照つき聖書といって、今でも大判で出ていて、知る人ぞ知るで、読んでおります。それによると本当によくわかるのです。

私はそれを、なんとなくおもしろく思って、「本で本を読む」ということを思いついたのです。それでどうしたかといいますと、例の読書生活指導の時代ですから、いろんな方の読書論を集めて、みんなで読むのです。そうすると例えば藤村の童話のひとつでありましても、道端の草のささやきを写したような可愛らしい童話があります。そんなのが西尾先生とか、ああいう先生のご本の中に、ああこれがあの童話の中に出ている草だなと思うように出てくるのですね。私は本で本を読む、本で一生懸命探ってみるということは、意味のあることなのだ、読書法のコツの一つだと思いました。難しいところがあったら、それを他の本、同種のほかの本、同じ方の著書とか、それから同じテーマの本とか、そういうふうな観点で本を探して、そっちをいっしょに読む、そうすると不思議にわかってくると思いました。

父の本は昔のことなのに、割合い近い頃、画家の安野光雅さんが、なんだか頼まれなすったのですって。本があれば読んで、読めばわかるだろうと思ったから、はいはいわかりましたと言ったのだそうです。そうしてその頼まれた本を読んでみたら、難しくて何もわからない。悔しくなって、そうだこれ一冊全部、隅から隅まで読んで、それでもわからなかったら、また同種の本を隅から隅まで読んで、それで自分で納得いくようにしようと、安野さんは考えたのだそうです。それで、そのようにしたのだそうです。パソコンとかああいう本のことです。その時まだパソコンは出始めだったかもしれませんね。だけど安野さんはそのようにして、やっとわかったといっておられました。それはやっぱり「本で本を」だったのです。だから人に聞いたりなどしないで、直接これは何だと書いた解説を読まないで、同じことを説明している同種の本を端から端まで、わからないところがあったら抜かして、そしてただただ、読みに読んだのですって。そうしたらとうとうわかるようになったと言って、一人満足しておられましたけれども、そんなこともあります。ですから、「本で本を読む」ということは大変面白いことと思いました。

そして子どもとすすめるには、またこれが面白いのです。私はその本で本をというのは、読書論でいたしまして、みんなで楽しく読みました。つまり誰さんの読書論がどうだというふうなことがよくわかる。本で本をなどという本はないと思いますけれども、しかしこれは非常にいい読書の仕方、勉強法なのではないかなと思っています。このごろそういう読み方をしていませんけれども、今でも、いいことだなと思います。

それから別の単元ですけれども、「私の生まれた日」［570ページ　資料85］があったのです。これは私に単元の一つの世界を開いてくれた大事な単元だったのです。なんとなく要領を得ない、単元がよくわからない、そういう気持ちで勉強をしている最中にこれは考えたのです。他に「私たちの生まれた一年間」という単元がありますので、それと一緒になさらないようにしてください。これはその当時、日々のなんとか（『日々の研究事典』）という、大きな本でした。三六五日とか三六六日とかを一ページに編集しまして、そんな本はその後たくさん出ましたから、今はもう珍しくもなんともないのですけれども、その当時は小学校、中学校にひょっといくと、どこの学校でもその日々の一日、一日を書いた本があったものです。そして、百科事典のような大きな本の一ページずつにでていたのです。それでそんなのを見ている時に、なんとなく自分の生まれた日などを見て、面白くなったので、それをとりあげてみようと思ったのです。

今になってみれば、簡単ですけれども。めいめいの誕生日というのは、絶対あるから、誰かがやれないということはないですね。だけども一日自分の日をそういうふうにとられて、そしてその日がどんな日だったかということを調べて、それで発表しあうという、初めは簡単に考えたのです。それで良さそうに思えたのです。そして、今はそういう三六五日を解説した外国語のもあるし、日本のもあるし、いっぱいあります。あまり値打ちがないのですけれども、とにかくそういう本があったのです。それでただやったわけではないのです。まず調べたのです。この自分のクラスには、誕生について内緒の話があるとか、誕生の秘密のようなものもあるから、簡単には行かないなと思いました。それでいろいろなことを調べてみました。みんなをお誕生日でずっと一冊の本みたいに、昔のプリントでしました。こういうふうにしました。そして調べてみました。それから同じ日の人がいないか。誰かと一緒にね。それはまた勉強するときにいいような悪いようなことが起こるから、どうだろうなと思ったのです。

そういうことを考えたのですが、その後で、私の単元が済んでしまった後で、その当時実践した人があるのです。その人は誕生の秘密も調べなかったし、二人いるかどうかも調べなかったし、他のことはもっと調べなかった。ですからね、うまくいかなかったり、誰かが泣いたとか、そういう話が出てきたのです。ですから本当にそういうので単元の学習をしようとするとき、すぐそのまま、面白いねと、すっと受け取ってくださっても、いろんなことがあってうまくいきません。今のでも、その後で私の生まれた日がどこからか出てくるのではないでしょう。私はとりかかる前に自分の図書館を全部調べたのです。一冊の本は私がプリントをしたからいいのですけれども、みんなの生まれた日が本当にどんな日なのか。誕生の秘密というのではなくても、あんまりなにもないつまらない日だったら、その子は可哀相でしょう。書く種が少ないのではないですか。ですからそんなのはいけないなと思います。ですけれどもこっちの日にしなさいというわけにはいかないでしょう。私の誕生日なのですから、そういうことを考えました。

それを考えないでやった方がある。子どもたちの誕生日は全部、どんな日だか私は調べておいたのです。そうしないと本が図書館にあるかどうかもわかりません。与謝野晶子、歌人。そんなのではだめです。歌人与謝野晶子だったら、与謝野晶子のことをいろいろしらべたりして、その報告にするのですから、そう簡単にはいきません。でも真似してくださった中に、全部カルテみたいに、何月何日、与謝野晶子。何月何日、宮沢賢治。そこまでしかしなかった人があるのです。あまり役に立ついい勉強にはならなかったのですね。発表会もつまらないのです。端から立ってね、私の誕生日には宮沢賢治が生まれましたといって今度は座ってしまう。そんなのはね、何の力もつかないという気がします。が、そういうことになった人がかなりあるのです。誕生日というのは、いいアイデアだと思ったのではないでしょうか。ですからそういうことを気をつけないと。それでもし同じ日の人がいたら、二人でやってもいいでしょうし、別のやり方をするということもありますから、二人、この子とこの子と同じ日だということを知ってさえいれば、なんとでもできると思うのです。私は生徒に自分の誕生日を言わせました。あなた私のを探して、まだよく勉強してないからと言って、やってもらったりしたんですが、そういうふうにしたのです。

それからまだ失敗になる元は、発表させるときに見せていただいていたら、では名簿順にしようと言われてね。上の方からやり始められた。誰さん、次、誰さんとすすめるのですね。こんなのはつまらない。せっかく発表するのにと思いました。私はどうしたかというと、この組で一番のおにいさんは誰だろう、わっとみんなが、誰だろうと思ってみて、それで一番早く生まれた人が、一番最初におにいさんということになったとか、そういう因縁をつけて子どもを指名していったのです。順番に端からずっと当てていったのではありません。単元を進めていく時には、そういういろんな大事なことがあるのです。今のだったら誕生の秘密から始まりまして、この子たちが全部いっぺんに自分の誕生日を探すのだから、その本があるのだろうか、どんな本があるのだろうかとか。それからそんな戦争があったのといいたいような外国のずっと遠いところの戦争があった日だと書いてある、その他になんにも書いてない、そんな日に生まれてしまった人は、つまらないじゃないですか。ですからそんなことがないかどうか、あった場合にはどうするかといったようなこと。本は一応揃えて、大体みんなが三～四冊あるように。それから外国のことも何かあるように。映えるように、発表した時には面白いように、発表する途中ではいろいろなものを読んで、勉強になるように。そういうことを隈なく考えてやらないと、単元学習は面白いけれども、力がつかないなどと言われることになるのです。本当にそうなのです。ですからそのようにしたいなと思います。私は大変思い出があります。

そういう思い出があるのはと言いますと、ことわざなどというのは、今でも流行っていますけれども、ことわざを調べるというのがあるのですね。ことわざは、文海中学校にいましてね、その時にまだ母が生きておりまして、ある新聞の記事をずっと長い間、切ってくれていました。その中に当時、「絵に描いた餅」といったような種類の、子どもはあまりよく知らない、たくさん使われていない、そういうのがあったのです。それをとにかく一年近く切って、どのくらいことわざが使われるか、うんと使われているというつもりだったのです。そうしたらことわざというのは、案外使われていないものなのです。その時の一年間で二度も三度も使われているのは、二十しかなかったですね。だからことわざが非常によく使われるから、勉強に大事だというようなことを言うのは、やはり間違いといいますか、結局、研究があまりおもしろくいきませんでしたけれども、まあ進めました。

このようなことわざをそんなにまでして、勉強する値打ちがあるかどうか、そんな僅かな数のものが、繰り返し、出てくるだけの話です。それからついでですけれども、去年一年間に朝日新聞の社説にはことわざは一回も出ていません。ですから、どうしてそうなのだろうと皆で考えて、結局、たいへん手垢のついた言葉だから、新鮮な感動を呼べないのではないかと考えました。ちょっと気の利いたふうに見えるけれども、そうなんだということを発見したりしまして、私のクラスの生徒はことわざが嫌いになっていました。古々しい、新しい感動を呼ばないというようなことを、単なる物知りのような感じで、感動できないということを言っていましたけれども、そうでしょうか。

そういうふうにいろいろなことがあって、単元学習を遂行するときには教師の幅といいますか、そういう勉強がないと、人が思うほど楽しくいかない、力にもならないということになっているのです。今、小学校の校長さんになっている人が、一生懸命やってそのことわざの大将だったのです。いかにもたくさん出てると思ったら出ていない、結局は古々しいんだということを言った人が、今でもそう思っているようなのです。この頃私は一生懸命ことわざを探して見ていませんけれども、そうなのですね。そんなことがありました。

学習の中に「よい本」というのが、ちょいちょい出てくるのです。［資料64・84など］「よい本」というのは、デパートの伊勢丹が、子どもたちの読書について、少し力を貸してくれていたのです。滑川道夫先生などが、その中の委員に入っていらっしゃいました。一月にいっぺんぐらい、こぎれいな読書の本を出してくれていたのです。雑誌のような、パンフレットと言ったほうがいいかもしれません。それがなかなか良くて、私は度々使わせてもらっていました。ただでもらいたいので、滑川先生に頼んでは、クラスの人数分ぐらいもらっていたのです。そういうPR的なものに、いろんな方がちょっと書いて下さっているのですけれども、教材としてはなかなかいいものがあります。伊勢丹はその後あまり一生懸命にならなくなって、滑川先生のいらっしゃる頃にお聞きしたら、あんまりお金がかかるので、ちょっと休憩だそうですよと言われました。それではもうないんだと思っていましたら、この間見たらまたありました。そういうものを教材にしますと、いろんな大人の文章に触れることができておもしろいと思いますし、自分でも大変ためになりました。出版社から出しているそういうサービス的なものなども大事だと思います。岩波から出ているパンフレットの中に、「お父さんも感想文を書くの」と少年が言っているのです。お父さんがいすに腰掛けて新聞かなんか読んでいたら、そこへぱっと子どもがきてお父さんも感想文書くのと言います。私のクラスの子どもはそれがうれしくてうれしくて、先生も感想文書くの、というように言ったりしていました。ですから、案外子どもの心を捉えるものがたくさんありますよ。資料のなかに「よい本」と出ていましたら、いわゆるいい本という意味ではなくて、伊勢丹から出ている本のことです。きれいな本ですよ。

それから私たちの読書力という単元［資料86］があります。これは大変人気のあった、みんなが喜んだ単元です。勉強もし易いです。金子書房とありますでしょう。金子書房は教育の本をたくさん出していますし、そういう自負もしていると思います。そこで今はあるかどうかは、はっきり分からないのですけれども、あるという人もいます。読書力のテスト問題集を出したのです。一人分ずつにしてね。知能テストみたいな形でね、読書力の許れるものを出したのです。私はたいへん面白く思いまして、どんなものかとは思いましたが、中身は今はお話しませんけれども、読書力のかなり厚い問題なのです。一人ずつになっていて買うのです。それを学校でやったのです。子どもたちはテスト、テストと嫌がりながら、こういうテストが大好きなんです。面白く思うのではないですか。あなたたちの読書力は日本人として、どのぐらいだかということがわかるんだと言ったものですから、大喜びでやってそして採点して、ちゃんとグラフを作ったのです。

こういうこと、読書力のテストというのはほかにないようですね。それでどの程度信頼していいかと聞きましたら、波多野先生がお元気だったころ、いいとおっしゃっていました。ですから私は使ったのです。これはたいそうみんなを夢中にさせました。そのテストを受ける、採点する、成績をつけて表にする、そしてどのグループがどのぐらいの点が採れているかみるとか、そういうことが面白かったのではないでしょうか。テストを嫌がりながらもたいそう面白く、そうしておまけに最後の成績が出てみたら、石川台中学校の二年生はとても成績がよくて、高校二年生ぐらいだと出たのです。その喜ぶことといったら大変でした。ですけれども、小学校三年生程度という人たちもかなりいたということです。そんなことで面白かったし、大変関心を呼びましたし、そうしたらそれをよくやれるようにするには、どんなふうにしたらいいかと、しばらく読書の勉強に熱が入っていました。そういうことも読書への好みを広げていくのではないかと思っていました。とにかく単元になっておりまして、私は単元の目的に、図表を読むとか、図形を読むとか、そういうことにおいていました。というのは、指導要領にあったのです。あったけれども、それを使う場合というものが非常に少なかったのです。そういうことに、先生たちが不熱心で、図表を読むなどということについて、勉強が足りないという話は研究会で聞いていたのです。でしたから面白く思いました。それからこんなのがありますよ。ザメンホフとかね。そういう人たちの業績、そんなこともみんなの興味あることでした。エスペラントですね。そんなのは、どういうふうにといいますと、ザメンホフのことをいろいろ書いた長い文章を読むのです。［資料89］それで私が、あれでも何十というくらい問題を作ったでしょうか。［約三十とある］それでこの私の問題に答えるには、そのザメンホフの本のどの辺が役に立つのか、全部に役立つわけではない。読まなくていいところもある。どういうところがあるだろう。そういう観点で調べるものは読むということですが、ザメンホフというのが珍しかったのと、エスペラントというのがおもしろかったのと、そういう面の勉強をする人が増えてよかったですよ。

それからさっきの「外国の人は」［資料142］というのは私の大切な単元であると申しました。私の亡くなった姉が四つ上でしたけれども、ミッションスクールに通っておりました。そのせいもあるかもしれませんけれども、たいそう読書が広かったのです。当時のミッションスクールは、日本の公立学校よりもずっと幅は広くてのびのびとして勉強がよくできたところなんです。姉はそこにいて本をたくさん読んで、そして外国文学が日本文学に及ぼした影響というテーマを先生にもらったのです。そしてうれしくなって、本をいろいろ読んで、いろんな外国の、ハイジとかああいうものから始まって、日本人に影響を及ぼしたそういう文学を読んでいたのです。そのついでに私に、私はすぐ下の妹で言いなりになるかわいい子ですから、姉はしょっちゅう私にこれ読めばいいとか、そういうことを言ったのです。私は、それを全部読んだのではないのですけれども、やはりおもしろいとは思っていました。

その当時、ベルツ水という手が荒れた時につける化粧水みたいなものがありました。今と違って、そういうものがたくさんはない時で、レートという化粧水みたいなものと、ベルツ水、姉がそのベルツ水を持ってきて、はまちゃんこのベルツ水をつけると手がつるつるとなっていいよと、言ったのです。そして、そのベルツさんと言う人は外国人で、日本にきてこんなふうにしているんだといって、ベルツの功績をのべたのです。私は、何にも知らない子どもでしたから、びっくりして、そしてそのベルツさんというのをはっきり覚えました。そして『ベルツの日記』というのがある。『ベルツの日記』ぐらい読まなければいけないと姉が言いますから、よくわからなかったけれども、そういう本をたくさん読んだのです。『大君の都』などというのは、大君の都ということは日本の都のこと、大君ってことは天皇陛下のこと。それも外国の人が、日本の首都である東京、そこに暮らす人たちの生活を書いた厚い本です。岩波文庫ですけれども、ひとつひとつが、二センチまではないけれども大きな本です。それが翻訳ですが難しい字があまりないのです。それで大変楽しくよみました。そういう本はその頃、まだまだあります。外国の人が日本にきて暮らしている様子、日本人の様子を書いているもの、そしてかなりいろいろな秘密みたいな話も載ってくるのです。

それを読んで、そして外国の人というのはおもしろいなあと私は思いました。姉も勧めるので、私はかなり、『ベルツの日記』や『大君の都』式なもの、それから外国の使節がきた時のいろんな記事、そういうものを読むようになって、日本人に対する外国人の見方というものにたいそう興味がわいてきたのです。そんなことがあって、ミッションスクールにいるということと、それから読書のために、私は外国の人が日本人をどう見ているかということについて、たいそう詳しくもなったし、興味がありました。それが、遠く、先生になってから、この単元が自分のものになってくるもとです。そういうふうにするのがいいという意味ではありませんけれども、しかし教師の幅の狭さというものは単元をすすめるには、本当に困ったことなのではないか。広々と、あまり勉強、勉強という頭ではなく、広い胸を持つというか、広々といろんなことを偏らないで読んでいくということは、単元をすすめたりするのはもちろん、指導者として、広い読書が本当に大事だと思います、子どもにとっても、いいことだと思います。

そんなふうでしたから、外国の人はというテーマがあの時浮かんだのだと思います。もうその時は、姉は亡くなってしまっていて、私は形見になった姉の作文を読んで、ああこんなことを考えたのかなと思ったりしました。

そして住まいが横浜でありました。私は少女時代が横浜の生活で、外国人に接することが多く、鷺山という私のいたあたりは、たいへん外国人の多いところでしたから、接するといって仲良くするわけではありませんが、雰囲気に触れ、そしてなんとなく知っていきます。そういうふうにして、単元の幅を広げたり、豊かな語彙を持たせるということは、大事なことです。ただ辞書を見るとか、そういうことだけではやれない。結局、言葉がたくさん身につかなければ、読書の世界は広がらないでしょう。そうするとそのそういう意味で、いろんなものに、いろんな人に接することができたのは、この単元のもとです。

ですからあの単元が成功したり、自分でも大切な単元だと思い、いまでも教師ならもういっぺんやりたいと思ったりするということは、そういう愛着のある気持ちでいるからです。私は単元をひとつひとつ、二百いくつもありますけれども、ほとんどの単元にそういう何かの因縁のような親しみと言いますか、自分のものといった感じがあるのです。読書の開いてくる世界というものはそういうものですから、単元というのが、教科書だけでやれないということは、足りないからです。

別にどの教科書だってつまらないなどということはありません。みんなよくできています。けれども、どうしても教科書が一つならば、狭くなるでしょう、広さがないでしょう。ですから、うまくいかないのだと思います。この中にもたくさん教科書を使ったのが出ています。見てくださったかどうかわかりませんが、まず、一番先にとりあげたのは、教科書を端から端まで、四月の初めに読むのです。朗読会。そしてつまらない文章というと悪いけれども、漢字の作り方とか、そのようなのは、子どもは、朗読が映えないからきらいなのです。そういうのは私が読むのです。それに難しそうなのや、漢文が入っているもの、そういう、子どもがすっと入れないようなものは私が読む。このほかでも、勉強するときに私は他の先生方よりもずっとみんなと一緒に勉強しましたね。朗読会があれば、必ず私は入っていますし、言葉の何かがあれば必ず私は入っています。そういうわけです。話し合いは必ずわたしはみんなのグループに入って、発言しているし、それはとってても大変なことだった。そういうふうにして、幅を広げました。

西尾先生の全集［教育出版］の七巻というのは、野地先生の解説が主なのです。そこへ野地先生がいらっしゃるから、この人でも大丈夫だろうと、私がくっついているのではないでしょうか。とにかくそうなっているのです。それで野地先生は早くからちゃんとご用意ができていたのに、私がのろくてのろくて、七巻の出るのが遅くなってしまったのですけれどもね。申し訳ないことです。そういうふうに解説があって、逃げ腰だったのですが、そうだ、西尾先生のお書きになっていることをどのくらいいただいて、この単元を作ったか、私はそれを書けばいいと思ったのです。そういう勉強の仕方というか、いろんな先生がいろんなことを書いてくださっているでしょう、昔のことでも。たとえば芦田先生も書いていらっしゃること、もう今久しぶりに見てみると、西尾先生は昔からそんなことを全部私たちに教えてくださっていたのだと思って、びっくりすることがあります。こういう先生方のお書きになっていることを勉強して、私たちは実践をしていくわけでしょう。それがどんなに大事なことなのか、そしてそれはどういうことなのか、ただなんとかという言葉がかいてあったというよりも、そこに書いてあったことを実践して、そしてもっと応用しますと、ああこういうことになっているのかと感心します。皆さんもまだまだそういうものを勉強なさる方ですので、図書館か何かでね、西尾実全集七巻です。そこに私がそういう解説を書いているのをごらん下さい。西尾先生のお書きになっているこの第七巻だけを使ったのです。他にたくさんの巻は取りあげてもできなかったかもしれませんが、とにかくそうしなくて、私の任されたところだけ、そこで先生がお教えになっている言葉をみつけて、これを実践するとどうなるかと思って書いたのです。どうしてもせっかく読んでいるのだから、今自分が「外国の人は」という単元をすすめていたら、そのどこをどういうふうにすることが、先生のこのお教えに叶っているのか、そういう観点です。これはとてもためになります。きちんと範囲が決まっていますから、困ったな、ここでどういうふうに展開したらいいだろうか、西尾先生何か教えてくださいと読むのです。先生の七巻は国語の小さな知恵のようなものをお書きになっている巻なのです。それでそこを見て、こういうふうにおっしゃっているから、ここではこんなふうに展開すればいいのかなと考え、教えをいただいて、勉強しました。一つの参考です。先生方のお考えを読んで、参考にするという生意気めいた言葉がありますね。生意気だけれども、勉強するのにそのようにするほかにできないでしょう。ですから大変それはためになること、いいことですよ。先生方の、垣内先生の説ですとちょっと難しいかもしれませんけれども、芦田先生などはやさしいし、それを読んでいますと、ああそうかと思い到って、きちんとしたいい案が、単元展開のいい案が頭に浮かんでくるのです。ありがとう、ありがとうございますと思いましてね。それを使って考えてみます。さあ文章を書かせる。何か先生からいただかなくてはと思って、読んでいると、やはり先生もとっくの昔にこうやりなさいということを、こうやれとは書いてありませんけれども、さっと知恵をいただけるのです。ですからみなさんも、先生方の本をお読みになるとき、それから単元なりなんなり、わからないことがあった時、どうぞそういう観点で大先輩の書き残してくださったものを見る。その時、どんなところをどんなふうに生かしたのかという時に、私の使っているのは大変役に立つのではないでしょうか。先輩のひとりですからね。やっぱりああそうか、ここにこう書いてあるのを使って、あそこの単元を展開したのかなと、そういうふうにわかって、大変勉強になります。だから皆さんの勉強の本の見本になると思うのです。ですからお勧めします。七巻ですよ。

それから読書生活通信というのを出していました。新聞を。通信のようなのを出すかたがよくあります。クラス雑誌、クラス通信、とてもいいと思いますけれど、私の読書通信は、二週間にいっぺん出していたのです。国語教室通信が、毎週ですから。そうはできませんから一週間おきに出していたのです。こういうことは教師にとっては本当にいい勉強になることです。新聞というものは、ちょいちょい休刊したらだめです。時々ないなどという、そんな新聞はないでしょう。作るときに骨が折れます。私は、自分の勉強のために、一週間に一つは何かスピーチしてみんなに聞かせたのです。だから一週間に一号はその新聞が出ています。その新聞に、子どもたちの作文を載せたり、何か面白い詩を載せたり、そういうふうになさって、余分なものを与えるふうになっている方もあります。私はそういうのは、あまり役に立たないような気がするのです。子どもは本に接して、本を読んでいけばいい、先生に新聞に写していただかなくてもいいと思うのです。無駄だと思うのです。それではなくて、頑張ってつらかったと思いますけれども、その新聞の一番始めに、言葉に関係した、言語に関係した、しゃれて言えばエッセイですね。そういうものを必ず書くことにしたのです。それがまた写すのではないからなかなか大変なのです。でも私はそういうものは教師が書くのが一番という気がします。そしてやっぱりどこか締まっていくし、子どもへの影響はあると思います。なくても自分のためにはとてもいいです。一週間に一つね、子どものものとは言いながら、言語に関して、それから時の勢いにも多少関係した、そういうエッセイを書いていくということは、作文を教える教師には、大事なことだと思っていたのです。苦しかったけれどもそういうふうにやってみました。

そのエッセイの中の、これは教科書と同じということになっていましたから、言葉づかい、それから取材、それから語彙ですね。それを一生懸命に考えていれていました。ですから通信集がありますけれども、それをご覧になりますと、ばかに難しいところや、ばかに易しいところがあるとおっしゃる方があるのです。そうです。相手が一年生の時には、そういうふうにしていますし、三年生の時には、もう新聞並みの文章にしますからね。そういうことをして、言葉の数を増やす、言葉の持っている数を増やして語彙の豊富な子どもにするということは、本当に国語の先生の責任だと思います。この頃は気をつけて、テレビに出る子どもを見ていますと、言葉が少なくて、いくつ言葉を知っているのかと思って心配になってしまいます。これどう思うかなどと聞かれると、良かったとか、おもしろいとかね。そんなような言葉のほかにないのです。それ以上は出てこないと言ったように、聞き手も悪いのでしょうけれども、そういうふうになっています。ですから私は言葉が貧しいということは、人間が貧しいということですよ。一つの言葉がきちっと自分の胸に入る時は、一つの人生をつかんだと言ってもいいくらいだと私は思っているのです。それくらい言葉が貧しいということは、結局、言語生活全体が貧しいということではないか。そのことについて、あまり先生方が心配しないということが、困ったことではないかと。心配したほうがいいのです。言葉の数の少ない子どもは貧相なんだということを、そしてそれは国語の先生の責任なんだということを私は思っています。どうぞ豊かなふんわりした子どもたちになっていくため、それにはいろいろな言葉を知っていることが大切、その知った瞬間にどんどん人間の幅が増えていくのです。そういうふうに思いますけれども、どうでしょうか。

さっき国語教科書の話をしましたが、一番先には、まず朗読会をしました。端から端まで読むのですが、その時に辞書を作ったのです。辞書というとおかしいけれども、どんな語彙が教科書にはあるかということを辞書みたいにしました。そして難しい言葉とも決まりませんが、とにかくあんまり自分が身に付けていないような言葉だったら、語彙の中に入るのです。そしてそれを教科書のおしまいのほうに、きれいに清書して持たせていたのです。例えば読書の感想文を書く。図書館で募集しているから、図書委員が募集していますから、書こうかなと思った時、そうするとやっぱり事項索引ですから、感想文の書き方などというのが出てきます。教科書の中には、どこかに感想文の書き方というのがあります。ですからそういうふうに捉えて、感想文の書き方、材料の捉え方、漢字の何かというふうに、端から一回一回読むたびにそこにあった言葉、これはと思うこと、言葉を辞書にしていくのです。事項索引にしていったのです。それを一年中使っていましたから、教科書を使わないなどと言われては困るので、私はしょっちゅう使っていました。生徒と一緒に。そのことが出ていたからといって。まずそういうことをしました。

それから、また全体を読んで、朗読会をしましてね。みんなで読まないで自分一人一人読むこともありました。この一冊の本にはどういう人間が出ているだろうかというテーマもありました。そうすると子どもに限らずどんな人が出てきているか探すことになります。これは教科書の特色ですが、そういうふうにして、人を捉えたこともあります。それから、どんな文章がのっているかとか。それから、どのような文章でも、全部書き出しがどんなふうになっているか、この一冊の教科書の中に、書き出し文というのはどんなふうになっているか、そういうこともしました。それから、結びの文をしらべるのはもちろんです。それから、ある時は、この一冊の本の中にどんな少年が出ているか、これはおもしろいですよ。明るい子どもというのはあまり出ていないですね。小学校の小さいほうはわかりませんけれども、お友達になりたいような明るい子どもは、出ていません。教科書は一冊の本なのであって、本は全部、端からちょびちょび読まなければいけないということは、全然ないのです。一気に読んだほうがいいに決まっているのです。ですからね教科書を一気に読むのです。そうしてああ、この中にはこういう人が出ている。そしてだいたい、少年が暗いです。それから挿絵、どういう時に挿絵が入っているか、これは私が本屋さんを助けてあげて、文章の長さとかそういうことによって、どうしてもここを絵にしなければならないことがある。こんな絵をここに入れる必要はない。ないけれど、そういう別な事情があると出版事情を教えたりします。そういうお話は子どもたちを喜ばせることをご存知でしょうか。大人みたいな気がするのではないでしょうか、子どもはとにかく子ども扱いされるのは大嫌いでしょう。自分は大人として扱われたい。そういうふうに行動したいと思っています。が、子どもっぽいことばかりするから、しかられているわけです。しかられるのは、つまり子ども扱いされているということでしょう。大人にそんなこと言わないですからね。それでそんな話も好きでした。でも、子どもたちが本当に好きな少年らしい少年というのは、あまり出ていなくて、みんな暗いと言いますよ。それで教科書を作っている本屋さんに言えばいいかと言っていました。だからそんなことを言うのではないと言っておきました。なぜと言いましたが、くわしくは言いませんでした。

私の教室が教科書をきちんと読んでいないようなことを、言われたりすることがありましたけれども、私みたいによく読んでいる人はいません。全巻通じて、一年に何回か読んでいますから。そうして、そのたびにそういうふうなことを決めて作業したり、本全体から事項索引は捉えていけますから、たいへんよくわかるのです。これも、教科書の扱いといって、よく問題になりますけれども、教科書を端からどういうことが書いてありますかなどと言わないことをしたいからです。どういうことを書いてありますかなどと聞かなくても、どういう事が書いてあるか、暗い少年がいるとか、そういうふうな話も出てくるくらいでしてね。そういうふうに教科書に親しんでいます。教科書は一冊の本なんです。だからそういうことを聞きながら、ずっと端から端まで読まなければならないというのは、おかしいのではないかと思います。いろんな見方で読んでいいのです。だから当時、石川台中にくれれば、どんな所のどんな挿絵が、評判が悪いかなどと教えてあげたのにと私は思います。つまらなく思ったり、こんな挿絵じゃいけないとか、そういうことがありました。そんなことを言うたびに本を読むでしょう。今度はこう読んで、こうこうと話しをするのですから、やっぱり読書生活の中の一部として、なかなかいいのではないでしょうか。そういう話になると、出来不出来を言わないで応答ができるのです。よくできる人だからどうとか、そういうことはなくて、先生になにかを言いにきて、私が感心したりすると、ものすごくうれしいらしいですね。私が気づかないでいて、ふっと感心したりします。作り事ではいけないけれども、そうやって私は、読む世界、話す世界が本当にできていくところが国語教育の大事なところだという気がするのです。

それからまだいろんな人がいました。写真などというのもたいそうよく使いました。今一番よく覚えているのは、道端へ子どもがしゃがんでいるのです。そしてそれをお兄さんが写生するところなのです。それがいかにも可愛くって、それにみんなで言葉をつけたりしたのです。そうしたらもう大人になっているある生徒が、可愛く書いてねとお兄ちゃんに言うのです。お兄ちゃんは道端のところに立って、妹を写生しているのです。妹はこっちの方にしゃがんで、お兄ちゃんに描いてもらっているのですけど、可愛く描いてほしいとお兄ちゃんに注文している顔がうんと可愛かった。そういうちょっとした生活の断面、そういうものをちょっと見て、ちょっと言葉にできるということが、本当にいいことではないか。短文になるのですけれども。そういうことがありました。

それから「白銀の馬」［資料155］とか、「五つの夜」［資料132］とかいった創作力の基礎力を養う学習がありました。その「五つの夜」というのは、大正時代に愛子叢書という子どもの本があったのです。愛子叢書は、女流作家などが、作品を寄せていることが多かったのですが、村岡花子さんとか、あの人たちぐらいの時代です。そういう時に「白銀の馬」などというのは、大部なものでしょう。「五つの夜」というのは、これは本当は「八つの夜」なんです。私が五つにしたのです。創作というものです。創作ができなければいけないかどうか。いけないことはないと思います。創作ができなくても、それはいいのです。創作を、そういうものをとりあげる時に、この「五つの夜」というのは、お話の中では毎晩寝ると、その子が寝ますと枕もとに神様があらわれて、すーっと衣装を置いていくのです。それでその衣装を着て町に出て、いろんな生活を知るといった作品だったのですね。与謝野晶子さんです。「八つの夜」。それがね、いろんな生活が出ていて、いい本でした。いい少女小説です。そういう時にそれを真似して、「五つの夜」と。五つにはしたけど、五つだとまだ多すぎます。大変です。そういうことを扱う時に、五つにするということは、一つの知恵ですね。八つなどというのはちょっと時間的に大変だから。そして五つの夜にしたけれども、それでもね、こんなふうにしようという筋書きのようなものを一言書いて、筋がわかるようにして、五つにするのです。そしてその中の一つないし二つを本当の文章にするのです。そういう時に二つにしないで、たいへんたくさんのものを書かせようとしたりして、失敗するのではないでしょうか。たくさんのものをする時は、いつでも子どもが楽に可能なようにということを考えてすすめるべきです。「白銀の馬」でも、一章しか書いていません。あとは全部あらすじを書いただけです。ずっとあらすじを書いて、その中の一章だけが作品になっているのです。そのようにして、子どもの荷重にならないようにと言いますか、そういうことは、いろんな意味で考えないと、勉強は大事だけれども、やることが多すぎるのは、結局はだめになります。単元学習が非常に重荷になっていることがあるのです。先生の考えていらっしゃるものがたいへん大きい。すばらしいことなんですけれども。それで子どもは重荷で重荷でね、つらくて結局好きでなくなるといったことがあると思います。それも一つの教師の知恵で助けることになるのですが、私はもっともっとこの単元の学習の中は、先生が本気になって子どもと一緒に勉強しながら助けないといけないと思っています。それは何も教え込んでやらせてしまうということではないのです。ですけれど本当に助けなければだめです。話し合いなどというのは、絶対助けなければだめです。子どもだけでしたら、あまりいい話し合いにならないのです。そしてもっと自分たちの意見を言いなさい、はい言いますと、そういうわけにはいかないんです。何を言っていいかわからないのでしょう。ですから話し合いという時は、先生が絶対仲間に入っていなければ困ります。そしていい発言をして、どんどん転換をするのです。それからまた、場合によっては司会者になっていて、うまく進展させます。なんとなくみんながだれてきて、同じようなことを言ったりして、だめな時があります。そんなことをぐちゃぐちゃ言っていて何の力もつかないから、単元学習はだめだと言われるんだと思うような話し合いになることがあるのです。そうなる前に先生が入って、うんといい発言をして、みんながぴりっとして、腰を立てて、話し合いの中に入ってくるというように。もっとよく考えてはっきり自分の考えを言いなさいなどと言うのは、本当にいけないのです。そんなことができるのでしたら始めからします。そういうことを言って、話し合いというものを暗いものにしないようにしなければいけない。それには先生が入るほかはありません。そしていい発言をして、司会者なら上手に転換する、そういうことをあまりしなかったりするから、スピーチなどでも、下手なスピーチをさせて、恥をかかせるようなことになる。そんなことをしたら本当になんのために先生がついているんだかわからないと思います。必ず成功させなければ。発表は必ず成功させるのが前提でして、だめだったらその発表を止めたらいいのです。今回しなくてもいいのですから、やめるのです。そういう気持ちです。

みなさんがご覧になったら、びっくりするほど私はみんなの中に入っていって、助けていますよ。絶対成功させるというつもりです。みなさんも、遠慮なさるようだし、そういうことはいけないというような考えがあるのではないでしょうか。先生なのですから、困っていたら教えるのが当たり前です。

「どの本を買おうか」［資料121］は成功できますから、やってごらんなさいませ。一番丁寧にやったときは、夏休みに読んだ本をみんなにアンケートしたのです。そしてどんな本を読んでいるかをちゃんとつかんだのです。そして、どんな本をこれからこの教室に備えようかという相談をするのです。

この資料のお終いの方は実際のではなくて、もう学校を辞めてからの案です。その中に「一基の顕彰碑」［資料227］というのがあります。「一基の顕彰碑」、これは開拓時代のお米の今の「きらら」がまだお米なんかになるどころではない。寒冷地農業と言いまして、全然米なんか取れなかったときに、小川義雄と言う人が勉強して、検討して、お米を作りました。その「きらら」が今では大事なお米になっているではないでしょうか。この時にこれをやりながら、わかったことというのは、だいたい単元のことでも、やり方のことでも、教室ですすめてる時に一番わかるのは、授業がある時なら、授業をすすめている時にいろんないいことをなんとなくわかるようになります。が、こういうのを考えている時、何かを考えようという気になっている時は、何も恵まれません。この「一基の顕彰碑」の時に、単元の終わりというのは、よく研究会だとか、文集だとか、ちゃんとまとまってくるでしょう。そういうことをするのが多いように見えますけれども、そうではなくてもいいということが、このたび本当にわかったのです。アイヌもでてくるし、いろいろ出てくるのですけれども、本当にできるところまで、かじりついてやっていくと、そこで終わって、自然に問いになる、そんなならそんな方向でやっていけばいいのかなといったことがわかるような結び方があるとわかったのです。きちっとした結びで、文集ができたのでもないし、研究会ができたのでもないけれども、しかしみんなが、こういうふうにやっていけばという一つの道を発見するといった結び方を私は大事なことだと思っていました。それでこの「一基の顕彰碑」の時に、本当にそういうふうになったので、私たちがもっとそういうふうな意味で、結末を必ずきれいにつけなければだめ、何をやったかわからないじゃないかみたいなことは、ないということを、単元学習には、やっぱりある程度の冒険がありまして、そういうふうにぶつかっていく、単元がいいなと思いました。

そういう行き方というのが、単元学習そのものの根本なのではないか。ちゃんとできた教科書で、こういうことを聞いて、こうすればこうなるといったふうにすすめ、それで答えはこうだという。そういうのではなくて、何が書いてあるかわからないものに食いつきながら、一生懸命に読んで、そこから何か冒険的に発見するといったような、そういうところが単元にはあるのではないか。単元の出発の時でも、大冒険ではじめるわけですから、ですから冒険心みたいなものが、言葉を開くという気がします。結構な言葉できれいにこうやっていれば、それだけもいいんだけれども、しかし、もっと大胆に世界を開いて、そこに発見する新しい言葉というのはあるという気がします。ですからいつも冒険心が単元学習には必要で、だめだったらそこでやめればいいでしょう。今回これはここで一旦閉じる。で、次の単元をやるんですよ。そして、またある日にそれをやればよろしいんでね。私はそういう何か勇ましいところがないと、言葉の世界が開けてこない、大事な言葉だけでやっていくと、それだけのきれいな世界になるのではないか。それでは、子どもの気持ちに合わないという気がいたします。

言葉の話をさっきいたしましたけれども、増やすことは本当に大切ですが、いろんなやり方がありまして、楽しいのがあります。［資料156］私の学級では、一人が一つずつ言葉を持っていたのです。私も持っていました。「あらう」というのを持っていました。その言葉はどこから選んだかと言いますと、ただではとてもそんな一人一語を持って、一年間通していこうという時に、何を選んでいいかがわかりませんので、そういう時はちゃんと教科書を使って、教科書から選びました。子どもの数だけありました。あまり難しい言葉ではない、珍しい言葉でもない。だけれども、いろんな使い方がある。それからそう普通にはないという。そういうのです。みんなが一つずつ持った。そういう時には先生は必ず持つものなのです。一つは。一緒にやるのです。私はなんとなく「あらう」というのになって、今でも、もう卒業して何年も経っているのに、先生「あらう」というのをめっけたけど、いりますか。などと聞いてくるのです。私は、白秋の随筆からとって、「あらう」というのを承知したのですが、教科書にもあったのですよ。「あらう」という言葉がどんなふうに使われるか、面白いと思ってみたことがあるからといって。いいことは、それの用例を探すのです。用例を探して、カードにとっていくのですけれども、なかなかないものなんです。自分のはなかなかなくて、友達のは結構あるものなのですね。お友達の誰がなんと言う言葉を持っているかというのを、表にして持っていますので、それをお友達にあげるのです。あなたのがあったからって、そういう時に少し弱い子どもは、大変優秀な子どもにそういうプレゼントをして、得意になっています。いくら優秀な子どもでも用例集めは、そんなにその子に幸福だかどうだかわからないから、ないことがあるのですね。もらうと、それをありがとうって、大感謝で受け取るのです。そんな時に子どもらしい、平和な、安心したような、うれしいような、そういう気持ちを味わうものなのではないでしょうか。大人でも良い資料などをいただきまして、うれしいことがあるでしょう。あれと同じ気持ちを味わわせることが、なにか子どもの世界の平和になるような気がいたします。殊に、私にプレゼントする時などは、大変得意ですね。こんなのがあったと。私が持っていなかったりすると喜びます。そういうふうにするのを心づかいと言えば、そういうことがあると思います。

さっきの話し合いのことで、つけたしますけれども、クラスの中で誰かが誰かをばかにしている、そういう間柄になっている人がいたり、それから誰かが誰かにあなどられているなと意識しているような、そういった雰囲気があるクラスは、話し合いができないです。ですからそういうものがなくなるようにまずしなければ、話し合いということはできないのです。ばかにされていると意識している人が、発言する筈がありません。それから、ばかにしている、あの人をばかにしている人がいるならば、そのばかにしている人の発言を心を傾けて聞くということは、難しいですね。ですから、本当の意味でいいクラスでなければ、いいクラスに言葉を使って仕上げていかなければ、話し合いということはできないように思っています。その意味でも言葉の世界は人間の世界なんだなと思っています。

子どもを知るということが、とにかく非常に大事でしょう。ところがあまりそうでなかったりするのです。子どもを知るという時に、子どもに自分の方から何か問いかけて、話しかけるような一対一のいい時間を持とうとする。文部省もそうだし、大抵そうなのです。けれども、子どもは、そんなことが嫌いです。先生と一対一で話すなどというのは嫌いですよ。ただ嫌いなどといったら叱られてしまいますから、結構な顔をしているのですけれども、実際は嫌いですよ。ですから、そういうことではない方法をと思うのです。ではこちらから聞いてはいけないならどうするかということになると思いますが、いろんな面白いお話をこちらからなさるのが、一等です。先生の方が何でもない話でも、柿の実がみのったでもいいから、そういう何でもない話をして、雰囲気を作っているのです。そうすると向こうの方から、すっと話に入ってくるのです。そういう話の中にしか、私は子どもの本心はないと思っています。私が聞いたり、誰かが聞いたり、そういうことではない。それを知らずに大人の人がこっちから何か探るような話をするのですね。どうだとかこうだとか、いかにも話し合いを進めようとする。

そうするともう堅く閉ざしてくるのです。自分の方から出てくるというものでなかったら、本心にはならないと思います。そんな覚悟で私はみんなをこちらへ向けて、これからお話しますから聞いてなどというのは、拙劣ですよ。今の子どもは嫌いですね。そうですね、今四十人ぐらいいれば、五～六人は始めから何にも聞いていません。本当にそうです。何にも聞いてなくて、声がしてたなあぐらいですよ。

一人に向かってでもいろんなお話をします。そうすると、不公平になるという、いっぺんにみんなに聞かせなければ気がすまないというのが、先生根性というのでしょうね。そんなことはないのです。それはもう絶対うそだと思うのです。一人に向かって話をする。だけれどちゃんと伝わってしまうという話の例ですが。私は窓辺のところにお花をいっぱい作っていたのです。きれいにしていた。それは話の種がほしいからです。それからお人形さんとか、いっぱい飾ってあったのです。ある時、春の始めに桜草がきれいに咲いてきた。私はその桜草を買ってきたのです。そうして窓辺のところに置いて、そして毎日毎日、終わった花をはさみで切っていたのです。そして捨てていたのですね。そうしたら、ある時女の子が来て、先生、まだそれきれいじゃないの。かわいそうだわよと言ったから、いやこのぐらいの時に切ると長持ちしてね。三月の末まできれいになっているので、これがもう少し置いて、花自身が自分で枯れてくるようなことをしたら花は持たないものだと言ったのです。私なんかも、もう神様がはさみを持ってね、これチョンするかなって言っているかもしれないって話したのです。そうしたら、その女の子が黙っていたのですけれども、そうしたら嫌だと泣くような声を出して、逃げていったのです。それから大分経って、今度は男の子が来たのです。そのとき、また切っていたのです。そうしたら、先生何考えているか当ててみようかと言うのです。あれ聞いたんだなと思って、私は当ててご覧なさいよ。絶対あたらないからと言ったのです。そうしたら、しばらく考えていたのですけれども、いいや、かわいそうだからといって泣きそうな声を出して、行ってしまったのです。そういうふうにちょっと面白かった話でしたら、子どもは本当によくしゃべるものですよ。ですから、小人数の話は、不公平になるから、いろんな時にいろんな話をしない方がいいとか、みんなを揃えて一斉に聞かせるほうが平和だとか、そういうことを言うのは、子ども扱いの素人というのではないでしょうか。一斉が悪いわけではないけれども、子どもはそんなものではないということ、案外いろんなことが分かっているし、そして本当に人間の子だなと思うことが多いですよ。

今日はいろんな単元を追ってきましたけれども、今のようなお話は、このたくさんの単元の中にそういうことがあって、生まれてくるような気がします。単元をこれにしようとか、どうしようかなと最後に決める時は、必ず言葉がどんなのが出るかお考えになったほうがいいと思います。この勉強を進めていくと、教室の中をどういう言葉が行き交うだろうか。あまりいろんな言葉が飛び交わないようだったら、その単元は、だいたいだめになると思います。あまりためにならないで、お終いになってしまうと思います。言葉がたくさん、こんな言葉も、あんな言葉も出てくるだろうなと、みんながいろんな言葉を使って勉強を進めるだろうなということがわかっている単元は、成功し易いと思っています。そして先ほどの「外国の人は」のように、とにかく豊かな言語が飛び交わないという教室は、国語授業が成功していないということだと思った方がいい。だからそれを気にして、何か貧しい言葉しか、私も使えないし、生徒も使えないといったようなときは、みんなにその単元が合わないのではないか。合わなくて、興味をそそったり、新しい感動を持ってこないようなときにそういうふうになるのではないかなと思います。

お終いの方の単元の「フォスター・きょうだい」［資料219］というのは、その意味で非常に豊かな言葉の飛び交うことが予想されます。そうだと思います。そしてフォスター・きょうだいはこの間も大きく新聞に出て、宣伝していましたから、また会員になる人が多いのかもしれません。あれは実践したとしたら、おもしろかったと思うのです。もう辞めていて残念でした。しかしどれをとりあげるにしても、どう話しかけるにしても、どういうふうに単元を選ぶにしても、結局、教師の力の方がうんといるものばかりです。結局、自分が勉強しなければ、だめということになるのです。幅の広い豊かな世界が、単元で作ることができるというときには、先生の力が非常に必要です。この間でしたけれども、子どもたちに豊かな勉強をさせられない、つまり力のある子どもが満足できる、そういう勉強がされていないと、東大の先生がおっしゃっていましたけれども、そんなことは、私たちは先から知っていると思います。私は自分が貧しければそれっきりという気がして、なんと言っても、いろんな作文の書き出し文にしても、取材にしても、結局自分がしなければだめだと考えています。それが、戦後教えることも悪いことといったようになってしまっています。本当に助けないといけないのに、先生は教える人なのですから、教えて悪いことはないのに、描く教えたことばかり想像して、教えてしまうと子どもたちの自由がないとか、いろいろ言います。結局、これと思った時、それを自分ができないということがあるのです。そして結局できないことがあります。自分のできないことはできない。つまりこういう話は、最後的には教師の問題になるといいますけれども、そうですね。結局自分の読書力が強くて、幅が広くて、話題が豊かで、そんなふうならば心配はないのですけれども、その反対だと、いくら叱咤激励しても、子どもには生きた力にはならないと思いました。

たくさんの単元を並べておいて、あんまりお話ができなかったかもしれませんで、すみません。でもこれらの前の方は、とにかくいっぺんは、子どもたちの手を通って生きた息を吸って、過ぎたものなのです。誰かの子どもにはやはり響いていくものがあるだろうと思います。

案のなかに一つだけ、「読むことにこんな指導も」［資料220］というのがあります。これは実例をこれだけ入れたのです。これはその前の単元をやっていた時に、何か子どもが貧しくて、うまくいかなかったのです。それで私は読解力がないなと心配になりまして、その次の計画なのです。臨時に入れたのです。これは外山さんの文章を使っているのですけれども、ここをどんな風に読むかとか、そういう読み方じゃないとか、そういうことを言うためではないのです。自分が外山さんになってしまっているのです。それで子どもが間違えたり、質問したり、いろんなことになる。その時に外山滋比古になっていて、私が叱ったり、ほめたり、教えたりするのです。これはなかなかやる時にいいですよ。何か間違っているのではないかなってお小言みたいなことを言うよりも、ずっといいです。外山さんには悪いけれども、外山さんになっていて、そして子どもたちの間違いを正したり、もっと読み方を加えたりするんです。これは子どもたちがよくやらなくて、教師としては辛い時、そういう時に変な小言を言わず、その作者に先生がなって応答していくのが大変楽しいですよ。そんなことを自分は言ってないといったような調子で、どんどんやっていくのですが、これは、私はふとした機会に知ったことなのですけれども、小言なのですけれども、教室を暗くしないで、なんとなく笑いを含んで、外山さんになっている先生に、食ってかかったり、本にそういうことが書いてあったけれど、ちがうではないかとか、いろんなことをするのに、これは大変愉快だからやってごらんなさいませ。自分がその作者になってしまうのですよ。そして子どもたちが本を読んでいって、先生に意見を言ったりするのです。きっちり、隅から隅まで、小言を言って直すことができますし、そしてなんとなく面白い感じになって、教室の中が暗くならないで、たくさん注意することができます。いいのではないかと思って、そこへちょっと入れたのです。

まだまだ、こんなお話をしておれば、いつまでも尽きません。本当にいろんなお話をたくさん聞いてくださって、ありがとうございました。私はたくさんの単元を懐かしく思い出しました。どうもありがとうございました。

講演資料（二〇〇〇年十二月三日）

私の研究授業一覧

〔二〇〇〇（平成十二）年十一月二十三日（木）
第30回大村はま国語教室の会研究発表大会〕

私の研究授業一覧

学習指導の歩み

これは、中学校に転じて後の、各種の機会での研究授業、実験授業の一覧表である。何を資料とし、およそ、どのような学習であったかを記した。従って、「あらまし」は、その単元全体のあらましであり、年月日は、そのなかの研究授業や実験授業の当日を指している。同年月日で、二ないし三の授業があるのは、研究授業・実験授業の際、二ないし三時間、別の学級、別の単元の学習を展開したからである。

江東区立深川第一中学校

1　23・6　やさしいことばで　　二年

資料○「やさしいことばで」国定教科書

○雑誌「にじ」の裏表紙の広告

みつびし鉛筆、トンボ鉛筆など四種の鉛筆の広告。たてよこに、四つに仕切って同じ大きさ、色刷り、絵つき。

あらまし

○漢字の多い、むずかしい広告文のと、やさしい、わかりやすい広告文のとがあったので、比べてみた。

○やさしいことばが、この場合、どんなに効果的か考えた。「やさしいことばで」の趣旨と考え合わせた。

○教科書でない、このような材料を探して教材とした最初である。

2　23・12　クラーク先生　　二年

資料○「クラーク先生」国定教科書

○クラーク先生のことを記した当時の新聞記事

あらまし

○よく行われていた、読むことの授業の型（文章をはしから読んで、小さな問いをたたみかけて調べていく方法）ではない。教材単元であるが、学習を一まとまりのことばの生活に組織することを知った思い出の単元。

目黒区立目黒第八中学校

3　24・1　物語の鑑賞　　二年

資料○「地蔵の話」長與善朗　国定教科書

あらまし

○文学作品を読んで、情景とか、気持ちとか、人がらとかを、なまな形で尋ねず、自然に、知らず知らずのうちに、なまで尋ねた以上に深くとらえさせようと工夫した学習。

○「いろいろ、発問や図解を工夫して文学を味わわせること」からぬけ出した最初の学習。

○劇・放送劇・紙芝居にし、実演した。

○グループ学習である。

4　24・6　実用的な手紙　　二年

資料○手作り教材

学習とともに作られていく教材。

あらまし

○参考書と教師の話を資料として、いろいろな手紙の書き方を調べ、実例を作り、「実用的な手紙」という一冊の手書き文集を作った。

○生徒全員が、ある部分を担当した。全体のなかで、個々に、かけがえのない位置をもたせるという学習組織の最初。

5　24・9　クラス雑誌の編集　　二年

資料○手作り教材

学習とともに作られていく。作ることが学習。

あらまし

○討議の指導に本気で取り組んだ最初の単元。

この編集会議は、カードを使って討議を指導する試みの第一歩。

カードによる討議記録の方法（テープレコーダーは当時まだ一般には使われていなかった）を実施した。

○五グループで一冊ずつ作った。

6　25・12・5、6　古典に親しむ　　三年

資料○手作り教材

萩原廣道式のテキストを作った。

テーマ「日本人に愛された人々」

古事記　万葉集　源氏物語　枕草子　平家物語

徒然草　宇治拾遺物語

あらまし
○指導要領に、「古典が読める」でなく「親しむ」にとどめてほしかったため、その「親しむ」授業はどんなのかを示すために展開した授業。これにより指導要領も「古典に親しむ」となった。
○劇やスライドにしたりした。
一般の催しではなかったので、見てくださった方は少なかった。しかし、「親しむ」にとどめることはできた。

7　26・6　語いをふやそう　三年
資料○語句学習・テストカード
学習とともに作られていく教材。
あらまし
○カード（手作り）使用。
○劣の生徒の誤答も、そのまま役立つという学習。
一つのことばについて、四人が意味を書く（四人グループである）。

四人の答の中から一つを正答として仕上げ、あとは誤答として仕上げる。それで、誤答もなくてはならないわけである。

出来上がりは、ごく普通の四つの選択肢をもった語句テストと同じである。
○各グループのができて、交換しあいながらゲームをした。
○ゲームを作った最初である。

8　26・11・7　読書生活を考える　三年
資料○手作り教材
いろいろの資料を集めて使った。
あらまし
○読書新聞を初めて作った。
そのなかに、本の紹介をはじめ、いろいろの読書生活に関する内容をふくめた。
○読書新聞の第一号、第二号、第三号という形で作っている。

中央区立紅葉川中学校

9　27・5　研究発表　二年
資料○生徒の選んだ題目による
あらまし
○当時の単元学習についての意見を、まっ正面から受けとめ、その通り取り組んだ例。そのころ言われていたことは、みな実践してある。
○個人差に応ずる指導は、とくに大きく取り上げている。

○テーマを広げすぎ、内容的な指導がまにあわず、自分の幅を考えて計画すべきことを痛感。

10　28・6　読書　　二年

資料○単行本　百冊

あらまし

○読書生活を体験させる。徹底的に読む時間をとる。

○教室（廊下も含め）を、読書室、談話室、自己評価室（コーナー）に分ける。読書室（普通教室）内の机の並べ方をさまざまな向きにする。一人席、四人席、コーナー席、窓べ席、かぎの手席などいろいろあり。

○読書新聞をグループごとに作る。

○個人差に応じ得るよう、また個人差を師弟協力して発見しようとした。

○自己評価室、問題と解答とを備えた（時計もあり）コーナー。一人ずつ次々に自分でテストし、自分で何かを発見する。読みの速さのテスト、読解テスト等。

○談話室。グループごとに読書新聞の編集会議をしたり、個人指導に使ったりした。

11　28・11・12　文学の鑑賞　　二年

資料○「絵の悲しみ」国木田独歩

○「川将軍」前川康雄

○手作り作品集　各学年用一冊

あらまし

○個々の能力に応じ、その生徒なりに、文学、このよきものを享受させようとした試み。

○能力（種類と程度）に合わせた八種のプリントを、それぞれ一種ずつ、生徒に合わせて配る。教師の朗読とそのプリントによって、力に応じて苦しまず、怠りなく読ませようとした。能力に応じ、鑑賞に徹しさせようとした。

○文学掲示板を始める。一年間の掲示予定表作成。

中央区立文海中学校

12　31・5・22　すべての教科書を読めるようにするために　　二年

資料○全教科教科書

○語句学習文集

あらまし

○全教科の教科書から抵抗のありそうな語句を拾う。それについて、当然、それぞれの教科で指導すべき語句と国語科で扱うべき語句とに分ける。

○国語科で取り組むべき語句を含む文章を作る。その手順。

①生徒の生活領域を考えて話題をいろいろ選んだ。
②国語科で扱うべき語句と決めた語句を、①の話題によって分けた。話題をふやしながら、全部、どれかの話題に入れた。
③それぞれの話題の部に分けた語句全部を含む文章を作った。
○これらの文章によって学習を進めた。

13　33・5　作文に添える、先生への手紙　　二年
資料○作文に添える先生への手紙、てびき
あらまし
○その作文を書いた動機、内容、材料について、組み立て、書き出し、その他書き表し方について、自己評価を盛りこんだ教師への手紙。
○処理の手がかりを得やすく、また、よい学習資料を得る一つの方法でもあった。

14　34・6・8　古典に親しむ　　三年
資料○「物語の中の少女」堀　辰雄
○「扇の的」（現代語訳）
○「徒然草」――一〇九段　木のぼり、一八五段　馬乗り、四五段　榎の僧正（原文と現代語訳）
○「枕草子」――うつくしきもの　にくきもの（原文と注解）――以上　西尾実編「国語三」（筑摩書房）
○生徒作文
○「更級日記」「扇の的」　一部原文
あらまし
○「古典」に対し、また「単元　古典に親しむ」に対して抱いている気持ち、期待などを話し合って学習に入った。
○「更級日記」によって書かれた創作「物語の中の少女」を読んで、物語風な空想、少女らしい空想などを味わいながら、古典に対してなんとなく持っていた、いかめしい感じをやわらげた。
○何かの折に、およその話をすでに知っていることの多い「扇の的」だが、原文に接して、新しく知った内容、新しい発見があった。
○この授業は、西尾実先生の古稀のお祝いの記念の会でのものであったので、特に、「徒然草」を「討議」でさせたいと思った。それでまず「木のぼり」を読んで、同じような経験、思い出した話をしあった。
「馬乗り」を読んで、この文章から学んだことを標語風にまとめ、この文章の趣旨に即しているものを選びあった。

「榎の僧正」は、この話のあとにつづける結びのことばを考えて話し合った。

「うつくしきもの」「にくきもの」は、それぞれ、共鳴するところを発表しあい、そのあいだに、これが古典であることをいつのまにか忘れていた。全く身近なものになっていた。
○次のようなことばを取り出してみた。
①今も使われているが、意味は違っていることば
②今の普通の生活のなかでは使われていないと思うことば

15　34・11・12　作文　　三年
資料○作文基礎能力一覧表
○右の一つ一つの能力を鍛えるための材料集
○生徒作品
あらまし
○作文の目標として挙げられている能力について、それができるためには、どういうことができればよいかと考え、作文の基礎能力を分析した。次にその基礎能力の一つ一つを鍛えるために、いろいろの資料で、一つ一つ実習した。
○文集の書き出しと結び、書き出しと文章全体との関係を実際に書かせながら調べ、書き出し文の指導の手がかりを一つとらえた。

大田区立石川台中学校

16　35・6・23　作文（カード使用）書きまくる　捨てる　組み立てる　一年
資料○生徒作品
あらまし
○自分でも気づいていないような、心の底に沈んでいるものを浮かび上がらせる方法。
○たくさんのカード、書く値打ちのあることかどうか考えず、書きに書く。教師の加える一枚。
○目当てを考えながら、カードを見直す。不要のものをどんどん取る。
○残りのカードを並べ、動かしながら、文章の骨を組み立ててみる。

17　35・11・25　ぼくの意見　わたしの考え　一年
あらまし
○自分の題目で意見を書く用意をする。
①その題目についてもっている自分の考えを、カードに書きつけながらとらえる。
②趣旨に照らして、①で書かれたカードを取捨し、文章として組み立てる。

③書き出しの文、結びの文を書き、その中間を箇条書きにする。

18　36・5　作文　絵を見て　情景、音、ことば　二年

資料○生活の断片の表れている写真、約百枚

あらまし

○与えられた写真によって、情景を書いたり絵の中の人になって、その心を想像して書いたり、こう言っているだろうと思われることばを書く。会話になることもある。

○なん枚も書く。

19　36・6・12　討議する　二年

資料○「会話と討議」教科書

○「掘り出すなぞの都」西尾実編「国語二」（筑摩書房）

○「掘り出すなぞの都」副題集

あらまし

○てびきによって「掘り出すなぞの都」を紹介する文章を書き、その文章の終わりに、「私は、この作品に、もう一つの題を添えたいと思う」として書かれた副題を一覧表にする。

○内容、表現の二面から討議して、どの副題がすぐれているか、討議する。

20　37・7・5　わたしたちの意見　三年

資料○『中学作文』（筑摩書房）

○生徒作品　文章とカード

あらまし

○『中学作文』によって「相手の立場や考え方によって、どの段落かを強調すること」の練習をする。

○生徒作品「一生けんめいやったけど」、これは、三分の一もの友だちに、その趣旨をとりちがえられた文章である。

○この文章の内容を整理し（カード使用）、構成を考え直す。結びの段落を書く。

○この文章の趣旨を発展させて書くとして、その文章の構成を試みる。

21　37・9・27　小説を読む　三年

資料○「安寿と厨子王」西尾実編「国語三」（筑摩書房）

あらまし

○作品を読んで、みんなで話し合ってみたい問題、先生の考えもきいてみたいと思う問題を出す。

○みんなから出た問題を、分類し、整理する。

○話し合って、取り上げる問題を選ぶ。順序も考える。

○選んだ問題について話し合う。

22　40・2・8　小説を読む　　二年

資料○「白」芥川龍之介　西尾実編「国語二」（筑摩書房）

○私たちの問題集

あらまし

○この作品を読んで話し合うのだったら、この問題は取り上げるべきだと思う問題を出し合う。

○問題を分類し、整理し、なかでも、ぜひ話し合いたいと思う問題を考える。

○問題を関連づけて、どれとどれをまとめて話し合うのがよいか、考える。

○代表者が話し合って、問題のまとめ方、話し合う順序を決める。

○話し合い。

23　40・5・27　作文の学習　正確　明確　　二年

資料○『中学作文』（筑摩書房）

○生徒作品

あらまし

○『中学作文』によって、「ある意見の段落に、前のことを確かめたり、はっきりさせるための根拠や理由を書くこと」の練習。

○次の四項目について、それぞれ、生徒作品を使い、その項目に掲げられた点について、考えたり、書き直したり、書き加えたりする。演説についての意見は、もう一度、演説を聞いて考える。

①明確な表現について

②事実を正確に文章に書く態度を身につけるために

③根拠のある材料を使うために

④段落の切り方を工夫し、筋道を立ててわかりやすく書くために

24　40・7・16　作文　目的によってくふうして書く　　二年

資料○生徒作品

一、「詩の研究会」

(A)ほかの学年の人や、ほかの学校の人に、自分たちの国語学習のようすを知らせる。

(B)自分の組で、各グループの発表のあと、学習のすべてをまとめて一冊にした。その「あとがき」。

二、「現代っ子、現代の子」

(A)「現代っ子」と言わないでほしいとうったえる。

(B)ほんとうの「現代の子」になろうと、友だちに呼び

かける。

(C)かな一字のちがいの生み出すもの、それに興味を持ったことを、いろいろの人に呼びかける。

あらまし

○それぞれの文章を比べて、特色やちがいを考える。

○目的から考えて、書き変えた方がよいところ、書き加えるべきこと、削るべきことを考えてみる。実際に書いてみる。

25　40・9・4　国語学習発表会　二年

——夏休みの国語学習から

あらまし

プログラム

一、開会のことば　司会　天野倫子

若菜桂子

二、スピーチ

A　かみがなる　山崎正恵

評　Aグループ

B　へんな話　米重洋和

評　Bグループ

三、話し合い　司会　白石由美

問題提起　東盛珠樹

四、朗読

作文　自画像　川合恵子

評　司会　大西敬一

斎藤博史

松縄鉄夫

芹沢喜世子

妻鳥久枝

米田公江

五、研究発表

むかしばなしはどのように受けとられているか　酒井章江

田中修一

田中豊子

望月達也

質疑応答　大越信広

六、閉会のことば　大沢光弘

26　40・9・24　目的を考えて　一年

資料○『中学作文』（筑摩書房）

○目的の一覧表

○生徒作品

①九月四日に転校した友だちに、その後の学校のようすを知らせる文章。

②九月十二日に行われた今年の体育祭について、二年生（＝来年の責任者）としての意見の文章。
③学級文集「とどろき」についての感想。ひとに感想や批判を寄せてもらうための文章。
④体育祭のあり方について論じた文章。来年の体育祭の責任者として、基本的な問題を論じた文章。

あらまし

○『中学作文』によって、与えられた書き出し文に、一つか二つの文を書き継ぐ練習をする。
○それぞれの文章について、筆者から、「この目的のために、どんなくふうをしたか」を聞く。
○筆者のくふうのよく感じられるところを指摘し合う。
○「目的を考えて」という点から考えられる、ことばづかい、表現の問題点を出し合い、研究する。

27　40・10・15　学級学習文集「とどろき」第三号をどんなふうに作るか　二年

資料○「文集編集についての一つの意見」
○文集「とどろき」第二号
（編集は各組ごと。製本はいっしょにした文集）

あらまし

○「書き出し文の練習」
○各組の文集を見直し、各組それぞれ、どんな考え方で編集されているか、編集方針と、その方針を貫くための工夫を考える。
○対照的なA組、E組のものを比較して話し合う。
○自分たちの組の文集第三号の編集方針、それを実際化する工夫について話し合う。

28　40・11・15　構想と作品と　二年

資料○題材集（題と構想を書いたもの。全員）
○生徒作品
○談話

あらまし

○「題材集」を見て、ここをどのように書いたか、聞きたいところを、「——のところを読んでください」と求め合い、朗読し合う。
○「構想を見たときと作文を読んだときと」という教師の話を聞き、その話の内容を書く。「表現する力を高めよう」という話を聞き、内容を箇条書きする。
○教師の話（想像して、心配したり、驚いたり、いろいろの思いや、考えのわくと思われるところで切れて、間隔のおかれる話）を聞き、その時の心の中を書き表す。書くことがあって、どんどん書く練習。

29　40・12・17　味わいながら　考えながら　　二年

資料○てびきつき生徒作品集

　○題材集題と構想

あらまし

○特色のある、欠点の少ない生徒作品に、味わったり考えたりしながら、読み手が次々書くことになるようなてびきをつけた。読んだり、話し合ったりしながら、文章を書くことについて学んだ。

30　41・1・27　構想の工夫　書き出しの工夫　　二年

資料○生徒作品

　○『中学作文』(筑摩書房)

あらまし

○『中学作文』によって、いろいろの書き継ぎをし、書き出しや段落と段落の関係について考えた。

○いろいろの題材によって、構想を見せ合ったり「こんなふうに書き出してみる」という発表をしたりした。

31　41・3　文集を読む　　二年

資料○学級学習文集「とどろき」

あらまし

○文集を読み、なん人かの作品について、作者にあてて手紙を書いた。一編は指定された作品、あとはなん編でも、その作品の作者に言いたいことのあるものを取り上げて書いた。できるだけたくさん書いた。

○たくさん、手紙の寄せられている作品、ただ二通の手紙のきた作品、なん編かの、内容に変化の多い手紙など、「私の受けとった手紙」について発表。

＊　＊　＊

四十一年度から四十五年度までは、単元「読書」の帯単元であった。毎月一ないし三時間ずつ設けながら、年間、十八時間から二十四時間である。

32　41・5・20　読書　第二時　　一年

　　読書の楽しみ

　　読書の習慣

　　読書の記録

資料○『コロンブスのむすこ』(岩波少年文庫)ハンス・バウマン　矢野幸吉訳

　○「読みたい本」を書く用紙

あらまし

○本の紹介(教師)

○読みたい本を加える。

○読んだ本、読んでいる本についての話し合い

33　41・6・13　読書　第三時　一年
感想を育てる
資料○『肥後の石工』今西祐行
○五行感想集
あらまし
○本の紹介（教師・肥後の石工）
○本の紹介（生徒・話し合いの形で）
○五行感想に書き継ぐ。
○報告「世界の児童図書展を見て」（生徒）

34　41・7・15　読書　第五時　一年
感想を育てる
読書計画
資料○五行感想集
○読書日記（用紙）
あらまし
○読書日記を書く練習
○五行感想に書き継ぐ。
○報告「私の夏休みの読書計画」

35　41・9・27　読書　第七時　一年
読書計画
資料○「夏休みの読書日記から」
あらまし
○発表「夏休みの読書日記から」
○読書についての質問
○二学期の読書計画

36　41・10・28　読書　第九時　一年
感想を育てる
資料○「ヤタガラス」鈴木三重吉
○「貝の火」宮沢賢治
あらまし
○読書習慣の標語を作る。
○読書日記（「ヤタガラス」によって）の書き方練習
○感想文を使って感想文を書く（「貝の火」によって）。

37　41・12・2　読書　第十一時　一年
目次・索引の活用
読書新聞の活用
資料○「読書のあとで」堀内輝三
○「書物のはなし」庄司浅水
○「週刊読書人」
あらまし

○読書についてのいろいろの問題についての考えを、目次や索引を使って探してみる。
○必要なところを切り抜き、それを処理してみる。

38　42・1・26　読書　第十六時　一年
必要から求める本を探す
目次・はしがき等の利用

資料○A「詩」についての質問集
詩についてのいろいろの質問を出させ、分類して作ったプリント
○B「詩の本」百田宗治
「詩人の歩み」大木　実
「子どもの詩の教室」滑川道夫
それぞれの目次、はしがきなどのプリント。三冊にとじる。
○C「週刊読書人」

あらまし
○Aのそれぞれの答えの得られそうな本はどれか、Bの三冊のなかで見当をつける。
○「週刊読書人」から切り抜き。
○一定の短い時間にする。
○このころは「週刊読書人」に少年のための紹介の欄があり、中学生の感想の欄もあった。

39　42・2・21　読書　第十八時　一年
もっといろいろの本を

資料○「週刊読書人」
○いろいろの本　四十冊

あらまし
○「週刊読書人」によって、読みたい本を探す。
○読ませたい本を一人に一冊ずつ読んで与えた。
○読めば好きになる本を、知らないために開かないでいることを考え、「読みたい本」にだけ偏らないように、積極的に、本を選び与えた。

40　42・4・28　読書　第一時　二年
読書への関心

資料○クラスの読書に関する調査結果、プリント
○NHK「名作をたずねて」テープ

あらまし
○クラスの読書に関する調査を見る。
○NHKの「名作をたずねて」を聞き、発展的に読む本の紹介。

41　42・4・28　目的に合ったノート　　二年

資料○「読書のしかた」清水幾太郎
○「読書のしかた」西尾　実
○「読書日記について」亀井勝一郎

あらまし

○読書ノートの実習

42　42・5・19　読書　第三時　　二年
目的によって適切な本を選ぶ

資料○明治百年記念作文募集要項
○図書室の少年向き日本歴史の本　四種

あらまし

○明治百年の年であった。
○明治百年の作文応募のための資料として本を選ぶ。
○内容だけでなく、説明のしかた、写真や素材の入れ方、文章の難易、読みがなのつけ方などまで、いろいろの観点で選んだ。

43　42・6・30　読書　第七時　　二年
本で本を読む(1)
重ねて読む・並べて読む

資料○「読書について」中村和夫
○「科学者志望の少年」中村和夫
○「書籍」島崎藤村
○「読書に関する七つの意見」亀井勝一郎

あらまし

○少しむずかしい本は、その本をじっとくり返して読むよりも、同じようなほかの本を読むことによって視野もひろがり、わかってくる。
○わからない、むずかしい文章をくどく問答などでつっこみ、説明してわからせることへの抗議。
○あとの、7・14（**44**）、12・21（**51**）につづく。

44　42・7・14　読書　第九時　　二年
本で本を読む(1)　つづき

資料○「読書のたのしみ」浦松佐美太郎

あらまし

○6・30のつづき

45　42・7・14　読書　第九時　　二年
いろいろの本の活用

資料○生徒の生活から拾った問題、ときの話題を生徒のことばでつづった質問集

あらまし

○十の質問について、いろいろの辞書、いろいろの本を使って答えをさがす。

46　42・10・12　読書　第十一時　　二年
読書生活の記録

資料○読書生活の記録
○「週刊読書人」

あらまし
○「読書生活の記録」の出発である。
読んだ本の書名、発行所などと、感想を書くだけの一般の読書ノートがもの足りないので考えたもの。「読書」を「読書生活」とし、「ノート」を「記録」にした。「読みたい本」など、部分的に書いていたものをまとめ、「読書生活の評価」ほか数種類を加えて整えたもの。
○読書生活の記録の書き方実習
1.『夜明けのハーモニカ』『橋の下の子どもたち』その他計四冊、紹介して、「読みたい本」のページに書かせた。
2.「週刊読書人」を使って、「図書紹介」のページに記入。
3.「週刊読書人」を使って、切り抜きをし、貼り入れた。

47　42・10・12　読書　第十一時　　二年
本を使って問題を解決する

資料○環境（百科事典から）
○伝記　六十冊
○発表資料集
○読書生活通信

あらまし
○「環境は人をつくるものか、環境は人を変えるものか」を大きな問題とし、具体的には、すぐれた足跡を残した人々は、その幼少年時代をどんな環境において過ごしたかを問題として、いろいろの人の伝記を読んだ。
○自分の読んだ伝記について、次の三点について発表する。
①その人の生涯の仕事、業績
②その人の幼少年時代の環境
③幼少年時代の環境として、その人の生涯に大きな影響があると思われること
○「読書生活通信」発刊のことば。各欄の性格、内容の紹介。

48　42・11・17　読書　第十五時　　二年
書くために読む

資料○「あすなろ物語」放送劇テープ　井上靖作・小池信

太郎脚色
○『路傍の石』山本有三
○『東京を築いた人々』磯村英一

あらまし
○(1)『あすなろ物語』と『路傍の石』、あるいは「鮎太と吾一」という文章。
(2)東京を築いた人々を紹介する文章。
(1)(2)の文章を書くために『あすなろ物語』や『路傍の石』、『東京を築いた人々』を読み、読みえたことをどのように処理しておくか、グループで話し合い、発表し合った。

49　42・11・17　読書　第十五時　二年
読書生活を考える

資料○『私の読書遍歴』日本読書新聞編
○「読書生活通信」3号
○「週刊読書人」

あらまし
○『私の読書遍歴』を読んでの感想発表。自分の読書遍歴を重ね合わせての感想。
○その感想に対する感想の発表。
○「読書生活通信」の新しい試みの箇所について。
○「週刊読書人」切り抜きの心得。

50　42・12・21　読書　第十九時　二年
本で本を読む(2)

資料○『民話の再話と再創造』益田勝実
○「子どもに聞かせる日本の民話」終わりのことば　大川悦生
○『民話について』木下順二
○『日本の民話』鳥越　信
○「宇野重吉語り聞かせ　日本の民話」宇野重吉　松谷みよ子

○宇野重吉語り聞かせの朗読つきの本が出た。このことについて、益田勝実、木下順二、大川悦生、鳥越信の諸氏は、それぞれ、どういう感想を持たれたであろうか――それぞれの本を読み、筆者の考えをつかみ、それを根拠にして考える。

51　42・12・21　読書　第十九時　二年
本へのいろいろの親しみ方

資料○図書目録（岩波児童図書目録「少年少女のために」ほか十社）
○『行動半径二百メートル』滑川道夫
○「宇野重吉語り聞かせ　日本の民話」宇野重吉　松谷みよ子

あらまし
○図書目録の内容を見、ただ、書名、著者名、出版社、定価などがあるばかりでないことに気づかせた。
○『行動半径二百メートル』、題のつけ方や内容の入れ方を利用して、想像して読む、作りながら読むことに気づかせた。
○一つの新しい試みの本の出版、それを読むとともに、その試みへの反響をいろいろの本のなかに読みとる。それが自分の読みをゆたかにすることを考えさせた。

52　43・1・26　読書　第二十一時　二年
読書会　形式A
資料○『あすなろ物語』井上　靖
あらまし
○形式Aは、その場で、はしから読み、話し合う。
前もっての用意が何もなく、読みながら辞書で調べたりもする。

53　43・2・19　読書　第二十二時　二年
読書会　形式B
資料○『あすなろ物語』井上　靖
あらまし
○形式B
一定のところを、みんな読んできて話し合う。

54　43・2・19　読書　第二十二時　二年
読書会　形式C
資料○『あすなろ物語』井上　靖
あらまし
○形式C
作品を読み、考えたい問題が提出されている。その問題について作品を読み直して集まる。

55　43・3・16　読書　第二十三時　二年
互いの読書生活の記録によって学ぶ
資料○全員の読書生活の記録
あらまし
○互いの読書生活の記録を見合う。思ったことがあれば、カードに書いて、はさんでおく。

56　43・3・16　読書　第二十四時　二年
感想文を読み合う
資料○全員の読書感想文集
あらまし

○互いに読み合う。筆者に対して、言いたいことがあれば、複写便せんで書く。読むことが主、書くことは従。

57　43・5・10　読書論　　三年
　読書について識見を高める
資料○『読書について』天野貞祐
　○『読書ぎらいの読書』梅棹忠夫
　○『読書術』加藤弘之
　○『わたしの読書生活』天野貞祐
あらまし
○考えたこと、感じたことを話し合う。
○問題点を出し合う。

58　43・6・14　批判的によむ　　三年
資料○A『福沢諭吉自伝』
　①英学発心　③蕃所調書に入所
　②小石川に通う　④英学の友を求む
○B1『少年少女おはなし　日本歴史』
　第九巻　文明開化　上川淳・徳武敏夫
　○新しい時代をひらく
　　――福沢諭吉とそのしごと
○これからは英語だ！

2『少年少女人物日本百年史』
第四巻　文明開化　和田義臣
　○ヨコハマ
　○英語の勉強
3『人間福沢諭吉』松永安左衛門
　○蘭学を英学に切り替える
　○レールをしかぬ自由行動
4『福沢諭吉』（岩波新書）小泉信三
　○福沢と日本の近代化
5『福沢諭吉』（現代新書）河野健二
　○西洋体験から西洋紹介へ
6『教育につくした先覚者たち』樋口澄雄
　○横浜みやげ
　○英語の先生を求めて
あらまし
○自伝をまず読む。
○次にB他の伝記を読み、A自伝とのちがいを発見し、その違い方について考える。

59　43・6・14　主体的に読む　　三年
資料○『私の読書法』（岩波新書）
あらまし

○いろいろの「私の読書法」のどれからでも読んで、共鳴するところ、反発を感じるところ、また、疑問に思うところをとらえ、発表し合い、話し合う。

60　43・7・12　批判的に読む　三年

資料○Aシートン　自伝

『世界偉人自伝全集』

9巻　シートン　白木茂編

ヘビとネズミ・ハマヒバリ・カナダの鳥類

Bシートンの伝記　二種

1『世界伝記全集』

27　シートン　内山賢次

都会の中の野生生活・ベニヒワとハマヒバリ・楽園

2『偉人伝記全集』

20　シートン　内山賢次

春・ロッス博士と「カナダの鳥類」・失われた楽園

あらまし

○自伝をまず読む。

○次にB他の自伝を読み、A自伝とのちがいを発見し、その違い方について考える。

61　43・7・12　問題に対しての意見を求めて読む　三年

資料○『私の読書法』（岩波新書）

○読書についての疑問集

あらまし

○読書に関して、問題、疑問を出し合い、それに対して解決を求めて読んだ。

62　43・11・1　読書論　三年

読書についての識見を高める

資料○最近の読書論

読書週間に寄せられた読書論五編（朝日新聞）井上靖　臼井吉見　瀬沼茂樹　佐藤忠男　紀田順一郎

あらまし

○考えたこと、感じたことを話し合う。

○五編を比較して考えたこと。

63　43・12・13　読書論　三年

読書についての識見を高める

資料○『わが読書』ヘンリー・ミラー

あらまし

○読書について新しく開かれた考えを述べ合う。

64　43・12・13　読んで作るクイズ　読みを誘うクイズ　三年

資料○「よい本」（No.44）（伊勢丹）

あらまし

○「よい本」に出ていた読書クイズをまねして作る。

65　44・5・2　読書生活の記録　一年

資料○読書生活の記録

あらまし

○作成

○解説

○実習

66　44・5・23　調べたいこと、知りたいことによって本を探す
目的に合うようにノートをとる　一年

資料○『人間の歴史』イリーン

○『人間の歴史』八杉竜一

○『人間の誕生』井尻正二

あらまし

○調べたいこと、知りたいこと「人間のはじまり」

○図書室で自由に探す。図書室には「人間のはじまり」に関わる本が、一部分にあるものも含めて約六十冊あった（複本を含む）。

67　44・5・23　読書生活　一年
本以外のものの活用

資料○新聞　朝日・毎日・読売・東京（読書のページのある日の新聞）

○「週刊朝日」

○出版社発行の読書雑誌「図書」、「本」ほか

○「読書新聞」「週刊読書人」

○図書目録

○本の帯

○「出版ニュース」

○新刊案内

あらまし

○いろいろの資料を見る。どんなものがあるか、を知る。

○これらのものの入手の方法を知る。

68　44・6・20　目的によって選ぶ着眼点　一年

資料○『世界偉人自伝全集』14　三谷貞一郎訳編
あらまし
○「少年チャールズ」をとらえるための着眼点を具体的に学ぶ。
○「ダーウィン」を読んで、実際に「少年チャールズ」をとらえてみる。

69　44・7・8　夏休みの読書　一年
感想を育てる

資料○「夏休みの読書」
目次　一、こんな時間にこんな本を
二、読書日記
三、私の読んだ本
四、この本を読んで
1おたずねします
2私の発見——考えたこと、知りえたこと
3心に強く残っていること、忘れられないこと
4私の実験、実行、試作
5私のつづき物語
6「もし……」のページ
7空想のつばさ
8……本が読みたくなった、……本はないだろうか
9——さん、この本読みませんか、この本は……
10および起こされた記憶
五、感想文「——」を読んで
新しく覚えたことば
わからないことば
あとがき

○『古賀忠道』猪野省三
あらまし
○「夏休みの読書」のなかの四を『古賀忠道』を読んで書いてみる。
○発表し合って、四の理解を深める。

70　44・7・8　夏休みの読書　一年
資料○「夏休みの読書」の一、こんな時間にこんな本をの全員の案
あらまし
○どんな時間に読書をする予定の人が多いか、どのくらいの時間、読む人が多いか、なん冊くらい、どんな本を読むつもりの人があるかなど、クラスの人たちの案を見、自分

の案を見直して仕上げる。

71　44・10・7　読むことから、実験、実行、試作へ　一年

資料○『父と母の歴史』鶴見和子

あらまし

○読み、この志を胸に、同じ方法で、父か母か、父母かの歴史を書く。

72　44・10・7　読んだ本をとらえ直す　一年

資料○『なめとこ山の熊』宮沢賢治

○『灰色熊物語』シートン

○『カガミジシ』椋　鳩十

○『孤島の野犬』椋　鳩十

あらまし

○四冊の本に通じる一つのテーマをさぐる。

73　44・12・2　疑問、問題の解釈を求めて本をえらぶ　一年

資料○A次の本の、目次、索引、はしがき、最初の一ページをプリントし、四冊の冊子にした。

『日本の文学』山田俊雄

『ことばの教室』永野　賢

『ことばの秘密』石黒　修

『コトバ・ことば・言葉』藤田圭雄

○Bことばに関する疑問、問題を出させ、分類してまとめたプリント。

あらまし

○38と同様である。

○Bのいろいろの問題を考えるために、Aのどの本が適切に役立つか、その本を探す。

74　44・12・2　問題発見のために読む　一年

資料○『日本人のこころ』岡田章雄

あらまし

○読んで、日本人として考えなければならない問題を考える。

○読書が、問題解決のためにのみあるのでなく、問題発見のためにあること、読書は、自分の心を開いてくれるものであることを、はっきり考えた学習。そのためにこの資料は、非常によかった。

75　45・1・27　目録を活用して本を選ぶ　一年

資料○岩波児童図書目録「少年少女のために」

あらまし

○弟、妹、また親類でも近所の子どもでもよいが、対象をはっきり決め、その人のためにこの目録の中から本を選んでみる。

76　45・1・27　目的によって本を選ぶ　一年

資料○A『人類はじめて月面に立つ』村野賢哉

『月を歩いた二時間十五分』相島敏夫・餌取章男

『宇宙旅行』謝　世輝

○Bアポロ船についての本を読む目的をいろいろ設定したプリント。

あらまし

○Bのそれぞれの目的を考えて、Aの本を選ぶ。

77　45・2・25　読んで得たものを生かすこと　一年

資料○『日本人のこころ』岡田章雄

○学級文集「〃日本人のこころ〃を読む」

あらまし

○本を読むことによって考えさせられ、自分が開かれていくことを経験させること、そして、それを書いて互いに読み合い、話して聞き合い、発展させ合う経験をさせ、読書の意義に気づかせる。

○従来の感想文を読後感想文として、これは読書感想文の試み。

78　45・2・25　読んで得たものを生かすこと　一年

資料○『父と母の歴史』鶴見和子

○「私たちの父と母の歴史集」

あらまし

○読んだことが、自分のなかで、作り出す力に変わる経験。受け取るだけでない、生み出す力としての読書。

79　45・3・24　読みながら考え、何か発見していく読書　一年

資料○『日本民話選』木下順二編

○『ネギを植えた人』朝鮮民話　金素雲編

○『錦の中の仙女』中国民話　伊藤貴麿編

（どれも岩波少年文庫）

あらまし

○それぞれの国の民話を読みながら、どういう人が幸福になっているかを考え、それぞれの国の人の見方の特色をつかむ。

○時間不足で失敗、四十七年にやり直した。

80　45・4・24　速読み、拾い読み、精読、いろいろの読み方を使いこなす　二年

資料○『私の読書法』（岩波文庫）
十五人の読書家の文章。

あらまし
○いろいろな人の読書法を、自分の求めているものに合わせて、速く読んだり、ていねいに読んだりする。

81　45・4・24　読書生活の記録　二年

資料○「週刊読書人」第323号

あらまし
○読書新聞を見ながら、読書生活の記録のいろいろなページを書いたり、スクラップをしたりする。

82　45・5・15　書き手によって開かれながら、自分らしく自分を育てながら読む・読みえたものを、自分で育てながら読む　二年

資料○「サーカスの馬」安岡章太郎
○「みつばちのことば」桑原万寿太郎
○「五本のあみ針」ドイツ民話
○『植物とわたしたち』（岩波少年文庫）ヴェルジーリン　八杉竜一・日高敏隆共訳

（はじめの二作品が主教材である。あとの二つは自習用、時間調整用、力の弱い生徒用）

あらまし
○作品のあるところまで書いてとめ、その先を生徒が書くようにスペースをとる。次、作品のつづきを書き、また生徒が書くページがある。
○故意にあけてみないかぎり、先の方は見えない。わたすとき、指示なしにあけないように言う。

83　45・6・19　読みながら、読みえたものを、自分で自分なりに育てていくこと　二年

資料○『風の又三郎』（岩波文庫）宮沢賢治
○「宮沢賢治の童話」
『宮沢賢治』（福村書店）国分一太郎から。
○付ゲーム
宮沢賢治の作品の書き出しから作品を当てる。

あらまし
○まず作品を読む。
○「宮沢賢治の童話」を読みながら、読んだ作品を思い比べていく。
○学級集団のなかで、個人差に応じ、個別化できる試み。

84　45・6・19　本を選ぶということの態度と手順の理解・図書目録になじませ、利用に慣れさせる・間接に読書計画を立てる力をつける　　二年

資料○「よい本のリスト」№10
○「A中学校からの手紙」（教師作）

あらまし
○A中学校に本を贈るのであるが、この手紙に本を選ぶための参考条件がもりこまれている。
○金額　計五千円

85　45・7・10　私の生まれた日　　二年
いろいろの本を使いこなす

資料○『日々の研究事典』
○いろいろの事典、辞典、本

あらまし
○生まれた日の出来事をくわしく調べる。ただどういうことがあったということでなく（それは『日々の研究事典』にあり）、その一つ一つの事がらをくわしく調べる。
○非常に広い範囲の図書を利用することになった。
○教室を優劣のかなたの世界にすることに目を開いた学習である。

86　45・7・10　私たちの読書力　　二年
図表を読む、統計を読む

資料○読書力テスト（金子書房）
○読書力テストの結果のまとめ

あらまし
○読書力テスト（金子書房）を少し改作して、くわしい分析ができるようにした。
○テストを実施して採点し、その結果をたくさんの統計図表にまとめた。
○統計図表から、いろいろの自分たちの読書力の実態をよみとった。
○読書力が高校以上という生徒が多数あった反面、小学校三、四年程度という生徒も二名あった。

87　45・9・25　本のはたらき　　二年

資料○資料集
「本が／ここでも／こんなところでも／こんなはたらきをしている」
もくじ
「掘り出すなぞの都」塚原健二郎
「月世界旅行」滑川道夫
「馬上の友」国木田独歩

「非凡なる凡人」〃
「フランクリンと図書館」神田秀夫
「マイケル・ファラデイ」日下実男
「破戒」桶谷繁雄
「幼きものに」江上フジ
「風の中の子供」壺井　栄
「うひ山ふみ」吉川幸次郎

あらまし
○それぞれの人の生活のなかで、本がどのようにはたらきかけ、本がなにをしているかを考えた。
○文集「本がこんなはたらきをしている」をまとめ、読み合い、話し合う。

88　45・9・25　本が呼びかけてくる　二年

資料○「中等新国語二」（光村図書）
「ラスコー洞窟の壁画」ほか六編

あらまし
○それぞれの文章、本がどのように自分に呼びかけてくるか。読みながら、読む自分を観察記録した。

89　45・10・16　目的によって読むべき段落を選ぶ　二年

資料○『エスペラントの父ザメンホフ』伊東三郎
形式段落ごとに、番号をつけて作成。
○問題集
ザメンホフについて調べるのはごく少なく、他はこの文章を活用できるいろいろの問題。約三十。

あらまし
○問題集によって、『エスペラントの父ザメンホフ』のどこを読んだらよいか、できるだけ速く探す。
○探したところを速く読む。ほんとうに役に立つか、確かめながら。

90　45・11・13　解説は
作品を読んでから読む方がよいか
作品を読む前に読んだ方がよいか　二年

資料○『野菊の墓』（解説は旺文社文庫）伊藤左千夫
○『生れ出づる悩み』（〃）有島武郎

あらまし
○生徒が読んだことのなかった作品を選んだ。
『野菊の墓』は、作品を読んでから解説を読み、作品を読んでから読んだことを、やはりよかったと思うか、先に解説を読んでおくべきだったと思ったか、自問自答してみた。

『生れ出づる悩み』は解説から読み、同じように自問自答してみた。
○自問自答の結果を話し合った。

91　45・11・13　読書について考える　二年
資料○『知的生産の技術』読書の章　梅棹忠夫
あらまし
○読書についての意見交換

92　45・12・18　読書について考える　二年
資料○「考える読書」松尾弥太郎
　○「考える読書」を読んで（生徒文集）
　○「本を読みなさいっていわないで」（岩波のパンフレット）
あらまし
○「考える読書」は、いわゆる旧来の読書論なので、生徒の反発をかうところが多い。
○岩波のパンフレットは、その生徒の反発に拍車をかける。
○反論しながら、読書観を高めあった読書会。

93　45・12・18　読書生活について考える　二年
　アンケートを利用して
資料○「図書」70年12月号
　○「よい本」（伊勢丹）
あらまし
○「図書」所載のアンケートを利用して、アンケート作成、実施。

94　46・1・27　読み合わせ　読み比べ　二年
資料○『掘り出すなぞの都』塚原健二郎
　○『古代への情熱』（岩波文庫）シュリーマン　村田数之亮訳
　○『ぼくはトロイアを掘りだすよ』（岩波少年少女文学全集22）ヴィーゼ　大塚勇三訳
あらまし
○ひとつのことを書いた三編の文章を読み比べて異同を発見する。
○本を読むための注意、心得のひとつに気づく。

95　46・1・27　読書生活通信の読み方　二年
資料○読書生活通信の最近号
　○読書生活通信を読むために
あらまし
○読書生活通信がほんとうに活用されるように、注意を向けなおすために、各欄の内容、意義の理解をあらたにし、それぞれの生かし方を実際に書き、作業しながら復習。

96　46・2・23　本のなぞなぞ（読書意欲を高める）　二年

資料○本のなぞなぞ集（生徒作）

○「よい本」（伊勢丹）本のなぞなぞのページ

あらまし

○三つのヒントで、作品や、作品に関する事がらを当てる一種のクイズ。

○作る方に主をおく。

97　46・2・23　読書生活について考える　二年

統計・図表を読む

資料○読んだ本　聞いた話

93のアンケートの一部をまとめたもの　生徒作

あらまし

○アンケートの結果を見て、そこに読書生活に関するいろいろの意味をよみとる。

98　46・3・23　読書生活について考える　二年

資料○「本を手に――あとがきに代えて――」

読書生活の記録あとがき集

あらまし

○「あとがき」であるが、いろいろの角度から、題ないし副題を与えることで、文章の内容を新鮮にしたり、ゆたかにしたりすることを試みた。

そして、それはまた、たいへん書きやすくし、たちまち生徒が意欲的になる姿を見た。

99　46・5・28　いい問題をもらった　三年

資料○「よい本のリスト」No.11（伊勢丹）

書名とその紹介のあいだに書かれている諸家の、読書と読書する人に関する随想や評論。

あらまし

○「読む・考える・読む」をくり返しながら、読書と読書生活に関して考えたことを発表し合った。

資料を読んで、感想を発表したわけであるが、漠然と感想をいうのでなく、読書に関して考えるべきどんないい問題に気がついたかということに焦点をしぼった。

100　46・5・28　ことば　三年

こんな意味が

こんな意味も

資料○「中等新国語三」(光村図書)
教科書を一冊の本として扱う。

あらまし

○教科書全体から「ことば」ということばの使われている例をカードにとり、意味の分類をした。

101 46・6・25 「ことば」ということばが、どんな意味に使われているか 三年

資料○「中等新国語三」(光村図書)
教科書を一冊の本として扱う。

あらまし

○一冊の教科書全体から「ことば」ということばの使われている例を集め、どういう意味に使われているかを考えて分類した。グループ活動。

○グループごとに、自分たちの分類を発表、質問、討論。

102 46・7・9 解説目録の活用 三年

資料○岩波文庫解説目録
○新潮文庫解説目録
○旺文社文庫解説目録
○岩波児童図書総合目録「少年少女のために」

あらまし

○解説目録についての知識を確かめ、その活用のしかたの実習。

103 46・7・9 読書会 三年

資料○『甘えの構造』土居健郎

あらまし

○読書会 形式B
同じ本を、まずめいめいが読む。次に話し合い。

104 46・9・30 一つの読書法 三年
重ねて読む・本で本を読む

資料○『知的生産の技術』(岩波新書)梅棹忠夫
○『読書論』(岩波新書)小泉信三

あらまし

○いろいろの読書論に触れて、さわいでいる心の中を、教師と、また、話したい友人と話し合う。その報告をし合う。

105 46・9・30 書き出しのはたらき 三年

資料○「中等新国語三」(光村図書)
教科書を一冊の本として扱う。

あらまし

○書き出し文をカードにとり、それぞれの書き出しが、そ

の文章全体に対してどのような位置にあり、どのように影響しているか。
○文にこだわって失敗、書き出しの一節にすればよかった。

106　46・10・26　文章のはじめの一節のはたらき　三年

資料○「中等新国語三」（光村図書）より二十編を選ぶ
あらまし
○書き出しの「文」に限らず、書き出しの一節がどんな風に書き出されているか、そのはたらきを考えた。

107　46・10・26　私はこの人を　三年

資料○『私の履歴書』第一集—第四十四集
あらまし
○ひとりひとり別のものを読むということを試みたはじめ。
○自分と人、人と人とを比べることを忘れさせる。べつべつのものであるので、比較して優劣を考えることを忘れさせる。
○教師もほんとうに内容を知らずに生徒の話を聞くことになり、それは発表会の気分をよいものにした。
○個別指導がたいへんしやすい。指導はすべて個人指導になるといってもよかった。

108　46・11・30　作文　三年

いろいろの目的によって、自由に姿勢を変え、いろいろの種類の文章を書く。
資料○「言語生活」46年9月号
あらまし
○いろいろの文章を書くきっかけが「言語生活」のこの号にあった。

109　46・11・30　明確なわかりやすい文章を書く力を養う　三年

資料○次のような形の資料作成
1、三段に分ける。
2、上段と下段に、一つづきの、接続詞でつながれている文章を、分けて書く。
3、中の段に、接続詞を十語以上書く。
4、中の段の接続詞は、正解が一個ではない。
5、同じ意味で、語感のちがうもの、文体によって選ぶべきものなどを入れて、中段の十語にはさまざまの工夫をする。
6、上・下段の文章は、かなりの長さがある。

あらまし
○中段のことばから、根拠をもって選ぶ。
○根拠をききとって、それに対して意見を言う。ただ、反対・賛成だけを言い争うことの無意義なことをわからせる。
○個人で意見を述べるのでなく、グループを指名して、グループ討議を単位にリレーして、話し合いを深めることを初めて試みた。

110　47・3・9　文集を読む　三年
資料○学年文集「大草原」Ⅱ
　一冊にとじてあるが、内容は各学級ごとの編集。
　全員の文集。
　編集委員による編集。
あらまし
○読み合い、書き合う。

111　47・4・28　国語学習発表会　一年
資料○「中等新国語一」（光村図書）
　単元一「この新鮮な気持ちを」
あらまし
○中学校国語学習入門単元。
○「学習準備」のまとめ、主としてグループ学習、話し合いによる学習のしかた。
○一つの会の準備のしかた、会の進行のしかた。開会、閉会、司会のことば。

112　47・5・26　学習記録の目次作り　一年
資料○学習記録の目次集
あらまし
○中学校国語学習入門単元の一部でもあり、しめくくりでもある。学習記録のまとめのあと、その目次だけを取り上げて、よい目次について考えた。

113　47・5・26　読書生活の記録の作成　一年
資料○読書生活の記録の各内容の用紙
あらまし
○いろいろの用紙を指示の通りに集めて、順序立て、一冊にまとめる。

114　47・6・16　国語学習記録　一年
資料○学習記録あとがき集
あらまし
○学習記録の意義について考えを深める。

115　47・6・16　読書生活の記録の活用　一年

資料○「週刊読書人」

○一般新聞

あらまし

○切り抜きの手順を考える。

○「読書について考える」

「図書紹介・書評」

「読みたい本」

の部の記入、それに関係した切り抜き。

116　47・7・7　談話や文章の題はどのようにつけられているか　一年

友だちはどんな分類をしたろう

資料○「中等新国語一」（光村図書）

○指導者の談話

○「――」をどう分類してあるだろう。

プリント

各生徒の分類案集

あらまし

○指導者の談話を十話加えた。一つ一つ題をつけた。なるべく各種のつけ方が含まれ、教科書の中の文章の題を考えるときの基準になるようにと考えた。

117　47・7・7　文章の題と書き出し　一年

資料○私の楽しみ

――この題　この書き出し

あらまし

○いろいろ書いてみて、発表し合った。

118　47・10・3　私たちの読書傾向　一年

資料○「私たちの読んだ本」

個人別に、読んだ本を列記したプリント

あらまし

○夏休みに読んだ本をＮＤＣ（中学校用）で分類し、どんな本がどのくらい読まれているか、調べた。

119　47・10・3　資料を集める　一年

資料○各出版社（約五十社）の目録

あらまし

○三年になって学習する単元「外国人は日本（日本人）をどう見ているか」の資料を探す。

○教師が探してそろえ、与える単元学習の資料は、教師が与えることにおいて、教科書とそうちがわないことに気づいた。

資料を、生徒とともに探すということを本格的に取り入れたはじめである。
○三年間を通して進めていく学習のはじめでもある。

120　47・11・7　資料を集める　一年
（第一回実践研究発表会）

資料○各社図書目録
○中間発表資料

あらまし
○119で出発した資料集めはその後つづけて、ときどき集まった資料を報告し合い、カードをふやしてきた。それは、このことだけに一時間をとらず、時間の始めや終わりに十五分くらいをとって実施した。この時間もそうした場面で十五分であった。
○一時間を二種に分けて使っているわけである。

121　47・11・7　どの本を買おうか　一年
（第一回実践研究発表会）

資料○「私たちの読書傾向」（生徒作成）
○各種図書目録
○年齢と読書傾向に関する文献

あらまし
○学級文庫にどの本を買おうかの意味である。
○118の「私たちの読書傾向」をもとに、一般の傾向を参考にし、どのような本を学級文庫に加えるべきかを考えた。
それにもとづいて、実際にどんな本があるか、図書目録によって調べ、予算に合わせて順位を考え、購入する本の案を作った。
○以上を各グループによって進め、発表し合った。

122　47・11・7　国語学習発表会　一年
（第一回実践研究発表会）

資料○研究発表資料
○名作の書き出し集（暗唱資料）

あらまし
○一グループ十名、クラスを四グループに編成。
○一時間に一グループの、それぞれ独立した発表会。
○内容
開会・閉会・司会進行のことば
研究発表
私たちの読書傾向
日本・中国・朝鮮の民話
朗読「桃花片」（群読）
暗唱

スピーチ
三つの話

123　47・11・7　ことばの意味と使い方　　一年
（第一回実践研究発表会）

資料○発表資料（グループ別）
担当のことばについて
1、そのことばの解説
2、クラスのみんなから出された例文から選んだ
模範的用例文
3、誤用の例
4、注意すべき点

あらまし
○十語を選び、各自その用例文（五十字以上の）を作る。
○一グループ一語を担当し、クラスのみんなの用例文を調べ、発表資料を作る。
○発表し、模範例・誤用例につき討議。

124　48・3・22　資料を集める　　一年

資料○各社図書目録
○中間発表資料

あらまし
○（119・120）のつづき。

125　48・3・22　新一年生に石川台中学校を紹介する　　一年

資料○生徒手帳
○学校要覧
○生徒会誌
○卒業アルバム

あらまし
○主な内容
学校の歴史、校章、校舎の内外、生徒会の組織、クラブ活動の実際、校歌、応援歌
石川台中学校の一日
先生の紹介
各教科学習の実際
とくに国語学習の紹介はていねいに。
私のアドバイス
学校行事
石川台中学校八景
石川台中学校七不思議
○一グループ一冊、クラスで九冊か十冊出来、学年で四十七冊出来た。

新一年生は一クラス四十名程度なので、教材としてじゅうぶんな数である。

126　48・5・23　聞き合う　話し合う　接続詞のはたらき　二年

資料○接続詞のはたらき学習資料集

あらまし

○グループの話し合いを単位にして、グループからグループへ討議をまわす。前のグループの討議を聞いていて、それにつづけて、自分のグループの討議を展開する。切り方、回し方、総司会は教師。

127　48・6・29　クラスの歌発表会　二年

資料○クラス・ソング集

あらまし

○各グループから、クラスの歌を発表する。

何を盛りこもうとしたか

特徴・よいところ

二つの案があって、迷っているところ

直したいが、直せないでいるところ

128　48・6・29　文章を書く　二年

つづけて書く、組みかえて書く

資料○生徒作品

○『中学作文』（筑摩書房）

あらまし

○『中学作文』によって、与えられた書き出しにつづけて書いたり、ある段落のあとの段落を書いたりする。

○ある文章を、いろいろに組みかえて書いてみる。

129　48・9・28　校歌を紹介する　二年

資料○生徒作品

あらまし

○次の対象を確認して書く。発表し合ったときも、対象を考えての感想を主にする。

1、他の中学校生徒会、掲示用

2、中学生新聞の「校歌紹介欄」への寄稿

130　48・9・28　私たちのスピーチの題　二年

（第二回実践研究発表会）

資料○このスピーチにこの題を

あらまし

○全員参加の「夏休みの生活」報告スピーチ大会。聞き手が一人一人のスピーチに題をつけた。資料はそれをまとめたものである。
○一人のスピーチに、全員が題を寄せることはできなかったが、また、同じ題を何人かからもらうこともあったが、それでも、みな、いくつかの題をもらう。それを比較して話し合い、題が、スピーチの内容に合っているという観点だけでなく、それよりも、同じ意味を表す、語感のちがうことばなど、ことばの問題が多くとりあげられるようにする。

131　48・11・20　私たちの生まれた一年間　　二年
（第二回実践研究発表会）

資料○昭和三十四年四月から三十五年三月までの朝日新聞朝刊百日分。その天声人語・投書・社会面

あらまし
○十二のグループに分け、それぞれ一か月を担当。
○能力別グループ
○社会面を読み、次の六つの面から出来事をとらえた。
1災害　2少年の生活・教育　3体育・スポーツ
4文化・芸術　5事件　6庶民の生活
（この他の出来事はとりあげない）
○投書、天声人語について
どういうことがとりあげられているか
どういう考えが出ているか

132　48・11・20　楽しく作る　　二年
創作・五つの夜

資料○五つの夜
題
内容（箇条書き）
書き出し文

あらまし
○「五つの夜」
それぞれ、題、内容の箇条書き、書き出し文を書く。
一題だけ文章にする。
○少女時代に愛読した本、大正時代に出た愛子叢書の中の『八つの夜』（与謝野晶子作）がヒントになった計画である。
○創作の作品をねらわず、「創作力をつけること」を目標と考えた。具体的には取材を手伝うことにした。

133　49・3・15　意見を書き合う　　二年

資料○全員の意見文集
それぞれの意見に対して書き合うスペースをとった文集

あらまし
○意見を書く題目例を五十題ほど示した。
○意見文を書き、それぞれホワイトミリアに清書した。右ページに自分の文章を書き、左ページにけいを引いて、読んだ人が意見を書くスペースとした。
右ページは上下二段、上下それぞれ四百字原稿用紙と同じ（四ミリ原稿罫原紙）
○読んで、できるだけたくさん意見を書くのであるが、二人は割り当てをした。割り当てられた二人の意見については、書かなければならない。それを書いたあとは、書きたい意見を選んで書く。なるべく多くの人にあてて書く。
○左ページに書きこまれた文集をまわし読み。

134　49・3・15　ほめことばの研究　二年
資料○発表資料集
あらまし
○ほめことばをいろいろ考え、それぞれについて、それを自分が言われたらどの程度うれしいか、アンケートの形で調べた。
○グループごとに、担当したほめことばについて、アンケートの結果を中心に発表した。
○場面、言うときの表情、ことばの調子などの考慮が不十分で、授業のきめがあらくなってしまった。
○研究発表の形を教えた。

135　49・3・15　もう一冊の本を作りながら読む　二年
資料○「さくらの本」の目次と作品例
あらまし
○それぞれに、テーマを決め、それを中心にいろいろの文献を調べ、作品を集め、ことばを集め、一冊の本に編集する。もう一冊の本を作りながら読むのである。

136　49・6・14　明治・大正・昭和作文の歩み　三年
資料○『中学生日本つづり方作文全集』滑川道夫編
あらまし
○一つの巻を二グループずつ担当。
○内容・文体・用語など、いろいろの面から研究を進めるについて、観点、進め方について知恵を出し合った。
○内容をとらえる観点は各巻によって考えた。

137　49・6・14　このことを書く　三年
資料○題材集
あらまし

○作文の題材をもとにして話し合い、内容につき、表現につき、学び合う。

138　49・9・20　明治・大正・昭和作文の歩み　三年

資料○『中学生日本つづり方作文全集』滑川道夫編
　○明治・大正・昭和作文の歩み　発表資料

あらまし

○調べたことの発表会。

139　49・9・20　一日一語日記から　三年

資料○一日一語日記

あらまし

○夏休みの宿題の処理の一つである。
○語句は、その日の生活から取り上げる。なるべく自分として新しく覚えたことば。用紙には、意味を書くところ、用例を書くところ、使い方について気づいたことや疑問を書くところなど、いろいろの欄がある。
○まず、どんなところで、どんな場面で、あるいは何のなかで気がついたことばかということを話す。
○どのような場に使えるかを大切に話し合う。

140　49・9・20　課題図書をめぐって　三年

資料○課題図書目録
　○課題図書についての意見
　○課題図書・読書に関する夏休みの新聞投書欄から

あらまし

○いろいろの意見を読み、問題になっている点を考える。
○問題点について、意見を分類し、それぞれの根拠を考える。
○どう考えるべきかを考える。
○根拠のよくわかる、主張のはっきりした意見文を書く。

141　49・11・21　創作（連作）文集　三年
（第三回実践研究発表会）

資料○文集「秘密のあそびば」
　それぞれ、仕上げた作品と、ほかに二編なり三編なり、あらましと書き出しと題。

あらまし

○テーマ「争い」
　争いを中心に語句を八十五集めた。けんか、いさかい、闘争、葛藤というように。そして、それぞれのことばから思い浮かべられる生活の断片を書き表した。
○三編以上用意し、一編だけ作品として仕上げ、あとはあらましと書き出し文と題。

142　49・11・21　外国の人は日本（日本人）をこのように見ている　　三年
（第三回実践研究発表会）

資料○四十七年から師弟ともども集めてきた「外国の人は日本をどう見ているか」を考える資料（本・録音テープ等）

あらまし

○生徒とともに教材を集めた、数少ない単元。

○個人差に応ずること、とくに、できる、できないが第一の話題とならない教室の実現に自信を深めた。

○終わりは発表会でなく、読書会で、Cの形式である。つまり、一人一人が、別の資料によって、自分だけの話題を持っている。ただし一冊だけは全員に共通の本であった。

143　49・11・21　古典に親しむ　　三年
（第三回実践研究発表会）

資料○「平家物語」

あらまし

○萩原廣道式のテキスト作成。

○徹底して朗読する。

144　49・11・21　児童文学　世界名作の子どもたち　　三年
（第三回実践研究発表会）

資料○ハイジ・メグ・ジョウ・ベス・メリ・セドリック・アボットのような、世界の子どもに親しまれている児童文学の中の有名人が主人公になっている児童文学。

あらまし

○世界の子どもたちに愛読されている有名な作品である。もし、読んでないのがあったら読ませたかった。また、子ども用に書き直されたもので、すじだけ知っているという場合、なるべく原作に近いもので、読み直させたかった。

○このような児童文学の主人公に、共通している条件を考えた。

○よい話し合いの体験を目ざして、話の種が、理解しやすく、豊富であるようにと考えた。

145　50・1・20　私の意見　　三年

資料○文集　意見を書く

あらまし

○「こんなに意見を述べたいことがある」という題の、意見文のための第五十二題を参考にして意見文を書く。

○各自でプリントを書くが、余白を多く残す。

○「これが要旨でしょう」「この○○が（　）心に残りました」という欄を作っておく。
○二年生に送り、読んでもらい、「これが要旨でしょう」ほかのところを書く。
○二年生の反応によって、自分の文章を読み返してみる。要旨が取りちがえられているときは、特に、自分の文章の何が、どこが、そのように受け取られる原因か、考えてみる。

146　50・3・14　勉強会「ここはこれをふまえている」　三年

資料○新聞紙上から、内外の古典、有名なことばなどをふまえて書かれているところ（例えば、「目に青葉山ほととぎす冷蔵庫」のように）、数年がかりで集めた百五十編。

あらまし
○それぞれ、なにをふまえてあるか、原典にあたった。
○非常な興味で、図書室はわいた。
○四つ五つずつくらい担当させ、まずそれについて調べることにした。
○あそびに近い方法で発表し合った。

147　50・3・14　日本語について考える　三年

資料○岩淵悦太郎、大野晋、鈴木孝夫の諸氏の著書
○雑誌「言語生活」「言語」「朝日ジャーナル」

あらまし
○読書会　形式C。

148　50・3・14　私たちの座談会　三年

資料○記録集　それぞれのグループの座談会の記録

あらまし
○希望によってグループを編成。
○グループごとに題目を決めて、座談会をし、録音。
○テープを文字化し、文章に直し、見出しをつけ、読みものに仕上げる。
○文字化して読みものに仕上げるまでの間に出会った、また気づいた、ことばの問題の発表。

149　50・6・20　いきいきと話す　一年

資料○『クリちゃん』全四冊
○「クリちゃん――ことばをつける――」（生徒作品集）

あらまし
○自分の選んだ場面にことばをつけ、発表し合う。

150　50・6・20　こういうときにはどう言ったらよいか　一年

資料○アンケートのまとめ

あらまし

○こういうときには、どう言ったらよいかと思った場面を持ち寄った。

○それを小劇として実演し、こう言ったらよいと思うことばを言ってみる。

151　50・6・20　作文（創作）　一年

資料○『灯台とハマナデシコ』千川ふゆ子

灯台とハマナデシコとの文通の形をとった童話。

あらまし

○原作に書きつぐ。

○灯台になり、ハマナデシコになり、手紙体で書く。

152　50・10・30　本を知る窓　一年

（第四回実践研究発表会）

資料○『こども日本風土記』

○右のパンフレット

あらまし

○パンフレットには十人余りのいろいろなかたの「こども日本風土記」を推すことばが載っている。

○パンフレットを読み、風土記を読む。

○パンフレットにあるとおりだと思うところを風土記の中で見つけたり、風土記を読んで、パンフレットであげられていない特徴を捜したりする。

153　50・10・30　文献探索　一年

（第四回実践研究発表会）

資料○動物のことばについて、その一部にでもふれている本。

雑誌七十一種　百十二冊

あらまし

○なるべく多くの本を見て

書名、何ページにあるか、どの程度出ているか、むずかしさ、わかりやすさ、写真・図表の有無などをカードにとる。

○時間を制限して行った。

○四グループに分かれて報告し合い、話し合い、各グループ推薦の本を発表した。

154　50・10・30　読む人を読む　一年

（第四回実践研究発表会）

資料○『日本民話伝説集』
あらまし
○その本をそう読むということは、その読み手がどういうことを考えているからだろうか。というふうに、単元名のとおりのことをねらって、二重に本を読んだ。

155　50・10・30　楽しくつくる　創作　一年
（第四回実践研究発表会）
資料『白銀の馬』リンド・ワード
あらまし
○『白銀の馬』によって物語を書く。

156　51・2・26　集める　一年
資料○資料集「私の集めた用例集」（切り分けてカードになる形で書いたもの）。
あらまし
○一学期から一人一語（いく種類かの意味に使われることばを選んだ。動詞。教科書から）を担当させ、そのことばの用例を集めさせていた。
○それを意味によって分類した。

157　51・2・26　私の編集　一年
資料○「中等新国語一」（光村図書）
○発表資料「私の案」
あらまし
○教科書全体を扱う。
○いくつかのテーマをきめて、教科書を編集しなおした。ただし、資料は加えない。

158　51・2・26　個人文集　一年
資料○みんなの第一次案集
あらまし
○内容について、アイディアの交換。

159　51・6・18　この視点から　二年
資料○「中等新国語二」（光村図書）
あらまし
○教科書を一冊の本として十一の視点から読む。一グループ一視点。

160　51・7・16　お話がお話を呼ぶ　二年
（一人のスピーチを中心に、それにつづいて、みんなが話し手になっていくという意味）

資料○生徒たちのスピーチ
　次々、教材が教材を生み、展開しながら作られていく教材。

あらまし

○そのころ、いろいろな学習予定のある国語の時間の、始まりの短い時間に、一人ずつスピーチをしていた。
○ときどき、一時間を使って、二人くらいのスピーチから学習を展開する。
○そのスピーチの長所短所を話し合うのではない。そのスピーチにつづいて、いろいろの生徒がスピーチをするのである。
○事前に「こういう話です」と、一言の予告をさせる。それにつづいて自分は何か話ができるだろうかと考え、メモを提出、それによって、およその指名計画を立てておく。
○もとのスピーチも、つづいての話もじゅうぶん教師と相談し、準備する。この話をしてみるようにとか、この本を読んで、発展する話にするようにとか指導する。

161　51・7・16　熟語つくりゲーム　二年

資料○Aカード　個人の持つカード
　実　解　議　通　伝　発　理
○Bカード　一グループに一セットおくカード。Aカードのどの字かと組み、必ず熟語のできる漢字
　案　異　育　過　開　確　学　況　行　曲　掘　啓
　決　堅　言　現　口　抗　誤　再　施　事　受　修
　充　信　処　常　図　整　績　宣　染　送　俗　態
　達　地　展　統　道　任　秘　文　弁　放　報　剖
　用　来　利　力　例　論　話　協（よみがなつき）

あらまし

○能力別グループ
○作ったら場面なり、使われ方なり、解説して、グループが納得してはじめて一枚獲得になる。
○辞書の利用
○「発掘」などの場合、ただ「古代遺跡の発掘」というような場合だけでなく、さらに精神的な意味に使われている場合に気づかせるよう、グループに応じて指導を密にする。
○次の漢字をAカードにして、Bカードを作る。
　応　収　重　進　成　明　流

162　51・7・16　本を使って　二年

資料○「はじめてであった本」
　「こどもの本」（日本児童図書出版協会刊）の巻頭に連載。
　「読書」や「こどもの本」に関係の深い諸家の文章。

約一年分、プリント。

あらまし
○この文章には、当然、いろいろの書名、著者名、作家名、地名、事件などが出ている。
○それを調べて、注をつけた。
○各種の辞典、いろいろの作品の紹介解説を利用して調べ、それを短い注の文章にまとめる。
○分担して作業を進めたが、自分の調べたこと、つけた注が、友だちの役に立つ、互いに利益をわかちあえるところがねらい。

163　51・10・22　古典への門　二年
「枕草子」をよむ
（第五回実践研究発表会）

資料○「枕草子」
春はあけぼの・九月ばかり夜一夜・月のいとあかきに
木の花は・蟲は・冬は・凪は
にくきもの・うつくしきもの・うれしきもの・いひにくきもの
うへにさぶらふ御猫は・職の御曹司におはします頃・雪のいと高う降りたるを・人のうへいふを

あらまし
○萩原廣道式のテキスト作成。
○読んで、次の六つのことについて、六色のカードに書いた。
内容
1、共感できるところ
2、意外に思えるところ
3、不審なところ
ことば
4、今も同じ意味で使われていることば
5、形は同じでも、意味が今はちがっていることば
6、現在使われなくなっていると思う古語
○朗読に力を入れた。
○担当のところについて、グループごとに話し合いの形で発表をしたが、話し合いの前に、せいいっぱいの朗読をした。

164　51・10・22　各国に生きる現代の子どもたちの姿　二年
（第五回実践研究発表会）

資料○岩波少年少女の本　三十二冊

あらまし
○文学作品を読んで、ここに描かれている人はどういう人

間かと話し合う、そういう読みの終わりとしての話し合い、聞くこと話すことでなく、つまり読んだ結果の発表し合いでなく、次へ次へと、「話す」にも、「書く」にも、そして「読む」にも、行くようにしようとした。問題が問題を生み、なんべんも作品に本にもどるような、ほんとうに本を使う経験。

○ある生活場面を出して、この作品に出ている少年なら、このようなときは、このようなことを言い、このような行動をとるであろうということを話し合った。

○そして終わりには、この学習のあいだに、自分のものの考え方なり、生活なりにどんな変化があったか、作品が自分の中に何をめざめさせたか、何を加えたか、自分をどんなところからゆさぶってきたであろうか、そういうことを話し合ったり書いたりした。

165　51・10・22　私たちの作ったことばあそび　二年

（第五回実践研究発表会）

資料○生徒作成ことばあそび集

作文クイズ・呼びあうことばあそび・慣用句パズル・話しことばかるた

など十種類。

あらまし

○生徒の希望によってグループ編成。

○ことばの力のつくことばあそびであることを条件にして、グループごとに作成。

○やり方を明快に書き、また明快に話す工夫をして、実習つきで紹介し合った。

166　52・1・26　インタビュー　二年

このことばづかいをどう考えたらよいだろうか

資料○インタビューのための資料

取り上げたことばづかいに対する自分たちの考え方の実態

――アンケート調査結果

あらまし

○次の四種のことばづかいを取り上げた。

(1)あげる

子どもの帰るころには、家にいてあげたいと思います。

花の水、とりかえてあげたの？

(2)ください

はやく整列してください。

宿題、忘れた人、あしたまでに出してください。

(3)先生
　できたら先生に見せてください。
　先生の給食、持ってきてくれたか。
(4)「さん」と「くん」
　女の子が男の子に、
　「山田くん、作文書けた?」
　女の子が先生に
　「欠席は山田くんだけです」
○クラスのみんなはどう感じているか、アンケートをして調べた。
○研究授業のクラスは、倉沢・有沢・田近・古矢の四先生に相手をしていただき、四グループ同時に一時間にインタビューをし、報告し合った。
　インタビューは十五分、記録をまとめてプリントを書き、印刷配布、それによって報告し四十四分で終わった。

167　52・1・26　文献探索　二年
　　この論文は私たちのいろいろな問題を
　　考えるために役立てられるだろうか
資料○「身体語彙による表現」
　日本語講座　第四巻　星野　命
あらまし
○七人の中学生を想定した。
　1、務　からだの各部の名称を使った慣用句パズルを
　　作っている。
　2、豊　「日本語の特色」ということを調べている。
　3、弘　からだの部分の名まえを使っていることばは、日常の会話の中では使われているが、書きことばには、あまり使われないといえるか、知りたい。
　このようないろいろの問題を持っている中学生を想定して、この論文のどこかが役に立つかどうか、できるだけ短い時間で探した。
○それをマークで、黒板にはり、それを見ながら概観したところを話すということを試みた。

168　52・3・14　書き合いによる読書会　二年
資料○『ミュンヘンの小学生』(中公新書)子安美知子
　○『北京三里屯第三小学校』(岩波新書)浜口允子
あらまし
○クラスを二つに分け、一方は『ミュンヘンの小学生』を、他方は『北京三里屯第三小学校』を読む。
○読みながら、一般の生活の習慣とか、学校生活、家庭生活、学習、ことにことばの学習・国語の学習について、また、あそび、スポーツ、それに先生と生徒、生徒どうしの

関係などについて、気づいたことをメモした。
○そのメモを使って、ミュンヘンのほうは北京のグループへ、北京のほうは、ミュンヘンのグループに手紙を書いた。
『ミュンヘンの小学生』に、こういうところがあって興味深く思いましたが、こういうことについては、北京のほうはどうですかというような手紙である。プリントにして手紙集ができた。
○互いに返事を書いた。何通でも、書けるだけ書いた。
複写便せんを使い、一枚を封筒に入れて、その生徒にそれぞれ渡した。

169　52・3・14　話し合いによる読書会　二年
資料○『ミュンヘンの小学生』（中公新書）子安美知子
○『北京三里屯第三小学校』（岩波新書）浜口允子
あらまし
○クラスを二つに分けた。前と同様、それぞれ、どちらかの本を読んだ。
○それぞれ、読んだ本についての話し合いの準備をする。
「私はこのことについて話したい」「私はこのことについて話せる」

というメモを司会者（生徒）に提出する。

司会者はそのメモによって勉強し用意する。

○『ミュンヘンの小学生』と『北京三里屯第三小学校』とべつべつに話し合いをする。べつに紹介するわけではなく、読んでない人のための話し合いではない。それぞれ、自分たちの読書会である。
しかし、聞き手のほうは、それはおもしろいと思ったこと、もっと知りたいこと、そんなことが書いてあるのか、自分で読んで確かめたいと思うようなことを書きとめる。
○話し合いのあと、それぞれ、本を交換して、目次を見たり、斜め読みをしたりして、自分のメモしておいたことの書かれているページを探す。

170　52・3・14　こんないろいろの意味！　二年
資料○「切る」の三十九種類の意味のカード
あらまし
○クラスの人数ほど、いろいろの意味に使われることばとして「切る」を取り上げた。
○生徒一人一人に、次のようなカードを渡した。
口を切る・あと十名で切る・風邪を切る、など。
○自分の担当したことばの使われると思う生活場面を考え、短いお話をつくる。
○一人ずつ、その話をして、ことばを当て合う。
紅白に分かれて点数を争うようにした。

171　52・5・20　文集で学ぶ　一年

資料○個人文集「――の本」
　第一集「私の楽しみ」

あらまし

○個人文集第一集が出来たので、この文集を使っての学習をいろいろ進めた、その中の一つである。
○「私の楽しみ」というページを取り上げた。いろいろ、尋ねたりして話し合いのできそうな、そして疑問に思ったこと、もっと知りたくなったことをメモし、本で調べるということのできそうなものとして、次のを選んだ。
「歴史探訪」「海外放送を聞く」
「お菓子つくり」「鳥の飼育」
○「私の楽しみ」を読む。それに対して、教師と、生徒数名とが、いろいろ尋ねる。
　生徒数名は、同類のこと、似た方面のことを楽しみとしている者と、そのことについては何も知らないらしい者とが按配してある。
　その他の、聞いている生徒は、白カードに「ほんとうだろうか」「そんなことがあるのか」というようなこと、色カードに「おもしろそう」「やってみたい」「調べてみたい」というようなことをメモ。
○カードに書きとめたことを本で探す。

172　52・5・20　一つのことばがいろんな意味に使われている　一年

資料○十五種類のことばの用例カード

A	あいさつ	14枚
B	青い	8〃
C	明るい	15〃
D	あげる	24〃
E	遊ぶ	8〃
F	あまい	13〃
G	怪しい	11〃
H	受ける	22〃
I	うそ	12〃
J	打つ	21〃
K	訴える	10〃
L	うまい	8〃
M	落とす	11〃
N	覚える	7〃
O	かたい	8〃

あらまし

○グループでことばを担当し、意味によって、分類する。
たとえば「Aあいさつ」のカード十四枚は、同じ意味のものをまとめて四種類に分けられていた。

○クラスに発表し、意見交換、討議をする。

173　52・7・8　文集で学ぶ　一年

資料○一年D組　自選文集
　個人文集から

あらまし

○読んで、質問を出し合う。その質問に答えるわけではなく、その質問のよって来たるものをさぐり、自分の文章の直し方を考える。

○相互評価であるが、どこがよいとか、どこが足りないとか、言わせることは避けている。

174　52・7・8　聞いた話を書く　一年

資料○個人文集　第二集

あらまし

○一つのまとまった話（話し手教師）を聞いて、目的を考え、組み立てを考えて、その話を聞く。

○このときの話は、ヨーロッパの旅のみやげ話。「ロンドン、ハイドパークのスピーカーズ・コーナー」

175　52・9・28　この場面ではこの表現こそ　一年

資料○文例集（生徒作）

あらまし

○うれしい喜ばしい気持ちを表すことばをいろいろ考えた。

○取り上げられたことばを使うのが適切と思われる場面を考え、文章にした。それぞれ、どんな場面のうれしさ、喜びを表すためにふさわしいか。

○発表・討議

176　52・9・28　ひろがることば、深まることば　一年

資料○用例集（生徒作）

あらまし

○たくさんの例を考えた。

○「楽しい○○」に対して「○○を楽しむ」という場合の状態のちがいを、一つ一つの例について考えた。

○「○○を楽しむ」という場合に共通している状態を言い表すことばを考えた。「強制されない」「強いられない」「打算がない」「計算してない」「義務感がない」「主体的」「自由意志」「余裕」「悠々」などのことばに気づかせる。

177　52・11・5　ことばの問題について考える　一年
（第六回実践研究発表会）

資料○「ことばとことばの生活」に関する投書（朝日・毎日・読売・東京・産経・日経等、52・1―52・9所載）

二百二十三編、一編一枚に印刷、読みがなつき。

あらまし

○同じ教材を二年で、また三年で使うものとしての試みの教材。その後の投書を加えながら。

○二年

「書き出し」「一文の長さ」「文章の長さ」「事例の入れ方」などを調べる。

文体にまで触れるようにする。

できるだけたくさんの意見文を書く。

投書について、片端から意見を書く。

○三年

ことばに関する本を集めて、いっしょに使う。投書の中で問題にされていることについて、どういう考え、考え方があるか、いろいろの人の意見をさぐる。

○グループは五種類

1、どういうことを取り上げた意見がどのくらいあるか、を調べるグループ

2、年齢という点からいろいろ考えるグループ

3、職業という点からいろいろ考えるグループ

4、地域という点からいろいろ考えるグループ

5、男女という点からいろいろ考えるグループ

○全員が個人として考えること三点

1、たいへん共感を覚えた意見

2、こんなことを考える人がいるのかと意外な感じをもった意見

3、調べたり考えたりしてみようという意欲をもった意見

○調べたこと考えたことを順に発表するのでなく、一つの問題を取り出し、それについてそれぞれの観点から発言する。

○グループ数は十一、能力別グループ

178　52・11・5　ここにこう生きている少年少女　一年

（第六回実践研究発表会）

資料○『日本の児童文学』理論社

Cセット

あらまし

○五十一年度の「岩波少年少女の本」を使っての学習（164）と同じ考え方。「すじ」とか、「どういう人が描かれているか」とか、「どんな気持ちか」「どんな情景か」とかいうよ

うなたずね方を避けた。そういう問いに対して、解説的な発表をすることを避けた。
○実際のストーリー、場面を考え、作品に描かれている人物を、自分たちがとらえたような人物として、語らせ、行動させて、小さな放送劇を作った。
人物をどうとらえて、その劇になっているか、説明を加えて劇を発表しあった。

179　52・11・5　ことばを思い出す、捜す、見つける　一年
（第六回実践研究発表会）
資料○「まえばし」群馬県前橋市観光案内
あらまし
○題目ごとに一グループが担当して、それぞれの写真から思い出せることば、その写真から受け取ったものを表すことば、それからひろがっていくことばをとらえた。

180　52・11・5　楽しく作る　一年
（第六回実践研究発表会）
資料○『旅の絵本』安野光雅
あらまし
○字のない絵本である。
○旅日記その他、いろいろの作品を作った。

181　52・11・5　個人文集「——の本」　一年
（第六回実践研究発表会）
資料○文集　第一集　第二集
文集内容一覧　第一集—第九集

182　53・2・10　「——」という人　一年
伝記を読む
資料○『TN君の日記』なだ・いなだ
○『白い大地』吉田武三
○『中浜万次郎の生涯』中浜　明
○『みちのくの聖僧』岡本文良
○『めっちゃ医者伝』吉村　昭
○『大江戸のアイディアマン』中井信彦
○『台風の島に生きる』谷　真介
○『タンカタンカタン』比江島重孝
○『万葉のうたひめ』山本藤枝
あらまし
○ベートーベン、リンカーン、野口英世というような、長い間、伝記というとあげられた、有名な偉人伝でなく、近ごろとくに少年のために書かれた、日本人の伝記物語を選

んだ。
○グループで一種類。本は各自に配る。
○読み、その人をよく表す十の場面を考える。
○十場面のうち、一、二場面を劇にし、あとは四百字から八百字程度の文章にする。
○ある場面で、その情景なり、気持ちなりをよく表していることばを拾う（発表のあいだに、休憩の形で、軽く楽しめるように扱う）。
○朗読・談話・対談・劇などいろいろの形を使って、十の場面を発表し、その人を浮き彫りにする。

183　53・2・10　朗読　一年
資料○「爪王」戸川幸夫「中等新国語一」（光村図書）
あらまし
○文学作品の理解と鑑賞のためにする朗読。
（理解し鑑賞した結果を表現する朗読でなく）

184　53・6・9　国語学習発表会　一年
資料○朗読の資料
「ひばりの子」「中等新国語一」（光村図書）
あらまし
○国語学習の準備の総括
○発表会の内容
司会
開会・閉会のことば
友だちの紹介
詩の暗唱
スピーチ「中学校生活五十日」
朗読
研究発表「私たちの朗読」

185　53・6・9　本を探し合う、知らせ合う　一年
資料○「こんな本があれば読みたい」
（全員の「読書生活の記録」から）
○岩波児童図書目録
○岩波少年文庫解説目録
○岩波文庫ジュニア六十選
○NHKブックスジュニア目録
○偕成社、学研、小学館、講談社、筑摩書房、福音館、さ・え・ら、小蜂書店、岩崎書店、ポプラ社の目録
あらまし
○いろいろの目録を見る。友だちの「こんな本があれば読みたい」といっている本があったら書きとめる。

○見つけた本を、その友だちに知らせる手紙を書く。

186　53・6・9　単語の種類　一年

資料○『旅の絵本』安野光雅
○教科書（文法のページ）
○便覧（　〃　）

あらまし

○さまざまな生活場面を細かく描いた「旅の絵本」によって、まず動詞を拾い、それを修飾することば、その動作の主、その修飾語、それらを短文にまとめるときの付属語というように、いろいろの品詞のおよその理解。

187　53・11・18　外来語の氾濫について考える　一年
（第七回実践研究発表会）

資料○わからぬ〝カタカナ語〟十三編（投書）
○わかりやすい言葉で（〃）
○定着している英語的日本語（〃）
○日本人は日本語に誇りを（〃）
○日本語害する外来語（〃）
○乱れる日本語無差別使用には反対（〃）
○和製「カタカナ語」が多すぎる（社説）
○『日本の外来語』（岩波新書）矢崎源九郎
一、増加する外来語　1・2・3・4
五、日本語となった外国語　3・4
○外来語のはんらんと漢字の造語力
「日本人とことば」7
○健康な日本語　から
「日本語への希望」金田一春彦
○外国語の氾濫
日本語講座三「社会の中の日本語」
○日本語は乱れているか　から
『日本語と話しことば』内村直也
○『現代日本語』朝日小事典
○外来語の是非
○コマーシャリズムと外来語
「日本語の現場」第三集　読売新聞社社会部編
○講話　外来語の話（大村）
岩波講座『日本語』によって

あらまし

○外来語の氾濫について、読んでは考え、考えたことを書く。

いろいろのものを読むたびに、共鳴したり、反発したり、新しい知識を得たりする。そして「外来語の氾濫」についての考えが変わってきたり、ゆたかになったり、確かになったり、揺れながら成長していく、そのようすが、記録されていく。
○読む順序は自由。しかし、だいたい投書から読んだようである。
○問題にしたい外来語の使われ方をみんなで集め、「この外来語の使い方をどう思うか」という資料を作成。それについて、今まで読んで、また考えて、まとまってきた、いわば識見をじゅうぶんに生かして討議。
○別に短い報告をし合った。「一週間の三大新聞の社説に出ていた外来語」とか、「明治・大正・昭和（戦前）の作文の中の外来語」とか、一人一人別の題で行った小さな調査の報告である。時間のはじめとか、討議の話題と話題の間とか、討議の早く終わったはんぱの時間とかを利用して、気楽に聞き合った。

188　53・11・18　もっといろいろのことばを　一年
（第七回実践研究発表会）

資料○『天の笛』斉藤隆介作・藤城清治絵
　○『学習慣用語句辞典』（三省堂）

あらまし
○思想をあらわすことばをもっとふやす。
　絵本を見ながら朗読を聞き、この作品で作者の言っていること、作品の中にある考え、それをどういうことばでも、とにかく自分の持ち合わせていることばで綴る。その文章を手がかりにして、ことばを広げる。
○『学習慣用語句辞典』の、慣用語句の使われている部分を、慣用語句を使わない言い方にする。巻末の解説を利用。
○その慣用語句なしの対話を実演して、ほかのグループに、そこに使うことが適当な慣用語句を当てさせる。
○グループによるゲーム形式。

189　53・11・18　お話を読んで見つけた私のお話　一年
（第七回実践研究発表会）

資料○『少年少女日本の民話・伝説』（偕成社）

あらまし
○生徒の希望をもとにして、地方別にグループを編成、一地方二グループ。
○民話だけを材料にした。
○民話を読んで、たとえば次のような質問というか、話題を拾った。
　例「尾なしきつね」という山口県に伝わっている民話を読みました。昔の人は「ばけもの」とか「のろい」とかいうことに、たいへん恐れを感じたようです。そういう話はたくさんあります。そのなかで、この「尾なしきつね」の話は、そういうことはつまらないことだと教えている珍しい話です。ほかの地方で、こういう話ありますか。

例　私のこの地方では、犬はいつも……こういう役割で出てきていますが、北陸のほうではどうですか。

○一クラスで七十三の話題が提出された。

○この中から話題を選んで話し合いをした。

○別に一人一人、お話を一つ選んで「話」として、聞いておもしろいように、楽しいように話した。話し合いの前とか、話し合いの終わったあとの時間などに。

190　54・3・16　あこがれと私たち　一年

資料○個人文集第三集から

「あこがれ」の文章を集めたクラス文集

あらまし

○何に、どういうことに憧れているか、どういうところに、なぜあこがれているか。

資料によって考えてみた。まず予想を立て、読んで考え、「あこがれと私たち」について、わかったこと、考えたことをまとめた。

191　54・3・16　こころとことば　一年

資料○「中等新国語一」（光村図書）の中の文学作品

ひばりの子・父の腕・鼓くらべ・少年の日の思い出・宮沢賢治・爪王

あらまし

○読んで、次のようなことを考え、私の提案として提出した。

1、こころをさぐる

この人がここで、こう言って（して）いるのがわからない。

この人はここで、どうしてこう言わなかった（しなかった）のだろう。

2、ことばを見つける

こういうこと、こういう気持ち（考え）、こういうようすを表すのに、こういうことばがあったのか。

こういうこと、こういう気持ち（考え）、こういうようすを表すのに、こういうことばを知っている。これを使ったらどうだろうか。

○提案について意見の交換。

192　54・3・16　表現比べ　一年

資料○太安萬侶の墓発見を報じた、朝日・毎日・読売・東京の各新聞の記事。

あらまし

○いろいろの観点から見出しを比べてみながら、国語のいろいろの問題を話し合う。

193　54・6・15　国語発表会　一年

資料○「ひばりの子」「中等新国語一」（光村図書）

○朗読台本集

あらまし

○一年の入門単元で、中学校三年間の国語学習を進めるための基礎的な学習能力をつけ、学習記録の書き方、読書生活の記録の扱い方などにも慣れさせる。全く中学校学習準備である。その終わりに、その基礎的な学習場面の一つとして、総復習的に発表会をした。グループごとに、内容にやや変化があるが、およそ次のような内容である。

司会

開会のことば・閉会のことば

友だちを紹介する短い話

朗読のくふう、文章のどの部分について、どんなくふうをしたかの発表

朗読（群読）

スピーチ「私の発見・中学校生活二か月」

194　54・6・15　「木のうた」によって作る　一年

資料○『木のうた』イエラ・マリ

あらまし

○この字のない絵本によって、各ページに短い文章を書いた。それぞれ、自分としてよく書けたページを集め、文集とし、読み合い、話し合う。

195　54・10・5　意見に意見を　意見から意見を　一年

資料○昭和五十四年一月から九月十五日までの、「ことばとことばの生活」に関しての、新聞投書欄への投書、七十二編（新聞は朝日・毎日・読売・東京）。一編ごとに透明ケースに入れ、封筒に入れたもの。

あらまし

①投書を読んで、意見を書く。その投書と自分の意見文とをいっしょに封筒に入れる。

②投書を読み、友だちの意見文を読み、自分の意見を書く。以上の繰り返し。できるだけたくさん書く。

③一つの封筒の中の、投書と何編かの友だちの意見文とを読み、まとめの文章を書き、発表し合う。

196　54・10・5　表現比べ　　一年

資料○七月二十九日付、朝日・毎日・読売・東京新聞の、隅田川花火大会のニュース記事

あらまし

○人出のようす、花火の美しさ、花火の上がった空のはなやかさ、見物の人々のようすなど、同じこと、同じようすが、さまざまなことばで表現されているのを拾い出して、比べてみる。どの表現がよいかということではなく、これとそれと、どういう違いがあるか、あるいはないか、そういうことを考えた。いろいろ、調べ、考え、それぞれに発見したことを話し合った。

197　54・11・22　このことわざこそ　　一年
（第八回実践研究発表会）

資料○生徒作成資料集「このことわざこそ」

○『日本のことわざ』（現代教養文庫）

○『続日本のことわざ』（現代教養文庫）

あらまし

○一つの生活場面を、劇のような形や対話などで示し、その場面に合う、その場面を表していることわざを当てるという、ゲーム風のものである。グループで、小劇や対話を作り、出題し、ほかのグループが当てる。

198　54・11・22　このことばこそ　その一　　一年
（第八回実践研究発表会）

資料○生徒作成資料集（それぞれ一つの表現をよくあてはまる生活場面として書いた文章）

あらまし

○まず生活の一こまを文章に書き、そのなかの、「この人の、このときの気持ちを表すことば」とか、「この雰囲気を表すことば」とか、考え合う中心を決めた。

そこに使うことばは、どんなことばがあるか、使い方の違い、場面による使い分け、など、グループで研究し、「このことばこそ」と言える、自分たちとしての答えを用意した。また、それ以外のことばをとらない理由をはっきりさせた。

○一グループずつ出題し、全員で、いろいろのことばを提案し、意味、語感、文体などさまざまの視点から考え合った。

199　54・11・22　知ろう　世界の子どもたちを　　一年
（第八回実践研究発表会）

資料○「花には太陽を」（国際児童年ハンドブック）羽仁説子編、『小さい目のフランス日記』根本長兵衛、『子どものいる地図』横山昭作、ほか単行本四十冊

○「未来を目ざす子ら」毎日新聞連載十九回、ほか新聞の切り抜き　六十二種
○レコード
○「世界八十二か国のことば」
あらまし
○なんらかのつながりで、同時代に生きることになる世界の子どもたちである。そして、何はともあれ、人を知ることこそ、平和や幸福のもとであるという思いから、ちょうど国際児童年で、ふつうの年にはないような資料も多く得られたので、この題で計画した。
○資料によって得たことを発表し合ったり、話し合ったりするのでなく、読みえたものによって、実際に、こういう生活をし、こういうことを話し合っているだろうと想像し、それを放送劇や対話にし、また、外国の、ある子どもになり代わって、日記や手紙を書いたりして、その発表会をした。
○発表会は六回になった。第一回から第三回までと第六回の発表会のテーマは「世界のここに、こんな生活がある」、第四回は「世界のここに、こんな働く子どもの生活がある」、第五回は「世界のここに、こんな希望、こんな夢をもって生きている子どもがいる」であった。

200　54・11・22　古典のなかに見つけた子ども　一年
資料○子どもの出ている古典の一節、萩原廣道式の注つき。
土佐日記　更級日記　源氏物語　枕草子
宇治拾遺物語　平家物語　謡曲　義経記　徒然草
○「朗読のあとのひととき」記入式
あらまし
○朗読に徹する。一部分、ごく短い部分の暗唱。そして、朗読のあと、「朗読のあとのひととき」に書いた。書く内容と形は、作品によってちがうが、暗唱の部分が多かった。

201　55・2・15　漫画について考える　一年
（第九回実践研究発表会）
資料○「子どもの本」五十五年一月号
特集　子どもの読書と漫画
○生徒による調査資料
○「子どもの文化」五十四年八月号　新・漫画選182
○子どもの文化叢書「子ども漫画の世界」
○「日本一の人間学」朝日新聞
○「ソ連からの留学生座談会」毎日新聞
あらまし
○まず、資料2を作った。次に、資料1・2・3を、いろいろな視点で見て、一つの自分としての考えを持った。

○資料4・5・6の研究によって、漫画に対するいろいろの考え方を知り、漫画についての考えを深める。
○パネル・ディスカッション的な方法で、漫画について考え合う。

202　55・2・15　もう一つの歩き方をさぐる　一年
（第九回実践研究発表会）

資料○『わたしの自叙伝』1・2　NHK
○『わたしの少女時代』（岩波ジュニア叢書）
○『少年』大岡昇平
○『幼年時代』室生犀星
○『福翁自伝』
○『ひとすじの道』丸岡秀子
○『まんが道』藤子不二雄

あらまし
○自分たちの現在の生活に取材して、劇、または、日記（自分に話しかけることばとして）を書く。一方、資料を読む。
○次のどれかに進む。
A　前項の場面に、A氏が来て、その後、寄せられたとする手紙を書く。
B　前項の場面に、B氏がいたらこうするだろう、こう言うだろうと考える。
C　前項の劇を見て、C氏、D氏、E氏になってていで話し合う。

203　55・2・15　このことばこそ　その二　一年
（第九回実践研究発表会）

資料○資料集「このことばこそ」生徒作成

あらまし
○「驚く」を中心に、「びっくりする」「はっとする」「目を丸くする」「あきれる」「愕然とする」など二十ないし二十五語、取り上げ、それぞれの用例（文章）を集めたり作ったりする。
○前項の文章の、「はっとする」とか、「目を丸くする」とか、適切に使ってあるところへ、全部、「驚く」を使って書き、それを問題にする。
○問題を出し、「驚く」のところに入れかえる、それぞれの場に合った驚きを表すことばを答え合う。

55・2・15の第九回実践研究発表会が、現職での実践授業の終わりになった。この年の三月三十一日に退職した。

したがって、以下は実践の案である。研究会は平成十二年まで続けたので、主として石川台中学校五四年度一年C組を対象に考えた。二年とか、三年とあるのも、この一年C組が成長した二年、三年を想像しながら考えを進めたものである。

204　知らせよう　日本の子どもたちを

第10回一九八〇（昭和五五）年国語科実践研究発表会

これは、もともと54・11の「知ろう　世界の子どもたちを」と一組の学習として計画していたものであるが、長すぎる学習になるので、前半と後半に分けた。そして、55・3、退職したので、実際に教室で、二年生になった子どもたちと学習することはできなかった。

したがって、この二つの単元は、難易度としては同程度である。また、目標や養おうとした能力も、だいたい同じであるが、もともと一つの単元として考えていたので、学習の結びを、一方は話しことばでの発表、一方は書きことばでの文集とした。

この単元の学習に入る前に、別の単元の学習の中で、準備をすすめる指導者のおりおりの話、友だちどうしの話しあいのなかで、また、新聞や雑誌、放送のなかで、「知らせよう」と思う日本の子ども、つまり自分たちの生活をとらえ、「こんなことを知らせたい」「知らせるといい」と思うことを拾っておく。話題を拾うとともに、それをどんな形で話したり書いたりするとよいか、考えたりする。五月、六月、七月、そして夏休み、ときどき、思いつきを交換しあう機会を設けながら、準備の時を過ごす。

そして九月、「こんなことを知らせたら……」という思いつきを出しあい、話し合う。指導者も大いに参加する。めいめい、書くものと形を決め、目次をつくって知らせあう。話し合いの記録もよい。グループもよい。

めいめい、自分の一冊をまとめる。読み合う。できたら推薦しあってクラスの一冊を作る。

205　個人文集「わたしの本」

第10回一九八〇（昭和五五）年国語科実践研究発表会

一学期一冊、三年間で九冊の書き込み式の文集である。いろいろ書いた文集を一冊にまとめた文集ではなく、枠組みのできている文集である。内容も、書くための手びきも、ごく簡単に、ひと言、書いてある。書くことがないということのないように、型にはまったりすることのないように、むやみに苦しまないように、軽くヒントをだした。

たとえば、「できること、できるようになりたいこと」というページなど、内容のヒントは、

◇できること　できてもたいしたことではないようなことを

◇できるようになりたいこと　なんでもないことなのに、どうしてできないのかなと思うようなことを

206　「指」をめぐって

第10回一九八〇（昭和五五）年国語科実践研究発表会

「指」をめぐることばを、考えられるだけ、出しあって、それをその話し合いのまま、作品にまとめる。

〔一例〕

ゆたか「指針」は、読書生活通信にある指針のらんの指針だから、いっぺんにわかった。

　指南というの、指導とか教授とか意味はわかっているけど、これは何か中国の話か何かいわれがあった？　先生に聞いたことがあるんだけど、忘れちゃった。

つとむ　ぼく憶えてるよ、だいたい。昔、中国で戦争のときとか、おもに戦争の時だろうけど、道案内のために作った車だったね。

　その車に人形をのせてその人形がいつも南を向いているようにしたんじゃなかったかな。

ひろし　人形っていえば人形だけど、仙人の木像で、その手がいつも南をさすような仕掛けになっていたんだそうだ。その指南車を略して指南と短くなったわけ。

○　剣道指南、琴曲指南、華道指南というぐあいで、日本風の芸事の場合に多かったと思うけれど、このごろはそれもあまり見ませんね。

えつ子　今は教授？

○　そうね、何々教室という言い方が多いような気がしますよ。

ちから　指図、なんでもないのに、はじめ、ふっと、しと、と読んで、なんだろう？　と思った。

なお子　わたしもよ。

ゆたか　ぼくに一つ問題出さして。「有名」ということに関係したことば。指が入っていること。

ちから　屈指、指折り。

つとむ　五本の指に入る。

ゆたか　つづいてお願いします。これから言うことばに、屈指と指折りどちらが合うか。どっちもつかないのもあります。名門校、司会者、泣き虫、大都会。

えつ子　そう、泣き虫にはどっちもつかないのね、よくないことで有名なときは使わない……。そうね。

ゆたか　屈指の名門校、屈指の大都会、指折りの司会者というつもりだけど。

（○は大人）

207　卒業記念　石川台中学校図書館掲示板

第11回一九八一（昭和五六）年国語科実践研究発表会

昭和四十七年度一年生の学年末、四十八年三月に「新一年生に石川台中学校を紹介する」という文章を作った。それは新一年生への歓迎の心、また入学祝の心を盛りこんだ、そして一年間の国語の学習の総復習にもなった。

そのおり、三年生になったとき、卒業の記念にも、何か下級生の生活をゆたかにする記念品、そして三年間の国語学習の総復習になるようなものとして、この「図書館掲示板」を考え、単元にしようと、子どもたちにも折りにつけ話していた。話し合ったり提案の発表をしたり、専用の提案掲示板を設けたりして、内容を考える。

生活や行事を考えて、一年間のおよその計画を立て、担当を決める。

〔掲示の例〕

◇類書紹介　　読書に関する　　つりに関する
　　　　　　　スキーに関する
◇私の読みたい本から
◇私の読書計画
◇本校読書家紹介　　読書マラソン参加者訪問
　　　　　　　　　　石川台図書館の利用者
◇わが石川台の読書傾向　　各学年、各クラスの読書傾向
◇石川台図書館の催し案内　　読書会
　　　　作品朗読を聞く会
　　　　早朝朗読会
　　　　学区域図書館めぐり
　　　　都内図書館めぐり
　　　　読書相談会（先生、図書委員、出席）
　　　　要点ノートのとり方講習
　　　　講話と実習の会、目的によるいろいろの読み方
　　　　講話の会「もう一つの本を作りながら読む」
　　　　講話の会「本のはたらき」
◇石川台図書館蔵書の実態報告
◇読書生活随想
◇進んでどうぞ
○読書力テスト　　受験者募集
○速読みテスト
○読書週間標語募集
○読書マラソン
◇おすすめ
○本の中のはがきを出しましょう。
　感想書かなくても目録はもらえます。
○新しい目録出来、今申込みのよい機会
　宛先　カウンターにあり
○読者の雑誌の購読、申込み手伝います。「図書」「子どもの本」「出版ニュース」ほか。

ことばとことばの生活についての意見　　三年

第11回一九八一（昭和五六）年国語科実践研究発表会

中学校生活、中学生としての国語学習を終わるに当たって、中学生なりのことばとことばの生活に関しての識見を持たせたいと思う。この学習のためには、相当長い準備期間、学習の背景を作る時間、静かにそれとなく導入する時間がかかる。「長い」というよりも、中学一年生として迎え、国語科学習の担当者となってからこの日までといえよう。

〔準備一〕

まず、機会をとらえ、機会を作り、ことばとことばの生活に関した話をすること。それは学級に対して国語の時間に話すこともあるが、グループでも、二、三人とでも、個人とでも、そして授業時間中のグループの話し合いの折でも、授業前後の時間でも、朝、始業前、昼休み、放課後、清掃のあと、誰とでも、どんな折でもとらえて、いろいろの話をする。

例A

一、楽しい学習の思い出のあることばが、新聞や本などに使われている例を見つけた喜び、たとえば

1．目を見張る

2．心が洗われる

二、今日覚えたことば　大陸度、海洋度

三、ああ、ことばが聞きわけられていたら　待機、待避

四、聞きまちがわれたなと気がついたが　確保、覚悟

五、ことばを知らなかった悲しい思い出　掉尾

六、なかなか教えられなかったことばの思い出　諷刺

七、私の子どものときはなかったいやなことば　落ちこぼれ、ボケ老人

八、どうしても今の意味で使えないことば　がんばる、しゃべる

〔準備二〕

新聞の投書——ことばとことばの生活について意見を書いたもの。

新聞は、朝日・毎日・読売・東京。

昭和五六年一月より十月まで計二四六編。プリントは別紙にする。

〔準備三〕

本　一八六冊

雑誌　言語生活（筑摩書房）　三四冊

めいめいが実際の生活の中でとらえたことばとことばの生活についての問題、本を読んで気づいた問題を、新聞の投書のような小意見文にする。一編ごとに別紙に。

問題別にし、自分の取り上げる問題を決め、それについて調べ、考え、自分の意見をかためていく。

209　ことばが身につくとき

第11回一九八一（昭和五六）年国語科実践研究発表会

○「妙」字一字のことばが、本当に身についてわかる体験をさせる。

210　個人文集「私の本」第二案

第12回一九八二（昭和五七）年国語科実践研究発表会

○205の個人文集のつづき

211　呼び合うことば

第12回一九八二（昭和五七）年国語科実践研究発表会

いろいろの意味があり、その漢字を含む語句の多い文章を取り上げ、その語句を意味によって分類する。これによって、一語ずつの説明なしに、いくつかのことばが、束になってわかっていく。

〈例2〉

一、山越え　越年　めがね越し　年越し　越冬　越境　越えて　（越境入学）（○○年）	二、越権（行為）　僭越　激越	三、越したことはない　卓越　優越　超越
四、（定員を）越える　（三十度を）越える	越　エツ（オチ）（オチ）　こす｜こえる	五、（申し）越す
六、（隣村へ）越す	七、越路　越前　越中　越後　信越線　上越線	八、呉越同舟

右の表の中のことばをできるだけ多く使った文章を作って読ませた。たとえば、「越」の場合ならば、

超えて昭和五十年　　上越線に乗るのは　　春を待つ
越路へ　　越境して　　僭越な　　越権行為のような
超越して　　越したくても越せない　　卓越した
越権だの　　世界を越えて　　優越感

○「A君のたよりから」という題で、以上のような「越」を含んだ作文を数編書いて資料にした。

212　古典に学ぶ勉強のしかた　三年

第13回一九八三（昭和五八）年国語科実践研究発表会

資料〇うひ山ふみ

〇蘭学事始

〇折たく柴の記

「うひ山ふみ」の書名のとおり、文章も内容も中学一年生に適切である。文語文がいかにもわかりやすく明解である。いつものとおり萩原廣道式にならってテキストを作った。

凡て(どれも)件(今まであげた)の書ども、かならずしも次第(順序)を定めてよむ△に(という)△も(ことまで)およばず(することはない)、ただ△便(そのときのつごう)のまかせて△次第(手には入ったものから)(順序)にかかわらず(かまわ)、これをもかれ(あれ)をも△見るべし(いろいろようにしなさい)。またいずれ(ど)の書をよむとて(として)も、初心のほど(あいだ)は、かたはしより文義(文章の意味)を解(理解しよう)せんとはす△べから(てはしいけない)ず。まず大抵(ひととおり)にさらさらと見て、他の書にうつり、これや(だの)かれ(あれ)や(だの)と読みては、またさきに読みたる書へ△立ちかえり(もう一度もどり、もどり)つつ、幾遍もよむうちには、始めに聞こえ(わから)ざり(なかっ)し(た)事も、そろそろ(少しずつ)と聞ゆる(わかる)ようになりゆくものなり。

この廣道式のテキストのあとに、岩波文庫のをコピーで入れた。岩波文庫のままでは、やはり旧かな、文字づかいのちがい、句読点の少なさなどで、やや読みにくいであろう。

あとの二編は、「うひ山ふみ」同様に扱えると思われる。どちらも、今までに口語文のもので、また談話として採り上げてきた。

213　私たちの国語教室設計案　一年

第13回一九八三（昭和五八）年国語科実践研究発表会

小学校での学習にもよるが、一年生も十一月頃になれば、中学校の学習になれて、国語科の勉強といえば、朗読、ことばのわけ、書き取りというようなとらえ方の子どもはいなくなる。ことばの力、ことばを学ぶということ、ことばの生活を高めるということについて、確かな考えを持つようになってくる。話し合いが大切な学習ととらえられてくる。このときをとらえて、国語学習の態度を確立させるようにしたい。

図書室、習字室、グループの話し合い室、個人学習室、作業室、用具室などは、この学級の学習室のほかにあるものとする。それらの部屋は、他のクラス、場合によっては、ほかの学年とも共用することを考える。

　机でも、たとえば次のような形を考えたとすれば、ひとりになったり、グループで話し合ったり、全体で考えたり、ということを繰り返しながら進めていく学習を考えていることがわかると思う。

　用具室に備えるものの一覧を見れば、ここでも、皆の考えている学習の実際がとらえられる。たとえば、カードがある。それもいろいろの形のもの、色も五種類くらいあるのを見れば、どんな学習の展開を考えているのかわかる。コピーやワープロなどを作業室に置く案を考える子どもは、どんな学習の発展を描いているであろう。ストップウォッチ、砂時計、カメラ、テープレコーダーはもちろん、である。ほんとうに、どんな部屋が構想されるであろう。一対一の討議でも、グループの話し合いでも、全員の討議でも、話し合いの実際の場を豊かに見ての案であろう。

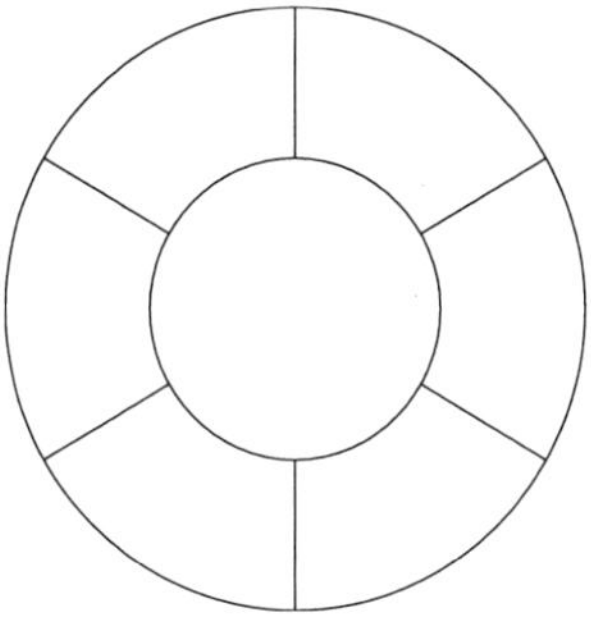

214　古典のなかの笑い声　二年

第14回一九八四（昭和五九）年国語科実践研究発表会

最初「古典のなかの笑い」という単元にしようとしていたのであるが、「笑い」となると、たいへんむずかしく材料も少なくて取りやめ、「笑い声」とした。しかし、「声の聞こえる場」もあまりなくて、困難であった。

「古典に親しませる」目標で、一年では「古典のなかに見つけた子ども」（昭和54実践）この資料は、豊かにあった。その全部を萩原廣道式に書いてテキストを作り、愛読された。

　その子どもたちが二年生になったとして、この「笑い声」になったのである。

『源氏物語』からは、「末摘花」

『枕草子』からは「職の御曹司におわします頃」や「雪のいと高う降りたるを」

『堤中納言物語』からは、「はなだの女御」

『大鏡』からは、「道長」、これは二か所

『宇治拾遺物語』からは「児のかいもちするに空寝したる事」

『徒然草』からは、終わりの「八つになりし年」

狂言からは「柿山伏」

215　朝日新聞の社説とNHKの解説などによる一人一研究
——ことばの学習総復習——　三年
第14回一九八四（昭和五九）年国語科実践研究発表会

資料

(1)朝日新聞社説
昭和五十八年十一月から昭和五十九年九月十五日までの社説から五十編を選んだ。

政治・経済・国際問題を直接論じているもの、中学生にはむずかしいと思われるものを省く。
(2)NHK総合テレビ「今日の焦点」六編
(3)NHK総合テレビ「視点」五編

朝日新聞社説とNHK解説による研究題目集
（これはヒント、もっといろいろ、どうぞ）

1　社説の題のつけ方にはどんな種類があるのか（一）
内容との関係を考えて
2　社説の題のつけ方にはどんな種類があるのか（二）
字数、長さ、使われている単語の種類、文の形
3　社説のよい題の条件
直接的によいと思った題について、いろいろの観点から分析してみる。
題の別案を添えてみる
4　社説はどのように書き出しているか（一）
どのようなことから書き出しているか
5　社説はどのように書き出しているか（二）
どのような形で書き出しているか
6　社説はどのように結んでいるか（一）
どのようなことを書いて結んでいるか
7　社説はどのように結んでいるか（二）
どのような形で結んでいるか
8　社説の文章の組み立てのいろいろ
9　社説の文章のセンテンスについて
一文の長さ、一文の構成
とくにわかりやすいと感じた文章、とくにわかりにくいという印象の文章について
10　社説の文章の、文末表現のいろいろ
とくに多い文末表現、その功罪
11　社説の文章のなかで初めてであった漢語、知らなかった漢語
12　社説の文章のなかに見つけた文語的表現
（後略）

216　隣国に友をもとめて
第15回一九八五（昭和六〇）年国語科実践研究発表会

前年の夏、東南アジア、ことに中国や朝鮮・韓国の人々のあいだに、日本語学習熱が盛んであることを、新聞その他で読み、また、いろいろの人から聞いた。

日本語学習熱の記事は、胸をわくわくさせた。そうか、東南アジアでは、一般の人のなかにも、中学生の書く日本語を読んでもらえる人がいるようになってきているのか、子どもたちに日本語で書かせていいんだ、と気づき、この単元の学習計画の出発になった。

六十年一月『明治のジャポンスコ』（チェコ元大使、鈴木文彦訳）が出た。今度の単元の学習に直接かかわりはないが、たいそうおもしろく、このような雰囲気の学習に向けたいと思った。

隣国の人が、日本人をどう見ているかではなく、そこにとどまらず、「そのように見ているなら、それではこういうことを知らせたい、こういうことを話したいという向きにしたい」と思った。

ちょうどよく六月六日から八月二日まで朝日新聞に「韓国の素顔」が連載され、八月末には毎日新聞に、大阪の外国人教育研究協議会の「サラム」（人・人間という意味）という冊子を紹介する記事が出た。「日本の子どもたちが、お隣の国について勉強する手がかりになれば」と考えてつくったというのであった。

このようにしてこの単元は育っていくが、間の折々に、次のような話をして資料の一部にする。

〔話題例〕

東アジアの日本語学習熱
日本語を学ぶ東アジアの子どもたち
「隣国」ということば
すぐそこに！　済州島
わたしのお友だち　金英子さん
この字なんと読むか
わたしの知っている韓国の文字
わたしのおぼえた韓国のことば
大昔のおはなし　神功皇后
昔のおはなし　豊臣秀吉
菊とむくげ
桜とむくげ

学習を進める間に特に注意することば

○書くにつけ話すにつけ、「日本では」という言い方をできるだけ避けて、「わたしたちは」とか、「ぼくたちは」とかにする。

○次のようなことばをなるべく言わないように。

×あまりいい考えもありませんけれど
×いろいろ考えてはみたんですけど

×発表するほどのことでもないかも知れませんけど

217 この情景この気持ちを表すことばを
第15回一九八五（昭和六〇）年国語科実践研究発表会

昭和四十六年のころのこと、私はいつものようにおしゃべりを楽しんでいた。「言葉の意味のわからないのは、辞書があるからなんとかなる、困るのは、私のこの心の中にあるものを表すことばを引く辞書がないことだ、私はそういう辞書を作りたい」と言った。子どもたちは、「そうそう、そういう辞書、ほしい。先生、早く作ってよ」と口々に言いながら、身をのり出してきた。私は笑って、「ぜひ作りたいけど、そうね、できたとしてもみんなの子ども、もしかしたら孫にしか使ってもらえないでしょうよ」と言ってから、「でも、一ページでも二ページでも作っておけば、きっとつづけて仕上げてくれる人があるだろうと思う」と、つい真剣になってしまった。そのとき、「できても索引がむずかしいですね」と言った子があった。「そう、本当にそう」と答えながら、何か感動のようなものが湧いてきたのを覚えている。

今度のこの試みは、この日のつづきのようなものである。

この資料はすべて教育とか指導とか、まして教材とかいう意識のない、ごく普通の、自然のままの、しかし真実な生活の断片である。少女のときに同じ女学校に学んだ人たちのつどいの場である。（ただ、なんとなく自由に話す前に、その日、その日、誰か一人の話を十分に聞くことになっていた）私はその中に、気持ちを表すことばを豊かにする学習の教材を求めていた。一人の話もあとの話しあいもそのテープを私が文字化した。その教材で学び、また、そういう教材を拾うことも学習した。

218 日本の少年少女が贈る「インドネシア少年少女読本Ⅰ」
第16回一九八六（昭和六一）年国語科実践研究発表会

少女のころ、村井玄斎という方の『少女読本』という本があった。本の少ないころ、ことに少女むけの本などはないといってよいほど少なかった、大正始めのころのことである。そんなとき、この『少女読本』は、じつに新しい、美しい、おもしろい本であった。Ａ４の大判であった。そして、各ページとも、上の半分は絵や写真、内容が十二か月に分けてあった。そして、ある項目はどの月にもあり、その月だけのものもあった。物語などは一定の量で切って、「つづく」となり、いく月もつづけられることがあった。内容にもいろいろ変化があり、何か豊かな知識を与えられていたと思う。近ごろの子どもと違って、何も知らなかったので、本のなかは、じつに珍しい、興味しんしんの世界だった。変化に富んだ豊かな内容が、次々とあらわれてくる楽しさ、それが何回読んでも変わらなかった。月々に、切れたような、つづいているような、快いリズムがあって、何度も何度も読みに誘われた。

この本の思い出を生かして、あんな雰囲気のある本を、という思いを「インドネシア少年少女読本」に託していた。

資料としてたくさんの本（四十五冊）を探し、ほかに、表現が少しむずかしいので、教師が読んで内容を話して聞かせることにした十四冊があった。

これらを資料にこの一冊をまとめるために、じつに豊かな言語生活が展開される。読むことでも、実に多くの種類、文体に接することになり、読みかたも資料とその読本のなかの位置づけによって、いろいろになる。話し合うことも、そのすべての形に、続けざまに接することになる。一対一の話しあい、グループの話しあい、代表討議、目上の人、初対面の人へのインタビュー、挙げきれない話し合いの場をえることになる。

三年生むけの、総復習といった学習である。

219　わたしたちのフォスター・きょうだい
――話し合いの能力を養うために――
第17回一九八七（昭和六二）年
大村はま国語教室の会研究発表大会

この学習は二部に分かれる。

第一部　「フォスター・プラン」について調べ、研究し、その内容をくわしく、正しく知り、この運動に参加する気持ちが育ち、具体的な実際行動になる、つまり学級としてフォスター・きょうだいになる、そこまで、さまざまな形の話し合いが積み重ねられる。

第二部　「フォスター・きょうだい」として、送金のほかにどういうことをしていくか、手紙そのほか、どのような方法で交わりをつづけて育てていくか。一つ一つの計画と具体案について、ここでもまたさまざまな話し合いが必要に迫られる。

〔単元の検討・評価〕

一、興味　子どもは珍しいことに惹かれる。その傾向から「外国」のことには、外国ということだけで興味を持つ。これは、直ちに、喜んでよいことにはならないかも知れないが、自分の身辺に助力の必要なことが起こっていても、それを見過ごして、開発途上の国の問題には、立ち上がろうとする。一般の場合と少し違った、不思議な、一種の義侠心のようなものがある。それに、南方の国に対してはなんとなく優越感のようなものがあって、子どもたちのことばでいえば「面倒を見なければ」といったような、不思議な一種の感覚があるようである。

　そういう意味で、この「フォスター・プラン」とか、「フォスター・チャイルド」という運動は、子どもたちの心を惹くことである。

　また子どもたちは、金銭のこと、金銭の扱いが含まれることが面白いようである。話し合いをしても、そういう現実的な内容になると、妙に元気が出て来たりする。以前に「どの本を買おうか」という単元で、いろいろな調査や意見に基づいて、本を選ぶ学習をしたことがあるが、総額五千円までということが、何か現実を感じさせたのか、話し合いに活気が出た。また、ある地方の奥地の、ごく小規模の学校を想定して、やはりいろいろな条件をもとに、送る本を考えたことがあった。いきいきとした、よい話し合いになったのであるが、やはり金額というものが心棒の役目をしていたように思う。
二、さまざまの目的・必要からの、さまざまな形の話し合いの機会が、次々にふんだんに出てくる。この単元の目標に十分叶うと思われる。
三、話し合いが、どれも実の場である。話し合わなければ、どうにも事が運ばない。また、話し合いが十分に行われ、成果を上げなければ、あとの作業が実際に差し支え、困難になる。
四、話し合いの内容が、どう言っていいかわからない、微妙な心のひだを話さなければならないというものでなく、明快に処理できるものが、ほとんどで、発言しやすく、話し合いの筋をとらえやすい。話し合いの仕方の大筋、基本をのみこみやすい。それでいて、〇×の世界ではない。
五、みんなが発言の機会を得やすく、個人的、私的な関係にひびくことが少ない。話し合いながら、自然にそれぞれ心に描いている、心のなかで見ている情景が、平穏である。困難ではあるが、痛ましさ、みじめさが迫ってくるほどではない。
六、読むことについて。
　学習の第一歩では、いわゆるおもしろいというわけにはいかない、しかし、どうしても読まなければならないもので、細かいところまで、はっきり、正しく読みとらなければならない、そういう読みが経験される。

　第二部では、まず本を探し、資料を探す。ただ書名によって探すのではない。たとえばワヤンについて書かれたものを探すにしても、「ワヤン」という本を探すだけではない。「東南アジアを旅して考える」という添え書きから考え、「ドリアンの国ロームシャの影」という本のなかを探したり、「民族」ということばに着眼して「インドネシアの民族」という本のなかを探すというふうに、いろいろの探し方を経験する。

　また、ただ、その本のなかに、書かれた部分があるというだけでなく、どの面からどんなふうに書いてあるかという事も考えて探す必要のあることもある。とにかく担当したテーマの特集号を豊かなよいものにするために、資料を探す学習がある。

　したがって読むものの種類が多く、読み方もいろいろになる。
七、書くこともメモから作品と呼べるものまで種類も機会も豊かである。
八、編集　各グループが一号ずつ、責任編集である。
九、話し合いも、読むことも書くことも、種類が多く機会も多いので個人差に応じやすい。
一〇、指導者と、また、友だちと、一対一の対話の機会が多くえられる。
一一、教科書に出てこない、また中学生の生活のなかに出てこない、しかし知っておきたい、あるいは気をつけておきたい語句が、資料のなかにいろいろ出てくる。(以下省略)
　資料は豊富で、五十六冊、ほかに少しむずかしいので、教師用としたのが十八冊、特別に、インドネシア語入門や、インドネシア語分類単語集など、ことばの学習資料七冊。

　話し合いの場や発表の場はたいそういろいろあるが、「わたしたちもフォスター・きょうだい」という学級討議は、お金の話しで盛りあがるであろう。

220　読むことにこんな指導も　　(これは実際には発表されなかった)

　もっといきいきと、直接、著者と話し合いながら読ませたいという気持ちからの、一つの冒険的試みである。

　授業は、指導者が、身をもって、子どもの学習に、分け入るか、飛び込むか、とにかく体当たりという感じの場合、ほかの方法では、できにくいことがある。話し合いでも身をもって話し合いの仲間の一人になって指導することがいちばんというか、そうしてこそ初めて効果的である。意見を書き合う場合も、指導者がメンバーの一人として一文を草すことが、体力もいって大変であるが、しかし効果的である。読む場合も、同じように大きな努力が必要であろう。

　外山滋比古の『近代読書論』と、その周辺の本を資料にした。

　なにも「読書に関する本」でなくてもよい。そうでない方がよいかも知れない。ただこの方法の場合、その取り上げた本とその周辺、背景をなす本を指導者が「縦横に」というくらい、読みこなしていることが必要である。そうすると、わたしの場合、読書に関する本や、ことばに関する本がもっとも安全であると思ったということである。
1修辞的残像（みすず書房）　2新版近代読者論（みすず書房）
3読者の世界（角川書店）　4日本語の感覚（中央公論社）
5フィナーレの発想（講談社）　6読み書き話す（日本書房）
［学習の実際］
指導者が外山氏になる、生きた外山氏の本になる、といってもよい。俳優がいろいろの人物になるのと同じである。そして数人の子どもと話し合う。質問も受けるが、子どもたちの意見について、本の読み誤り、読みの浅い点などを著者として説明する。子どもたちも、それでは、何ページにあるこの考えとはどういう関係なのか、またほかの先生がたの本にこういう意見が書かれているが、この考え方はどういうふうに受け取ったらいいか、外山先生との違いはどういうところか、このところは外山先生と通じるように思うがどうかとか、外山先生のお考えを私流にこう受け取っているがどうかとか、いろいろの発言をする。外山氏になっている指導者は、「要旨は何か」と聞いて、その答えの処理をするときなどとは、たいへん違った興奮を感じるであろう。
話し合う子どもは数名ずつとしたが、あとの子どもたちは、とりまいてみな聞き手である。自分が話す人になっていないときは、聞いていないとか、遊びだす、さわぐというようなことがもしあるならば、そのようなクラスでは、こういう学習はできない。ゆっくり学習能力をつけ直すことである。当分は、こうした学習は、できないクラスである。工夫し、努力してよい聞き手に成長させなければならない。
しかし、指導者が、真剣勝負で入っている話し合いは、案外聞かれるものである。聞いてよく考えているものである。

221　大村日本語教室資料部助手　二年C組

第18回一九八八（昭和六三）年
大村はま国語教室の会研究発表大会

単元名を「大村日本語教室」としたが、そのような教室があるわけではない。「大村」とついているのは、一般にたくさんある日本語教室と違って、その教室に招く対象が中国残留帰国者であるということである。近ごろは、国の内外にわたって日本語を学ぶ人が急にふえ、日本語教室も数を増しているという。それらの急増している日本語教室に集まっている人たちは、たいてい、ビジネスマンその他、時代の先端をいく人たちである。「大村日本語教室」はそういう華々しいところではない。もっぱら中国残留孤児が、一人なのか、二人なのか、塾といったほうがふさわしいかもしれない、ささやかな学習の場である。

　中国残留孤児の日本での肉親探しが始まってから、私は自分は何のお役にも立てないことを承知しながら、たびたびそのテレビを見ていた。また、その帰国問題についての新聞記事などを、熱心に見ていた。やがて、何人かの人たちが永住のため日本に帰ってくるようになったが、その生活の実際についての記事を見つけると、必ず読んでいた。それは多くの場合、非常な困難を報じていた。

　私は、この人たちを救うものは、ことばであると思った。ことばが通じないので、仕事にもなかなか就けない、人と心を通じ合うこと、交わることができない。ことばこそ、物質的にもこの人たちを救うものであると思った。

　私は日本語を教える勉強をしようと思った。この人たちに、すばらしく上手に、日本語を教える人になりたいと思った。そして「日本語教師養成通信講座」に入ったのである。

　一九八八年七月、私は、日本語教師になるための「日本語教育通信講座」を終わった。成績の芳しくないものもあるが、全単位の認定を得た。卒論に当たる最終レポートの題は、二題で、一は、「日本語教育評価法─誤用訂正」、二は、「中国残留日本人孤児問題」を選んだ。

　この講義を受けたことで、この一年間、日本語を今までと少し違った面から考えたり勉強したりすることができたことは収穫であったが、さらによかったことは、日本語教育の実際をかなり知ることができたことである。日本語教育の教材の状況を見、望ましい教材について考えるようになったのも、まがりなりにも、この講義で学んだおかげである。そして、この国語学習の単元の誕生になったのである。

　日本語の学習のための教科書・教材は現在たくさんある。また、日常生活を何とか営んでいくための手引き書のようなものもたくさんあり、雑誌などもある。たとえば、あいさつ、買い物にいったとき、駅で、郵便局で、銀行で、等、中国語と日本語を並べたような本も多い。

　それで最小限の、ぎりぎりの生活をしていくことはできるかもしれない。しかし、それでは、彼らは寂しさに堪えられない。人間らしい交わりはできない。人と心を通じあい、心のあたたかさをわかちあうことはできない。人間らしく暮らせない、ということである。

　何でもない話、世間話、むだ話、雑談、おしゃべり、そういった話ができなければ、そういう仲間に入れなければ、幸せにはなれない。どうしたらこのようなあたりまえの日本語生活の能力をつけることができるだろうか。

　私は、それにはまず、おしゃべりをたくさん聞かせ、終始耳に入れることであると思った。話そう、話そうとしないで、たくさん耳に入れることであると思った。そのうちに、ふと、その話のなかに入れるようになる、つまり日本語ができるようになると思った。

それには、その普通の人が、自由に、自然に、当たり前に話している録音テープが非常にたくさん必要である。そして、その仕事は、中学生の国語学習に適切であると思った。この単元の誕生である。

222 「赤い鳥小鳥」

第19回一九八九（平成元）年
大村はま国語教室の会研究発表大会

一九八九年一月末、雑誌「野鳥」の二月号が出た。（私は野鳥の会の会員です。）見ると、「特集――赤い鳥」とある。それだけで、ぐっと引きつけられるのを感じた。「赤い鳥」、そういう名前の鳥はいないので、実際には何という鳥のことなのか、一種類ではないと思われるが、どんな鳥たちが、赤い鳥といわれているのか。赤い鳥というと、〝赤い鳥、小鳥〟のうたが浮かんでくるが、本当に、赤い鳥は、赤い実を食べて赤くなったのだろうか。そのほか、いろいろ、興味いっぱいの記事が特集されていた。日本野鳥学会会長の黒田長久博士に、野鳥の会の編集室の人たちがお聞きしたところ、赤い鳥は、やっぱり赤い実を食べたからではないだろうかということになった、そんな記事は、私をわくわくさせた。

そして、この赤い鳥が何という鳥たちか、それがどんな赤い実を食べるのか、赤い鳥は赤い実を食べて赤くなるのか、そういうことを調べる、その過程に、いろいろの読み物を、いろいろの読み方で読むこと、観察、尋ねる、調べる、話し合う、さまざまな記録、いろいろの目的の、いろいろのものを書く、というふうに、実に豊かな言語学習の場が生活的に広がってくることを考えて、子どもたちといっしょの学習計画・指導計画が、心に描かれてきた。

さらに、赤い鳥といえば、多くの人が小鳥より先に思い出すと思われる児童文学誌「赤い鳥」がある。「赤い鳥、小鳥」の童謡も、その「赤い鳥」に載ったものであるし、「赤い鳥」が大正時代の児童文学の歴史のなかで占めた位置、北原白秋がこの童謡を作ったときのこと、白秋の童謡に対する考え、鈴木三重吉、大正という時代などと、次々と思い浮かぶ興味深いテーマ。そのテーマを追求していくときに開けてくる言語活動が豊かである。

その過程の話し合いは、かねて考えていた、むずかしすぎない内容、ことばにしやすい内容になるのではないか。心情の深みに迫るというようなことに力を奪われずに、話し合うということを身につける学習に、力を注ぐことができるのではないか。
　なお、この単元の学習には、次のよいことがあるのに気がついた。
○知らなくても、まちがって考えていても、大して恥にならない話題である。
○大したことではないが、知ると、ちょっと、おもしろい。「へえ、そう?」というような感じで、人の話を聞いていられる。
○心のなかに、赤い鳥、赤い実、子どもの歌声、小鳥の声などが浮かんでくる。怒った声、荒い息、なやむ目、悲しい涙などが出て来ない。
○明るく、楽しく、焦らずに、人の話を聞いたり話に入ったりしていられる。

223　東アジア・東南アジア少年少女会議
　　　第20回一九九〇（平成二）年
　　　大村はま国語教室の会研究発表大会

　前の「知ろう　世界の子どもたちを」とか、「隣国に友をもとめて」とか、「インドネシア少年少女読本」とか、「わたしたちのフォスター・きょうだい」などの単元と同類、その続きで、まず、知り合うことを目標にしている。会議ということばは、おおげさであったかもしれない。

　この単元の目ざす、主な、大きな国語の力は二つである。一つは、話し合いの実力をつけること、話し合いの必要な場に出会えば、すぐ、よい聞き手話し手になれる、司会者としてでも、参会者としてでも、適切な発言で、みんなの心のなかにあるものを引き出すこともまとめることも自由な、すぐれた話しことばの使い手を育てようという目標である。もう一つは、書きことばの情報、本を読みこなす、使いこなす、生かす能力である。目的によって、自由に確かに、本とその読み方を選ぶこと、そしてあるいは正確に、あるいは豊かに発展的に読む、読みながら自分の持っている考えと関係づけたり比較したり、自分にないものに気づいたり、自分の心底に響くものを発見したり、活動しながら読む、そういう読み手を育てようという目標である。
　やや珍しい学習が得られるのは、
○はっきりした発音。日本語をよく聞きとってもらう必要に迫られる。
○パントマイムがあるので、からだのことば、動作のことばなどに関心が高まる。
○ビデオ「富士山」に解説をつける作業のなかでの工夫。全部美しい富士山なので表現に工夫がいる。
○あまり高い程度にではないが、外国語を学ぶので、ことばに対し、日本語に対し、興味が高まるであろう。

224　日本と日本人をとらえ直す　　　　　　　　　　三年

第21回一九九一（平成三）年

大村はま国語教室の会研究発表大会

今まで、常識的に日本と日本人についてとらえていたこと、近ごろの新しいとらえ方について、本や放送、講演、研究発表などによって、だんだん得てきた情報を発表しあって考え、識見を高めあう。

言語活動も豊かで、たとえば話し合うにしても対談あり、グループの話し合いあり、代表討議あり、その人になって話す仮定討論あり、シンポジウムあり、いろいろの形の総練習である。

225　ユーモア優等生――笑いのセンスを育てる

第22回一九九二（平成四）年

大村はま国語教室の会研究発表大会

「日本人とユーモア」「ユーモアとは」「笑いとは」と論じあうのが目的ではなく、実際にたくさん読み、すぐれたユーモアに出あって、ユーモアの感覚が磨かれていくようにしたい。

資料を四種類に分けておいた。

A　ユーモア、笑いについて考えるための資料。

B　柔軟な頭のはたらきのために。

C　ユーモア、笑い、ジョーク、なぞなぞ、ウィットなどを集めたもの。

D　いろいろの作品、本のなかに、ユーモアを探す活動のために。

226　アイヌ、その意味は「人間」

第23回一九九三（平成五）年

大村はま国語教室の会研究発表大会

博物館、資料館を訪ねることはもちろん、地域の実際踏査、数少なくなっている古老の話を聞くこと、それらの基本としてアイヌ語の勉強など、本格的な研究は、中学生にはむりである。文献、本を使っての学習、また、生きた本、人の話を聞くことによる学習の範囲が主になる。

教師の講話、教師が計画し、指導した相手との対話を中心にした学習の計画である。いろいろ珍しく、目を覚ますような感じ、身をのり出すような感じになるであろう。豊かな資料を十分に用意、講話などの準備も十分にする。

227　一基の顕彰碑

第24回一九九四（平成六）年

大村はま国語教室の会研究発表大会

この碑は、寒冷地の北海道で初めてお米を作った小川義雄を顕彰して建てられた。この小川義雄は、中学生が文献調べをするのに、適切であった。

あまり有名な人物は、すでにたくさんの人に、細かくくわしく調べられていて、それによって調べることになる。つまり、調べてまとめられたものによって、調べることになる。書物になる、その前のなまの資料にじかに接することは、あまりない。といって、ほんとうに、まったく無名な人であると、調べる資料が少なく、豊かな力を養うことにつながらない。

小川義雄は、それほど有名でもなく、特に研究されてもいず、しかし、いろいろなところに、その足跡が残されている。中学生が調べる対象にちょうどよかったといえる。

材料の種類が多く、得にくい言語生活の経験にも出会う。たとえば、
○初めての人、親しくない人、年齢の違う人などと、学習や研究調査の話をすること。
○ちょっと聞きとれなくても、すぐ問い返さないこと。
○よくわからなかったところについて尋ねる機会を感じとること。とらえられないときは、今回いったんあきらめること。
○話が飛躍しても、ついていくこと。元に戻そうとしないこと。

228　ことばの海で　ことばの森で
第25回一九九五（平成七）年
大村はま国語教室の会研究発表大会
それぞれあとに、「ことばを選ぶ」がつづく。
いろいろな目的、いろいろな場で、本・ことばを選ぶ。

229　ことばの感覚をみがきあう
第26回一九九六（平成八）年
大村はま国語教室の会研究発表大会

資料○言の葉（北海道新聞）
「こころのパン屋さん」筑摩書房刊
これは、『北海道新聞』の文化欄に「言の葉」というコラムを、四月から毎週金曜日一回千字で書いてきたものである。第一回のはじめに書いたような主旨だが、日々生活しながら身近で拾ったことばのことを書いている。
あら探し、間違い探しにしたくなかった。よくない、とわかりきっているようなことは、取り上げない、どうかなというようなこと、問題として考えてみたい、話し合ってみたい、というようなことを取り上げている。

230　「談話室」
第27回一九九七（平成九）年

大村はま国語教室の会研究発表大会

この「談話室」の学習は、今の学校にそのまま持ち込めないようなものである。

社会もたいへん違い、カリキュラム、教科目、それより何より、建物も違う、家庭・保護者も違い、教師も違う、成績・偏差値などより、ずっと広い雰囲気のなかでの言語生活の向上をめざす学習である。

それで、書取りはどこでしますかとか、実力がつきますとか、できない子の指導は？　とか、教科書はこなせますかとか、成績表は、通信簿は、というような疑問は、しばらく離れて考えたいことである。

この談話室は、単なる息ぬきの部屋、休憩室ではなく、社交室、娯楽室でもない。教養を増やす、知識・意見交換室、学び合いの部屋ではあるが、そこまでに、とどまっていたくない。

話し合うことは、たしかに互いを育て合うことである。成長し合うことである。しかし、それだけではない。話している自分を自分で開発することである。相手の人のことばによってではなく（それももちろんあるが）、相手の話の内容に関係なく、ふと何かがわかったり、ふと思いついたりすることがある。人と人とが息を交わし合って、本気になっている、その営みの生み出すものなのであろうか。

個室をたくさん用意して、その背景のもとにある談話室、言語生活の実習場である。ことばの使い方の学習にとどまらない、言語生活の学習の場である。

そこでの学習は、身につけたい、身につけられる主な力として、たとえば、次のようなものを考えている。

○人のことばのはしばしからその人をとらえ、その気持ちを受け取る力。

○それぞれの立場を感じとる力。

○豊かな話題と豊かなことば。その人・その場に応じて話題を選び、ことばの種類・程度を選び、言い方・調子・声など適切に使いわける力。具体的に、敬語を使いこなす力。

○その場にあった言葉づかいができる力。ことにいろいろの人のいる場で、その一人ひとりの話のなかにでてくる人について話す言葉づかいが適切にできる力。

○その場にいない人について話す言葉づかいが豊かで適切にできる力。

○人を話し合いに引き入れる力。他の人が十分に話せるような雰囲気を作る力。

○あまり話し合いに入れないでいる人をめだたないようにかばい、話し合いの雰囲気をこわさないようにする力。

○自分の話したいことを周囲の雰囲気のなかに置いて考える力。

○人を楽しませ、その場をいきいきとさせる力。（むりな冗談でなく）
○ひとりで話しすぎる人のいるとき、話し合いをみんなのものにする知恵と力。
○目上の人、高齢の人への心遣いのできる力。（話題、声の大きさ、若者言葉、流行語など）
○広い、強い読書力。

231　私の単元学習から
　　　　第28回一九九八（平成一〇）年
　　　　大村はま国語教室の会研究発表大会
○臨時に次の単元を取り上げた。
　クラス雑誌の編集
　クラス新聞
　新一年生に石川台中学校を紹介する
　私の生まれた日
　読書について考える

232　ことばと人間のめぐり合わせと面白さ
　　　　第29回一九九九（平成十一）年
　　　　大村はま国語教室の会研究発表大会
カタカナ語といって、外国語がそのまま日本語になってしまっていることば、これらのことばは、外来語といってカタカナで表記する。そんなことは改めていうこともないが、たくさんの日本語が、そのまま外国語になっていることは、あんまり知られていない。ある時「外行語」といわれているのを見たが、それはその後使われていない。しかし、日本語から借用された英語は千をこえるほど、英語として辞書にも載っている。どんな日本語が、そのまま英語になったのであろう。いつごろからであろう。
　どんなことばが、どんな事情、どんな生活を背おって、外国のことばになったのであろう。どんな種類のことばが多く外国語になっているのであろう。まず、日本語が英語になっていることばから考えてみる。

9　単元学習のためのわたしの勉強法と単元の実際

皆さん、こんにちは。今までのお話と大変違って、今度は自分の勉強のことです。どなたでも授業のために勉強を、いろいろとなさっていると思います。私にもそれがありましたので、ご参考になればと思ったのです。その中でも「なるべく今までお話ししたことのないことがいいな」と思っております。

さて、勉強なのですが、私は何よりも国語の中で自信のないのが「話し方」でした。なにしろ大正二年に小学校に入った子どもですから、日本の教育がどんなものであったかをお考えになられると思います。「お話」という時間はあったのですが、それはおとぎ話とか歴史の話とか、そういったようなことを一人でグッとお話することであって、「話し合い」などというのはないのです。それは二人や三人なりの時間中のおしゃべりです。そんな目で見られているときのことで、とにかく話し合いなどということは経験もなく、考えたこともないことでした。

ですから、戦後に教育が変わってくるときに、何よりもつらいのはそれでした。「話し合いというのはどういうことをすることかな?」と思いまして、アメリカの先生方のご指導のクラスに入って勉強をしました。一人で話すスピーチも自信がありませんでしたが、何より話し合いを「つらい」と思っていました。そしてまた、なおつらい気持ちにさせたのは、「この話し合いということがうまく成立しない社会は、民主国家にはなれないのではないか」ということです。「民主国家になる」ということは、私たちのたった一つの救いの気持ちでした。それをしなければ、「何のために戦後の改革が今行われようとしているのか」ということがわからないくらいだと思うのです。それで、国語の教師としては、話し合いの指導はもう最大のことであったと思います。そのように、話し合いについて非常に自信がないと言いますか、心細いと言いますか、戦争に負けた当時の生活の、私たちの立ち上がれないような気持ちの中に、一つの希望として「優れた話し合いの先生」というものがあったのです。「それになって国語教師として民主国家の設立のために尽くすことだ」というふうに、戦後の教師はそういった物の考え方をして、そして奮闘をする気持ちになったものです。

ところが全くうまくいきませんで、つらい思いをしました。その後ずっと一番自信のないのは「話すこと」でした。「いつ・どんなことを・どうしたらいいのか」わからなかったのです。それでしばらくは、私の勉強の中心は「話す」ということにありました。人と話すこと、それから、私は「問を出すなどというのは、おかしいことではないか?」とそのころから考えていたのです。「だいたい自分の知っていることは聞かないのではないか。それが人間の礼儀ではないか」といったことも考えていまして、先生は必ず自分がよく知っていることだけを子どもに聞くのだけど、「あれは無礼ではないのかな?」と思ったりしました。まあ、戦後の先生というのは面白いでしょう、それくらい取り乱して「なんとかしようと思っていた」と思ってください。ですから、その後ずっと今に至るまで一番の勉強の中心は「話し方」にあります。そしてまず日本人が話し方がへたなのは、話し方というよりも中身がないらしい、本当に話したいことや話すべきことがよくわかっていないらしい、それだからどう言おうと駄目なのだといったような考え方もありました。私もその中で一人で、それが今に至るまで続いております。

今はもう先生でないから、少しぐらいへただってかまわないのですけれども……、ああ、皆さんはかまいますね。今日、へたに話されては困るでしょうね（笑い）。今へたに話している最中ですけれども、とにかく毎日欠かさず「話し方」の練習だけはしました。今お話ししていることは、「単元のどれが」というのではなくて、初めのしばらくはそういう一般の話、国語教師として一般にどんなことをやっていたかです。そして単元そのものに密着した勉強をこの資料でお話しようと思っています。不断普通にいるとき、子どもたちが学校から帰って、朗読したりしておさらいをしたりします、それと同じくらい私は毎日かわいそうなほど一生懸命に話し方の練習をしました。「アエイウエオアオ、カケキクケコカコ」、これをご存じでしょう、言葉の勉強の最初の発音練習です。それを一生懸命やりました。飽きるので、指を折って十ぺんはやりました。「アエイウエオアオ」、そこから始まって一つ終わる。また「アエイウエオアオ、カケキクケコカコ」とやるのです。これを出発にしまして、そういう「話し方」の基本の練習をいたしました。それは欠かして、「今日はしない」ということをすると非常に効果がなくなるとアメリカの先生が教えてくれました。「何はともあれ、半分寝ていてもいいから『アエイウエオ』をやらないで寝るな」とおっしゃったのです。私は正直ですから「そうしよう。決してこれを言わないでは寝ない」と思って今日に至っております（笑い）。そういうことはしました。

それから「話の種」。豊かな話を胸に持たないのは、国語教師として失格ではないかというぐらいに思っています。アンデルセンのお話に、口をあけるとバラの花がこぼれるお姫様がいるでしょう、ああいうふうに口をあけたらばかばかしくない話が一つ出てくる、そういうふうに豊かな話をたくさん持っていなければ、発音の練習などに熱中していても駄目だと思っておりました。話題を持つということについて非常に熱心です。それこそ一日一題というか、とにかく自分の友人に「話したいな」と思うような話題を見つけないで今日の日をすごす、そういうからっぽみたいな日にちでは、発音練習はなんにもならないと、ひとには言いませんでしたけれども自分では思っていました。本はいいのですけれども、私は本をあまり話の練習の種にはしなかったのです。それはもうなにか向きが決まっている気がするのです。それで、「自分の発見したもの」、それがいいのです。子どもに向かってだんだん話してみると、子どもたちは私の発見した話に一番心を打たれるので、「昔こういう人があって、偉い人だった」などというのはあまり興味がないのです。そういう傾向を発見して、そういう子どもたちもまたなかなか頼もしいと思いました。私が生で見つけた話が一番心に響くということは、うれしいことのようにも思われました。

私のいる桜新町という所は、比較的人気のいい所なのです。買い物に行ったりしていろいろな人に接します。そういうときにただ「こんにちは」「さようなら」ではなくて、買い物ひとつしても何かを得ようとしました。「お話の種が得られますように」と思って、何か話しかけて、その人から何かを聞こうとしました。今ここでそれをたくさんお話しするわけにはいきませんが、そういう気持ちで日々の生活の中から拾った種が一番いいというつもりで、町の人と仲良くするようにしました。いきなり行って「お話しさせてください」などということを言っても誰もいい話をしてくれませんので、自分が発見する他はありません。子どもたちが好きでアンコールを受けたような写真屋さんの話とか、何を買ったときの話とか、そういうことについて私は大層熱心でした。買い物に行くのが昔から好きでしたけれども、町に出てなんでもない人の生活の中から、話をしなくても、その人のやっていることを見たりしまして、取材にはうんと熱心でした。本はもちろん読みますけれども、「本よりも話の種は生活の実感からあふれたものが一番いい」と思いました。そういうことがあって、話のことは熱心でした。

で、それを話してみる。それから練習します。初めのうちはテープレコーダーなどはありませんから、ただ自分で聞いてみるわけです。「こういうことを話そう」というのではなくて、お話を実際にやってみるのです。私の話している子どもは、クラス中いっぺんにこっちを向けて「これからお話をしますから、よく聞いて」などということは大嫌いでした。「よく聞いて」なんと失礼ではないですか。自分の話がよければ、みんなよく聞くに決まっています。そういう教訓じみたことは子どもが一番嫌いな話の種です。どこかに「あなたたちはよく聞いていないでしょう」ということを考えて話すような、そういうことが「子どもを大人として考えない」失礼なことだと思っていました。話がつまらないから聞いていないのであって、「おもしろくて聞けない」ということはないのだということ、そして練習を聞いてもらうお客さんみたいな人ですから大事にしていました。それで、その話をします。そういうスピーチの練習を欠かさないようにしておりました。日々の勉強の中にしていたのです。

そして、「話の種がない」などというときは、本当に慙愧に堪えない思いでした。練習は心を変えればすぐにできますけど、種というのはないとなったらならないのです。本当に探せません。「駄目だなあ」と思いました。胸の中がからっぽみたいになって、そのからっぽの胸から絞り出したようなお話を子どもが聞くはずはないと思っていましたから、一生懸命でした。大変困ったときの私の種はだいたいバイブルにありました。子どものときからクリスチャン・ホームに育ったものですから。旧約聖書の中に面白い話がたくさんあるのです。私の大変ごひいきの少年などがいるわけです。そんな話をしました。他の民話などよりもあの中から一番よく話の種が見つかりました。それから、その話を必ず時間を決めてしました。それに慣れて時計を置かなくても「五分」と考えて時計で計りながら五分で。そして、それから、その話を必ず時間を決めてしました。長くグダグダと話しているのではなくて、「五分で」と言ったら五分で終われるように練習していました。そして「これは三分で」、「これは一分で」というように同じ話を練習していたのです。誰も聞いていないですけれども練習をして、一分の次に五分、五分の次は一分といったように、一、二、三、四とやっていたわけではありませんが、時間に関係なくなんとなく話を頭に浮かべるなどというのは無駄事になりやすいです。そういうのは話が死んでしまいます。ですから決めるのです。

それからまだやります。「誰々さん」「ハシモトさん」なんて言って話すのです。子どもたちの誰かを思い出して「何ちゃん」と言って話す。それから母にとか、子どもたちが五人ぐらいいるとか、今日はクラス中に話すとか。そういうことは珍しくて、私はみんなにいっぺんに聞かせるというのは、練習した話を実演するときもまずしたことがありません。聞き手がひとりあればいいのです。そういう話の練習をしました。話の練習をする方はあるけれど、人を決めて同じ話を何回もやってみるという方はあまりいないのではないかと思うのです。誰かを決めて、「校長先生」なんて決めて話してみるとか。そういうふうに人をちゃんと頭に思い浮かべて練習する。少し時間がかかりますけれど。どうぞ皆さん、戦後の話し言葉に自信のない若い先生のかわいそうな姿ですけれども、私は第一にそういうふうにしました。

こういう、皆さんにお話をするようなときには大変失礼なことですが、私は原稿を書いたことがありません。なぜということはないのですが、まあ暇がないと言ったらいいかもしれません。書いてしまえば気が済んでしまって、もう見る気がなくなってしまいますもの。「書いたらそれでいいじゃないか」という気がするのです。ですから原稿は書きません。皆さんのような方のときにさえ、メモは持っておりますけれど、メモ以上のものを持たない癖があります。「それがいいことだ」という意味ではありません。けれども私はそうなってしまったのです。ですから、そういうふうに練習をするときも原稿は書いていません。「原稿を書いて読む」ということがありますが、私はそれは朗読であって話し言葉だけれども「話ではない」と思っています。子どもたちもそういうふうにしつけておりましたから、「開会の言葉」などというのがこんな紙に書いて出てくると、「ちょっと拝見」と言ってもらってしまい、渡さないというぐらいのことをしておりました。なにか話し言葉と書き言葉との区別がつかない人という感じがしました。研究発表や何かの話ではありません。こういうふうな話のことです。それは私が一生懸命にずっと通じてやっていたことです。癖になっていて、今でも寝るときになると「何かお話しなきゃ」と一人でもそもそ言っていることがあります。

「どうしてそんなに」といえば、とにかく話に自信がないということがありましたけれども、子どもを知るのに一番いいやり方だったのです。子どもにアンケートみたいにいろいろなことを聞く方があります。それはその人の人柄と関係があるので、そんなことを何かと言いたくはありませんが、こちらから質問の形で「こういうことはどうか?」とか「どう思いますか?」とか、そういうことをどんな優しい声を出して聞いても、それに対する答えという形で子どもの口から出てきた話の中には、私は「子どもの真実がない」という気がするのです。「そういうものではない」と。むこうから何も聞いていないのに自然に、話してくる、その中に本当にその生徒の、大人はよくわかりませんが、その子どもの気持ちがある。つまり授業に使ったり、その人の教育者としてのことを考えるためのものではなくて、「むこうからフッと出てきているその言葉しか私は信じられない」という気持ちがあります。本当に今でもそうだと思っています。

そして、そういう話を誘うお話がいるのです。話し言葉ができないから練習したのではありますけれども、そういうふうな話をたくさん持っていなければ「子どもを知る技術の最大だ」と私が思っていることができないのです。「なんでもいいから言って」などと頼むように言う、そんな話の中に子どもの真実などはありません。拾っておいた話をやっとこさでも煮詰めておいてそれを話したりしますと、ここらへんになんとなく話の雰囲気ができるのです。そうすると、なんとなくむこうから話してくるのです。そのときの話題でなくても、生徒が自発的に口を開いた、その口から漏れたのはアンデルセンではないけれど、本当に珠玉のものです。私は「そういう言葉の中から初めて子どもの真実が受け取れる」と思っています。一対一で話す時間を設けて「子どもとのナントカ」といわれます。そういうこともあるのでしょうけれど、私はとてもそんなことでは「子どもの腹の中」というのでしょうか、真実、教育に役立てることのできるような捉え方はできないと思っています。それがまた話の練習をしたり話の種をたくさん持とうとすることの基になりました。ですから授業のためにも何のためにもこれは必須のことだったのです。そういう態度ですから、話の種をたくさん持っていなければ、一つや二つでは間に合わない、「みんなに話さなければ」という心がけです。

単元学習の学習、一番大事な学習のその一切のこと、やり方にしろ教材にしろ、教材をつくるにしろ、子どもを知らなければできないことでしょう？　知っていればなんとかなるものなのです。子どもを知っていれば何か話せたりするのです。そういうことが私の最大の勉強でした。終始一貫そうです。それが一番のことだったと思います。国語の先生ですので勉強の中に入っているわけです。「書くこと」、書くのも子どもの調査をしたなにかの本を見ましたところ、「子どもは国語が大嫌い」、中でも「作文は大嫌い」、たいていの統計はそうです。そのわけを書いてあるものが一冊ありました。「なぜ国語が嫌いで、特に作文が嫌いか？」作文が一番嫌いなわけは、「面倒くさい」とかそういうことを言うのではないかと思うでしょう。ところがそうではないのです。「書くことがないから」です。それは大変ですよね。これが一番です。「書くことがないから嫌なんだ」。書くことがあれば、書きたいでしょうね。私はそれがとても心にしみました。「こんなふうに書きなさい。文章の構成は……」とかなんとか言ったとしても、書くことがない場合にはどうしようもないのではないでしょうか。ですから私は「書いてみたいな」と思うことがあるようにするのが、書くことの指導の第一番だと思います。それはやはり題材の豊かさということでしょう。「好きなことを書く」などということを言うのは何を教えているのだかわからないでしょう。

「書くことがない人の苦しみ」というものがあります。先生は「早く書きなさい」とか「書き方はこんなふうに」とかいろいろけっこうなことを教えてくださるのですけれど、書くことがないのだから、子どもとしては当惑してしまうと思います。私は自分でも「当惑するだろう」と思います。皆さんだって何か頼まれたときに「あれを書こう」「あの研究がまとめられる」などと思えばそんなに嫌ではないでしょうが、「書きたいことも話したいこともない」という人が書かなければならなくなったら、子どもでなくとも本当に嫌でしょうね（笑い）。「まず題材を与えなければならない」と思います。そうすると「それは教えることであって、子どもの自由や個性をなくす」という話があります。それはそうなのでしょうけれども、それとこれとはそぐわないと私は思います。

「書くことがない」ということも指導しないで「好きなことを自由に、思うように書けばよろしい。それが自分を本当に表すことだ」と、そういうことを言うのはとても残酷だと思います。教える人として失礼ではないかと思うのです。「書くことがない人に書き方を教えてどうするつもりなのだろう？」と私は思います。「ああ、書きたい」と思うのに「じゃあ、これを書きなさい」では代作です。それはそれで駄目に決まっています。ですから、たくさんの書きたいことを考えていて、みんなが考えているときにヒントを出して「うん、それ書きたい！」と思うように耕すことが私は一番大事だと思っていました。

昭和三十四年・三十五年のところに「書き出し文の研究」というのがあります。「こういう文章を書くときに、こういうふうに書き出すと絶対駄目になってしまう」というのがあるのです。「あとでどんなことを考えても、そんな書き出しをしたのではもう初めからエンコしてしまっている」と思うようなものがあります。それをまず防いで、子どもの題材の悩みだけはなんとかしなければならない。そのときにヒントを出していかなければならない。「これ書きなさい」などとすすめる。そういう作文もありますから、それはそれで書いていいのですが、そこのところは、お話を誘ったのと同じように書きたい心を誘うことがまず教師として絶対に大事なことです。それを「個性を失うから教えてはいけない」などと言うのは、大変都合のいい、サボることになるのではないか、「ヒントも出しては駄目」などというのでは教育がなくなってしまうと私は思いました。それで「話」の次には「書き出し文」をしました。自由でもいいですし与えたときでもいいのですが、初めの所をヒョッと見ると「そんなの駄目じゃない」というのがあるのです。そのときにそれに気づかせる。「書き出しをもう少し気をつけて考え直しなさい」、そういうことを言うのはかわいそうだと言いますが、それがわからないから変に書いているのではないですか？　ですから私はそういうときに、そういう言葉で言わないで「こんな書き出しはどうか？」と、一行ぐらいちょっと書いて渡すのです。そうするとフッと乗ってくるのです。そのフッと乗ることのできる勉強です。そういう書き出しをパッと与えられるような実力が、教師の力がなければできないのです。教師がそういう力をつけるようないき方をしないで、「そんなでは駄目だ」とか「もう少し考えてごらんなさい」とか言います。もう少し考えても子どもからは、出てこないものです。ですから私はヒントを出すことについて、何かを進めるにつけてヒントを出すことについて熱心でした。そして「それが個性をなくす」などと考えたこともありません。個性などというのは、そんなものではないと思うのです。例えば中学三年生の作文の華は意見文だと思います。それは民主国家の一員になっていくのですからしっかりお話しもできなければいけないけれど、自分の意見を早くしっかり書けなければいけないと思います。意見文のときなどは子どもの数よりやや多く、「やや多く」が大事なことです。ちょうどでは困るのです。それこそ個性がなくなってしまいます。ですから失敗のないように書き出し文は書いてみせたい。それを口で言っては駄目です。作文の時間に口をきくのは本当にいけません。それが話し言葉になってしまうので、違った世界が子どもの中に出てくるので邪魔になります。私は作文の時間には誉め言葉も叱り言葉も決して口で言わないことにしていました。ましてヒントなどを言うことはありません。そばにちょっと書くのです。つっかえたら、また少しちょっと書きたすのです。それが個性をなくすなどというのは嘘なのです。本当になくなるようでしたら止めればいいでしょう。なくなりません。ですからそういうふうにしました。そのように進めるためには、私自身に書き出し文の練習がいるのです。ですからいろいろな文集などを見ながら書き出し文を考えてみました。これも話し言葉と同じように私の大切な寝る前のしばらくの勉強でした。そんなことがありました。

「読む」なら「読む」の練習ももちろんしました。一番読みにくい、声を出して読むために書かれていない新聞の社説にしました。新聞の社説ですと自分のよく知らないことがいっぱいあって、つっかえてしまうことがあるのです。それで「どういうときに文章を読むのにつっかえやすいか」、私が頭の中でつっかえるわけですが、声に出してまでつっかえたり間違えたりすることは、そんなにはお互いにありません。けれども頭の中でフッと滞るのです。そういうことがあって朗読というものができないのだと思いますので、私は文学作品の朗読よりは、初めのうち二年間ぐらいは、本当の書き言葉であって朗読のことなど考えていない文章、句読点がほとんどなくて、そして私の知らない言葉がある、そういうのがいいのです。それで練習しました。そのころはまだ若くてまめでして、どういう所につっかえることが多いか、行替えによる意味もあります。それを実例とともに書いておきました。そうしたらＮＨＫの人が「ああ、これは問題を作るのにいい。ちょっと拝借」と言って持って帰って、それっきり返してきませんので、今はおしまいごろのが少しあるだけです。朗読などはどなたでも練習なさると思いますけれども、そういうふうにいたしました。今は練習のことをとりあげていますけれども。そんなことがありました。

まだまだ子どもと一緒にすすめたものですと「開会の言葉の練習」がありました。「今日はこんないいお天気」、「今日はなどと言うのではない」と。そういうときに「今日は」と言うのは本当の型にはまったことだから、「今日は」だけは飲んで言わない。そしてその他の言葉で言いなさいと。それから一番先に浮かんだ言葉は使わないこと。たぶんそれは自分の癖だからいつも同じことを言っていることになる。それで止めることにしました。これはみんなと一緒にやったことが多いのですが、「開会の言葉」とか「ひとの研究発表を紹介する言葉」とか、そういうふうに練習をしました。テープレコーダーができてからは教室にはいつでもテープレコーダーが回っていました。「それを聞く時間がない」という方があります。ないでしょうけれど、たまに少しあることがあるのです。それをたまに聞いても「自分の話はどうだ」ということをチェックしていくことができます。それで「聞く・話す」をしたり「書くこと」をしたり、それから読書などは練習とかそういうことではありませんで、別の意味で「読むこと」の大事なこととか、そんなことは皆さんに申しあげる必要はなく、そして「どんなものを読んだ」などと、あまりお話する必要がないと思います。ですけれど「読む世界は自分の専門」ぐらいに思っています。昔の国語の先生は読むことを教えればよかったようなものでしょう？　ですから私は一生懸命に読んだりしました。

そういうことを、小さな練習でつなげていくことで練習すると効果がありますよ。やっていればどうしても。単元学習の背景にそんなことをしておりました。そういう技術的なことは先生の影響が非常に大きいと思うのです。先生がはっきり話してくれなかったりすると、子どもは「しょうがない」と思います。それから、これは練習ではありませんが、「話し合い」というときには、私は生徒の中に入るようにいたしました。必ずでもありませんで、そのような場合ですけれども。司会者がまずかったりすると、注意はしません。司会の注意などというのは小学校の児童のころからもうみんな暗唱して覚えています。司会者の役目などということは。だから中学に来て教える必要を感じません。「それがぴったりとよくやれるかどうか」ということなのです。「話が堂々めぐりしているじゃないですか。司会者はもう少しまとめて問題を出し直しなさい」などという注意が頭に浮かんできます。そんなことはとてもかわいそうです。自分がよくできないから余計にそうなのです。それでそういうことは言わないけれども、そこで具体的に教えなければ困ります。ここで「まとめて問題を出し直す」などというのは、どういうことでしょう？　わかるような気もしますが、生徒にはわからないですね。なんと言えばいいのかわからないではないですか。

まだ学校にいる間は足などがうんと元気でピチピチでしたから、その子の前へ立ちました。黙って立って司会者になってちゃんとすすめる。その子の立場で司会をするのです。そうするとクラスが、私が本気になってやりだしたのだから大丈夫で、発言がうまくいくようになってきます。そうしたら「この先を続けなさい」とそっと言って場を外すのです。そういうときに司会者に「今、先生がやったようにやってごらん」というようなことは絶対に言わないことです。そんなことはできません。今先生が一所懸命に本気になってやって盛り返したのでしょう？「そういうふうにやってごらん」などと言われたら、私だったらもうほんとうに逃げ出してしまいます。決してそういうつらくなるようなことを言わないで、「この先を続けて」と言うのです。話が盛り上がっているまま続けていくのです。最初の言葉をちょっと言ってみせるのです。そしてもしまたダウンしてしまったら、また知らん顔をしてその子の前に立つのです。

それから、司会者になるだけではありません。誰かになってクラスのメンバーのほうに入ります。先生は優等生として転校して来たようなものです。ですから「今、こういうことを言えばいいな」と思うようなことを言うのです。そして駄目になっているときに話を本当に盛り返してみせるのです。「こういうふうにしなさい」「もっと発言を広くしなさい」とか、そういうことを言うものではないのです。そんなことは子どもだってわかっています。中学生にもなれば「今、話が偏っていてどうだから、こうしなければいけないな」などと考えていると思います。「だけど、なんと言えばいいかな？」と思っているのでしょう、たぶん。ですからそういうときに、気がついているつらいことを言わないようにして、パッと手を挙げます。司会者も慣れていて、「大村さん」と向けます。大村さんが立って、一人のメンバーとしてちゃんと話をします。「きょうは大村さんという大変国語のよくできる人が転校して来て、その人がうまいことを言うな」と思ったでしょうね。そうすると司会者はやりやすくなります。そういうふうに子どもになることもあるのです。

いろいろ司会者を助けます。「このことについては、このあいだ誰々さんがこんな本を読んでいたし、こんなことを言っていたし、興味があるようだから、ナニナニさんに聞いたらどうでしょうか」と、けっこうなメンバーで発言するのです。そうすると司会者は喜んでその人に言うでしょう？　そういうふうにして「ああ、ああいうときは、ふだんから気をつけていて、その人に当るようにするのだな」とわかって、話し合いの仕方が全員じょうずになるでしょう。それを小言めいて「発言が弱い」だとか「偏っている」だとか「堂々めぐりしている」とか「浅い」とか、そういうことを言うのはまずいことです。話し言葉というのはやはり気持ちが明るくないとよく出てこないでしょう？　ですからそういうつらくなるようなことを言わないで、実演するようにするのです。そしてお話が済んだら大村さんは座って、司会者は続けていく。こういうふうにすすめますと、話し合いの進め方が具体的によくわかってくるのです。そんなことがあって、話し合いの仕方が教科書に出てきたりしますと、かなりわかるのではないかと思います。

とにかく「話し合い」というのは恐ろしく難しいことですよ（笑い）。その司会などというのは、本当にうんと難しいことです。私もよくできなくて、あんなにつらかったものを「どうやって教えよう」と思いました。「何で困るか？」と考えてみたら、気がつかないということはほとんどないのですけれど、言い方がわからないのです。そこで私はちょっと「そういうふうにすればいい」ということをしました。初めのうち生徒は「あれ？」という顔をします。だけど「今日は大村さんは転校して来たんだから」と言うのです。自分で「私はどこからか転校して来ました」と言って進めますと、飲み込んでやります。これも話し合いをするたびに練習的に自分で工夫していました。そういうことが私の単元学習の背景です。単元学習というのは、それまでの授業とはちょっと違った勉強の着眼点とその指導がないとやりにくいのではないかなと思います。そんなことで苦労して話し合いがうまくいきませんで、つまらなくなったりするでしょう。すると話し合いなどが嫌いになりますし、きかん坊の子どもですと「一人で考えたほうが早いんじゃないか」などと考えます。

そういう技術的なことを教えないで、教えないというか説明ではない工夫した教え方をしないと、単元の案だけ立派であってもどうしようもないと思います。いろいろな単元の案がありまして、勉強している方たちの優れた案があるのですが、それをちょっと拝見すると、その案は優れているけれど、進めるときになると昔のままで、てびきも何もなしで「話し合ってごらん」などと言っています。「話し合ってごらん」で役に立つような勉強ができるものなのでしょうか？　それでできなければ「おもしろくない」というようになると思います。とにかく単元の案をつくることについて非常に熱心な先生があって、いいものもたくさんあると思いますけれども、それを指導するときになると誠に拙いです。「拙いもなにもない！」と言いたいようなことがあるのです。「読みなさい」「書きなさい」「考えてごらんなさい」とか、そういったような私の大嫌いな「なさい、なさい」です。この「なさい」を私は禁句にしています。「なさい」だけでやれるのだったら先生はいらなくなってしまいます（笑い）。私は、「なさい」と言いたいことがちゃんとされますようにリードしてくれるのが先生なのではないかなと思って、練習をしていました。こんなことは練習をすれば、ある程度上達するものです。大丈夫です。私は絵なんかを描くよりずっとやさしいと思っていました。そして、いつも考えていました。

これから単元の話に進みますが、単元は「どうして考える？」とおっしゃる方がありますが、「どうして」ということはない、年中考えています。単元のことが頭から去るということはありません。本屋さんへ行こうと、人と話していようと何しようと、「単元のどこかに位置するかどうか」「それを目当てに単元を構成できるかどうか」「こういうのがいいのではないか」とか、本などを読めばもちろんです、もういつでもいつでも考えています。教師が職業ですから、そのことを始終考えるのは当たり前ではないでしょうか。心得るもなにもなくて、勉強もなにもなくて、始終考えています。ですから考えついたときの「思い出の単元」がいくつかあります。例えば安野さんの『旅の絵本』とかです。あれを見つけたときなんかうれしくてうれしくて、こうして胸に抱いて家まで帰りました。東横線の中で「こうしてこうして、こうやればいいんだけれども」と考えて家へ帰って、ご飯も食べずに急いでそれらを書いたりしました。始終考えているといいことが浮かぶのでして、たまに考えたのではいいことが浮かぶことはないですね。だから始終考えています。「こういうことがうまくできない」と思ったり、「こういうことを考えてみると面白いな」と思うことがあるではありませんか。それを育てるのです。

先ほどちょっと出ていましたが、子どもから出た材料などというのは一番大事な、気をつけていなければいけないものですし、始終つくっております。私の本などをご覧くださいますと、子どもの書いたものがありますが、ああいうのはみんなそのときに偶然みたいに単元の学習の中から生まれてきました。感想文などの場合、皆さんもみんなの感想文を集められるでしょう。例えば文集をつくったときに、その文集を「みんなに読ませる」「一人残らずに読ませたい」と思う。読まれない文集などというのは、つまらないではないですか。それでみんなに「よく読んでおきなさい」などと言う。そんなことは言わないのと同じことです。言葉の中に入りません。だから駄目です。私は「どうしても隅から隅まで読まざるを得ない方法はないかな?」と、そんなことを勉強として考えることもよくありました。今はコピーがあるから楽ですが、全部バラバラにするのです。するとそれを「編集する」という仕事が出てきます。そうすると、読まなければ編集できませんでしょう? ついついいろいろな人のをみんな読んで、そして一冊の本にまとめるということができます。これはあまり力がいらないといいますか、少し弱くてもやれる仕事で、案外いいように進められることがあります。

先ほどのお話の個人文集などは「そんなのを見るのは大変だろうな」とお思いになるでしょう。けれども、そんなに大変ではないというか、その一冊の中から「私の傑作」というのを出させるのです。書いておかせます。私がこの人のを読んで「傑作」と思うかどうかはわかりません。私は私で傑作を探します。そして近ければ、評価が合っていたことになるでしょうね。そしてそのクラスの、「一年B組傑作集」という本にするのです。そうするとみんなをよく読んで「傑作だ」と思うのを出すでしょう。それから推薦文集があります。文集の中で「この文章はうまいな、読んでよかった」と思う誰かのを推薦する。そういった作業は、みんなの文集を隅から隅まで読んで何かをするというのでなくてはなかなかできない。作業の目的もなしにただ読むのは、大変時間がかかります。そして効果があまりない。そういう気がしますので、そんなようなことをしょっ中考えて、一つの小さな単元にするのです。

いつでも忘れてはいけないのは「これをやって何の甲斐があるか？」ということです。必ず何かの学力につながっている必要があります。ただ喜んでいるからいいというものではありません。今の、文集を読んで推薦文集をつくるとか、このクラスの傑作集をつくるとかはとても力のつくことなのです。学力の考え方にもよりますけれども「なんらかの言葉の力がつく」という見込みのないことを教室でやっては困るのではないですか？　それこそ学力低下になってくると思います。ですから「これをやると、どういういいことがあるか？」私で言えば提案みたいなことを考えて、「なんにもならない。時間潰し」と気がついたらやめるべきです。いろいろな小さなことを考えてみて「できた文集が読まれない文集だった」などというのは悲しいことです。「なんのためにつくったのかな？」と思うし、作者もつまらないでしょうから、その傑作集の中にたくさんのお友達から推薦された自分の文章が載っている、「これだな」という気持になるのがやはりいいのではないかと思います。私はいつでもいつでも今度扱う単元のことを考えていました。そしてしょっ中いろいろとありました。町を歩いていても見つかることが多いのです。教材とかそういうものを探すのは教師の本職なのですから、時間があったとかなかったとか、そういうことではないと思います。本職のことだからやってきたのだと思います。

こういうお話はここで切りあげまして、こちら［資料その一］に移ります。これは一つの単元です。ご覧になっておわかりになったと思いますけれども、大変ご苦労いただきまして、どこも省略してなくて、一単元の全部です。私の全集の第七巻の［205～261ページ］の抜き刷りでございます。どのようになったかはわかると思いますが、一番初めのところでちょっと見ますと、運がよくて、姉がそういう論文を書いたとか、こういうことがあったとか、と書いてあるのをご覧になると、この機会を捉えたことはいいけれども、こんなふうに順調にうまくいっているのかな?とお思いになるかもしれません。私は大変幸運だったと思います。そしてクリスチャン・ホームであって横浜に住まっておりまして、女学校がミッションでしたから歴史だとかいろいろな教科がほとんど英語で行なわれていたのです。大正時代ですからアメリカから教科書を送ってきていまして、その送ってきた教科書で習いますので、英語の他は歴史とかなにかはみんな外国語で習うのです。国語とか英語になれないものはしょうがありませんが。先生方が問いを出して、こちらが答えをするにしてもあまり日本語が使われませんので、「外国人の空気に触れる」というところが多かったでしょうね。近所にたくさん外国人が住まっている鷺山という所に住まっておりましたから、しょっ中接することが多かったのです。それで外国人が自分に対していろいろな様子をみせるとか、態度とか、とにかくそういうひとつの環境があったわけです。それがこの単元を生む基になります。そういうことが書いてあります。

資料の六六四ページに「こうして、この単元の学習の機が熟していった」と書いてあります。私はそのアメリカ人の中の一人の宣教師にお世話になって女学校生活と女子大の生活をいたします。ですから余計いろいろなことに触れるようになったのです。この単元がよくいったのは、どういうことかというと、まずこの出発にあると思います。そういう出発ができるとは決まっていません。これは非常に珍しいことだと思われると思います。こういうのを基にして、どういうことが単元の基にはいいのか?　こういう環境がいいのだったら、こういう環境をつくらなければなりません。本なりなんなり。そして本が足りないときは自分がお話をして補います。「こんな環境があればいいのだな」ということになったら、その環境をまずつくらなければならないと思います。待っていてもなかなかありません。この他、単元に順調に入れたのは、昭和四十九年の「私たちが生まれた昭和三十四年のこと」の単元です。戦争が済んでみんながうれしくなっているときでした。「ついこのあいだの戦争のときに食べる物がなくて苦労をしました。そういう環境の中で幼年時代をすごしている子どもたちはかわいそうです。私は明治三十九年生まれです。日本中が提灯行列をしたり旗行列をしたりしてうれしがっていました。その中で最初の幼年期をすごしたということは、非常に幸福でした」と話したのです。

そうしたら、一人の子どもが「じゃあ私たちはいつ生まれた？」「昭和三十四年」「三十四年ってどんなとき？」ということになったのです。それは昭和三十四年だけが環境になったのではないけれども、とにかく昭和三十四年で、「どんなときだったろう？」と言ってました。一年ぐらい調べても「どうだった」ということは言えないです。そんなことを言ってはいけません。けれども大変興味を持って、昭和三十四年を中心にした勉強をしたくなったのが、あの単元なのです。非常に面白かったし、よかったと思っています。それはやはりそういう環境が偶然できたのです。そういうことがあって、「どんな環境をつくったときにどんな単元が」ということを勉強してみればいいのであって、同じような、幸運なときはあまりないですけれども、とにかく次第次第にその空気、やる単元の空気に触れさせて、その空気がわかってくるようなことを考えなければ駄目だということが、これでわかるわけです。いきなり何の関係もないようなことがボコッと出てきたりしたら、子どもたちはなじめないのではないでしょうか。そこの初めのところはそんなふうに解釈してくだされればいいと思います。「いい環境をつくれば」と。

それからてびきのプリントが六六四ページから六六五ページにあります。教材の下読みというのがあります。そのときにただ「どんなことが書いてあって云々」ではなくて、「今度はどんなことに着眼して読んでいったらいいだろうか」ということがわかると思います。このてびきというのは、自分が読んでいる、自分の勉強を書いているようなものです。私がそういうふうに読んできて、これでいろいろなことがわかって「おもしろかった」

と思ったならば「ああいうふうに読んでみればいいのではないかな」とそれをてびきにするのです。「ただ出来事だけを読むのではなくて」と思ったりします。そういうふうに、このてびきによる進め方などは自分が下読みしているときにぜひ拾っておくのです。なにげなく、「わからないところがなければいい」という意味で下読みをしていたら本当につまらないと思います。「どんなことを中心に考えたらいいか」、または「どんなことが子どもの興味をひくだろうか」「こんなことを質問するだろうか」といったようなことを考えてみるのです。それから、「こんなことを考えるのではないかな」と思う心の中を、「ずいぶんひどい話もあって、日本人が誤解されていたのだな」と思ったら、それがてびきになりますので、「ここでどんなことを考えたか？」といった、質問ふうなてびきでないほうが一番いいのです。その人の中で「おもしろいな」と思うと思ったら、「おもしろいな」というひとつのてびきです。「子どもたちと読んでいって『おもしろいな』というところがあるかな？」などと思って、「おもしろいな」を探すと、どこかのポイントが見つかるというふうに。

ですから、いわゆる教師としての下読み、本文の勉強ですね、そういうときに「自分がどんなことを考えて、どんなところでちょっと止まって考えたかな」という、それを捉えておきますと、このてびきがどんどんできてくるのです。どんどんでないにしても見つかってきます。「てびきをどういうふうにつくるか」というお話がよくありますけれども、読んでいる自分の姿といったらいいかもしれません。書くにしても読むにしても教師自身がやっていることです。「どんな気持ちで、どんなことを考えながら読んできているかな」「どのへんで飽きたかな」とか、「どのへんでどうした」という自分の観察でいいと思うのです。この子どもたちの先生なのだから、その先生が自分で読んで経験していること、それを参考に「こういうふうに読んでいったらいいのではないか」というふうに与えてくれるのは当然のことです。ですので自分が勉強で読んでいて「興味を持っている」とか「つまらなくなった」とか「憤慨した」とか、そういう自分の観察を持っているのが一番いいと私は思っています。

たくさんあるのですが、たいていの場合にてびきが少しあります。全然てびきがいらないというのは、たぶんいい教材ではないのでしょうね。

話し合いをするにしても「どういうことを話すということが気がつきますように」というのは、自分が読んでいるときに心にそんなことを考えているのではないでしょうか。ここにもありますけれども、日本人が始めには、「ずいぶん大きな誤解をされていたのだな」と、そんなことをフッと思ったときに、それを逃さないで止めておきます。それがてびきになっていくのです。そういう自分の心を書いた、「おもしろいな」とか「ここらへんが問題だな」とか、そういうふうなてびきと、それから「どういうことを考える」といったような、少し昔ふうなてびきといろいろあります。どれもみんな下読みをするということはそういうことだと思いますから、やっています。六七五ページでは読書会のいろいろなのがありますが、こんなのは実際のてびきといってもやり方を書いてあるので、当たり前のものです。いきなり「みんな、読んできたものについて話し合いましょう」などということでは有益な話ができないし、読書会をするという大事なことを覚えられないでしょう。ですからこういうふうにしてきちっとしています。

こういうことは「個性がなくなるから、教えてはいけない」とかそういうこととは違うのです。学力低下が言われるのは、今そういう誤解があるからでしょう?「教えていいことは、こちらから教えるのが一番早くてうまくいく」ということが、先生にはいくつかあるのです。それを「先生から与えてはいけない。個性がなくなる」とか言って遠慮するところがあって、戦後そういうことが少し流行っていて、私は戦後の大失敗だったと思っています。個性がなくなるような教え方をするからそうなったのですけれども、そんなことはありません。それから、読書会についての意見のある方は別ですけれども、そうでなければ、こんな決まったことで「だいたい読書会というのはこんなふうに進めるものだ」「三種類あってこうなんだ」と、それを知ることがどうして個性がなくなることになるのか私には少しもわかりません。こういうことは教えてもらうのが一等です。「ああ、そうですか。そんな順序で」と。それがうまくいかなかったらそこで考えるのですけれども。おかしなことも書いてあるでしょう。読書会の前に、少し一般の社会に出てみれば、学校のように同じ時間にそこにみんながそろって座るというのではないでしょう。そうすると、その間に何かお話をしているでしょう。みんな黙って座っていないで、どうしてもしゃべるでしょう。そういうときにどんな話をするか。あまりにかけ離れた、「お野菜をいくらで売っている」などと、そんな話をするのはおかしいのではないか。今、読書会が始まるというときに読書会の話をしなければいけないのではありませんが、今日読書会をする教材の話とか、とにかく読むことについて触れているような話をするのが礼儀ではないかと思います。私はその実感が強くあります。国語の先生たちの「火曜会」という会があったのです。今はなくなっている会ですが、いい会でした。文部省の委員会の人が多かったです。皆さんがご存じのような国語教育の熱心な指導者の方々が、そのころはまだみんな一会員だったのです。その会員が来て、「今度はどんな本が出たよ」とか「どこどこで何を出版するそうだ」とか、そんな話をはじめとして、「誰々がこんなのを読んでおもしろいと言っていたけど、まだ僕は読んでいない」とか、とにかく本にちょっと触れたような話をそれとなくしているということがありました。それで私は火曜会に少し早めに行って、先生方が読書の世界のいろいろな話をなさるのを聞いてうんとためになったし、おもしろかった。一読書人のような感じがしまして、読書のニュースに敏感になっていました。

そういうこともあって、読書会に行ったならば、なにもその日に読む本のことだけに夢中で、それに終始しなければ駄目だなんて、そんなことはないですね。行って、本読みの好きな、読書会に来るような方々のいろいろな読書会のお話、これはなかなか有益でおもしろいです。そういうことをここに入れてあるのです。自分の生活がそうなのです。そして火曜会が好きだったので、「読書会の最初にはそんなふうにするのがいい」とてびきの下のほうに書いてあります。そういうことはみんな自分の読書生活ではないでしょうか。なんといっても身体中で教えているようなものなのですから。いつもなんでもないことでも「ちょっと教えて豊かにする」というようにすると、てびきが楽に、そしてうまくできます。それから自分がこの本を読むについて「こんなことを聞きたいな。今日あの先生がいらしたら、そのことを聞こうな」と思うようなこともいいてびきになります。ですから、いらしたら聞けばいいですね。そういうことで、自分の読書生活の実際を豊かにしないと、読書指導が豊かにできません。それは当たり前だと思います。あまり本のことを考えたこともないという方が読書指導をするわけにはいかないでしょう。自分の生活を豊かにしていて、いつもお話が胸の中にいっぱいあるといったふうにしないと国語教室が豊かにならないと思います。

ここに「読書会のいろいろとその長短」というふうに出ているのも、みんな自分がそういう読書生活をしているからです。どの単元の指導にしましても、そういう心得でこれはできると思います。たくさんの本が並んでいますでしょう。これはみんなで集めてきたので、「さぞ楽しかったろう」とお思いになるでしょう。この本を「今度読む本」としてみんなが持ってくると、よく図書館に車がついて持ち運びができる三段くらいの書棚がありますけれども、そこへ「今度の単元」「次の単元」と、自分でも買いながらだんだん入れていくのです。そういった工夫をしました。入れておくだけではなくて、「先生、今度はこれでやるの?」「そうよ」、「借りていい?」「借りて家へ持っていってもいいけれども、昼間はここに置くようにしてください」と言って思わせぶりにするのです。「他の人も見たいのだから、昼間はここに。夜はあなたのおうちにいてもかまわないけれど」と、そんなふうにしてだんだんだんだんその単元に親しませてくるのです。お話は、みんなを集めて「こっち向いて」とするのではないと申しましたけれど、そういうときに寄って来た人に「これはね、誰が読むようになるかわからないけれども、とにかく非常に大部なものでね、大変よ」と言います。すると「本当だ」とみんなが見るでしょう。

「だけどね、全部読むのじゃないの。初めから終わりまで試験問題みたいに読むのではなくて、ここのところにはこういうことが書いてあって、ここのところにはこんなことが書いてあるの。ここらへんは読まなくてもいいところでね……」と言って読み方をなんとなく知らせるのです。

「本を見たら端から端まで読まなければいけない」と昔の子どもは思っていたのですが、そういうことではなくて、「役に立つところを読んでいいのだ」ということです。ただ「その役に立つところに気がつくだけの力がないと、せっかくの本が死んでしまうことにもなる」と、そういうことが読書人の大切なことだということをなんとなく話すわけです。そういうふうにすると「その話を聞いた子どもと聞かない子どもがいて、試験のときなどに不公平だ」と言う人があるのです。なんでも試験のことがすぐ心配になるのでしょうけれども、そんなことで採点するような問題を出さなければいいのです。一つはそうです。でも子どもはそんなものではなくて、もしその話がおもしろいことだったりすれば、必ず友達にしゃべるものです。とてもおしゃべりなのです。ちょっと面白いこととか、ちょっと変わったことを先生から聞くと、必ずその人は誰か三人か四人に話すものです。

私は話の種の展開をしたりするために窓の所にわりあいうまく花をつくっていました。春には桜草が植わっていました。桜草が特別に好きというのではなかったのですけれども、桜草を育てるのがなんだかじょうずだったのです。「いいときに花を切る」というタイミングがじょうずだったのだと自分で思います。花が枯れきって茶色になるところまで植木鉢に置かないようにしていました。ある朝行って、ハサミでチョンチョンと切って花の手入れをしていました。そうしたら女の子が来まして、「そんなにまだきれいじゃない。今日いっぱいぐらい生かしておいてやればよかったのに」と言うので、「いやいや、そんなことをして疲れきったところまで咲かせておくと次の花がよく咲かなくて、全体的に衰えてくるから、このぐらいのところでね、こういうふうに切って、惜しいけどお別れするのがいいのよ」と、特殊技術だと思って私はそう言ったのです。

そんなことがあって一週間ぐらいたったときに、今度は男の子が来ました。私はまた花を切っていました。毎朝五つか六つは切っていましたから。「先生。今考えていることを当ててみようか?」と言うので、私は「あの話を聞いたな。誰かしゃべったな」と思いました。「当ててごらんなさい。絶対に当たらないから」と言ったら、男の子は黙ってしまって何も言わないのです。少しして「いいや、かわいそうだから」と言いました。なぜかというと、女の子と別れるときに「私なんかもね、こうやって花を早く切っているけど、今ごろ神様がハサミを持って『この人、もういいかな?』と思っているかもしれないね」と言ったのです。そうしたら女の子は「いやーだ」と言って走り去ってしまったのですが、その話をしたのではないでしょうか。「先生が歳をとってきたので、そんなことを考えているのかもしれない」と言ったから、男の子は試そうと思って来たのではないでしょうか。

そういうことがありました。子どもはおしゃべりですよ。そういうことをすぐにしゃべります。だから「一人ひとりに話さないから不公平だ」などということはないのです。中学ですから百五十人か二百人ぐらいは受け持っているでしょう? いつもみんなに、と言っていたらなにもできないではないですか。そうではないのです。一人に話して誰かの心に響くと、それがパッパッパッパッと「その人が話して」、「その人が話して」、「その人が話して」……広まってしまうものだと、私は何べんもそんな経験があります。つまらない話を「これからお話をしますから、みんなこっち向いて」などと言う人がいますが、そんなときに本当にこっちを向いてちゃんと聞く人が何割ぐらいあるとお思いですか? 四十人でしたらだいたい十人はいなかったと思いますよ。そんな言い方で話されるときの話など何も聞いていやしません。そういうものです。だけど「おもしろい」と思ったこと、何かが「かわいそう」と思ったこと、つまり心が動いたような話は、そういうものです。ですから「一人ひとり個性があって」と大騒ぎしなくてもと考えます。本筋の単元学習の展開が個性を育てないとしたら、単元学習はいけないということでしょう? 駄目だということになるではないですか。ですから「そうではない」と思って、いつもあの男の子が「いいや、かわいそうだから」と去って行ったときのことが思い出されて、「私のいない所でみんなは『花の命と先生の命』なんて話していたのかもしれないな」と思います。

とにかくてびきというのはそういうものですから、自分がその教材をこなしている、これから進めるのですから、誰でも下読みなりなんなり準備をするでしょう。そのときの自分の心をよく観察していて、そこから捕まえたものは一番本筋だと思っています。そして楽だと思っています。それから、何も思いつかなかったら、それが悪いというわけではありませんから、そこの所だけを抜かすとかしてもいいのではないでしょうか。あまり「読みが足りない」というふうに自分を責めて暗い気持ちにならないほうがいいですよ。わからない所があったら「書き方が悪いのだろう」と思っていらっしゃれば、それでいいわけではないでしょうか。たいていそうですものね。

次に講演資料その二、七一六ページから七一七ページをごらん下さい。これは忙しい生活をこなしていくための私の工夫です。二つ折りで、左側の表が前日に書いた予定、右側に当日の授業のことが書いてあります。左に「授業」とありますね。綴じておりまして、毎日一枚ずつ取って捨ててしまうのです。そんなことはどういう工夫をなさってもいいのですが、こういうものがありますと単元学習のような進め方をするのに大変役に立つのです。とにかくクラスによって扱っていることが違いますし、子どもによってやっていることが大変違います。私は秋の研究会ではいつも三種類の単元を展開して見ていただいていました。ですから三つのものをやっていないと、その日になって困ります。それでこれはなかなか便利です。左側のページに「どうしても」という所と「できたら」という所があります。「それをやらないと明日学校へ行かれない」という切ないのがあるでしょう、「あれを見て教材をつくっていかないと、明日授業ができない」といったものが「どうしても」なのです。「どうしても」が「どうしても」なのです。「できたら」、「これもやっておくと明日楽なんだけどなぁ」というのがこちらです。

それからその下に「研究・研究会・校務」、これは仕事です。これも「どうしても明日までにこの研究会の資料をつくっておかなければ駄目」とかです。その項にちょっと「練習」と書いてあります。「今日は何の練習をしますか？」です。それはまた別の所に書いてあるのです。朗読であるとか、さっきお話ししたようなことをするのに、あれはみんな毎日やるわけではないですから、「今日はこれ」とか。そして「できたら」と、これもあります。下に番号が打ってあります。書き終えましたら、まだ下の所に「読書」「新聞」、書いておかないと読むのを忘れてしまうのです。だから「新聞」、それから「読書は何」とそこに書くわけです。それから「ラジオ・テレビ」。「どうしても見ておかなければいけないもの」をここに書きます。「電話」は「誰さんに電話をかけなければ」、それから「どうしても今日書かなければならない急ぎの」「手紙」、あとはご覧のとおりに「買物」だったり「日記」だったり「出納簿」だったりします。私は出納簿をつける趣味がありまして、どんなに忙しくても出納簿をつけるのが大好きなのです。いい主婦になれたかもしれないのに残念でしたね（笑い）。その下に「雑用」というのがありますが、誰でも雑用はありますね。

そこに番号があります。これはその上を急いで書き終えましたら、「どれからやるか？」、もちろん「どうしても」の中をやるのです。とにかく上に書いてあることにずっと番号を打ちます。そしてその番号の順にやるのです。そうしないといつも自分のやりたいことを先にやって「どうしても」が残ってしまいます。不思議なもので、「どうしても」が残っているのに「できたら」という明後日でいいことを今日やりたくなるのです（笑い）。そうして失敗しますので、ずっと番号を打っておいて、一番が済んだら一番を消すというふうにしていくのです。だいたい三十くらいで終わりでした。そのあいだにちょっとした読書を入れたりしながら番号を打っておきます。自分を制しなければ駄目ですが、金輪際この番号を変えないのです。途中で「やっぱりあれを先にやったほうがいいんじゃないか」なんて、そんなことを考えているほうが時間がたってしまうのです。だからいっぺん番号を打ったら変えないのです。私はいったん予定をつくったら変えない主義なのです。「さんざん考えて決めた予定なのだから、それをちょっとしたことで変えたりするといいことがない」と思っていて、ふだんの生活の中でも予定を決めたらやたらに動かしません。ちょっとしたことで気分的に動かさないという主義です。そしてこの番号はなんでもない、消すためです。一つやって一つ消して、だんだんだんだんやっていくといいのです。だからなにしろ「どうしても」の所を先にやらなければ駄目ですね。「どうしても」と「練習」ぐらいを先にどこかに入れて、それからあとを使う。

右側のほう、実際には翌日のことになりますが、学校へ行く前にすることがあって、「どうしてもしなければいけない」ことをそこに書いておきます。前日書くとは決まっていません。ずっと先に、「来週の水曜日に学校へ行く前にこうしておかなければいけないな」というようなことを書いておくのです。そして「持って行く物」を、「来週の月曜日には何を持って行くのだ」とかいうのを書いておきます。それから「始業前にすること」、始業前に、「職員朝礼が始まる前にぜひやっておかなければいけないこと」をそこに書くのです。けっこうたくさんあるものです。「プリント」、「どうしても始まる前にやっておかなければ困るプリント」をそこに書いておきます。そして左のほうは時間です。「一時間目・二時間目・三時間目・四時間目・昼休み・放課後」、その予定です。それから「言うこと」というのは、「あの人にこのことをちょっと言っておかなければ」、「ナニナニ先生にこのことを言わなければいけない」、「誰々にこのことを」と、そういうことがちょこちょこあるではないですか。そしてそれを忘れたりすると信用を害しますね。だからここに書いておくのです。そして帰る前に、「放課後」の所でこれを検討して、どうしても明日に延ばすことができないものが残っていたら、泣いてもやるのです。そういうことにするのです。そうすると「大村さんに頼んでおいてもちっともやっておいてくれない」などと言われないで済むということです（笑い）。そんなことを言われるのが嫌ですし、実際に困る問題が多いのです。こを使っていますとまず大丈夫です。このようなものでもないと、忙しいから大変です。そのことがそこにいろいろ書いてあります。

それからもう一つあります。このようなのは決まりがあるわけでもありませんから、私はひと月にいっぺんぐらいこのプリントを書き替えていたのです。生活が変わったり、頼まれていることが変わったり、仕事が変わったりしますと、たちまち変わってくるからです。そうしないと比較的込み入っているような、たくさんある仕事が片づかないというか、しょっ中「忙しい、忙しい」というような気持ちでハラハラハラハラしていて、安心する暇がないでしょう。ですからこういうふうにして一つずつ消しながら元気よくやっていくのです。現場の先生というのは悲しいものですね。こんな表をつくって、「できたら」というのがやりたくてやりたくて仕方がなかったけれど、「やっぱり『できたら』は明日でいいんだから、やめましょう」と思いました。でもとうとうやってしまうこともありました。明後日でもいいけど、今日やりたいの（笑い）。そういうこともあります。だからこのようなのはめいめいの工夫です。

単元学習は手間のかかることがたくさんありますから、「忙しいからできない」と言い出したらきりがないのです。「忙しくて、ちゃんとやりたいことができない」と言うのでしたら、それができる工夫をしなければ困るのです。単元の構成とか、読んでおくとか、やらなければいけないことはやれるように工夫するのです。そうして単元をすすめるのです。だから単元学習の先生は、これを実践していくのが忙しいです。それに負けないように、しょっ中「忙しい、忙しい」と騒がないようにしたい。それから、ご存じでしょうけども「忙しい」と言うことは子どもへは禁句でありまして、私は大人に向かってもどんなことがあっても「忙しいから」と言わないほうがいい、そういう心得といいますか、どんなに忙しくても「忙しい」と言ったら暇になるわけではないでしょう？　ですから黙っているのです。ことに子どもに対して「ああ、今ちょっと忙しいから、そこに置いておきなさい」とかね。「忙しい」という言葉は冷たい言葉なのです。「忙しい」と言われるともう「ああ、そうですか」とお辞儀をする他はないでしょう。「忙しくてもやりなさい」などと言えないではないですか（笑い）。ですから、どうぞ皆さん、「忙しがり」という有名なあだ名をもらわないようにしないと、せわしい人になってしまいます。「忙しい」ということは、とにかくひとが聞いたら寂しいことなのです。何かをしたときにそう言われますと、皆さんはそうではないですか？　なにかしょんぼりしますよね。「忙しいから、ナントカ」と言われると、しょんぼりします。ですから子どもをしょんぼりさせないということになるのです。

少し急ぎましたけれども、しかし「てびきはどうしたら？」というようなことが少しおわかりになったと思います。単元学習はすべて教師の問題なのです。「教師がどのように準備したり、工夫したりするか」ということなのです。その向きが参考書とかそういうことがあって、私が見ていると、ある方はへただと思います。時間の使い方と自分の忙しさに負けない工夫だとか、そういうことをあまり熱心になさらないで「忙しくて困る、困る」「勉強なんかする暇はない」とか、そういうふうになるのですが、勉強をするのは教師としては本業ですからね。忙しいからしなくていいというわけにいかないものなのです。ですからそういうふうにしないで、それを克服する方法を考えて、皆さんはこういう表の名案をうまくやれるように、明後日でいいことを今日したりしないような工夫をなさってください。忙しさに負けないで明るくやりたいです。単元学習はどっちみち忙しいことは確実です。こう読んで、「どういう意味が書いてありますか？」「それは違います」などとやっているほうがずっとずっと暇で楽に決まっています。ですけれど、正答が自然にわかっていることを聞くのは「どうかな？」と考えたほうがいいのです。わからないことを聞くのではじめて生徒も真剣に答えをするのでしょうに。先生が答えを持っていて、それに合っているか合っていないかだけというのは、先生とのあいだになにか迫力がありません。なんとなくピタッといかなかったりするのは、そういう小さなことが心の活力を失わせてしまうのではないかと思います。ですから単元学習はそれだけの工夫をして進めていくだけの力のある教師の大事なことだと思います。

　なにかお説教みたいになってしまって困りました。また、少し急ぎましたけれど、どうぞ皆さん、忙しさに負けないで、「忙しい」は禁句であると思って、「ひとの心を冷たくするから言わない」と決めてください。言って成功する試しがないでしょう？「忙しい、忙しい」と言ったら暇になったというわけにはいかないから（笑い）。それに自分がどんどんこなしていくのが一番いいと思いますし。子どもたちに対しては、本物の子どもを知る仕方で子どもを知って、すすめていきたいと思います。なにか足りないところがありましたら、また折りがあって、聞いていただける日があればよいのにと思います。さっき申しましたけれども、資料その一の単元の記録はどこも省略してなくて、提案もありまして、形がちゃんとできていますから、何かをなさるときのご参考にはいいと思います。単なる研究授業というのではなくて、運び方なり提案の出し方なり、そういうことが一つの見本になると思います。それに対する替え歌みたいに「これの替わり」「これの替わり」とやっていてもかなりいい案が浮かぶのではないかと思います。とにかく私がいい歳になって考えてみて、若い方の勉強ぶりを眺めていると、いかにも案を立てることとかそういうことのほうに力が入っていて、それを教室に持っていったときに元の木阿弥になっているような実践を見うけます。そして学力低下などと言われると、つらいと思います。ご参考にしていただければ幸いです。どうもありがとうございました。

講演資料（二〇〇一年十二月二日）

単元学習のためのわたしの勉強法と単元の実際

単元　外国の人は日本（日本人）をこのように見ている

（昭和四十九年、石川台中学二年）

この単元が生まれるまでには、個人的な長い歴史がある。

少女時代を横浜の山手に過ごして、日常の生活のなかで、なにげなく外国の人に接する機会が多かったと思う。学校の行き帰りに通る外国の人の家、垣根などは低くて、芝生の庭で遊んでいる子どもの姿などは目に親しいものであった。洗濯物の干し方などが珍しくて、立ち止まって見ていたこともあった。「ガッコウ、カエリ、デスカ」ときかれてあわてたこともあった。大正時代も早いころである。

直接、明らかに、後年のこの単元の下地になったと思うのは、姉の卒論「キリスト教の日本文学に及ぼせる影響」であった。そのころ、女学校でも、このミッション・スクールには卒業論文が課せられていた。予科一年本科五年であるから、アメリカの制度ではカレッジの卒業に当たったのであろう。私はよくわからぬながら、この題目にひどく引きつけられた。姉はこの論文にかかっていた一年近いあいだ、始終いろんなことを話してくれた。キリスト教の影響ということであるが、それは、ただその宗教の影響だけでなく、外国文化の影響といったような向きになっていたようであった。こういうことがあった、こんなふうに言われている、と問わず語りの姉の話は、珍しくおもしろく、外国の人が日本人、日本の生活をどう見ているかということについての興味は、そのころに発していると思う。

その後、私もミッション・スクールに学ぶようになる。英語はもちろん、世界史などもアメリカから取り寄せた本を使い、アメリカ人の先生に英語で習ったので、アメリカの人、つまり外国の人に接することはたいへん多かった。そして、アメリカの人のものの考え方とか、日本人に対する考えとか感じ方とかに、日常的に接しながら女学校時代を過ごした。しらずしらずのうちに、アメリカの人は日本人の生活をどのように見ているか、考えていたと思う。

その後、東京女子大学に入学。そこには、たくさんの外国の先生がたがいらした。そのうえ、担任の石幡五郎先生（美学専攻）の「ベルツの日記」の熱烈な紹介に接し、それがきっかけになって、日本に生活した外国の人のものを次次読むことになった。ハリスの「日本滞在日記」とか、オルコックの「大君の都」などに読みふけった日がある。

この「外国の人は日本（日本人）をこのように見ている」という単元を計画したときの頭のなかには、こういうような文献があった。その後、たくさん出てきたこの種の題目の本のなかには、軽い読みもの風のものもあったが、そういう種類のものを頭に描いて、子どもたちが興味をもつであろうと思ったわけではなかった。

このように振り返ってみると、私は小さいときから比較的多く外国の人に接しながら、自然に直接に、日本人をどう見ているかを察しながら、興味をもって過ごしていたと思う。

本もだんだん読みひろげていると、意外なことを意外にほめられていたり、何でもないようなことに親しみが表されたりしているのを見つけたりした。そしてまた興味を増やすというふうであった。こうして、このテーマは、長いあいだ私の心のなかに住まっていった。

昭和四十七年、一年生を担当した。この人たちが三年生になったら「外国の人は日本（日本人）をこのように見ている」という、この長年温めてきた単元の学習をしようと心を決めた。そして、本格的に、資料の用意の計画にかかったとき、この単元の準備作業を子どもたちにもさせようと思った。学習の資料を指導者だけで揃えて与えるべきものかどうか、指導者が探し、集め、与えるのであれば、与えられた資料という意味で、子どもにとって学習の価値は同じようなものである。目的をみつめて生徒自身で集めた資料は、一つの学習、一つの生活を経たもので、資料があるだけで、もう一つの価値がある。

資料は、指導者と子どもが力を合わせて探し、集め、用意すべきだと思った。

一年の秋から、三年の秋、この学習を始めるまで、まる二年間、集めつづけた。時折、集めた資料を報告しあう小さい授業を繰り返しながら、この単元のために用意した棚に、資料のふえていくのを見ながら過ごした。三年になって、その棚もにぎやかになった。その棚の前で、「これは何の本？」「これはこういう人の書いた日本日記」そういうやりとりもたびたびになった。「いつ、やるんですか、この資料使って」と、尋ねられたこともたびたびであった。

こうして、この単元の学習の機が熟していった。

学習の実際

【1】資料を収集する。（生徒による）

○研究資料集めのてびき（昭和四十七年九月）

〈てびきプリント〉

研究資料集め　てびき

一、題目

外国の人は、日本、また、日本人のことをどのように見ていたろうか、また、どのように見ているだろうか。

（二年の終わりか、三年の初めに、集めた資料を使って学習するのです。たくさん集めて、ゆたかな学習ができるようにしましょう。）

二、方法

(1)　集める

○出版社で出している出版目録（あれば、解説のついたもの）で調べる。
○各種の出版ニュースの類で調べる。
○書店に行って（本、雑誌で）
○図書館に行って
○本の広告で
○新聞で
○ラジオ・テレビの番組に注意して
○人にたずねて

(2)　記録する

カード使用（別に書き方の学習あり。[注1]）

(3)　一か月に一回程度、集めたものを紹介しあう。[注2]

第一回　十月上旬
第二回　十一月上旬

「旬」は十。一か月を十日ずつ三つに分け、一日から十日までが上旬。あと十日ずつ中旬、下旬という。上旬は一日から十日まででも、一日や二日などは指していないのがふつう。

（注1）　新聞記事を使って、いっせいにカードに書く練習をした例。

日本人たちの「神話」ジョージ・B・リングワルド	アメリカ
	ダイヤモンド社　950
著　者	アメリカの作家
時　代	現代
内　容	清潔で趣味がよい国民だなどの日本人論をとりあげ、つぎつぎにその誇張と誤りを指摘してゆく。そして日本にきた当座は西洋と相違点を珍しく思い、驚きを感じるが、長くすんでいると日本人もまた西洋人と同じ欲望や同じ問題になやんでいることがわかり「日本人としてではなく人類として考えるようになる」と著者は述べている。
特　色	○相違という視点からではなく相似という視点から日本人をみてる。 ○これまでの日本人論がおちいった独断や偏見をつぎつぎ批判し訂正する。　（湯ノ口）

（注2）　短い時間を工夫して、集めた資料を報告し合う。ある日の報告会から。（昭和四十八年、二年生になっている。）

T　さあ、それでは竹下さん、どうぞ。
竹下　「ハリス伝」で、「日本の扉を開いた男」という副題がついています。
T　日本の扉を開いた――日本の「近代」の扉を開いたという意味ですね。
竹下　筆者は、アメリカのジャーナリスト。内容は、黒船来航のときのようす。筆者のハリスは黒船に乗って来たのです。
T　あのとき、黒船に乗っていたハリスの見た日本？
竹下　はい。
T　書き方に、何か特色がありましたか。
竹下　はい。ハリスの東洋への執念を中心に書いていること……。
T　「東洋への執念」と言いました？
竹下　はい。
T　日本をどうしても外国に向かって開かせよう、何とかしてやろうとした意味ですよ。そういう執念の人だったの。私見のところへ何か書きましたか。
竹下　はい、おもしろそうだということ。黒船のことは、日本のものには、日本から見た黒船のおもしろさや驚きなどしか、書かれていないんですけれど、黒船から見た日本のそのあわてたようすなどが書かれているというので、とても興味があります。
T　それはおもしろそう。日本人がそのときどんなに騒いだか、どんなことを言ったか、そういうことがよく書かれている、黒船のなかから日本を見て、日本人のようすをあれこれ書いている、珍しいですね。おもしろそうですね。

○資料一覧

収集は細々とではあったが、しかし、切れることなく続けられた。四十九年十月には書籍六十種余、新聞記事もほぼ同数、そして放送の録音テープ七本になり、学習に向かう準備が整った。

西洋人の眼に映じたる日本（石田幹之助）岩波書店、岩波講座日本歴史七　四七ページ　昭和　九・四

日本渡航記　フレガード「バルラダ」号より（ゴンチャロフ著　井上満訳）

日本幽囚記（上）（ゴロヴニン著　井上満訳）　岩波書店、岩波文庫二六八六―二六八九　四〇四ページ　昭和一六・四
日本幽囚記（中）（ゴロヴニン著　井上満訳）　岩波書店、岩波文庫三一〇四―三一〇七　四三四ページ　昭和一八・五
日本幽囚記（下）（ゴロヴニン著　井上満訳）　岩波書店、岩波文庫三一〇八―三一一〇　三〇二ページ　昭和一八・一〇
日本遠征記(1)（ペルリ提督　土屋喬雄・玉城肇訳）　岩波書店、岩波文庫三一一一―三一一三　三九〇ページ　昭和二一・六
日本遠征記(2)（ペルリ提督　土屋喬雄・玉城肇訳）　岩波書店、岩波文庫三五二二―三五二四　三六二ページ　昭和二三・八
ベルツの日記　第一部上（トク・ベルツ編　菅沼竜太郎訳）　岩波書店、岩波文庫三五二五―三五二七　二五二ページ　昭和二三・一〇
ベルツの日記　第二部上（トク・ベルツ編　菅沼竜太郎訳）　岩波書店、岩波文庫三〇八七―三〇八八　一五四ページ　昭和二六・九
日本遠征記(3)（ペルリ提督　土屋喬雄・玉城肇訳）　岩波書店、岩波文庫三〇九一―三〇九二　二〇八ページ　昭和二八・八
日本滞在記（上）（ハリス　坂田精一訳）　岩波書店、岩波文庫三五二八―三五三〇　二七一ページ　昭和二八・九
日本滞在記（中）（ハリス　坂田精一訳）　岩波書店、岩波文庫五〇五〇―五〇五二　二九八ページ　昭和二八・一一
日本滞在記（下）（ハリス　坂田精一訳）　岩波書店、岩波文庫五〇五三―五〇五五　三三四ページ　昭和二九・五

日本遠征記(4)（ペルリ提督　土屋喬雄・玉城肇訳）
岩波書店、岩波文庫五二七五―五二七六　二四四ページ　昭和二九・一〇
ベルツの日記　第二部下（トク・ベルツ編　菅沼竜太郎訳）
岩波書店、岩波文庫三五三一―三五三三　二四四ページ　昭和三〇・五
一外交官の見た明治維新（上）（アーネスト・サトウ著　坂田精一訳）
岩波書店、岩波文庫三〇九三―三〇九四　二〇七ページ　昭和三〇・一〇
一外交官の見た明治維新（下）（アーネスト・サトウ著　坂田精一訳）
岩波書店、岩波文庫六二五八―六二六〇　二九〇ページ　昭和三五・九
大君の都―幕末日本滞在記―（上）（オールコック著　山口光朔訳）
岩波書店、岩波文庫六二六一―六二六三　二九四ページ　昭和三五・一〇
大君の都―幕末日本滞在記―（中）（オールコック著　山口光朔訳）
岩波書店、岩波文庫六四九九―六五〇二　四二〇ページ　昭和三七・四
大君の都―幕末日本滞在記―（下）（オールコック著　山口光朔訳）
岩波書店、岩波文庫六五〇三―六五〇六　四三三ページ　昭和三七・九
岩波書店、岩波文庫六五〇七―六五一〇　四二二ページ　昭和三七・一〇
ニッポン日記（マーク・ゲイン著　井本威夫訳）筑摩書房　筑摩叢書一二　三五六ページ　昭和三八・一〇
にっぽんの印象（ジェイムズ・カーカップ著　速川浩・徳永陽三訳）南雲堂　二〇八ページ　昭和三九・九
ニッポン四百年―外国人の見聞―（岡田章雄）日本放送出版協会　二一二ページ　昭和三九・一一
菊と刀　日本文化の型（ルース・ベネディクト著　長谷川松治訳）
社会思想社　現代教養文庫五〇〇　三七五ページ　昭和四二・三
ラテン的日本人　ブラジル二世の発言（大野盛雄）
日本放送出版協会　ＮＨＫブックス　二〇二ページ　昭和四四・五

みにくい日本人（高橋敷）原書房　二四〇ページ　昭和四五・四
日本人とユダヤ人（イザヤ・ベンダサン）山本書店　二〇六ページ　昭和四五・五
ペリー日本遠征随行記（洞富雄訳）雄松堂書店　新異国叢書八　五五三ページ　昭和四五・七
日本のなかの外国人（アラン・ターニー）三省堂　三省堂新書八一　二〇二ページ　昭和四五・八
日本その日その日（E・S・モース　石川欣一訳）平凡社　東洋文庫一七一　二五八ページ　昭和四五・九
日本人の意識構造（会田雄次）講談社　二一六ページ　昭和四五・一一
現代文学にみる日本人の自画像（熊谷孝）三省堂　三省堂ブックス一六　二七六ページ　昭和四六・一
どうした?!日本人　青い目のニッポン総点検（レオン・ロベール・フーク）
大成出版社　一九五ページ　昭和四六・四
太った日本人　集められたアジア三十二人の肉声（アジア青年連絡会議編）
ダイヤモンド社　三八八ページ　昭和四六・七
日本人との対話　日本・中国・台湾・アジア（戴国煇）社会思想社　二五〇ページ　昭和四六・八
日本の文学（ドナルド・キーン　吉田健一訳）筑摩書房　筑摩教養選一八　二〇一ページ　昭和四七・一
日本を知る　外人の見た四百年（T・ベイティ　別宮貞徳訳）南窓社　二二四ページ　昭和四七・二
素顔の日本（河崎一郎著　木村譲治訳）二見書房　二六七ページ　昭和四七・三
好奇心と日本人　多重構造社会の理論（鶴見和子）講談社　二二九ページ　昭和四七・四
日本人と日本文化（司馬遼太郎　ドナルド・キーン）中央公論社　一八七ページ　昭和四七・五
円出づる国ニッポン（ジョージ・ミケシュ　倉谷直臣訳）南雲社　二五一ページ　昭和四七・六
日本文化と世界　論集日本文化②（梅棹忠夫・多田道太郎）講談社　二二七ページ　昭和四七・六
横井庄一と日本人　文芸春秋四月号（草柳大蔵他）㈱文芸春秋　昭和四七・一二
日本教について（イザヤ・ベンダサン　山本七平訳）㈱文芸春秋　三八一ページ　昭和四七・一一
日本人とは何か（宮城音弥）朝日新聞社　二三五ページ　昭和四七・一二

世界のなかの日本の評価　人と日本一月号（渡辺恒雄他）行政通信社　昭和四八・一
日本巡察記（ヴァリニャーノ著　松田毅一他訳）平凡社　東洋文庫二二九　三六五ページ　昭和四八・三
海外における日本近代文学研究（村松定孝・武田勝彦）早稲田大学出版部　二三八ページ　昭和四八・四
〃立ち止まれ！　ニッポン人〃ペン五月号（原寿雄他）月刊ペン社　昭和四八・五
外国人の見た茶の湯（岡田章雄）淡交社　二一九ページ　昭和四八・七
比較日本人論（林知己夫編）中央公論社　中公新書三三三　昭和四八・七
比較日本人論「日本とハワイの調査から」中公新書三三三　一八七ページ　昭和四八・九
世界の中の日本人　会田雄次座談集（会田雄次）河出書房新社　二九四ページ　昭和四九・七
愛し書き生きた私の日本（ヘッセル・ティルトマン著　直井武夫訳）
読売新聞社　二〇四ページ　昭和四九・八
青い眼の嫁が見た勝海舟　文芸春秋十月号（クララ・ホイットニー）㈱文芸春秋　昭和四九・一〇
ラガナ一家のニッポン日記（ドメニコ・ラガナ）㈱文芸春秋　二六一ページ　昭和四九・一〇
世界の異端児ニッポン（ブライアン・ビーダム、加藤周一ほか　斎藤弥三郎訳）
読売新聞社　二五〇ページ　昭和四八・一〇
マイ・ニッポン　ひな祭り（イモラータ・レーダ〔アメリカ〕）　読売　昭和四六・三・五
町にサービス欠乏症　その道行くのか日本（松井やよい特派員）　朝日　昭和四六・七・一八
かなり知ってる日本　欧州のヤング　毎日　昭和四七・二・一一
外国人が見たあなた　読売　昭和四八・一・一一
「欧州人の対日観」調査の結果は？　毎日　昭和四八・三・五
失われた日本　古き美しさへの愛惜　英紙がつづる文明五〇年の歩み　朝日　昭和四八・五・七
「天皇ご訪米」に思うこと（フランシス・J・バセット）　毎日　昭和四八・六
（東風西風）（宮崎義一）　読売　昭和四八・六・一九

日本の印象（エフトシェンコ〔ソ連若手詩人〕）　毎日　昭和四八・六・二九

労働力代わりの〝技術研修〟選ばれて来日、夢こわれた——現地新聞に投書——（シンガポール少女〝日本告発〟）　読売　昭和四八・七・八

歩く権利（東風西風）（宇沢弘文）　読売　昭和四八・七・一六

日本文学研究者サイデンステッカーさんのことば（天声人語）　朝日　昭和四八・七・一六

日本の未来再発見（アルビン・トフラー〔アメリカの未来学者〕）　毎日　昭和四八・七・一七

〃（ジャネット・ハンター〔オックスフォード大大学院生〕）　毎日　昭和四八・七・二八

アジア留学生と日本（書評）　朝日　昭和四八・八・一

日本も「ゴミ投棄厳罰」を提言（投書）（ジョン・P・アッカート〔横浜市〕）　毎日　昭和四八・八・八

〝地震の師弟〟リマの再会　留学したときの〝日本の恩師〟と語り合うアンデスの地震学者たち　毎日　昭和四八・八・三一

パリから見た〝日本の教育〟（投書）（永滝達治〔二四、文筆業、東京〕）　毎日　昭和四八・一〇・二四

日本を対立者として見る目（投書）（麻生薫〔二三、学生、東京〕）　毎日　昭和四八・一一・二

テヘラン大会裏表　毎日　昭和四八・一一

朝鮮に写った日本人の顔（飯沼二郎）　毎日　昭和四八

世間体のなごり　理論より情緒を好む日本人（こころのページ）（クルト・ブラッシュ〔ドイツ人　仏教美術研究家〕）　毎日　昭和四八

「日本」についての本（書評）Japan Its Land, People and Culture（日本ユネスコ国内委員会の編集）　毎日　昭和四八

世界を席巻するアニマル日本のすべて(3)（ジェームス・スターバ）　週刊朝日二八三九・二八四〇・二八四一　昭和四九・四・一三

誠実さを問われる日本　アジア諸国と共存の道を歩こう（穂積五一）　朝日　昭和四九・四・一四

〝日本〟アジアに大もて　六ヶ国から「留学させて」ただし卓球　朝日　昭和四九・四・一五
最後まで外国人（知恵の言葉）（祖父江孝男〔文化人類学者〕）　毎日　昭和四九・五・六
外人・日本語（圏点）（鷹）　毎日　昭和四九・五
日本をハダで観察　四畳半に下宿、銭湯でおしゃべり
（エレン・バーポ〔日本語講座卒業の濠州娘〕）　朝日　昭和四九・六・二
わかりますか　日本のリブ論　外人記者と語る（榎美沙子、小沢遼子、
吉田ルイ子、ジェームソン東京支局長〔ロサンゼルスタイムス〕）　読売　昭和四九・六・五
源氏物語の新訳完成を目前にして（エドワード・サイデンステッカー）　朝日　昭和四九・六・一二
留学生に温かいアメリカの人々（投書）（大格妻子〔三五、主婦、神奈川〕）　朝日　昭和四九・六・一二
ニッポンに直言する　東南アジアの知識人　朝日　昭和四九・六・一八
（十字路）（ベン・オーソロ氏〔日本の仏教徒との交流のため来日した
モンゴル・ラマ教の高僧〕）　毎日　昭和四九・八・三
（十字路）（柯慧玲（かけいれい）〔上海曲技団のメンバーとして東京公演中〕）　毎日　昭和四九・八・一七
ブラジル日本の資本技術に期待　毎日　昭和四九・八・一九
（十字路）（ゲルハルト・レルヒ氏ホリツォント氏〔東独〕東京特派員）　毎日　昭和四九・八・二四
海外文化タイの反日感情と日本語ブーム　朝日　昭和四九・八・二七
日本語の問題でラガナ夫人に一言（投書）（宗美枝〔二七、会社員、東京〕）　朝日　昭和四九・八
日本の自然はかけがえのない人類の遺産　特集・自然と人と生きものと（G・ヤーン）　昭和四九・八
うまい親子どんぶり　世界の料理各国のものを試作してみて
（ジョン・クランシー〔アメリカのコック〕）　朝日　昭和四九・九・二
バリ島に日本語学校（真武氏〔ホテル経営〕）　朝日　昭和四九・九・四
世界の論調　ご念の入った親切社会　読売　昭和四九・一一・一

醜い日本人（東風西風）（鮎川信夫）　読売　昭和四九・一一・二
日本語研究に注目の労作（国際線）ロランド・A・ラング氏の音韻論　読売　昭和四九
私と日本研究（対談）この人と（松岡英夫　ジョン・F・ハウズ氏〔ブリティッシュ・コロンビア大学―カナダ―教授　日本近代史〕）　毎日　昭和四九
なんでそんな英語を教えるの（対談）三三（中津燎子　イーデス・ハンソン）週刊文春　昭和四九
世界の広場　外国人の見た日本人（イーデス・ハンソン他）フジテレビ　昭和四九・四・七
世界の中の日本　世界は日本（日本人）をどう見ているか（G・ヒルシャー〔南ドイツ新聞東京支局長〕G・クラーク〔オーストラリア新聞東京支局長〕他）録音吉野徹　日本短波放送　昭和四九・九・二三
外から見た日本像(1)西欧ジャーナリズムの視点（ドナルド・マロニ他）録音加藤敦子　NHK教育テレビ　昭和四九・一一・一
外から見た日本像(2)東南アジアでの体験（木戸淑夫他）　NHK教育テレビ　昭和四九・一一・八
外から見た日本像(3)日本とわたしと世界（永井道雄他）　NHK教育テレビ　昭和四九・一一・一五
外国人の見た日本語（グロータス）　NHK学校放送ことばの研究　昭和四八・一一
外国人の見た日本語（トマス・エリオット他）　NHK学校放送ことばの研究　昭和四九・一一

【2】学習準備

(1) 学習のてびき

〈てびきプリント〉

単元「外国の人は日本（日本人）をこのように見ている」学習のてびき

一、読書会のいろいろとその長短（注1）

A　一冊の本を選び、その本を持って集まる。

その場で順に読み、考えたことなどを話しあう。

準備が不要なので気楽であるが、内容が深まらない心配がある。

B　本を選び、ときには、そのどの部分ということも決め、そこを読んでおいて集まる。

会のときは、互いに発表したり話しあったりする。

みんなが、ほんとうに読んでくれれば、読書会の一員としての責任をもてば、Aよりずっと深まる。

C　一つの題目について、いろいろな本を手分けして読んできて、内容を紹介しあい、話しあう。

みんながしっかり勉強すれば、たいへん収穫が多い。集団であってこその得るものがある。どうしても自分で読まなければならない。読みたい本も発見できる。

二、私たちの読書会

○形はC（注2）

○題目は「外国の人は日本（日本人）をこのように見ている」（注3）

○観点、読みながら、次の観点でカードをとる。

1　日本の自然について

2　日本の生活、風俗について

3　日本人の性質（国民性）について

4　日本人のものの考え方について（宗教に関しては、この中に含めておく）

5　日本の文化、芸術について

6　日本語について

三、注意

1　予定（注4）

2　本の利用（注5）

3　カードの利用（注6）

（注1）　この学習は一つの読書会の体験である。読書会の持ち方の種類について、まとめて学習したことがなかったので、この学習の前おきの形で、読書会のいろいろの形と運営のしかたについて学習する。
　ＡＢＣの形のうち、Ｃを最も本格的な読書会として位置づけ、Ｃを今度の学習、読書会の形として運び方も確かめる。

（注2）　形はＣなので、学習の進め方はとくに示さない。三年生であり、一の説明で、十分であるからである。
　このてびきのプリントは、一の読書会の話をすませてから配布した。このあと本を読んで、要点をカードに書くことになるが、その要領を具体的に復習的に示している。読書会の話のあと、今の話をこの程度に書く、という例を示したものである。

（注3）　これ以外の観点については、採りあげないが、どの観点といえなくても、特におもしろく思ったことは、カードにしておくことにした。
　カラー・カードを使って、見分けやすくした。

（注4）　読書会は、学級全体での学習になるが、それまでは、個人学習である。読書会の期日と読書会資料提出（プリントのため）の日を示し、それまでの日程はめいめいで作らせた。約一か月であるが、その間に校内生徒研究発表会（各文化クラブの発表会で、他校での文化祭）が二日、中間テスト、区の学芸会、それに文化の日も含まれ、授業の欠けることが多い。研究発表会やテストに対しては、生徒として大多忙である。それらを考えて、めいめい、予定を立てる。この間に、指導者の出張もあり、そのような日は、居残りが許されず、質問、相談もできないため、これも予定作成に当たって考えなければならなかった。

（注5）　それぞれが一冊ずつ持ちつづけられる全員の数だけある本と、十冊ずつある本と、一冊しかない本とあるので、その利用のしかた。

（注6）　六つの観点に記録を書き分けるための六色のカードについて、どの観点はどの色とするか、申し合わせをする。ちょっとした、おもしろい話は、別のサイズのカードを使って区別する。

(2)　本の割り当て

多くの本は、一冊であって、全員がそうした自分だけの読んでいる本を持つようにした。その本を責任をもってよむこと、もし、その本がよく紹介されない場合は、クラスとして損失になる。このことはまた子どもたちの緊張を高め、誇りのようなものをもたせたようであった。

それが、非常に打ち込んだ読書態度を育てていった。

全員のもたせられた本は「日本を知る」である。「ニッポン四百年」を、みんなのもつ本にしたかったのであるが、絶版で入手できなかったので「日本を知る」を代用した。「ニッポン四百年」のほうが、内容がやさしく、また豊富である。雑誌「言語生活」の特集号「世界の中の日本」も全員に行きわたった。

「一外交官の見た明治維新」や「大君の都」「ベルツの日記」などは各十冊あったので、何人か、複数の生徒が読むことになった。

なお、筆者も担当を持った。「西洋人の眼に映じたる日本」「ニッポン四百年―外国人の見聞―」の二冊である。

(3)　カードの書き方を確かめる。

(4)　めいめいがくわしい予定を作った。

付記

この日の学習記録の片隅に、「念願の研究　二年と半年前、私たちはこの研究について聞かされた。あの時以来の資料も生かして研究したい」と書かれていた。集めることをした資料には、与えられたものとは違った愛着のようなものがあるようである。

【3】めいめいの予定で読む

待ち構えていたように、いそいそと読みに入った。

全員の持っている本から読む者、何人かの持った本から読む者、まず、自分だけ持った本を読む者、それぞれ、自分の計画によって読む。

書いたカードは、いつも指導者が見やすいように机上に並べておかせ、指導者はそのカードを読んで、指導を加えた。

力の弱い子どもには、十分に助力をした。たとえば、「どこまで読んだの？　ああ、そこには、こういうことが書いてあったでしょう、私は、そこのところ、おもしろかった」とか、「そのあとは、こういうことが書いてあったと思う。そのへん、あまり話題にするようなことはないようだった、何ページくらいまで、とばして大丈夫」とかいうふうにして読みを助け、主力は、その子どもの担当の本においた。読書会での、その子だけが読んでいる本をもとにしたその子だけの発言に備えなければならないからである。

力が弱いからといって、量の少なめの、読みやすそうな本を割り当てるということは、決してしなかった。その代わり、十分に助力した。別々の本であるため、指導者から、どんな指導がだれにあるかというようなことに、周囲は無関心であった。めいめい、自分の持った本を読むのに忙しく、また、おもしろく、自分に向かってでないことばなどに引かれないようすであった。

この読んでいるあいだに、自分から立ってきたり、または、指導者が合図したり、カードを渡したりしたため出て来て、一対一で話した話題は、実に多種多様であった。相談ふうな例を挙げると、たとえば、次のようなものがあった。

○これだけの本を読む計画ですが、このぼくの計画案、どうですか。

○この本は、ここところを主にして読もうと思うが。
○この本は、ここだけ読めばいいと思うが。
○このことばの、この文脈での意味。
○このことは、観点のどれに入るか。
○あんまり誤解がひど過ぎるのは、ぬかすべきか。
○読んでいると腹が立つが。
○これは、ほんとだろうか。
○ここを要約すると、つまり、こういうことだろうか。

【4】読書会の資料を作成する

自分の読んだ本についての紹介であり、その本を読んだ報告である。できあがった資料集は全九四ページ。この資料作成に関する指導は、すべてプリントによった。

〈てびきプリント〉

読書会資料作成のてびき

1　書名
2　著者名　たいてい訳者名があると思います。並べて書きなさい。
3　発行年月日　版を重ねている場合は、初版のを書きなさい。
(例)　昭和49・5・1

4　紹介

「どういう本ですか」ときかれたと思って、簡単に。

内容だけでなく、書いた人についても。よくわからない場合は、わかる範囲で。

まえがきやあとがき、読んだと思いますが、その範囲で。

本の帯に出ていることもあります。

5　特色

紹介の一部でもあるわけですが、特色をめだたせたいので。

わからなければ、あけておきなさい。

6　どの観点についての資料があるか。その本に、どういう資料がどのくらいあるかということ。

「どういう資料」という意味は、その資料が、たとえば、

○いろいろの面から見ている

○……という立場から見ている

○たいへん細かく見て、それをまたくわしく書いている

○よくとらえているが、あまりくわしく書いてはいない

○よく理解している

○非難がましい態度で書かれている

○いかにもおもしろそうに書いている

○ちょっとふれる程度であるが、珍しいところを見ている

というようなこと。

7　その本に、その観点のことは書いてないという場合は「特になし」としておきなさい。大きな字で「なし」などと書くのではありません。他のところを書くのと同じ大きさの字で、第一行めに当たるところに「特になし」と書くのです。

8　まず、自分だけの読んでいる本について書きなさい。それからもう一冊、どれかについて書きなさい。

○読書会資料集から二例（指導者も担当の本について資料を作成した。）

〈資料プリント〉

読書会資料　大村はま

●西洋人の眼に映じたる日本

岩波講座　日本歴史7

石田幹之助著
岩波書店発行
昭和9・4

○紹介

日本が西洋人に知られてから幕末まで、西洋人がどんなふうに日本及び日本人を観察したか、ごくあらましを述べている。

文章がかたく、少しむずかしい。

○特色

たいへん簡単であるが、だいたいを見通すことができる。

原文（ただし日本語に訳して）の引用が多いが、よみがながついていないので中学生がよむには困難である。

○どの観点についての資料があるか

○自然

特になし。

○生活・風俗

ごく簡単に、抽象的なことばで触れている程度。

○性質

短い引用でも、この点に関係したものが多く、はっきりと指摘しているものがある。

○考え方

これも、性質に次いで、よく出ている。

○文化

概括的な触れかたのみ。

○日本語

特になし。

●ニッポン四百年
―外国人の見聞―

岡田章雄著
日本放送出版協会刊
昭和38・10

○紹介

ＮＨＫのラジオＦＭ放送で、昭和三十八年十月二十一日から十二回にわたって「外国人の見た昔の日本」という題で放送したその講演をもとにしてまとめられたものである。

過去四百年の間に、それぞれの時期に日本を訪れた外国人（ただし、ヨーロッパ人とアメリカ人に限っている）が日本をどのように観察し、研究したか、を、具体的な材料をゆたかに盛りこんで書いている。

学者を対象としないで、一般的な読者を対象にしていて、わかりやすい。

筆者のこの本を著わした目的は、世界の歴史の発展のなかに、日本がどのように成長してきたか、外からの資料によって見直してみようというところにある。

おもな資料が広く採りあげてあり、もともと、ラジオの放送であったため、ことばもわかりやすい。

○特色

資料の採りあげ方が広く、ゆたかである。引用が多く、よく選ばれていて、具体的である。

各章のとびらに、その章で扱われる本のなかの、その本、その著者を表わすようなことばが書きぬいてある。また、そのとびらの、裏に当たるページには、その当時のようすをあらわす絵などが入れてある。

○どの観点についての資料があるか。

○自然

富士山のことが出ている。

○生活・風俗

武士の生活、町人の生活、役人の生活と、いろいろの社会の生活を、具体的に、また、感想ないし批判を書いている。

○性質

いろいろの人の観察をよく集めてある。そういうふうに見えるのかなあと考えさせられるところが多い。

○考え方

西洋との考え方の違いが、考えさせられるところが多い。

資料になっている本の著者には宣教師が多いので、

宗教面での考えの違いもいろいろ出ている。
○文化
明治の文明開化がどのように見えたかを考えさせるところがある。
○日本語
ジョアン・ロドリゲスという宣教師の日本語研究がかなりくわしく出ている。

●ペリー日本遠征随行記
サミュエル著
洞富雄訳
雄松堂書店発行
昭和45・7

○紹介
ペリーについて日本に来た外国人は多く、日記もいろいろ書かれた。その中の一つである。


文字どおり「日記」である。いろいろ、日本政府との交渉のようすを書いている箇所もあるが、一般の観察もゆたかである。そういう箇所はよみやすくもある。

かなりくわしい索引がついているので便利である。
○特色
著者が、宣教師であり、外交官であり、また、学者でもあったので、各方面の観察がゆたかで、考えも加えられている。

索引がついている。
○どの観点についての資料があるか
どの観点についての資料もある。索引によって探せば、便利。

日本語については、日本語を使うことについてだけ書いてあって、ことばそのものについての考察はない。

〈資料プリント〉

読書会資料　　三年C組⑿　土屋正人

『ラガナ一家のニッポン日記』

□著者□　ドメニコ=ラガナ

□発行□　49年10月5日

□紹介□

著者はスペイン人である。日本に17年間あこがれ続け、日本文学研究をしている人で、48年に一年間日本に滞在した。その期間中にたいへん日本語に長じている人であるため、「日本での生活」に関するエッセイを某新聞が連載した。それをまとめたもの。

□特色□

日本、スペイン両国を理解する著者が、日本人と外国人（著者の家族=スペイン人）とのギャップを題材にしている。

それに、新聞のエッセイであるから投書がある。その投書が一編ごとに2～3添えてある。

□注　( )内の数は総数

1自然(1)
2生活(3)
3性質(9)
4文化(3)
5考え方(1)
6日本語(1)

すべてにおいて、著者の経験や、家族との会話が中心に展開する場面から拾いあげた資料だから、一方的な所がある。しかしそこは著者が結論をうまく導き出している。

『日本を知る』

□著者□　T・ベイティ

□訳者□　別宮貞徳

□発行□　47年2月1日

□紹介□

宣教師、技師、外交官など、戦国時代から明治初期に日本で働いた人々の日記、報告文を参考に一人一人にスポットを当て、それに著者の考えが加えられている。

□特色□

多くの人や時代差によって、色々な方面から見た日本が分かる。

日記においては、率直な意見が得られるので興味深い。

□

△面白い事▽
『ラガナ一家のニッポン日記』
1　ラガナ氏のエッセイに対する投書の内容の変化（書く人のラガナ氏に対する位置付けというものが変わる。つまり、最初は手ばなしにほめ、後に批評しはじめる。）

1自然(0)
2生活(4)……好奇な目で見た日本宗教に関する報告。
3性質(15)……日記、報告文共に多種多様な意見
4文化(6)……観光者の喜びそうな「驚異の作品」について。(5／6)
非難がましい。(1／6)
5考え方(1)…宣教師の報告文
6日本語(1)…少し誇張しているように思う。

【5】読書会

(1)　読書会に先立って、司会の準備、参考として、次の用紙による報告を提出させた。

(2)　(1)を一覧表にまとめた。左に書名を取り、上に観点を取った。そして、たとえば日本の自然について、どの本を読んだだれだれが発言できるか、ということがあらかじめ一覧できるようにした。これは、読書会において、ある問題について発言できる内容を持っている生徒をタイミングよく指名できるようにするためであった。

(1)の報告用紙

<table>
<tr><td>報告　　　　　　　　　　　　　　(35)　小　西　まゆみ</td></tr>
<tr><td>(1)　読み終わった本。
日本を知る
—外交官の見た明治維新（上）
ベルツの日記—（上）
日本遠征記</td></tr>
<tr><td>(2)　どの観点についてカードが多いか。
（どの観点について、発表したい、また発表できる内容が多いか）
多いほうから順に（およそでよい）
1　国民性
2　日本人の生活、風俗、習慣
3　日本人の考え方
4　日本の文化
5　自然と環境
6　日本語</td></tr>
<tr><td>(3)　自分の担当している本について、(2)のことを。
1　国民性
2　日本人の生活、風俗、習慣
3　日本語
4　日本の文化

書　名
日本遠征記</td></tr>
<tr><td>(4)　観点に関係がないが、ちょっと話したい、おもしろいと思ったことは、どの本について多いか。
日本滞在記</td></tr>
<tr><td>(5)　とくに発表したいことの多い本は。
日本滞在記
—外交官の見た明治維新</td></tr>
<tr><td>ほかに何か連絡があれば。</td></tr>
</table>

(1)をまとめた一覧表（部分）

書名	自然	風俗・生活	国民性	考え方	文化	日本語
日本遠征記		小西	小西		小西	小西
ベルツの日記	中野　中山	高山　落合　坂本　中山　横田	高山　中野　横田　落合　坂本　中山	中野　横田	高山　落合　坂本	

(3)　読者会てびき

〈てびきプリント〉

読書会てびき

始まる前

　学校では、授業ですから遅刻してくる人などはありませんが、ふつうには、会員がだんだん集まってくるわけで、遅刻というわけでなくても、一ぺんに、そろうというわけにはいきません。早くくる人、ちょうど時刻にくる人、いろいろです。

　こういうときに、「今度採りあげている観点に関係はないが、おもしろいと思ったところ」が、別のカードにとってあったでしょう、あの中から何か話をするといいのです。

話し合うことばのヒントいろいろ（注1）

(1)司会　では、これから始めましょう。

注意メモ

◇ただだまって始まるのを待っていないで、といって、あまりかけ離れた話題でなく、読書会らしいおしゃべりを。

○　この前から、「外国人は、日本――日本人をこのように見ている」という題で、本をよみ、お話しあいをしてきました。
○　長いあいだ、「外国人は、日本人をどう見ているか」を探しながら、いろいろの本を読んできました。これから数回にわたって、みんなで、よんできた本を紹介しあって、このテーマについて考えたいと思います。
○　「外国人は、日本――日本人をこのように見ている」というテーマでの読書会も、三回めになりました。きょうは、この前の「風俗・習慣」につづいて「自然」についてです。日本の自然は、外国の人の目には、どのようにうつっているでしょう。
　Aさんから、どうでしょうか。
(2)○　これは「――」という本にあったのですが……
○　「――」という本に……というのがあります。
(3)○　そんなことを言っているのですか。
○　それは、自然は……という意味をもっているということですか。
○　……というのは、どういう意味でしょうか。
○　それについては、……こういう考えも出てきそうな気がしますが、だれか、よんだ人、ありませんか。
○　それは、たいへん、おもしろそうな本ですね。このほかにも、いろいろな点をとりあげていますが。
○　私も、同じような意見をよんだことがあります。
○　……という考えですね。
○　まるで反対のことも言われています。この、私のよんだ本では……

◇わかっていると思っても、テーマは、改めてはっきり言う。
◇たずねあう。
◇よんだことを出しあう、出させあう。

○　反対の見かたの出ているのもあります。「――」という本で。
○　そのことを、たいへんくわしく書いている本があります。……
○　ここでぜひご紹介したいのは、……
○　似たようなことが私のよんだ本のなかにありました。

(4)司会　○　そうすると「何々」については、おもに――ということを――ということが言われていることになるでしょうか。
○　ずいぶんいろいろの見かたがありました。今、ざっと分けてみますと、
○　だいたい――時代のが多く出てきていました。ほかには、どうでしょうか。
○　まとめてみますと「自然」については……と見られていたといえるでしょうから。

◇まとめのほうへ。

(5)○　一、なになに、二、なになに、――それからまだあるでしょうか。
○　今、――と言われた、それは、どの本にあるのですか。
○　――について、○○さんの本にありそうな気がするのですが、どうでしょうか。
○　――さんの本の、その章をくわしく紹介してほしいと思います。
○　今、紹介された話は、たぶん……。だから……ということではないかと思います。

◇さらに、よんだことを出しあう、出させあう。

(6)司会　○　「自然」について、このように書かれていることをどう思いますか。考えたこと、感じたこと、感想、なんでもどうぞ。

◇考えを述べあう。感想でもよい。前の人とつながりがなくてもよい、どんどん出す。

（注1） 番号は、発言の場の種類である。それぞれのなかに、いくつものことばがあるのは、もちろん、一つづきの発言ではなく、同種のいろいろの発言の例である。——や……のところには、適当な内容が入るのである。

(1)は、会を始めるときの司会者のことばである。最初のは「この前から」とあるとおり、この日の会が二回めである。二番めのことばは、第一回である。三番めは、ことばのなかにあるとおり、三回めである。それぞれの内容とことばづかいの例である。

(2)は、この日の観点で、自分のとらえてある内容を話し出すことば。

(3)は、(2)の話を聞いて、質問をしたり、念をおしたり、自分の読んだ本から関係のあるところを、似ているにつけ、反対であるにつけ、紹介することば。

(4)は、司会者が話し合いの中間で、まとめたり、さらに進展させたりすることば。司会者としての働きをすることば。

(5)は、さらに残っている質問を出し合ったり、答え合ったり、話し合うことば。

(6)は、司会者の、第二段階に話を進めることば。

○読書会の第六回「日本のことばについて、外国の人はこのように見ている」の記録から。

——これは「日本を知る」という本にあったのですが、日本語はアジア語と密接な関係があるということです。

——そう、そういうことが私の読んだ本のなかにもありました。

T それは、どの本？

——「日本遠征記」です。

——それは、日本人に親しみをもっているということですか。アジア語を使っている人が。

——そうではなくて、日本人をやっぱりアジア人だなと思い直したとでも言うか、日本語はいかにも英語なんかと違うなあと思ったということ。

T 何か、日本語の感じなどは言っていませんでしたか。日本語はどんな感じがするというような。

——それは書いてありませんでした。

——「日本を知る」のなかに、ヨーロッパと比べてあって、ギリシア語、フランス語にもまさる、なんて書いてありました。

——まあ、フランス語にも？

——どういう点で？

T 梶浦さんの「ニッポン日記」に何か書いてあったで

しょう？

——いえ、「ニッポン日記」には、そのことは……。日本文化と世界の中の現代日本文学の問題点……今日の世界の言語のなかで、表記法において日本語ほど複雑な構造を持っているものはないって、これは「比較日本人論」で。

——日本語というと、むずかしいって思われていることになる。

——竹中さん、日本語の「表記」が、でしょう。日本語そのものじゃなくて。

——はい。でも、日本語をどう見ているかということになると、やっぱり表記だけじゃなくて、日本語って、考えてるかもしれません。日本語っていうと、すぐ表記が頭に出てきて、ほかのことは考えないというぐあいで、言っていると思います。

T　日本語がどうと言っていても、その頭のなかには「表記」しかないということですね。

——男女のことばが非常に違っているということは、外国の人にとって驚きのようです。

——それは、少し昔の本でしょう。

——そう、「日本滞在記」。

——このごろはそんなに違わない。男女のことばが近づいてきた……そうでしたね、先生。

T　そう言えますね。でも、まだまだ違います。

——ちょっと話がそれますけど、こういうことばの違いが、最近まで男女同権でなかったことに関係あるというふうに考えてもいいでしょうか。

——ぼくの読んだ本に、日本語が日本人の国民性を作ったということがありました。

——それは逆ではないかしら。国民性がことばの性質を……まちがえました。逆は言えません。

T　話を本題にもどしましょう。外国の人は日本語をこのように見ている、どういうふうに見ているか。

——ちょっと、前のつづきですけれど、いいですか。何か、ずっと前に、文部省の決めたというか、文部省から出された……。

T　「指示された」

——指示された敬語の使い方を勉強したことがあったでしょう。あのとき、自分のことを言うことばは、男女とも「わたくし」が正しいということだったと思います。男女のことばがだんだん近づいてきたという話が出ているけど、こういうふうに違いがなくなった部分もあるわけです。

T　その本が昔の、だいぶ前の本ですから、それが書かれたところは、たいへんたくさんのことばに男女の差があったので、驚いたのでしょう。外国の人が日本語をどのように見ているか、の話、続けましょう。

——違いがあると言って、日本語をむずかしいことばにしていること、まだあります。手紙文とふつうの文章と、ことばが違うこと、書きことばと話しことばの、たくさんの小さな違い、むずかしい、むずかしいって。むずかしいところが魅力のようなことも書いてあります。

——日本語は世界的に最も優秀って「比較日本人論」にあります。

——こういうところもあります。「優雅で、かつ豊富、思想をよく表現する……優雅なことばがたくさんある。」

——「比較日本人論」のは、日本語に、つまり、いい感じをもっているわけですが、日本語というのは、とても複雑だから外国語に訳せないって、「好奇心と日本」にはありました。外国語に訳せないということは、ほかの国だってあると思いますけれど、それが日本語には多いらしいのです。

T　助詞の意味なんか、たとえば、助詞の「に」の意味なんか、微妙に思われるようです。外国語に訳しきれないものを感じるようです。

——グロータスさんなんかは、日本語ばっかりむずかしいんではない、日本人自身が、日本語は微妙だ、むずかしい、むずかしい、外国人にはわからないって言い過ぎると言っています。

T　そうでしたね、それは、放送でしたね。日本語はむずかしい、外国の人にはわからないと思い込んでいると言っていましたね。

——さっきからの話と、まるで反対のことも言われています。日本語は、世界一劣っていると書いてありました、やっぱり表記の関係で。「円出づる国ニッポン」ですが。漢字のことも、複雑で不格好であるとか、覚えきれないとか。

それに、さっきも出ていた男女のことばの違いとか、文語文体と口語文体とか、敬語とか、みんなめんどうで、それはつまり使いにくいということ。そして、それは劣っていることとしているのです。

——へええ。

T　世界一、優れたことばと言われたり、世界一、劣ったことばと言われたり。

【6】読書会の記録を書く

項目はどれも必要であるが、形式はどのようでもよいといって、二例を示した。
（一例はここに掲げたもの、他の一例は同内容のものを横書きにしたもの）

読書会の記録

とき	月　日（　）
ところ	
欠席者	出席者数　名
司会	
記録	
資料	
内容	
申し合せ事項	

【7】読書会通信に書く

〈てびきプリント〉

「読書会通信」に　　てびき

「読書会通信」という、読書会の機関誌に載せるため

「外国の人は日本（日本人）をこのように見ている」

1　まえがき（動機、ねらい、観点）

2　資料と担当者

3　各観点ごとに題を

「外国の人は、日本の自然についてこのようにいっている」

「外国の人は、日本人のものの考え方をこのように見ている」

のようにする。

4　内容

①A　……といわれている。

B　たとえば——の本に……。（ゆたかに）

C　自分の思うこと、考えたこと。（じゅうぶんに）

D　これについては——や——を見るのがよさそうである。（資料の活用）

②　全体として考えたこと。（じゅうぶんに）

③　なお、小さな、ちょっとしたことであるが、おもしろく思ったことを二、三つけ加える。

注意
1　小見出しをつける。
2　切れめのよくわかるように。
3　同種類、あるいは、同じ価値、重さのものを、そのように扱うこと。
たとえば、右の①②③とＡＢＣＤの扱い。

○　**生徒作品から**

外国の人は日本（日本人）をこのように見ている

村上　徹

まえがき

個人の場合において、自分自身を全部知っていると信じ、「自分のことは自分がいちばんよく知っている。」などとよく口走る人があるが、一般には、自分の半分しか知っていないといわれている。そして、その友人が本人の知らない部分も含めて三分の一を知っているなどといわれている。

国の場合もこれと同様なことがいえる。すなわち、自国を知っているのは日本人ばかりではないのである。我々が日本、日本人を深く理解するためには、個人の場合「友」に相当する外国の人に、そのことについて語ってもらわねばならない。そして、そのようにして日本を深く理解したときこそ、国の成長というものが実現するのである。

しかし、だからといって、外国の人の言ったことを鵜呑みにする必要はない。また、いちいち気にする必要もない。ただ、外国の人が日本、日本人をどう見ているかさえ知っておけばよいのである。そのことは、決して不要なことでないばかりか、自身のことを過信しないためにも必要なことではないか。

資料と担当者　別紙

第一章　「外国の人は日本の自然についてこのように見ている」

〔過去〕

資料

一、ヨーロッパには、比類のない恵み豊かな気候

たとえば「日本を知る」の中に「これほど穏やかな国はない」とある。また「一外交官の見た明治維新」の中には、「江戸湾から見た富士山、砂浜のなす美しさは世界一」という感想もある。「スイスより美しい国」という記録もある。

私見

ここにあげられたものは、いずれも日本を極端にほめたてたものであるが、この中には新しい資料は一つもない。かつて日本とはそれほど美しい国であったのだろうか。自問自答してみると、二つの答えが考えられる。一つは実際に美しかったということ。そしてもう一つは、さほど美しくない所等を外国人は回らなかったということである。実際はどうであったかはわからないが、私は、この両方であったと想像する。日本に、かりに特に汚れた所があったならば、外国人はそれを見るやいなやそのことを書きたてたに相違ない。しかし、そのような記述は全く見つけられない。日本に長くいた外国人の書でも同様である。しかし、外国人が当時の政府（幕府）のために、行動範囲が制限されていたことも事実であろう。いずれにしろ、日本が外国人にこれほどまでにほめられていたとは、うれしいことである。

ところで、現代の自然はいったいどう見られているのだろうか。

〔現代〕

資料

二、美を失った大都市と美を守る地方の大きな差

たとえば、「円出づる国ニッポン」の中に、「都市の過密がひどくなり、騒音は絶えることなく、耳をつんざくばかりで大気汚染さえ深刻」「京都は日本のどこよりも自然の美、人工の美を見ることができるが、交通地獄と熱暑と騒音は美しいとはいいかねる。」「日本人は過密を過密と思わない」

等の記述が目につく。

私見

　現代の日本を見て、外国人は昔同様美しいとだけ言いはしない。日本に残る美しさに感嘆しても、そのあとに必ずといってよいほど「公害大国ニッポン」と付け加える。これが現実なのだ。我々は考えなおさねばならない。過去に「世界一」とまでいわれていただけにショックは大きい。

〔資料活用〕

なお、これらについては「素顔の日本」「ベルツの日記」「ユダヤ人と日本人」等の資料を見ると、いっそう理解できる。

〔全体の考え〕

　日本の自然は、かつて美しいものであったにもかかわらず、日に日にその美しさを破壊してきたようである。そして、今から昔のことを想像することは、とてつもなくたいへんなものとなっている。つまり、日本の自然破壊は、意外なほど速く、すでにもうかなりの所まで及んでいるらしい。この地に慣れてしまった我々には気のつきにくいことであるが、すぐにでも手をうたねばならない。そうしないと、残り少ない自然すらなくしてしまうかもしれない。

　ところで、日本人は自然に対してうといのか。家などを見てもまわりのことを考えた、個性のあるものは極めてまれである。こんなことが自然を簡単に破壊することにもつながっているのかもしれない。そして、こういう身近な考えを改革することが、意外に早く、自然回復を行なうことになるのかもしれない。

〔閑話〕

「一外交官の見た明治維新」の中に、外国人が日本の度重なる地震にひどく恐れを感じている。日本は火山・地震の多いことで有名であるが、私たちは慣れているせいか、それほど驚いたりはしない。また、かえって地震をおもしろいもののようにさえ言うときがある。地震を一つをとっても考え方にこれほど大きな差があるとは……。環境が国民の性質に与える大きさがうかがわれる。

第二章

「外国の人は、日本の生活・風俗についてこのように見ている」

〔礼儀〕

一、○日本人の礼儀正しさは驚くばかりである。

資料

○日本人の礼儀は形式的なものである。

たとえば、「日本を知る」の中に「外国人に対する無作法は認められない。」「大変礼儀正しく、つつましく、敬意、親切さを持ち合わせている」等が、「円出づる国ニッポン」では、「愛嬌がよく親切、行儀正しい……」「日本の礼儀深さは、皮膚ほどの厚さしかないといわれているのはまちがいで、伝統的なものである」等の記述が見いだされる。

私見

日本人の礼儀正しさは、江戸時代のころ、たいへんよくほめられているが、しだいにそれが形式的なものにすぎないと理解されてゆく。江戸時代の封建性ゆえに、礼儀正しさは強要されていたが、明治維新で封建制がくずれると同時に礼儀も崩れてきた。人間は中みが問題であるのは事実にちがいないが、礼儀がお互いの交わりの潤滑油として効果がある以上、それが崩れたことには問題がある。

〔資料活用〕

この問題については、「ニッポン日記」「日本遠征記」等を見るのがよさそうである。

〔全体の考え〕

ところで日本の礼儀は、江戸時代のしめつけから明治への急変により大きく変わり、礼儀は崩れた。今日の日本人の礼儀は、知っている者同士と、必要にせまられその人と話さねばならない会社などのときの二とおりが残っているだけである。公の場、公園などでの日本人の態度は、しばしば話題になるほどひどい。また、礼儀はほんとうに形式化してきている。礼儀正しさが何故人間社会に必要なのか、そこから考え直してみる必要がある。

〔料理〕

二、日本の料理は芸術品である。

資料

「円出づる国ニッポン」の中に、「日本料理は舌だけでなく、目をも楽しませるべく作られる」「サシミ、スシのおいしさにおどろき」等の記述がある。

私見

日本料理について悪いとする書物はほとんどない。私はいつも油こい物をたべている外国人に、なぜさっぱりした日本料理が口に合うのか、ふしぎでならない。これは外国人が日本料理を珍しがったということで、口には合わなかったのかもしれない。いずれにしても、日本料理は私たちが見ても美しい。これは日本人が外国人よりずっと繊細な感覚をもっているからに相違ない。

〔資料活用〕　これについては、「ベルツの日記」等を読むのがよいであろう。

〔全体の考え〕　日本料理は日本人ばかりでなく、外国人にまで好まれた。これは、たいへん意味のあることだ。また、その料理が芸術品のようにまで見えるということは、すばらしいことではないか。

〔その他〕　三、その他、日本の生活、風俗に関すること。

○服は中国のようなけばけばしい色はなく地味。
○人力車そのものへのおどろきとそれをみすぼらしく思うこと。
○風呂は原始的な素朴さがある。
○贈り物を年じゅうあげたりする。
○街路や家のこの上もない清潔さに感服。

〔閑話〕　日本のイメージとして、外国人は特に強く「ハラキリ」を感じるらしく、比較的新しい本「円出づる国ニッポン」の中でさえ、「ハラキリをする人はこのごろ少なくなってきているようである」との記述すらある。外国人も、もう少し新しい日本をしっかりと見てもらいたいものである。

第三章　「外国人は日本人の性質についてこのように見ている」

〔印象〕　一、人に接したときに与える印象がよい。

資料　「日本を知る」の中には、「愛想がよく、気さく」「諸事つつましやかである」「つつましく、敬意、親切さ、強い意志を持ち合わせている」「平和で満足げなようす」等があり、「円出づる国ニッポン」の中には、「控え目で恥ずかしがり」等の記述がある。

私見　日本人の過去で外国人に与えた印象はきわめてよい。これは前項の礼儀正しさが影響していると思われる。ところで、このような日本をほめている記述の中には、明らかに皮肉と思われるものもあるので、私は手ばなしでは喜べないものを感じた。

資料活用　このことに関するものは、たいていの本なら見いだせるであろう。

〔評価〕

考え

二、日本人への評価はしだいに厳しくなってきた。たとえば、「円出づる国ニッポン」の中には、「日露戦争当時は、小国ニッポンがロシアに勝ったということを、外国人たちは喜んでいたが、GNP上昇が進むにつれ、外国人は日本を批判しはじめた」というような内容が見られる。また「日本を知る」の中には、「大胆不敵といえるほど勇気があり、盲目的服従を名誉とする。」「日本の俗物根性は、高価なもの、西洋風の変わった物を次々と求める」などの批判めいたものがふえてくる。他の書籍でも新しくなればなるほどその傾向が強くなる。

このように外国人の日本に対する考えが厳しくなってきた原因は、次の四つが考えられる。

① 日本人自身が変化したのではなく、外国人に対する立場が変わってきた。昔は師弟の関係であったが、今は対等である。

② 日本人がどんどん変化してきた。

③ 接する人が増して、これまで見られなかったところまで外国人が見るようになった。

④ 日本人の国民性も変わってきたし、外国人との関係、立場も変化した。

このうち、私は①ではないかと考える。日本は今では大国とまでいわれるようになってきている。これでは外国人も日本への見方を変えていくより仕方がないのではないか。その国の国民の性質などというものは、少しずつ変化はしていってもそれは遅々たるものにすぎない。

〔その他〕

三、その他、国民性に関する資料

○日本人は私たち（外国人）とさほど違いはないのだが、自分自身を特別な民族だと思っている。
○競争心が強く、常に異彩を放っていたがる。
○あらゆる点で、第一等になることを欲し、称賛を待ち受けている。
○集団グループを作ることにより責任回避をしている。
○残忍性が日本人の本性であり、戦争など機会のあるごとに発揮する。
○盲目的な権威（企業）に対する服従は日本においては忠誠という美徳である。（明らかに皮肉と見

〔閑話(注1)〕

られる）（「円出づる国ニッポン」から）
○傲慢なくらい愛国心が強い。（「日本を知る」から）
「円出づる国ニッポン」の中に、「日本は権威主義的民主主義国家である」との感想がある。これは現代の日本を、現代の社会のことを、あまりにもはっきりと表現しているのではないか。外国人はこれを皮肉で書いたのであろうか。ぼくには、皮肉ではなく、ただ当然となっているような気さえするのだ。

第四章

〔態度〕

資料

「外国の人は日本人のものの考え方をこのように見ている」
一、ほめられたときの態度がはっきりしない。
たとえば、これまで述べてきた国民性にもあったが、「諸事つつましやか」などを見れば明らかである。

考え

日本人は嫉妬心が強いので、一人がほめられるとそれをねたんだりする。これを防ぐため人々は公の場、大きな場でほめられると謙遜してそのことを否定しようとさえする。これは外国人にとっては慣れていないことなので、よく理解できなかったのだと思う。私はやはり、ほめられたとき、素直に喜べる外国人をうらやましいと思う。だが、そのようにするために、私は嫉妬心をどうにかする方策の必要性を強く感じる。

〔恥〕

資料

二、日本人と外国人の恥の概念がちがう。
「言語生活」の中に「日本人は身内と外で会ったりすることを、自分のいやな面を知っている人に会うことでいやがるが、これは理解し難い。」「日本人は親密になると恥ずかしがらないが、親しくなると恥ずかしがる。」との記述がある。

考え

このように日本人は、外国人には考えられないところで恥を感じる。私自身、友だちといるとき、向かい側から親が来たら恥を感じる。理由はとかりに聞かれたならば、私は何も言えない。理屈なんて私の場合にはないからだ。外国では、家族単位で交際したりしているが、日本では古くからそんなことは見つからない。では、なぜ日本と外国とでこれほど差が生まれたのだろうか。これには、江戸時代の上下関係の厳しかったころのことが関係しているのかもしれないが、よくはわからない。

〔死・自殺〕

三、死・自殺に対する考えの違い。

資料　「言語生活」の中に「日本では自殺を恥としない」とのことが書かれている。

考え　私も日本人であるが自殺については二通りの型があると考える。一つは、生きているときの何ものかから逃げるためのものであり、もう一つは、人のため世のためなどという信念のもとに行なったものである。前者は日本人にしてみてもよいという人は少ないであろう。逃げることは卑怯なことである。しかし、後者の場合、私はこの死を恥とは思えない。一つの信念のもとに満足して死んだならば、それで決して卑怯でもなんでもない。その死は、やはり美しいと思う。そして、そのように信じられるものをもった人々を、ある意味では、かえってうらやましいような気さえする。

（私見）

〔集団〕

四、日本人は、「個人のために」より「集団のために」行動する。

資料　たとえば「円出づる国ニッポン」の中に「盲目的な権威に対する服従は日本においては美徳」「集団を作ることにより責任回避をしている。」とあり。また、「日本を知る」の中に「愛国心が強い」「エネルギッシュで献身的」「服従を名誉とする」等の記述がある。

考え　これまでの日本の歴史をふりかえってみても、天皇、国のために行なったことが限りなくある。そして、現代においても個人の「好み」による行動は、ほとんど見られない。しかし、これは考えようによってはよいことかもしれない。個人が全く別な行動ばかりといっていれば、国は有名無実となってしまう。こんな考え方そのものが日本人独特のものなのかな。

資料活用　これらについては、「世界の中の日本人」「菊と刀」「日本の印象」等を読むとよい。

〔その他〕

五、その他、日本人のものの考え方に関すること。

○「模倣」ということばは、西洋では軽蔑的であるが日本では称賛のことば。

○成功は光り輝くもので、目標そのものの価値等を評価したりしない。

（「円出づる国ニッポン」から）

第五章

「外国の人は日本の文化についてこのように見ている」

〔建築〕　資料

一、建築の美しさ

○器用であり、精巧で、完璧につくられている。（「日本を知る」）

○安土城の壮麗さ、西洋に類を見ないものへの驚き。（「日本を知る」）

○古いと思われる建物も火災等で日々新しくなっている。（「円出づる国ニッポン」）

〔文学〕　資料

二、文学における外国との差

○歌舞伎ならば高い位置（「日本文化と世界」）

○詩は一般にまで浸透しているうえ、ことばの変化が微妙。

○俳句は短い詩型の中で二つもの約束がある。

〔その他〕　資料

三、その他

○能には外国人は強い興味を覚え、メンの作りの器用さに驚く。

○舞いはなめらかで美しい。

○歌舞伎は様式化されているが美しい。

○絵は一見美しいと思うが、圧倒するほどの力はもたない。

○音楽は能の伴奏程度と考える。（「日本文化と世界」）

○茶の湯は趣があり、また控えめな日本人の国民性をあらわしている。（「外国人の見た茶の湯」）

○庭園は飽きることのない、自然そのままの魅力がある。（「日本を知る」）

○寺院の鐘は、心の奥深く眠っているものを呼びさます。

〔考え〕

文化全部を通しての考え

日本の文化を外国人は、絶賛か、否定かのどちらかで受けとめる。不思議と両極に分かれて中間がない。これは日本文化が、世界の中で、一種独特なものであるからに相違ない。日本という国が存在するかぎり、先々もずっとこうであろう。これを変えようとすることは、日本をこわすことになるので、決してできない。

ところで、歌舞伎などは、日本人でさえ限られた人しか見ないのに、外国人に理解できるとは思っていなかった。日本文化が外国のものになりそうな感じがする。ところで、「円出づる国ニッポン」に「新しい文化、新しい生活様式が、古いそれの上に重ね焼きされている。文化の統合はまだなされていない」とあるが、この文化の統合こそ今の日本に必要なものだろう。

これらについては、「世界の異端児ニッポン」「日本人と日本の文化」等を読むとよいと思われる。文化とは全く関係のないことであるが、おもしろいこと。「日本を知る」の中に「ダイロ（内裏）は、足を地面におろすこともなければ、日も月もその上に照りつけることを許さず、肉体のいかなる部分もつめたり切りすてたりしてはならないので、髪もひげも爪ものび放題である。」と書かれている。いったい、どこからこんな知識をえたのだろうか。外国人に、これほどまちがったことをほんとうだと思われていては、まったくもって困ることだ。

〔閑話〕 資料活用

第六章

〔日本語〕 資料

「外国の人は日本語についてこのように見ている」

一、外国語とは、全く違う

○ふりがなを必要とする日本語は世界一劣っている。（「円出づる国ニッポン」）

○漢字は覚えきれない。

○漢字は美しいようであるが、やたらに複雑で不格好。

○相手の格によってことばが変わる。

○男女のことばに差がある。

○手紙文と書物、口語と文語でも、ことばが違う。
○外国語に訳すことは不可能。
○日本語が国民性を創造。
○言語構造にちがいがあり、動詞が最後に来る。
○ギリシャ語、ラテン語よりもまさる。（「日本を知る」）
○世界一すぐれたことば。

〔考え〕

日本語に対する外国人の批評ばかり手厳しい。我々のように日本語しか知らぬ者にとっては、どちらがすぐれているとか、どれが世界一だとかなど、とうてい言えないわけだが、外国人はいったいどれだけ日本語を話せたのだろうか。これはちょっと疑問である。それはさておき、日本語には、やはり問題があるようである。たとえば漢字である。外国人の指摘しているとおり、漢字は覚えきれるということがまず考えられない。そして、義務教育が終わった時点で新聞も完全に読むことができない。これはおかしい。当用漢字を決めてはいるものの、それだけでは今一歩足りず、どうもうまくいかない。まだまだ考える必要がある。しかし、私は日本語のもつ、外国語ではとうてい表わしきれない繊細な感覚は誇りに思ってよいと思う。こういうところから日本の文化の特徴が生まれたのかもしれない。

資料活用

これらのことについては、「日本教について」「外国人の見た茶の湯」「日本の文学」「日本遠征記」「日本文化と世界」「比較日本人論」「ニッポン四百年」等を見るとよいと思う。

〔閑話〕

このような本を読んでいると、よくおもしろい話が出てくるが、この裏には、日本語のむずかしさが潜んでいるのだ。たとえば「日本を知る」の中であるが、「ハラキリ」を「ハラカリ」としたり、さし絵の題が絵とちっとも合っていなかったり、（「日本の漁師」は韓国の人であったり、「上流階級は財産の競売」であったり）していることが目に付く。このように、外国人が日本語のむずかしさで日本を誤解する、それが私のいちばん恐れることである。

あとがき

今、一つの研究が終わって、私は一つの考えをもつ。外国の人は日本、日本人をこれほどよく見ているとは思わなかったからだ。我々は果たしてこれほど外国人を見ているだろうか。外国人はこれだけ日本を見ているならば自国に吸収したものもかなりあるはずだ。日本人ももっと外国を見て学ぶべきだろう。

ところでちょっと立場を変えて考えてみると、日本はこれほど詳しく見られていたということになる。外国人にこれだけよく見られていても、今まで日本人は自分自身を過信して、外国人から見た日本などは聞こうともしなかった。このことが日本が世界の異端児であるなどといわれる原因を作ったのかもしれない。これからの時代は、江戸時代のように鎖国をしていられるようなものでは決してない。これからの日本を考えるうえでも、このような勉強がいかに大切であるかがわかったようだ。

（注1） いろいろの本を読むとき、六色のカードに記録していたが、別のカードにテーマには関係のない、したがって、読書会の中で発表の機会のない、しかし、ちょっとおもしろくて話してみたいというようなことを記録していた。その第七のカードに書きとめたことを、読書会の開会前の雑談しているようなときに話すということにしてあった。（読書会てびき参照）「読書会通信」では、それをうめくさ的に、小さなかこみで、適当なところに入れるとよいと言ったが、それを村上徹は「閑話」として入れている。このことばは、たぶん、「閑話休題」からと思うが、村上自身が考えて使ったものである。

○他の生徒のあとがきの例

まとめ終わって（川島正幸）

今、この学習をまとめ終わって、まず感じることは、一年生からの学習なので、やりきったということを実感として感じる。

では、この学習をして何を学んだか。まず第一に、ある一つの研究をするためには、豊富な資料が必要であるということがよくわかった。それから、カードに記録していくということの大切さ、というものがよくわかった。

内容的には、私たち日本人が外国からどのように見られているか、また、世界の中でどんな地位におかれているかなどということがよく理解できた。

最後にこのまとめの文章を書いてみて、このような文章を書いているうちに、多くの漢字やことばが自然に身についたような気がする。

ほんとうに、いろいろのことが学べたと思う。

全体を考えてみて（臼井和弘）

今までのことを考えてみて、ぼくは、日本はまだ世界の中でみとめられていないと感じた。とくに日本の文化については、「つまらない、おもしろくない」という考えよりも、まだ「よくわからない」と言っていることからもわかる。

また、日本で昔あったこと、つまり「ハラキリ」や「特攻隊」などを現在とまちがえていることからもそれを感じた。

だからまず日本の国内のことを、いい悪いにかかわらず、どんどん外国に発表することが大切だと思う。その面では、ぼくの読んだ「素顔の日本」などは、日本の悪い所もよい所も紹介している。

このように、日本のほんとうのすがたを外国に紹介することが、外国からの率直な意見につながり、日本のためになるのではないだろうか。

単元「外国の人は日本（日本人）をこのように見ている」——読書会——の指導を終わって

一、この学習で、どのような力をつける機会があったか
㈠　資料収集の段階で
1　資料を収集しようとする意欲をもつ。

2　資料のあることに気づく勘を鋭くする。

3　資料はどこで、どのようにして探せるものか、探すことについての知識と知恵をもち、それを気軽に活用する。

（特に図書目録に関して）

4　図書目録入手の方法についての知識と気軽にその知識を活用する習慣を身につける。

5　図書目録の利用のしかたに慣れる。

6　解説を読み、内容を想像する。

7　解説を読み、資料としての価値を正しくとらえる。

（特に本に関して）

8　目次、索引、はしがきなどを活用する。

9　だいたいの見当をつけるために読む。

10　引用や注、参考資料表などから、探すべき資料を知る。

11　資料を提供しあい交換しあう習慣をつける。

12　資料の活用しやすい記録のしかたになれる。

㈡　資料を読んだり聞いたりして調べる段階で

1　資料によって、読み方を考える。

2　要点をとらえ、確認しながら読む。

3　読みとったものを類別しながら読みすすめる。

4　読むべきところを探して、拾い読みをする。

5　カードの種類についての知識をもち、活用する。
6　読書会での使い方を考えに入れて、カードへの記録のくふうをする。目的に合わせ、内容によって、記載する程度を考えて書く。
7　要点の要点、重点を、短い、見出しのことばにする。ことばを選ぶ。

㈢　読書会準備、資料作成の段階で
1　紹介の文章を書く。
2　資料交換（図書利用の）のしかたを知る。

㈣　読書会の段階で
1　読書会の運び方、運営のしかたを体得する。
2　なにげない、楽しい話、開会前の楽しい、読書会らしい雑談をする。場に合った雑談をする。
3　テーマにそいながら自分の用意しているものを提供する。
話の進みぐあい、その方向に注意してききながら、最もふさわしいとき、チャンスははずさないように話にはいる。
4　一人一人の話、テーマについて、その人その人の提供する情報をじっくりとききき、自分の資料の系列のなかに位置づける。
5　いろいろ情報がはいってきて、しぜんに自分の心にあらわれている考えや気持ちを、大切にとらえる。
6　資料集を使って、ほかの人の話を誘い、出なければならない話が、全部出されるようにする。

㈤　読書会後の段階で
1　読書会の記録を、記録係として、会の記録簿に書く。

2　読書会の機関紙に載せる読書会報告を書く。

二、この学習の指導によって、とくに提案していること。

提案1　身につけた読書生活を長く発展させていく意欲をもたせ、実際に、どのようにしたら、その意欲を生かしていけるか、その方法を理解させること。

これは、簡単にいえば、読書会というものを理解させ、その価値を知らせ、その主催者になっていけるような力をつけるくふうともいえる。一度体験してあったら、おっくうがらずにやれるのではないかと思った。

読書会を、およそ三種類に考え、その長短を考えてみた。（六七五ページの学習のてびきを参照）そして、AやBの形は、今までの国語学習のなかで経験したことを思い出し、今度のCの形をはっきりさせた。これからの生活のなかで小さな読書会が一つでも二つでもできるように、一人一人をそのリーダーに見立てながら学習を進めた。

とにかく、一度でも、実際に経験し、身におぼえたことであったら試みる気にもなるであろう。読書会の持ち方、運び方を本などで勉強し、またその必要を叫ぶ声に共鳴しても、実際やってみていないことは、まことにとりかかりにくいものである。そして、多くのよき志が生かされずに終わっていると思う。それで、上手に運べなくても、経験させることに、まず価値をおきたいと思う。

提案2　協同学習の意義、価値を悟らせるくふう。

とうてい、読みきれない資料である。発表しあいながら、どうしても読まなければならない、また、ぜひ読みたい本も発見できるであろう。

たしかに、協同して学ぶことが大切なことであることに気づかせたい。一人でするほうが能率があがる、と考えている学習の範囲がどのへんまでであるか、協同学習の意義や価値は、それとちがった次元にあることを、ほんとうにそうだと気づかせたい。そのよさがありありと見える学習を体験させたかったのである。

提案3　個人差に応じ、能力差に応じるための資料とそれによる指導のくふう。

一冊しかない本、それを個別に与えるとき、「どれを」「だれに」が苦労なことであった。

これらの本は、長い期間にわたって集めたので、内容に目を通す余裕があった。内容の理解のしやすさ、全体のページ数、内容と興味、そして、本の体裁なども考えに入れて、「この本を、この生徒に」と決めた。全体のページ数を考えるということは、本人の性質とも関係づけて考えるということである。

いろいろの本なので、優れた生徒、力の弱い生徒、それぞれに応じて区別して指導していても気づかれにくかった。本の量が多く、内容もあるので、力のある生徒もいくら力を出してもまだ先のある感じで、力のある限り引かれていったようであった。あまり力がなくても、多角的に、あちらからもこちらからも本の中に入って行くことが出来、一節ごとに、趣旨や要点を、全文、あるいは半分、あるいは書き出し、あるいは結びと、書いてみせたりしながら、ある速度をもって読むことの生み出すわかりやすさ、快感を味わわせることができたようである。指導者としてそういうことのしやすい本を選んで、力の弱い生徒に割り当てておいたことがよかったと思う。

最も弱い生徒に与えるものについて苦労していたとき、文芸春秋に「青い眼の嫁が見た勝海舟」が出て、うれしかった。

この女子生徒には、文章のやさしい、内容もこの生徒の興味を引くことのありありとわかる、そういうものを与えたが、ほかの力の弱い生徒には、かえってむずかしいほうのものを与えた。ややむずかしいものを与え、「これはむずかしいのだが」とことばを添えて与えたのであるが、このようにしておいたため、あとで読み進める時間に、遠慮なく、その生徒の手伝いができたのである。

今回はみんなが別々の本であるので、どの一冊も、もしじゅうぶんによまれないで、その本を読んだ生徒の発言が弱いということがあっては困るのである。それで、さきの女子生徒の場合のように、ちょうどよいものがあって与えられることもよいが、いっそ、やさしくないものを与えて、教師も生徒も、当然という気持ちで、ほかの生徒より細かく指導し、けっきょく、クラスのマイナスにはしない、本人のマイナスには、もちろんしない、というくふうもあると思う。

特にむずかしいものでないものを与えて、それでも、他の生徒よりたびたび指導される（世話をやかれる）ことを、中学生は、こころよしとしないものである。

なお、この各個別の本をわたすときには、優劣の問題、また、積極的に意欲をもたせるように、一人一人にことばを添えてわたした。それとなく、ほかの人たちにも聞こえるように、それぞれのことばの効果を意識して、くふうした一言を添えて本をわたした。

提案4　一人一人、学級において、かけがえのない位置を示させ、優劣のこだわりから解放するくふう。

生徒は伸びたい心が強いので、また、未来への夢も大きいので、それだけ優劣にこだわりやすい。そのこだわりから解放するには、優劣を忘れている時間をつくることであると思う。提案の2や3で述べたようにして、一人一人が、現に、かけがえのない一人である実体こそ大切であると思う。真に、自分が、かけがえのない、この一冊の本の紹介者であること、責任者であること、この自覚が大切であると思う。

提案5　話しあいを方法として使っている場合の話しあいの指導と、話しあいのしかたをのみこませるための話しあいの指導との区別。

話しあいをする場合、この、どちらであるか、区別して指導されないことがあると思う。はっきり区別したいと思う。何を話しあわせるかということもそれによってちがってくる。この区別をしないところから、「話しあい」という学習に対するいろいろの批判や失敗が出ていると思う。

提案6　聞くことが支えている学習をさせるくふう。

どうしても聞く必要がある、聞かなければ現に差し支えがある、という場に生徒をおきたい。

ことに、今回は、どうしても聞く一方、聞く専門になるときがある。クラスで一人、その人の担当している本がある。その本の話は読んでいない、他の三十八人は、しばらく、だまって聞くことに徹しなければならないのである。

提案7　話しあいに活用しやすい資料の作成のしかたをのみこませるくふう。

目的に合わせて資料の作成のしかたを、としたほうがよかったと思う。

なお、指導者も、本を担当し、資料の中に加われてよかったと思う。

講演資料　その二〔『教室をいきいきと　2』（筑摩書房）p223〜p232〕

教師の生活の中で

◆自分の生活を設計する

時間を作る工夫はこういう授業時間中の対生徒の工夫だけではなくて、教師自身、自分の生活を上手にしませんと、いかにもいつでもせっぱ詰まったような気持で、苦しくもあり、何かを忘れたり、何かをし残したり、失敗があります。それで、そういうことがないようにしようと思って、私はこんな工夫をしていました。これはまったくのご参考でして、このようにするのがいいというわけではありません。

いろいろ連絡とか準備とか、どなたでもメモはされましょうが、私は授業時間数が非常に多かったものですし、それに、単元学習には細かい準備その他用事が多かったので、何か言い落としたために困ることがあったりして、メモを見やすくするようになり、そのうちにこういう形になったのだと思います。この形も何度直したかわかりません。学年はじめには担当の仕事が変わったりします。そうしますと、当然、印刷し直します。そういう変わり目でなくても、使っていますうちに、こうしたらもっと使いやすいと思いつきますと、残りがありましても刷り直しました。七一六ページに出しますものもある一時期のものです。もう少し簡単なものも、もっと詳しいものも、縦書き横書きさまざまでありました。しかしいつもプリントで刷って、自分の生活がリズミカルになるように、忘れてはいけないことを忘れたりするというような失敗がないように、それに、いつもあれを忘れてはいけないと気を張っていないで、ゆとりを持つことができるようにと思いまして、使っていました。

◆私の生活計画表

刷る時には一枚の紙、半紙判ですが、見開きに使うようにしておりました。一週間分ぐらい綴じて、そしていちばん上から順に、その日が済みますと取って捨てていました。必要もないですから、保存しませんでした。ですから、綴じ込み表紙をあけますと、いつでも前の日の晩の分が出ています。一枚めくったところがその日のところということにしておりました。そうでなくてノートのように綴じておりますと、今日のところがぱっとあきにくいのです。一日に何回と数えられないほど開いてみるものですから、しおりをはさんでおくなどは役に立ちません。

右ページ上には日付、曜日、これは、綴じ入れる時に書いておきます。何日か先のことを記入しておくこともありますから。いちばん上の枠は学校へ行く前、家で見ます。家を出る前にどうしてもしなければならないこと。火の用心とかそういうことではなくて、今日特に持っていくもの、アパートの管理人に何か依頼するというような、出る前に忘れそうだけど覚えておかなければといったことを、気がついた時にそこへ書いておきます。学校から帰る時にも、明日あれを家から持ってこないといけないなというようなことがありました時、書いておくというふうにします。どんな時間にでも、その日に持っていかなければいけない物を思いついた時、そこへ書き込めばいいわけです。

だいたい一週間分ぐらい綴じてありまして、三日ぐらいごとに紙を足しておりました。穴に通すだけですから。いつも一週間分の厚さを越えないようにしていました。それはもう肌身離さず持っているものですから、厚く綴じておりますと荷物になります。一週間分以上は綴じない、一枚取って一枚綴じるのが本当でしょうが、それもたいへんですから、二、三枚取った頃に適当にうしろに足すというふうにします。

その次の欄。ここは学校へ行きまして始業前にしなければならないことです。始業前に、たとえば二時間目の

月　　日　　曜		
出る前に	すること	持っていく物
始業前にすること		プリント

1	
2	
3	
4	
昼休み	
5	
6	
放課後	

言うこと

<table>
<tr><td colspan="6">月　　　日　　　曜</td></tr>
<tr><td colspan="2">できたら</td><td colspan="2">どうしても</td><td colspan="2">授業</td></tr>
<tr><td colspan="2">できたら</td><td colspan="2">どうしても
練習</td><td colspan="2">研究・研究会・校務</td></tr>
<tr><td colspan="2">手紙・電話</td><td colspan="2">テレビ・ラジオ</td><td colspan="2">読　書</td></tr>
<tr><td colspan="2"></td><td colspan="2"></td><td colspan="2">新聞</td></tr>
</table>

<table>
<tr><td rowspan="5">日記
出納簿
雑用</td><td rowspan="5">買物</td><td>1</td><td>2</td><td>3</td><td>4</td><td>5</td><td>6</td></tr>
<tr><td>7</td><td>8</td><td>9</td><td>10</td><td>11</td><td>12</td></tr>
<tr><td>13</td><td>14</td><td>15</td><td>16</td><td>17</td><td>18</td></tr>
<tr><td>19</td><td>20</td><td>21</td><td>22</td><td>23</td><td>24</td></tr>
<tr><td>25</td><td>26</td><td>27</td><td>28</td><td>29</td><td>30</td></tr>
</table>

B組に、時間の前にこれだけのことを伝えておかなければいけないとか、いろいろ用があるのです。個人的に生徒の誰にこういうことを言わなければとか、誰をちょっと呼ぶとか、何々先生にこういうことを伝えておくとか、実にいろいろなことがありました。それを忘れては困りますから、そこへ書いておきます。学校へ行ってから、何だったかな、何か言っておくことがあったがということでは、時間がかかってしまいますから、学校へ行きましたらすぐそれを開けて、どんどんやっていきます。

決まった日直とか教室をまわってくるとかいうことは、もう習慣づいているので、書いておく必要はありません。来たら教室へ行ってみるのも決まったことですから書きませんけれども、そうでないことをそこへ書いておきました。ことに先生方への連絡が多かったのです。時間を変えてもらうにしても何にしても、ちょっとした用事が実にたくさんお互いにありました。言い忘れて連絡が悪くて、無用に先生方を困らせたり怒らせたりすることがあっては困りますから。それから、始業前にぜひかけておかなければならない電話もあります。ですからその欄は「始業前」、そして、「すること」と「言うこと」と分けてあります。これはいいかどうかわかりませんけれども、いちおうそういうふうに分けておりました。

「プリント」と書いてあるところには、始業前にしてしまわなければいけないプリントだけをそこに書いておいたのです。始業前にプリントを配っておくというのがよくあったので、そんなこともそこに書いていました。そこに書いてありますと、端からどんどんやっていけばよろしいわけですから、落ちがありませんでした。特別大急ぎといったものは丸をつけておけばよろしいわけです。ひと頃、そこをもっと詳しくして「先生方に」とか「用務員に」とかそういうふうにしていたことがあるんですが、あまり詳しすぎるのは、「過ぎたるは……」という諺のとおりで、かえって面倒くさく煩わしくて、書くのも面倒、見るのも落ちがある、というようなことになりました。

次に、下の左に１２３４……となっていますのは、これは時間割です。１は一時間目、２は二時間目。授業のある時はそこへ組をちょっと書いておくだけですが、あき時間のところ、あき時間にどうしてもしなければいけないことがありますから、そこへその時間を当ててしなければいけないことを書いていたのです。横のところが何段かになっていますけれども、あき時間にしなければいけないことをいちおうそこに書き上げておきます。あき時間とか昼休みとか放課後とか、そこへしなければならないことを割り当てましたが、割り当てきれないで右の欄に残っていることが多うございました。また、あき時間にこれを、ということはそこに書きますが、あとはとにかくしなければいけない、時間を見つけてすることということになります。どうしてものことならば放課後にすることになって、済まないうちは帰れないということになってしまいました。

見開きの左ページは家のことです。家のほうは「まずしなければならないこと」というのを上に書き出しました。てびきを作るとか、下読みをするとか、いろいろなことがあります。そしてその「どうしても」という欄は、明日までにしなくてはどうしても駄目なこと、その次のところは、「できたら」とありますが、明日でなくてもいいんだけれどそろそろやらないといけないということがそこに書いてあるわけです。その下は、研究とか読書とかいろいろありますけれども、その時々に何かの研究をするべきことがあるからです。そこに研究会と書いてあります。発表を予定しているとか、関係している研究会の仕事や勉強です。研究というところは、そのとき研究していること、これからする単元の準備はここに入ります。

読書というところは、予定した読書がありましたら、書名を書きます。さしあたって何のためということのない読書、楽しみの読書も、雑誌に目を通すこともここに書きます。

「練習」というのは、休むとだめですから、「どうしても」のところに入れてあります。この頃は、社説の朗読をしていました。

テレビやラジオは、とくに見るものを書きました。生活の雑用、出納簿をつけるとか、買物とか、自分の雑用を書くところが、その下にあります。

◆やるべきことの順番を決めて

おかしいのは、その下のところです。ずっと小さく枠がありまして、1から30までもありますけれども、こういうわけです。上のほうに今日やることを書きました。自分の生活の用事から翌日の授業にぜひ必要な「明日まで」のことやら、研究のことやら、それをその夜、寝るまでにどんな順序で進めるかということを考えて、番号を打っていたのです。

ぜひ明日までというところをいちばん先にこなすのはもちろんですが、その間に少し読書を入れたり少し朗読の練習を入れたりしながら、この次はこれ、この次はこれ、というふうに、1 2 3……と番号をつけていました。出納簿をつけるというのもちょっと息抜きによかったものですから、ほかの仕事の間に入れたりして、番号をつけたのです。そして、その番号の順にやっていくという趣味が、私にはありました。

それに、どうしてもいちばん上の欄のことをしなければ寝るにも寝られないわけですのに、妙に「できたらすること」がやりたくなるという困った癖がありました。明日のてびきができていないのに、ずっと先のてびきのほうを考えて、思いついたりしますと、それがやりたくなるのです。そうして結局のところ、いちばん上の段のぜひというところが残っているのに、眠くなって疲れて、大ごとになってきます。それで、その自分の悪い癖に打ち勝つために番号をつけていまして、出来心でちょっとこれを先に、少しだけやってみようかというようなことはしない、と決めたのです。1の次は2、2の次は3、そういうふうに決めまして、出来心で、あれをやったりこれをやったりしない、何をやろうかなと考えない、そういうふうにして時間を倹約しました。これはまた、明日のものが間に合わないことがないように、失敗を防いだわけです。その下の番号というのは、1が済みますと1に丸をつけ、2が済みますと2に丸をつけというようにしたわけです。

そしてどうしても今日しなければいけないことが七つあるとしましたら、7のところに赤で印をつけて、ここまでは寝てはならない、どんなことがあっても7まではこなくてはいけない、そういうふうにしました。自分の妙な癖、わがまま、出来心、そういうことが、いかに時間を失うかということが身にしみていましたので、それを防ぐ自衛手段でした。

◆忘れ物を防ぎ、心をのびのびと

この生活のメモ、これは私にはたいへん役に立って、やり残しとか忘れ事とかいうのが、かなり防げていたと思います。そうでなかったら、忘れたり、後になってから、これをしておかなかったから困ったというようなことがきっと起こったでしょう。さんざんそういうことをして辛い思いをして失敗して、とうとうこういう紙を作ることになりました。番号をつけて、さあ、と取りかかる時は、結構楽しいものでしたし、一つ終わって番号に丸をつけるときも、子どものようですが、ちょっとうれしく張り合いがありました。そんなことでリズムをつけて、とにかく何が何でも赤い印まではと奮闘したものです。

この形は、どういうものでもありません。私個人の生活ですから、みなさんめいめいが工夫して使いやすいものを作り、要領がいいというか、無理無駄のない、そして抑揚、リズムのある仕事の運び方を工夫されますと、結構またゆとりのようなものが生まれるのではないでしょうか。とにかく、大きな忘れ事をしないで間に合わせるということができますし、また忙しさをリズムに乗せることによって軽くすることができると思いました。どうぞご参考になさってください。

あとがき

橋本暢夫

一

大村はま先生は、一九五六（昭和31）年十二月二日、広島・大下学園祇園高等学校の第一回国語科教育研究会において、「国語学習指導の実際」と題する講演をなさった。爾来、二〇〇一（平成13）年の第四六回国語科教育研究会まで、三三回にわたって、先生は国語科教育の課題及び国語教室への提言を続けられた。

本書には、そのうち、一九八九（平成元）年から二〇〇一（平成13）年までの講演記録を収めた。大村はま先生の八十三歳から九十五歳の年時にわたっている。

各講演の題目、研究会名・年月日、所収紀要は次の通りである。

（本書においては「紀要」の記録のうち、文末・文言の一部を修正している。）

（題　目）　（研究会名・年月日）　（所収紀要・発行年月日）

1　国語教室の実際（単元「赤い鳥小鳥」）　広島市大下学園祇園高等学校　第三四回研究会（89・12・3）　大下学園国語科教育研究会　研究紀要26（90・3・25）

2　国語教室の実際（単元「ユーモア優等生―笑いのセンスを育てる―」）　同　第三七回研究会（92・12・6）　同　研究紀要29（93・3・31）

［当日は大村はま先生がご病気のため、92・11・23の第22回「大村はま国語教室の会　研究発表大会」における

提案の録音を橋本暢夫（鳴門教育大学）が編集のうえ、会員の方々とともにお聞きし、大槻和夫教授（広島大学）が、「大村先生のご提案をどう受けとめるか」（本書124ページからに所収）の解説を行なった。]

3　国語教室の実際（単元「一基の顕彰碑」）　広島市大下学園祇園高等学校　大下学園国語科教育研究会
第三九回研究会（94・12・4）　研究紀要31（95・3・31）

4　国語教室の実際（「ことばの海で　ことばの森で」の学習）　同　同
第四〇回研究会（95・12・3）　研究紀要32（96・3・20）

5　国語教室の実際（単元「ことばの感覚をみがきあう」）　同　同
第四一回研究会（96・12・1）　研究紀要33（97・3・31）

6　国語教室の実際（単元「談話室」）　同　同
第四二回研究会（97・12・7）　研究紀要34（98・3・31）

7　国語教室の実際――「学習のてびきについて」――　同　同
第四四回研究会（99・12・5）　研究紀要36（00・3・31）

8　私の学習指導の歩み――私の研究授業――　同　同
第四五回研究会（00・12・3）　研究紀要37（01・3・31）

9　単元学習のためのわたしの勉強法と単元の実際　同　同
第四六回研究会（01・12・2）　研究紀要38（02・3・31）

本書に収めた九編の講演記録のほか、一九八九年からの十三年間に、大村はま先生は、大下学園国語科教育研究会において三回（90年、91年、93年）の講演をなさっている。[98年は白内障手術のため来広されなかった。]
これらの講演の要旨は、『日本の教師に伝えたいこと』（95・3・20、筑摩書房刊）のなかに、「身をもって教える」、

「話し合うこころ」、「目標を定めて」の見だしのもとに収められているので、本書への収録は保留した。これらの講演の全文と資料は、「大下学園国語科教育研究会　研究紀要」の27・28・30号に掲載されている。

なお、大村はま先生をお迎えして一九五六（昭和31）年から開催されてきた大下学園の第四〇回研究会までの記録は、野地潤家先生の「国語科教育研究会のあゆみ」（平成8年3月17日稿）に詳しい。（「研究紀要32」96・3・20所収）。

大下学園国語科教育研究会は、野地先生のこのまとめののち、七回開催され、「研究紀要」は、39号まで発行されてきている。

二

大村はま先生の長年の実践研究の精神は、一九七二（昭和47）年に届けられた、第一回実践研究発表会の案内に尽くされている。

国語科実践研究発表会

国語教育を飛躍的に前進させるためには、もっと、日々の国語教室の実践そのものによる研究がたいせつにされ、実践的提案がなされなければならないと思います。現場の実践者による実践的提案――現場の実践によってしかできない提案がさかんになされなければならないと思います。もちろん授業は水入らずですべきものですから、授業による提案は非常にむずかしく、限界があると思います。そうした限界を考えつつも、やはり、その限界のなかでの実践――授業による提案を試みたいと思います。
このたび、特に、長年にわたって私の国語教育実践の歩みを見守り、多くの示唆と励ましをいただいた、今日まで私をささえてくださったかたがたにおいでをいただきまして、これからの国語教育へのいくつかの提案をいたしたいと思います。小さな、しかし、それなしにはすぐれた理論も、教室の実際においては空転するのではないかと思われるような、日常の国語教室の営みのあり方を実践によって提案したいと思います。また、二十一世紀を活躍の場とするわが教え子たちに、今の日本で、国語教室で、何をしておくことが必要か、実践をもって提案したいと思います。
この提案がきっかけになり、これからの国語教育が大いに論じ合われますよう願っております。

昭和四十七年九月　　東京都大田区立石川台中学校　大村はま

三

一九八〇（昭和55）年三月に退職された大村はま先生は、六五年からの「月例研究会」、七二年から九回の「国語科実践研究発表会」を承けて、その後二十一年にわたって、研究即実践の理念のもとに、秋の「大村はま国語教室の会」研究発表大会において、次のように国語教育界への提案を続けてこられた。

第10回80（昭和55）・10・26　・単元「知らせよう　日本の子どもたちを」
・個人文集「私の本」
・語彙指導の試み――「指」をめぐって

第11回81（昭和56）・11・22・単元「卒業記念　石川台中学校図書館掲示板」
・単元「ことばとことばの生活についての意見」
・語彙指導の試み――「妙」が身につくとき――
第12回82（昭和57）・11・21・個人文集――私の本　第二案
・語い指導の試み――「味」「越」「余」――（呼び合うことば）
第13回83（昭和58）・10・16・単元「古典に学ぶ勉強のしかた」（三年）
・単元「私たちの国語教室設計案」（一年）
第14回84（昭和59）・10・28・単元「古典の中の笑い声」（二年）
・単元「朝日新聞の社説とＮＨＫの解説等による一人一研究」（三年）
第15回85（昭和60）・11・23・単元「隣国に友をもとめて」
・語彙指導資料作成の一つの試み――この情景この気持ちを表わすことばを――
第16回86（昭和61）・11・9・単元「日本の少年少女の贈るインドネシア少年少女読本Ⅰ」
第17回87（昭和62）・11・15・単元「わたしたちのフォスター・きょうだい」［話合いの能力を養うために］
・読書生活指導を深める一つの試み――読むことにこんな指導も――
・紹介　語い指導資料
第18回88（昭和63）・11・20・単元「大村日本語教室資料部助手　2年Ｃ組の□」
第19回89（平成元）・11・23・単元「赤い鳥小鳥」
第20回90（平成2）・11・23・単元「東アジア・東南アジア少年少女会議」
第21回91（平成3）・11・23・単元「日本と日本人をとらえ直す」（中三）［情報を求め、情報を得て、いろいろな言語活動にのせながら識見を育て合う学習室」
第22回92（平成4）・11・23・単元「ユーモア優等生――笑いのセンスを育てる――」
第23回93（平成5）・11・23・単元「アイヌ、その意味は『人間』」
第24回94（平成6）・11・20・単元「一基の顕彰碑」
第25回95（平成7）・11・26・「ことばの海で　ことばの森で」
第26回96（平成8）・11・23・単元「ことばの感覚をみがきあう」（北海道新聞「言の葉」）
第27回97（平成9）・11・23・単元「談話室」
第28回98（平成10）・11・23・私の単元学習から
第29回99（平成11）・11・23・単元「ことばと人間のめぐりあわせと面白さ　その一」
・二つのおすすめ――単元学習の背景に
第30回00（平成12）・11・23・私の研究授業（研究授業一覧の冊子をもとに）

四

本書に採録した講演資料のうちの七資料は、「大村はま国語教室の会」研究発表大会の第一九回から第三〇回までの提案資料と重なっている。これは、秋の大会のあと七日乃至十日しか日時の余裕がなかったのと、先生のご年齢を考え、主催者が同じ資料でと、あえてお願いをしたためである。

同じお話を二度なさらない大村はま先生は、それぞれの年の「国語教室の会」における提案資料をもとに、単元胚胎の経緯、単元の目標、目標に応じた具体的な評価活動、一人ひとりに即した学習材の発掘と実践にあたっての工夫、さらにどのように個を把えるかについて、東京での研究会と別の角度から創造的な話をして下さった。

従って、ここに収めた記録は、東京と広島との二つの講演が合さったものであり、波多野完治博士が、「世界に類例のない国語教育の実践記録」(大村はま　波多野完治『22年目の返信』153ページ、04・11・10、小学館刊)と絶讃された「大村はま国語教室　全一六巻」の営みのうえにさらに新しい境地を示されたものとみることができる。

大村はま先生が、その年、その年の国語教育界への「提案」を本書によって世に訴えておきたいと望まれた意図もここからきていると推察する。

五

二〇〇四年までの七十七年にわたる「大村はま国語教室」からの数多くの提案、及び教え子の証言(『大村はま先生に学びて』05・2・10、溪水社復刻など)は、大村単元学習が単なる方法でなく、大村はま先生の深い人間理解に基く人間愛、開拓者精神、学力観などを基底とした専門職としての学習者研究と実践とが結びついた創造的な営みであることを示している。それは時代を超えた不易の営みである、学習者の自己確立をはかる教育の真の姿を表してきている。

広島の地で大村はま先生の講演に接し、あるべき国語教育への眼を開かれ、みずからの国語教室創造への熱意をたかめた方は多い。同じように本書を通じて、学習者の腰をたたせ、一人ひとりの手をひくとはどのようにすることかを学んでいきたい。あわせて大村教室においては、学習のすべてを「学習記録」に収斂していく活動が、自己をみつめさせ、「自己評価力」を育てる学習となっていることに思いを致したい。自己評価力が育ち、学習の成果と課題を自覚した学習者は、みずからの課題を克服しようと自己学習力を発動して次の学習に取り組んでいく。現在求められている「自己学習力」は「自己評価力」を育てることによって身についていくことを大村はま先生は、実践によって示してこられた。

本書がこのようなまとまりをもつに至るまでには、研究会の創設以来四十八年に及ぶ大下学園関係者、故井上幹造先生、浜田友三郎先生など、代々の校長先生、故菅原教信先生をはじめとする教頭先生方、また、専務理事、職員の方々、さらに、直接研究会及び「研究紀要」の刊行を支えてこられた教職員の方々——創設期の故佐本房之氏、北岡清道氏、中期の築地道江氏、現在の宮平政知氏ら国語科のみなさまのお力添えがもととなっている。

野地潤家先生は、研究会の創設に与かられて、全体講師に大村はま先生を推挙され、爾来、ご自身も講演者・指導講師として会全般を支え、研究会および研究紀要の充実とその発展に尽してこられた。本講演集の編成もまた、先生のご指導によっている。

本書の刊行にあたっては、溪水社木村逸司社長、寺山静香様に並々ならぬご高配をいただいた。心から感謝申しあげる。

（元鳴門教育大学教授）

二〇〇五年三月二日

校正刷りをご覧になり、「一度にこみあげてきたなつかしさ、思い出と感謝、次々と開けてきたしあわせなつながり、ご縁、胸がいっぱいになりました。」と「まえがき」にお書きになった大村はま先生は、二〇〇五年四月十七日、神に召されました。九十八歳十か月のご生涯でした。

戦争のない平和な世界を築くためには、次の社会を荷う現在の学習者たちが、「お互いに知り合うことが第一」との考えを念頭に、二十一世紀の国語教育への提言を続けてこられた先生のみたまに謹んで哀悼の意をささげます。

〈著者略歴〉

大村はま（おおむら・はま）

1906年、横浜に生まれる。1928年、東京女子大学卒業。長野県諏訪高等女学校教諭となる。1938年、府立第八高等女学校（のちの都立八潮高等学校）へ。1947年、新制中学校発足と同時に、中学校に転じ、深川第一中学校、目黒第八中学校、紅葉川中学校、文海中学校、石川台中学校に74歳まで勤務。1980年退職後も「大村はま国語教室の会」を中心に多くの講演活動、著述活動を続ける。1960年、東京都教育功労賞。1963年、ペスタロッチ賞受賞。

その独創的な教育実践を体系化したのが『大村はま国語教室』全15巻別巻１（筑摩書房）で心理学者波多野完治が「世界に類例のない国語教育の実践記録」と絶讃した。そのほか、著書に『中学作文』（筑摩書房）、『教えるということ』、『国語教室の実際』、『やさしい国語教室』、『続やさしい国語教室』、『やさしい文章教室』、『やさしい漢字教室』、『ことばの勉強会』、『みんなの国語研究会』、『国語教室おりおりの話』、『読書生活指導の実際』、『国語教室通信』（いずれも共文社）、『小学漢和辞典』共著、『学習慣用語句辞典』（ともに三省堂）、『大村はまの国語教室』３冊（小学館）、『教室をいきいきと』３冊（筑摩書房）、『教えながら教えられながら』（長野県国語教育学会、のち共文社）、『授業を創る』、『教室に魅力を』、『〈日本一先生〉は語る』（いずれも国土社）、『世界を結ぶ』（筑摩書房）、『大村はま・教室で学ぶ』（小学館）、『新編教えるということ』、『新編教室をいきいきと』２冊、『日本の教師に伝えたいこと』、『私の歩いた道』、『心のパン屋さん』（いずれも筑摩書房）、『大村はまの日本語教室』３冊、『大村はま講演集』２冊（いずれも風濤社）、『教えることの復権』共著（筑摩書房）、『教師大村はま96歳の仕事』、『灯し続けることば』、『22年目の返信』共著（いずれも小学館）がある。

大村はま国語教室の実際　下

2005年６月２日　発行

著　者　大　村　は　ま

発行所　株式会社 溪水社

広島市中区小町１－４（〒730－0041）

電 話（０８２）２４６－７９０９

FAX（０８２）２４６－７８７６

E-mail:info@keisui.co.jp